AMÉRICA
LA ÚLTIMA ESPERANZA

VOLUMEN I
Desde la edad del descubrimiento
Al mundo en guerra
1492-1914

William J. Bennett

GRUPO NELSON
Una división de Thomas Nelson Publishers
Desde 1798

NASHVILLE   DALLAS   MÉXICO DF.   RÍO DE JANEIRO   BEIJING

Desarrollo editorial de la versión en español: *Grupo Nivel Uno, Inc.*
A menos que se indique lo contrario, las imágenes en el interior son de Getty Images
Diseño de la portada: *Karen Williams [Intudesign.net]*
Diseño de la presentación original: ® *2008 Thomas Nelson, Inc.*
Fotografía del autor: *Ian Wagreich*

ISBN: 978-1-60255-283-8

Hoja de ruta

Recursos en línea para maestros y alumnos
www.roadmaptolastbesthope.com

América, la última esperanza no es un libro de texto tradicional sobre historia de los Estados Unidos. Es un texto que rompe el molde convencional de los libros tradicionales que presentan una cronología detallada, pero al mismo tiempo transmite verdadero amor por la historia de nuestro legado norteamericano. Los estudios y evaluaciones más recientes sugieren que en general los libros de texto no logran su cometido, que los estudiantes bien pueden no aprender historia, o incluso que piensan que es aburrida. Para revertir eso, el doctor William J. Bennet ha decidido contar la historia de los Estados Unidos como narración, con elementos de drama, romance, comedia, misterio, acción, tragedia y triunfo. El mejor texto de historia norteamericana tiene que ser uno que los alumnos quieran leer. Los revisores expertos que han analizado esta obra concuerdan en que *La última esperanza* consigue este objetivo.

La currícula disponible en línea, que acompaña al libro y se conoce como «Hoja de ruta», tampoco se parece a los libros convencionales que se editan para maestros y profesores. Es un recurso para alumnos y maestros desarrollado por maestros y para los maestros. Cinco educadores de renombre nacional, que conforman el «Equipo HOPE (History OPens Eyes [o en español, La historia abre los ojos])», lideran este esfuerzo puesto que creen que *La última esperanza* y la hoja de ruta tienen el potencial de dar forma al futuro de la educación en términos del aprendizaje de la historia, mejorando la actitud y los logros de los alumnos.

¿Cómo opera la hoja de ruta en el caso de los maestros?

La hoja de ruta representa la mejor pedagogía basada en la investigación, de modo que todos los vínculos de Internet aparecen preparados y organizados para que el maestro pueda usarlos. El equipo HOPE contribuye a que la información que se encuentra en Internet cobre sentido, ofreciéndonos fuentes confiables, relevantes. Al hacer clic en un sitio de Internet protegido por contraseñas los maestros encontrarán suplementos y recursos para cada uno de los capítulos de *La última esperanza*, que incluyen planificación de lecciones, resúmenes de capítulos con sugerencias, presentaciones en PowerPoint, mapas y cuadros, reglas mnemotécnicas, instrumentos para evaluación y preguntas para exámenes, además de acceso a fuentes como discursos, caricaturas políticas e importantes documentos. Hay otros recursos, como libros, videos, música, arte, vínculos a sitios web y actividades para el desarrollo profesional. Trabajar en línea implica que uno puede acceder a contenidos actualizados a lo largo del año lectivo y a medida que sigue utilizando el libro de texto con los años. Estas opciones tan inclusivas jamás serían posibles si se contara con una edición para maestros del tipo tradicional.

¿Cómo opera la hoja de ruta en el caso de los alumnos?

Con la hoja de tuta los alumnos poseen una herramienta de aprendizaje integral que va a su encuentro, allí donde ellos están hoy: el ciberespacio. Cada estudiante tendrá acceso por contraseña a un sitio web interactivo que incluye ayudas de estudio, que les asistirán en el aprendizaje y contribuirán a sus preparativos para los exámenes estatales y avanzados. Los *podcasts* del doctor Bennet presentan los capítulos y cuentan historias que se complementan con lo que el libro les relata. El doctor Bennet desafía a los alumnos a considerar conceptos e ideas específicos antes de leer el capítulo, al tiempo que les sugiere temas de debate que pueden razonar con sus pares. Los alumnos encontrarán también argumentos y tópicos clave, sucesos y figuras importantes, líneas cronológicas, vínculos predeterminados y mucho más. Además, este material será evaluado, mejorado y ampliado de manera periódica. El equipo HOPE invita a estudiantes y maestros a ofrecer sus comentarios para que continuamente podamos seguir ofreciendo las mejores herramientas de aprendizaje.

¿Qué es la hoja de ruta óptima?

Las escuelas que suscriban a la hoja de ruta óptima hallarán un medio exclusivo para interactuar con el autor, con el equipo HOPE, con otros maestros y alumnos. La hoja de ruta óptima ofrece secciones como: «Pregúntale al equipo HOPE», que invita a las clases a enviar preguntas relacionadas con el texto, que se responderán y subirán al sitio web de la hoja de ruta. Las clases que envíen videos, ensayos, pinturas, música, proyectos, obras y nuevo material, ¡verán sus aportes publicados en el sitio de la hoja de ruta! Hay una importante serie de técnicas para memorizar obras, conferencias de prensa, entrevistas e informes de «noticias importantes», que refuerzan y amplían lo presentado en cada capítulo; también encontrarán la grabación del texto en audio. Dos veces por semestre habrá debates por chat en línea con el «Profesor» Bennett. El audio de discursos anteriores a 1900, como el Discurso de Gettysburg y el Discurso de Despedida de Washington se incluyen junto a varias cartas famosas. En *podcasts* adicionales el profesor Bennett habla sobre la importancia histórica de días o sucesos específicos, como el Día de la Conmemoración o Memorial Day, el Día de Colón, el Día de Martin Luther King hijo, Pearl Harbor, el Mes de la Historia Negra, el Mes de la Historia de las Mujeres, y mucho más. Por último, la hoja de ruta óptima brinda a los maestros y profesores una currícula extendida, que va más allá de la presidencia de Reagan; llegando hasta nuestros días, para las escuelas que necesiten este material. La hoja de ruta óptima también se ampliará y actualizará continuamente.

¿Son fáciles de usar estos suplementos de la hoja de ruta?

Una vez que la escuela haya obtenido sus nombres de usuarios y contraseñas, navegar en el sitio de la hoja de ruta no podría ser más sencillo, ¡aun para el principiante! Solo hay que hacer clic sobre el volumen y el capítulo que se desea ver y la hoja de ruta guía a los maestros y los alumnos por las áreas de contenido que correspondan. Los maestros tendrán acceso tanto a «Vista para el alumno» como a «Vista para el maestro», aunque los estudiantes solo verán su porción. Los maestros y profesores podrán utilizar lo que necesiten, pasar por alto lo que no deseen usar, y compartir materiales que podrán subir a la web para que puedan verlos otros educadores y educandos. El equipo HOPE está formado por educadores reconocidos en el país, con especialistas en contenido de la Historia de los Estados Unidos, y han diseñado la hoja de ruta para que sea fácil de usar. Lo mejor de todo es que dicha hoja incluye consejos innovadores y técnicas de enseñanza orientadas a los resultados, todo preparado cuidadosamente pensando en los maestros y en los alumnos.

El equipo HOPE le invita a sumarse a esta revolución.
Entusiasme a sus alumnos para que anhelen leer la Historia de los Estados Unidos.
Acompáñeles mientras conocen y utilizan los motivadores recursos en línea,
a través de la hoja de ruta.
¡Esperamos ver muy pronto sus comentarios, aportes e historias!

Para más información y una muestra, visite:
www.roadmaptolastbesthope.com

«Este es el libro de historia norteamericana que Abraham Lincoln estaba esperando».

—Harry V. Jaffa
Autor de *Crisis of the House Divided* [Crisis de la casa dividida]

«Un libro valioso y necesario para nuestros tiempos».

—Michael J. Lewis

«Durante demasiado tiempo los estadounidenses hemos estado esperando un libro de historia norteamericana que nos hablara de los triunfos tanto como de las tragedias. Ahora, Bill Bennett presenta *América: la última esperanza*, que cuenta la historia en su totalidad, y con justicia, desde 1492 a 1914. Los estadounidenses que hayan leído biografías recientes de nuestros Padres Fundadores, amarán este libro».

—Michael Barone
US News & World Report

«El rol de la historia es informar, inspirar e incluso provocar. Por eso, este maravilloso libro de Bill Bennett es tan importante. Porque pone los triunfos de nuestra nación y también los errores, dentro del contexto de la narración del progreso hacia la libertad».

—Walter Isaacson
Autor de *Benjamin Franklin: An American life*
[BF, una vida estadounidense]

«Bennett... es un excelente narrador, que sabe contar anécdotas con un estilo vivaz. La historia de Norteamérica es notable, porque tiene líderes brillantes y errores trágicos a la vez. Bennett le da vida a esa historia».

—Alan Wolfe
The Washington Post

«*America: la última esperanza* tal vez sea el libro más importante que haya escrito el doctor Bennett. Está escrito con elegancia y es el libro de historia más llevadero y entretenido que haya leído yo en mucho tiempo».

—Brad Miner
American Compass

«Es un libro lleno de vida, que reconoce errores y defectos, pero afirma con patriotismo que el experimento estadounidense de la democracia sigue siendo una historia de éxitos».

—*School Library Journal*

«Bennett les ofrece a los estadounidenses de todas las edades un libro de historia que con entusiasmo y vivacidad cuenta por qué los Estados Unidos son la nación más grande de la tierra».

—Brian Kennedy
The Claremont Institute

Al soldado estadounidense,
cuya fidelidad, patriotismo y valentía
han hecho de esta tierra
la última y mejor esperanza para los hombres

Índice

AGRADECIMIENTOS

Este libro ha sido una labor de amor. El amor que siento por mi país se ha hecho más profundo e intenso con este proyecto. No podría haberlo terminado sin la ayuda y el apoyo de mis amigos y colegas.

Bob Morrison, ex colega mío en el Departamento de Educación, me acompañó desde el principio. Su ayuda ha sido inmensa. Su esfuerzo ejemplar y su amor por el proyecto, contagioso. Al igual que William Faulkner, Bob cree que «el pasado no ha muerto. Ni siquiera ha quedado en el pasado».

Seth Leibsohn, mi productor en Morning in America, y amigo sincero, me obsequió su tiempo y sus ideas para este libro. La sabiduría de Seth y su entusiasmo por este proyecto fueron para mí indispensables.

Noreen Burns aportó su intuición a este libro como también a tantas otras cosas.

Steve Ochs es un gran maestro. Mis hijos y muchos otros se han beneficiado de su conocimiento académico y su dedicación a sus alumnos así como al pasado de esta nación. Agradezco sus desinteresados aportes a los primeros capítulos de esta obra.

Vin Cannato leyó el manuscrito y me brindó valiosas sugerencias. Distinguido autor y profesor, Vin aportó mucho y me ayudó a verificar los miles de datos aquí expuestos.

Max Schulz y Ken Watson leyeron algunas porciones del libro y me dieron recomendaciones sólidas. Les agradezco su amistad e invalorable ayuda.

John Cribb planteó buenas sugerencias. Las acepté todas.

Brian Kennedy y el Instituto Claremont así como Lawrence y Susan Kadish me animaron y apoyaron en este proyecto. Y todos lo hicieron «en grande». Gracias a todos.

Bob Barnett, como siempre, me aconsejó y se ocupó de que el libro fuera una realidad.

Agradezco a David Dunham por su cálida bienvenida a Thomas Nelson, Inc. Es accesible, siempre está dispuesto. Mi editor Joel Miller es extremadamente cuidadoso y siempre ha tratado de ayudarme. Se lo agradezco.

Quiero agradecer a mis oyentes. A todos los que llamaron a mi programa de radio y me animaron, con su amor y dedicación por este país. Merecen nuestro mejor esfuerzo.

Finalmente, a Elayne, que me animó, que leyó y sugirió excelentes comentarios y brindó su buen criterio. Gracias, a ella y a mis hijos, por su amor y su apoyo.

Introducción

Son muchas las razones por las que escribí este libro. La primera, y más importante, es que necesitamos esperanza. Cuando el presidente Lincoln le escribió al Congreso en diciembre de 1862, poco después de emitir la Proclamación de Emancipación preliminar, dijo: «Con nobleza salvaremos o con mezquindad perderemos esta última esperanza para la tierra».

Durante casi un siglo antes de ese mensaje —y podría decirse que durante un siglo después, también— los estadounidenses no habrían tenido dudas de que este país era de veras la última gran esperanza. En un discurso que pensaba pronunciar en Dallas el 22 de noviembre de 1963, el texto que leería el presidente John F. Kennedy decía: «En este país, somos los guardianes de las murallas de la libertad del mundo». Era esta la visión de Kennedy, como lo había sido de Lincoln, y de Jefferson antes que Lincoln. Fue también la visión de Reagan. Demócratas, republicanos, federalistas, antifederalistas... a pesar de todo. Porque lo que siempre ha caracterizado a muchos de nuestros líderes y a decenas de millones de nosotros, ha sido el permanente sentimiento de grandeza americana, el sentimiento del propósito de estadounidense, ese sentimiento de una nación excepcional. Siempre hemos tenido esperanza.

Creo que los Estados Unidos de América siguen siendo esa esperanza. Pero también creo que nuestra convicción en cuanto a esa grandeza y ese propósito de nuestra nación hoy no es tan fuerte. Las columnas periodísticas y los informes televisivos transpiran cinismo. Muchos expresan duda acerca de las motivaciones de los Estados Unidos en el escenario mundial. Hay estadounidenses que parecen dispuestos a pensar lo peor de nuestros líderes y de nuestro país. Pensar y creer lo peor, por cierto, es no tener esperanza. Es mi humilde deseo que quienes lean este libro encuentren razón para recuperar parte de la esperanza y la convicción que hemos perdido.

La segunda razón por la que escribí este libro es porque quiero darles a los estadounidenses la oportunidad de disfrutar de la historia de su país, de sentir placer y orgullo por lo que hemos hecho, por aquello en lo que nos hemos convertido. Muchos libros de historia norteamericana no solo fracasan en su esfuerzo por contrarrestar el cinismo y la falta de esperanza, sino que tampoco alientan nada positivo que reemplace lo que intentan borrar. Además, hay muchos que no entusiasman, ni entretienen, educan ni alientan. Los libros de texto de historia suelen ser los peores ejemplos de ello. Los exámenes a nivel nacional nos muestran que muchos estudiantes de escuela secundaria (y universitarios también), saben poco o nada sobre el pasado de su país. La aburrida materia de historia aleja a los jóvenes, los aparta del estudio serio, de la historia que podrían disfrutar en su adultez, y les separa cada vez más del amor razonado y que deben sentir por su país. La historia que se relata de manera aburrida, la cívica, y —peor aun— los libros de texto de estudios sociales, pueden ser una de las causas de la apatía de los votantes. Hay, en cambio, una contratendencia en la enorme popularidad de unas pocas biografías y libros de historia. Pienso en *1776*, la obra de David McCullough, y *Benjamin Franklin*, de Walter Isaacson. El éxito de estos libros es bien merecido: dan placer, educan y entretienen. Pero hay muy pocos como estos que hayan intentado contar la historia de nuestro país de principio a fin. Espero que este sea uno de ellos.

La tercera razón por la que escribí esta obra es para agradecerles y recordarles a mis conciudadanos que tienen la obligación de sentir gratitud hacia quienes hicieron que hoy nos fuese posible vivir en libertad, felices. A Lincoln y a los fundadores que le precedieron, así como a muchas figuras históricas a lo largo del tiempo, les debemos mucho. No merecen el olvido ni la oscuridad.

Los estadounidenses podemos darles gracias mil veces a nuestros ancestros y contemporáneos, porque las buenas decisiones y sus esfuerzos nos han definido como pueblo. Hemos demostrado una y otra vez que tenemos una capacidad casi única para la autorrenovación. A lo largo de la historia, una y mil veces la inteligencia y el liderazgo han logrado mucho, en el último minuto. Pensemos en esos estadounidenses que en Filadelfia, en 1787, redactaron el documento político más milagroso de la historia, justo cuando la nación parecía derrumbarse.

O en aquellos que se unieron para reconstruir la nación después de la larga y devastadora Guerra Civil.

O en los que se mantuvieron firmes contra el totalitarismo durante la Guerra Fría.

Al mismo tiempo es lamentable, aunque cierto, que hubo muchas decisiones malas. Por ejemplo, no abolimos la esclavitud cuando se fundó nuestra nación. Durante demasiado tiempo fuimos incapaces de defender los principios que declaramos, ante las leyes de segregación de Jim Crow.

Podemos agradecer que haya habido líderes como Frederick Douglass y el doctor Martin Luther King, Jr., que se levantaron para azuzar nuestras conciencias y obligarnos a mirarnos en el espejo de nuestras almas, por tarde que sucediera. Necesitábamos a esos líderes para que nos ayudaran a corregir aquellos errores. Es importante destacar que cuando surgieron, reconocieron que tenían una deuda de gratitud: tanto Frederick Douglass como el doctor King apelaron a los ideales de los Padres Fundadores de nuestro país. Les recordaron a los estadounidenses que este país, para poder ser sincero consigo mismo, tenía que ocuparse de «establecer la justicia», y respetar el inalienable derecho a la vida, a la libertad y a la búsqueda de la felicidad. Negarles a algunas personas esos derechos universales debido al color de su piel, señalaban esos reformadores, era negar la esencia de lo que Estados Unidos representaba ante el mundo. Quienes negaran esos derechos fundamentales, decía Lincoln, «estarían apagando las luces de la moral» y deshonrando a nuestros Padres Fundadores. Tenemos que recordar a esos pioneros de nuestra nación y también a las luces que les mostraron el camino.

La cuarta razón por la que escribí este libro es para decir la verdad, para sacar a la luz los hechos y datos, corregir falsedades y presentar un relato equilibrado y razonado de la historia de Norteamérica. En esta obra no intentaré esconder grandes errores. La injusticia necesita de la luz del sol, que es el mejor desinfectante, como dice el Juez Brandeis. Intentaré pintar a Norteamérica como pidió Oliver Cromwell que lo retrataran: con verrugas y todo. Pero no seguiré la moda que siguen algunos hoy que ven a esta nación solamente con verrugas.

Tenemos que recordar que nuestro país sigue siendo una historia de éxitos. Cuando criticamos —lo que, por cierto, debemos hacer— debiéramos ser, como dice James Madison, «críticos con amor». El ex senador demócrata Daniel Patrick Moynihan lo expresó muy bien: «¿Me avergüenza defender una democracia que no llega a ser perfecta? En lo más mínimo. Encuéntrenme una mejor. ¿Supongo que hay sociedades libres de pecado? No, no lo creo. ¿Pienso que la nuestra es incomparablemente la que más esperanzas presenta en el mundo, en términos de relaciones humanas? Sí, lo creo. ¿Tenemos cosas obscenas? Sí, las tenemos. ¿Cómo las aprendió nuestro pueblo? Con la televisión y los periódicos».

La quinta razón de este libro es alentar a un patriotismo nuevo, una forma nueva, de patriotismo reflexivo y razonado.

Ronald Reagan sentía un especial orgullo por el nuevo patriotismo que ayudó a encender durante sus dos períodos como presidente. Fue algo que incluso su oponente Fritz Mondale, elogió con generosidad. Pero Reagan reconocía que ese espíritu no duraría a menos que fuera un patriotismo *informado*. Es interesante notar que el Viejo que soñó —y que vivió para ver esos sueños hechos realidad— mirara al pasado cuando pronunció su discurso de despedida ante el pueblo estadounidense. No era algo que hiciera con frecuencia:

Hay una gran tradición de advertencias en los discursos de despedida de los presidentes. Yo tengo una advertencia que me ha estado dando vueltas en la cabeza. Pero es una nacida de una de las cosas que más me enorgullecieron en estos últimos ocho años: el resurgimiento de un orgullo nacional que llamo «nuevo patriotismo». Este sentimiento nacional es bueno, pero no servirá de mucho y no durará, a menos que se afirme en el conocimiento y la razón.

Queremos un patriotismo informado. ¿Estamos enseñándoles a nuestros hijos lo que son los Estados Unidos de América, y lo que representan, en la larga historia del mundo? Quienes tenemos más de treinta y cinco años, crecimos en un país diferente. Absorbimos, casi en el aire, el amor por nuestro país y el aprecio por sus instituciones. Si no recibimos eso de nuestras familias, lo obtuvimos del barrio, del padre de la otra cuadra que peleó en Corea, o de la familia que perdió a un ser querido en Anzio. O en la escuela. Y si no de esos lugares, recibimos el sentimiento del patriotismo de la cultura popular. Las películas celebraban los valores democráticos e implícitamente reforzaban la idea de que los Estados Unidos de América son un país especial. También la televisión en los años sesenta transmitía lo mismo.

Pero hoy, a punto de entrar en los años noventa, hay cosas que han cambiado. Los padres más jóvenes no están seguros de que esté bien enseñarles a los niños modernos ese aprecio incondicional por su país. Y para quienes crean la cultura popular, el patriotismo bien fundado ya no vale. Nuestro espíritu ha regresado pero todavía no logramos reinstituirlo. Tenemos que lograr transmitir el concepto de que los Estados Unidos son la libertad: la libertad de expresión, la libertad de profesar su religión, la libertad de empresa. La libertad es algo especial, poco frecuente. Es frágil y necesita protección.

Así que tenemos que enseñar historia, basándonos no en lo que hoy es moda sino en lo que es importante: en por qué llegaron aquí los Peregrinos, en quién fue Jimmy Doolittle, y en lo que significaron esos treinta segundos sobre Tokio. Hace cuatro años, en el cuadragésimo aniversario del Día D, leí una carta escrita por una joven a su padre, ya fallecido. Este había luchado en Omaha Beach. La joven se llamaba Lisa Zanatta Henn, y decía: «Siempre recordaremos y nunca olvidaremos lo que hicieron los chicos de Normandía». Bien, ayudémosla a cumplir con su palabra.

Si olvidamos lo que hicimos no sabremos quiénes somos. Esta es mi advertencia: Si borramos la memoria de lo que son los Estados Unidos, en última instancia estaremos borrando el espíritu de los estadounidenses. Comencemos por lo básico: más atención a la historia norteamericana y más énfasis en el ritual cívico.

Por último, escribo esta historia para encender el romance, para alentar a los estadounidenses a que se enamoren de su país, de nuevo o por primera vez. No sin pensar. No a ciegas. Sino con los ojos bien abiertos.

El gran escritor, aventurero y cartógrafo Bernard DeVoto, le escribió a su amiga Catherine Drinker Bowen, maravillosa historiadora cuyas obras *Miracle at Philadephia* [Milagro en Filadelfia] y *Yankee from Olympus* [Yankee de Olimpo], habían dado vida a la historia para deleite de una audiencia enorme. Esta historiadora sentía desaliento, ya no disfrutaba de su arte para escribir y relatar la historia. ¿Eran importantes sus relatos sobre los Estados Unidos de América? ¿Estaba bien celebrar la historia de su país y sus logros? ¿Dónde estaba el romance? DeVoto le escribió así:

> Si el loco e imposible viaje de Colón, o Cartier o La Salle o Coronado o John Ledyard no son románticos; si las estrellas no bailaron en el cielo cuando se reunió nuestra Convención Constituyente; si la Atlántida tuviera un paisaje

más extraño o si el lado oscuro de la luna tuviera más luz, o colores o formas, que la tela hecha en casa de Lincoln o el abrigo de Jackson, bueno, entonces no sé qué será el romance. La nuestra es una historia loca por lo imposible, es caos a partir de un sueño, porque comenzó con eso, un sueño y siguió siéndolo hasta hoy, hasta los titulares que lees en el periódico... La simple verdad que puedes escribir sobre nuestra historia, siempre estará cargada y sobrecargada de romanticismo.

El sueño del que escribe DeVoto es, claro está, el sueño estadounidense. Y como nos lo recuerda, a pesar de los obstáculos, los contratiempos, las estupideces y las atrocidades, hay un registro sin igual, y *documentado*, que muestra que ese sueño es real. Los Estados Unidos fueron son y —oramos por ello— serán siempre un lugar donde, más que en ninguna otra parte, los sueños se hacen realidad.

RUMBO AL OESTE

(1492-1607)

Para los europeos América aparece poco a poco, más allá del horizonte occidental. Liderados por Cristóbal Colón, una serie de exploradores valientes y aguerridos, compiten por lograr nuevos descubrimientos y afirmar la soberanía sobre vastas regiones. España busca el imperio y también Portugal. Habiendo liberado a la Península Ibérica de setecientos años de dominio musulmán, conservan aún una horrible práctica de los moros: la esclavitud humana. Francia e Inglaterra llegan más tarde, estableciendo colonias respectivamente en Canadá y a lo largo de la plataforma marítima del Atlántico. Los ingleses, aun habiendo llegado tarde, desafían el hambre imperial de los españoles, tomando al fin el control de los mares, arrebatándoselo a los amos españoles que hasta entonces habían dominado. El miedo a lo desconocido, a las enfermedades, las privaciones, los animales salvajes y a los nativos a veces hostiles, no impidió que los europeos se sintieran irresistiblemente atraídos a las posibilidades de una nueva vida en el Nuevo Mundo.

I. Colón: «El que lleva a Cristo»

Bartolomé Díaz con sus dos barcos debió regresar un tanto maltrecho al puerto de Lisboa en diciembre de 1488, portando noticias asombrosas: había logrado navegar rodeando el Cabo de Buena Esperanza, en el extremo sur de África. La ruta marítima hacia las riquezas de la India y las Islas de las Especias en Asia, estaba abierta para los marinos portugueses. Entre los que esperaban a Díaz en Lisboa con el objeto de llevar su informe al rey Juan II, se encontraba un capitán pelirrojo, alto y procedente de Génova. Un italiano llamado Cristóbal Colón. El triunfo de Díaz significaría más años de desaliento para el marino italiano. Porque si se podía llegar a la India navegando hacia el este, el rey no mostraría interés en la gran empresa de Colón: un viaje a las Indias, navegando hacia el *oeste*.[1]

Los portugueses llevaban un siglo de intentos por avanzar a lo largo de la costa de África. A diferencia de sus vecinos españoles, que habían pasado la mayor parte del siglo quince luchando por liberar a su país de los moros musulmanes, Portugal había estado unido y explorando. El príncipe Enrique el Navegante, había inaugurado una famosa escuela en Sagres, donde se enseñaba todo lo concerniente a la navegación, la cartografía y las destrezas de los marinos.[2] El príncipe Enrique envió unas quince expediciones al Cabo Bojador, en África, al sur de las Islas Canarias. Y todos sus capitanes volvían afirmando que la poca profundidad y las fuertes corrientes hacían que ese punto fuera el último en su itinerario. Era insuperable. Finalmente el príncipe Enrique *ordenó* que Gil Eannes navegara más allá del cabo. Eannes lo hizo en 1434, navegando hacia el *oeste* para internarse en el Atlántico antes de virar y dirigirse de nuevo hacia la costa africana. Había logrado navegar más allá del temido cabo.[3] Este mismo Eannes volvería diez años más tarde con su primera carga de doscientos esclavos africanos. Gomes Eanes de Zurara, contemporáneo portugués de Eannes, escribió que las desesperadas madres africanas «abrazaban a sus niños y, echándolos al suelo, los cubrían con sus cuerpos, sin que les importara que las hirieran con tal de impedir que las separaran de sus hijos».[4] Zurara intentó minimizar el horror de esas escenas, asegurándoles a sus lectores que los esclavos «eran tratados con amabilidad, y que no se hacía diferencia entre ellos y los sirvientes de Portugal, nacidos en libertad». Dijo que se les enseñaban oficios, que se les convertía al cristianismo y que se les alentaba a los casamientos mixtos con los portugueses.[5] Pero deja entrever la realidad, cuando escribe: «¿Qué corazón podría ser tan duro como para no sentir compasión al ver a esa gente?»[6] La presencia de algunos africanos de tez un tanto más clara, sugería que al menos algunos habían sido comprados en los mercados de los «desaprensivos mercaderes musulmanes».[7]

La esclavitud fue parte ineludible de la vida de África. Mansa Musa, devoto musulmán, ocupó el trono de Malí (hoy parte de Nigeria). Vendió catorce mil esclavas para financiar su viaje a El Cairo en 1324.[8] Los árabes siempre estaban «arrebatándonos a nuestra gente, como mercancía», se quejó el rey negro de Borne (hoy, ciudad de Nigeria) al sultán de Egipto en la década de 1390.[9] Con la expansión del islam a la «Costa de Oro» del oeste de África, el tráfico de esclavos aumentó de manera notable.[10] Los portugueses, aunque cristianos, favorecieron esa práctica. Trescientos años antes de la adopción de la Constitución de los Estados Unidos, las decisiones tomadas en Europa y África tendrían consecuencias enormes y terribles para una nación todavía no imaginada y para un pueblo que todavía no tenía nombre.

Los esfuerzos de Portugal cobraron nuevo impulso cuando los turcos otomanos musulmanes finalmente conquistaron Constantinopla en 1453. Eso significaba que las ciudades-estado como Génova y Venecia tendrían que comerciar con los turcos si deseaban tener bienes tan preciados como la pimienta, el jengibre, la canela, la nuez moscada o el clavo de olor. Y los reinos del Atlántico debían entonces abrirse hacia el *exterior*.

Colón había tenido que rogarle al rey Juan II que le diera un salvoconducto a Lisboa, porque temía que le arrestaran a causa de sus deudas. Por supuesto que Colón era capaz de dirigir la aventura que proponía. Había viajado incluso hasta Islandia y Gran Bretaña, y por todo el Mediterráneo, en un momento en que la mayoría de los marinos no se atrevían a perder de vista la costa. Con todo, a Colón le llevó años de súplicas conseguir apoyo para su gran proyecto.

Una de las cosas con las que Colón no necesitó enfrentarse fue la con la idea de que la tierra fuera plana. Aunque como concepto errado era creencia común en su época, todos los académicos del momento sabían bien que la tierra tenía forma de esfera. Lo que no sabían era cuál era su circunferencia. Y en eso fue que Colón equivocó sus cálculos. Pensó que Japón estaba a solo unos 3,500 kilómetros al oeste de las Islas Canarias.[11]

Colón escuchó el informe de Díaz al rey de Portugal, y regresó a España con las manos vacías. Fueron años de gran frustración para Colón y los monarcas españoles —Fernando e Isabel—, cuya máxima preocupación era la de expulsar a los moros de la Península Ibérica. Finalmente, en 1492 los gobernantes españoles lograron liberar a su país de setecientos años de dominación mora. Fernando e Isabel consideraron que su victoria había sido un regalo de Dios. Y se autodenominaron «Reyes Católicos». La devota fe religiosa de Colón fue de gran ayuda en sus muchas apelaciones ante los reyes. Tomaba muy en serio su nombre de pila, cuyo significado es «el que lleva a Cristo». Así que rogó pidiendo una oportunidad de llevar el cristianismo a tierras y pueblos allende los mares.[12]

Colón partió del Puerto de Palos el 2 de agosto de 1492, con tres barcos pequeños, llamados *carabelas*. Con viento a favor y cielo despejado, la *Niña*, la *Pinta* y la *Santa María* —carabela principal— navegaron las distancias en poco tiempo. Pero aun con condiciones favorables, los marineros españoles que acompañaban a Colón pronto empezaron a quejarse. Si los vientos soplaban siempre de manera estable hacia el oeste, ¿cómo regresarían a España? Cuando la reducida flota entró en una zona donde el sargazo era denso, los hombres comenzaron a preocuparse porque temían quedar varados. Y lo peor era que siendo ellos españoles, el capitán general no lo era. Colón era genovés, y siglos de ocupación extranjera habían causado resentimiento hacia los forasteros entre los hijos de España. Colón debió engañar a sus marineros, llevando doble registro de la bitácora del barco para mentir en cuanto a la distancia recorrida día a día. Pero aun con ese truco los hombres notaban que habían avanzado más al oeste de lo que nadie lo hubiera hecho antes, y más de lo que creían haría falta mucho para llegar a ver tierra otra vez.

Amenazado con un motín de la tripulación, Colón se vio obligado a prometerles a sus capitanes el 9 de octubre, que si en *tres días* más no veían tierra, todos darían la vuelta y regresarían a España. Sus capitanes eran Martín Alonso Pinzón, al mando de la *Pinta*, y su hermano Vicente Yáñez Pinzón, capitán de la *Niña*. Eran españoles, nacidos en el seno de una familia de marinos del Puerto de Palos, y gracias a su ayuda Colón logró lo que de otro modo habría sido imposible para él. Afortunadamente para Colón, los vientos arreciaron e impulsaron las naves al punto que la tripulación avistó señales de tierra muy pronto. La luna brillaba tras la sombra de las aves migratorias. Las aguas traían ramas con hojas aún verdes, con lo cual supieron que no estaban lejos de la costa.[13]

De repente, las fuertes ráfagas de viento y las olas de un mar embravecido causaron temor entre los marinos la noche del 11 de octubre, pero Colón se mantuvo impertérrito. No arriaría las velas. En la madrugada del día 12 Rodrigo de Triana, vigía de la *Pinta*, gritó: «¡*Tierra, tierra!*» Colón dio órdenes de anclar lejos de la orilla, para evitar los arrecifes y finalmente, mandó arriar las velas. Al amanecer empezaron a buscar un lugar seguro para bajar de los barcos.[14]

Colón, ahora conocido como «el almirante», dejó la *Santa María* en una chalupa y se dirigió hacia la orilla. Sobre su cabeza flameaba la bandera real de Castilla (importante provincia de España) y el estandarte de su expedición: una cruz verde con una corona, todo sobre fondo blanco. Los hermanos Pinzón se unieron al grupo, en los botes de sus carabelas. Los hombres se arrodillaron en la playa y dieron gracias a Dios por haber llegado a salvo. Luego Colón le dio nombre a la isla —que hoy forma parte de las Bahamas—: San Salvador, por el Santo Salvador.[15]

Al poco tiempo, Colón y sus hombres se encontraban explorando, nombrando y reclamando otras islas del Caribe. Cuando aparecieron los nativos, casi desnudos, dóciles y deseosos de comerciar con los europeos, Colón los llamó indios. Pese a que no estaba en la India, estaba seguro de que se hallaba en algún lugar de Asia, aunque el idioma y las costumbres de esa gente no se correspondían con nada de lo que hubieran informado los navegantes al Oriente desde los tiempos de Marco Polo.

Muchos de los aborígenes llevaban aretes de oro en sus narices, por lo que Colón tuvo que asegurarles a sus hombres que la travesía había valido la pena. No serían ellos quienes recibieran la gloria, y eso lo sabían. Tampoco alcanzarían posiciones de privilegio por su gran descubrimiento. Con el oro tendría que bastarles y pronto Colón sintió que debía encontrar cantidades significativas del precioso metal.

También fue para él importante lo que los indios le traían: tabaco, cuyo humo Colón aprendió a inhalar imitando a los nativos. En toda América era común el consumo de tabaco y a los españoles el hábito les pareció placentero. Ahí, en esas primeras horas del encuentro entre los europeos y los aborígenes, las exóticas hojas aparentaban ser un tesoro. Algún día se convertirían en principal cultivo de diversos estados de América del Norte, y serían de gran interés económico durante más de cinco siglos.[16]

En una isla que Colón denominó *La Española* (o Hispaniola), encontraron más indios ansiosos por comerciar. Y lo más importante: parecían poseer enormes cantidades de oro.[17]

De modo que con todo gusto, y fácilmente embaucados para que canjearan su oro por pequeñeces sin valor alguno, como las campanitas de bronce que utilizaban los halconeros, por su escaso valor en España, los indios se hicieron vulnerables en diversos aspectos. Se les podía dominar para que, como esclavos, trabajaran en las minas de oro. Y más aun, las mujeres parecían ser sexualmente muy dispuestas. Para los marinos que no habían tenido contacto con mujer alguna durante meses, y a quienes poco les importaban las enfermedades venéreas, la tentación sexual fue irresistible. Se ha podido rastrear el inicio de la devastación causada por la sífilis hasta ese primer encuentro de los hombres de Colón con los pueblos originarios. Un contemporáneo de Colón, el Obispo de Las Casas, piensa que los indios que regresaron a Barcelona con los marinos de esa primera expedición contagiaron esa enfermedad a «las mujeres de la ciudad», un eufemismo para referirse a las prostitutas, que luego contagiaron a los soldados españoles. De allí la enfermedad se difundió por Europa y el resto del mundo.[18] Los indios, por su parte, contrajeron viruela y sarampión de los españoles, enfermedades que minaron poblaciones enteras puesto que los habitantes no contaban con defensas en su sistema inmunológico ante un mal desconocido para ellos.

Cuando la *Santa María* naufragó al dar con un arrecife junto a las costas de la Hispaniola el día de Navidad de 1492, los hombres de Colón descargaron las provisiones y comerciaron con los indios. Uno de los caciques locales, llamado Guacanagari, ordenó que sus hombres ayudaran a descargar el barco hundido, por lo que Colón anotó en su diario que los indios fueron honrados y «no robaron siquiera un clavo».[19] Con la madera del barco hundido Colón construyó un fuerte que llamó Navidad, primera habitación europea en América. Y cuando se preparaba para regresar a España, no le fue difícil encontrar voluntarios que quisieran quedarse en el lugar. El oro era un gran incentivo.

La *Niña* y *La Pinta* partieron el 18 de enero de 1493 de la Bahía de Samana, rumbo a España. Colón no era lo que hoy podríamos definir un *navegante* capaz. Faltaban siglos para la invención del sextante y los cronómetros de precisión. Pero a Colón, extraordinario marino, le guiaban su sentido del olfato y la observación de los vientos. Sabía cómo reconocer las corrientes y las señales de tierra. Sus primeros cálculos habían ubicado a Cuba a la misma latitud que Cabo Cod. Por fortuna, supo corregirlo y la mayor parte de la travesía de regreso a España fue calma, sin incidentes, hasta que el 12 de febrero ambas naves entraron en una zona de vientos muy fuertes. El viento helaba y el almirante de la *Niña* junto a Vicente Pinzón se turnaban al mando del timón. Con cada ola la pequeña nave amenazaba con volcar y en esas aguas no había esperanza alguna de rescate.[20] Los hombres de Colón prometieron ir de peregrinación al santuario más cercano para dar gracias a la Virgen María si sobrevivían a tal tormenta.

Cuando avistaron tierra en las Azores portuguesas, les llevó tres días poder anclar a salvo cerca de una aldea llamada *Nossa Senhora dos Anjos* [Nuestra Señora de los Ángeles]. Fieles a su promesa, los hombres de Colón se dirigieron a la iglesia pero mientras decían sus oraciones, ya vestidos con sus ropas de dormir, en señal de penitencia ¡fueron arrestados! Las autoridades portuguesas sospechaban que los marinos españoles habían estado navegando a lugares prohibidos de la costa africana.[21] Y con sus hombres en prisión, Colón —aún a bordo de la nave— amenazó con bombardear la aldea si no se les liberaba. Afortunadamente el capitán del puerto llegó, con atraso a causa de otra tormenta, y se convenció de que Colón y sus hombres estaban regresando del *otro mundo*, y no eran piratas que codiciaban las riquezas africanas que pertenecían a Portugal.[22] Les proveyó generosamente de todo lo que necesitaban antes de su partida. Y el incidente —casi una farsa— muestra los esfuerzos de los portugueses por proteger su monopolio en el próspero tráfico de esclavos.

Al partir en la Niña Colón volvió a encontrarse con fuertes tormentas y cuando por fin vio tierra otra vez, se hallaba ya en la desembocadura del Río Tajo, en Portugal. Amenazado por un buque de guerra portugués, pidió permiso al rey para poder amarrar. El rey Juan II, que dos veces se había negado a financiar la gran empresa de Colón, no solo le otorgó permiso y aprovisionó su barco, sino que mandó llamar al almirante para que se reuniera con él en un monasterio que estaba a unos cincuenta kilómetros. Quería oír su relato. Algunos de los cortesanos del rey estaban celosos y viendo que España podría conseguir mucho a partir de ese asombroso descubrimiento, aconsejaron al monarca que mandara asesinar a Colón. Cuando los indios que se habían unido a la tripulación le mostraron al rey un rudimentario mapa de sus islas, formándolo con guisantes, Juan exclamó: «¡Cómo pude dejar de lado tan maravillosa oportunidad!»[23] Aun desilusionado, el rey no mandó matar a Colón.

Pero incluso al dejar Portugal, Colón no podía afirmar con certeza que había descubierto el Nuevo Mundo. Debido a que Martín Alonso Pinzón, capitán de la Pinta, se había adelantado evitando las tormentas que afectaron el avance de Colón al oeste de las Azores, por lo que no sufrió demoras. A su llegada, mandó anunciar a Fernando e Isabel que tenía que informarles algo. Los monarcas, sin embargo, respondieron que querían recibir informes directamente de su almirante, en el Mar del Océano en ese momento. Mientras tanto Colón había podido compensar el tiempo perdido y arribó al Puerto de Palos a poco de la llegaba de la Pinta. Su capitán español no podría robarle el crédito. Pinzón, desilusionado, murió en su casa de campo cerca de Palos un mes más tarde.[24]

En abril de 1493 Colón llegó al Alcázar, el palacio real, para presentar formalmente su informe a Fernando e Isabel. Se arrodilló ante el rey y la reina, pero ellos le indicaron que se pusiera de pie, y le ofrecieron un asiento de honor junto a Isabel.

Entonces les fueron presentados los indios, y todos se asombraron no solo ante las joyas y el oro sino ante cosas tan extrañas como los loros, nunca antes vistos en Europa. Las «especias» que Colón presentó, no causaron tanta impresión porque la afamada riqueza de la India no se encontraba entre esta colección de plantas comunes de América. Entonces todos se reunieron para el *Te Deum* en la capilla real. Y la última estrofa: *Oh, Señor, en ti he confiado, líbrame siempre del mal,* hizo que el valiente marino se conmoviera hasta las lágrimas.[25]

Si tan solo Colón se hubiera detenido allí, en esa capilla... Nada sucedería en los trece años que le quedaban de vida, como para añadir a su fama. Por el contrario, hubo acciones que le restaron renombre. Porque lideró una segunda, tercera y cuarta expedición al Nuevo Mundo. El segundo viaje y el más importante, contó con diecisiete naves. Aunque seguiría explorando y reclamando riquísimas islas del Caribe, y aunque avanzó hasta lo que hoy es Panamá, en parte del subcontinente norteamericano, sus dotes de administrador distaban mucho de darle buen nombre. Y después de su tercer viaje ¡hasta le arrestaron y le devolvieron a España, encadenado! Colón aportó muchísimo al acervo sapiencial de la humanidad. Pero jamás llegó a saber que su *otro mundo* no era, en efecto, parte de Asia sino un nuevo continente.

No se puede dejar de mencionar el trágico giro de sus relaciones con los indios. Y las relaciones de estos con los colonos españoles para quienes Colón había abierto el camino, se volvieron terribles. Los dóciles taínos no habían sido el único pueblo nuevo encontrado por Colón. Los feroces caribes —guerreros y que practicaban el canibalismo— presentaban un peligro para las benignas intenciones con las que Colón había comenzado, y como no había encontrado las codiciadas especias, el emprendimiento colonial español se vio reducido a la búsqueda de oro y a la dominación de los indios, que como esclavos debían trabajar en las minas. En vano se esforzó Colón en sus pedidos por colonos de mejor calidad. Después de su primer viaje en el que solamente tres tripulantes habían sido reclutados de prisiones españolas, las siguientes expediciones contaron casi exclusivamente con delincuentes como marineros. ¿Quién más querría acompañar al marino hasta el Nuevo Mundo? Al escuchar las historias de la matanza de colonos en el Fuerte Trinidad a manos de los indios, los españoles perdieron su inicial entusiasmo en la conversión de los aborígenes.

Son incalculables los resultados de los viajes descubridores que realizó Colón. Desde esas nuevas tierras, Europa obtuvo maíz, tomates, pimientos, maníes, batatas y pavos. La introducción de la papa causó una revolución en la agricultura europea.

Millones de personas se alimentaban de los nuevos cultivos que el Nuevo Mundo tenía para ofrecer. Irónicamente, eso hizo que el hambre de dominio fuera cada vez más fuerte entre los europeos. Desde Europa, el nuevo continente recibió trigo, manzanas, uvas, cerdos y caballos. Estos fueron la base de toda una cultura de cazadores entre los indios de las Grandes Planicies.[26] La increíble destreza con que los valientes indios de las planicies cabalgaban, tuvo su origen en los caballos que trajeron los españoles.

Los descubrimientos de Colón abrieron las puertas a un «comercio triangular» que iría creciendo con el paso de los siglos. Desde Inglaterra y Europa los barcos irían a la «Costa de Oro», en África, para abastecerse de esclavos, y luego atravesarían el terrible y fatal «Pasaje Medio» del Atlántico, para llegar al Caribe y luego a las colonias británicas en la costa atlántica de América del Norte. Allí los colonos norteamericanos canjearían materias primas, como tabaco, algodón y madera, por esclavos. Y los barcos volvían entonces a cruzar el Atlántico, de regreso a Europa.

Con todo, se les debe una respuesta a quienes afirman que fue Colón quien trajo la esclavitud al Nuevo Mundo y que las enfermedades de los europeos diezmaron la población aborigen. La esclavitud era un hecho en la vida de los europeos, trágico y vergonzoso, pero real. Pero también era un hecho en la vida de los árabes en particular, de los africanos y los habitantes de India. En Asia siempre había existido la esclavitud. No parece justo achacarle a Colón algo que en realidad era una práctica casi universal y aunque hoy la esclavitud sea vista como algo deplorable no podemos ignorar el desarrollo moral de Occidente desde nuestro punto de vista, sin tomar en cuenta el contexto de la historia. Fue a partir de la experiencia misma de administrar un imperio tan vasto que los académicos españoles empezaron a elaborar doctrinas universales de derechos humanos que al fin dieron como resultado la abolición de la esclavitud en Occidente.[27]

Podríamos presentar un argumento contrario: ¿Quién, en la época de Colón, no practicaba la esclavitud? Llegaríamos a la conclusión de que lejos de ser los *peores*, los occidentales fueron pioneros en el mundo en su esfuerzo por terminar con esa práctica.

Las terribles consecuencias de la viruela y el sarampión —que seguirían cobrándose víctimas entre los indios hasta bien entrado el siglo diecinueve— no podrían haber sido previstas por los exploradores europeos de la época de Colón. Poco se sabía sobre la teoría de los gérmenes y cuando el desarrollo de la ciencia hizo que se conociera, las vacunas para proteger a las personas de esas enfermedades fueron producto de la cultura europea, de ese mismo espíritu explorador y de búsqueda que tenía Colón, hoy tan atacado por muchos. Y aunque los europeos del tiempo de Colón hubieran tenido el conocimiento científico para realizar pruebas, la única forma de evitar el contagio entre los aborígenes inocentes habría sido la de quedarse en casa, en España.

Los críticos también parecen dejar de lado la devastación que la peste había causado en Europa en el siglo anterior. Se calcula que un tercio de los europeos murieron como resultado de esa epidemia, que los expertos creen se originó en el desierto de Gobi a principios del siglo catorce.[28] La Peste Negra, como se conocía a la peste bubónica en ese entonces, había llegado a Europa desde Asia. De modo que la acusación moral contra Occidente por haber llevado las enfermedades al Nuevo Mundo queda atrás ante la evidencia de lo originado en Asia, con una acusación igualmente absurda.

En la denuncia contra Colón y sus sucesores hoy tenemos una versión actualizada de la *leyenda negra*, que los países protestantes aplicaban a los españoles católicos. Como dijo el talentoso escritor G.K. Chesterton, muchas de las historias inglesas sobre la exploración y conquista de los españoles, reflejaban «el deseo del hombre blanco por despreciar al indio piel roja, y el contradictorio deseo del británico por despreciar al español, porque este despreciaba a los pieles rojas».[29]

Sin embargo, no todos los españoles sentían desprecio. El padre Antonio de Montesinos se dirigió a los colonos de la Isla La Española en 1511, apenas una década después del último viaje de Colón, y les dijo:

> Soy la voz de uno que clama en el desierto. Esta voz dice que viven ustedes en pecado mortal, y morirán también en este pecado a causa de la crueldad y tiranía a la que someten a esta gente inocente. Díganme, ¿con qué derecho con justicia mantienen en tan horrible y cruel esclavitud a estos indios? ¿Con qué autoridad libran tan detestables guerras contra esta gente que vivía pacíficamente en su propia tierra, y quiénes son ustedes para haber destruido a tantos de ellos mediante indecible miseria y asesinatos? ... ¿Es que no son hombres estos indios? ¿Es que no tienen almas racionales? ¿No están obligados ustedes a amarles, como se aman a sí mismos?[30]

Y no era Montesinos el único, como decía en su discurso.

Bartolomé de Las Casas fue el clérigo español que más se *opuso* a las crueles medidas contra los indios. Incluso, en su famoso *Confesionario*, aconsejaba a los sacerdotes que negaran la absolución a los colonos que poseyeran esclavos aborígenes o abusaran de ellos. Las Casas sostuvo un largo debate con el académico más importante de su época, Juan Gines de Sepúlveda, de Valladolid, estudioso de Aristóteles. Sepúlveda argumentaba que los indios eran lo que los grandes filósofos consideraban «esclavos por naturaleza». Las Casas le contradecía argumentando que porque los indios no habían tenido acceso a las Escrituras, no eran moralmente culpables de los horrores del canibalismo y los sacrificios humanos.[31] Por su irrevocable defensa de los indios, a Las Casas se le conoció como «defensor de los indios».[32]

Montesinos y Las Casas no eran, en efecto, voces solitarias en el desierto. Ambos actuaron con pleno compromiso para presionar a los monarcas españoles en pos de que aprobaran medidas que ayudaran a los indios. Pero la distancia entre España y el Nuevo Mundo era enorme. La especulación en torno a la naturaleza del indio —¿sería plenamente humano?— llevó a pensadores españoles como el fraile dominicano Francisco de Vitoria, a escribir copiosamente sobre la naturaleza de los derechos humanos. Junto a Suárez y Grotius, merece ser mencionado como uno de los fundadores de la ley internacional moderna.[33] Entre los firmes principios de Vitoria, se contaban los siguientes:

> *Todo indio es un hombre y por ello, capaz de obtener la salvación o la condenación.*
>
> *Los indios no pueden ser privados de sus bienes o poder en razón de su retraso social.*
>
> *Todo hombre tiene derecho a la verdad, a la educación...*
>
> *Por ley natural, todo hombre tiene derecho a su propia vida y a la integridad física y mental.*
>
> *Los indios tienen el derecho a no ser bautizados y a no ser obligados a convertirse en contra de su voluntad.*[34]

Algunos críticos señalan que esos principios moralmente sofisticados se vieron honrados muy pocas veces en América Latina. Y aunque pueda ser cierto, ¿dónde se enunciaron y defendieron dichos principios? Además, tenemos que recordar que esos pensadores eran clérigos, no gobernantes. Pocos de los críticos de hoy preferirían que fuera la iglesia la que gobernara el estado y aun así, ¿podría decirse que la crítica a la conducta española en América Latina debiera ser, no que era demasiado católica, sino que no lo fuera lo suficiente?

Por esos apasionados escritos y sermones de cristianos españoles entendemos que la misma seriedad moral y las mismas amonestaciones basadas en la razón, se harían escuchar entre los evangélicos estadounidenses trescientos años más tarde en su cruzada contra la esclavitud de los negros en el sur de los Estados Unidos. No debiera sorprendernos. Porque leían la misma Biblia.

Son pocos los escritores europeos, y casi no encontramos ninguno entre los asiáticos, africanos o árabes, que se angustiaran por la condición y trato dispensado a los pueblos sometidos. ¿No estarán siendo puestos en la picota de la historia los españoles porque sus conciencias les llevaron a denunciar la conducta de sus compatriotas, en lugar de estar allí por su falta de conciencia? Las acusaciones más punzantes contra la conducta española, vienen de la pluma de los testigos españoles, y están escritas en español.

El trato a criminales y herejes en esa época nos da cierta idea del nivel de sensibilidad pública. En la mayoría de los reinos de Europa, un traidor convicto sería sentenciado a la horca, al potro o al descuartizamiento. Ese proceso implicaba que sería colgado el desafortunado hombre hasta que quedara casi inconsciente. Luego, se le abría el abdomen y se extraían sus vísceras, que eran quemadas mientras la persona estaba todavía viva. Y finalmente, se ataban sus cuatro extremidades a sendos caballos, para descuartizarlo azuzando a los animales. A los herejes les iba un poco mejor. Quemados en la hoguera, método de ejecución lento y dolorosísimo, podían considerarse benditos si sus amigos habían logrado esconder bolsas con pólvora entre sus ropas, para que la explosión diera fin a su tortura.

Esas prácticas medievales nos muestran una civilización que aún no había llegado a desarrollar un sentimiento de justicia y misericordia. Es anacrónico y vengativamente selectivo acusar a los exploradores y colonizadores europeos de no haber cumplido con nuestros parámetros modernos en materia de derechos humanos.

II. La lucha por el imperio

El papa Alejandro VI, miembro del notorio clan de los Borgia, había recibido el apoyo de Fernando e Isabel para su candidatura como pontífice. No es de extrañar entonces que la bula que emitiera con premura el 4 de mayo de 1493, dividía el mundo entre España y Portugal, en términos sumamente favorables para España. A causa de las protestas de los portugueses, y ansioso por mantener liberadas las líneas de comunicación con las nuevas tierras, los españoles acordaron correr la línea de demarcación 1,890 kilómetros hacia el oeste, en el Tratado de Tordesillas, de 1494. Así, Portugal podría reclamar Brasil, además de vastos territorios en África, India y las Indias Orientales.[35] Con eso, podría haberse dado por acabada la contienda en la Europa católica, si no hubiera sido porque otros monarcas de firme voluntad vieron oportunidades para sí mismos.

Francisco I, rey de Francia, no se dejó impresionar. Dijo que «el sol brillaba para él como para los demás» y con todo ingenio le respondió al Papa diciendo que quería ver el testamento de Adán «¡para ver cómo había divido él al mundo!»[36] (Los indios cenu en América fueron todavía menos reverentes. Su reacción ante la noticia de que el Papa había dividido el mundo fue: «¡El Papa debe haber estado borracho!»)[37]

Sin embargo tan sobria decisión de parte del Pontífice tuvo enormes ramificaciones para los norteamericanos, siglos más tarde. Entre otras cosas, significó que España y Portugal no competirían por dominar el subcontinente del norte.

A medida que la noticia de los descubrimientos de Colón se difundía por Europa —gracias a reciente invención de la imprenta— los gobernantes vieron que también tendrían que buscar nuevas rutas comerciales a las Indias, si no querían verse desaventajados por el monopolio comercial y lucrativo de España y Portugal. Siguiendo con su gesta conquistadora hacia el este, los portugueses lograron llegar a India en 1498, exclusivamente por mar. El viaje de Vasco da Gama culminó a su regreso a Lisboa en 1499, con las verdaderas especias y el contacto con los gobernantes de la India, que Colón no había logrado. Solo dos de los cuatro barcos de da Gama —el San Gabriel y el Berrio— pudieron regresar, y de los 170 marinos solamente 55 habían sobrevivido a las arduas condiciones de la travesía, pero se había echado el cimiento del imperio portugués — primer y último estado Europeo en gobernar tierras más allá de los océanos.[38]

Juan Cabot intentó hacer para Enrique VII de Inglaterra lo que Colón había hecho por los monarcas de España. Cabot, nacido en Génova como Colón, convenció al mezquino primer rey de los Tudor a financiar su intento por encontrar un pasaje a las Indias por el norte. En 1497, el *Mateo* —la pequeña nave de Cabot— llegó a Norteamérica, a un punto que él dio en llamar Nueva Tierra Encontrada [New

Found Land]. Aunque permaneció allí menos de un mes y no estableció colonia permanente, además de no haber traído riquezas a su regreso, Cabot y su reclamo de tierras para Inglaterra formaron la base del posterior dominio británico en esta parte del continente. El intento de un segundo viaje en 1498, con el objeto de llegar a las afamadas Indias por la vía de América del Norte, culminó con la desaparición de Cabot y toda su tripulación.[39]

Poco a poco los europeos se dieron cuenta de que el Nuevo Mundo no formaba parte de Asia, sino que era una nueva masa de tierra, dos continentes nuevos. ¿Qué nombre le darían? Un aventurero italiano les brindó la respuesta. Américo Vespucio era hijo de una rica familia de Florencia. Los Vespucio estaban conectados con la poderosa familia de los Médici, que producía gobernantes florentinos y papas. Américo escribió interesantes informes de sus viajes a América del Sur. «Era yo el más ducho de todos los capitanes y almirantes del mundo», se ufanaba Vespucio.[40] Tanto exageró el alcance de sus viajes, que omitió todo relato o referencia a la valentía de los capitanes al mando de sus naves.

Américo era muy bueno para contar historias. Contó que una banda de mujeres y jóvenes nativas se había acercado a la orilla, junto a la costa de lo que hoy es Brasil. El capitán del barco en que iba Américo decidió atraer a aquellas mujeres desnudas, enviando al marinero más joven y apuesto con regalos. Es posible que las mujeres se hayan sentido encantadas, pero Américo relató en términos muy vívidos que una de ellas, fuerte y robusta, mató a golpes al joven marinero en tanto la tripulación portuguesa miraba con ojos azorados a esas amazonas*, ¡que procedieron a asar y comerse el cuerpo del marinero asesinado![41] Américo fue el primer escritor europeo después de Colón, que describió las plantas, animales y pueblos del Nuevo Mundo con tantos detalles, todos vibrantes e inolvidables.[42] Europa sentía horror tanto como fascinación ante tales historias y no es de extrañar que cuando un cartógrafo alemán, Martin Waldseemüller, decidió publicar un libro de grabados en 1507, pusiera en letras muy grandes la palabra AMÉRICA sobre el mapa de este continente austral.[43] Pronto, el nombre de ese aventurero acabó siendo utilizado para los nuevos continentes.

Francia no querría quedar afuera. En 1524, el culto italiano Giovanni da Verrazano, logró que Francisco I y un grupo de banqueros financiaran su intento por

---

* Las amazonas eran una raza de guerreras de la mitología griega. De allí el nombre se aplicó a esas nativas de Brasil y con el tiempo, al gran Río Amazonas.

encontrar un pasaje a Cathay —nombre con el que entonces se conocía a China— navegando hacia el oeste. Verrazano zarpó con su pequeño *Dauphine* (Princesa) y llegó a la costa de América del Norte, donde identificó a grandes rasgos la topografía del continente. Aunque no llegó a entrar en los puertos naturales como la Bahía de Chesapeake, la Bahía de Delaware y Nueva York, confirmó que el continente norteamericano era un *nuevo mundo* y no solamente un promontorio de Asia. Navegó en torno a Staten Island, en Nueva York y describió los estrechos que hoy llevan su nombre. Se equivocó al identificar las costas de Carolina del Norte como istmo que llevaba al Pacífico, pero sus registros de navegación fueron un valioso aporte a la cartografía de la época.

Verrazano tenía la esperanza de establecer una Nueva Francia en este Nuevo Mundo, un imperio colonial que se extendería desde la Florida hasta Newfoundland. En su segundo viaje logró frustrar un intento de motín, y engañó a sus hombres para poder dirigirse hacia Brasil. Allí pudo obtener una valiosa carga de madera desconocida para los europeos y con ello compensó a sus financistas por haber fracasado en su intento por llegar a China. Su último viaje, en 1528, terminó trágicamente cuando llegó a una isla que se supone es hoy Guadalupe. Lo atacaron los aguerridos indios caribe, que la emprendieron contra él, su hermano Girolamo y su tripulación. Los caribe lo destrozaron a hachazos y luego se lo comieron. Su prematura muerte y su fracaso en el intento por encontrar una ruta marítima a China, hicieron que Francisco I y los franceses perdieran el interés durante un tiempo. Pero sus exploraciones hicieron que los ingleses y franceses volvieran a prestar atención a la búsqueda de un pasaje a Oriente, por el noroeste.[44]

Francisco I no solo había perdido el interés. Es que su atención estaba en otros asuntos, al punto de que hasta había sido puesto en prisión. Aun así pudo apoyar los importantes viajes de Jacques Cartier. El padre de la Nueva Francia navegó rumbo al norte hacia Norteamérica en 1534, con su barco insignia *La Grande Hermine* [La gran comadreja] y cruzó el Atlántico en solo tres semanas. Exploró Newfoundland, el Labrador y la Isla Príncipe Eduardo. El gran Golfo de San Lorenzo —puerta de entrada a Canadá— recibió tal nombre en memoria del mártir cristiano romano. Sus hombres eran diestros marinos, que lograron evitar los témpanos de hielo y se deleitaban en los festines de carne de oso polar.[45]

Cartier era un marino excelente. Jamás perdió una nave. Jamás perdió un marinero en alta mar. En sus tres visitas a Norteamérica, entró a cincuenta puertos que no figuraban en los mapas, y salió de ellos sin incidente alguno.[46] Su título era el de *Captaine et pilote de Roy*. El rey Francisco podía nombrarle capitán, pero ese marino bretón, por derecho propio se ganó el título de piloto. Como tributo a la destreza de Cartier y a su entereza como capitán, los marineros de St. Malo (puerto marítimo de Bretaña, al noroeste de Francia) siempre ansiaban viajar con él.[47] Aunque los descubrimientos de Cartier —que incluyeron el interior de Québec (que en hurón significa «estrechamiento del río»), tan rico en pieles— formarían la base para el Imperio Francés en América, los resultados inmediatos de sus viajes fueron magros. Trajo cargas de pirita —el oro de los tontos— y cuarzo, pero no los diamantes que esperaba encontrar. Creyó los cuentos de las fabulosas riquezas del reino de los saguenay, que le contó Donnaconna, cacique de los hurones (y secuestró al pobre indio para que le contara su historia al rey). Pronto Francia se vería también envuelta en una guerra religiosa. El sucesor de Francisco I, su hijo Enrique II, no tenía interés alguno por el emprendimiento canadiense a pesar del hecho de que las pieles y el pescado habrían representado grandes ingresos para su reino. Y durante un siglo, los cínicos franceses usaron el mote de *diamant de Canada* (diamante de Canadá) para referirse a cualquier cosa que fuera burda imitación de otra.[48]

Mientras tanto, España se ocupó de continuar con sus acciones iniciadas con el descubrimiento de Colón, y tierra y mar fueron campo de próspero negocio durante el siglo dieciséis. Desde la isla La Española, descubierta por Colón y ahora base de operaciones, los barcos españoles recorrían el Caribe. El explorador Ponce de León (llamado «adelantado»), buscó nuevas tierras y llegó con sus barcos hasta la península que llamó Florida (en realidad, Pascua Florida) en 1513. Desde allí avanzó a los Cayos de la Florida y hacia Yucatán, en México. Cuando Vasco Nuñez de Balboa cruzó el istmo de Panamá, también en 1513, fue el primer europeo en ver el Océano Pacífico.

En la generación posterior a la de Colón, otro marino extranjero añadiría lustre a los anales españoles de la exploración y el descubrimiento. Fernando de Magallanes era portugués: «Dios les dio a los portugueses un país pequeño donde vivir, pero un mundo enorme donde morir», dice el viejo adagio. Y Magallanes lo representaría, navegando por el mundo.[49] Su gran viaje de circunnavegación, casi terminó antes de comenzar. El rey de Portugal le había negado apoyo, como había sucedido con Colón, por lo que Magallanes buscó y recibió financiamiento de parte del gobernante de España, el emperador Carlos V. Cuando estaba equipando sus barcos en un astillero de Sevilla, cometió el error de dejar flameando el estandarte de su familia mientras se botaba la nave. Las banderas españolas se habían arriado porque había que pintar los barcos. Magallanes era de familia noble y su estandarte revelaba sus orígenes como portugués. Eso se consideró una afronta entre los orgullosos habitantes de Sevilla. Una multitud se abrió paso a empellones, amenazando con linchar a Magallanes allí mismo. A punta de espada, este se vio obligado a decirles a los líderes de la turba que la marea estaba subiendo, e inundaría el barco, propiedad de Carlos V. Si se perdía el barco del emperador, ellos serían los responsables. Finalmente, la multitud se marchó.[50] A lo largo de su viaje, Magallanes demostró la misma templanza y valentía, en diversas ocasiones.

El portugués partió en 1519 con una flotilla de cinco barcos que crujían, y con doscientos cincuenta tripulantes. Se dirigía a las Islas de las Especias (hoy, Indonesia), rumbo al oeste. Esperaba encontrar allí clavo de olor, pimienta y nuez moscada. La escasez de esos bienes en virtualmente cualquier otro lugar de la tierra, les convertía en mercancía muy lucrativa.

Magallanes pensaba encontrar un estrecho en el extremo austral de Sudamérica.[51] Sin embargo, poco tiempo después corría peligro, porque durante el invierno junto a las costas de Argentina, sus hombres empezaron a protestar. Tres de sus barcos se amotinaron en Puerto San Julián.[52] Le habían advertido que los capitanes españoles, que lo odiaban, planeaban asesinarlo. Los capitanes Cartagena, Mendoza y Quesada acusaron a Magallanes de violar instrucciones del rey al llevarles tan al sur. Este les dijo que prefería morir antes que regresar. Envió a Espinosa, su hombre de confianza, al *Victoria* con un mensaje para el capitán Mendoza, ordenándole que cesara en su rebeldía y obedeciera las órdenes. Mendoza rió al leer la carta, lo cual fue un error. Espinosa de inmediato lo tomó por la barba y lo apuñaló, exactamente como había mandado Magallanes. Entonces, Magallanes logró también someter a la tripulación amotinada del *Concepción* mediante el uso de armas de fuego. Abordó la nave y tomó como prisionero al capitán Quesada. La revuelta se acalló.

Magallanes hizo descuartizar el cuerpo de Mendoza —en cuatro partes— para que se le exhibiera entre los tripulantes de la flota como advertencia contra todo el que pensara en un motín. Sin embargo, al poco tiempo se descubrió que el capitán Cartagena pergeñaba otro alzamiento junto con un sacerdote. Magallanes hizo que ambos fueran atados y amarrados a un poste. Abandonados en la costa de Argentina, morirían de hambre, de frío o atacados por los indios.[53] Lo último que se vio de ellos fue «a los dos, arrodillados junto al agua, clamando y llorando por misericordia».[54]

Después de perder uno de sus barcos, Magallanes prosiguió y finalmente entró «en el estrecho que llevaría su nombre por siempre».[55] En octubre y noviembre de 1520 Magallanes avanzó con toda cautela, evitando los riesgos de aquellas aguas en las que nadie había navegado antes. Las fuertes corrientes y repentinas tormentas, hacen de ese estrecho uno de los pasajes más peligrosos de la tierra, aun en nuestros días. El estrecho no es recto, sino un laberinto de aguas traicioneras y de peligrosas rocas. La tarea de Magallanes era como enhebrar una docena de agujas. Debió volver sobre sus pasos, buscando en vano uno de los cuatro barcos que le quedaban. No sabía que el *San Antonio* había dado la vuelta para regresar a España.

Ahora contaba con una flota de tres barcos únicamente y se dirigió hacia el mar llamado *Pacífico*. Al frente, el mar abierto se veía amenazante, por lo que Magallanes y sus hombres oraban todo el tiempo, y ¡vaya que lo necesitaban! Aunque no lo sabían, se enfrentaban a una travesía que duplicaba en distancia la recorrida por Colón. Y ahí fue donde Magallanes probó su hombría y su destreza. Antonio Pigafetta, un italiano de la tripulación, llevaba un diario detallado del viaje. Escribió: «Soportaba el hambre mejor que todos los demás... con más exactitud que cualquier hombre en el mundo, entendía de cálculos y sabía navegar guiándose por las estrellas».[56]

Pigafetta explicó las privaciones del viaje a Guam:

> Durante tres meses y veinte días no pudimos conseguir alimentos frescos. Comíamos bizcochos a puñadas, aunque no se puede decir que lo fuera ya que era solo polvo mezclado con los gusanos que se habían comido lo mejor y lo que quedaba olía a orines de ratas ... comíamos las pieles de buey que estaban sobre el palo mayor para impedir que se dañaran las jarcias ... Las ratas se vendían a medio ducado [más o menos $1,16 en oro] cada una y había poquísimas. [57]

Nadie habría sobrevivido si Magallanes no hubiera decidido navegar hacia la costa de Chile antes de emprender la travesía del Pacífico. Pigafetta estaba muy consciente de ello: «Si Dios y su bendita madre no nos hubieran dado tan buen tiempo, todos habríamos muerto de hambre».[58] El viaje duró tres veces más de lo que esperaban. No había mapas confiables en esos tiempos.

Finalmente, Magallanes echó anclas en Guam el 6 de marzo de 1521, donde hordas de nativos, aunque amables, se llevaron gran parte de la carga de sus tres barcos sin que la tripulación pudiera hacer nada. Solo permanecieron allí el tiempo necesario para reaprovisionarse y luego zarparon rumbo a las Islas de las Especias. En una semana Magallanes llegó a las Filipinas, en las cercanías del Golfo de Leyte.*

---

* En 1944, en ese Golfo de Leyte, se libraría una de las mayores batallas navales de la historia.

El rey de Cebú convenció a Magallanes de que se había convertido del islamismo al cristianismo, y pidió que los españoles le asistieran en una batalla contra la vecina isla de Mactán. Los hombres de Magallanes le rogaron, intentando persuadirle de participar en la lucha pero él sentía que era su obligación ayudar a otros cristianos. Cuando desembarcó, dejó sus tres barcos anclados demasiado lejos como para que pudieran enviar ayuda. Pronto, él y un pequeño grupo de hombres leales entre los que se encontraba Pigafetta, fueron atacados por los guerreros mactaneses que utilizaban flechas envenenadas y cimitarras. Magallanes cubrió la retirada de sus hombres, pero fue abatido y cayó en la playa, con el rostro en la arena. Pigafetta nos da un fiel relato de lo sucedido:

> Cuando le hirieron, miró varias veces hacia atrás para ver si todos habían subido a los botes. Luego, al verle muerto, los heridos llegamos como pudimos a los botes, que ya se alejaban. Fue él el único abatido. Todos los demás nos salvamos».[59]

Pigafetta calificó a Magallanes como «nuestro espejo, nuestra luz, nuestro consuelo y fiel guía».[60] Sin embargo, su misión no había terminado. El capitán Juan Sebastián del Cano tomó el mando del *Victoria*, y abandonó al *Concepción* y al *Trinidad*, navegando hacia el oeste, rodeando el Cabo de Buena Esperanza para encontrar en la última etapa de la travesía que casi la mitad de su tripulación caía prisionera en manos de los portugueses en las Islas de Cabo Verde. Maltrecho, el capitán Del Cano llegó a Sevilla el 8 de septiembre de 1522, al mando de solo dieciocho marinos del *Victoria*, todos exhaustos. Según lo prometido, todos caminaron descalzos enseguida hasta la catedral, vistiendo tan solo sus camisolas, y portando velas en señal de penitencia y gratitud por haber sobrevivido.[61] Así terminó, casi tres años después de su partida, el primer viaje de circunnavegación de la tierra. No había quien pudiera igualar a España como potencia marítima del mundo. El histórico viaje de Magallanes fue símbolo del dominio español sobre los mares. La capacidad de España para ejercer el control sobre su Imperio Americano, dependía enteramente del almirantazgo, es decir, de la capacidad por dominar los mares.

Cristóbal Colón. *Como Almirante del Mar Océano este explorador italiano demostró ser un valiente, diestro y celoso marino. Buscando una ruta occidental a las Indias descubrió un Nuevo Mundo. Les dio a sus financistas españoles la oportunidad de dominar un vasto impero en las Américas. España, que acababa de liberarse de setecientos años de dominio por parte de los moros musulmanes, aprovechó la oportunidad. A pesar de los conflictos iniciales con los nativos, de las enfermedades y la explotación, la cultura hispánica sigue viva en la América Latina de hoy.*

Fernando de Magallanes. *Primer hombre en circunnavegar la tierra. El nombre del estrecho en el extremo austral de Sudamérica lleva su nombre. Su viaje por el vasto Océano Pacífico casi termina con la muerte de sus hombres a causa del hambre. Supo mantener la disciplina con toda firmeza y sin piedad, logrando frustrar los planes para asesinarlo. Cuando cayó víctima de los nativos de Filipinas, tal vez lo fue por haber sido abandonado por sus envidiosos subordinados españoles. El viaje de Magallanes alrededor del globo destacó el dominio español sobre los mares, al menos durante un tiempo.*

Jacques Cartier. *Rudo marino francés de las costas de Bretaña. Cartier exploró el interior de Canadá, tierra rica en pieles. El nombre Québec, significa «estrechamiento del río», en la lengua de los hurones. A pesar de las traicioneras aguas del Río San Lorenzo, casi vírgenes en ese tiempo, La Grande Hermine o «Gran Comadreja», echó las bases para la Nueva Francia, un imperio que se basaba en el comercio. Cartier, sin embargo, desilusionó a su rey Francisco I al traerle solamente cuarzo y no los prometidos diamantes.*

Sir Francis Drake. *Drake fue el más famoso de los «perros de mar» de Inglaterra. Enfrentó a los españoles, en la contienda por el dominio de los mares. Drake era personalmente afable y cortés, aun cuando incendió aldeas y saqueó iglesias en las colonias españolas del Nuevo Mundo. Las esmeraldas que tomó del tesoro español del barco Cacafuego, aparecerían luego en la Corona de Inglaterra, donde permanecen todavía. Al regresar de su viaje alrededor del mundo la reina Isabel I le nombró caballero, mientras estaba aún en la cubierta del Golden Hind. Pronto volvería a hacerse a la mar, a luchar contra la armada española.*

Poco después, España libró sus asombrosas campañas militares contra los aztecas de México, lideradas por Hernán Cortés (1521) y los incas del Perú, al mando de Francisco Pizarro (1535). Estos *conquistadores* utilizaron métodos crueles y engañosos para vencer y dominar a esos dos grandes imperios nativos, cuyos ejércitos eran mucho menos avanzados que los de los guerreros expedicionarios de España, que con valentía avanzaban hacia sus capitales. Los gobernantes de esas dos culturas nativas no estaban preparados para la determinación de los implacables conquistadores.

Los conquistadores quedaron atónitos al ver la práctica azteca del sacrificio humano. Cada año, se llevaba a miles de víctimas hasta la punta de las magníficas pirámides. Allí, se les arrancaban los corazones para ofrecerlos a los dioses aztecas. En este caso, Cortés les pareció un dios a varias de las tribus esclavas de ese imperio. Así que astutamente aprovechó que le consideraban una deidad, con el hombre de Quetzalcoatl, y lideró una revuelta contra los aztecas.[62] Montados a caballo y cubiertos con armaduras, los españoles pudieron atacar a los ejércitos nativos casi con impunidad, pero aun con esa ventaja, podrían haber sido derrotados por la enorme cantidad de soldados; fue solo por su determinación y voluntad que los conquistadores pudieron derrotar a esas culturas locales.

Pizarro será recordado por siempre como el hombre que tomó prisionero al emperador inca Atahualpa. Pidió enormes cantidades de oro y plata como rescate, y una vez pagado lo exigido en su totalidad, acusó a Atahualpa de haber fomentado una revuelta, mandándolo al garrote.* La historia registra la imagen del «Inca lloroso», junto al nombre de Francisco Pizarro. El hecho de que Atahualpa hubiera matado a su propio hermano poco antes durante una guerra civil, no mitiga la crueldad de la acción de Pizarro. Cuando este fue asesinado en 1541, pocos fueron los que le lloraron.

En menos de veinte años la brutalidad de Cortés y Pizarro logró añadir vastas regiones de América Central y del Sur al creciente Imperio Español. Pero pronto una nueva civilización latinoamericana surgiría de las cenizas de la anterior. Esa nueva cultura crecería para enriquecer y ennoblecer al mundo en nuestra era.

España se enfrentaría a un potente rival. Fría, remota y pequeña en tamaño, población y recursos, Inglaterra parecía poca cosa ante España y otros poderes continentales en el siglo dieciséis. Pero, en cuestión de décadas, todo eso cambiaría.

---

* El garrote era un aparato con el cual se estrangulaba lentamente a la persona hasta matarla.

III. El surgimiento de Inglaterra

Así como la lucha de España por librarse del dominio moro había hecho que Portugal se le adelantara en el siglo quince, en el dieciséis Inglaterra tuvo asuntos internos que resolver, que obraron como barrera a la exploración y la colonización. El rey Enrique VIII sucedió a su padre Enrique VII y asumió el trono en 1509. Enrique VIII era joven, atlético, culto y de modales encantadores. Se casó joven con la viuda de su hermano Arturo, la princesa española Catalina de Aragón. Esta era muy religiosa, como sus padres, los famosos reyes católicos Fernando e Isabel.

Con esa conexión, se supondría que Enrique VIII instauraría un ambicioso programa de exploración. Pero no fue así. Lo que más le preocupaba era lo que sucedía en su hogar. En sus veinte años de matrimonio, la reina Catalina solo había dado a luz a una hija, María, y no al hijo varón tan anhelado. Aunque María podría heredar la corona, la idea era bastante peligrosa.

Desesperado por un heredero varón para asegurar la fragilidad de la dinastía Tudor, Enrique empezó a buscar una forma de dar por terminado su matrimonio. Apeló al Papa, pidiendo una *anulación*. Esta significaría que el matrimonio del rey Enrique y la reina Catalina no era válido. Lo extraño es que para poder casarse con Catalina, viuda de su hermano, Enrique también había tenido que presentar una apelación ante el pontífice. Este se negó a los insistentes ruegos de Enrique, tal vez por las amenazas recibidas de parte del Santo Emperador Romano Carlos V, sobrino de la reina Catalina, que le había advertido en cuanto a la confiscación de tierras de la iglesia.

Enrique sabía que se trataba de un juego de *dos* y confiscó tierras de la Iglesia Católica en Inglaterra para distribuirlas entre sus nobles, comprando así su apoyo. Rompió con Roma y creó su propia iglesia nacional, que llamó Iglesia de Inglaterra o Anglicana. El obediente parlamento de Enrique confirmó al poco tiempo que el rey sería «Cabeza Suprema de la Iglesia de Inglaterra». Enrique de todos modos, conservó el título de «Defensor de la fe», que el Papa le había otorgado cuando años antes, el rey atacó con violencia y hasta insultos al reformador Martín Lutero en un panfleto que se difundió ampliamente.[*]

Enrique no estaba dispuesto a soportar interferencias. Hizo que el famoso Tomás Moro, caballero de su corte y Juan Cardinal Fisher, ambos respetados católicos, fueran

---

[*] Hoy todavía los monarcas británicos llevan el título de «Defensor de la fe», a pesar del curioso origen de tal galardón.

decapitados por oponérsele. Moro, autor de *Utopía*, era un importante académico humanista. La ejecución de ambos, poco más que un asesinato judicial, se debió a que se oponían al divorcio del rey a su posterior casamiento con Ana Bolena.*

Sin embargo, su nueva esposa pronto lo desilusionó. El matrimonio duró solo tres años, y como resultado Enrique quedó con otra hija. Le tendió una trampa a la reina Ana, para que fuera juzgada y enviada a la Torre de Londres, acusada de adulterio con cinco hombres distintos entre los cuales estaba su propio hermano. El único acto misericordioso de Enrique fue haber traído de Francia a un verdugo que usaría una espada de plata para cortar el delgado cuello de Ana Bolena, supuestamente para que su decapitación fuera menos dolorosa. Su muerte dejó sin madre a la princesa Isabel.

En el mismo momento en que se oyó el cañonazo que anunciaba la muerte de Ana, Enrique —desesperado por un hijo varón— decidió casarse de nuevo. Su tercera esposa, Jane Seymour, logró darle el hijo tan ansiado.

Enrique quedó devastado cuando murió Jane, a pocas semanas de haber dado a luz. Se casaría tres veces más, pero este rey tan mujeriego y cada vez más enfermo, ya no logró engendrar herederos.

Europa se hallaba convulsionada por la Reforma Protestante cuando murió Enrique VIII en 1547. Su hijo, Eduardo VI, tenía nueve años y no gozaba de buena salud. Solo reinó seis años, aunque sin gobernar jamás. Su Consejo Privado, conformado por un grupo de poderosos nobles, todos protestantes, suprimió la Iglesia Católica en Inglaterra. Se publicó el famoso *Libro Anglicano de Oraciones Comunes*, en nombre del joven rey.

El rey Eduardo VI murió en 1553. Tenía quince años. Ahora, los devotos católicos tendrían una reina, María Tudor, hija de Enrique VIII y Catalina de Aragón. María I intentó hacer que Inglaterra regresara al rebaño católico y cuando los métodos de convicción no dieron resultado, recurrió a la fuerza. Comenzó a quemar a los «herejes» en hogueras y envió a Thomas Cranmer, Arzobispo de Canterbury, a la Torre de Londres. Sus «frases sonoras» habían formado la base del *Libro de Oraciones Comunes*. Además, había escrito la declaración de fe de la Iglesia Anglicana, los *Treinta y Nueve Artículos*. Ahora, en 1556, lo torturaron y obligaron a renunciar a sus creencias protestantes. A la reina María no le satisfizo

---

* La Iglesia Católica, a través del Papa Pío XI, canonizó a estos dos hombres en 1935, cuatrocientos años después de su martirio.

que Cranmer regresara a la Iglesia Católica, por lo que lo condenó a morir en la hoguera. Cranmer fue ejecutado en Oxford y allí puso, antes de morir, la mano con la que había firmado su renuncia al protestantismo, diciendo con tono dramático: «Esta es la mano que causó ofensa».

Otros anglicanos reconocidos también fueron ejecutados durante el breve y cada vez más tormentoso imperio de la reina que llegó a conocerse como María la Sangrienta. La reina María no gozaba del favor del pueblo inglés. Su matrimonio con el rey Felipe II de España profundizó las sospechas, aun cuando el muy católico Felipe intentara convencerla de que dejara de perseguir y matar a los protestantes. Felipe sabía que la reina era cada vez más odiada por su pueblo. Así que logró que María liberara a la princesa Isabel, prisionera en la Torre de Londres, donde su vida corría peligro. Cuando Felipe regresó a España, María pensó que estaba encinta y oraba por un hijo. Pero en lugar de eso, el motivo de la hinchazón de su vientre era un tumor canceroso. Murió sin hijos, sola y sin amigos, en 1558, a los cuarenta y dos años. Nadie la lloró.

Al recibir la noticia de la muerte de su medio hermana, Isabel —que entonces tenía veinticinco años—, cayó de rodillas y recitó en latín las palabras del salmo: «De parte de Jehová es esto, y es cosa *maravillosa* a nuestros ojos».

Aunque la reina Isabel suprimió la celebración pública de la misa católica, no se dedicó a perseguir a los católicos. Dijo: «No tengo ventana para mirar el alma de los hombres». A pesar de que hubo algunas confabulaciones para asesinarla, alentadas por el Papa y armadas por sacerdotes jesuitas, Isabel confió siempre en la lealtad de sus súbditos, que incluían a varios nobles de familia católica. La reina no quería disturbios religiosos en Inglaterra. Gobernó la Iglesia de Inglaterra como monarca protestante, pero buscó dar fin a las disputas entre las distintas facciones protestantes. Después de romper con la Iglesia Católica los luteranos y los calvinistas discutían con los bautistas y también entre sí, sobre el significado de la comunión y el bautismo. Isabel supo acallar con inteligencia esas disputas teológicas. De la Santa Cena dijo:

> *Cristo fue la palabra que la pronunció.*
> *Fue Él quien partió el pan,*
> *Y aquello en lo que lo hayan convertido Sus palabras,*
> *Será lo que creeré y comeré.*

Isabel tenía una asombrosa capacidad para la política y las relaciones públicas. Utilizó sus puntos débiles —su condición de mujer y soltera— como base para su fuerza. Cultivó su imagen de «Reina virgen» y promovió el culto a su personalidad, por lo que se le llamaba «Gloriana». Las artes y las letras inglesas florecieron bajo su gobierno. Shakespeare, Marlowe y Spencer efectuaron grandes y perdurables contribuciones a la literatura mundial. Isabel supo crear un gran sentimiento de nacionalismo entre los ingleses y mantuvo su popularidad durante su largo reinado (1558-1603). Sabía actuar y vestirse como una reina, era extravagante en su aspecto y se mostraba ante su pueblo con asiduidad, presentándose en hasta veinticinco visitas a grandes propiedades en todo el país.[63] Esas visitas tenían un doble propósito, porque representaban una manera ingeniosa de evitar el costo de mantener una corte espléndida ya que se esperaba que los anfitriones dieran alojamiento y comida tanto a Isabel como a los cientos de nobles y cortesanos que la acompañaban. Para mantener a raya a Francia y España, durante casi veinte años mantuvo en suspenso su consentimiento a una boda. Con el fin de minar el poder de esas potencias, financió rebeliones contra el dominio español en los Países Bajos y ayudó a los hugonotes, protestantes franceses. Isabel fue una de las personalidades más notables de la historia, y siempre confió en el apoyo de su pueblo para preservar su lugar en el trono: «No hay joya, por muy alto que sea su valor, que valga más para mí que esta: el amor de mi pueblo», le dijo al Parlamento.

La reina Isabel prestó su apoyo a las exploraciones de Sir Humphrey Gilbert (Newfoundland) y los planes de colonización de Sir Walter Raleigh (en la tierra que él llamó Virginia, en su honor). Después de que el Papa emitiera un decreto que absolvía a los católicos ingleses de la obediencia a su reina, en 1570 (invitando así a quienes buscaran derrocarla o asesinarla), Isabel se dedicó con toda determinación a la guerra fría contra España. El entusiasmo por los descubrimientos durante los viajes de Sir Martin Frobisher al norte se esfumó cuando el expedicionario regresó de Canadá trayendo metales que, como lo descubierto por Cartier, carecían de valor.

Aun así la idea de la grandeza de Inglaterra tanto en su tierra como más allá de los mares, seguía viva. Los inmortales escritos de Shakespeare alimentaban la imaginación de los ingleses:

Este trono real de reyes, esta isla que representa un cetro,
Esta tierra de majestad, trono de Marte,
Este otro Edén, casi un paraíso,

Esta fortaleza que la misma naturaleza erigió,
Contra la infección y la mano de la guerra,
Esta feliz raza de hombres, este pequeño mundo,
Esta piedra preciosa, engarzada en un mar de plata,
Que le sirve de muro o de defensa como
En una gran mansión, protegida de la envidia
De gentes menos felices,
Esta tierra bendita, esta tierra, este reino, esta Inglaterra.[64]

Francis Drake, resuelto a igualar la gran hazaña de Magallanes y a desafiar al dominio español sobre los mares, zarpó en su nave insignia, el *Golden Hind*, al frente de su flotilla con rumbo sudeste hacia la costa de Argentina. Tuvo que contender, como Magallanes, con motines y problemas. El Maestre Doughty, que había sido soldado en Irlanda junto a Drake, debió ser arrestado y ejecutado en Puerto San Julián, el mismo lugar donde Magallanes había sentenciado a muerte a sus amotinados.[65] Drake pasó por el estrecho y luego se dirigió hacia el norte. A lo largo de las costas chilenas, saqueó aldeas y pueblos, tomando también el oro y la plata de las naves españolas que capturaba.

Drake y sus «perros de mar» continuaron con sus aventuras. Los escritores españoles lo consideraban poco más que un pirata y los nobles españoles lo llamaban El Draque (el dragón), pero documentos revelados de los archivos españoles en este último siglo, revelan que sus prisioneros elogiaban su trato humanitario y su buen carácter.[66] No dudaba, sin embargo, en incendiar aldeas y asentamientos españoles, ni en saquear las magníficas iglesias católicas. Al perseguir el barco Cacafuego, que llevaba tesoro español, se tomó el tiempo de apropiarse de una joya que tenía un crucifijo de oro y un racimo de esmeraldas. Esa joya también estaría luego en la corona de la reina Isabel.[67] Un prisionero español escribió, con referencia a Drake, «tiene rostro de rasgos finos, su piel está curtida, y su barba es rubia. Una cicatriz provocada por una flecha le cruza la mejilla derecha... y en una pierna tiene incrustada una bala de arcabuz... Lee los Salmos y predica...»[68] (Aparentemente no prestó mucha atención a la parte del Buen Libro que dice «No robarás»).

Drake exploró la costa de California antes de partir para cruzar el Pacífico. Al repetir la hazaña de Magallanes, levantó el ánimo de los ingleses. El *Golden Hind* volvió a Londres en noviembre de 1580 después de una travesía que duró tres años. Descargó su cargamento de plata durante la noche, y el tesoro se guardó en la Torre de Londres. La reina Isabel le mostró su favor al nombrarlo Caballero, sobre la cubierta de su barco insignia en 1581. Fue un acto de abierto desafío a Felipe II de España, que entonces empezó a planificar una invasión a Inglaterra.

Drake tendría un papel crucial en su famoso ataque a Cádiz, en 1587. Incendió la ciudad y la flota que Felipe II estaba preparando para su invasión, en una acción de gran coraje que luego se conoció como «chamuscarle las barbas al rey de España». Demoró la temida colisión durante un año. La década de crecientes tensiones entre Inglaterra y España llegó a su momento más álgido cuando los ministros de Isabel lograron hacer caer a su prima María, la cautiva reina de Escocia, en una trampa: un complot para asesinar a Isabel. María Estuardo fue enjuiciada y sentenciada a muerte por decapitación. A su muerte, María Estuardo se convirtió en lo que jamás había llegado a ser en vida: mártir de la causa católica. Isabel juró vengarse, y cumplió con su rol al punto de convertirse en guerrera:

> Sé que tengo el cuerpo de una débil y frágil mujer, pero tengo el corazón de un monarca, y de un rey de Inglaterra. Pienso con desprecio en Parma, en España o en cualquier príncipe de Europa que se atreviera a invadir las fronteras de mi reino, por lo cual, para evitar la deshonra, yo misma portaré armas.

Con el apoyo del papa Sixto V, que volvió a excomulgar a Isabel y aportó los dineros necesarios, el rey Felipe II de España reunió la flota de guerra más grande conocida en la historia en 1588: la Armada. Ciento treinta barcos, que incluían grandes galeones, galeras y barcos mercantes, así como treinta mil hombres (de los cuales las tres cuartas partes eran soldados preparados para la invasión), avanzaron por el Canal de la Mancha. Al mando de los ingleses estaban los perros de mar: Drake, Hawkins y Frobisher. La Armada se veía desaventajada porque sus líderes no eran efectivos, ya que Felipe II había insistido que estuviera comandada por el duque de Medina Sidonia. Aunque el duque era valiente y honrado, su condición de soldado significaba que no tenía experiencia como capitán de navío. No podía contar con el apoyo de los católicos ingleses porque en su mayoría, estos estaban decididos a defender a su isla contra los católicos de España.

Drake y los suyos atacaron los grandes y portentosos barcos de la Armada con naves equipadas con armas de fuego. Los navíos españoles eran pesados, menos maniobrables, y cargaban con el peso del ganado, los caballos y las provisiones. No tenían oportunidad contra la ferocidad de los barcos ingleses. La Armada española se dispersó durante una fuerte tormenta y muchos de los barcos naufragaron junto a las escarpadas costas de Escocia e Irlanda.

La victoria de los ingleses contra la Armada marcó el fin del poderío marítimo español y el imperio comenzó a caer en un proceso que llevó siglos. Ese choque entre España e Inglaterra marcó el inicio del almirantazgo inglés. Los perros de mar de Inglaterra, podrían navegar por donde quisieran, sin temor a nada. A partir de entonces y hasta 1941, con una única excepción local, fue Inglaterra la que «dominó las olas». Esa excepción, en las aguas de la costa de Yorktown en Virginia, en 1781, tendría enormes consecuencias para América.

El dominio sobre los mares le aseguraba a Inglaterra un siglo para enviar más y más colonos a Norteamérica sin temor a la interferencia española. Les dio a los ingleses el sentimiento de su destino como nación. Sabían que la tormenta había tenido mucho que ver en la derrota de la Armada, al igual que la destreza de los ingleses que habían peleado. El medallón oficial que mandó acuñar Isabel para conmemorar la gran victoria de Inglaterra, llevaba por inscripción: «Dios sopló y ellos se dispersaron».

Para los ingleses, era una verdad comprobada.

Capítulo 2

Una ciudad sobre una colina

(1607-1765)

España y Portugal crean una civilización con identidad propia en América Latina. Inglaterra y Francia compiten por el control de América del Norte. Además de las rivalidades políticas y comerciales, hay antagonismos religiosos, entre la Nueva Inglaterra protestante y la Nueva Francia católica. Después de un comienzo promisorio, las relaciones con los indios se vuelven tensas, y empeoran a causa de viejas peleas entre europeos. Surgen nuevos experimentos en materia de tolerancia religiosa y política cuando los holandeses, suecos, alemanes católicos y protestantes y un pequeño grupo de judíos, eligen las colonias inglesas para escapar de las luchas en el Viejo Mundo. Las trece colonias autónomas de la costa atlántica crecen muy rápidamente en tamaño, cantidad de pobladores, riqueza y conciencia de sí mismas. Junto con su primera legislatura, sin embargo, la colonia de Virginia abre trágicamente las puertas a los esclavos de África. Los ingleses por último libran a América del Norte del control colonial de Francia. Pero aunque Inglaterra triunfa, los colonos norteamericanos necesitan también librarse de la protección inglesa. El aumento de los impuestos hace que todo eso lleve a las trece colonias a la revolución. Las ideas políticas desarrolladas por los colonos norteamericanos —tomadas de Locke y de Montesquieu, así como de fuentes bíblicas y clásicas— dan lugar a un Iluminismo norteamericano, que rivaliza con el de Europa.

I. Rumbo a América

«Vengan a ayudarnos», ruega el indio casi desnudo que aparece en el primer Gran Sello de la Colonia de la Bahía de Massachussets.[1] Está convocando a los protestantes que quedaron en Inglaterra, para que se atrevan a enfrentar los peligros que implica cruzar el Atlántico, tan tormentoso entonces como lo es hoy. Lo que el indio pedía era el evangelio cristiano. Una poderosa herramienta comunicacional, aunque otros lo consideraban artero recurso de propaganda. Porque ese sello, por supuesto, había sido grabado por ingleses, para convocar a otros ingleses. Como veremos, en un período de pocos años los peregrinos y puritanos de Massachussets, y los demás colonos de Virginia, pasarán de la aceptación de los nativos a una guerra sin cuartel con muchas de las tribus aborígenes. Después de asar juntos el pavo de su primer Día de Acción de Gracias, los ingleses y algunas de las tribus indias guerreras, se enfrentarán, incendiando las viviendas de uno y otro bando. En eso podría decirse que la situación entre los ingleses protestantes y las tribus de América del Norte, es fiel reflejo de lo sucedido entre los católicos españoles y portugueses con los nativos de América Central y del Sur. Los franceses, aunque en general con menos problemas en cuanto a los pueblos aborígenes, también sufrirían la pérdida de muchos sacerdotes jesuitas, que con valentía debieron sufrir crueles torturas e incluso la muerte.

Después de la derrota de la armada en 1588, por parte de los ingleses, a los españoles les resultó más difícil proteger sus ricas colonias del Nuevo Mundo. Menéndez de Avilés había fundado San Agustín al este de Florida en 1566, con miras a salvaguardar los galeones cargados de tesoros que con regularidad recorrían la ruta entre México, el Caribe y España. Pero ahora los perros de mar ingleses representaban una constante amenaza. Esos rudos capitanes de mar veían a los barcos españoles como premios codiciados, que podían obtener sin demasiado esfuerzo.

Claro que los ingleses no solamente centraban la atención en la piratería. Estaban echando raíces también. El primer esfuerzo de colonización por parte de Inglaterra, fue iniciativa del enérgico Sir Walter Raleigh. Este hombre era un acabado ejemplo de lo que representaba la era isabelina: pompa, exuberancia, confianza en sí mismo, el gusto por la literatura, la música y la danza. Raleigh bailaba tan bien como blandía su espada. Según el historiador David Hackett Fischer, la figura de Raleigh era impresionante:

Caminaba, o más bien parecía avanzar con gráciles saltitos, por un mundo de miseria y suciedad, vestido con tacones altos de color rojo, calzas de seda blanca, un chaleco de raso blanco bordado con perlas, un collar de perlas grandes, una gola almidonada y puños de puntilla, tan anchos como para que sus manos quedaran sepultadas en espumosas nubes de exquisita blancura. Su vestimenta se completaba con una elegante pluma de avestruz que remataba su gorro de piel de castor, y con piedras preciosas que relucían cuando se movía. Las joyas que llevaba Raleigh en una ocasión, valían unas 30,000 libras, más que el activo capital de algunas de las colonias norteamericanas.[2]

Y recordemos que Raleigh no era la reina...

La costa de América del Norte, entre Newfoundland y la Florida, recibió el nombre de Virginia, como tributo a Isabel I, la Reina Virgen. Aunque era casta, la reina Isabel estaba siempre rodeada de hombres bien parecidos y de aspecto impactante, como Raleigh. Se sabía que ella detestaba a los feos. No permitía que en su corte hubiera gente desfigurada por las cicatrices de la viruela ni que tuvieran mal aliento. Eran dos defectos comunes en esa época ya que no existían las vacunas ni los cepillos de dientes. La misma Isabel tenía cicatrices causadas por la viruela, aunque las disimulaba con maquillaje fabricado a partir de cáscaras de huevo. A medida que pasaba el tiempo, las pelucas pelirrojas, la gruesa máscara de maquillaje, los ostentosos collares de perlas y piedras preciosas así como la cuidadosa selección de alguno de sus más de mil vestidos, consumían sus días. Se esforzó siempre por crear una fantástica imagen de «Gloriana», siempre con aspecto joven, siempre deseable, siempre espléndida... siempre que no se la mirara de cerca. Raleigh y otros cortesanos ambiciosos se ufanaban por colaborar con la «Buena Reina Bess», en esa representación.

Aunque era valiente y emprendedor, Sir Walter no fue a América. Prefirió encabezar una compañía de inversores que, con las pingües ganancias obtenidas del Nuevo Mundo, pagaban los gastos de sus extravagantes gustos. Los retornos de sus inversiones no eran cosa segura, y quien fuera deudor moroso sabía que podría terminar en la miseria o la cárcel. El asentamiento de Raleigh junto a la costa de lo que hoy es Carolina del Norte, Roanoke, desapareció al cabo de tan solo cinco años. La colonia de Roanoke no logró sobrevivir, debido a la enorme distancia que la separaba de Inglaterra, y las constantes amenazas de invasión por parte de los españoles.

Cuando finalmente llegó un barco inglés con ayuda, en 1590 los marineros hallaron que la colonia había desaparecido, junto con el primer bebé inglés nacido en el Nuevo Mundo, Virginia Dare. La única evidencia de que los ingleses habían estado en el lugar era la palabra «Croatoan», tallada en el tronco de un árbol. El significado de esta palabra todavía no ha logrado dilucidarse.

A pesar de tan poco favorables comienzos, los ingleses persistieron. Después de la muerte de la reina Isabel en 1603, el monarca de Escocia, Jaime Estuardo, asumió el trono. Su reinado daría inicio a un siglo de divisiones e inestabilidad en Inglaterra, período durante el cual habría una guerra civil, un rey decapitado, un primogénito restaurado en el trono, y un segundo hijo derrocado y exiliado. Los efectos de esos años tumultuosos bajo el imperio de los Estuardo se sentirían también en América.

Para 1607, la londinense Compañía de Virginia había logrado reunir una cantidad de inversores que se arriesgarían a correr increíbles obstáculos con la esperanza de obtener ganancias de las nuevas colonias americanas. Financiaron el viaje de tres barcos pequeños —*Susan Constant*, *Godspeed* y *Discovery*— que atravesarían el peligroso Atlántico durante el invierno. Al mando del capitán Christopher Newport, y con una tripulación de ciento veinte hombres, los navíos ingleses zarparon rumbo al oeste.

Llegaron a destino, pero su comienzo no fue favorable. La primera colonia que fundaron se llamó como su rey, y en la primavera de 1607 los colonos de Jamestown comenzaron a construir una aldea que tuviera defensas suficientes como para resistir el posible embate de españoles o indios. De los primeros colonos en este fuerte sobre el río James, solo un puñado sabía de agricultura, y poco faltó para que todos murieran de hambre con los primeros intentos por subsistir alimentándose del fruto de la tierra. Además, las enfermedades como la malaria, la fiebre tifoidea, la disentería y la fiebre amarilla, proliferaban a causa de que la colonia estaba ubicada en tierras pantanosas. Era difícil mantener la disciplina, y como morían tantos pobladores, el intento parecía destinado al fracaso.[3] Los primeros años de la colonia de Jamestown se conocieron como «La era del hambre».

Luego llegó el capitán John Smith, que supo imponer muy pronto una firme disciplina en la colonia y descartó el poco eficiente sistema de compartirlo todo entre los habitantes, reemplazándolo por incentivos a quien trabajara más duro. Convenció a los colonos para que cultivaran maíz, algo que en gran medida resolvió el problema de la escasez de comida ya que el cereal indio rendía mucho más que cualquier otro en la misma proporción de semillas sembradas por hectárea.[4] El joven e intrépido Smith era un patriota inglés: «¿Por qué hace alarde el soldado español de que el sol nunca se pone en los dominios de España y no en las tierras que conquistamos para nuestro rey?»[5] Smith estaba decidido a alcanzar el éxito, por su rey. Supo negociar favorablemente con el jefe Powhatan, líder de los indios algonquinos. Según la leyenda, en 1608 la hija de ese cacique, Pocahontas, le salvó la vida a Smith cuando este disgustó a su padre.[6]

El nombre Pocahontas significa «muchacha alocada», y describe bien a la joven y traviesa chica que corría desnuda y hacía piruetas ante los atónitos soldados del campamento inglés de Jamestown.[7] Sin embargo, no fue de Smith que se enamoró la joven. Su corazón era para el inglés John Rolfe. Fue con este que se casó después de convertirse al cristianismo y ser bautizada. Y fue con él que zarpó hacia Inglaterra, donde fue presentada ante el rey Jaime y la corte real.[8] Allí murió en 1617, causando lágrimas de duelo a ambos lados del Atlántico. Fue sepultada en Gravesend, Inglaterra. Se dice que el mejor tributo fueron las palabras del capitán Smith, que dijo que Pocahontas había sido «el instrumento que preservó a esta colonia de la muerte, el hambre y la total confusión».[9] Aún hoy podemos ver a la joven, inteligente y brillante tras la fachada de una elegante dama isabelina que nos mira desde su riguroso retrato oficial.

Cuando el capitán Smith regresó a Inglaterra a causa de una lesión, le sucedieron hombres que no contaban con su capacidad. Pronto, la colonia de Jamestown llegó al borde de la ruina y fue Rolfe quien la salvó esta vez al introducir un nuevo e importante cultivo en el Nuevo Mundo, en 1612: el tabaco.[10] La variedad que se dice trajo en forma de semillas de las indias occidentales, *nicotina tobaccum*, era de sabor más suave, que la que cultivaban los nativos cerca de Virginia, la *nicotina rústica*.[11] El rey Jaime no lo consideró buena idea porque detestaba el tabaco e incluso había escrito un panfleto titulado: *Rechazo al tabaco*, donde criticaba su uso como: «una costumbre desagradable a la vista, odiosa para el olfato, dañina para el cerebro y peligrosa para los pulmones». Así, Jaime fue el primero en lanzar una cruzada contra el hábito de fumar. Pero como el dinero sigue siendo dinero, los esfuerzos del rey Jaime en nada afectaron el próspero comercio del tabaco y en una década nada más los colonos de Virginia ya exportaban cuarenta mil toneladas de hojas a Inglaterra.[12]

La cultura del tabaco tendría gran influencia en el desarrollo de Virginia y del sur en general. Los hombres y mujeres jóvenes de las islas británicas y Europa, tenían tantas ansias de llegar a América para comenzar una nueva vida que con gusto firmaban contratos para trabajar sin recibir paga en el Nuevo Mundo, con tal de que les dieran un pasaje para cruzar el océano. La gran mayoría de los primeros colonos de Virginia en el siglo diecisiete estaba conformada por siervos de raza blanca. Pero el cultivo del tabaco implica un trabajo rudo y una vez pagada su deuda por el pasaje, esos blancos buscaban escapar del intenso calor y el durísimo esfuerzo. Las ganancias que producía ese cultivo dieron lugar a la búsqueda de trabajadores más permanentes: los esclavos de África. En 1671 Sir William Berkeley realizó un censo de los trabajadores: ocho mil siervos, dos mil esclavos y cuarenta y cinco mil hombres libres.[13] En pocas décadas más, la cantidad de esclavos sería mucho mayor a la de los siervos sin paga que llegaban desde Inglaterra. Ese era el centro de la paradoja norteamericana. Las mejoras y la libertad para los siervos sin paga, solo serían posibles a expensas de los inocentes africanos.

El cultivo del tabaco también causaría el «agotamiento» del suelo, ya que no se rotaban los cultivos. Los habitantes de Virginia constantemente tenían que buscar nuevas tierras para mejorar la rentabilidad. Esa incesante búsqueda fue el origen de muchos conflictos con las tribus nativas.

Los intentos del capitán John Smith por forjar buenas relaciones con las tribus habían tenido éxito en un principio. Smith mostraba un genuino interés por la cultura india, lo que comentó con respeto en su libro *A description of New England* [Descripción de Nueva Inglaterra], en 1616.[14] Pero esas buenas relaciones no duraron. Así como los europeos estaban divididos, con las naciones compitiendo entre sí de manera feroz y con la rivalidad entre España, Francia e Inglaterra exportada a América, las tribus indígenas se enfrentaban entre sí. Con demasiada frecuencia, los intentos por establecer buenas relaciones con una de las tribus, se consideraban gestos de agresión por los enemigos de esa tribu.[15]

En 1619 hubo tres sucesos que darían forma al futuro de Virginia. 1) Llegaron las primeras mujeres a Jamestown para iniciar la transformación de ese puerto comercial en una comunidad verdaderamente autosuficiente. 2) Desembarcaron veinte africanos negros de un barco holandés, lo cual daría inicio a los largos años de esclavitud en Norteamérica. 3) Bajo instrucciones de la Compañía de Virginia de Londres, los colonos eligieron representantes para la primera asamblea colonial del Nuevo Mundo. La Casa de los Burgueses de Virginia se reunió el 30 de julio de 1619. Sus veintidós miembros habían sido elegidos por los colonos mayores de diecisiete años. Fue un procedimiento extraordinariamente democrático para la época. A partir de entonces Virginia sería gobernada por la ley inglesa en general y sus legisladores serían elegidos por el pueblo.[16]

La Compañía de Virginia estaba liderada por personas preocupadas por la dependencia del cultivo de tabaco en esa colonia. Alentaban a los colonos a cultivar otras cosas, por lo que querían que diversificaran la industria local. Cuando en 1622 los indios atacaron una herrería local, la colonia entera se vio conmocionada y en pie de guerra. La lucha contra los indios costó las vidas de más de trescientos colonos, entre hombres, mujeres y niños. Esa gran masacre hizo que se diera inicio al control directo de la corona sobre la colonia.[17] El rey designó a un gobernador real, pero no disolvió la Casa de los Burgueses ni revirtió el proceso de autogobierno colonial.

Incluso ante esos primeros conflictos con las tribus aborígenes, los ingleses tenían tres importantes ventajas: unión política, mayor cantidad de habitantes y experiencia en el uso de armas de fuego. Una y otra vez esas ventajas prevalecerían por sobre el conocimiento que tenían los indios de los bosques y ríos, y por sobre su cultura guerrera ya que su típica táctica de recurrir a ataques sorpresivos y fugaces no daría resultado.

II. LA GRAN MIGRACIÓN

Cuando el capitán John Smith visitó las deshabitadas regiones norteñas de Virginia en 1614, los informes que envió a Inglaterra eran brillantes. Aunque no logró interesar a los aventureros mercaderes de la Compañía de Londres, sus informes se leyeron con interés. Cuando los separatistas ingleses y los puritanos comenzaron a buscar un refugio religioso, lo más natural fue que posaran los ojos en el oeste, en América.

El largo gobierno de la reina Isabel (1558-1603) significó que Inglaterra fuera protestante. Su éxito al mantener a raya a los poderes católicos europeos, mediante la ayuda a los hugonotes protestantes de Francia y el financiamiento de la rebelión protestante holandesa contra los amos españoles, dio como resultado una firme posición en su país. Al derrotar a la armada, había logrado la mayor victoria terrenal del protestantismo y cuando la tormenta dispersó a la flota de guerra española, los ingleses lo consideraron una acción de la Providencia.

Con la asunción de Jaime I, las divisiones dentro de la comunidad protestante inglesa comenzaron a estremecer los cimientos de esa unidad en el reino. El monarca escocés no se había ganado el respeto ni la lealtad de muchos de los creyentes ingleses. Le faltaba el encanto, la gracia y el ingenio que tenía Isabel. Era un hombre culto, pero no sabía aplicar su conocimiento. Prefería dar largos y tediosos discursos, al punto de que algunos le llamaban «el tonto más sabio de la cristiandad». Su apoyo al trabajo de la traducción de la Versión del Rey Jaime, de la Biblia —una de las obras maestras de la literatura mundial y junto con Shakespeare, el logro más grande de las letras inglesas— no ganó la simpatía ni la confianza de los más rigurosos protestantes de Inglaterra. Es que Jaime intentaba unir a todos los protestantes bajo el «paraguas» de la Iglesia de Inglaterra. E incluso amenazaba a los que disentían, anunciando que tendrían que adherirse o «serían expulsados de su tierra».

Y en efecto, los expulsó. Los puritanos eran miembros de la Iglesia Anglicana que querían permanecer dentro de la institución estatal pero «purificándola» de lo que consideraban corrupciones. Los separatistas eran protestantes que querían romper con la iglesia monárquica. Consideraban que la Iglesia de Inglaterra era demasiado corrupta y veían con profunda sospecha la estructura de obispos y arzobispos que respondían al rey.

Los puritanos eran en general gente muy culta, con influencia en las universidades de Oxford y Cambridge, exitosos mercaderes de la ciudad de Londres, y en general, con buena posición en la sociedad inglesa. Los separatistas, por otra parte, eran en su mayoría granjeros, artesanos y personas de mejor posición social. Los puritanos sabían leer y escribir en latín y en griego, pero los dos grupos gozaban de buena educación literaria, algo absolutamente necesario para la lectura de la Biblia.

Acosados por las fuerzas del rey, un grupo de separatistas abandonó Inglaterra para dirigirse a Holanda, en 1609. Se establecieron en la ciudad universitaria de Leiden y aprovecharon la tolerancia de los Países Bajos con los disidentes. Una década más tarde, sin embargo, esos exiliados ingleses comenzaron a sentir temor por la preservación de su identidad. Y con ello, despertó la idea de que podrían fundar su propia comunidad religiosa en el Nuevo Mundo. La pequeña comunidad de separatistas, que ahora se daban a conocer como Peregrinos, zarpó hacia América en el pequeño Mayflower, de bandera inglesa.[*]

---

[*] ¿Qué tan pequeño era el Mayflower? Era una galera de cuatro mástiles, con seis velas, de unos 33 metros de largo y 8 de ancho, y un peso total de 260 toneladas. Tomado de: www.plimoth.org/visit/what/mayflower2.asp#5.

La nave se desvió a causa de las terribles tormentas, por ello sus pasajeros desembarcaron al sur de los que hoy es Boston, en las costas de Massachussets. La región se conocería entonces como Nueva Inglaterra. El reducido grupo de recién llegados, ancló junto a las costas el 11 de noviembre de 1620 y antes de desembarcar, firmaron un documento que la historia conoce como El Compacto del Mayflower. En este los peregrinos acordaban su forma de gobierno. De los ciento dos pasajeros del Mayflower, cuarenta y uno pusieron su firma al pie del acuerdo.[18] Anunciaban allí su propósito de fundar una colonia en el Nuevo Mundo, «para la gloria de Dios, el avance de la fe cristiana y el honor de nuestro rey y nuestra patria». Al endosar ese convenio estaban firmando un pacto mediante el cual establecerían de común acuerdo las reglas que ordenarían sus vidas. Fue el primer esfuerzo de gobierno autónomo en Nueva Inglaterra.

El texto de ese compacto, hace referencia a «nuestro venerable Soberano Señor Rey Jaime», y le describe como rey «por la gracia de Dios», llamándolo incluso por su título de «Defensor de la fe». Los peregrinos se describen allí como leales súbditos de ese rey. Parece que no les parecía contradictorio el hecho de que se habían trasladado del otro lado de un ancho océano en medio del invierno para huir de la persecución de ese «Venerable Soberano Señor». Podrían haberse quedado en Inglaterra, conformándose sin protesta a la iglesia del rey, convencidos de que era para el bien común. La mitad de quienes hicieron ese viaje morirían a lo largo del año siguiente, a causa del hambre y las enfermedades. Pero su determinación y sus conciencias tienen que haber sido potentes como para que se arriesgaran a todo ello. Cuando en la primavera siguiente el Mayflower se preparó para regresar a Inglaterra, ni uno solo de esos peregrinos abandonó la colonia.[19]

Le dieron a su asentamiento el nombre de Plymouth, conservando así la denominación decidida por el capitán John Smith tiempo antes, por eso los peregrinos se aprestaron para comenzar a sembrar en la primavera, con el objeto de cosechar en el otoño. Quien les ayudó fue un indio que sabía hablar inglés, un nativo llamado Squanto, que les enseñó a cultivar maíz y a pescar.[20] Sin su generosa ayuda, todos los peregrinos podrían haber perecido.*

---

* ¿Cómo es que Squanto sabía hablar en inglés? Había sido capturado y llevado a España por el rebelde teniente de John Smith, Thomas Hunt, que tenía por intención venderlo como esclavo en Málaga. Pero Squanto fue rescatado por sacerdotes españoles y llegó a Inglaterra, donde vivió en Londres con un constructor de barcos que le enseñó el idioma. Al fin volvió a Norteamérica. Había estado en el extranjero durante cinco años. Véase Charles C. Mann, *1491* (Knopf, 2005), pp. 49, 53, 54.

Poco después, en marzo de 1621, los peregrinos firmaron un tratado con Massaoit, jefe de la tribu wampanoag. El tratado perduró en el tiempo. Los indios y los colonos se prometían amistad y apoyo mutuos.[21] Ese pacto sería esencial para la supervivencia de la joven colonia cuando en 1636 los colonos pelearon en la guerra contra los pequot, ya que debido a la promesa los wampanoag se mantuvieron al margen del conflicto.

Para el otoño de 1621, una muy buena cosecha se festejó con una celebración que duró tres días. El cacique Massasoit, de la tribu wampanoag, trajo a noventa de sus más valientes hombres para un festival de carreras, luchas y comida. El banquete incluía platos de carne de ciervo, pavo, pato, aves de caza, conejo, pescado y alimentos diversos, muchos de los cuales eran desconocidos para los ingleses. Fue el primer Día de Acción de Gracias. Imaginemos la confianza y la amistad que se habían trabado en tan solo unos pocos meses. ¡Qué valentía hacía falta para invitar a su colonia a noventa fornidos guerreros que con toda facilidad podrían haberlos asesinado, borrando del mapa a la pequeña comunidad! No es de extrañar que los peregrinos le dieran crédito a Dios por la supervivencia de su reducida colonia, ni tampoco ha de sorprendernos que los norteamericanos desde entonces, encontraran inspiración en esos padres peregrinos que desembarcaron en Plymouth Rock [o Roca de Plymouth]. Alexis de Tocqueville, escribió en 1835: «Hay una piedra allí que los pies de estos pocos exiliados pisaron por un instante. Y la piedra se hace famosa, atesorada por una gran nación. Hasta el mismo polvo de esa piedra se atesora como una reliquia».[22]

En el lapso de un año los peregrinos habían elegido ya a William Bradford como gobernador. Este joven de tan solo treinta y un años había perdido a su esposa en el Mayflower. Cuando volvió a contraer matrimonio en 1623, la ocasión se celebró con una fiesta tan grande como la del primer Día de Acción de Gracias, los indios también participaron del festejo. Bradford fue reelegido año tras año a partir de entonces y gobernó la pequeña colonia hasta el día de su muerte en 1657. En Holanda, había trabajado como hilandero de seda, por eso sabía hablar holandés y francés. Aprovechó ese conocimiento cuando tuvo que representar a su colonia. A la llegada de un sacerdote católico francés desde Canadá, quien buscaba en Plymouth ayuda para defenderse de los iroquíes, el clérigo se asombró ante la bienvenida que le dispensó Bradford, que mostró deferencia y consideración con su huésped:

El gobernador del lugar, de nombre Jehan Brentford [William Bradford] me recibió con cortesía y me otorgó audiencia al día siguiente. Me invitó a comer con él y mandó preparar especialmente un plato de pescado, porque era viernes.* En este asentamiento encontré gran favor, y el capitán Thomas Willets [Thomas Willett], junto a otros, habló con el gobernador en defensa de mi negociación...[23]

No pasó mucho tiempo antes de que comenzaran a llegar muchos inmigrantes más, que se unieron a los peregrinos en Massachussets. El nuevo rey de Inglaterra, Carlos I, había intensificado la persecución contra todos los disidentes y, en especial, contra los puritanos. En 1630, zarparon de Inglaterra diecisiete barcos con mil hombres, mujeres y niños, rumbo a Norteamérica.[24] El suceso se conocería luego como la «Gran Migración». Liderados por el abogado John Winthrop a bordo del *Arbella*, el grupo no solo unió a los cultos disidentes sino que su líder conocía la importancia de ese viaje a un desierto desconocido. «Seremos como una ciudad sobre una colina. La mirada de todos está puesta en nosotros», dijo en uno de los sermones más «proféticos» que se hubieran oído en América.[25] Antes de que siquiera hubieran puesto pie en tierra del Nuevo Mundo, se les aseguró a esos puritanos que su nueva «Comunidad Bíblica» les convertiría en el centro de atención para el mundo entero.[26] Se aplicaban a sí mismos las palabras de Jesús en el Sermón del Monte.

Aunque conocidos por su autocrítica, los puritanos no estaban haciendo alarde de su propia posición. Escudriñaban a diario sus conciencias, con profundo conocimiento de su condición de pecadores. Vemos esto en la conclusión de Winthrop, que les advirtió que si no guardaban la ley de Dios, se convertirían en «un insulto» entre todas las naciones. Los puritanos sabían muy bien a qué se refería. Sabían de memoria no solo las promesas del Nuevo Testamento sino también las severas advertencias del Antiguo Testamento. En Deuteronomio, Moisés les había advertido a los hijos de Israel que serían desterrados si le volvían la espalda al Dios viviente.[27] Por ello, desde el primer momento, Norteamérica seguía representando para ellos una promesa y un peligro a la vez.

El *Arbella* no era una nave frágil ni pequeña como el *Mayflower*. Era un barco importante en la línea naviera, equipada con veintiocho cañones, con los que emitía

---

* En esa época a los católicos les estaba prohibido comer carne los viernes.

y recibía salutaciones navales.[28] Tal vez fuera algo profético que el mascarón de proa del *Arbella* fuese un águila de gran tamaño.[29]

Tendremos varias ocasiones en la que comentaremos las ironías de la historia norteamericana.[30] Aquí tenemos una: Los puritanos querían purificar su Iglesia Protestante de Inglaterra, librándola de todos los «innecesarios adornos» del catolicismo romano. Eso incluía la elaborada vestimenta de los sacerdotes, las lujosas cruces de oro y, por sobre todo, los crucifijos que mostraban a Cristo en Su pasión y las imágenes de la Bendita Virgen María y todos los santos. Sin embargo, tenemos aquí a esos santos cruzando el Atlántico con la imagen del águila en la proa de su barco.

Poco después de desembarcar en 1630 los puritanos hicieron que la carta constitutiva de la Compañía de la Bahía de Massachussets les fuera enviada a su nuevo hogar. Ese fue un paso inicial hacia la independencia. Para 1634 el gobernador Winthrop había incrementado la cantidad de los que podían votar para la Corte General —su legislatura— de modo que incluyera virtualmente a todos los adultos varones de su iglesia. Desde el comienzo entonces, vemos que los norteamericanos formaban ya hábitos de gobierno independiente.

Boston se convirtió muy pronto en la ciudad más grande de Norteamérica, al punto de poder tener una universidad. Harvard, fundada en 1636, debía preparar a los varones jóvenes que asistieran a esa casa de estudios para el ministerio. Estudiarían latín y griego, y la universidad se encargaría de que mantuvieran vivos los ideales puritanos. Los puritanos sabían que su forma de protestantismo, altamente intelectual, requería de un sólido fundamento académico. Para leer, entender y explicar la Biblia, que afirmaban era la Palabra de Dios, había que prepararse con dedicación e intensidad. Sería responsabilidad de Harvard la transmisión de esas santas verdades a la generación de jóvenes. Por ello, el lema de esa universidad —*Veritas* (Verdad)— simbolizaba la verdad de la salvación que libera a los hombres.

El «Antiguo Engañador» era el mote que los puritanos usaban para referirse a Satanás. Y para mantener a sus hijos a salvo de sus argucias, la Corte General de Massachussets promulgó la «Ley del Antiguo Engañador» en 1647. Esa ley requería que todo pueblo con cincuenta familias o más contratara a un tutor para que los niños aprendieran a leer y escribir. Las ciudades que tuvieran cien o más familias debían tener una escuela primaria.[31] Así, desde el principio mismo Massachussets estableció altos niveles de alfabetización y aprendizaje. El *Libro de Lectura de Nueva Inglaterra*, un popular recurso utilizado para enseñar, siguió usándose hasta bien entrado el siglo diecinueve.[32] A partir de sus severas amonestaciones, vislumbramos la seriedad moral y el sobrio realismo de esos puritanos:

A.   *Cuando Adán pecó, todos pecamos. [Por la A de Adan, palabra inglesa que en español significa Adán.]*

B.   *Para que tu vida sea recta, presta atención a este libro. [Por la B de book, palabra inglesa que en español significa libro.]*

C.   *El gato juega, y luego muere. [Por la C de cat, palabra inglesa que en español significa gato.]*

D.   *El perro morderá al ladrón de la noche. [Por la D de dog, palabra inglesa que en español significa perro.]*

E.   *El águila que vuela se pierde a la vista. [Por la E de eagle, palabra inglesa que en español significa águila.]*

F.   *El holgazán en la escuela soportará la vara.[33] [Por la F de fool, palabra inglesa que en español significa flojo.]*

El estudio de la Biblia no significó que no hubiera conflictos. Estos elevados ideales motivaron problemas, aun desde el comienzo porque los desacuerdos respecto de la doctrina hicieron que los líderes puritanos desterraran a disidentes como el reverendo Roger Williams y luego a la señorita Anne Hutchinson. Williams se estableció en la Bahía de Narrangansett, y fundó una nueva colonia en Rhode Island en 1644. *Providence* [Providencia] sería refugio para disidentes como Hutchinson, que huían de las estrictas reglas puritanas de Boston. «La adoración obligada», decía Williams, «hiede en las narices de Dios».[34] Su valiente postura inspiraría a los amantes de la libertad religiosa en los siglos siguientes.

III. Expansión del poderío inglés

La bahía de Massachussets no fue la única colonia que desterró disidentes religiosos. Cuando Sir George Calvert, primer Lord Baltimore, se convirtió al catolicismo, las autoridades de Virginia le ordenaron abandonar la colonia. Calvert apeló ante el rey Carlos I, solicitando una carta de constitución para una colonia en la orilla norte de la bahía de Chesapeake. Aunque Lord Baltimore murió antes de que pudiera aprobarse la constitución de Maryland, finalmente fue su hijo Cecilius el que la obtuvo en 1634.* Maryland fue planificada como empresa rentable, pero también como refugio para los católicos. A pesar de eso, la mayoría de los colonos de Maryland eran protestantes. Los primeros intentos de los Calvert por asegurar la libertad religiosa bajo la forma de una ley de tolerancia —medida que otorgaría libertad religiosa a todos los cristianos— solo consiguieron resultados parciales.** Los pequeños terratenientes protestantes se rebelaron contra el gobierno de los señores católicos y rechazaron la nueva ley.[35]

Entre esas dos regiones costeras dominadas por los ingleses, los holandeses y los suecos también plantaron dos colonias pequeñas. Sobre las orillas del río Hudson, Nueva Holanda tenía su capital en la isla de Manhattan, ciudad a la que llamaron Nueva Ámsterdam. Peter Minuit, con autoridad de la Compañía Holandesa de las Indias Occidentales, había comprado la isla a los indios canarsie por sesenta guilders, equivalente a veintitrés dólares con setenta centavos (hoy esa tierra vale unos sesenta mil millones de dólares). Los holandeses se vieron atraídos al Nuevo Mundo por la posibilidad del próspero negocio del comercio de pieles.[36] Sus asentamientos se ubicaban sobre las orillas del río que llevaba el nombre del afamado explorador Henry Hudson, un inglés que navegaba para los Países Bajos. (Hudson le dio su nombre al majestuoso río y en otro intento por encontrar un pasaje a la India por el noroeste, descubrió la bahía de Hudson. Murió de manera cruel cuando sus hombres se amotinaron y lo amarraron a un pequeño bote.) Pronto, los mercaderes holandeses de Nueva Holanda lograron desplazar a los mercaderes ingleses, ofertando sumas mayores y vendiendo a precios más bajos que ellos.[37]

Cuando el autocrático Peter Stuyvesant con su pata de palo, asumió como gobernador de Nueva Holanda, en 1657, ordenó que se erigiera un muro de casi cuatro metros de alto en el bajo Manhattan para defender el asentamiento. La calle que se extendía a lo largo de esa defensa se haría famosa tiempo después: Wall Street. Stuyvesant era una figura que no se andaba con pequeñeces, ya que por la fuerza asumió el dominio de la pequeña colonia sueca ubicada cerca de la actual Wilmington, Delaware.

---

* A los protestantes ingleses que desconfiaban, los fundadores de la católica Maryland podrían decirles que su colonia había sido nombrada así por la reina, Henrietta María, pero en realidad, se entendía que Maryland estaba dedicada a la Bendita Virgen María.

** Es claro que a los católicos les convenía que hubiera tolerancia religiosa para todos los cristianos, porque sabrían que serían minoría. Aun así, sería el inicio de la libertad y también de la sabiduría, como suele suceder en los casos en que el interés propio es *iluminado* por la razón.

Los ingleses, que habían protestado por las primeras colonias holandesas en tierras reclamadas para la corona británica, estaban ocupados en las décadas de mediados del siglo diecisiete a causa de la rebelión puritana y la guerra civil. Los intentos de Carlos I por obligar a la adoración religiosa uniforme y por gobernar sin un Parlamento, dieron lugar a violentos enfrentamientos. Oliver Cromwell, líder local y propietario de tierras, lideró un ejército en contra del rey. Desde 1642 hasta 1648 el ejército parlamentario, conocido como Roundheads o Cabezas redondas, porque llevaban el cabello muy corto, luchó contra las fuerzas reales de los Caballeros.* El rey fue derrotado finalmente y Cromwell así como los demás líderes puritanos prometieron que le enjuiciarían, acusado de traición. No todos los puritanos estaban de acuerdo con esa acción sin precedentes. Los constantes intentos del rey Carlos por escapar de su cautiverio, sus alianzas con monarcas extranjeros y su poca confiabilidad hicieron que Cromwell declarara: «Es nuestra intención decapitar al Rey, con su corona puesta». Así, en enero de 1649 Inglaterra se convirtió por un breve período en una república. Los líderes puritanos la llamaron Commonwealth [Mancomunidad].**

El Parlamento había triunfado por sobre las fuerzas del despotismo monárquico, pero cuando comenzó a perder la disciplina debido a que se dividió en facciones que se oponían entre sí, Cromwell decidió disolverlo y gobernar como dictador militar, nombrándose Señor Protector. Con la muerte de Cromwell en 1658 la idea de instalar a su hijo Richard como protector no prosperó. El pueblo inglés, cansado de la severidad de los puritanos, con gusto recibió de vuelta al exiliado Carlos II. En 1660, Inglaterra volvió a ser monarquía. Nunca más volvería a tener un gobierno republicano, pero a partir de entonces los reyes y reinas se vieron obligados a tomar en serio el rol del Parlamento.

Después de la restauración de la monarquía británica, los ingleses se dedicaron enseguida a reestablecer su autoridad a lo largo de la costa atlántica, desde Newfoundland a la Florida. Enviaron una pequeña flota para pelear contra Nueva Ámsterdam en 1664. Peter Stuyvesant no tuvo otra opción que rendirse cuando aparecieron en el horizonte de Manhattan las velas de los barcos. La familia de

---

* El Nuevo Ejército Modelo de Cromwell, dominado completamente por él, nunca fue derrotado en ninguna batalla.

** «No tenemos más rey que Jesús», gritaban los hombres más radicales del Commonwealth. Conocidos como Levelers (Niveladores) creían que toda forma de monarquía o nobleza se oponía a la ley de Dios. En una república, todos los ciudadanos son iguales ante la ley.

Theodore Roosevelt se contaba entre los patrones holandeses, ricos granjeros del Valle de Hudson, que no perdieron su fuerza ni bajo el gobierno holandés ni bajo el de los ingleses. Roosevelt escribió:

La expedición contra Nueva Ámsterdam había sido organizada con el Duque de York, luego rey Jaime II, como su patrón especial, por lo que la ciudad fue rebautizada en su honor. Hoy su nombre perpetúa el recuerdo del aburrido y cruel patán cuyo breve reinado terminó con el innoble linaje de los reyes de la línea Estuardo.

Roosevelt no escatimaba palabras. En realidad, el gobierno de Nueva York bajo el Duque de York fue bastante sensible. Los holandeses habían permitido que los inmigrantes ingleses y los hugonotes franceses se establecieran en su colonia, gobernada bajo su control político. De los mil quinientos colonos, un tercio no eran holandeses, por eso bajo el nuevo gobierno colonial inglés se mantuvo la libertad de religión e idioma. Los patrones no tenían por qué sentir descontento. Cuando por un breve período los holandeses recapturaron la colonia en 1673, su dominio duró solo un año. Y entonces, no pusieron objeción a renunciar a Nueva York, a cambio de concesiones inglesas en el Caribe, ya que en ese momento dichas colonias se consideraban más valiosas. Las grandes familias holandesas de Nueva York, como los Van Rensselaer, los Schuyler y los Roosevelt, seguirían teniendo un papel importante en la vida del estado y la nación.

No debe olvidarse, sin embargo, la importancia del dominio inglés de Nueva York. Es que Nueva Inglaterra ya había formado una confederación, uniendo a las colonias inglesas al norte y al este del río Hudson, con el objeto de defenderse contra los forasteros. Sin Nueva York el dominio colonial británico se habría disuelto, porque Virginia y Maryland estaban muy lejos de Nueva Inglaterra. Pero con Nueva York asegurada bajo el gobierno inglés, era más cercana la realidad de una unión continental.

Mientras tanto, en Inglaterra había surgido una nueva secta religiosa después de la restauración de la monarquía: la Sociedad de los Amigos, conocidos como Cuáqueros porque algunos de sus miembros sentían un fervor religioso tan intensos que durante los servicios de adoración, se estremecían [N. de T: «quake» en inglés significa temblor]. Los cuáqueros eran perseguidos por las autoridades de la Iglesia de

Inglaterra. Es que eran pacifistas y se negaban a portar armas o a apoyar las guerras, no juraban, amparándose en las palabras de Jesús, por lo que parecían evadir el sistema judicial. Tal vez a pesar o a causa de la opresión (miles de cuáqueros terminaban en prisión), el movimiento creció. Cuando el hijo del famoso almirante Sir William Penn se convirtió a la nueva fe, su padre se enfureció. Pero luego ambos se reconciliaron y el joven William Penn solicitó una carta de constitución para una colonia propietaria en América. La colonia propietaria era la que la Corona otorgaba a una persona o familia rica, para que allí pudiera establecer un asentamiento con fines de lucro. El joven William Penn, en 1682, solicitó ese tipo de colonia al Duque de York, que le debía a su padre dieciséis mil libras. Penn tenía por intención formar allí un refugio para sus amigos cuáqueros. Había visitado Alemania, donde apeló ante otras sectas cristianas pacifistas para que emigraran y se unieran a su santo experimento.[38]

Pensilvania (el bosque de Penn), fue un éxito inmediato. La garantía de Penn en cuanto a la libertad religiosa era la más amplia en su época, en todo el mundo. Católicos, luteranos, bautistas, presbiterianos e incluso anglicanos (miembros de la Iglesia de Inglaterra), acudían para asentarse en esas ricas tierras. Para 1700 Pensilvania tenía ya veintiún mil colonos.[39] A pesar de las crecientes dificultades, esa colonia fue la primera comunidad específicamente planificada como para incluir una población diversa, y para regirse por una medida de amplitud en cuanto a la igualdad religiosa política. Su capital, Filadelfia («Ciudad del amor fraterno») se convirtió en una metrópolis floreciente, que no tardó en superar en tamaño a todas las demás ciudades coloniales. El ejemplo de esa comunidad, donde se vivía en paz sin la autoridad absoluta de un rey o una religión establecida, inspiró al filósofo francés Voltaire.[40]

Aunque Voltaire tenía solo una vaga idea de lo que era Filadelfia, acertó en su suposición de que se trataba de una colonia próspera que atraía a gran cantidad de escoceses-irlandeses y alemanes. A ellos se sumaban los holandeses, los suecos y los judíos, con lo cual Norteamérica comenzó a verse como lo que es hoy.

IV. Inglaterra y Francia: Conflictos por un continente

En 1707 el Parlamento dictaminó la unión formal de Escocia e Inglaterra, como Reino Unido. Miles de escoceses entonces se unieron a sus compatriotas en las colonias británicas del Nuevo Mundo. Mientras las colonias inglesas se multiplicaban a lo largo de la costa atlántica, Francia penetraba cada vez más el interior de Canadá. Bajo el liderazgo del valiente Samuel de Champlain, los objetivos franceses incluían el próspero comercio de las pieles y la conversión de los indios. Champlain cubrió el azaroso pasaje del Atlántico, no menos de veinte veces entre 1603 y 1633.[41] Fundó la ciudad de Québec en 1608 y desde ese puerto comercial, los cazadores y mercaderes, conocidos como coureurs de bois (o corredores de los bosques) viajaban a las regiones del interior del continente. Los aventureros canadienses franceses llegaron hasta la región de las Dakotas, antes de que los ingleses hubieran logrado llegar a la cresta de los Apalaches.[42]

Champlain, un adelantado para su tiempo, consideró que Canadá era una ubicación ideal para la Nueva Francia, y para el establecimiento de una sociedad diferente en el Nuevo Mundo. Pero el gobierno monárquico, desde Versalles, no deseaba enviar disidentes políticos ni religiosos, y menos aun criminales, para que poblaran la Nueva Francia. Por ello, la colonización francesa jamás alcanzó el nivel de impacto que tuvo la inmigración inglesa en las colonias del Atlántico. Eso contribuyó también a una relación más favorable entre los franceses y las tribus indias. Sus asentamientos, en su mayoría puestos de comercio, no eran tan invasivos ni irrumpían en el estilo de vida de los nativos. A diferencia de lo que sucedía entre los ingleses, en que la boda entre John Rolfe y Pocahontas se consideraba una excepción, los coureurs franceses se casaban con mujeres de las tribus nativas.

Los esfuerzos misioneros franceses tuvieron notable éxito con los indios hurones, pero debieron enfrentar la hostilidad de la confederación iroquí. Hubo sacerdotes católicos de la Sociedad de Jesús —los jesuitas— que con su juventud y valentía actuaban entre las tribus. El padre Isaac Jogues partió de la ciudad de Québec en 1636. Predicó el evangelio en el interior, recorriendo casi dos mil kilómetros, como observa el historiador George Bancroft, «cinco años antes de que el (misionero protestante) John Eliot les predicara a los indios a solo diez kilómetros del puerto de Boston».[43] Se proponía convertir a los indios del lago Superior e incluso enviar misioneros a los indios sioux, en las lejanas Dakotas.

Pero la ambiciosa y valiente visión de Isaac Jogues no se concretó porque en 1642 fue capturado por los indios mohawk, miembros de la confederación iroquí. Lo tomaron cautivo a unos sesenta kilómetros de la colonia holandesa de Fort Orange, hoy Albany [Albania]. Torturado y mantenido en la esclavitud durante meses, Bogues finalmente logró escapar y llegó hasta Nueva Ámsterdam donde los holandeses lo trataron muy bien. Al regresar a Francia, Jogues fue considerado casi un Lázaro, un hombre que había regresado de la muerte. Fue sensación entre los franceses y a pesar de que sus captores se habían comido varios de sus dedos, el Papa le permitió celebrar la misa.*

El padre Jogues no les dio importancia a sus heridas y volvió a Canadá, para partir una vez más en 1646 como misionero a tierras mohawk. Como resultado de su cautiverio, ahora sabía hablar varios idiomas nativos. Al principio sus antiguos captores lo recibieron bien, pero pronto se produjo una epidemia y las cosechas se perdieron. Entre los mohawk hubo varios que culparon de todo eso a los «túnicas negras», como llamaban a los jesuitas los indios. Jogues y uno de sus compañeros fueron capturados nuevamente. Los desnudaron, los azotaron e hirieron con cuchillos, para luego llevar a Jogues a rastras hasta una aldea india. Allí, lo llevaron a una cabaña donde lo mataron con un hacha tomahawk. Ese hecho —y el similar destino de Jean de Brebeuf y otros jóvenes jesuitas—, hizo que la Iglesia Católica declarara mártires y santos a Isaac Jogues y sus hermanos.[44]

Los franceses dominaban los cauces de agua del interior del continente norteamericano. Los voyageurs, que sucedieron a los coureurs, navegaban en canoas hechas con corteza de troncos de abedul, y casi tenían la misma destreza que los indios. En 1682 el Sieur de La Salle logró concretar una hazaña increíble: navegó y remó por el río Mississippi hasta un punto que estaba más allá de lo que es hoy Nueva Orleáns. La Salle reclamó toda esa región para Francia, y la nombró Luisiana, por el rey Luis XIV.[45] (En un segundo viaje, esta vez hacia la costa de Texas, La Salle fue asesinado por sus propios hombres, que luego fueron masacrados por la tribu de los comanches. Es este un testimonio acabado de los peligros de la exploración.[46])

Los franceses buscaban controlar el río Ohio, importante tributario del Mississippi. La región era rica en pieles pero, para poder conseguirlas, tenían que alejar a los ingleses. Con ayuda de aliados indios los franceses comenzaron a atacar las colonias vecinas. El gobernador de Nueva Francia era el feroz Louis de Bouade, conde de Frontenac. Usó a sus aliados indios para aterrorizar a los colonos ingleses en las fronteras de Nueva York y Nueva Inglaterra, entre 1690 y 1692. Frontenac suponía que si lograba aterrorizar a los colonos ingleses, estos no buscarían refugiarse en el valle de

---

* Los sacerdotes católicos deben tomar la hostia entre el índice y el pulgar, por eso, hizo falta una dispensa papal para que el padre Jogues pudiera celebrar la misa.

Ohio, al oeste. Las masacres de mujeres y niños, junto a las prácticas indias de arrancar el cuero cabelludo y torturar a las víctimas, profundizaron la enemistad entre ambas naciones, por lo que los colonos mostraban particular hostilidad entre ellos.[47]

La armonía inicial que había caracterizado las relaciones entre los colonizadores como el capitán John Smith, el gobernador William Bradford y William Penn así como entre los propietarios y sus vecinos indígenas, no perduró. Aquí, a menos de medio siglo de la llegada de los primeros ingleses a América, un suceso bañado por la luz de la esperanza, vemos que la resistencia de los pueblos nativos ante el firme e irresistible influjo de los europeos, creía y se endurecía. Los puritanos de Nueva Inglaterra pelearon contra los pequot en 1636 y 1637. En uno de los episodios más salientes, los guerreros puritanos quemaron una tribu que se había refugiado tras una estacada, y cantaban himnos mientras prendían fuego a la gente. El rey Felipe, hijo de Massasoit, fue derrotado cuando otros indios se unieron a los colonos en contra de él. Eso formaba parte de un patrón en que las distintas tribus se enfrentaban en luchas sangrientas. No debemos olvidarlo. Los guerreros iroquíes destruían a los hurones y atacaron a los susquehannock, los nipissing, los potwatomi y los delaware entre 1649 y 1684, solo no pudieron contra los illinois.[48] No es de extrañar entonces que a los iroquíes se les conociera como «romanos del oeste».

Las guerras entre los británicos y los franceses en Europa, también llegaron a América. El conflicto bélico del rey Felipe (1675-1676) trajo el terror a la frontera de Nueva Inglaterra y causó la devastación de los wampanoag. Se destruyó la cuarta parte de las aldeas de Nueva Inglaterra, murieron asesinados uno de cada dieciséis colonos varones. La guerra del rey Guillermo (1689-1697) en las colonias fue mera continuación del conflicto que se había prolongado entre Guillermo y Luis XIV, cuando Guillermo era todavía stadtholder [gobernador] en Holanda. Él y su esposa inglesa Mary, habían tomado para sí el trono de Inglaterra en 1688 cuando el padre de Mary, Jaime II estaba exiliado durante la Gloriosa Revolución, un enfrentamiento que no fue sangriento. «Mantendré las libertades de Inglaterra y la religión protestante», anunciaban los estandartes de Guillermo cuando este desembarcó.

Los franceses en Canadá intentaron asegurarse la desembocadura del San Lorenzo, con una enorme fortaleza en la isla de Cabo Bretón, conocida como Louisbourg, «la Gibraltar de América». A pesar de sus defensas, cayó ante los reiterados ataques de los ingleses, por lo que sus gruesas murallas y habitaciones para seis regimientos armados, solo lograron añadir al volumen de las pérdidas. Iniciada en 1721, la construcción de Louisbourg avanzó a paso lento y llevó varios años. Fue un proyecto francés de enorme envergadura y, aunque prestigioso, no tuvo valor práctico. Se dice que Luis XV corría las cortinas bordadas de su gran Palacio de Versalles, diciéndoles a los cortesanos que quería ver las altas torres de Louisbourg en el horizonte, hacia el oeste. Los hombres de Boston que atacaron Louisbourg vieron que podían sitiar el fuerte e incendiarlo desde arriba, con solo alcanzar tierras de mayor altura.[49]

V. LOS DESPERTARES RELIGIOSOS E INTELECTUALES

En este contexto de miedo y peligro, tuvo lugar un acontecimiento de lo más extraño y poco creíble en la historia de Norteamérica. En la aldea de Salem, Massachussets, en 1692, se acusó de brujería a una joven llamada Tituba, mestiza de ascendencia negra e india. Alarmada, la muchacha acusó a varios de los miembros más importantes de su aldea, de haberse confabulado con el diablo. Sus palabras tenían peso porque confesó haberse aliado con Satanás. Al poco tiempo, otras adolescentes ofrecían evidencia ante el tribunal, afirmando la actividad de espectros. A diferencia del tipo de evidencia que hoy se acepta en un tribunal moderno, en aquel momento se aceptaba la palabra de quien acusara al ofensor, fuera hombre o mujer, de involucrarse en actividades hostiles o contrarias a Dios, y que tuvieran que ver con acciones de los espectros o espíritus de los acusados. Las autoridades aceptaron el testimonio de las adolescentes obviamente histéricas y condenaron a unos veinte aldeanos, incluyendo al ministro de la congregación, a morir en la horca. En uno de los casos, la ejecución sería por medio de la asfixia causada por el apilamiento de rocas pesadas.

El gran Cotton Mather con su intercesión empeoró la tragedia. El reverendo Mather era un hombre conocido por su conocimiento y piedad en las colonias inglesas. Sus escritos y sermones ejercían enorme influencia. Sus obras sobre la ciencia y la naturaleza eran tenidas en tan alta estima que fue el primer norteamericano elegido para formar parte de la Sociedad Real de Londres. Pero en Salem, Cotton Mather argumentó que había que aceptar la evidencia de los espectros y a causa de su influencia, murieron inocentes.

Los colonos ingleses del siglo dieciocho conformaban una comunidad religiosa muy diversa. Aunque los disidentes se habían mantenido alejados de las colonias de españoles y franceses, Inglaterra les daba la bienvenida a protestantes de todo tipo:

presbiterianos, luteranos, bautistas, holandeses reformados, cuáqueros, menonitas, moravianos y anglicanos, además de un creciente número de católicos y judíos que llegaban a establecerse en las colonias del Nuevo Mundo.

Después del reverendo Cotton Mather, la figura más importante en la Norteamérica colonial era Jonathan Edwards. Nacido en Connecticut en 1703, era un hombre muy culto, que creía que la conversión del corazón debía ser una experiencia mucho más religiosa y exigente. Famoso por su sermón Pecadores en las manos de un Dios enojado, que presentaba los horrores del infierno para quienes no se arrepintieran, también destacaba con igual énfasis el poder transformador del amor de Cristo. Cuando su búsqueda por una convicción mayor en sí mismo y en otros le llevó a un conflicto con su iglesia congregacional en 1750, dejó la próspera Connecticut para ir a Stockbridge, Massachussets. En esa comunidad fronteriza, Edwards predicó a los mohawk y los mohegan durante siete años. Su ministerio tuvo sus altibajos, pero sus escritos llegaron a ser fuente de inspiración para miles de personas. Compuso algunas de las obras teológicas más importantes que se hayan escrito en Norteamérica, como La naturaleza de la verdadera virtud, El pecado original, y Libre albedrío. Edwards dejó Stockbridge para asumir la presidencia del Colegio de Nueva Jersey, en Princeton, pero murió poco después a causa de complicaciones producidas por la vacuna contra la viruela.[50] Princeton, al igual que Dartmouth y Brown, encuentran sus orígenes en los poderosos movimientos religiosos de esta época.

Aunque Edwards solía dar sus sermones en un tono de voz calmo, coloquial, su predicación se considera entre las primeras evidencias del reavivamiento religioso de Norteamérica, que se conoce como el Gran Despertar. Muchas denominaciones protestantes se vieron afectadas por el fervor de ese movimiento, en especial las comunidades fronterizas. Allí la vida diaria se veía siempre amenazada no solo por los ataques de los indios sino por los estragos que causaban las enfermedades, los animales salvajes y las cosechas que se perdían.

Aunque rechazado por muchas de las autoridades religiosas establecidas en ese momento, el Gran Despertar se expresó con toda potencia en las reuniones masivas al aire libre, en las que las multitudes escuchaban al predicador inglés George Whitefield. En Filadelfia, cuando las iglesias más antiguas le cerraban las puertas al «entusiasta» Whitefield, Benjamin Franklin mandó construir un salón, específicamente para recibir al evangelista. (Este salón serviría luego para la Universidad de Pensilvania, una institución no sectaria.) La predicación de Whitefield fue una maravilla, animada presentación que podían escuchar unas veinte mil personas a la vez. Desde Filadelfia, en 1739, Whitefield continuó hacia Nueva Inglaterra y terminó en 1740 habiendo predicado ciento treinta sermones en setenta y tres días.[51] Su estilo emocional y sincero, llegó a conocerse como metodista. El proceso de formación de una rama más a partir de una denominación, había comenzado. El movimiento metodista se había iniciado en Inglaterra dentro de la Iglesia Anglicana, liderado por el reformador Juan Wesley. En la Norteamérica protestante, este proceso de ramificación de iglesias demostraría ser casi interminable.

Pero aunque abundaban las facciones y las divisiones, Whitefield se convirtió en una figura unificadora para las colonias, y no ha de extrañarnos porque en tanto las figuras jerárquicas de la iglesia «establecida» de Inglaterra parecían despreciar su estilo emocional, sincero y potente para predicar, Whitefield ganaba más y más fama y popularidad en Norteamérica. En Inglaterra había sido el predicador preferido por los mineros y los obreros en la ciudad de Londres.[52] Cruzó el Atlántico trece veces, y fascinó a miles de norteamericanos. Incluso Benjamin Franklin, genial escéptico, se conmovió y con su típico ingenio, escribiría luego:

> Sucedió poco después, que asistí a uno de sus sermones y mientras el hombre predicaba percibí que parecía querer acabar con una ofrenda, por lo que resolví en mi interior que nada obtendría de mí. Tenía en mi bolsillo un puñado de monedas de cobre, unos tres o cuatro dólares de plata y cinco pistolas en oro. Mientras proseguía empecé a ablandarme y decidí que le daría los cobres. Con un golpe más de su oratoria, sentí vergüenza de lo poco que ofrendaría y decidí que le daría la plata. Pero con su admirable final, decidí que vaciaría mi bolsillo por completo para darle todo lo que tenía.[53]

Por supuesto, lo que Whitefield quería era el corazón de sus oyentes. Tiempo después, otro predicador, el gran evangelista Charles Haddon Spurgeon, describió el impacto del ministerio de Whitefield en Norteamérica: «Estaba *vivo*. Otros hombres parecían vivir a medias, pero Whitefield estaba lleno de vida, lleno de fuego, con alas, con fuerza».[54]

El Gran Despertar fue un fenómeno que duró unos veinte a treinta años y que abarcó toda América del Norte. Fue el primer movimiento verdaderamente masivo en la región. Y aunque era un potente movimiento religioso, y no un hecho político, su influencia se hizo sentir en la política de la época. La gente que ya había rechazado la autoridad del clero poderoso ligado a la monarquía británica, también se sentía propensa a rechazar el poder de las autoridades monárquicas.

La primera vez que Benjamin Franklin conoció a Cotton Mather, el primero era todavía aprendiz en la imprenta que su hermano James tenía en Boston. Los hermanos Franklin habían lanzado en 1721 una importante campaña que se oponía a la vacuna contra la viruela, y los mensajes se publicaban en su periódico, el *New England Courant*. Ben solo tenía dieciséis años y no fue este un inicio promisorio para quien luego sería la mente científica más importante de Norteamérica. A Cotton Mather lo respaldaba su respetado padre, Increase Mather. Los Mather denunciaron que el periódico de los Franklin era un pasquín. Y finalmente, lograron convencer a los colonos de que la vacuna sería eficaz. El erudito Cotton había leído sobre ese procedimiento en la publicación médica de la Sociedad Real de Londres.[55] Al poco tiempo el joven Ben, dejaría su lugar como aprendiz bajo la rígida dirección de su hermano, y abandonado Boston buscaría la libertad de Filadelfia. Años más tarde, cuando Ben Franklin regresó de Filadelfia para visitar a su familia, se reunió con Cotton Mather, un hombre ya entrado en años. Mather lo recibió con toda cordialidad y ni siquiera mencionó el asunto de la vacuna. Cuando Franklin estaba a punto de irse, Mather le advirtió: «¡Cuidado! ¡Agáchese!», pero ya era demasiado tarde. Franklin se golpeó la cabeza contra una viga, y Mather no pudo resistir la tentación de darle una lección con una moraleja: Le dijo al joven Franklin que tenía el mundo delante de sí. «Agáchese mientras pasa por el mundo y se evitará muchos golpes».[56] Franklin nunca olvidó esa enseñanza.

Franklin tuvo éxito con su imprenta en Filadelfia y publicó su propio periódico, el *Pennsylvania Gazette*, a partir de 1729. Cuatro años después, amplió su oferta de publicaciones con el *Poor Richard's Almanack* [Almanaque del pobre Richard], para el agricultor. Además de ofrecer los consejos habituales a granjeros y habitantes de pueblos rurales, los ingeniosos valiosos consejos que Franklin daba a través del *Pobre Richard*, hicieron que tuviera muchos adeptos en las colonias. Franklin también fomentaba la formación de asociaciones de voluntarios para el mejoramiento de Filadelfia, incluyendo los pavimentos, la iluminación y la limpieza de las calles. Eso contribuyó a que la ciudad adoptiva de Franklin sobrepasara a su nativa Boston como urbe líder en Norteamérica. Franklin fue el espíritu organizador de la compañía de bomberos voluntarios, de la biblioteca y la compañía de seguros contra incendios. En 1743, el hombre que jamás asistió a la universidad ayudó a fundar la Sociedad Norteamericana de Filosofía, una de las más antiguas organizaciones del conocimiento. También fue él quien inspiró la creación del hospital y el colegio que luego se convertiría en la Universidad de Pensilvania.

El éxito de Franklin como hombre de negocios le brindaba los ingresos y el tiempo libre que necesitaba para avanzar con sus útiles inventos. Además de la revolucionaria estufa Franklin —que contribuyó a la comodidad de millones de personas— inventó las patas de rana o chapaletas que hoy usan quienes practican buceo, y experimentó con las olas, utilizando aceite para aquietarlas. Lo más notable de todo fue su experimento con la electricidad, en 1749. Al hacer volar una cometa durante una tormenta eléctrica, y haciendo que un rayo viajara por un cable hasta llegar a una llave, Franklin demostró que los relámpagos eran, en efecto, un fenómeno eléctrico. Siempre práctico, inventó el pararrayos, para conducir la electricidad de los rayos hasta el suelo, salvando así innumerable cantidad de iglesias, edificios públicos, casas y graneros.

Pero no por eso olvidó su rol de ciudadano. Comenzó asistiendo a las regiones de la Asamblea de Pensilvania para tomar nota de lo que se trataba allí. Con el tiempo, fue elegido como miembro de la asamblea por derecho propio, y los demás legisladores acudían a él para pedirle consejo. La mayoría avanzaba con firmeza hacia la oposición contra los propietarios de las colonias.

Los descendientes de William Penn no tenían sus dotes de diplomático ni su dedicación al bienestar de la colonia. La asamblea protestaba contra la petulante exigencia dc los propietarios, de que no se cobraran impuestos a sus vastas propiedades en Pensilvania. Ya entonces, los propietarios vivían en Londres y no podía esperarse que se preocuparan por la defensa de las colonias. Los legisladores venidos de las fronteras protestaron con vigor cuando los cuáqueros de Filadelfia y los propietarios ausentes se negaron a escuchar sus informes sobre las atrocidades cometidas por los indios. Benjamin Franklin, al frente de la organización de la defensa de Pensilvania, se convirtió enseguida en el popular líder de la colonia.

VI. Inglaterra y Francia: El conflicto final

Gran Bretaña y Francia habían estado en guerra intermitentemente durante casi cien años. La mayoría de esas peleas comenzaron en Europa pero para 1754 América se convertiría en la chispa que encendería la contienda final por el control del continente. A causa de las restricciones en las políticas de migración de su tierra madre, del dominio británico de los mares y de las políticas comerciales de Francia, Nueva Francia solo contaba con sesenta mil habitantes para mediados de siglo. Las colonias británicas, por su parte, tenían un millón y cuarto de personas que vivían a lo largo del Atlántico.[57]

Londres percibió que había amenaza de guerra en la frontera norteamericana, por lo que presionaba a las colonias para que se unieran bajo una única administración monárquica. Franklin, el reconocido líder de Pensilvania, fue elegido en 1754 para que fuera a Albany, Nueva York, a presentar un plan para la unión colonial bajo la administración británica. Con el fin de obtener el apoyo popular, el Pennsylvania Gazette de Franklin publicó un dibujo de una serpiente cortada en pedazos, cada uno con un nombre: «N(ueva) I(nglaterra), N.Y., N.J., P(ensilvania), D(elaware), M(aryland), V(irginia), C(arolina) del N(orte) y C(arolina) del S(ur)». Bajo esta primera caricatura política, se leía: «Unión o muerte». El plan para la unión, trazado en Albany, no pudo prosperar a causa de los celos existentes entre las legislaturas coloniales. Pero Franklin no se amargó por ello ya que había tenido un papel esencial en todo el país, como defensor de la unión norteamericana.

Mientras tanto, en Virginia el gobernador Robert Dinwiddie también divisó nubarrones de guerra en el horizonte occidental. Sabía que los franceses disputaban el reclamo de Virginia sobre Ohio, región occidental de la confluencia de los ríos Monogahela, Allegheny y Ohio. Y se había enterado de que los franceses estaban construyendo un fuerte allí, que llamaban fuerte Duquesne, en la ubicación de la actual Pittsburg. El gobernador necesitaba que un hombre de Virginia les advirtiera a los franceses que debían abandonar el territorio en disputa. Eligió a un joven dueño de una plantación, teniente coronel de la milicia del Condado de Fairfax. George Washington tenía entonces veintidós años, y era un joven alto, fuerte y capaz de soportar las penurias del desierto debido a que había pasado años supervisando las tierras del oeste. Se le conocía como el mejor jinete de Virginia y como tenía ambición de progresar en la carrera militar, también se conducía como un caballero.

Washington partió en los últimos días de octubre de 1753. Le acompañaban seis hombres entre los que se contaba su amigo Christopher Gist, que sería su guía. Al mes de partir, el grupo de Washington se encontró con Medio Rey [Half King], emisario de los iroquíes. Medio Rey le dijo a Washington que se había cruzado con las fuerzas francesas y les había ordenado abandonar las tierras de Ohio. Cuando por fin Washington llegó al fuerte LeBoeuf, a ciento setenta kilómetros al norte de los tres ríos, cambió su ropa de piel por el uniforme de gala, y disfrutó de la hospitalidad de la guarnición francesa. Transmitió el severo mensaje de su gobernador y recibió una respuesta cordial. Los franceses no abandonarían lo que claramente consideraban suyo, por lo que se resistirían ante quien quisiera echarlos, fuera inglés o indio.[58]

Washington casi pierde la vida al regresar porque primero un guía indio lo traicionó y Gist, sin advertencia previa, disparó el único tiro con su pistola, apuntando a Washington. Erró el tiro. Después Washington cayó de su balsa a las heladas aguas del río Allegheny y casi muere ahogado y a causa de la hipotermia.[59] Washington publicó un relato de esa acción, por lo que su nombre se hizo conocido en todas las colonias. La gente se asombraba porque había sobrevivido y comenzaron a pensar que era invencible.

Cuando informó el gobernador Dinwiddie de la intransigencia francesa, lo primero que decidió la autoridad fue enviar una expedición militar para expulsarlos por la fuerza. La expedición estaba liderada por Washington, que al aproximarse al río Ohio, se enteró de que una partida de franceses avanzaba por el bosque. Con cuarenta hombres, entre los que estaban Medio Rey y un grupo de iroquíes, Washington venció con facilidad a los franceses. Ordenó atacar y cuando los atónitos franceses se rindieron, Washington no pudo impedir que varios de ellos fuesen masacrados por sus aliados indios. Medio Rey mató al líder francés, Ensign Jumonville, con su hacha tomahawk y luego le mostró a Washington el cerebro aún tibio del pobre hombre.[60]

Los franceses que sobrevivieron agitaban papeles en el aire para mostrarle a Washington que solo formaban parte de una misión diplomática de paz.[61] Pero, ¿por qué habrían de avanzar por el bosque, como si fueran un grupo vanguardia en una guerra? Cuando Washington había estado en el Fuerte LeBoeuf cerca del lago Erie el año anterior, ¿no había avanzado francamente, marchando a plena luz del día con sus aliados indios? Los franceses podrían haber respondido que los guerreros indios, como Medio Rey, no mostrarían misericordia ante una partida diplomática, por pacíficas que fueran sus intenciones. Ahora, la muerte trágica del líder francés se veía como un terrible malentendido.

En el viaje de regreso a Virginia, Washington hizo una pausa para erigir un pequeño puesto fortificado, que llamó Fuerte Necessity. Medio Rey no se dejó impresionar y dijo que era «una cosita en medio del valle».[62] Los franceses tampoco le dieron importancia y cuando un grupo importante de franceses e indios rodearon el fuerte, Washington no pudo hacer más que rendirse. El comandante francés resultó ser ¡el hermano del asesinado Jumonville![63] Este obligó a Washington a firmar un documento el 4 de julio de 1754, donde confesaba haber «asesinado» al emisario Jumonville.

De todos modos, en Virginia lo recibieron como a un héroe. Le escribió a su hermano diciendo: «Oía el silbido de las balas y créeme, es un sonido que tiene cierto encanto».[64] Cuando el rey Jorge II («ese viejo zángano del colmenar alemán»[*]) se enteró de eso, dijo que Washington no podría haber oído muchas balas, si le parecían «encantadoras». El joven coronel de Virginia, con su valentía ante los franceses, era justamente lo que querían los colonos. Su nombre se hizo conocido en todas partes, incluso en Londres y Versalles. Los franceses consideraban que sus acciones en Ohio eran casus belli, causa de guerra.

El año siguiente, cuando una fuerza británica de dos regimientos al mando del general Edward Braddock se reunió en Virginia, lógicamente el Coronel Washington sería quien les acompañara al Fuerte Duquesne. Franklin fue activo en su apoyo a las fuerzas de Braddock, mediante el envío de carretas con provisiones para las tropas británicas.[65] Aunque Braddock se mostraba muy amable con el joven Washington, era evidente que no tomaba en serio a la milicia de Virginia, como tampoco las advertencias de Washington con respecto a «los franceses canadienses» y sus aliados indios.[66]

Apenas un año después de la humillante rendición de Washington en Fort Necessity, las fuerzas de Braddock cayeron en una emboscada, el 9 de julio de 1755, a tan solo dieciocho kilómetros del Fuerte Duquesne. Washington apenas podía mantenerse sobre la montura porque estaba enfermo de disentería, pero cuando se produjo el ataque, actuó. El general Braddock con desprecio se negó al pedido de Washington de que sería mejor hacer que los de Virginia contraatacaran al estilo indio. Pronto pagaría por ese error con su vida.[67]

---

[*] «Mil setecientos cincuenta y cinco, Jorge segundo estaba con vida, viejo zángano del colmenar alemán...» — de «The Deacon's Masterpiece», por Oliver Wendell Homes Sr.

Fue la peor derrota que sufrieran los británicos en Norteamérica. Murieron quinientos hombres, incluido el comandante. Entre los derrotados que volvieron presas del pánico a Filadelfia, estaba Thomas Gage, que luego iría al frente de las tropas británicas en Bunker Hill. También estaba Horatio Gates, victorioso norteamericano de Saratoga, y Daniel Boone, pionero y fundador de Kentucky.[68] Franklin escribió luego que la imagen de las filas de británicos derrotados que volvieron a Filadelfia, y su trato abusivo a los granjeros norteamericanos a lo largo del camino, tendría gran impacto en el sentimiento de las colonias. Pero a Washington se le consideraba, una vez más, como el héroe que había intentado advertir a sus superiores británicos, por eso una vez desoído, se había ocupado de traer a los sobrevivientes de regreso, a salvo. Washington fue uno de los pocos oficiales que no resultaron heridos en el fatal encuentro.

Vimos ya que Louisbourg no era la Gibraltar de Norteamérica. Pero la ciudad de Québec sí lo era. Los británicos ya habían fracasado varias veces al intentar tomarla. Para conmemorar los éxitos franceses, se nombró a la catedral de la ciudad vieja Notre Dame des Victoires (Nuestra Señora de las Victorias). Cuando en diciembre de 1756 William Pitt llegó a ocupar el puesto de primer ministro, Inglaterra decidió que golpearía al corazón de Nueva Francia. Pitt sabía que la guerra de frontera, si se prolongaba, representaría más desastres como el que había costado la vida de Braddock. Sitiar la ciudad-fortaleza obligaría al valiente comandante francés, el Marqués de Montcalm, a retirar sus fuerzas del Ohio, aliviando así a los colonos de Nueva York y Nueva Inglaterra. Al mismo tiempo, minimizaría la ventaja con la que contaban los franceses al aliarse con los indios. Pitt fue el primer Primer Ministro británico en reconocer la importancia estratégica de Norteamérica.

El general Montcalm tenía diez hijos y dotes de líder. En 1757 derrotó a los británicos en el Fuerte William Henry (luego llamado Ticonderoga) al norte de Nueva York. Cuando la guarnición británica marchó dejando el fuerte con la bandera de la rendición, los aliados abenaki de Montcalm, masacraron a muchos de los ingleses y fue con dificultad que el general logró reestablecer el orden.[69] Era precisamente este tipo de insultos lo que los franceses le endilgaban a Washington. El exitoso ataque de Montcalm contra la fortaleza británica sería utilizado luego como escenario histórico en la clásica novela de James Fenimore Cooper, El último de los mohicanos. Esta obra maestra de la literatura de la época le daría a

Norteamérica un héroe de frontera, Nattay Bumpoo u Ojo de águila, y retrataría con fidelidad al guía indio Chingachgook.

El éxito de la estrategia de Pitt se demostró cuando los franceses se vieron obligados a abandonar el Fuerte Duquesne al verse desaventajados por el tamaño de las tropas de Pensilvania y Virginia. En noviembre de 1758, cuando el ejército británico intimidó a los franceses con solo mostrarse, George Washington se contaba entre los vencedores.[70] El fuerte francés cambió de nombre entonces, para llamarse Fuerte Pitt (y luego, se le conocería como Pittsburg).

James Wolfe, alto y pelirrojo, era el comandante británico de las fuerzas que sitiaron Québec. Ocupó la bella Isla d'Orleans, río abajo cerca de la ciudad de Québec y desde allí, ubicó francotiradores en las orillas de Pinte Levis con el objeto de bombardear la ciudad.[71] Wolfe, un mayor general de treinta y dos años, quince años más joven que el aristocrático general Montcalm, a diferencia de este, que había tenido que lidiar con el problemático y cobarde gobernador Rigaud de Vaudreuil, tenía excelentes relaciones con el almirante británico Charles Saunders, que estaba al mando de cuarenta y nueve naves.[72]

El general Wolfe se disfrazó de soldado común para hacer un reconocimiento de la ciudad-fortaleza. Quería encontrar el lugar ideal para que sus tropas subieran a las planicies de Abraham con el objeto de atacar Québec. Cuando el atónito general Montcalm dijo que veía que los soldados británicos estaban «donde no les correspondía» —avanzando hacia el costado indefenso de la ciudad— su decisión fue avanzar hacia el enemigo. El cobarde gobernador Vaudreuil se negó a enviar a la guarnición de la ciudad y, con ello, Montcalm quedó en desventaja numérica; pero con valentía, salió al encuentro de los ingleses y el general Wolfe fue mortalmente herido en el momento de la victoria. También Montcalm sufrió heridas.[73] El enfrentamiento ocurrió el 13 de septiembre de 1759 y la batalla había durado menos de una hora.

Con la caída de la ciudad de Québec los norteamericanos establecidos a lo largo del Atlántico tuvieron motivos para celebrar. En un año más Montreal caería también y acabarían con ello un siglo y medio de dominación francesa en Norteamérica. La amenaza francesa sería eliminada y en consecuencia los norteamericanos ya no necesitarían de la protección de los británicos. Para entonces, Benjamin Franklin estaba viviendo en Londres como agente no oficial de Pensilvania, y abrigaba esperanzas de que el imperio angloamericano se extendiera hacia Ohio, llegando hasta el río Mississippi. Franklin se asombró al oír rumores de que los negociadores británicos por la paz podrían no exigir la totalidad de Canadá en las conversaciones que se llevaban a cabo en Paris. Guadalupe, la isla francesa, colonia en el Caribe, parecía un mejor premio.

La estrategia del primer ministro Pitt tuvo éxito no solo en Norteamérica sino en el mundo entero. Gran Bretaña y Prusia derrotaron a Francia en Europa. Gran Bretaña derrotó a Francia en India y en alta mar. Bajo las instrucciones de Pitt, el poder británico se extendió incluso al oeste de África. William Pitt era el padre del Imperio Británico.[74] Sus victorias le valieron inmensa popularidad con el pueblo inglés. El doctor Samuel Johnson, gran hombre de las letras, dijo: «Walpole fue el (primer) ministro que el rey le dio al pueblo, pero Pitt fue el (primer) ministro que el pueblo le dio al rey».[75] Aunque el popular Pitt, «el gran hombre de los Comunes», disfrutaba del apoyo de su gente, no le bastó eso para que el rey Jorge III sintiera aprecio por él. En 1761, el monarca decidió que necesitaba a alguien que se sometiera más a su voluntad, y reemplazó a Pitt por otro primer ministro.

Para Pitt, la decisión de los británicos de no avanzar hacia una victoria final sobre Francia era un error.[76] Algunos de los británicos más influyentes pensaban que sería mejor mantener la presencia francesa en Canadá para que los norteamericanos no se unieran y exigieran la independencia de Gran Bretaña. Franklin debió oponerse a esa idea. Publicó un panfleto en Londres, bajo el título de Los intereses de Gran Bretaña, en cuanto a sus colonias, y las adquisiciones de Canadá y Guadalupe. Allí presentaba sólidos argumentos para conservar Canadá a causa de la seguridad que eso significaría para las colonias inglesas en América.[77]

El tratado que dio fin a la Guerra de los Siete Años en Europa —conocida en Norteamérica como la guerra entre Francia y los indios— llevó por título Paz de París y fue firmado en 1763. Pitt pensaba que ese tratado era «demasiado flexible» y denunció la política del ministerio hacia los norteamericanos.[78] Nueva Francia ya no existía, pero la cultura francófona perduraría y seguiría viva en Canadá, incluso hasta nuestros días.* Como siempre, Benjamin Franklin mantenía una visión a largo plazo. En una carta a un amigo inglés, escrita después de que se firmara el tratado, decía: «Nadie puede regocijarse con mayor sinceridad que yo ante esta

---

* Cuando los de Québec dicen «Je me reviens» —recuerdo— se refieren a la esperanza y la gloria de un «hecho francés» en Norteamérica. Para algunos implica un desafío más militante y más grande. Los separatistas de Québec hicieron estallar la estatua en honor de Wolfe que estaba en las planicies de Abraham.

reducción de Canadá, y no solo porque soy colono sino porque además, soy británico. Siempre he pensado que los fundamentos de la futura grandeza y estabilidad del Imperio Británico se encuentran en América».[79]

Las palabras de Franklin representaban la actitud de los norteamericanos. Sentían orgullo de ser británicos. Y también de lo que representaban y habían logrado dentro del Imperio Británico. Esperaban mayor respeto y autonomía como resultado de sus esfuerzos durante la guerra entre Francia y los indios. Estaban decididos a reclamar ese reconocimiento, como parte del fruto de su victoria.

Al eliminarse el peligro francés, ¿se unirían ahora las colonias en oposición a Gran Bretaña? Franklin había sido testigo del fracaso del plan de unión de Albany. En ese momento de su carrera, creía con toda sinceridad en una Gran Unión entre Gran Bretaña y Norteamérica, bajo la corona británica. Franklin pensaba que la unión norteamericana contra la Patria Madre era algo imposible. O casi imposible, porque no descartaba la idea. Siempre práctico, Franklin sabía que en la política, como en la atmósfera, puede levantarse un frente de tormenta inesperada, repentinamente. «Cuando digo que tal unión es imposible, me refiero a que lo sería sin tiranía y opresión, en un grado terrible».[80] En los siguientes veinte años los norteamericanos tendrían que soportar una serie de ministros británicos que, precisamente, buscaban ejercer esa tiranía y opresión.

Capítulo 3

La revolución de las revoluciones
(1765-1783)

El Parlamento *promulga la Ley de Sellos. Esta notoria acción de establecer impuestos sin representación siembra las semillas de la revolución y enciende la chispa de un cambio que sacudirá —como un terremoto— las alianzas políticas coloniales. Por debajo de la preocupación práctica en torno a la política británica, las colonias pronto se contagian del fuego que transmite el fervor por la igualdad, el consentimiento de los gobernados y la importancia de afirmar antiguos derechos y nuevas libertades. Thomas Jefferson redacta la inmortal Declaración de la Independencia. La Guerra de la Independencia, sangrienta y terrible, cobra las vidas de veinticinco mil patriotas norteamericanos. George Washington demuestra ser tan valioso en el campo de batalla como lo es Benjamin Franklin en el diplomático y John Adams en el liderazgo del Congreso. Benedict Arnold, con el orgullo herido, traiciona a sus compatriotas; pero las colonias se unen y resultan victoriosas. La Revolución libera a los norteamericanos de las ataduras al gobierno colonial británico, pero la liberación no es completa. La esclavitud sigue existiendo, aunque los ideales que inspiraron la Revolución llevaron a la emancipación de los esclavos en diversos estados, durante los primeros años que siguieron al inicio de la paz. Con el tiempo, serían emancipados los esclavos de todo el país.*

I. No más impuestos injustos

Deborah Franklin comenzaba a disfrutar de su nuevo hogar en la Calle Market de Filadelfia. Echaba de menos a su esposo, que estaba en Londres como agente representante de la asamblea de la colonia. Como tenía miedo de cruzar el océano no había ido a Inglaterra con él. Aunque temía al agua, el fuego para ella no representaba peligro y hacia fines de septiembre de 1765, cuando algunos en Filadelfia empezaron a difundir el rumor de que Benjamin Franklin había dado su consentimiento para el decreto del impuesto postal, una turba furiosa decidió incendiar el hogar de los Franklin. El socio de Franklin, David Hall, le había escrito, advirtiéndole: «El espíritu de la gente es tan violento, contra quien piensen que haya tenido que ver con la Ley de Sellos, que te has hecho de varios enemigos porque se corre el rumor de que tuviste participación en esto».[1]

Deborah reaccionó como una leona ante la amenaza de incendio de su hogar. Envió a su hija a Nueva Jersey, pero llamó a su primo y a sus amigos para que ayudaran a defender la casa. «Busquen uno o dos rifles», dijo en tono desafiante.[2] Su valentía e ingenio salvaron la casa.

Franklin estaba en Londres como agente colonial desde 1759 y aunque mantenía correspondencia con sus amigos de Pensilvania y otras colonias, en esa época las cartas tardaban seis meses en llegar desde América a Inglaterra. Se enteraba demasiado tarde de los acontecimientos. Y aunque se oponía con firmeza al nuevo impuesto, no conocía el grado de hostilidad de los colonos. La ley había sido promulgada en el Parlamento sin representación ni consentimiento, por lo que George Grenville, canciller británico del tesoro, intentó hacerla más aceptable insistiendo en que fueran los mismos norteamericanos quienes se ocuparan de la recaudación.[3] Franklin apoyó esa idea y designó a su amigo John Hughes para que se ocupara de la tarea en Pensilvania.[4] Malinterpretando el ánimo de las colonias, ninguno de los dos se dio cuenta de que la designación de Hughes provocaba tal rechazo que provocaría el fin de su carrera política.[5] Poco después, de uno y otro lado del Atlántico, todos pudieron juzgar con certeza cuáles eran los verdaderos sentimientos de Norteamérica en referencia a la Ley de Sellos.

La intención del impuesto era recaudar dinero de las colonias con el objeto de cubrir la enorme deuda contraída por Gran Bretaña durante la guerra de Francia y los indios. Grenville creía que el impuesto a las colonias para cubrir los gastos de su defensa era algo justo y correcto. Después de todo, los costos de mantener la defensa militar y la administración civil en las colonias, habían pasado de setenta mil libras en 1748 a trescientos cincuenta mil en 1764.[6]

Con esa Ley de Sellos, los colonos pagarían un impuesto por casi todo lo que se escribiera o imprimiera. Eso incluiría las licencias, los contratos, comisiones, hipotecas, testamentos, escrituras, periódicos, anuncios, calendarios, almanaques y hasta los dados y los naipes.[7]

Promulgada en febrero de 1765, la ley debía comenzar a regir en Norteamérica el 1 de noviembre del mismo año. Los periódicos coloniales comenzaron a publicar aspectos de la ley en el mes de mayo, cuando todavía no se debía pagar el impuesto. En un pasaje ominoso se anunciaba que quienes fueran acusados de violar la ley no serían juzgados por un jurado conformado por personas de su comunidad, sino que se les llevaría a la lejana Halifax, en Nueva Escocia, para ser juzgados ante tribunales especiales del almirantazgo.[8] La reacción no se hizo esperar, y fue hostil.

La Casa de Burgueses de Virginia se encontraba en sesión, en Williamsburg, cuando se conoció la noticia. Cuando el joven Patrick Henry asumió su banca por primera vez el 20 de mayo de 1765, los miembros de mayor edad y experiencia, esperaban la respuesta del fogoso orador, pero no debieron esperar demasiado. El 29 de mayo el coronel George Washington se encontraba en su lugar habitual.[9] Por su parte el joven Thomas Jefferson, que aún no formaba parte de la Cámara pero era ya un destacado graduado del Colegio de William y Mary, estaba apostado a la entrada de la asamblea. Todos escucharon con atención cuando el nuevo miembro del condado de Louisa se puso de pie para hablar.

Henry presentó una serie de cinco resoluciones. Las había anotado en un momento nada más, usando una página en blanco de un viejo libro de leyes.[10] Las resoluciones apoyaban la idea de que solamente los representantes elegidos por el pueblo podían legítimamente decretar leyes impositivas. El lenguaje era calmo y ofrecía poco más de lo que había escrito John Locke, el filósofo de la gloriosa Revolución Inglesa de 1688. Todos aprobaron lo leído. Pero fue el discurso, y no las resoluciones, lo que despertó los ánimos. Las palabras de Henry dejaron atónitos a los reunidos en la silenciosa sala de la legislatura.

«César tuvo a su Bruto, Carlos Primero tuvo a su Cromwell», dijo citando los dos casos más famosos de gobernantes cuyas acciones habían motivado sus muertes, «y Jorge Tercero...» Los allí presentes no podían creer que un colono británico nombrara al soberano junto a tales ejemplos. «¡Traición!», rugió el presidente de la sala.

«¡Traición!», repitieron algunos de los presentes. Pero el famoso abogado evadió la acusación con elegancia, diciendo con ingenio: «... y Jorge Tercero podría aprovechar la lección». Luego dijo, con arrogancia: «Si esto es traición, ¡aprovéchenla!»[11] Jefferson diría luego que Henry hablaba con el estilo del poeta griego Homero.[12]

Los burgueses enseguida adoptaron las Resoluciones de Virginia, denunciando que la Ley de Sellos era inconstitucional. Conocían sus derechos como ingleses. Y habían estudiado la Carta Magna y la Petición de Derechos de la guerra civil de Inglaterra del siglo anterior.

Ese mes de agosto, en Boston, una turba enardecida destruyó la casa de Andrew Oliver, una autoridad real acaudalada pero que no gozaba de popularidad. Oliver había sufrido porque un periódico erróneamente había publicado que sería él uno de los designados para recaudar el impuesto de la Ley de Sellos.[13] Samuel Adams lideró la organización de la resistencia de los Hijos de la Libertad. Propietario de una cervecera, con varios fracasos comerciales en su trayectoria, el hombre tenía buen ojo para la organización política. Reunió a los Hijos de la Libertad y declaró su intención de resistirse a la Ley de Sellos «hasta las últimas consecuencias».[14]

La resistencia se levantó en todas las colonias. En Charleston, Carolina del Sur, Christopher Gadsden iba al frente de las protestas. Una muchedumbre destrozó las casas de dos «hombres de sellos».[15] Gadsden dijo: «No debiera haber hombres de Nueva Inglaterra, ni hombres de Nueva York, nada de eso en este continente. Todos tenemos que ser norteamericanos».[16] Anápolis, en Maryland, fue escenario de violencia cuando una muchedumbre destruyó un depósito que era propiedad de un recaudador de impuestos.[17] En la ciudad de Nueva York, atacaron el carruaje del gobernador real. Los manifestantes de Rhode Island colgaron muñecos que representaban a los recaudadores de impuestos. Y en Newport, los carteles acusaban a un recolector de ser un infame jacobita, acusación que quería decir que apoyaba al depuesto monarca Estuardo Jaime II, católico.[18]

Grenville estaba desesperado por recaudar dinero. Su lógica era que la guerra había logrado sacar a los franceses de Norteamérica y desaparecida esta amenaza a sus vidas y su seguridad, lo justo era que ahora los norteamericanos ayudaran a cubrir los gastos de tal acción. Casi todo el Parlamento estaba de acuerdo con eso.

Inmutable ante la hostilidad de los críticos norteamericanos Grenville dio instrucciones a su secretario Thomas Whately, para que respondiera al creciente número de panfletos que promovían el derecho de los ingleses de no pagar impuestos que no fueran los decretados por sus propios representantes. Whately escribió que si bien eso era verdad, los colonos sí tenían representantes en el Parlamento británico. Así como la mayoría de los ingleses no podía votar en las elecciones parlamentarias, ellos y sus compatriotas colonos tenían representación virtual en la Cámara de los Comunes, en los miembros que consideraban las necesidades del imperio en su totalidad, cada vez que debatían y votaban. Whately era un amigo cercano de Lord Grenville pero su panfleto (Regulaciones decretadas recientemente con respecto a las colonias, 1765), no le granjeó amistades entre los norteamericanos.

Para los colonos, acostumbrados a elegir a sus legisladores, todo eso no era más que una estupidez. En Nueva York, donde la resistencia a la Ley de Sellos era feroz, la asamblea se atrevió a declarar que querían libertad total respecto de los impuestos decretados por el Parlamento.[19] Los mercaderes de Nueva York decidieron usar un arma muy poderosa: el boicot total contra los bienes enviados por Inglaterra.

Siguiendo el ejemplo del brillante James Otis de Massachussets, nueve colonias acordaron enviar delegados a un congreso que se reuniría en Nueva York en octubre de 1765. Virginia, cuyo gobernador real había disuelto la Casa de Burgueses, no pudo enviar delegados. Nueva Hampshire, Georgia y Carolina del Sur tampoco tuvieron representación. Pero Nueva Escocia sí la tuvo.[20] El Congreso de la Ley de Sellos se reunió y emitió una Declaración de Derechos el 19 de octubre. A pesar de que profesaban lealtad al Rey y a la familia real, los delegados asumieron una posición de firmeza en contra de las exigencias del gobierno de Grenville. Aprobaron la resolución de Patrick Henry de que solo las legislaturas coloniales tenían derecho a imponer tributo en las colonias. Entre las resoluciones que presentaron los delegados se contaban las cinco siguientes:

Primero. Que los súbditos de Su Majestad en estas colonias le deben a la corona de Gran Bretaña la misma lealtad que la de los súbditos nacidos en el reino, y la debida subordinación a tan augusto cuerpo, el Parlamento de Gran Bretaña.

Segundo. Que los súbditos leales de Su Majestad en estas colonias tienen derecho a todos los privilegios y prerrogativas de los súbditos naturales nacidos dentro del reino de Gran Bretaña.

Tercero. Que es inseparablemente esencial a la libertad de un pueblo, e indudable derecho de los ingleses, que no se les impongan tributos sino con su consentimiento, dado en persona o a través de sus representantes.

Cuarto. Que el pueblo de estas colonias no es, y por sus circunstancias locales no puede ser, representado en la Cámara de los Comunes en Gran Bretaña.

Quinto. Que los únicos representantes del pueblo de estas colonias son las personas elegidas aquí por el pueblo, y que no se han impuesto ni se podrán imponer constitucionalmente tributos sino los que impongan sus respectivas legislaturas.

A causa de las demoras en los viajes transatlánticos, los delegados del Congreso de la Ley de Sellos todavía no se habían enterado de la caída del gobierno de Grenville.* Grenville había intentado tontamente recortar los gastos personales del rey. Esa no fue una movida inteligente. El monarca utilizaba ese dinero para sobornar a los miembros del Parlamento para que apoyaran sus políticas.

Grenville era un hombre muy consciente. Se dice que fue el primer ministro británico que en realidad leía los despachos coloniales.[21] Su malogrado intento por imponer la disciplina fiscal en las colonias dio lugar al surgimiento de la resistencia continental contra la autoridad real. Grenville daba por acabada la política que durante un siglo y medio había estado vigente, y que el gran parlamentario Edmund Burke calificaría como «negligencia sabia y saludable».

Ante una oposición tan unificada, la Ley de Sellos no podría entrar en vigencia. No se recaudaría el impuesto. Y para el otoño de 1765, ningún norteamericano aceptaría ser «recaudador de sellos». Todos habían sido o cooptados o amedrentados.[22] La crisis hizo que miles de norteamericanos tomaran conciencia de sus derechos. John Adams escribió que la gente ahora «estaba más atenta a sus libertades, queriendo conocerlas mejor, y con mayor determinación con respecto a su defensa».[23] Seguían siendo leales al rey, sin embargo. Porque aún en el momento de más fragor de la crisis, los niños bailaban alrededor del Árbol de la Libertad, en Boston, portando banderas que decían: «El Rey, Pitt y la Libertad». Así, los colonos mostraban su lealtad a la Corona, su favor al regreso de William Pitt al poder, respetado primer ministro en la época de la guerra.[24] Los Hijos de la Libertad no intentaban romper con la autoridad monárquica. Al adoptar ese nombre los colonos se

---

* Se dice que un ministro parlamentario «cae» cuando pierde en la votación.

mostraban conscientes de haber «nacido libres», dispuestos a defender sus derechos como norteamericanos *y como ingleses.*[25]

En su reflexión sobre la crisis de la Ley de Sellos ese mes de diciembre, Adams diría que 1765 fue «el año más notable de mi vida. La enorme máquina fabricada por el Parlamento británico para derribar todos los derechos y libertades de Norteamérica... ha despertado en todo el continente un espíritu que quedará registrado para nuestro honor, en todas las generaciones futuras».[26]

Antes, Norteamérica había sido gobernada solo a costa de papel y tinta, y a los norteamericanos podía llevárseles «atados con un hilo», como decía Franklin.[27] Después, la terquedad y estupidez de la Corona Británica y el Parlamento hicieron que Norteamérica fuese cada vez más ingobernable.[28] John Adams escribiría luego que «había nacido la independencia», durante el desafío legal de los colonos ante los inconstitucionales Escritos de Asistencia. Pero podríamos decir que se apresuró. Porque la resistencia a la Ley de Sellos fue continental. Fue entonces que los norteamericanos, desde Maine a Georgia, se unieron por primera vez para presentar resistencia ante la tiranía británica.[29]

Cuando en la primavera de 1766 el Parlamento rechazó la Ley de Sellos, las colonias estallaron de alegría. Hubo fuegos artificiales, fogatas, llamadas iluminaciones en esa época. Los norteamericanos le dieron crédito al rey por ese cambio (aun cuando había despedido a Grenville por motivos completamente diferentes). En la ciudad de Nueva York, la gente levantó una estatua del rey Jorge III montado a caballo. Se pagó con aportes ofrecidos voluntariamente.[30] Nadie protestó tampoco cuando el Parlamento promulgó el Acta de Declaración que reafirmaba su derecho a legislar para los norteamericanos, sobre el tema que fuera.

Durante una breve temporada los norteamericanos parecieron contentarse con la vida bajo lo que reconocían, era el gobierno más libre sobre la tierra. Había otros motivos de tensión transatlántica, por supuesto. Hacía poco tiempo el Parlamento había empezado a hacer regir la Ley de Navegación, que había quedado pendiente durante más de un siglo. Eso tendría su impacto en especial sobre los mercaderes de Nueva Inglaterra.

Los norteamericanos no tomaron demasiado en serio la Proclama Real de 1763, que emitida al cierre de la guerra de Francia y los indios, había intentado limitar el asentamiento de los colonos más allá de la cresta de los montes Apalaches. Daniel Boone, en la frontera, ni siquiera se molestó por eso. Lideró grupos de colonos a la tierra «oscura y sangrienta» de Kentucky. George Washington inicialmente pensó que la proclama sería temporal, pero empezó a preocuparse cuando después de cinco años, Londres seguía «poniendo el límite».[31] Fueron años de rápido crecimiento en la población de las colonias, con gran cantidad de inmigrantes llegados de las islas británicas y con presión por abrir la tierra del oeste a los colonos. La milicia de Virginia, junto con Washington, sentía que se habían ganado el derecho a ampliarse hacia el oeste por haber dado de su sangre y sus esfuerzos durante la lucha contra franceses e indios.[32]

El ministerio de Londres temía hacer algo que pudiera enojar todavía más a los indios que cazaban en las tierras de Ohio y los territorios del otro lado de los Apalaches, que hoy conforman Kentucky y Tennessee. La derrota de la rebelión del jefe Pontiac en el valle de Ohio en 1763, había sido un asunto sangriento y costoso. Pontiac, al igual que tantos otros indios, había sido aliado natural de los franceses.[*] Como el Imperio Francés se basaba mayormente en el comercio de pieles, los indios se habían alarmado ante la derrota de Francia y por eso las autoridades reales querían tranquilizarlos. Pero su actitud creó tensión con los colonos. Benjamin Franklin y George Washington fueron solamente dos de los miles de norteamericanos que pusieron en juego sus carreras y estilos de vida en la expansión hacia el oeste.[33] Esperaban que esa ocupación fuera la mayor ganancia después de la derrota de los franceses.

Los norteamericanos se alegraron en extremo cuando su amigo William Pitt volvió al poder como primer ministro del rey en 1766. Pero se habían apresurado a celebrar. Porque Pitt estaba enfermo y la personalidad dominante de su gobierno fue Charles Townshend. Townshend entendía que los norteamericanos presentaban objeciones solamente a los «impuestos internos» como la Ley de Sellos. Los impuestos internos se cobraban por cosas que se producían y vendían dentro de las colonias. Por eso, decidió imponer derechos de importación, o impuestos «externos», sobre lo que se importaba: vidrio, pintura, plomo, papel y té. La Ley Townshend entró en vigencia el 1 de enero de 1767.[34] Se suponía que se recaudaría hasta cuatrocientas mil libras al año, para contribuir al costo de administrar las colonias.

Tal vez podría habérsele perdonado su error a Townshend. Porque Franklin, como representante de las colonias en Londres, había argumentado en contra de los

---

[*] El nombre de Pontiac sobrevive hoy en un «musculoso» auto estadounidense y el logotipo de esta marca es una cabeza de flecha estilizada.

impuestos internos. Con lo cual, era lógico que el ministro británico pensara que no habría objeción a otro tipo de impuestos. La defensa de Franklin puede atribuirse menos al deseo de engañar, que al problema de haber estado tanto tiempo lejos de su hogar (lo cual muestra por qué hasta los mejores representantes coloniales no podían haber representado con éxito a su pueblo, aunque se les hubiera admitido en el Parlamento británico).

El Parlamento también había promulgado la Ley de Provisión de Cuarteles de 1766, que requería que los colonos brindaran a los soldados británicos —pronto se les llamaría *casacas rojas*— lo que necesitaran: barracas, camas, combustible, velas y hasta cerveza, sidra y ron.[35] Pero los norteamericanos vieron que aunque cada vez había más tropas británicas en las colonias —más que las que había durante las guerras— los soldados no se dirigían a la frontera, donde se suponía que les podrían defender contra peligros como los que representaba Pontiac. En cambio, a los casacas rojas se les veía siempre en las principales ciudades coloniales, en especial en Boston. Y cada vez eran más. De modo que los norteamericanos empezaron a sospechar que se enviaban estos soldados para que controlaran al pueblo. La sospecha aumentó cuando las autoridades reales empezaron a emitir «Escritos de Asistencia» a los funcionarios de la aduana. Esos escritos eran autorizaciones para cateos y allanamientos. No tenían nada en especial que buscar. Permitían que los funcionarios de la aduana irrumpieran en barcos, depósitos ¡e incluso hogares! Los altos impuestos a la importación habían alentado el contrabando entre los mercaderes coloniales, por lo que esos escritos buscaban romper con la evasión de impuestos. Cualquier funcionario real que sospechara que en algún lugar había mercadería de contrabando, tenía autorización para allanarlo.[36] Y, más aun, los tribunales del almirantazgo y la Junta de Aduanas, que podían llevar a juicio a quien intentara evadir los derechos de importación que correspondían al rey.[37] Los norteamericanos vieron en eso un peligro que amenazaba su valorado derecho a ser juzgados por un jurado.

John Dickinson habló por muchos cuando escribió una serie de artículos entre 1767 y 1768: *Carta de un agricultor de Pensilvania*. Dickinson atacaba los «excesos y desatinos» del ministerio británico. Urgía a los demás colonos a la resistencia, pero afirmaba su lealtad al rey, y aconsejaba canalizar la oposición mediante «métodos constitucionales de apelación», como las continuas peticiones al gobierno o incluso la costosa política de no importar, que tanto éxito había tenido contra la Ley de

Sellos.[38] Dickinson, que había sido oponente de Franklin en la política de Filadelfia, rechazaba por completo el uso de la fuerza «por costoso y demasiado».[39]

Durante un tiempo los colonos siguieron las sugerencias de Dickinson. Pero algunos líderes, como Washington, empezaban a pensar que sería necesaria la fuerza para preservar la libertad de los norteamericanos.[40] Aún en 1769, Washington le decía a su vecino George Mason que Norteamérica debía tomar las armas para resistirse a la tiranía británica.[41] Sus motivos eran numerosos, algunos elevados y otros no tanto. A Washington le molestaba en particular tener que pagar tanto dinero por los lujos que le agradaban. Pero el lujo y el interés por la libertad no son mutuamente excluyentes, y Washington seguía a pie juntillas la tradición de John Locke, que había echado las bases filosóficas para la constitución inglesa. Locke había definido el uso de la fuerza —«apelar al cielo», según decía— como recurso final *aunque legítimo* en los casos en que un gobernante se negara a escuchar la razón. La creciente preocupación por los de la clase alta, propietarios de tierras de Virginia, en especial de los influyentes como Washington, hizo que el noble Lord Fairfax regresara a Inglaterra. Los habitantes de Virginia se mostraban cada vez más hostiles a la autoridad real. Washington lamentó la pérdida de sus queridos amigos, pero no cambió de opinión.

Boston pronto se convirtió en el centro del descontento. En junio de 1768 el gobernador real desbandó la Asamblea de Massachussets y casi al mismo tiempo, la nave *Liberty*, propiedad del acaudalado y popular comerciante John Hancock, fue confiscada por funcionarios de la aduana. Acusaron a Hancock de estar contrabandeando vino Madeira y le impusieron una multa. Enseguida salió una multitud a las calles de la ciudad, que inundó los estrechos caminos, persiguiendo a los funcionarios de la aduana. Los hombres lograron escapar con vida, pero sus casas fueron destrozadas.[42] Sam Adams se aseguró de que los colonos de toda la costa oriental recibieran información completa sobre los acontecimientos recientes de Boston. Adams contaba con la ventaja de que Benjamin Franklin había establecido un servicio colonial postal muy eficiente, que había logrado acortar los lapsos de entrega de correspondencia de seis semanas a tres.[43*]

Para 1770 la tensión entre el pueblo de Boston y las tropas británicas, que eran vistas como ocupadoras, ya era mucho mayor. En marzo, después de un invierno

---

* Por ejemplo, Franklin publicaba en su periódico y en otros más los nombres de los que tenían cartas en la oficina postal y con ello, aceleraba las entregas.

con incidentes esporádicos, una muchedumbre de muchachos y jóvenes comenzó a burlarse de los soldados británicos, llamándolos langostinos y arrojándoles basura, conchas de ostra y bolas de nieve. Los asustados soldados apostados frente a la aduana se sintieron acorralados, por lo que abrieron fuego. Crispus Attucks, un negro libre y cazador de ballenas, fue uno de los primeros en caer. En total fueron asesinados cinco colonos en lo que se conoció de inmediato como «la Masacre de Boston».[44]

Viendo que la situación era explosiva, el gobernador Thomas Hutchinson hizo que se arrestara a los guardias de la aduana, acusándolos de asesinato y ordenó que el resto de la guarnición británica regresara a Castle William, un fuerte ubicado en el puerto.[45] Enseguida los colonos se hicieron eco del grito de «asesinos», y Paul Revere, platero de Boston, grabó sin demora una imagen poderosa, aunque exagerada, de los guardias matando a los colonos. En su retrato la cantidad de caídos es mayor, y los casacas rojas disparan obedeciendo las órdenes de su oficial. En realidad, lo que había sucedido era bastante más complicado.

El joven John Adams, primo de Samuel, y su primo Josiah Quincy, para sorpresa de muchos y de manera esperada por tantos otros también, asumieron la defensa legal de los soldados británicos acusados. Decidido a probar que los estos podían recibir un juicio justo en un tribunal norteamericano, John Adams demostró que la mayoría de los soldados había disparado en defensa propia, que no se les había dado orden de disparar contra la multitud, y que los colonos habían provocado a los soldados. Argumentó de manera convincente que si se ahorcaba a los casacas rojas por el cargo de asesinato, el nombre de Massachussets pasaría con vergüenza a la historia. Sería peor que la mancha de los juicios por brujería de Salem y la horca de los cuáqueros.[46] John Adams se hizo famoso cuando el jurado encontró que todos los acusados excepto dos, eran inocentes, y a estos dos los acusaban de delitos menores. Su castigo, aunque extraño, consistiría en marcarles a fuego los dedos pulgares.

El primo Sam no se sintió desalentado. Durante los siguientes cinco años él y los Hijos de la Libertad organizaron marchas masivas en cada aniversario de la Masacre de Boston.[47]

II. SEPARACIÓN TOTAL

Después de una década de problemas políticos en Londres y las colonias, finalmente asumió un nuevo ministro en el Parlamento. El rey Jorge encontró en Lord North a un hombre que pensaba como él. En su intento por reconciliarse con las colonias, la administración North convenció al Parlamento de que revirtiera todas las imposiciones de derechos de aduana que Townshend había establecido y que eran objetables, con la excepción del impuesto al té.[48]

Pero aunque buscaban poner orden en las colonias, los miembros del Parlamento estaban decididos a no reconocer el derecho de los norteamericanos a gobernarse a sí mismos, en una unión de iguales y bajo la misma corona. Franklin vio eso y les escribió a James Otis y Samuel Adams desde Londres: «Pienso que se puede ver con claridad en el sistema de aduanas que el Parlamento impone en Norteamérica, que hay semillas de total desunión para estos dos países».[49] Es significativo eso, porque Franklin estaba refiriéndose ya a Norteamérica como un país diferente.

En la primavera de 1772, los habitantes de Rhode Island tuvieron la oportunidad de descargar su resentimiento con la actitud británica. La nave de Su Majestad, el Gaspée, había estado muy activa como barco aduanal en la bahía de Narragansett, y trataba con rudeza a pescadores y barcos pequeños. La tripulación del Gaspée se dedicaba a aplicar las leyes con todo rigor en una región que hasta entonces no había necesitado crudeza alguna. Cuando el barco quedó varado mientras perseguía contrabandistas, los patriotas se acercaron en botes a remo, rodeándolo y obligando a la tripulación a desembarcar. Luego incendiaron alegremente ese símbolo del mal gobierno británico.[50]

La conducta de las autoridades reales en Norteamérica sabía a desdén por los colonos, con un aire de superioridad por parte de los oficiales. Todos los norteamericanos se daban cuenta de que los ingleses los despreciaban. El término utilizado como mote para los colonos era Yankee. Durante un tiempo, los norteamericanos albergaron la esperanza de que fueran solo algunos ministros británicos los responsables de tal desprecio. Se aferraban a la idea de que el rey y el pueblo inglés les tenían en alta estima. Pero Franklin sabía que no era así. En 1769, ya escribía que el pueblo británico «clama en contra de Norteamérica».[51]

A pesar de la continua agitación provocada por Samuel Adams, el período de 1771 a 1773 fue de menor tensión entre los colonos y la Madre Patria. Luego, sin que mediara explicación alguna, Lord North cometió «un error fatal». Presentó ante el Parlamento una Ley del Té que casi habría dejado en la bancarrota a la Compañía de las Indias Orientales, con el fin de declarar el monopolio del té para las colonias.[52]

Los norteamericanos vieron entonces que si Gran Bretaña podía monopolizar la importación de esa mercadería tan importante, no se detendrían jamás. Podrían asfixiar al comercio y la industria de Norteamérica y una vez más, la resistencia a los impuestos británicos fue continental. Como reguero de pólvora, se extendió desde Maine hasta Georgia. En Charleston, se permitía a los propietarios de los barcos que descargaran su té, pero debían dejar la mercancía bajo vigilancia en un depósito. Filadelfia y Nueva York se negaron a permitir que se descargara el té, por eso todos estaban a la espera de la reacción de Boston.

El 16 de diciembre de 1773, aprovechando la oscuridad de la noche, unos dos mil bostonianos fueron al Muelle de Griffin, donde un grupo de treinta, disfrazados como indios mohawk, abordaron tres barcos y echaron el cargamento de té hacia el puerto. «¡El puerto de Boston hoy es una tetera!», gritó uno. Samuel Adams había planificado el ataque con gran cuidado.[53] El daño a la propiedad de la Compañía de las Indias Orientales fue importante, el equivalente a un millón de dólares en nuestros días.[54] Un almirante británico que vio todo lo que pasó desde una casa cercana al muelle, les gritó con buen ánimo a los «mohawk»: «Bien, muchachos, la fiesta india ha sido divertida ¿verdad? Pero todavía tienen que pagar los platos rotos».[55]

John Adams se había unido a su primo Sam y a los Patriotas. En su diario escribió: «La destrucción del té es una acción tan valiente, intrépida, firme e inflexible que tiene que tener consecuencias importantes... por lo que no puedo sino considerar que ha marcado una época en la historia».[56]

En realidad, quien tuvo que pagar los platos rotos fue Boston. Enfurecido por esa acción de desafío a la autoridad, el rey Jorge III apareció en persona ante el Parlamento la primavera siguiente, exigiendo una reparación de lo más severa: «Tenemos que dominarlos, o dejarlos totalmente solos», dijo.[57] Lord North estaba completamente de acuerdo con su patrón, y decidió que les demostraría a las colonias quién era el jefe.

La respuesta del Parlamento en 1774 al té en tránsito fue la promulgación expedita de cinco leyes coercitivas. Los patriotas norteamericanos las llamaron «Las leyes intolerables».[58] La primera de ellas cerraba el puerto de Boston y mudaba la aduana. Otra ley cambiaba la carta de la Constitución de Massachussets, despojando a los colonos de su derecho a elegir a los miembros de la Cámara Alta de su asamblea. La Ley de Provisión de Cuarteles permitía que los funcionarios reales ubicaran soldados en las casas de los colonos, con todos los gastos a cuenta de estos. Y otra ley mandaba que los funcionaros reales acusados de asesinato mientras reprimían disturbios debían ser juzgados en Londres y no en el lugar donde hubieran sucedido los hechos. Esa ley, a pesar de que John Adams había probado que los soldados británicos podían ser tratados con justicia en un tribunal norteamericano, era un insulto premeditado.

Al fin, el Parlamento también promulgó la Ley de Québec, que extendía la frontera sur de Québec hasta el río Ohio, cerrándole efectivamente esa tierra a la expansión norteamericana. Pero la ley logró mucho más que ello porque para los canadienses franceses, establecía una base de gobierno británico sobre un pueblo conquistado. Los quebecuas tendrían permiso para conservar su idioma, sus costumbres y podrían profesar su fe católica en libertad. Su sistema de leyes y teneduría de tierras seguiría esencialmente como había sido en la Nueva Francia.

Para los colonos norteamericanos eso no significó tolerancia sino amenaza. Como ingleses siempre habían temido a Francia como monarquía absoluta, como país donde la gente no gozaba de libertades. La Iglesia Católica se consideraba respaldo de esa idea absolutista de la monarquía y al ampliar la provincia de Québec, para que limitara con Virginia y Pensilvania, el rey les estaba diciendo: «También puedo quitarles a ustedes las libertades que tienen». Parecía que eso, exactamente, era lo que le estaba haciendo a Boston. El gran William Pitt había advertido al Parlamento que no debían tratar a los norteamericanos como «los bastardos de Inglaterra», sino como verdaderos hijos.[59] Desde entonces, sin embargo, el gobierno inglés trató la causa de los colonos como ilegítima.

George Washington también reaccionó con dureza ante las Leyes Intolerables del Parlamento. Es que el ministro North establecía «el sistema más despótico de tiranía que se haya ejercido en un gobierno libre», acusó.[60] Y con respecto a las dificultades de sus compatriotas de Massachussets, dijo: «La causa de Boston... es la causa de Norteamérica».[61]

En Londres, Franklin se había convertido en centro de la controversia. Le habían hecho llegar copias de cartas escritas por el real gobernador de Massachussets, en las que Thomas Hutchinson pedía medidas más fuertes contra sus compatriotas norteamericanos. Las cartas habían demostrado a los líderes patriotas que las autoridades reales conspiraban contra sus libertades, pero la opinión de los ingleses, sin embargo, no se conmovió por eso sino porque se había violado la correspondencia privada del gobernador. Acusaban a Franklin, jefe del correo colonial, de haber planeado de algún modo el robo de las cartas del gobernador Hutchinson.

El doctor Franklin había recibido su título honorario de la Universidad de San Andrés, en Escocia, por sus descubrimientos en materia de electricidad. Ahora, se le convocaba a asistir a una reunión del Consejo Privado el día 11 de enero de 1774. Se reunieron en una sala notoria por su feroz debate: la sala Cockpit [N. de T: Cockpit también es el nombre con que se designa el lugar donde se realizan las peleas de gallos]. Allí, durante más de una hora, el fiscal general de Gran Bretaña insultó a Franklin, que permaneció en silencio durante la arenga del furioso abogado. Alexander Wedderburn era conocido por su sarcasmo y la forma en que atacaba a las personas, y ese día dio muestras de que su reputación era bien merecida, al insultar tan gravemente al hombre más famoso del mundo. Dijo que el doctor Franklin era «un hombre de cartas tomar», convirtiendo el elogio en una burla.[62]

Esa asombrosa escena podría haber representado en sí misma la relación entre la monarquía británica y las colonias norteamericanas. No importaba que Franklin fuera el hombre común más ilustre del mundo. Tampoco que hubiera servido a su colonia, a otras colonias vecinas y al Imperio Británico con verdadero genio y genuina lealtad. No importó que el hijo natural de Franklin sirviera como gobernador del rey en Nueva Jersey. Benjamin Franklin se había atrevido a pensar por sí mismo y, para colmo, había tenido la loca idea de decir lo que pensaba. Con eso bastaba para que quienes no tenían su grandeza le odiaran.

Los líderes patriotas en las colonias no querían dejar de lado las Leyes Intolerables, por lo que eligieron representantes para que asistieran al primer Congreso Continental, realizado en Filadelfia en el otoño de 1774. Al reunirse, los mercaderes de Filadelfia decidieron que nunca más volverían a quemarse. Si se renovaba la política de no importar y no exportar, estrategia que tanto éxito había tenido durante la crisis de la Ley de Sellos, esta vez el continente entero tenía que participar. Los mercaderes habían perdido negocios en aquel momento cuando los comerciantes de Baltimore no cumplieron con los embargos. Esta vez, sería todo o nada.

De este modo se iba forjando una unión continental. El primer Congreso Continental adoptó muy pronto las «Resoluciones de Suffolk», que el jinete Paul Revere traía desde Massachussets. Esas resoluciones, escritas en borrador por el líder patriota —doctor Joseph Warren—, declaraban nulas e inefectivas las Leyes

Intolerables. El congreso urgió a Massachussets a que formara un gobierno libre, y como prevención mandó que todos los ciudadanos de Massachussets se armaran.[63]

Casi no hacía falta que el Congreso lo recomendara. Los colonos de Massachussets, y de todas las demás colonias, habían formado un sistema de milicias desde el primer momento en que desembarcaron en estas tierras. Porque había muchos peligros y necesitaban defenderse: ataques por parte de los españoles desde las costas, ataques por parte de los franceses y los indios desde las fronteras, revueltas de esclavos.

Cuando el Congreso cerró sesiones en octubre de 1774, los representantes acordaron que volverían a reunirse en mayo del año siguiente si el Parlamento no revertía las Leyes Intolerables. A principios de 1775, William Pitt se puso de pie en el Parlamento e intentó convencerles de que hicieran precisamente eso. Pitt era ahora Lord Chatham, y buscó hacer que sus colegas lores entraran en razón. Franklin estaba en la galería, al momento de este último intento por evitar un choque y, una vez más, fue el blanco de los ataques de uno de los oradores. Esta vez fue el disoluto Lord Sándwich quien le señaló y afirmó falsamente que ningún lord inglés podría haber escrito tal cosa, y que el norteamericano era el verdadero autor de la moción de Chatham.[64]* A eso, Chatham respondió con valentía diciendo que lo consideraría un honor si hubiera recibido ayuda del doctor Franklin, un hombre al que toda Europa tenía en alta estima. Pero le abuchearon. Y también a otros, que se levantaron pidiendo moderación. La moción de Chatham fue rechazada por mayoría.[65]

Cuando el brillante Edmund Burke se puso de pie en la Cámara de los Comunes el 22 de marzo de 1775, con la intención de pedir la conciliación, el elocuente irlandés advirtió que Norteamérica jamás podría ser dominada por la fuerza. Urgió a los británicos a cambiar de rumbo, a adoptar medidas más blandas para tratar con las colonias. Durante más de un siglo, los alumnos de escuelas secundarias norteamericanas debieron memorizar porciones del magnífico discurso de Burke: «Imperios grandes y mentes pequeñas», gritó. «Mala combinación». Burke tampoco fue escuchado. Así, el Parlamento británico arrogante y estúpidamente desperdició la línea vital que podría haberles vinculado con su imperio en Norteamérica.

La elocuencia de Burke tuvo su respuesta el día siguiente en Virginia, 23 de marzo de 1775. Patrick Henry apeló a sus pares de Virginia para que tomaran las

---

* El Conde de Sándwich al menos puede compararse en esto con el gran inventor norteamericano: fue él quien inventó la comida de pan y carne que lleva su nombre. El sándwich sigue siendo popular en Norteamérica, aunque el conde ya no lo sea.

armas y se unieran a Boston, que corría peligro. «No sé qué rumbo tomarán otros», gritó Henry, «pero por mi parte, ¡prefiero la libertad o la muerte!»

III. «UN DISPARO QUE SE OYÓ EN EL MUNDO ENTERO»

En Boston, el general británico Thomas Gage había sido nombrado gobernador real. Estaba decidido a no permitir que los colonos se armaran. La noche del 18 de abril de 1775 ordenó a sus tropas que tomaran los depósitos militares que la milicia tenía en Concord y que arrestaran a los líderes patriotas Samuel Adams y John Hancock.

Con la esperanza de tomar a los colonos por sorpresa, las tropas de Gage salieron de sus barracas en bote por la noche. Pero bajo el techo de Gage había un espía. La esposa del general norteamericano, Margaret, envió un mensaje al doctor Warren, que a su vez lo transmitió a Paul Revere.[66]

Revere había mandado ubicar una señal —dos faroles— en la torre de la Vieja Iglesia del Norte, para que los patriotas supieran cuándo se movían los regulares, como se conocía a los ingleses. Y Revere mismo fue llevado en bote al otro lado del buque de guerra británico Somerset. La luna que se ocultaba tras los edificios de Boston daba la sombra que mantenía ocultos los movimientos de Revere.[67] Ya montados sobre sus caballos, Revere y William Dawes lograron evadir a las patrullas británicas y llevaron la advertencia a Lexington. Allí, en la casa del reverendo Jonas Clarke, donde los líderes patriotas estaban durmiendo, el sargento William Munroe retó a Revere, diciéndole que hacía demasiado ruido. «¡Ruido!», gritó Revere. «Tendrás ruido antes de lo que piensas. ¡Están saliendo las tropas!» (Si Revere hubiera gritado «están viniendo los británicos», habría confundido a los colonos porque la gente de Massachussets seguía considerándose de nacionalidad inglesa.)[68]

A las cinco de la mañana siguiente los Hombres del Minuto (llamados así porque podían aprestarse para cumplir con su deber militar en un minuto), se reunieron en la plaza de Lexington mientras los regulares británicos avanzaban hacia ellos. El capitán Jonas Parker les ordenó a los Hombres del Minuto que no hicieran nada todavía: «No disparen a menos que les disparen primero. Pero si quieren guerra, ¡la tendrán!»[69] El mayor de los marinos británicos, John Pitcairn, les ordenó a los norteamericanos que depusieran las armas. «Malditos rebeldes ¡dispérsense!», gritó.[70] Estos comenzaban a dispersarse cuando se oyó un disparo. Como relámpago, hubo una rotunda respuesta de fuego y ocho norteamericanos cayeron muertos bajo el sol de la primavera. Tres soldados británicos acabaron heridos.[71] Fueron vanos los intentos del mayor Pitcairn por hacer que sus hombres no dispararan.

La columna británica avanzó hacia Concord, donde se enfrentaron con las fuerzas coloniales otra vez. Allí los británicos destrozaron los depósitos de la milicia y regresaron a Boston, cumplida ya su misión. El camino de regreso se convirtió en una autopista de la muerte, porque los Hombres del Minuto disparaban desde sus escondites tras muros y árboles. Muchos de los regulares, que habían estado marchando durante más de veinticuatro horas llevando pesadas mochilas en sus espaldas, cayeron exhaustos. Para cuando llegaron a Boston, habían perdido a setenta y tres de los suyos, muertos. Y ciento setenta y cuatro estaban heridos, en tanto otros veintiséis habían desaparecido. Los norteamericanos también sufrieron bajas: cuarenta y nueve muertos, treinta y nueve heridos y cinco capturados como prisioneros.[72] En realidad los enfrentamientos fueron menores en comparación con lo que el mundo considera una guerra, pero los agricultores norteamericanos de veras habían sido los autores de «el disparo que se oyó en el mundo entero».*

Casi un mes más tarde, el segundo Congreso Continental se reunió en Filadelfia. Una de sus primeras acciones fue autorizar la formación de un ejército continental. Este ejército prometió lealtad al Congreso y no a las colonias individualmente, como era habitual en las milicias.[73] John Adams y otros hombres de Massachussets sentían preocupación porque las demás colonias abandonaran a Boston. Para impedir que sucediera eso, Adams designó al coronel George Washington de Virginia, como comandante de todas las fuerzas norteamericanas, con el rango de general. El Congreso sabía que les hacía falta un líder digno de confianza. Los representantes recordaron a Oliver Cromwell, que había peleado contra el rey Carlos I en nombre del Parlamento, para luego terminar usando la fuerza que le

---

* En 1836 Ralph Waldo Emerson, de Nueva Inglaterra, inmortalizaría a los «agricultores de la batalla» de la Revolución con su poema «Himno de Concord» [traducción libre]:

Junto al rudo puente que cruzaba la corriente,
Su bandera flameó con la brisa de abril,
Allí fue donde estuvieron los agricultores de la batalla,
Allí sonó el disparo que se oyó en el mundo entero.

El enemigo dormía en silencio,
Como en silencio duerme el Conquistador,
Y el tiempo se ha llevado el viejo puente,
Por la oscura corriente que hacia el mar avanza.

En estas verdes orillas, junto a este suave arroyo
Hoy ubicamos una piedra votiva
Que redimirá el recuerdo de su acción,
Cuando como nuestros padres, nuestros hijos ya no estén.

¡Espíritu! Que hiciste que estos hombres libres se atrevieran
a morir para darles la libertad a sus hijos,
pídele al tiempo y a la naturaleza, que por generosidad
no toquen este recuerdo que erigimos, por ellos y por ti.

habían dado con el fin de purgar al propio Parlamento.[74] George Washington no solo tenía más experiencia militar que cualquier otro colono, sino que desde 1759 era miembro confiable de la Casa de Burgueses. Washington, resplandeciente en su uniforme militar, aceptó con humildad la convocatoria del Congreso y partió de inmediato hacia la convulsionada Boston. El Congreso también nombró jefe general del correo a Benjamín Franklin, recién llegado de Londres.[75]

Camino a Boston, Washington recibió noticias de una batalla que no era una escaramuza. El general Gage, todavía dolido por sus pérdidas ante el rudimentario ejército colonial, estaba decidido a darles una lección a los rebeldes, con una demostración de su fuerza militar ante los ojos de todos los habitantes de Boston. Ordenó que el general William Howe tomara la colina de Bunker.* El 17 de junio de 1775, Howe lideró a sus disciplinados regulares hacia la cima de la colina, prometiendo nunca ordenarles ir donde él mismo no iría. Cuando se acercaron, las filas norteamericanas estaban atentas y comenzaron a disparar sus mosquetes. «¡No disparen hasta que puedan verles el blanco del ojo!», fue la orden que recibían los decididos defensores norteamericanos.

Vestido con sus calzas de seda blanca, manchadas de sangre, el general Howe reunió a sus hombres y finalmente expulsó a los norteamericanos de la colina. Fueron tremendas las pérdidas para los británicos, casi mil muertos, incluyendo al Mayor Pitcairn, de los dos mil que habían luchado.[76] Los norteamericanos sufrieron menos: unos cuatrocientos cuarenta de los tres mil doscientos defensores. Entre los que murieron del lado de los patriotas, sin embargo, se contaba el estimado doctor Joseph Warren. Aunque tuvieron que retirarse, los norteamericanos habían logrado causar pérdidas enormes al ejército más profesional y mejor entrenado del mundo, un logro imposible que inspiró en los patriotas un nuevo sentimiento de confianza y orgullo.

Cuando Washington llegó una semana después a asumir el mando de las fuerzas norteamericanas que estaban alrededor de Boston, contó con una ventaja adicional: la artillería que capturó del fuerte británico Ticonderoga, en las afueras de Nueva York. El coronel Ethan Allen, apoyado por sus «Muchachos verdes» de Vermont, y hábilmente asistido por el valiente Benedict Arnold, había tomado por sorpresa a los que defendían el fuerte. Allen le exigió la rendición al atónito comandante británico, «en el nombre del gran Jehová y el Congreso continental».

---

* Por un error de nombre, porque la batalla se libró en realidad cerca de la Colina Breed.

Henry Knox, un vendedor de libros de Boston, lleno de energía y con un peso de casi ciento veinte kilos, fue nombrado jefe de los cañones, y debió arrastrarlos por montañas y valles para acudir en ayuda de los patriotas de Boston. Su patriotismo y su celo impresionaron al general Washington.[77] Con la artillería que habían capturado, Washington pudo obligar a los británicos a evacuar Boston. Fue una nueva inyección de ánimo para los norteamericanos.* Además, ayudó a establecer al ejército continental como fuerza efectiva.

El Congreso envió al general Richard Montgomery y a Benedict Arnold a pelear contra los ingleses en Canadá, en el verano de 1775. Montgomery logró tomar Montreal pero a fin de año lo detuvieron en la ciudad de Québec, donde perdió la vida. Las fuerzas norteamericanas, cansadas y desalentadas, debieron retirarse. Arnold fue herido pero mereció reconocimiento por haber conseguido una retirada en orden.

En ese contexto las acciones de Washington en el campamento tienen especial significado. En noviembre de 1775 se enteró de que los soldados de Nueva Inglaterra estaban preparando su celebración anual del Día del Papa, ocasión en que se quemaban muñecos de paja que representaban al pontífice, para diversión de sus vecinos protestantes. Nueva Inglaterra había estado celebrando esa fiesta durante más de un siglo. Washington emitió una orden que severamente prohibía aquel espectáculo «ridículo e infantil». Explicó que la ayuda de los franceses católicos de Canadá y del otro lado del mar, era importante para la causa norteamericana. También quería que los católicos de todas las colonias le ayudaran. La firmeza de Washington acabó con una tradición de Nueva Inglaterra y marcó un gran avance en la tolerancia religiosa y la unidad nacional.

El Congreso necesitaba ayuda. Sin el apoyo de Canadá, el Congreso sentía que los británicos siempre estarían amenazando con invadir desde el norte. Por eso, en marzo de 1776 nombraron a una delegación diplomática que incluía a Benjamín Franklin, Samuel Chase de Maryland, y Charles y John Carroll, dos notables patriotas católicos de Maryland (los Carroll eran primos y John era sacerdote).

Franklin, que acababa de cumplir setenta años, pensó que ese viaje al norte lo mataría, pero en realidad soportó las dificultades mejor que algunos de los más jóvenes.[78] Sin embargo, la delegación no fue bien recibida en Canadá. Los canadienses franceses apreciaban la tolerancia con su idioma y su religión, por parte del

---

* El Día de la Evacuación, 17 de marzo de 1776, sigue conmemorándose en Boston en nuestros tiempos. Y además, ¡los que celebran en Beantown pueden combinar su festejo con el del Día de San Patricio!

Parlamento del rey Jorge, y resentían el anticatolicismo que percibían de parte de algunas de las peticiones y panfletos de las colonias.

Mientras Franklin y sus compatriotas estaban en Canadá, las cosas avanzaban muy rápido en Norteamérica. Thomas Paine, a quien Franklin había conocido en Londres y que dos años antes había recibido de él cartas de recomendación, publicó el panfleto más influyente de todos: *Sentido Común*. Publicado en enero de 1776, se vendía a solo dieciocho peniques. Vendió más de ciento cincuenta mil copias. Los norteamericanos habían oído la defensa de sus derechos en tono académico y legal de hombres como John Adams y John Dickinson, pero Paine tenía el don de darle color a sus escritos y, por cierto, tenía talento. Recién llegado de Inglaterra, sus feroces escritos contra su rey —y contra la monarquía toda— hicieron eco muy pronto. Apenas salió de la imprenta el delegado Josiah Bartlett de Nueva Hampshire comentó que *Sentido Común*, «se vendía y se leía en todas partes, y lo querían leer personas de toda clase social».[79] John Adams tenía probablemente más influencia que cualquier otro norteamericano para mover al Congreso, pero Paine movía al pueblo.[80] De todos los argumentos de Paine, sus acusaciones contra el rey eran de lo más devastadoras. Atacaba al supuesto «PADRE DE SU PUEBLO [quien] puede oír sin inmutarse siquiera de las muchas matanzas, y dormir tranquilo con la sangre de estos muertos manchándole el alma».[81]

Paine conocía las creencias religiosas de sus lectores. Usaba la Biblia para remarcar su mensaje: «Los hijos de Israel, al pedir un rey decían que querían: 'Un rey que nos juzgue y que vaya delante de nosotros y pelee nuestras batallas'. Pero en los países donde no hay juez ni general, como en Inglaterra, costaría mucho saber de qué tiene que ocuparse el que manda».[82] Su valentía era inaudita. Paine podría haber estado apelando por su propia vida, cuando con potencia y emoción exclamaba: «¡Oh!, tú que amas a la humanidad. Tú que te atreves a oponerte no solo a la tiranía sino al tirano, ¡ven! En todos los rincones del mundo, la opresión aplasta. La libertad ha sido echada del planeta. Asia y África hace ya tiempo que la expulsaron. Europa la considera una extraña e Inglaterra le ha dado carta de destierro. [América] recibirá a la fugitiva y con el tiempo será refugio para la humanidad».[83]*

Los norteamericanos, recordando lo codicioso que había sido el Parlamento en la cuestión de los impuestos, se asombraron al ver que Lord North contrataba a mercenarios alemanes y escoceses para pelear contra ellos (aunque su *necesidad*

---

* ¿Qué mejor ejemplo del «excepcionalismo norteamericano» podríamos encontrar?

de recurrir a ellos demostraba que la guerra no era algo que el pueblo inglés creía valedero). La noticia de que el rey enviaría a Norteamérica doce mil tropas hesianas (soldados contratados, del estado alemán de Hesse), llegó a Norteamérica en mayo.[84] Todo ataúd norteamericano parecía transmitir también la idea de que la reconciliación con Inglaterra estaba muerta.

Además de la amargura creciente que causaba la guerra de los británicos contra las colonias, los norteamericanos enfrentaban un problema práctico: ningún estado europeo les brindaría ayuda mientras en lo formal siguieran siendo parte del Imperio Británico. Seguían siendo rebeldes. Había peligro para los franceses, los holandeses y los españoles, con la posibilidad de que Norteamérica se reconciliara con su Madre Patria para luego abandonarles en una guerra contra Inglaterra. La independencia ayudaría a los norteamericanos a lograr el reconocimiento y la ayuda que necesitaban de Europa.

Finalmente, el 7 de junio de 1776, Richard Henry Lee —de Virginia— presentó ante el Congreso su moción de que «estas Colonias Unidas son, y por derecho debieran ser, Estados Libres e Independientes».[85] El Congreso nombró entonces un comité para que se redactara un borrador de una declaración de causas para la independencia. Lo conformaban John Adams (Massachusetts), Benjamin Franklin (Pensilvania), Thomas Jefferson (Virginia), Robert Livingston (Nueva York) y Roger Sherman (Connecticut). Adams sabía bien que solo había un sureño y cuatro norteños en el comité. Durante el debate en el Congreso, un miembro reticente (tal vez John Dickinson, de Pensilvania) argumentó que las colonias todavía no estaban «maduras» para la independencia. Le respondió un miembro de Nueva Jersey, nacido en Escocia. Dijo que las colonias estaban no solo madurras (pronunciaba las erres de manera muy marcada, por su acento escocés), sino que además «corrrrrían peligro de pudrrrrrrirse de lo maduras que estaban». El reverendo John Witherspoon, también presidente de la universidad que hoy conocemos como Princeton, habló por la mayoría de los representantes. La moción por la independencia se votó enseguida.[86]

Una vez más, Adams tomó una decisión sumamente importante. Estaba desesperado por el apoyo de Virginia. Sabía que esta era la colonia que lideraba a las demás del sur. Y con la ayuda de ella, Massachussets ya no tendría que estar sola. Nuevamente eligió a un colono de Virginia para que se ocupara de promover la unidad nacional. Nombró a Jefferson como encargado de escribir el borrador de la Declaración de Independencia. Luego, Adams recordaría sus razones:

1. Jefferson era de Virginia, y yo soy de Massachussets. 2. Él es del sur y yo, del norte. 3. Me había vuelto tan notorio ya por mi celo en la causa de la independencia, que cualquier borrador escrito por mí sería sometido a más severo escrutinio y críticas en el Congreso, que si lo escribía él. 4. Por último, si no hubiera otra razón más que esta, tengo muy buena opinión de la elegancia de su pluma, en tanto que mis dotes como escritor dejan bastante que desear... Este hombre logró anotar las minutas y en un día o dos, produjo este borrador.[87]

En este pasaje, elaborado pero de una sinceridad total, vemos lo mejor de John Adams. Estaba muy consciente de su propio rol, y no se puede negar que ambicionaba cumplir su cometido, pero siempre ponía primero a su país. Pocas veces podría describirse un suceso tan transformador del mundo en términos tan sencillos: «En un día o dos produjo este borrador».

¡Y qué clase de borrador! La «peculiar y feliz expresión» (otra frase de Adams) de Jefferson le dio a Norteamérica un documento fundacional que sobrepasa a cualquier otro en el mundo, por su belleza, su lógica y su poder inspirador. En cuanto a la *filosofía* de la Declaración de la Independencia, no hubo debate alguno en el Congreso. Era lo que creían los Fundadores. Las inmortales palabras de Jefferson conformaban la sabiduría convencional de su época.[88] Las palabras de la Declaración se convirtieron en la afirmación más grande y de mayor consecuencia en la filosofía política de todos los tiempos:

Afirmamos que estas verdades se demuestran por sí mismas, que todos los hombres son creados iguales, que a todos su Creador les ha dado determinados derechos inalienables entre los que se cuentan la vida y la búsqueda de la felicidad... Y que para asegurar estos derechos se instituyen los gobiernos entre los hombres, derivando su justo poder del consentimiento de los gobernados...[89]

Franklin en París. *Franklin fue una sensación en París. Cuando él y Voltaire se abrazaron, un grupo de intelectuales parisinos lloró de alegría. El rey Luis XVI se burló, con tanta crudeza, de la locura de Franklin, que le regaló a una dama de la corte una bacinilla de porcelana que llevaba grabado el retrato del electrizante doctor. La habilidad diplomática de Franklin dio como resultado el Tratado de la Alianza y la Amistad con Francia en 1778. Sin la ayuda de Francia, la causa norteamericana podría haber fracasado.*

George Washington, como general en jefe, *arriesgó su vida, su fortuna y su sagrado honor por la independencia norteamericana.*

Jefferson, autor de la Declaración.
John Adams nombró a Thomas Jefferson, de treinta y tres años de edad, como encargado del borrador de la Declaración de la Independencia por su «peculiar felicidad de expresión». Jefferson podía «calcular un eclipse, supervisar una propiedad, ligar una arteria, planificar un edificio, probar una causa, domar un caballo, bailar un minuet y tocar el violín». Siempre endeudado, no pudo librarse de su dependencia del trabajo de los esclavos, pero los principios enunciados por él en la Declaración, inspirarían a Lincoln, a Douglass y a todos los amigos de la libertad.

El Salón de la Independencia. *Vista del siglo diecinueve del Salón de la Independencia, en Filadelfia. Aquí se firmó la Declaración de la Independencia en 1776, y se redactó el marco de la Constitución en 1787.*

Este es el credo político de Norteamérica, en pocas palabras. Sí, se refería a todos los humanos, independientemente de su raza, religión, género o condición social. No imponían una prueba religiosa para la adhesión a esos ideales, más que el reconocimiento de un Dios creador que nos otorga nuestros derechos inalienables. Definían el propósito de todo gobierno. Y echaban los cimientos del requisito de que los gobiernos deben regir por consentimiento, para administrar con justicia. Volveremos a la filosofía de esta Declaración en otros capítulos. Por ahora nos basta saber que los Fundadores no liberaron de inmediato a los esclavos, ni le dieron el voto a sus esposas, ni invitaron a las tribus indias a firmar junto a ellos. Pero debemos observar que todos los grandes defensores de la igualdad humana en Norteamérica — Abraham Lincoln y Frederick Douglass, Elizabeth Cady Stanton y las sufragistas, Martin Luther King Jr.— señalaron este pasaje en la Declaración para dar fuerza a sus exigencias de justicia.

El sentimiento filosófico era casi universal, pero la cuestión práctica de votar por la independencia no lo era tanto. El resultado final fue bastante estrecho. El Congreso debió esperar que los delegados que no tenían instrucciones, pudieran regresar a Filadelfia. Caesar Rodney, enfermo de asma y cáncer, cabalgó ciento veintitantos kilómetros, desde su hogar en Delaware a la tórrida capital en la noche del 1 de julio de 1776 para poder desempatar el voto de su estado, y lograr que la moción por la independencia tuviera éxito.

Los hombres que firmaron la Declaración sabían que no se trataba de una resolución casual de una sociedad que debatía. Reconocían que se trataba de una promesa, que ponía en juego «nuestras vidas, nuestras fortunas y nuestro sagrado honor», en pos de la independencia. Cuando John Hancock convocó a los delegados para que firmaran el pergamino de la «copia en limpio» de la Declaración, escribió su propia firma en letras grandes de manera que el rey Jorge (dice la leyenda) pudiera leer su nombre sin anteojos.

Les urgió a hacerlo todo de forma unánime. «No puede haber tironeo», dijo. «Todos tenemos que tirar juntos». A eso, Franklin siempre ingenioso, respondió: «Sí, tendremos que tirar todos juntos, o nos tirarán a cada uno por separado».[90] Aunque ninguno de los firmantes fue ejecutado, diecisiete de ellos servían en el ejército y cinco fueron capturados por los británicos durante la guerra. Richard Stockton, firmante de Nueva Jersey, jamás se recuperó de las lentas torturas a las que fue sometido en cautiverio, por lo que murió en 1781.[91]

IV. La Guerra Continental

Mientras el Congreso efectuaba la movida que marcaría el destino de la nación, el general Washington se veía ante el peligro de que el ejército británico lo atrapara en Nueva York. Fue allí que hizo que se les leyera la Declaración de la Independencia a sus tropas. En ese lugar, se quitó la estatua de Jorge III, y con el plomo se hicieron balas. Washington había sido muy aclamado cuando los británicos se retiraron de Boston en el mes de marzo, pero luego sufrió una serie de derrotas. Boston sería su última victoria en casi un año. Washington sabía que solo quien pudiera controlar los mares tendría el dominio de la isla de Manhattan. El Congreso no quería abandonar la segunda ciudad en tamaño de la nueva nación, a manos del enemigo.

Los hombres del coronel John Glover, originarios de Marblehead, Massachussets, eran marineros y pescadores. Su ámbito natural era el agua, no la tierra.[92] La noche del 29 de agosto de 1776, su destreza y capacidad serían vitales para la causa de los patriotas.

El ejército continental inicialmente se había mantenido firme bajo el fuego británico de Long Island, pero los casacas rojas marcharon durante la noche, en perfecto orden militar, para atacar a los norteamericanos por sorpresa.[93] Los soldados hesianos no tomaron prisioneros. Acuchillaron a los norteamericanos derrotados con sus bayonetas, que tenían cuchillas de cuarenta y tres centímetros de largo.

Washington sabía que tenía que retirarse de Brooklyn, en Long Island, y escapar a Manhattan con su ejército. Había cinco buques de guerra británicos, preparados para navegar por el río East y bloquear así la retirada de Washington. Pero el viento cambió «milagrosamente» y el escuadrón británico no pudo navegar río arriba.[94] Entonces Washington les ordenó a los hombres de Glover, originarios de Marblehead, que tripularan los botes, evacuando así al grueso del ejército de Brooklyn. Una parte del ejército logró escapar en la noche del 29 de agosto, amparados por la oscuridad, porque luego una densa niebla lo cubrió todo y el resto del ejército logró subir a los botes sin que nadie los viera. Un oficial de Connecticut afirmó que cruzó el río East once veces esa noche.[95] El escritor David McCullough calificó de increíble esa niebla, como favor del destino y los que creían en la Providencia la llamaron «La mano de Dios».[96]*

---

* Cuando se evacuó de manera parecida a la fuerza expedicionaria británica, en Dunkirk en el año 1940, salvando así a Inglaterra y a la causa de la libertad de la amenaza nazi, Winston Churchill dijo que era «un milagro de liberación».

Washington se sintió personalmente frustrado cuando sus hombres huyeron ante el avance de los hesianos y los escoceses. Angustiado, tiró su sombrero al suelo y gritó: «¿Y con estos hombres quieren que defienda a Norteamérica?»[97] Sin embargo, podía también reconocer con orgullo a quienes se mantuvieron firmes y cumplieron con su deber, como cuando doscientos cincuenta hombres de Maryland atacaron a las fuerzas del general Cornwallis para cubrir la retirada del ejército, arriesgando la vida y la libertad. «Buen Dios, ¡qué hombres más valientes tengo que perder en este día!», dijo Washington. Luego les dio a las tropas de Maryland el nombre con el cual se conoce el estado en nuestros días: Old Line [por las tropas de línea].

Fue imposible conservar la ciudad. En septiembre, mientras Washington se retiraba a Harlem Heights, la ciudad de Nueva York se incendió. Nadie sabe cómo se inició el fuego. Los leales, conocidos como «Tories» y apoyaban a la corona, por supuesto culparon a los rebeldes. El general británico William Howe estaba furioso y tomó a un joven oficial norteamericano, a quien acusó de espiar para Washington. Nathan Hale era de Connecticut y tenía más o menos veinticuatro años. Sin juicio precio, con Hale vestido de civil, lo trataron como a un espía. Howe escandalizó a los norteamericanos al negarle al joven su último deseo de ver a un pastor o tener una Biblia. Mientras Howe se preparaba para ahorcar al oficial, los valientes patriotas recitaron una parte de la conocida obra teatral Cato:

¡Qué bella es la muerte cuando se gana por la virtud!
¿Quién pudiera ser ese joven? Qué pena es
que solo podamos morir una vez para servir a nuestro país.[98]

La cita ha llegado a nuestros días parafraseada como: «Lamento tener solamente una vida que dar por mi país». La Revolución tenía ahora a su primer mártir.

A pesar de que su misión diplomática a Canadá había fracasado, Benjamin Franklin acordó ir a Francia en el otoño de 1776, para presentar la causa norteamericana. Se embarcó en una nave llamada *Reprisal*, en la que el cruce del océano se hizo difícil. Muchos enfermaron y hubo peligros porque Franklin era a quien más fácilmente se podría reconocer entre los rebeldes, los británicos conservaban su dominio de los mares. Incluso cuando desembarcó en Francia, se halló en un camino en el que una banda de ladrones había asesinado hacía poco tiempo a doce viajeros que viajaban en grupo. Felizmente, Franklin logró llegar a salvo a Paris en diciembre de 1776.[99]

Durante ese otoño el general Howe y su teniente, Lord Cornwallis, lograron empujar a Washington hacia el sur, pasando por Nueva Jersey. Pero hubo ayuda de parte de Benedict Arnold, que logró retrasar el avance británico desde Canadá, y también contribuyeron los patriotas que defendían Charleston en Carolina del Sur, y que repelieron un ataque por parte de los ingleses. Aunque Washington había logrado mantener a su ejército en pie, y la Revolución seguía viva, el hecho de tener que retroceder afectaba el ánimo de los soldados y la población. En Nueva Jersey, los granjeros clavaban lazos rojos en sus puertas para mostrar su simpatía hacia el rey. Y para diciembre de 1776, el ejército continental de Washington ya no contaba con demasiados soldados, por mucho que se convocara a los hombres a enrolarse en las milicias.

Para la época de Navidad, la mayoría de los soldados se dirigió a los cuarteles de invierno. Washington había retrocedido hacia Pensilvania, cruzando el río Delaware, derribando puentes y tomando los botes que encontraba a su paso. Sabía que tan pronto se congelara el río, las fuerzas británicas de Lord Cornwallis, que le superaban en número, podrían cruzar caminando sobre el hielo. Washington se estaba quedando sin dinero y sin provisiones. Así que apeló al maestro de las finanzas de Pensilvania, Robert Morris, para que consiguiera el dinero necesario para pagarles sus bonos a los soldados. Y fue solo después de recibir su paga que algunos de los combatientes, hambrientos y sufridos, decidieron volver a enrolarse para el año siguiente.

En la noche de Navidad, con muy mal clima, el general Washington se preparó para atacar por sorpresa la ciudad de Trenton, Nueva Jersey. Una vez más, confiaba en las hábiles y aguerridas tropas del coronel John Glover y sus hombres de Marblehead, Massachussets. Eran excelentes soldados y marineros y ya habían salvado al ejército continental al transportar a los hombres en botes desde Brooklyn a Manhattan. Ahora, las tropas de Glover llevaron a todo el ejército, incluyendo a los caballos y cañones, en el cruce del helado río Delaware. El pequeño ejército tomó por sorpresa a los hesianos y en una acción breve pero contundente, los soldados de Washington mataron al comandante de los hesianos, el coronel Johann Rall, tomando como prisioneros a casi mil soldados. Solamente dos soldados norteamericanos resultaron heridos, entre ellos el teniente James Monroe, que sería presidente en el futuro. Los cañones del capital Alexander Hamilton, que se habían mantenido secos durante el cruce en botes, causaron un efecto devastador. Esa noche también iba en los botes el joven John Marshall, futuro juez de la Corte Suprema de los Estados Unidos. En 1776, Norteamérica bien podría haber contado con un ejército de doscientos ochenta mil hombres[100] pero en esa noche de Navidad, fueron solamente dos mil cuatrocientos los que tenían el destino de un continente en sus manos.

El ataque de Washington había tenido un éxito descomunal. Enseguida, puso en práctica la «política de humanidad» que tanto John Adams como otros congresistas le habían recomendado. En lugar de asesinar a punta de bayoneta a los hesianos rendidos —como lo habían hecho estos con los norteamericanos derrotados en Long Island— Washington los trató con compasión. Como resultado de su política, miles de alemanes hesianos se establecerían después en el interior de Pensilvania y Virginia.

Los patriotas norteamericanos se alegraron con la recuperación de la ciudad de Trenton; su euforia creció cuando dos semanas después, la victoria de Washington se vio seguida de otro exitoso ataque en Princeton. En esta batalla Washington galopó directamente hacia el humo de los cañones británicos. Uno de sus jóvenes ayudantes, el coronel John Fitzgerald, se cubrió los ojos con el sombrero, creyendo con toda certeza que el comandante en jefe sería abatido. Pero Washington surgió de entre las densas volutas de humo con los ojos encendidos por la emoción de la victoria. «Gracias a Dios que su Excelencia está a salvo», gritó Fitzgerald, ofreciéndole su mano. Washington la tomó con entusiasmo, tal vez tomando conciencia entonces de lo cerca que había estado de la muerte. «Es una cacería de zorro, muy entretenida, muchachos míos», gritó Washington mientras sus hombres hacían huir a los ingleses defensores de Princeton en franca retirada.[101]

La independencia no movilizó de inmediato a los franceses ni su ayuda, no francamente al menos. Aunque hubo un hombre que daría inicio a lo que sucedería más tarde. En julio de 1777 llegó a Filadelfia un joven aristócrata francés, alto y con solo diecinueve años, de nombre Marie Joseph Paul Yves Roch Gilbert du Motier, más conocido por su título de Marqués de Lafayette. El Congreso sintió vergüenza cuando este entusiasta y joven noble, que ya había presenciado acciones militares diversas, se presentó con sus credenciales otorgadas por el ministro norteamericano en París, Silas Deane. No tenían dinero para pagarle, explicaron los congresistas, y además, Deane se había excedido en sus funciones al prometerle comisiones.

Lafayette no podía regresar a su país porque había desafiado al rey Luis XVI al viajar a Norteamérica. Su solución al problema fue ofrecerse a servir como voluntario, sin recibir paga, en las filas del ejército norteamericano.[102] Para el mes de agosto, ya cabalgaba al lado de Washington como mayor general ¡y solo tenía veinte años! Lafayette vería la acción en septiembre en 1777, en la batalla de Brandywine, Pensilvania. Allí fue herido mientras lideraba con gallardía a las tropas norteamericanas y aunque las fuerzas de Washington lucharon con valentía, fueron derrotadas, lo que les abrió el camino a Filadelfia a los británicos.

Washington se hallaba a cientos de kilómetros al momento de la mayor victoria militar de los norteamericanos. Todos esperaban con expectativa el resultado del enfrentamiento de los patriotas contra el general británico John Burgoyne, en Saratoga, Nueva York, en octubre de 1777. Burgoyne, conocido en la sociedad londinense como «el Caballero Johnny», era miembro del Parlamento además de dramaturgo y hombre de figura impresionante. Había hecho una apuesta importante con el líder Charles James Fox, de que regresaría victorioso de Norteamérica para el día de Navidad de 1777. Su misión consistía en dirigirse hacia el sur desde Canadá, para unirse al general Howe al frente de las fuerzas británicas al norte de Nueva York. Pero Howe se dirigía a Filadelfia, intentando atrapar a Washington. Burgoyne les dijo a sus soldados indios que podrían arrancarle el cuero cabelludo a los desertores británicos, e inicialmente coronado por el éxito, su ejército había recuperado el fuerte Ticonderoga, incendiando la rica mansión de Albany del general norteamericano Philip Schuyler.[103]

Aun así, el ejército de Burgoyne avanzaba muy lentamente, impedidos por la gran cantidad de carga, por lo cual los británicos cayeron en una trampa cuando los norteamericanos imitaron el sonido que hacen los pavos —como señal acordada para el ataque—; quedaron confundidos. Los rifles de los hombres de Dan Morgan abrieron fuego, fieles a su reputación de que podrían derribar a un casaca roja a más de un kilómetro de distancia. Y Burgoyne perdió gran cantidad de soldados.[104]

Burgoyne debió rendirse, con su ejército de más de seis mil hombres, el 17 de octubre de 1777 en Saratoga. Le asombró la misericordiosa respuesta del general Schulyer. «¿Es a mí, que tanto daño le he causado, a quien trata con tanta deferencia?»[105]

El Caballero Johnny había perdido su gran apuesta y Fox, que había predicho que su amigo regresaría como prisionero bajo palabra, había ganado.[106]

Saratoga era la más grande victoria norteamericana hasta ese momento. El general norteamericano Horatio Gates reclamó los laureles del triunfador pero, como había sucedido antes, gran parte del crédito por a victoria le corresponde al general Benedict Arnold. Aunque gravemente herido, Arnold había reunido muchos soldados norteamericanos, aprestándolos para la acción. El ministro de asuntos exteriores de Francia, Charles Gravier, conde de Vergennes, vería en Saratoga evidencia de la capacidad norteamericana para vencer —aunque fuera por cansancio— a los británicos.

La posición del general Washington no mejoraría cuando pasó los cuarteles de invierno a Valley Forge. Con las fuerzas británicas del general Howe manteniendo el firme control de Filadelfia, lo único que podía hacer Washington era observar y esperar. Fue el peor invierno de la guerra. Una vez más apeló desesperado al Congreso, pidiendo ayuda. Escribió que uno podía rastrear las huellas de sus hombres, con solo seguir el rastro de sangre. Cuando dijo que sus hombres no tenían ropa y que pasaban hambre, no estaba exagerando. Algunos de los soldados del ejército continental debían pedir ropa prestada, solo para poder montar guardia.

Afortunadamente, entró en escena otro añadido extranjero al ejército norteamericano. El oficial prusiano Barón von Steuben había conocido a Benjamin Franklin en París, y llevaba una recomendación para el Congreso. Vos Steuben no hablaba inglés, y su colorida figura añadía atractivo a las credenciales que él mismo había exagerado. Ya en el siglo dieciocho había quien inflaba su *currículum vitae*. Pero aun así, conocía las artes del entrenamiento militar, sabía que la disciplina y la preparación eran importantes si se quería convertir a una muchedumbre en una fuerza apta para la batalla. Von Steuben comenzó a aplicar el rigor entre los desalentados hombres de Valley Forge. Utilizó a un intérprete para que, curiosamente, tradujeran sus epítetos e insultos del francés al alemán, de modo que los soldados le entendieran (desde entonces, todo instructor militar norteamericano es descendiente espiritual de este extranjero prusiano).

El general Anthony Wayne, supervisor y legislador de Pensilvania, era conocido a sus treinta y dos años por sus violentos insultos y juramentos. Un teniente se quejó de que Wayne «había maldecido con el infierno a nuestras almas» al encontrar que no había centinelas apostados fuera del campamento norteamericano.[107] Se sabía que a Washington no le gustaban las malas palabras,[108] pero de todos modos, sabiamente eligió a Anthony Wayne para enderezar los problemas que tenía con respecto a sus tropas y las provisiones. Porque sin «el loco Anthony» Wayne y sus ataques a las granjas leales a la Corona, el ejército habría muerto de hambre.

V. La alianza francesa

«Son tiempos que ponen a prueba las almas de los hombres», escribió Thomas Paine antes de que Washington cruzara el Delaware en noviembre de 1776. Ahora, un año más tarde, las cosas habían mejorado muy poco. Nueva York y Filadelfia seguían ocupadas por los británicos. Washington y su ejército pasaban hambre y frío, mientras esperaban y observaban desde los cuarteles de invierno de Valley Forge, en las afueras de Filadelfia. En la primavera de 1778, llegó la noticia que lo cambió todo. Benjamín Franklin había logrado un acuerdo con los franceses, que serían aliados de los norteamericanos. Después de años de brindar ayuda en secreto, ahora Francia podría reconocer francamente a los Estados Unidos y ponerse de su lado en la guerra contra Inglaterra. Los holandeses y los españoles también comenzarían a ayudar. Entre otras cosas, eso quería decir que Gran Bretaña debería regresar sus naves a aguas británicas para protegerse contra los ataques de los franceses, además de tener que reforzar la guarnición de Gibraltar, ante la posibilidad de un ataque español.

Mientras tanto la frontera norteamericana estaba en llamas. En el Valle de Wyoming de Pensilvania, Sir John Butler y sus aliados indios atacaron el 4 de julio de 1778 y mataron a cientos de personas, quemando a los granjeros en la hoguera, echándolos sobre las brasas y manteniéndolos allí utilizando tridentes, ante la mirada de sus horrorizadas familias.[109] Virginia envió a George Rogers Clark, oriundo del lugar, para restablecer el reclamo de ese estado sobre el territorio al noroeste del otro lado del río Ohio. El coronel británico Henry Hamilton, conocido como «comprador de cabello» porque les pagaba a los indios por cada cuero cabelludo que trajeran, se atrincheró en un fuerte de Vincennes (en lo que hoy es Indiana). Según la leyenda, Clark marchó con solo ciento treinta norteamericanos y franceses durante días, con las heladas aguas llegándoles a la altura del pecho bajo ese crudo invierno, para llegar hasta donde estaba su enemigo.[110] Rodeando al «comprador de cabellos», hizo que sus tropas marcharan ida y vuelta frente al campamento británico para dar la impresión de que contaba con miles de soldados. La mayoría de los indios de Henry Hamilton se dieron a la fuga y entonces Clark capturó a cinco, con cueros cabelludos colgándoles del cinturón, y los mató a hachazos con sus propias armas, frente al fuerte británico. Henry Hamilton se rindió de inmediato. Luego describiría al gran virginiano, hablando «con fascinación sobre sus logros mientras se lavaba la sangre de las manos».[111] Con esa victoria y su éxito en Kaskaskia (cerca de lo que hoy es el este de Saint Louis, en Illinois), George Rogers Clark echó las bases del reclamo norteamericano sobre todo el territorio del noroeste (Ohio, Indiana, Michigan, Illinois, Wisconsin y parte de Minnesota).*

La habilidad diplomática de Franklin había sido la clave para otro gran golpe en favor de la causa norteamericana. El capitán John Paul Jones había estado viviendo en Virginia cuando se desató la guerra, y acudió a Francia en busca de la ayuda del doctor Franklin para equipar barcos. Su plan era arriesgado. Quería atacar a los británicos en sus propias aguas. Nacido en Escocia, Jones había servido en diversos barcos desde su niñez, incluso en algunas naves traficantes de esclavos. El aspecto de John Paul Jones engañaba a la vista. Abigail Adams escribió diciendo que no se parecía en nada al «rudo, robusto guerrero romano» que había imaginado. Era un hombre menudo, que hablaba con voz suave. «Más bien le imaginaría envuelto en algodones, para guardarlo en mi bolsillo en lugar de enviarlo a enfrentar las balas de cañón», escribió.[112]

La señora Adams no podría haber estado más equivocada. Porque Jones era un combatiente feroz. «Espero no tener conexión con barcos que no naveguen rápido porque mi intención es ir directo al centro de la batalla», escribió. Jones logró hacer que cundiera el pánico a lo largo de las costas de Inglaterra y Escocia en 1778, al tomar barcos mercantes británicos e incluso atacar puertos marítimos. Al mando del Ranger, Jones atacó la ciudad costera de Whitehaven, a menos de ciento cincuenta kilómetros al noroeste de Londres.[113] Jones conocía bien el puerto. Había partido de Inglaterra desde ese mismo lugar y su ataque sorpresivo encendió el miedo en Londres. De repente los ingleses tomaron conciencia de la vulnerabilidad de sus islas.

Cuando Franklin persuadió a los franceses para que le dieran un barco a Jones, este lo bautizó *Bonhomme Richard*, en agradecimiento. Era la traducción al francés del famoso *Pobre Richard*, obra de Franklin. Este se había molestado al oír que la flota británica incendiaba Fairfield, Norwalk y otras ciudades a lo largo de la costa de Connecticut y quería una represalia.

---

* George Rogers Clark bien merece su título de Conquistador del Noroeste. Sus hazañas añadirían vastas extensiones al territorio norteamericano, con un área dos veces más grande que Gran Bretaña y mayor que Francia. Sus acciones alentarían a su hermano menor, William Clark de la expedición de Lewis y Clark, a imitar su ejemplo.

Con el cruce del Delaware, *Washington lo arriesgó todo en la noche de Navidad de 1776. Junto a él, en los botes que avanzaban por las aguas casi congeladas, iban dos mil cuatrocientos hombres del ejército continental entre quienes se contaban Alexander Hamilton, Henry Knox, James Monroe y John Marshall. Las victorias norteamericanas de Trenton y Princeton renovaron los caídos ánimos de los luchadores por la Independencia.*

El Serapis, nave de Su Majestad, contra el Bonhomme Richard, norteamericano, junto a Flambrough Head, Inglaterra, el 23 de septiembre de 1779. *El capitán John Paul Jones enfrenta las balas de los cañones británicos y el «fuego amistoso» de un aliado francés poco leal. Su respuesta fue legendaria: «¡Todavía no empecé a pelear!» Las victorias de Jones, entusiasmaron a los norteamericanos y le dieron a la armada norteamericana su primer gran héroe en la Era de las Velas Guerreras.*

Rendición en Yorktown. *Su Excelencia, el General Washington, invita al general Lord Cornwallis, enemigo derrotado, a cenar en su cuartel en las afueras de Yorktown, Virginia. La batalla de Yorktown marcó el final de la Guerra de la Independencia. La banda del ejército británico interpretó «El mundo cabeza abajo», y así era en verdad.*

Norteamérica en 1783. *Bajo los términos del Tratado de París de 1783, Gran Bretaña reconocía la independencia norteamericana y cedía a los Estados Unidos todo el territorio hasta el río Mississippi. Bajo el plan de Jefferson se admitieron nuevos estados a la Unión sobre las mismas bases que los trece originales. Pero el Congreso no logró —por un único voto— adoptar la moción de Jefferson para abolir la esclavitud para siempre, del oeste más allá de los Apalaches. «El cielo guardó silencio en ese terrible momento», se lamentó Jefferson.*

El 23 de septiembre de 1779 el comodoro Jones tomó por la fuerza un rico embarque del Báltico, en las cercanías de Flambrough Head, Yorkshire. El valiente capitán británico Richard Pearson, de la flota de Su Majestad con su ágil nave *Serapis* que tenía fondo de cobre, iba al frente del convoy. Pearson había clavado su insignia británica color sangre en el mástil esa mañana, cuando partió en busca de Jones.[114] Los otros barcos de su pequeño escuadrón, pronto abandonaron a Jones, pero él acercó el *Bonhomme Richard* al *Serapis*. Con los primeros cañonazos, hubo una explosión en el barco de Jones y murieron muchos de sus hombres. Las hábiles maniobras de Jones le ayudaron a acercarse al *Serapis*, y allí utilizó a sus mosqueteros navales franceses para lograr un efecto devastador. El *Bonhomme Richard* estaba en llamas, a punto de hundirse porque le entraba agua, cuando Pearson le preguntó a Jones si «arriaba las banderas». Eso significaba la rendición. La respuesta de Jones no se hizo esperar, aunque todavía no habían peleado demasiado sus palabras demostraban su determinación de seguir: «¡Todavía no he comenzado a pelear!»

Fueran esas o no sus palabras exactas, su acción sí se condijo con la intención. Durante horas ambos barcos parecieron abrazarse en la lucha, «como dos leños en la hoguera, cañón contra cañón y rifle contra rifle».[115] Los granjeros ingleses que regresaban a casa del trabajo en los campos se asombraron al ver el fulgor de las llamas bajo la luz de la luna de la cosecha.[116] Las dos naves acordaron un cese del fuego, y enviaron a la tripulación a apagar las llamas que ponían en peligro las vidas de todos.[117] El *Serapis* intentó librarse del enfrentamiento disparando sus cañones con el fin de hacer estallar al *Bonhomme Richard*, pero el comodoro Jones le había ordenado al maestro mayor Stacey que utilizara todo lo que tuviera al alcance para mantener atado su barco al de los británicos. Cuando oyó que el maestro Stacey profería insultos, Jones le recordó que debía cuidar su lenguaje porque «tal vez en un momento más estaría en la eternidad».[118]

Inesperadamente, Jones se vio bajo el ataque de «fuego amistoso» cuando el *Alliance,* comandado por el capitán francés Pierre Landais reapareció. Dos veces, el barco de Landais atacó el *Bonhomme Richard* con disparos legales pero a pesar de ello Jones finalmente salió victorioso cuando sus francotiradores norteamericanos y franceses, desde lo alto de los mástiles barrieron con la tripulación del *Serapis*. Jones pudo abordar el barco inglés y capturar el preciado premio. No hay otro ejemplo en la historia que confirme mayor valor y determinación. Los norteamericanos —a quienes los británicos tildaban de cobardes— tuvieron en el *Bonhomme Richard* su más rotunda respuesta a las críticas y burlas. Ambos barcos sufrieron pérdidas de casi la mitad de sus tripulaciones y grandes daños materiales.[119] El *Bonhomme Richard* no se pudo salvar (¿Qué habrá pensado Alexander Wedderburn, para entonces fiscal general de Gran Bretaña, de su burla al «hombre de letras»? El *Pobre Richard* de Franklin había cobrado vida a partir de las páginas de su almanaque, escupiendo fuego contra la arrogancia británica.)

VI. El mundo «cabeza abajo»

El general Benedict Arnold, héroe de tantas batallas fue tratado injustamente por el Congreso. Es que a medida que hombres de menor talla como Horatio Gates recibían ascensos y crédito —que en realidad le correspondía a Arnold—, este último empezó a llenarse de amargura. Su joven esposa, Peggy Shippen, provenía de una rica familia tory. Cuando Washington nombró a Arnold comandante militar de Filadelfia, el nuevo jefe no hizo buenas migas con el líder político radical Joseph Reed. Este exigía que se mandara a la horca a quinientos tories, para luego confiscar sus propiedades; como Arnold se negó a hacerlo, el hombre de Pensilvania esparció el rumor de que Arnold era desleal a la causa.[120] Fue un rumor que se convirtió en realidad.

Arnold le pidió a Washington que le asignara el mando de la fortaleza norteamericana de West Point, Nueva York. Ubicada sobre el río Hudson y a unos noventa y cinco kilómetros de la ciudad de Nueva York, West Point tendría un papel esencial porque impediría que los británicos dividieran a los Estados Unidos en dos. Arnold empezó a conspirar con Sir Henry Clinton, que reemplazaba al general Howe en Manhattan. Por la suma de diez mil libras, Arnold prometió que entregaría West Point a los británicos e incluso preparó un plan con el joven ayudante de campo de Clinton, el bien parecido y atrevido mayor John André, para capturar al general Washington y entregarlo a los británicos. Sin embargo, debieron descartar la idea porque no resultaría factible.[121]

Los británicos hacía tiempo ya que pensaban que capturar o matar a Washington era una de las mayores metas en esa guerra.[122] Arnold y André se reunieron en una casa de campo conocida hoy como Treason House [Casa de la traición]. Arnold envió al joven de regreso con Clinton, convenciendo a André de que vistiera de civil. André llevaba en la bota papeles que incriminaban tanto a Arnold como a sí mismo. Cuando André fue tomado como prisionero, Arnold escapó hasta un buque de guerra británico que estaba anclado en el Hudson. El nombre del barco no podría haber sido más indicado: HMS Vulture [buitre, en inglés], al servicio de Su Majestad.[123]

Washington había estado reuniéndose en Hartford, Connecticut, con el general Jean Baptiste Donatien de Vimeur, conde de Rochambeau y comandante del recién llegado ejército francés de cinco mil soldados regulares. Cuando llegó a West Point el 25 de septiembre de 1780, se vio confrontando por la aparentemente trastornada Peggy Shippen Arnold. Casi desnuda, la joven gritaba que el general quería matar a su bebé. Washington, Henry Knox, Lafayette, Alexander Hamilton y otros oficiales norteamericanos sintieron compasión por la joven y bella mujer, que aparentemente había enloquecido a causa de la traición de su esposo. Cuando el caballeroso Washington permitió que Peggy se reuniera con su traidor marido, se hizo claro que ella había estado incluida en el complot con Arnold desde el principio. Habría merecido la horca, por traidora.

Pero, en cambio, ese fue el triste destino del talentoso, valiente y joven mayor André, que ante una corte marcial fue sentenciado a muerte. André no rogó que le perdonaran la vida, sino que se limitó a pedir que lo fusilaran, como oficial y caballero que era. Los oficiales de Washington recomendaron otorgarle ese pedido. Pero Nathanael Greene, un hombre de corazón duro que había presidido el juicio, no estaba de acuerdo porque consideraba que André podía ser o espía o inocente. Si era inocente debía ser liberado pero si era espía, el castigo que correspondía era la muerte en la horca.[124] Tal vez porque recordaba al joven Nathan Hale, Washington adoptó la severa postura del general Greene. Ante la multitud de norteamericanos que lloraba sin disimulo, el mayor John André, vestido con su elegante uniforme color escarlata, murió ahorcado el 2 de octubre de 1780.[125]

Arnold logró escapar, pero murió veinte años después en Londres, pobre y en desgracia.[126] El nombre de Benedict Arnold ha sido desde entonces sinónimo de traición.

Los británicos habían mudado sus más importantes operaciones de combate al sur de Norteamérica en 1780. Después de perder Charleston, Carolina del Sur el 12 de mayo de 1780, el Congreso puso al general Horatio Gates, triunfador en Saratoga, al mando del ejército sureño. Rechazaron al general Nathanael Greene, recomendado por Washington (aunque Greene seguía gozando del apoyo en el Congreso a pesar de que dos años antes no se había podido remplazar a Washington con su nombramiento). Poco después Gates demostró que no tenía dotes de comandante.

En una batalla librada en Carden, Carolina del Sur, el 16 de agosto de 1780, las tropas del general Cornwallis lograron dispersar a las milicias de Virginia y Carolina del Norte. Fue la más vergonzosa y terrible derrota norteamericana en toda la guerra.[127] El general Gates logró llegar a Charlotte, Carolina del Norte, a noventa y cinco kilómetros de distancia, mucho antes que su ejército, que huía del desastre. Alexander Hamilton dio voz al sentimiento de la mayoría de los norteamericanos cuando preguntó: «¿Alguna vez ha habido un general que escapara... de su ejército?»[128] Tras de sí, Gates había dejado al Barón de Kalb, otro extranjero valiente llegado para luchar por Norteamérica. El Barón estaba fatalmente herido. Para octubre el Congreso se había convencido de que Washington tenía razón: Gates debía irse, para ser reemplazado por Greene.

Lord Cornwallis contaba con la ayuda del coronel Banastre Tarleton, un joven oficial de caballería de veintiséis años, especializado en los ataques costeros. Tarleton casi captura al gobernador de Virginia, Thomas Jefferson y a los líderes de la legislatura del Antiguo Dominio en junio de 1781. Solo fracasó por unos minutos porque afortunadamente, Jefferson, Patrick Henry y otros líderes patriotas de Virginia recibieron una advertencia a tiempo. Jack Jouett cabalgó toda la noche, recorriendo unos ochenta kilómetros de espesos bosques siguiendo senderos indios, y llevó el mensaje de advertencia al hogar de Jefferson en Monticello. Con toda justicia, se conoce al capitán Jouett como al «Paul Revere del sur».*

El sur sufrió todo el rigor de la guerra —una guerra civil en realidad— cuando los leales chocaron con los patriotas en una lucha que duró dos años. Francis Marion, conocido como «el zorro de los pantanos», acosó a las fuerzas británicas y tories en Carolina del Sur. Los temerosos ataques del general Marion salvaron a Carolina del dominio británico.[129] Con el Congreso distraído por otras preocupaciones, el aporte de Marion al esfuerzo de la guerra fue reconocido con generosidad por «Lighthorse Harry» Lee, de Virginia.[130]** Cornwallis descubrió que podía ganar batallas y tomar ciudades, pero no le resultaba sencillo obtener provisiones ni información de parte de la gente.

---

* «Escuchen, buena gente, y presten atención
al caballo de Jack Jouett y sus cascos, que
a toda velocidad, no se detuvieron ni se demoraron
hasta llegar con la advertencia del ataque de Tarleton».
—*Charlottesville Daily Progress*, 1909.

** Los habitantes de Carolina del Sur recordaron durante mucho tiempo el entusiasmo del general Lighthorse Harry Lee [Harry caballo liviano, en inglés], por su héroe, el Zorro de los Pantanos. Luego lucharon junto al hijo del general Lee, el todavía más famoso general Robert E. Lee.

Nathanael Greene era hijo de un granjero cuáquero de Rhode Island. Su designación al mando del ejército sureño fue un acierto porque los soldados lo apreciaban mucho.

El general Greene alentó a Dan Morgan a operar de manera independiente. Morgan no escatimaba palabras y era conocido por sus hombres como «el viejo carrero» porque había conducido carros en la guerra de los franceses y los indios. Logró una importante victoria por sobre el británico mayor Patrick Ferguson y sus leales norteamericanos en Kings Mountain, Carolina del Norte, en octubre de 1780. El intrépido Ferguson se ocupó de escuchar a sus leales norteamericanos y no les trataba con desdén, como lo hacían tantos otros oficiales británicos. El mayor Ferguson había llevado a su tropa hasta este punto elevado diciendo que podía defenderlo contra «Dios todopoderoso y los rebeldes salidos del infierno». Cuando Ferguson cayó, al frente de sus fuerzas, tenía siete balazos de rifle, y hasta su sombrero y su ropa mostraban orificios de bala.[131] Las fuerzas de Ferguson, derrotadas, gritaban pidiendo misericordia: «¡Cuarto, cuarto!» Pero los soldados de Morgan respondieron: «¡Cuarto de Tarleton!», mientras asesinaban a los desesperados tories. Tarleton había masacrado a los patriotas que se habían rendido en la batalla de Waxhaws en el mes de mayo de ese año.[132]

Dan Morgan obtuvo otra gran victoria en Cowpens, Carolina del Sur, el 17 de enero de 1781. Allí Morgan derrotó decisivamente a los regulares británicos de Tarleton e incluso hizo que este se batiera en retirada, buscando a Cornwallis.[133]

Greene luchó contra las fuerzas de Cornwallis en Guilford Court House, cerca de Greensboro, Carolina de Norte, el 15 de marzo de 1781. En la feroz batalla Greene fue derrotado pero sus fuerzas mantuvieron el orden y causaron tal daño al ejército de Cornwallis que a los británicos no les quedó más alternativa que reagruparse y dejar de luchar para conseguir provisiones. Greene no había ganado grandes batallas, pero sí había forzado a Cornwallis al extremo de sus fuerzas, haciendo que él y su ejército marcharan más de ochocientos kilómetros por Virginia y Carolina del Norte.[134]

La carta de Cornwallis a Sir Henry Clinton, que estaba en Nueva York, refleja el éxito de Greene: «Estoy muy cansado de marchar por los campos... Si queremos una guerra ofensiva en Norteamérica tendremos que abandonar Nueva York y hacer que todas nuestras fuerzas estén en Virginia».[135] Fue el agotamiento de las fuerzas británicas en el sur lo que les llevó a Yorktown. Nathanael Greene, Dan Morgan y los líderes de la guerrilla del Zorro de los Pantanos, Francis Marion y Thomas Sumber, fueron los que lograron tal resultado.

El general Washington, con la ayuda de Rochambeau y siete mil soldados franceses, se preparaba para sitiar a los británicos en la ciudad de Nueva York, en el verano de 1781. Luego llegó la noticia más increíble. El 14 de agosto, Washington recibió un mensaje en que se le informaba que el almirante francés Francois Joseph Paul, conde de Grasse, traería veintiocho buques de guerra a la bahía de Chesapeake.[136] Dejando una parte de su ejército allí para engañar al general Clinton, Washington y Rochambeau partieron de inmediato hacia Virginia. Esa movida valiente y rápida, que quitaba el grueso de sus fuerzas de su posición en torno a la ciudad de Nueva York ocupada por los británicos y dirigía el golpe al sur, puede considerarse su logro más grande en la guerra.[137]

El mando local de los mares —algo esencial para el éxito de los norteamericanos— se estableció gracias a los franceses. El 5 de septiembre el almirante de Grasse derrotó a un escuadrón británico menor en la Batalla de los Cabos.[138] La batalla se libró entre el cabo Henry y el cabo Charles, de Virginia, e impidió que las fuerzas de Cornwallis pudieran retirarse por vía marítima, al tiempo que le cortaban toda posibilidad de aprovisionarse.

Para el 26 de septiembre de 1781, las fuerzas de Washington, entre norteamericanos y franceses, contaban con diecisiete mil hombres que incluían a los regulares de Rochambeau, a los virginianos de Lafayette y Anthony Wayne y a los refuerzos de Grasse. Los siete mil soldados británicos de Cornwallis quedaron atrapados en la península de York[139] (una punta de tierra sobre la bahía de Chesapeake).

Lafayette le había asegurado a Washington que Cornwallis no podría escapar. Cuando él y Washington se reencontraron, el entusiasta y joven francés, abrazó a Washington y lo cubrió de besos. Washington, que había empezado a considerar a Lafayette como a un hijo, no interpuso objeción.[140] Enseguida dio órdenes para sitiar a los británicos y siguiendo las tácticas que había enseñado el gran ingeniero militar francés Sébastien le Prestre de Vauban, las fuerzas aliadas pronto consiguieron que los británicos comenzaran a sufrir. Lord Cornwallis utilizaba el hogar del gobernador de Virginia, Thomas Nelson, en Yorktown como cuartel general y el gobernador dio órdenes para que Washington destruyera su propia casa disparando sus cañones.[141]

En pocas semanas más los hombres de Cornwallis se vieron obligados a comerse sus caballos. Sus intentos por responder al continuo ataque de la artillería de

Washington eran débiles y en una ocasión —cuando una bala de cañón británica cayó en las trincheras norteamericanas—, el coronel Alexander Hamilton retrocedió dando un salto para refugiarse tras el robusto Henry Knox. Este, siempre con buen sentido del humor, le advirtió en tono jocoso que «no volviera a usarlo como armadura o defensa».[142]

Al fin, el 19 de octubre de 1781, Lord Cornwallis debió admitir lo inevitable, su rendición fue incondicional. Mientras sus hombres salían para deponer sus armas, les rodeaban los húsares franceses. Pero a Cornwallis no se le veía salir.[143] Es que alegando enfermedad, había enviado a su segundo, el general Charles O'Hara, para que entregara su espada. Primero, el avergonzado O'Hara intentó entregarla al general Rochambeau, que con un gesto le indicó que fuera hasta donde el general Washington pero este, adoptando una postura ceremonial, indicó que solamente su segundo, el general Benjamín Lincoln, podría aceptar la rendición.[144]

Los casacas rojas de categoría rasa lloraban, frustrados y rompían sus mosquetes. Los jóvenes británicos encargados de hacer sonar los tambores, destruían sus instrumentos.[145] Todos sabían que su destino sería un campo de prisioneros de guerra. La banda británica interpretó «El mundo cabeza abajo». La melodía era fiel reflejo de la realidad.

VII. UNA PAZ PELIGROSA

Con el fin de mantener a raya al general Clinton, Washington regresó a Nueva York. Mientras los británicos conservaran el control de los mares, pocas esperanzas tendría de evitar que les llegaran provisiones. El rey Jorge III, que había gritado: «¡Oh, Dios! ¡Todo ha acabado!», al recibir las noticias de Yorktown, sufrió la derrota del gobierno de Lord North en el Parlamento en marzo de 1782. El nuevo gobierno británico estaba decidido a firmar la paz.

El Congreso despachó a John Jay, jefe de su comité de asuntos exteriores, para que se reuniera con Benjamin Franklin y John Adams en París. Henry Laurens, distinguido caballero de Carolina del Sur que había presidido el Congreso y que era mantenido en cautiverio en la Torre de Londres, fue liberado para que se uniera a la delegación.

Los británicos habían tomado cautivo a Laurens cuando se dirigía por mar hacia Holanda para negociar un préstamo para la causa norteamericana. Pero Laurens se hallaba devastado porque su brillante hijo John había muerto en batalla. John había sido ayudante de campo del general Washington. El joven Laurens había sido gran amigo de Alexander Hamilton, también ayudante de Washington. Oriundo de Carolina del Sur, el muchacho había presentado un plan para emancipar a los esclavos, si estos se unían a la lucha por la independencia norteamericana. Hamilton aceptó la idea con mucho agrado pero el plan murió con el galante y joven Laurens. Su padre, agobiado por la angustia, casi no participó de las conversaciones de paz que se realizaron en París. El país de John Laurens y Carolina del Sur tendrían muchas razones para llorar la pérdida de aquel joven visionario.

Dichas negociaciones duraron meses. Durante un tiempo parecía que Franklin lograría ganar Canadá en su totalidad, además de todo el territorio hasta el río Mississippi. Pero el proyecto fracasó. John Adams, consciente de sus raíces de Nueva Inglaterra, insistió en que se preservaran los derechos de pesca de sus vecinos de Gloucester y Nueva Bedford de Massachussets. El tratado provisorio se firmó el 30 de noviembre de 1782, pero no fue sino hasta el 3 de septiembre de 1783, casi un año después, que se firmó el documento definitivo.[146]

Mientras las conversaciones por la paz avanzaban a ritmo pausado en París, el Congreso se sumía en deudas mayores y al no poder pagarles a los soldados, se creaba una situación muy peligrosa, que Washington conocía. En mayo de 1782, recibió una carta del coronel Lewis Nicola, inmigrante irlandés y ex comandante de Fort Mifflin, que le dejó pasmado. Nicola citaba el creciente desorden en el ejército y en el país, y urgía a Washington a utilizar el ejército para erigirse como rey. La respuesta de Washington fue breve pero contundente:

No ha habido suceso en el curso de esta guerra que me causara mayor dolor que la información que usted me brinda sobre la existencia de tales ideas en el ejército... He de ver con disgusto y reprobación, y reprender con severidad [tal idea] de los grandes males que podrían acaecerle a mi país.[147]

Siempre consciente, aunque dolorosamente, de la impresión que daba, Washington exigió saber qué aspecto de su conducta podría haber dado lugar a tal idea. Al rechazar la sugerencia de Nicola, Washington clavaba un puñal en el corazón de la monarquía en Norteamérica: si él no quería ser rey, *nadie* podría serlo. Y fue ese el fin del concepto monárquico en Norteamérica, para siempre. Norteamérica ha tenido cuarenta y tres presidentes —que incluyeron a algunos mentirosos, «agrios» y perdedores— pero nunca hemos tenido un tirano. Se lo debemos a George Washington.

Es peligroso el ejército al que no se le puede pagar, pero que aun así no puede desbandarse ni pelear contra el enemigo poniendo su mejor esfuerzo. A principios del año siguiente, 1783, el descontento era todavía mayor. Comenzaron a circular panfletos anónimos en el campamento de Newburgh, Nueva York, donde se urgía al ejército a marchar hacia el Congreso para que se respondiera a sus legítimas demandas a punta de bayoneta. Washington convocó a sus oficiales a una reunión programada para el 15 de marzo. Preparó su discurso con todo cuidado y allí les rogó a sus hombres que entendieran que las entidades deliberativas siempre se demoran, suplicándoles que tuvieran paciencia. Les pidió que «no abrieran las compuertas de la discordia civil, inundando a nuestro emergente imperio en un baño de sangre».[148]

La respuesta de los oficiales a su poderoso pedido fue un silencio cargado de ira. No se convencían. Ya lo habían oído antes. Sus familias pasaban hambre y el Congreso nada hacía por honrar las promesas a quienes habían dado su sangre y sus vidas por la independencia.

Entonces Washington recordó una carta que había recibido de parte de un congresista. Buscó en sus bolsillos durante unos segundos. Al abrir el sobre, vio que no podría leer la letra porque era muy pequeña. Con gesto lento pero decidido, volvió a buscar en sus bolsillos y encontró sus anteojos. Pocos de los oficiales presentes habían visto alguna vez a su comandante en jefe, de cincuenta y un años, con los anteojos puestos. «Caballeros», dijo Washington calzándose los anteojos con toda calma, «permítanme ponerme los anteojos porque no solo he encanecido al servicio de mi país, sino que también estoy casi ciego».[149] Con tiernas palabras logró aplacar la ira de los presentes. Muchos de los más rudos veteranos lloraron, sin disimular las lágrimas. Toda idea de un golpe de estado por parte de los militares, se esfumó al instante.

Cuando llegó la noticia de la ratificación definitiva del Tratado de París, reconociendo por completo la independencia norteamericana, los británicos aceptaron evacuar Nueva York y Charleston. En noviembre de 1783, los casacas rojas abordaron sus naves y abandonaron Manhattan. Washington invitó a sus oficiales a cenar con él en la Taberna de Fraunces, cerca de Wall Street, en lo que hoy es el distrito financiero de la ciudad. Allí el 4 de diciembre de 1783 hubo otra escena emotiva. Washington no era un hombre de piedra, como podría sugerir su imagen en los billetes de dólar. Al cierre de la velada, cuando invitó a sus oficiales a acercarse para saludarlos con un apretón de manos, todos los presentes irrumpieron en llanto, incluyendo a Washington. «Con un corazón lleno de amor y gratitud, les dejó ahora», les dijo a los oficiales allí reunidos. «Con toda devoción deseo que sus días futuros sean tan prósperos y felices como gloriosos y honorables han sido sus días pasados».[150]

Washington regresaría al Congreso —origen de toda su autoridad— para dar por terminado su servicio en la guerra. El Congreso reunido en Anápolis, Maryland, ansiaba su llegada. El mediodía del 23 de diciembre de 1783, Washington se presentó ante la Cámara del Senado del Edificio Estatal de Maryland. La cámara estaba repleta ya que se hallaban presentes todos los congresistas, además de dignatarios y las damas. Washington se puso de pie para felicitar al Congreso por el exitoso logro de la independencia y la paz. Cuando llegó al punto de su discurso en que ofrecía tributo a sus oficiales, le temblaron las manos y mucho le costó mantener la compostura. Sus palabras de cierre fueron: «Al presentarme ante ellos [el Congreso] para entregar en sus manos la confianza que en mí depositaron y solicitar permiso para retirarme del servicio a mi país».[151]

El rey Jorge III había dicho que si Washington abandonaba el poder por propia voluntad, entonces podría considerársele de veras el hombre más grande de la tierra. Cromwell no lo había hecho. Tampoco Napoleón. Pero Washington sí.

¿Qué tan grande era Washington como general? Los vencedores *siempre* parecen grandes generales. Perdió más batallas que cualquier otro general en la historia moderna. Pero ganó batallas muy grandes.

Washington tenía muchas cualidades superiores: valentía, dominio propio, capacidad de administración, sentido de la estrategia y coraje táctico, además de la capacidad para aprender de sus errores. Pero ante todo tenía criterio. Se negó a incendiar las ciudades norteamericanas, a tomar rehenes o a ejecutar a los colaboradores. Supo mantener al ejército bajo control con firmeza y siempre se subordinó a sí mismo y a su inquieto ejército a la autoridad del Congreso. Así que a pesar de los defectos y derrotas fue más grande que cualquier otro general norteamericano de la Revolución.

La respuesta oficial del Congreso fue pronunciada por su presidente, Thomas Mifflin. Anteriormente Mifflin había conspirado para reemplazar a Washington por Horatio Gates. Por fortuna para Mifflin y para nosotros fue Thomas Jefferson quien preparó su discurso:

> Ha conducido usted la gran epopeya militar con sabiduría y fortaleza, invariablemente tomando en cuenta los derechos del poder civil, más allá de todos los desastres y cambios... Ha perseverado hasta que estos Estados Unidos han podido, bajo la justa Providencia, cerrar la guerra en libertad, seguridad e independencia... y en cuanto a usted, podemos dirigir a Dios nuestras sinceras oraciones de que una vida por tantos amada, esté siempre bajo Su atenta protección...[152]

Libertad, seguridad, independencia y paz. Para 1783 era ese el legado de George Washington a su país. Pronto, le daría más todavía.

Reflexión y decisiones: El marco de la Constitución

(1783-1789)

La nación que acababa de independizarse lucha por llegar a tener una forma de gobierno que sea perdurable y que maximice la libertad de cada ciudadano al tiempo que protege sus derechos inalienables. La Ordenanza del Noroeste establece políticas avanzadas en cuanto a la esclavitud y la tolerancia religiosa pero la Unión, bajo los Artículos de la Confederación, comienza a deshilacharse en los bordes porque es demasiado débil como para mantenerse entera. La Rebelión de Shay finalmente hace que James Madison entre en acción. En conjunto con Alexander Hamilton y respaldado por Washington y Franklin, lidera a la joven nación por el camino hacia una nueva Constitución. ¿Cuáles son los dos mayores puntos de disputa? La división de poderes entre el gobierno nacional y los gobiernos estatales, así como la cuestión de la esclavitud. Las marcadas divisiones dan lugar a las negociaciones y surge entonces un plano de obra para la construcción de la república. «Casi un milagro», es como describe George Washington a la nueva Constitución, comunicándoselo a su amigo francés Lafayette. La ratificación requiere de los Fundadores toda la habilidad, razón y capacidad de persuasión de la que son capaces.

I. Un período de suma importancia

Las damas francesas vestidas a la última moda se desmayan cuando el enorme globo lleno de aire caliente se levanta por sobre la entusiasta multitud en el Palacio de Versalles. Cuando el globo roza las ramas de los árboles, la gente da un respingo. Benjamin Franklin, ministro norteamericano ante París, y científico líder en todo el mundo, confiesa en una carta a la Real Sociedad de Londres: «Sentí yo entonces gran angustia por los hombres ya que pensé que corrían peligro de caer o morir quemados».[1] Pero el globo logró dejar detrás toda obstrucción y se elevó cada vez más, por encima del río Sena. Cincuenta mil espectadores habían sido testigos del asombroso logro de los hermanos Montgolfier —Joseph y Etienne—, que daría inicio a los vuelos tripulados ese 21 de noviembre de 1783. Franklin debió observarlo todo desde su carruaje porque la gota le causaba grandes dolores. Uno de los presentes se volvió a Franklin y le preguntó cuál sería el uso práctico de ese invento y el hombre más práctico de la tierra le respondió con toda sencillez: «¿Para qué sirve un bebé recién nacido?»[2]

Sus días en París llegarían pronto a su fin dado que Franklin pensaba pasarle la embajada al hombre que el Congreso había mandado en 1784 para sucederle. Cuando un parisino le preguntó a Thomas Jefferson, nuevo ministro norteamericano, si había venido para reemplazar al doctor Franklin, Jefferson respondió diplomáticamente: «Nadie puede reemplazarlo. Yo soy solamente su sucesor».[3]

El irremplazable doctor Franklin pronto encontraría razones para preguntarse para qué serviría una república recién nacida. Muchos de los líderes de la Revolución empezaron a vislumbrar dificultades en el futuro de los Estados Unidos recientemente creados, cuando el Congreso en reiteradas veces no logró cumplir con sus obligaciones económicas. Ya hemos visto los peligros de motines e insurrección militar dentro del Ejército Continental. La paz haría surgir más defectos en el gobierno de la Confederación.

Los artículos de la Confederación se habían redactado en borrador en 1777, pero no fue sino hasta cuatro años más tarde y después de la guerra, que se ratificaron en 1781. El propósito prioritario del gobierno de la Confederación era la prosecución exitosa de la Guerra de la Independencia. Eso se logró con el liderazgo del general Washington y la asistencia de la alianza con los franceses. Aunque los artículos comprometían a los estados a la «Unión perpetua», cada uno seguía guardando celosamente sus prerrogativas. El artículo II establecía con claridad que «cada

Estado conserva su soberanía, libertad e independencia y todo poder, jurisdicción y derecho que no se otorgue expresamente por esta confederación a los Estados Unidos en Congreso reunido en sesión».[4] En aquellos tiempos y durante varios años, se hacía referencia siempre a estos Estados Unidos, y no a los Estados Unidos.

El Congreso, bajo tales artículos, tenía el poder de declarar la guerra, conducir asuntos exteriores, prestar dinero, tratar con los indios y resolver disputas entre los estados.[5] Pero, para poder formar un ejército o cubrir sus gastos, el Congreso solamente podía solicitar hombres y dinero de los gobiernos estatales. Si los estados cumplían, mejor entonces. Pero si no respondían a sus obligaciones ante la Unión el Congreso no tenía forma de obligarlos.

Cada estado estaba representado de manera idéntica en el Congreso. Aunque cada estado podía enviar a varios miembros para formar una delegación, estos miembros tenían que ponerse de acuerdo en cómo votaría su estado. Para cuestiones de rutina bastaban los votos de la mayoría de los estados, siete del total de trece. Pero para cuestiones mayores, hacía falta el voto de nueve estados para tomar una decisión. Y para cambiar algún artículo o para asuntos en disputa que parecieran requerir una modificación de los artículos, tenía que haber unanimidad total, un veto de facto que utilizaría varias veces la pequeña Rhode Island para amenazar así el funcionamiento del Congreso.

Los artículos no instituían un poder ejecutivo ni un poder judicial. Durante los primeros ocho años de la independencia la tarea «ejecutiva» más importante era, por supuesto, ganar la guerra. Para eso estaba el general Washington como comandante en jefe.

A pesar de sus defectos el Congreso, bajo los Artículos de la Confederación, hizo gala de algunos talentos notables. Contaba entre sus miembros principales a John Adams, antes de su partida a Francia, y a Thomas Jefferson. James Madison y Alexander Hamilton pronto se sumaron a los miembros más antiguos. Robert Morris, el brillante financista de la Revolución oriundo de Pensilvania, contribuyó con su talento, como lo hizo John Jay, un neoyorquino con dotes de diplomático. Con el paso de los años, sin embargo, el Congreso fue perdiendo prestigio y el reservorio de congresistas talentosos se redujo en tamaño.

La tozudez de Maryland, en efecto, había ayudado a que el gobierno de la Confederación pudiera resolver un asunto espinoso: las tierras del oeste. Diversos estados reclamaban vastas extensiones más allá de los Apalaches. Virginia, Nueva York e incluso Connecticut poseían títulos de la época colonial. Maryland se negaba a ratificar los Artículos de la Confederación hasta que dichos títulos y reclamos sobre tierras le fueran cedidos a la Unión. Así, los territorios se convirtieron en origen de la unidad nacional (e irónicamente, más tarde fueron origen del mayor conflicto nacional: la Guerra Civil).

Después de la independencia y la paz, el logro más importante del gobierno de la Confederación fue la Ordenanza del Noroeste de 1787. Del viejo territorio del noroeste surgiría una enorme región, hoy conformada por los estados de Ohio, Indiana, Michigan, Illinois, Wisconsin y parte de Minnesota. Fue la culminación de una serie de medidas territoriales que había comenzado ya en 1780.[6] Bajo esa medida sabia y visionaria se prohibió para siempre la esclavitud en esas tierras.[7] Además, las tierras se dividieron en áreas de quince kilómetros cuadrados, para la creación de ciudades, a su vez subdivididas en treinta y seis secciones de dos kilómetros cuadrados y medio cada una. De dichas secciones, una sería donada para destinarla a la educación pública. «La religión, la moral y el conocimiento son necesarios al gobierno y a la felicidad de las personas, y siempre se promoverán las escuelas y los medios para la educación», declaró el Congreso.[8] Así, desde el mismo comienzo de la república la atención se centró en la educación, la moral y el desarrollo intelectual de los jóvenes.

La Ordenanza del Noroeste era la continuación del plan del Congreso de tratar a cada nuevo territorio como embrión de un estado. Los que se establecieran en los territorios podrían formar gobiernos libres y redactar constituciones y, alcanzada una población de sesenta mil habitantes, podrían solicitar su admisión a la Unión como nuevos estados. Cada nuevo estado que se admitiera, lo haría en condición de igualdad con respecto a los ya conformados. Thomas Jefferson había propuesto ese plan sin precedentes en cuanto al trato a los nuevos estados, cuando presentó sus planes para Kentucky y catorce nuevos estados más.[9]*

Fue esta la primera vez en la historia del mundo en que se reconocía de tal modo el principio de la igualdad. Los territorios norteamericanos no serían colonias en perpetua subordinación a una «madre patria». Ya habíamos aprendido algo a partir del fracaso del Imperio Británico.

---

* Si no hubiera sido por el visionario plan de Jefferson, dice el escritor Christopher Hitchens, los Estados Unidos se habrían limitado a ser una estrecha tira a lo largo de la costa Atlántica, como Chile, pero en Norteamérica.

Una de las características principales de la Ordenanza del Noroeste, era la que se refería a la religión. El primer artículo declaraba: «Ninguna persona que se conduzca de manera pacífica y ordenada será molestada a causa de su forma de adorar, ni de sus sentimientos religiosos en el territorio mencionado». Ese principio de gran sabiduría era un tanto revolucionario para la época. Ningún otro gobierno había proclamado un principio similar en la administración de territorios recientemente anexados, por lo que al establecer esa regla el Congreso claramente aprobaba y se apoyaba en el Estatuto de Virginia para la Libertad Religiosa, de reciente promulgación.[10]

Presentado originalmente por Thomas Jefferson en 1779, el estatuto de Virginia no había logrado el apoyo de la mayoría durante la guerra en ese estado. Cuando el señor Jefferson partió hacia París en 1784, hizo los arreglos necesarios para poder mantenerse en contacto fluido con su buen amigo y vecino, James Madison. Mantenían correspondencia e intercambiaban noticias, libros y panfletos con regularidad. En especial, Jefferson buscaba mantenerse informado sobre los acontecimientos de la Asamblea de Virginia.[11]

Patrick Henry presentó en 1785 un proyecto para brindar apoyo estatal a los «Maestros de la Religión Cristiana». Muchos lo consideraron un avance en pos de la tolerancia religiosa. Después de todo, Virginia antes había solicitado que todos sus ciudadanos respaldaran a la Iglesia Anglicana (ahora, Episcopal). Bajo el proyecto de Henry, el apoyo del gobierno se brindaría a una gran variedad de cultos cristianos. Sin embargo James Madison de inmediato presentó su famoso Memoria y Reproche, en que mostraba que el apoyo del gobierno a algunas iglesias nada más violaba la esencia de la libertad religiosa de todos. Madison mostró que permitir que el gobierno estableciera los términos del apoyo a la religión cristiana también significaría que el mismo gobierno podría controlarla. Su Reproche, argumentaba en tono convincente:

> ¿Hay alguien que no llegue a ver que la misma autoridad que tiene potestad para establecer el cristianismo, excluyendo a otras religiones, también podrá con la misma facilidad establecer a un culto de cristianos en particular, en desmedro de todos las demás? ¿Y que la misma autoridad que puede obligar al ciudadano a aportar tres peniques solamente con el fin de apoyar a cualquier establecimiento, le obligaría a conformarse a cualquier otro establecimiento en el caso que fuere?

Fue tal el éxito del argumento de Madison que muchas de las denominaciones cristianas veían la fuerza de su lógica y solicitaron que la Asamblea de Virginia disolviera por votación la propuesta de Henry. El nuevo consenso rompió con la resistencia al Estatuto de Virginia por la Libertad Religiosa de Jefferson, gracias a la hábil dirección de Madison en la asamblea.

Así, en medio de lo que aparentaba ser una contienda legislativa local, se estableció un principio que en nuestros días tiene relevancia para el mundo entero. Madison, que se caracterizaba por su modestia, esta vez sí hizo alarde del logro. En una carta que le escribió a Jefferson, decía que los legisladores de Richmond «en este país [Virginia] han extinguido para siempre la ambiciosa esperanza de legislar para la mente humana».[12] Menos de un año después Jefferson podía escribirle a su amigo diciendo que «La Ley de Libertad Religiosa de Virginia ha sido recibida con infinita aprobación en Europa, y se propaga con entusiasmo».[13] Jefferson se refería, por supuesto, a que el estatuto había sido aprobado por los pensadores, filósofos y activistas continentales aunque no por los que ostentaban el poder.

A pesar de esos avances en materia de libertades civiles y religiosas la situación económica de los nuevos Estados Unidos había caído en creciente descontrol. Rhode Island, o la pequeña Rhody, era la que mayor irresponsabilidad financiera demostraba. Los deudores habían dominado la legislatura del pequeño estado, logrando que se promulgara un programa que aliviara el peso de las deudas. Inundaron el estado oceánico con bonos impresos que representaban moneda y exigían que los acreedores aceptaran el papel pintado como dinero. Si los acreedores se negaban a hacerlo, la legislatura había establecido la provisión de que los deudores podían depositar el dinero «de mentira» con un juez de algún estado cercano.[14] En Charleston, Carolina del Sur, el programa de los radicales se tornó desagradable. El Club Hint adoptó la práctica de enviar trozos de soga —como la utilizada en la horca— a los ricos dueños de plantaciones que se negaban a aceptar las indicaciones de que debían aceptar los devaluados bonos. Thomas Jefferson se preocupaba por el «orgullo independentista» que observaba se había «apoderado de manera profunda y peligrosa de los corazones» de muchos de los políticos estatales.[15]

También la Unión mostraba señales de no poder llegar a un acuerdo respecto de los asuntos exteriores. John Jay era el secretario de asuntos exteriores de la Confederación, su capacidad era muy grande. Descendiente de hugonotes franceses, provenía de una familia que había prosperado en la Nueva York colonial. Cuando Jay se preparaba para negociar con el embajador de España, Don Diego de Gardoqui, pidió instrucciones al Congreso. El Congreso de la Confederación —con especial vehemencia de parte de los miembros sureños— le dijo que bajo ninguna circunstancia debía renunciar a la solicitud de Norteamérica por el «derecho de depósito» en Nueva Orleáns. Los sureños y los de los estados occidentales necesitaban dónde vender sus mercancías. Los ríos Ohio, Missouri y Mississippi desembocaban en el golfo, pasando por Nueva Orleáns. A John Jay, sin embargo, le preocupaba que la república creciera demasiado rápido en el sudoeste. Muchos otros delegados del norte preferían renunciar a los derechos de navegación en el río Mississippi a cambio de concesiones españolas para pescar en las costas de Newfoundland, con la consecuente apertura de los puertos españoles para los mercaderes norteamericanos que transportaban sus bienes por mar. Gardoqui era un hábil operador. Le regaló a George Washington un par de burros españoles para que pudiera criar mulas en Mount Vernon.[16] Aunque ese «regalo real» era símbolo de la sincera admiración del rey Carlos III por el general Washington, hubo muchos otros «obsequios» de Gardoqui que eran bastante cuestionables. Los miembros del Congreso de la Confederación disfrutaban de los cigarros de la Habana que él les proveía. Le «prestó» a un legislador la suma de cinco mil dólares a guisa de soborno. Acompañaba a la bella señora Jay a las actividades sociales de Nueva York, y escribió en una de sus misivas a Madrid: «Me hago el galante y acompaño a madame a los bailes y eventos oficiales porque a ella le gusta y haría lo que fuera por resguardar los intereses del rey».[17]

Jay comenzó a prestar atención, probablemente debido a los argumentos de los mercaderes del noreste. Apeló al Congreso para que se le permitiera renunciar al derecho de los norteamericanos a navegar en el Mississippi. La primera gran división en la Unión tuvo sus orígenes en este asunto, ya que siete estados del norte votaron porque se renunciara a la demanda y cinco estados del sur protestaron con todo vigor. Bajo la fórmula en vigencia, poco importaba que los estados del norte fueran mayoría. Hacían falta nueve votos para ratificar un nuevo tratado con España, y no los tenían.[18] Pero Gardoqui sabía que los norteamericanos, divididos entre sí, no podrían presionar a España por el río Mississippi. «Creo, sin vanidad alguna, que he exprimido esta naranja hasta la última gota», le escribió a su rey.[19] Sus acciones habían hecho que Rufus King, de Massachussets, y otros delegados del norte quedaran al borde de la desunión en el verano de 1786.[20]

Las tensiones siguieron aumentando en la Unión y lo más alarmante de todo fue el levantamiento armado de Massachussets. El veterano de la guerra de la Revolución, capitán Daniel Shays, lideró un «ejército» de desesperados granjeros que intentaron clausurar los tribunales para evitar los desalojos y arrestos causados por las deudas. Cuando los hombres de Shays, mal equipados y sin entrenamiento, intentaron tomar un arsenal federal, fueron repelidos con el fuego de cañones.[21] El estado organizó a la milicia, con fondos aportados por importantes comerciantes, y aplacó muy pronto la rebelión de Shays. Aun así, los rebeldes capturados sentenciados a muerte, fueron perdonados poco después.[22]

La rebelión de Shays alarmó a la mayoría de los líderes responsables de la Revolución, y en especial a George Washington, que dijo: «Siento... mucho más de lo que podría expresar... debido al desorden surgido. ¡Dios! Podría haberlo predicho un tory o tal vez un británico».[23] Franklin, que recién había vuelto de Francia, fue menos duro. Dijo: «Habiendo temido el darle demasiado poder a nuestros gobernadores ahora enfrentamos el peligro de que los ciudadanos no quieran obedecer».[24]

En la lejana Francia, Thomas Jefferson pensaba que el tema de la rebelión de Shays se estaba exagerando. Jefferson le escribió a Madison y se refirió al famoso caso de los levantamientos periódicos:

> Sostengo que un poco de rebeldía aquí y allá no es algo malo sino bueno, y que es necesario en el mundo político, como lo son las tormentas en el mundo físico. Las rebeliones que no alcanzan el éxito, en efecto suelen establecer transgresiones a los derechos de justamente quienes las han producido. Al observar esta verdad, los gobernadores republicanos honestos debieran ser blandos al castigar rebeliones, para no desalentarlas demasiado. Es una medicina necesaria para la buena salud del gobierno.[25]

Su amigo, sin embargo, disentía. Una vez más, podría tratarse de un caso de distorsión causada por la distancia. París estaba muy alejada de los desórdenes de Massachussets. Madison se alarmaba porque «los sediciosos habían formado un grupo cada vez más grande... logrando un canal de comunicación con el virrey [británico] de Canadá».[26]

Madison había iniciado ya su activa cooperación con Alexander Hamilton en el mes de septiembre, durante la Convención de Anápolis. Esa reunión de delegados de solamente cinco estados había logrado una sola cosa: convocar a una convención general a realizarse en el mes de mayo en Filadelfia. Según Hamilton, los delegados se reunirían para «adecuar la Constitución del Gobierno Federal a las exigencias de la Unión».[27] Era una movida muy atrevida.

Madison pensaba que lo que hacía falta era, justamente, audacia. Advirtió que los monarquistas utilizarían el descontento a su favor. «Todos los verdaderos amigos de la Revolución», tenían que reunirse «para perpetuar la Unión y redimir el honor del nombre republicano»,[28] escribió. Washington también estaba preocupado porque los que respaldaban la idea de una monarquía norteamericana aprovecharan el desorden creciente. Apenas podía creer lo que oía: «Hasta los [ciudadanos] respetables están hablando [de la monarquía], sin horrorizarse».[29] Madison sabía que contaba con el apoyo de alguien importante para el proyecto que él y Hamilton tenían en mente, y era la persona *más importante*. George Washington alentaba al joven, y le escribió a Madison en noviembre de 1786:

> No ha habido amanecer más favorable que el nuestro, ¡ni día más nublado que el presente! Hará falta sabiduría y buenos ejemplos para rescatar a la máquina política de la tormenta en ciernes.[30]

II. «EL GRAN PEQUEÑO MADISON»

James Madison era delgado y menudo, solía vestir de negro. No contaba con la elocuencia del potente Patrick Henry, ni la de otros oradores. Pero si el conocimiento es poder, Madison era un titán. Había pasado los días de la primavera y el verano de 1786 «engullendo» los datos de la historia de todo experimento anterior en materia de gobiernos republicanos. Conocía los puntos fuertes y los defectos de todos los estados en los que gobernaba el pueblo. Su amigo Jefferson le había ayudado con su ambicioso plan de estudio. El ministro norteamericano le había enviado desde París a Montpelier, donde estaba la casa de campo de Madison, «un cargamento literario» de libros sobre historia, política y economía.[31]

La preocupación inmediata de Madison en la inminente convención de Filadelfia, era saber si el general George Washington asistiría o no. Washington respaldaba —en todo— los esfuerzos de Madison y Hamilton, pero no había decidido si su asistencia sería ventajosa o perjudicial. Las razones por las que no tomaba la decisión eran importantes. Había renunciado a su comisión en Anápolis menos de cuatro años antes. Por esa acción desinteresada, se le respetaba en el mundo entero.[32] ¿Mancharía su reputación volviendo a las aguas de la política? Además, les dijo a sus amigos de la Sociedad de Cincinnati —grupo honorario de oficiales del Ejército Continental— que no podría asistir a su reunión de Filadelfia.* Sumado a ello estaba el muy concreto peligro de que la convención fracasara.[33] El propio Benjamin Franklin había efectuado advertencias al respecto. En una carta a Thomas Jefferson que estaba en París, Franklin escribió:

> Espero que su reunión [de Filadelfia] tenga buenos resultados. Si no los tiene, los tendrá malos y mostrará que no contamos con sabiduría suficiente como para gobernarnos a nosotros mismos, lo cual dará fuerza a la opinión de ciertos escritores políticos en cuanto a que los gobiernos populares no pueden sostenerse a sí mismos.[34]

Finalmente, Washington cedió ante las súplicas de Madison, Hamilton, el gobernador de Virginia Edmund Randolph y su colega en el ejército Henry Knox, por lo que accedió a presentarse.[35] Madison de inmediato le comunicó la gran noticia a Jefferson:

> Abandonar el honorable retiro que había elegido [el general Washington], para arriesgar la reputación que tan merecidamente se ha ganado, manifiesta un celo por el interés público que después de tantos ilustres servicios, uno no esperaría.[36]

En Filadelfia Washington fue recibido con el tañido de las campanas de las iglesias, el estruendo de los cañones y la algarabía de multitudes que le vitoreaban, junto a una tropa de jinetes de la caballería de Pensilvania. Fue directamente a la grandiosa casa de Robert Morris, donde se alojaría ese verano. Morris, que había servido como secretario de finanzas durante la Confederación, salvando varias veces a la causa patriota, era el comerciante más rico de Filadelfia. Apenas se instaló allí, Washington fue a la casa de Benjamin Franklin en la calle Market. Bajo su famoso

---

* Thomas Jefferson se contaba entre los críticos de la Sociedad de Cincinnati que veía a este grupo como germen de una aristocracia que amenazaba con dar ingreso a privilegios hereditarios en la nueva república. Washington tomó en serio la crítica de Jefferson e intentó reformar los estatutos de la Sociedad.

árbol de moras, el viejo sabio saludaba a los delegados que llegaban. Franklin era presidente (hoy se le diría gobernador) de Pensilvania, y anfitrión oficial de la convención). Washington no veía a Franklin desde 1775, pero habían forjado amistad cuando este aprovisionó al ejército de Braddock en 1755.

Al asistir a esa convención, Washington y Franklin estaban prestando su enorme prestigio al proyecto de Madison y Hamilton. Además, Washington y Franklin eran dos de los Fundadores que no tenían educación formal. Muchos de los otros en el grupo de cincuenta y cinco personas que dieron marco a la Constitución habían asistido a universidades como Princeton (9), Yale (4), William & Mary (4), Harvard (3), Columbia (2), Universidad de Pensilvania (2) e instituciones británicas como Oxford (1) y St. Andrews (1).

El 25 de mayo, finalmente, los delegados se reunieron y por decisión unánime eligieron al general Washington como presidente de la convención. El lugar elegido era la antigua Casa Estatal de Pensilvania, conocida hoy como Salón de la Independencia. La primera decisión —la de que toda discusión sería secreta— tal vez haya sido esencial para poder cumplir con su tarea. Pero no fue algo libre de controversias. Porque cuando Jefferson se enteró, le escribió de inmediato a John Adams, que servía como ministro norteamericano en Londres. Jefferson expresaba su desacuerdo con respecto a la confidencialidad de los debates, pero las reputaciones de Washington, Franklin y muchos otros delegados acallaban las sospechas que pudiera haber.

> Lamento que [los delegados] hayan dado inicio a sus deliberaciones con tan abominable precedente, como es el de cerrarles la boca a los miembros de la convención. No hay nada que pueda justificar este ejemplo, más que la inocencia de sus intenciones y la ignorancia del valor del debate público. No tengo dudas de que todas sus demás medidas serán buenas y sabias. Es, de veras, una asamblea de semidioses.[37]

La primera decisión de James Madison en la Convención Constituyente resonaría a lo largo de los siglos. Tomó su banca cerca del presidente —Washington— y comenzó a tomar nota de todo.[38] Dijo luego que solo se ausentó de la sesión durante unos minutos en contadas ocasiones, de manera que lo único que habría quedado sin registrar serían los más breves comentarios de alguno de los delegados.

Cada noche, después de la reunión del día, Madison se tomaba el trabajo de copiar en limpio las notas que había tomado en taquigrafía durante la jornada. Tenemos entonces el mejor registro de actas de la convención, de parte del hombre que fue justamente el motor de tal reunión.

Madison había ingeniado un plan de gobierno basándose en sus amplios estudios. Con su típico tacto le pidió al gobernador de Virginia, Randolph, que presentara el plan, que se conoció a partir de entonces como Plan Virginia. Era una propuesta asombrosa porque iba mucho más allá de las instrucciones del Congreso de la Confederación a esa convención. El Congreso había aprobado la reunión de Filadelfia «con el solo y expreso propósito de revisar los Artículos de la Confederación».[39] El Plan Virginia —para el que ahora se requería una legislatura nacional con dos cámaras de representación en proporción a la población— se apartaba de esas instrucciones con audacia. Representaba la primera apuesta por los estados más grandes.[*]

William Paterson de Nueva Jersey respondió con el plan de su estado, en el que el elemento clave era la representación equitativa de los estados bajo una legislatura compuesta por una única cámara, como lo era entonces bajo el Congreso de la Confederación. El Plan Nueva Jersey fue la respuesta de los estados pequeños al Plan Virginia. Ambos planes tenían muchos detalles específicos, que James Wilson de Pensilvania —aliado clave de Madison— se ocupó de comparar y contrastar en su exposición ante los delegados. Wilson, nacido en Escocia, tenía una mente organizada y brillante, y era férreo defensor de la unión federal:

El Plan Virginia propone dos ramas en la legislatura.

Jersey, propone un único cuerpo legislativo.

Virginia dice que los poderes legislativos derivan del pueblo.

Jersey dice que de los estados.

Para Virginia, un único ejecutivo.

Para Jersey, más de uno.

Virginia dice que podrá actuar una mayoría en la legislatura.

Jersey propone que la pequeña minoría pueda controlar.

Virginia indica que la legislatura podrá legislar en cuestiones nacionales.

Jersey dice que solo en temas limitados.

---

[*] Grandes en cantidad de habitantes, no necesariamente por su extensión en territorio. Georgia, el segundo en tamaño después de Virginia, era decididamente pequeño en la Convención Constituyente, porque su cantidad de habitantes era pequeña.

Virginia dice que la legislatura puede negar toda ley estatal.
Jersey le da poder al ejecutivo para obligar a la obediencia por la fuerza.
Virginia busca eliminar al ejecutivo por impugnación.
Jersey, por solicitud de la mayoría de los estados.
Virginia hace provisión en cuanto al establecimiento de tribunales judiciales inferiores.
Jersey no hace provisión al respecto.[40]

Afuera de la sala las temperaturas eran cada vez más altas, también se caldeaban los ánimos de los que estaban reunidos. Gunning Bedford, de Delaware —descrito como «gordo, enojado y elocuente»— se puso de pie para criticar el Plan Virginia. Los grandes estados «insisten... en que no dañarán ni perjudicarán a los estados menores. Caballeros ¡no les tengo confianza!» Entonces Bedford asombró a los delegados con la siguiente respuesta a la amenaza de los grandes estados con respecto a formar una unión federal sin los estados menores: «¡Los estados pequeños encontrarán a un aliado extranjero de más honor y buena fe, que les llevará de la mano y les hará justicia!»[41]

Los presentes sabían que no se trataba de una vana amenaza. España había estado negociando en secreto con los colonos de los territorios occidentales. Había rumores de desunión en el valle del Mississippi. Los ministros británicos le habían dicho con desdén a John Adams, embajador nuestro en Londres, que preferirían tratar con trece gobiernos estatales y no con él.[42] Nadie podía estar seguro tampoco del papel que tendrían Francia u Holanda si caía la Unión.

Alexander Hamilton dejó atónitos a muchos delegados cuando se levantó para atacar ambos planes. Los dos, acusó, le daban demasiado poder al pueblo. Pensaba que el pueblo era «turbulento y cambiante» y que «pocas veces su criterio o sus decisiones serían los adecuados».[43] Lo que Hamilton proponía era puramente un gobierno nacional, con estados que no tuvieran más autoridad que la que los condados tenían en relación con los estados. Hamilton argumentaba a favor de dar a quienes eran propietarios de tierras, mayor autoridad e influencia en el nuevo gobierno.[44]

¿Estaría hablando con convicción? ¿O se trataba de un hábil recurso, para hacer que el gobierno centralizado y dominado por la riqueza hiciera que el Plan Virginia pareciera moderado en comparación?

Ante la creciente tensión, el respetado Benjamin Franklin dio uno de sus pocos discursos ante la convención. Recordó que cuando el Congreso Continental se había reunido en momentos de peligro, habían acudido a Dios en oración pidiendo su ayuda. «¿Es que hemos olvidado a nuestro poderoso Amigo? ¿O imaginamos que ya no necesitamos de Su ayuda?» Franklin dijo que había vivido mucho tiempo ya —era el delegado de más avanzada edad—, «Y cuanto más vivo, más pruebas tengo, y más convincentes, de la siguiente verdad: Dios gobierna en los asuntos de los hombres. Si ni siquiera un gorrión puede caer al suelo sin que Él lo note, ¿será probable que un imperio pueda surgir sin Su ayuda?» Y concluyó, citando la Biblia: «Si el Señor no levanta la casa, en vano trabajan los constructores».[45] Sabemos que los delegados no siguieron la sugerencia de Franklin de iniciar las sesiones con una oración ¡porque no tenían dinero para contratar a un clérigo! Pero tampoco disolvieron la asamblea, y esa fue respuesta suficiente a la ferviente oración de Franklin.

En respuesta al furioso ataque de Gunning Bedford, «el gran pequeño Madison» (así lo describía su esposa) respondió con imbatible lógica: «Si los estados grandes son tan avaros y ambiciosos como aquí se les acusa, ¿estarán más seguros los estados pequeños que les rodean, cuando ya no haya control de parte de un gobierno general?»[46] ¿Quién saldría más perjudicado en caso de desunión?, preguntó con tono suave.

Si no se lograba salir de aquel enredo, la convención habría fracasado. George Washington ya había previsto ese peligro cuando el Ejército Continental corrió el riesgo de disolverse. Washington calificó al poder de veto de los estados como «la soberanía del monstruo».[47]

Roger Sherman, de Connecticut, pidió la palabra e intentó desatar el nudo. Era un hombre menudo y austero, que vestía con sencillez y peinaba su largo cabello hacia atrás. Sin adornos ni de vestimenta ni de palabra, Sherman había llegado a ser una figura respetada a pesar de sus humildes orígenes. En su pequeño estado le tenían estima. Madison en sus notas le llama «Señor Sharman» y registra que la propuesta de este hombre fue lo que llegó a conocerse como la Gran Negociación: la legislatura nacional estaría compuesta por dos cámaras: una de Representantes, que se basaría en la cantidad de habitantes y otra de Senadores, que se basaría en el principio de igualdad de los estados. A Madison esta negociación no le gustaba ya que pensaba que estaría violando el principio esencial del gobierno republicano, es decir, la igualdad de los ciudadanos. Franklin también se opuso. Fue solo cuando vieron que era el único camino para salvar a la Unión que aceptaron la idea. No hubo otro asunto que causara tanto disenso en la convención, escribiría Madison tiempo después.[48]

Curiosamente, una vez que se encontraron protegidos por un Senado federal, muchos de los delegados de los estados pequeños comenzaron a brindar su apoyo a un gobierno federal más fuerte. Quedaban temas sin resolver todavía. El ejecutivo sería unipersonal: ejercido por un presidente. Este sería elegido no por la legislatura sino por un colegio electoral especialmente elegido cada cuatro años para tal fin. El presidente tendría poder de veto sobre la legislación, pero con dos tercios el Congreso podría contrarrestar su veto. El presidente podría negociar tratados, que tendrían que ser ratificados por dos tercios del Senado. El presidente ejercería su cargo durante cuatro años, pero podría ser reelegido indefinidamente.[*] Si un presidente abusaba de sus poderes, podría ser impugnado por mayoría de la Cámara de Representantes, pero solo se le quitaría del cargo después de que dos tercios del Senado le sometieran a juicio y condena. El presidente sería comandante en jefe de las fuerzas armadas, pero tendría que consultar con el Congreso antes de declarar una guerra. Y el Congreso siempre tendría «el poder de la billetera», para controlar el del presidente.

Una vez tomada la decisión de que la Cámara de Representantes representaría directamente al pueblo, los delegados solicitaron que toda ley impositiva se originara en la Cámara. Tampoco podría haber confiscación de dinero a menos que la decisión proviniera de la Cámara. La justicia federal se ocuparía de los «casos reales y controversias» que surgieran de la Constitución y las leyes. Aunque la Constitución no lo dijera, la revisión judicial de las leyes federales y estatales era presumida por los constituyentes, que afirmaron que «esta Constitución y toda ley y tratado que de ella surjan serán la ley suprema de esta tierra». Esta cláusula de supremacía nos aseguró una unión federal, por lo que los estados ya no tendrían poder por sobre la Unión.

Hoy, la mayor parte del debate sobre la Constitución y la religión naturalmente se centra en la Primera Enmienda, pero la Constitución original contenía una provisión importante, que suele pasarse por alto. El artículo VI, sección 3, establece: «No se requeriría prueba religiosa como calificación para ocupar puesto o cargo público alguno en los Estados Unidos». Eso representaba un corte revolucionario

---

[*] Esto se modificó con la 22da Enmienda de 1951, que limitó a dos términos el ejercicio de la presidencia.

en pos de la libertad religiosa, y fue una de las declaraciones más avanzadas del mundo, tanto entonces como hoy en día.

John Carroll, de Maryland, era católico y observó que «el ejército norteamericano estaba conformado por mayoría de soldados católico-romanos». ¿Cómo podría el nuevo gobierno justificar la negativa a sus plenos derechos civiles? De manera similar, también habían luchado por la independencia norteamericanos judíos como Hayim Solomon, que consiguió préstamos para el Congreso Continental y ayudó a salvar al ejército de Washington de una muerte segura a causa del hambre. Al eliminar toda prueba religiosa para quien ocupara cargos, la Constitución aseguraba que la religión jamás sería impedimento para que un norteamericano capaz pudiera servir a la nueva república.

Pero, ¿qué se decía acerca de la *esclavitud*? Eran «personas retenidas para el servicio o trabajo». Esa es la incómoda frase que usa la Constitución para describir a los esclavos. Después de la pelea por la representación de los estados grandes y pequeños, el tema de la esclavitud fue el origen de grandes discordias. Desde el principio mismo hubo choques en lo referido a «esta institución peculiar».[*] La renuencia de los Fundadores para tratar este tema explosivo se basaba en la creencia, como señaló Madison, de que «estaba mal admitir en la Constitución la idea de que se podía ser propietario de personas».[49] Cuando se reunió la Convención Constituyente, la esclavitud era algo que existía en casi todos los estados, y desde su fundación. Massachussets había abolido la esclavitud y cuatro estados más —Nueva Hampshire, Rhode Island, Connecticut y Pensilvania— estaban trabajando para abolirla. También en Nueva York y Nueva Jersey la emancipación de esclavos era un proceso que avanzaba. Los Fundadores creían que la esclavitud iba camina a la extinción.[50] El noventa por ciento de los esclavos vivía en el sur.[51]

Los Fundadores habían nacido en una sociedad en la que la esclavitud era algo permitido. Roger Sherman, de Connecticut, la calificó de «iniquidad». Gourverneur Morris, de Nueva York, brillante orador y representante conocido por su fortuna, denunció la esclavitud en duros términos, de pie sobre su pierna de palo. Esa «nefasta institución» era «la maldición del cielo en los estados donde aún se la permitía», dijo casi ignorando el hecho de que su propio estado de Nueva York era uno de los que seguía teniendo esclavos.[52] Comparó a los estados esclavistas con

---

[*] «Peculiar» aquí no significaba «raro» o «extraño», como lo entendemos hoy. Quería decir «característico de» o «algo único».

las regiones abolicionistas y dijo que la esclavitud se caracteriza por la miseria de espíritu y la pobreza pero que las regiones libres (que en realidad eran estados con cantidades relativamente reducidas de esclavos) se caracterizaban por ser «rica y noblemente cultivadas».[53]

Eran palabras valientes de parte de un hombre muy amigo de George Washington. Desde su asiento, Washington guardaba silencio. Era uno de los propietarios de esclavos más conocido en el país. Pero Morris no era el único que expresaba desprecio por la esclavitud ya que George Mason, vecino y buen amigo de Washington también tenía esclavos, aunque expresaba la opinión que prevalecía en la región superior del sur: «La esclavitud desalienta las artes y manufacturas. Los pobres desprecian la labor que realizan los esclavos. La esclavitud impide la llegada de inmigrantes blancos y produce efectos muy perniciosos en los modales». Eran razones prácticas, pero Mason continuó: «Todo amo de esclavos nace siendo un pequeño tirano y ¡Hace que caiga el juicio del cielo sobre la tierra!» Mason hizo un apasionado llamado al gobierno general para que se *impidiera* que la esclavitud aumentara.[54]

Por elevados y loables que fueran esos nobles argumentos, no tuvieron el éxito esperado. La resistencia era como un muro de piedra. «El único interés es el principio que gobierna las naciones», dijo John Rutledge, de Carolina del Sur sin inmutarse.[55] Morris, Mason y Madison no lograron conmoverlo con sus argumentos morales en contra de la esclavitud. En el mismo tono, rotundo y directo, Rutledge dijo que todo intento por interferir con la esclavitud en los estados, haría que el sur se negara a ratificar la Constitución.[56] Una vez más, se cernía sobre los reunidos la sombra de la desunión.

Ante tal dilema los Fundadores redactaron una Constitución que con toda cautela evitaba la sola mención de la esclavitud, de los africanos o del tráfico de esclavos. El tema de la esclavitud se omitió casi del todo, buscando hábilmente maneras de no efectuar modificaciones momentáneas. Ante todo, la Constitución basaba la representación en la Cámara de Representantes o diputados, según la fórmula de las tres quintas partes, tomada de los Artículos de la Confederación. También requería que se hiciera un censo para contar el total de personas libres, para eximir a «los indios a quienes no se imponen impuestos» y contar a «las tres quintas partes de todas las demás personas». En segundo lugar, accedían a abolir el tráfico de esclavos africanos, permitiendo que el Congreso lo declarara ilegal pero solamente veinte años después de que se ratificara la Constitución. También la Constitución requería que los estados devolvieran a su estado de origen a «toda persona sujeta al servicio o labor» en otro estado. En efecto, era una cláusula para la fuga de esclavos.

Se han escrito libros enteros sobre estas negociaciones y concesiones a la esclavitud. Hay quien afirmó que al conceder y brindar anuencia a la existencia de esa detestada institución, los Fundadores renunciaban a su autoridad moral como defensores de la libertad y los derechos humanos. Los extranjeros se rieron cuando Samuel Johnson, de Inglaterra, preguntó: «¿Cómo es que los que más gritan por la libertad son los que tienen a los negros como esclavos?» Y otros incluso argumentan que con tales concesiones a la esclavitud, estaban anulando la filosofía de la declaración con respecto a que «todos los hombres son creados iguales».[57]

Es claro que todos, con excepción de un puñado de delegados en esa Convención Constituyente, moralmente desaprobaban la esclavitud. También es claro que no se habría tenido que modificar ni una sola palabra de la Constitución si los estados hubieran seguido emancipando a los esclavos por su cuenta.

Incluso algunas de las concesiones pueden analizarse bajo esa luz. Por ejemplo, la cláusula de las tres quintas partes era solo una fórmula matemática presentada por los representantes norteños, y jamás tuvo por intención declarar que los Fundadores consideraran que los esclavos no eran plenamente humanos. Después de todo, se referían a los esclavos como «personas». ¿Quién querría que se censara a los esclavos con el propósito de determinar la cantidad de representantes? ¡Los que tenían esclavos, por supuesto! Porque así aumentarían artificialmente su representación en la Cámara legislativa y también en el colegio electoral. Además, y debemos recordarlo, la cláusula de las tres quintas partes servía como incentivo para que los estados continuaran por el camino de la emancipación. Cuando un estado liberara a sus esclavos, aumentaría su representación en la Cámara y como el voto electoral de cada estado se basaba en su cantidad de representantes, el estado que aboliera la esclavitud tendría así su recompensa en términos de la elección del presidente.

Sabemos que Madison se sintió abatido por el fracaso de la moción por declarar en ese momento la ilegalidad del tráfico de esclavos. Pensó que era algo «deshonroso para el carácter norteamericano».[58] Sin embargo, la opción presentada no era entre terminar o no con el tráfico de esclavos. Si los Fundadores no hubieran aceptado los términos de la demora de veinte años para la prohibición del comercio de personas, Carolina del Sur y Georgia habrían quedado fuera de la Unión, y no habría habido prohibición alguna con respecto a ese «deleznable tráfico». La virtud de esa concesión fue que clara e inequívocamente determinaba el fin del tráfico de esclavos en un futuro no muy lejano.

La cláusula acerca de la fuga de esclavos fue un trago amargo para los representantes norteños. Tuvieron que acceder solo porque sinceramente creían que sin esa cláusula la Constitución no sería ratificada jamás.

En *A new birth of freedom* [Nuevo nacimiento de la libertad], Harry Jaffa explica parte de lo que entendían entonces quienes, aunque opositores de la esclavitud como Abraham Lincoln, debieran aceptar a regañadientes la Constitución originalmente escrita en 1787:

Las razones de Lincoln para adherir o aceptar la cláusula de la fuga de esclavos en la Constitución se parecen, aunque no son idénticas, a las que causaron que se honrara el derecho de cada estado a controlar y ordenar sus instituciones locales. En ambos casos es ley de la Constitución, y la lealtad a la Constitución era condición *sine qua non* para que la Unión continuara existiendo... La presunción general, que Lincoln también compartía, era que un gobierno tan poderoso como el establecido en la Constitución no habría sido ratificado jamás si no se incluía la cláusula de fuga de esclavos... Pero Lincoln también creía que el fortalecimiento del gobierno de la Unión contribuiría en mucho a la prosperidad de ella, que a la vez fortalecería a la Unión en sí misma... La concesión a la esclavitud en la cláusula de fuga de esclavos era, en última instancia, en beneficio de los mismos esclavos».[59]

No es extraño entonces que uno de los más apasionados defensores de la igualdad, como el ex esclavo Frederick Douglass, dijera luego con respecto a la labor de los Fundadores de Filadelfia: «Ahora, tomemos la Constitución, tal como se la lee a primera vista, y lo que puedo criticar es la presentación de una única cláusula proesclavitud. Por otra parte, contiene principios y propósitos que son en todo hostiles a la existencia de la esclavitud».

Benjamin Franklin tampoco estaba satisfecho con esa concesión a la esclavitud. El tema de la representación equitativa para los estados no le gustaba pero, en las horas de cierre de la convención, utilizó su ingenio para tratar de aplacar los ánimos. Citó a una aristocrática dama francesa, que dijo: «No sé cómo puede ser, hermana, que a excepción de mí misma no conozca a nadie que tenga siempre la razón».[60] Entonces, les contó a sus compañeros representantes lo que un escritor británico describía como «única» diferencia entre las iglesias anglicanas y las católico-romanas: «La Iglesia de Roma es infalible, y la Iglesia de Inglaterra jamás se equivoca».[61] Franklin entonces procedió a señalar que cuantos más años vivía, más dudaba de su propio criterio y tanto más estimaba la opinión ajena.

Fue una declaración poderosa ya que a Franklin se le consideraba el hombre más sabio de su época. Y si incluso él podía dejar de lado sus propias opiniones, ¿cómo podrían los demás delegados persistir tozudamente en la oposición? Sin embargo, algunos lo hicieron. Dos poderosos virginianos, George Mason y Edmund Randolph, se negaban a firmar y también Luther Martin de Maryland, que con sus largos y aburridos discursos contra el poder federal cansaba a todos los demás.[62] Elbridge Gerry, de Massachussets, fue el único delegado norteño que se negó a poner su firma. La mayoría de los que no firmaron argumentaban que la Constitución estaba creando un gobierno federal con demasiados poderes.

No es fácil detectar la influencia de George Washington porque habló en contadas ocasiones. Una vez, cuando uno de los representantes sugirió reducir el ejército a cinco mil efectivos, Washington observó con parquedad que sería buena idea siempre y cuando pudiéramos requerir también que ningún enemigo invadiera con más de cinco mil soldados. Poco antes de que cerraran la sesión, dejó su banca para sugerir que los delegados enmendaran una provisión para la cantidad de personas en la Cámara de representantes. Dijo que si se cambiaba la fórmula, de uno por cada cuarenta mil habitantes a uno por cada treinta mil, la Cámara podría representar a la gente de mejor manera. Este cambio se adoptó por voto unánime ya que hacía que la Cámara fuera más democrática.

Washington tal vez fuera el miembro con menos educación formal en esa convención, pero aun así todos le respetaban mucho. En una ocasión en que reprendió severamente a los representantes por haber dejado al descuido las notas de las actas de reunión, esos hombres tan respetables parecían niños de escuela, sentados en silencio ante la evidencia de su falta de responsabilidad.[63] Otro incidente, demostró la famosa reserva de Washington. Los representantes hablaban acerca de ello pero Gouverneur Morris no estaba de acuerdo porque sentía con certeza que podía hablar con su amigo sin cuidado alguno. Alexander Hamilton le apostó una cena a que no iría a poner su mano sobre el hombre del general y saludarle. Morris lo hizo y dijo: «Mi querido general, me alegro tanto de ver que está usted tan bien».

Washington dio un paso atrás y heló a Morris con una mirada de desaprobación.[64] Felizmente, Washington no era rencoroso y a los pocos días le vieron riendo de buena gana ante los ingeniosos comentarios de Morris.

Washington confiaba en Morris en ese proyecto constituyente. Observó que Washington le había dicho que era muy probable que la gente rechazara cualquier nueva Constitución. «Si para agradar a la gente, ofrecemos algo que nosotros mismos no aprobamos, ¿cómo podríamos luego defender nuestro trabajo? Elevemos los parámetros y esperemos que los sabios y honrados se pongan a su altura. Todo esto está en manos de Dios».[65]

En la última sesión Franklin señaló que había estado mirando la figura tallada en el respaldo del presidente de la convención. Se preguntaba si sería un sol naciente o poniente. Al firmarse la Constitución, Franklin dijo que ahora sabía con certeza de qué se trataba: «Me siento feliz de saber que es un sol naciente, y no poniente».[66]

Cuando una dama le preguntó qué tipo de gobierno les habían dado él y los demás representantes, el doctor Franklin respondió: «Una república, si es que saben conservarla».

III. La lucha por la ratificación

Cuando los representantes dejaron Filadelfia en septiembre de 1787, no eran muy brillantes las perspectivas para la ratificación de la nueva Constitución. Es cierto que no habían terminado en amargo desacuerdo pero de los cincuenta y ocho convocados en mayo, solo treinta y nueve estuvieron dispuestos a firmar el borrador final, pulido y refinado por la experta pluma de Gouverneur Morris. Quienes se negaron a firmar, tienen que haber sido valientes para enfrentar la mirada de desaprobación de George Washington.[67] Sabían muy bien que el hecho de no apoyar la Constitución equivalía a un suicidio político.

Madison sabía que los estados clave serían Massachussets, Nueva York y su propio estado de Virginia. Rhode Island —o «la isla bandida», como la llamaban algunos [N. de T: juego de palabras en que Rhode suena similar a «rogue», que significa bandido]—, se había negado a enviar representantes. El antiguo Congreso de la Confederación, reunido entonces en Nueva York, ayudó en mucho al aceptar el borrador de la Constitución y al afirmar el requisito de los «nueve estados necesarios» para que entrara en vigencia. Si se hubieran mantenido firmes con respecto a la «necesaria unanimidad», Rhode Island o cualquier otro estado que se negara, habría causado el fracaso de todo el proyecto.

Aún así, sería difícil encontrar a los «nueve estados necesarios». Madison se apresuró a acudir a Nueva York y comenzó a trabajar por la ratificación junto a Alexander Hamilton y John Jay. Su esfuerzo conjunto —una serie de ensayos publicados en forma de panfletos— se conoció como Los papeles federalistas, por lo que se formaron dos partidos, a favor y en contra de la nueva constitución: los federalistas y los antifederalistas. Los antifederalistas eran formidables. En Massachussets, contaban (al menos en un principio) con Sam Adams y John Hancock. En Nueva York, con los poderosos Livingston y Clinton. En Virginia la oposición estaba liderada por Patrick Henry, que se había negado a asistir a la convención de Filadelfia («Sentí olor a rata»). Además, los Lee y George Mason se pronunciaron en contra de la ratificación.

Hamilton dio comienzo a Los papeles federalistas con un ensayo firmado por «Publius», nombre que adoptaron los demás escritores. Sus escritos eran anónimos y se han requerido grandes esfuerzos para poder determinar quién escribió cada uno de esos ensayos. Los trabajos, escritos a ritmo vertiginoso mientras en los estados discurrían los que debían decidir, en fragorosos debates, eran bastante «atrevidos».[68] Aun así, Los papeles federalistas constituyen la fuente de información más confiable, un tesoro de teoría política que expresa las intenciones de los Fundadores. George Washington los elogió y hasta aportó dinero para que se los reimprimiera en Richmond. Le escribió a Hamilton diciendo:

> El trabajo ameritará que la posteridad le preste atención porque allí están, cándida y hábilmente presentados los principios de la libertad y los asuntos del gobierno que serán de permanente interés para la humanidad.[69]

A Madison puede haberle faltado la excelente prosa de Jefferson, pero igualmente supo presentar de manera convincente su argumento a favor del nuevo gobierno. Como lo había hecho antes con los furibundos ataques de Gunning Bedford, puso de cabeza los argumentos de los antifederalistas. Ante todo, expresó: «Si los hombres fueran ángeles, no haría falta ningún gobierno». Y prosiguió, presentando en defensa del sistema de controles y equilibrio: «La ambición deberá contrarrestar a la ambición». Mostró de qué manera la Constitución lograría que cada rama

—ejecutivo, legislativo y judicial— cumpliera con la función que se le asignaba al tiempo de resistir la intromisión de las otras dos. A los críticos que decían que no podría existir una república —o gobierno del pueblo— en un territorio tan vasto, les dijo que los intentos anteriores en pos de un gobierno republicano ¡habían fracasado justamente porque su extensión no había sido suficiente! Aquí, en el *Federalista Número 1*, argumentó con coraje que los pueblos libres, inevitablemente formaban «facciones». Estas facciones se correspondían con los intereses económicos, religiosos y sociales de la gente. En una república grande —como los Estados Unidos, en crecimiento todavía— ninguna facción o coalición de facciones podría conformar algo que oprimiera a las minorías. Cuantos más fueran los grupos contendientes, tanto mayor sería la posibilidad de que hubiera libertad.

Si a Madison le ocupaba en especial presentar argumentos *a favor de la preservación de la libertad,* a Hamilton le ocupaba la «energía del ejecutivo». El gobierno, bajo los artículos, perdía fuerzas porque no lograba cumplir con sus obligaciones de dar cumplimento a tratados con poderes extranjeros, equipar un ejército y una armada, por ejemplo. Al escribir sobre el poder judicial en el *Federalista Número 78*, Hamilton expresó su creencia de que los tribunales serían siempre «la rama menos peligrosa» porque los jueces no poseían «ni la espada (ejecutivo) ni la billetera (legislativo)».

Los papeles federalistas siguen siendo hoy la mejor fuente de información para explicar las ideas y principios de los norteamericanos en la década de 1780, en gran medida, iguales a los de los ciudadanos de hoy. Aunque a Hamilton suele vérsele como figura antidemocrática que prefería aliarse con los ricos y aristocráticos, sabía escribir tan bien como cualquiera de los Padres de la nación con respecto a la ley natural y los derechos humanos:

> No hará falta revolver entre viejos pergaminos o mustios papeles para encontrar los sagrados derechos de la humanidad. Porque están escritos, como por un rayo de sol, en el volumen entero de la naturaleza divina, por la mano de la misma Divinidad, y no hay poder mortal que pueda borrarlos u oscurecerlos.[70]

En Massachussets, Sam Adams vio que tendría que deponer su actitud opositora cuando los mercaderes de Boston prometieron construir nuevos barcos si el estado ratificaba la Constitución. Los constructores navieros, así como los que reparaban barcos y aparejos —que no siempre habían apoyado a Sam Adams con lealtad— hicieron presión para que el viejo patriota se pasara al lado de los federalistas.[71] ¡Necesitaban trabajar! Sam Adams convenció a John Hancock.

Massachussets ratificó la Constitución en ajustada votación de 187 a 168, en febrero de 1788. Maryland debió oír otra interminable arenga por parte de Luther Martin, y votó unánimemente la ratificación en abril de 1788.[72]

Madison regresó enseguida a Virginia, justo a tiempo para ser elegido como miembro de la convención de ratificación de su estado. Pero su decisión no estaba asegurada. Fue solo después de reunirse con el líder de los bautistas de Virginia, y de recibir la afirmación de que el nuevo Congreso se ocuparía del apremiante asunto de la Carta de Derechos, que el diácono John Leland dio su apoyo a Madison. Leland quería que el nuevo gobierno federal brindara el mismo tipo de protección a la libertad religiosa que había asegurado en el estado el apoyo de Madison al Estatuto de Libertad Religiosa de Virginia, de Jefferson.[73]

Es ese un momento adecuado para hacer una pausa y ver en mayor detalle lo que pensaba James Madison sobre la libertad religiosa. Hay pocos Fundadores de nuestra nación tan incomprendidos como él. Así como la Corte Suprema de los Estados Unidos ha malinterpretado terriblemente las ideas de Madison, la Iglesia Católica Romana en el Concilio Vaticano II supo tomarlas y defenderlas. Las creencias de Madison, según lo refleja su *Memoria y Reproche* de 1785, su participación como padre de la Constitución de 1787 y su autoría de la Carta de Derechos de 1792 merecen ser consideradas como parte de los más grandes logros norteamericanos. La libertad religiosa, según Madison, «prometía un lustro especial a nuestro país».

El logro de Madison es el logro de Norteamérica. Como tal, es de importancia histórica mundial. El juez John Noonan dijo: «La libre profesión —que como norteamericanos hemos de afirmar— es un invento norteamericano. Habría sido muy tonto permitir que la falsa modestia, el nervioso temor al chauvinismo, mancharan la originalidad».[74] Quizá fuera la modestia de Madison, el hecho de que no le gustaba destacarse, lo que hizo que no legáramos a apreciar del todo la grandeza de su logro. Noonan ve más allá de la modestia de Madison, y observa su monumental inspiración:

Modesto en todas las cosas, incluso en su compromiso cristiano, James Madison fue, por lo que sé, el primer estadista que siendo creyente y sin haber conocido la persecución, supo comprender a las víctimas de la persecución y rechazar la idea de la conformidad religiosa obligada, trabajando para producir una ley que terminaría con ello para siempre. Es fácil ser tolerante cuando no se cree. Pero creer y defender la libertad... ese es un logro de Madison. A la sombra del destacado Jefferson, Madison era «el del trabajo duro». En la frase «libre ejercicio» o «libre profesión» el fundador de Maryland en el siglo diecisiete le dio a Norteamérica la expresión perfecta. Una expresión que en su mente excluía el establecimiento de una iglesia, así como la obligada opinión religiosa.[75]

Madison no sería el único en defender la nueva Constitución en Richmond. Tendría el apoyo de George Wythe (profesor de leyes de Jefferson, en William & Mary), y del joven John Marshall. Es curioso que el gobernador del estado Edmund Randolph, que antes se había negado a firmar en Filadelfia, también apoyara ahora la ratificación.

Patrick Henry acusó que la nueva Constitución «tenía la mira puesta en la monarquía»[76] y por ello, no la aceptó. Dijo que vislumbraba codicia por el poder y hasta criticó las elocuentes palabras de Gouverneur Morris en el Preámbulo de la Constitución: «Nosotros, el pueblo».

Siento la más alta veneración por estos caballeros pero, señor, permítame exigir que expliquen qué derecho tenían a decir: Nosotros, el pueblo. Mi curiosidad política, debida exclusivamente a mi solícito deseo por el bienestar público, me lleva a preguntar quién les dio autorización para decir Nosotros, el pueblo en lugar de Nosotros, los estados. Los estados son la característica y el alma de una confederación. Si los estados no son los agentes de este texto, tendrá que ser un gran gobierno nacional el que guíe el destino del pueblo de todos los estados.

El debate se prolongó durante semanas en ese junio caliente de Richmond. Madison respondió con calma y paciencia a las objeciones de Henry. Y punto por punto refutó el apasionado aunque poco estructurado ataque de Henry contra la Constitución. A veces, la gente que estaba en las galerías no alcanzaba a escuchar la suave, casi inaudible voz de Madison. Pero los representantes lo escuchaban, atentos. Sí, se podría añadir una Carta de Derechos como exigían los antifederalistas, pero solo *como enmiendas y solo una vez que estuviera ratificada la Constitución.*

Finalmente Henry se puso de pie con gesto dramático y dijo: «Veo la terrible inmensidad de los peligros» de la nueva Constitución. «Puedo sentirlo». Luego, en el momento en que se desató una tormenta eléctrica y la sala se estremecía con la vibración de los truenos, Henry dijo que el cielo mismo estaba mirando cómo actuaban los representantes. A pesar de su elocuencia y alegórica metáfora de los truenos, los representantes votaron con Madison, pero la votación fue ajustada: 89 a 79.[77]

Virginia no fue el noveno «estado necesario». La ratificación de Nueva Hampshire había vencido al Antiguo Dominio por unos días. Aunque, sin la ratificación de Virginia, George Washington no podría haber sido elegible para servir como primer presidente del nuevo gobierno. También habría sido descalificado Jefferson, Madison y todos los virginianos distinguidos.

El debate se mudó a Nueva York. Aunque la Constitución podría entrar en vigencia con solamente diez estados, el Estado de Nueva York, si quedaba fuera, partiría a la Unión por la mitad. (Los norteamericanos se habrían causado lo que no había logrado hacer el Caballero Johnny Burgoyne diez años antes en la Guerra de la Independencia). Durante el debate de ratificación de Poughkeepsie, la brillante actuación de Hamilton hizo que uno de los antifederalistas más capaces, Melancthon Smith, admitiera que le habían convencido. Este cambio en Smith fue crucial.[78] George Washington, que conocía bien las contenciosas facciones de Nueva York por sus experiencias de guerra allí, encontró «más maldad que ignorancia» en los antifederalistas de ese estado.[79] Como en toda campaña donde la pelea es feroz, no todo quedó en el debate y la persuasión. Cuando los antifederalistas de Nueva York hicieron sus maniobras para mantener fuera de la nueva Unión a su estado, Hamilton y Jay amenazaron con *¡eliminar a la ciudad de Nueva York del estado!*[80] Finalmente, Nueva York ratificó la Constitución, con un ajustado resultado en la votación de 30 a 27.

La ratificación se celebró con el gran desfile de la victoria, que recorrió la avenida Broadway en Manhattan. Treinta marinos y diez caballos tiraron de un barco a escala, que medía ocho metros de largo y se llamaba Hamilton. Los trabajadores, artesanos y obreros se unieron a los comerciantes en los festejos. Y los conductores —también llamados carreros— llevaron un estandarte con un poema:

Vean el barco federal tan famoso,
Hamilton es su nombre.
A todas las artes da empleo,
Y también a los carreros llenará de alegría.[81]

Fue ese el primero de muchos más desfiles deslumbrantes que recorrieron Broadway bajo el nuevo gobierno. Más adelante, añadirían a la celebración papel picado y serpentinas, para festejar la paz, la victoria y —lo mejor de todo— la libertad.

Capítulo 5

La Nueva República

(1789-1801)

Los norteamericanos dan inicio a su experimento en el autogobierno republicano con muchas ventajas, pero la época no está exenta de pasiones políticas. La sólida dirección central del secretario del tesoro Hamilton y la firme mano del presidente Washington como administrador, permiten al nuevo gobierno el desarrollo de los recursos necesarios para el crecimiento y la prosperidad. Los norteamericanos forman dos partidos, según simpaticen con Gran Bretaña o con la revolucionaria Francia. Mientras tanto se establecen instituciones sólidas: la presidencia, el gabinete, la Corte Suprema y por supuesto, el Congreso. Se añade una Carta de Derechos a la nueva Constitución, según lo prometido. Los norteamericanos gozan de mayor libertad de prensa y religión de la que hay en cualquier otro lugar del mundo, pero eso no impide que algunos comiencen a abusar de sus nuevas garantías de libertad. Se agregan nueve estados a los trece originales, en igualdad de condiciones. A lo largo de ese período, hay cuatro elecciones presidenciales.

I. «El sagrado fuego de la libertad»

George Washington estaba de pie en el pórtico norte de Mount Vernon, disfrutando de la vista que ofrecía el majestuoso río Potomac, el 14 de abril de 1789. Fue allí que recibió la noticia de que el colegio electoral se había reunido para elegirle unánimemente como primer presidente de la nueva república.

No hubo vítores. Washington sabía que el nuevo gobierno estaba al borde de la bancarrota. El viejo gobierno de los Artículos de la Confederación había muerto en paz, pero dejando grandes deudas. Al igual que muchos dueños de plantaciones, incluso el acaudalado Washington estaba «sin fondos». Tuvo que pedir dinero prestado para recorrer los cuatrocientos kilómetros que separaban a Mount Vernon de la ciudad de Nueva York, para su asunción como presidente.[1] A Washington le preocupaba que la gente pudiera pensar que estaba incumpliendo su solemne promesa de retirarse, y quería acallar a quienes lo criticaban diciendo que buscaba ostentar el manto de rey. Poco antes de la Navidad de 1783 había efectuado esa promesa al Congreso, en Anápolis. Y ahora estaba de regreso, aunque bajo circunstancias diferentes, con un puesto distinto.

No tendría por qué preocuparse.

Mientras avanzaba camino a la ciudad capital —temporalmente, Nueva York— en cada aldea y pueblo lo saludaban multitudes jubilosas. La gente quedaba afónica de tanto gritar. Pero Washington era un hombre sabio, que estaba al tanto de que la aclamación del pueblo puede ser efímera. Esa expresión emotiva, pensaba, podría convertirse fácilmente «en censura igualmente extravagante (aunque de corazón deseo, inmerecida)».[2]

Tal vez, con la misma reticencia de Moisés, Washington solía expresar dudas acerca de su capacidad para estar a la altura de las tareas que le asignaban. Lo mismo había hecho en 1775 cuando el Congreso Continental lo eligió por voto unánime como comandante en jefe del ejército. Washington también sabía que los demás podrían dudar de su capacidad. Es que el favor en la política se parece más al viento que a la montaña. ¿No había visto a algunos de los que lo alentaban en el Congreso, conspirando poco antes para remplazarlo? Lo mismo pasaría con esos entusiastas ciudadanos que saludaban con fervor al héroe conquistador en aquel momento.

El gran líder de la Revolución se había convertido en modelo para la presidencia. Había presidido con dignidad, paciencia y fortaleza la Convención Constituyente durante cinco largos y fragorosos meses en que los representantes parecían medir su tamaño casi como lo haría un sastre. A pesar de los acalorados debates de los representantes, y de los ocasionales discursos prolongados, Washington había escuchado con suma atención todo lo dicho en ese curso avanzado de ciencias políticas, historia y economía, el estudio más excelso que ha habido en nuestro continente. No era un hombre académico, ni brillante en términos de estudios, como lo eran otros. Pero podía sopesar las palabras de cada disertante, usando su propio criterio y experiencia como granjero, supervisor, legislador, comandante militar y diplomático. Solamente Franklin podría considerarse rival de Washington en experiencia y amplitud de conocimiento. Aunque nunca había estado en Europa, ni Canadá siquiera, Washington había viajado por Norteamérica más que casi cualquier otro hombre de su época. Si él no estaba preparado, nadie lo estaría. Fue precisamente eso lo que pensaron los más poderosos del mundo: no creían que hubiera pueblo capaz de gobernarse a sí mismo; mucho menos que pudiera hacerlo el pueblo norteamericano.

Washington llegó a la ciudad en medio de los festejos y se dirigió al Salón Federal en el Bajo Manhattan, para la ceremonia de asunción. El edificio había sido rediseñado para la ocasión por el mayor Pierre L'Enfant. Washington conocía al talentoso francés desde su llegada a Valley Forge como miembro del personal del Barón von Steuben.

El 30 de abril de 1789 ante la multitud allí reunida, George Washington juró como primer presidente, ante el canciller Robert Livingston (sí, el antes antifederalista Livingston ahora, aparentemente se había reconciliado con el nuevo gobierno). Vestido con un traje marrón hecho en Norteamérica, con botones que llevaban unas águilas grabadas, puso su mano sobre la Biblia y pronunció el juramento, al que añadió cuatro significativas palabras que ha repetido todo presidente desde entonces, por tradición si no por convicción sincera: «Que Dios me ayude». Luego besó la Biblia. En su breve discurso inaugural ante los miembros del Congreso, afirmo que el cielo mismo parecía haber designado que el modelo de gobierno republicano —y en efecto el mismo «fuego sagrado de la libertad»— estuviera en manos del pueblo norteamericano. Era, como dijo él, un experimento.[3]

No hubo alarde alguno, ni reafirmación de éxito seguro. El experimento, como tal, podría fracasar.

Por cierto, los Fundadores no contaban con ventaja alguna. Washington había escuchado con atención los debates de la Convención Constituyente, como lo habían hecho casi todos los miembros del nuevo gobierno. Y como todos, había oído las largas y detalladas descripciones que James Madison y otros representantes habían hecho de fracasos pasados en materia de gobiernos republicanos. No era una historia alentadora. Deberían esforzarse muchísimo para que el nuevo experimento no fracasara. Si hacía falta vigilancia eterna para guardarse de la tiranía, también haría falta diligencia eterna para asegurar el éxito de la nueva nación.

Washington procedió con premura a organizar la rama ejecutiva del gobierno. Eligió a Alexander Hamilton, de solo treinta y cinco años, como secretario del tesoro. Hamilton ya había servido a Washington como ayudante de campo en el ejército. Y este conocía su carácter fuerte. Era un hombre serio, que decía lo que pensaba sin pelos en la lengua. Pero el presidente sabía también que su joven amigo era brillante, incansable. Todo ello, si se le agregaban las deseables cualidades del imperturbable realismo de Hamilton, convertían al joven en la persona perfecta para el puesto.

Como secretario de estado Washington eligió a su colega de Virginia, Thomas Jefferson, de cuarenta y siete años, que todavía estaba en Francia como embajador. Jefferson se uniría tarde a la administración, por una vez incumpliendo con su puntualidad de siempre. Como fiscal general, Washington eligió al carismático aunque poco decidido Edmund Randolph, que tenía un año menos que Hamilton; fue este un acto de generosidad por parte del presidente porque Randolph había dudado en cuanto a poner su firma en la Constitución pero luego se alineó con Madison en la convención de ratificación de Virginia. El gabinete del presidente —aunque todavía el equipo no se llamaría «gabinete»— incluía también al ilustre Henry Knox, ex librero de Boston que había servido con fidelidad a Washington durante la guerra como jefe de artillería.

Washington era administrador por naturaleza y con su característica astucia había equilibrado las regiones geográficas y los puntos de vista políticos al seleccionar a los jefes de los departamentos ejecutivos. Eran jóvenes de la Revolución cuya edad promedio era de cuarenta y dos años, ya que Washington tenía cincuenta y siete. Las demás figuras importantes del nuevo gobierno incluirían a John Adams, de cincuenta y cuatro años, como vicepresidente; a James Madison, de treinta y ocho, como Representante en la Cámara, y a John Jay, de cuarenta y cuatro años de edad, como primer juez supremo (el nombre del cargo vendría después).

El Primer Congreso confirmaría ser muy productivo, y hasta hubo quien dijo que era una segunda convención constituyente. Pero sus inicios no fueron fáciles. En las sesiones que temporalmente se realizaban en la ciudad de Nueva York, la cámara de representantes y la cámara de senadores tenían que dar forma al nuevo gobierno. Había que organizar los departamentos ejecutivos, crear un poder judicial, considerar tratados y ocuparse de apremiantes asuntos económicos.

Las dificultades no se remitían a la política y los procedimientos. Recién llegado de Londres, después de cinco años como embajador norteamericano en la Corte de Saint James, John Adams trastabilló en su nuevo rol como autoridad suprema del Senado. Con fidelidad y capacidad había representado la causa de su país en el extranjero, pero hacía tiempo que ya no mantenía contacto con muchos de los del nuevo Congreso. En una discusión de rutina en que se debatían los títulos para el nuevo presidente, Adams hizo el ridículo al monopolizar el debate durante un mes entero, con discursos largos y pedantes. Errando por completo el tenor del momento, Adams sugirió que el presidente fuera llamado «Su Alteza, Presidente de los Estados Unidos y Protector de sus Libertades».

Algunos senadores se enojaron por la brusca intervención del vicepresidente, y por lo que consideraban su intrusión en tareas que les correspondían a ellos en cuanto a leyes y políticas de la nación. Otros se sintieron ofendidos por el tono francamente monárquico de la sugerencia de Adams. ¿Es que había pasado demasiado tiempo en una corte extranjera llena de lacayos que se inclinaban ante un rey? Cuando Adams se refería a la alocución inaugural del presidente Washington, la llamaba «su majestuoso discurso». Los críticos no tardaron en señalar que era esa precisamente la forma en que se hacía referencia al discurso de un rey al asumir el trono.[4] ¿Qué había pasado con el honrado John Adams? Sus colegas del Senado le dieron el mote de Su Rotundidad y reían a espaldas del pobre vicepresidente.[5]

El senador de Pensilvania William Maclay era uno de sus críticos más acérrimos; escribió en su diario que cada vez que veía a Adams presidiendo las sesiones: «No puedo evitar que en mi mente se forme la imagen de un mono vistiendo pantalones». Comentario cruel e injusto, seguramente, pero en realidad, lo que Maclay sostenía en el Senado era correcto, sin lugar a dudas. Porque la Constitución decía específicamente: «Los Estados Unidos no otorgarán título de nobleza alguno».[6] Y las sugerencias de altisonantes títulos violaban el espíritu, si no la letra, de la Constitución.

Por fortuna la Cámara de Representantes votó para que se llamara al Presidente sencillamente: «Señor Presidente», y el Senado se mostró de acuerdo. John Adams, el valiente patriota del '76 había sido malinterpretado y quedó muy perjudicado por ese asunto. No había querido dar títulos hereditarios a las autoridades de la nueva república. Su idea era que un título dignificado ofrecería cierta compensación por el tiempo que las autoridades públicas debían robarles a sus familias y negocios. El incidente fue políticamente difícil, lo suficiente como para hacer que George Washington se apartara de su vicepresidente. Se le informó que la reputación de Adams en Virginia era odiosa.[7] A los de Virginia les parecía terrible que Adams, el Patriota, asumiera lo que para ellos eran «aires monárquicos». No se incluiría al vicepresidente en los debates sobre la familia oficial de Washington,[*] por lo que Adams se sintió muy ofendido.

---

[*] Los jefes de departamento que había designado Washington todavía no se conocían como «gabinete», sino con el término que usaba generalmente el Presidente: «familia militar»

El presidente Washington: *«El norte y el sur tendrán que halar juntos», le dijo Jefferson al presidente Washington en 1792. Y aunque no lo deseaba, Washington aceptó servir como presidente por segunda vez. Declaró la neutralidad de los norteamericanos en la guerra entre Francia y Gran Bretaña. Y guió el timón con mano firme cuando las pasiones políticas se tornaban peligrosas.*

Martha Washington: *la viuda más rica de la Virginia colonial. La boda de Martha Dandridge Custis con el joven coronel de la milicia de Virginia le dio a Washington una devota compañera, una vida hogareña estable y una consorte digna. Martha se describía a sí misma como «siempre alegre como un grillo, ocupada como una abeja». Durante las largas ausencias del General se ocupaba de los asuntos del hogar con habilidad y audacia.*

John Adams como presidente. *La presidencia de John Adams no fue grata. Firmó las desastrosas leyes de extranjeros y la de sedición, pero rompió con su propio partido federalista para enviar una misión diplomática a Francia. «Lo único que quiero que diga mi lápida es: Aquí yace John Adams, quien asumió la responsabilidad de la paz con Francia en el año 1800». Fue el primer presidente que habitó la recientemente construida Mansión Ejecutiva. Su oración por esa casa fue: «Oro porque el cielo derrame las mejores bendiciones sobre esta casa y sobre todos los que la habiten, hoy y en el futuro. Que solamente gobiernen bajo este techo hombres honrados y sabios».*

Abigail Adams. *Inteligente, leal y apasionadamente comprometida con la fundación de la nación. Abigail Adams soportó largas separaciones y penas familiares para darle al honrado John Adams el apoyo emocional y espiritual que necesitaba. Cuando estaban separados, se escribían cartas largas, llenas de amor. Su correspondencia, en microfilm, tendría una longitud de ocho kilómetros. Esto nos da una imagen incomparable de la notable pareja y de la época a la que honraron.*

El vicepresidente no llegó a darse cuenta del todo de que había regresado de Londres para entrar en un conflicto que dominaría la década de 1790, entre los que querían el estilo de la monarquía aunque no su sistema político, y los que preferían una simpleza más equitativa por parte de sus gobernantes. Pocas personas criticaban el elegante carruaje de George Washington, tirado por seis caballos grises que trotaban graciosamente por las angostas calles empedradas de Manhattan. A la gente le gustaba tener un Presidente consciente de lo que dictaba la moda. Pero los que se reunían en torno al nuevo gobierno, iban mucho más allá de lo que se consideraba «de estilo». El cumpleaños de Washington se celebró como una fiesta nacional, como se hacía con el del rey Jorge. Y algunos querían que se acuñaran monedas con la imagen de George Washington.

Lo peor, según Jefferson y Madison, era que «la corte republicana» crecía en Nueva York, lugar donde la posición social dictaba casi todos los aspectos de la vida.[8] La forma oficial en que los Washington agasajaban a sus huéspedes eran las veladas semanales. Sobre una plataforma elevada, el presidente Washington y su esposa saludaban a los huéspedes, que hacían la reverencia ante ambos y en respuesta eran saludados con otra reverencia formal. Con habitual sensibilidad hasta en lo referente a lo que pudiera parecerse a una monarquía incipiente, Jefferson criticó muchas veces esas formalidades en muchos de sus escritos.

Logró ciertas victorias en pos de la sencillez republicana, como cuando convenció a los jueces norteamericanos de que descartaran el uso de las pelucas extravagantes que usaban los magistrados británicos. Jefferson dijo: «Parecen ratas que espían desde un montón de pabilo», en referencia al material lanudo con que se rellenaban las hendijas en los barcos.[9] Su comentario bastó para romper con la pomposidad de una tradición centenaria. Madison le dio voz a los norteamericanos que pensaban como Jefferson al decir ante la Cámara: «Cuanto más sencillos y más republicanos seamos en nuestros modales, tanto mayor será nuestra dignidad nacional».[10]

Los jeffersonianos consideraban que se trataba de un asunto serio. El mundo seguía dominado por las monarquías y Norteamérica las tenía muy cerca: en Canadá, en Florida, en Louisiana. Durante los años de la guerra, Jefferson no solo había trabajado contra el establecimiento de la iglesia oficial de Virginia —siempre a favor de la monarquía— sino también para abolir la primogenitura y la limitación de herencia por imposición. La primogenitura era la regla de las monarquías europeas, que mandaba que toda propiedad del padre fuera legada al primer hijo.

Y la herencia por imposición mandaba que los herederos pudieran ser solamente los descendientes lineales del propietario. Estas medidas con las reformas de Jefferson en su conjunto, fueron esenciales para que Norteamérica pasara del gobierno monárquico a un sistema verdaderamente republicano.

Eran cuestiones serias para Jefferson y Madison ya que la creación de una nueva república implicaba que había que adoptar nuevas formas de conducirse. Creían que Norteamérica tenía que dejar atrás todos los «adornos» de la monarquía y el sistema social aristocrático. El presidente Washington recibió muchos saludos oficiales por parte de asociaciones de voluntarios y grupos religiosos cuando asumió la presidencia. Su respuesta formal a uno de esos grupos —la Congregación Hebrea de Newport, Rhode Island— fue un importante aporte, equivalente al del Estatuto de Virginia por la libertad religiosa, de Jefferson, que en 1790 escribió:

> Hoy ya no se habla de tolerancia como si se tratara de indulgencia por parte de una clase de personas que disfrutaba del ejercicio de su derecho natural inherente ya que felizmente el gobierno de los Estados Unidos, que no acepta pacaterías ni persecuciones, solo requiere que quienes viven bajo su protección se comporten como buenos ciudadanos que le brinden en toda ocasión su apoyo efectivo.

Fue esta la primera ocasión en la historia de la humanidad, como señala el profesor Harry Jaffa, de Claremont, en que un gobernante se dirigió a los judíos como *iguales*.[11] El presidente Washington cerró su carta con estas palabras amables, tomadas de las Escrituras: «Que los hijos de la línea de Abraham, que habitan estas tierras, sigan mereciendo y disfrutando de la buena voluntad de los demás habitantes y que cada uno pueda sentarse a salvo bajo su propia viña e higuera sin que nada pueda hacerles temer».[12]

II. Declaración de Derechos de Madison

Decidido el Congreso a ocuparse de los asuntos constitucionales, sus miembros comenzaron a trabajar en la cuestión de las enmiendas, que luego se conocerían como Declaración de Derechos. Durante la batalla por la ratificación se les había prometido a los antifederalistas que el Congreso federal estaría receptivo a sugerencias de enmiendas. Madison, que inicialmente había dicho que era innecesaria una

Declaración de Derechos porque el nuevo gobierno no tenía poder para violar los derechos de los ciudadanos, honró ahora su compromiso con sus vecinos de Virginia. Como miembro principal de la nueva Cámara de Representantes, fue el autor de la Declaración de Derechos. Solo diez de las doce enmiendas que promulgó el Congreso fueron ratificadas por los estados, pero se hicieron famosas, con justicia, como declaración de libertades de los norteamericanos.[*]

Al leer las primeras diez enmiendas, vemos la historia de la lucha colonial contra el despotismo británico. La libertad de expresión, de prensa y de profesar la religión se veían garantizadas en la Primera Enmienda, así como el derecho a reunirse y a peticionar «reparación de ofensas». Estos derechos conforman lo que es el corazón de una sociedad libre, que la forma de gobernar de los británicos había violado de una u otra manera. La segunda —enmienda que todavía hoy despierta controversia— expresaba el significado de sus palabras. Los norteamericanos recordaban que los casacas rojas del general Howe habían marchado desde Boston para quitarle a la milicia sus armas y su pólvora. El pueblo armado sería siempre libre porque representaba el último recurso o defensa contra las exigencias de los militaristas por convertir a la sociedad en un regimiento. Los norteamericanos querían ser libres sin tener que recurrir a la insensibilidad de los estados dictatoriales prusianos (o soviéticos, o norcoreanos, podríamos decir). La tercera enmienda impedía que el gobierno acuartelara a sus tropas en hogares privados durante tiempos de paz, abuso que habían cometido los británicos en Boston.

Las siguientes cinco enmiendas se relacionan con procedimientos judiciales, y cada una se correspondía a acciones muy reales de la tiranía británica. Tales acciones se detallan en su mayoría en la Declaración de la Independencia. Eran «Escritos de Asistencia», o permisos de allanamiento que permitían a las autoridades coloniales británicas la entrada a las casas, granjas y negocios de los norteamericanos para buscar evidencia incriminatoria. La cuarta mejora prohibía esos allanamientos, especificando «toda búsqueda o confiscación ajena a la razón». Y la quinta protegía a los norteamericanos de tener que dar testimonio en contra de sí mismos, o de ser juzgados dos veces por la misma ofensa. La sexta dictaba que los juicios públicos no debían demorarse, y que el acusado tenía derecho a confrontar a los testigos,

---

[*] También, el Primer Congreso de 1789 promulgó una enmienda que requería que los miembros del Congreso tuvieran que estar frente a los votantes antes de recibir un aumento de salarios que habían votado. Recién en 1992 se la ratificó como Enmienda XXVII. Esto muestras que las buenas ideas suelen dormir un buen tiempo, olvidadas en algún cajón.

obligando a los testigos de la defensa a dar testimonio y a recibir asistencia legal. La séptima enmienda garantizaba el derecho a juicio por jurado en tanto la octava declaraba ilegal todo «castigo cruel e inusual».

Pero las dos últimas fueron las que lo coronaron todo, como principio y final del reconocimiento que el preámbulo otorgaba al pueblo que delegaba los poderes en el gobierno. La novena enmienda reconocía que los derechos enumerados por la Constitución no eran los únicos de los que gozaba el pueblo, y la décima afirmaba que todo poder no otorgado por el gobierno federal o prohibido por los estados, sería conservado por los estados o las personas.

La puntillosa redacción de Madison y la hábil administración en el tratamiento de la Declaración de Derechos efectuada en el Congreso, hace que este hombre merezca dos grandes calificativos que hacen tributo a su persona: Padre de la Constitución y Padre de la Declaración de Derechos. Los Fundadores admiraban profundamente a los héroes clásicos pero no hay figura de la antigüedad —sea griego como Pericles o romano como Cicerón o Cincinato— que pueda igualarse a Madison como legislador y defensor de la libertad. Madison les dijo a sus colegas representantes en el Congreso y que ejercían los poderes que él mismo había redactado, que era necesaria la Declaración de Derechos porque: «Si podemos mejorar la Constitución a los ojos de quienes se le oponen sin debilitar su alcance y sin perjudicar su utilidad a criterio de quienes adhieren a ella, seremos siempre sabios y liberales en cuanto efectuemos las modificaciones que apunten a tal efecto».[13]

Madison albergaba la esperanza de que la Declaración de Derechos finalmente convenciera a los antifederalistas, en especial a los que todavía se negaban a ratificar la Constitución en Carolina del Norte y Rhode Island.[14] En esto contó con el apoyo de Jefferson, que en general respaldaba la nueva Constitución aunque también representaba las preocupaciones de los antifederalistas. Estando todavía en París, Jefferson dio voz al pensamiento de muchos, cuando le escribió a Madison: «El pueblo tiene derecho a una Declaración de Derechos para protegerse de cualquier gobierno... y ningún gobierno justo puede negarse a que su pueblo goce de tal declaración».[15]

La retórica de Madison no tiene el vuelo de la de Jefferson, pero está a tono con la dignidad, la razón y la fuerza de sus argumentos. Al honrar sus promesas ante el diácono John Leland y los bautistas de Virginia y la cantidad de aliados y oponentes políticos, la inspirada pluma de Madison contribuyó a diluir las sospechas que habían recaído sobre el trabajo de la Convención de Filadelfia.

III. El Nuevo sistema de Hamilton

Cuando Hamilton escribió en El Federalista sobre la urgente necesidad de «energía para el ejecutivo», seguramente no estaría pensando en su propia persona. Sin embargo, sigue siendo motivo de asombro para nosotros la increíble creatividad, energía y sentimiento del propósito de este hombre. Sabía que el nuevo gobierno sería juzgado, en gran medida, por su administración de la economía de la nueva república.

Ratificada ya la Constitución, Hamilton respondió enseguida al pedido del Congreso de un Informe sobre el crédito público. Tuvo allí la oportunidad de demostrar su genio, y de enseñarles a sus mayores las realidades de las finanzas modernas. Estaba justificado como lo había estado Madison al cumplir con las promesas que había efectuado durante la contienda entre los estados. El flamante Secretario del Tesoro, con solo treinta y cinco años, promovería dos pasos fundamentales en la nueva administración: los fondos para la deuda y el reconocimiento de las deudas de los estados. «El único plan que podrá preservar la moneda es el que haga que sea interés inmediato de los acaudalados cooperar con apoyo al gobierno», dijo Hamilton con su característica franqueza. «Ningún plan podrá tener éxito si no une el interés y el crédito de los ricos con el interés y el crédito del estado».[16]

La primera parte, de los fondos, significaba que el gobierno federal honraría las obligaciones en las que había incurrido bajo los Artículos de la Confederación y que representaban una suma de aproximadamente cincuenta y cinco millones de dólares. A primera vista, fue una movida obvia. Porque si el nuevo gobierno hubiera rechazado hacerse cargo de las deudas de su predecesor, los inversores habrían huido como vuelan las hojas secas al soplo del viento. La pregunta difícil era cómo conseguir los fondos para saldar esas deudas. ¿Debía pagarle el gobierno federal sus bonos a los que querían cobrarlos, reconociendo el total de su valor? Muchos de los bonos habían sido emitidos durante los primeros días del entusiasmo revolucionario, por lo que los bonistas eran patriotas y sus familias. Los patriotas habían arriesgado sus vidas, sus fortunas y su sagrado honor, en defensa de la causa norteamericana. Pero con los años el Congreso de la Confederación había autorizado la emisión de papel impreso sin valor monetario (dando lugar a la frase «no vale lo que un dólar continental»). Al ver que no había grandes esperanzas de canjear sus bonos, miles de soldados, granjeros y pequeños comerciantes se habían visto obligados por la desesperación a vender sus bonos por solo una parte de su valor impreso. Los que compraban esos bonos con descuento no eran nada populares, porque se consideraba que habían ganado con la miseria de otros. Ahora, el gobierno al saldar las deudas estaría beneficiando a esos «especuladores». Un bono de cien dólares se canjearía por cien dólares reales.

El reconocimiento de la deuda significaba que el gobierno federal pagaría unos veinticinco millones de dólares de deuda contraída por los estados en la guerra. Eso contribuiría a la cohesión de los estados con el nuevo gobierno (y podía ser también un incentivo para que Rhode Island ratificara la Constitución). Sería un acto de justicia, ya que la guerra había sido por la Unión y no por un solo estado o un grupo de ellos. Los costos de la guerra no eran iguales en todo el país, ya que las batallas no se habían librado de manera geográficamente equitativa en el extenso territorio.

Madison respondió sin tardanza al programa de Hamilton negándose. Pensaba que no sería justo dejar de reconocer a los bonistas originales —en especial a los veteranos y viudas de la guerra— beneficiando al mismo tiempo a los especuladores que habían comprado los bonos con descuento. También señaló que algunos de los estados sí habían cumplido puntualmente con sus acreedores en tanto otros habían estado evitando el pago de sus deudas (el que tales estados solventes estuvieran casi todos en el sur, era clara evidencia de que en el Congreso había divisiones).

Cuando después de marzo de 1790 Thomas Jefferson se unió formalmente a la administración Washington, parecía inevitable el choque respecto del sistema financiero propuesto por Hamilton. Pero se pudo evitar, gracias a uno de los primeros ejemplos de una práctica del Congreso que luego se conoció como «esfuerzo común», un término elegante para denominar al canje de votos.

Al mismo tiempo este nuevo gobierno tenía que decidir dónde estaría su ciudad capital permanente. Era la cuestión de la residencia. Los aliados comerciales de Hamilton querían que la capital siguiera siendo la ciudad de Nueva York o, en su defecto, que estuviera ubicada entre Nueva Jersey y Pensilvania. Veían ventajoso que la capital estuviera cerca de los florecientes centros del comercio y las finanzas. Los de Pensilvania sabían que si el gobierno regresaba a Filadelfia durante diez años —en mudanza temporal mientras se construía la nueva capital— tal vez el cambio fuera permanente.

Las cuestiones del reconocimiento de la deuda y la residencia no podrían haberse complicado más. Pero la realidad fue distinta. Benjamin Franklin envió al Congreso en su última acción pública una petición de la Sociedad de Pensilvania por la

Promoción de la Abolición de la Esclavitud. Había aceptado presidir esa sociedad y, como anteriormente no había querido perturbar a la Convención Constituyente en su delicada tarea, ahora sentía que el momento era el adecuado. La petición Franklin solicitaba que el Congreso «fomentara la misericordia y la justicia hacia esa raza tan cruelmente oprimida», dando por finalizado el tráfico de esclavos en Norteamérica, y acabando con la esclavitud en el país.[17]

Se sabía que a George Washington le parecía mejor ubicar la nueva capital entre Virginia y Maryland. Durante mucho tiempo había estado pensando en construir canales desde el río Potomac. Otros sureños temían que si el gobierno federal se alojaba permanentemente en Filadelfia, habría problemas. La importante comunidad cuáquera había estado insistiendo en que se tenía que abolir la esclavitud. Muchos sureños criticaban la esclavitud y estaban dispuestos a hablar sobre un plan de emancipación por etapas, pero a ninguno le atraía la idea de abolir la esclavitud por completo y al momento.

Hamilton estaba ansioso por crear un cimiento sólido para el nuevo gobierno, por lo que acordó negociar con Jefferson y Madison en torno a las cuestiones del reconocimiento y la residencia: a cambio de ubicar la nueva capital sobre el Potomac, Jefferson y Madison reclutarían a los sureños del Congreso para que apoyaran los planes de Hamilton en la cuestión del reconocimiento de la deuda.

Fue una negociación clásica. Pocos podrían haber pensado entonces que la ubicación de la capital de la nación entre dos estados en los que había esclavos, sería echar sal sobre la herida de la nación durante un largo período de setenta y cinco años. Sería una vergüenza que los diplomáticos extranjeros llegaran a la capital de lo que Jefferson llamaba «Imperio de la libertad», y vieran que había mercados de esclavos. No es fácil ignorar una espina clavada en el costado, pero si la cuestión de la residencia se hubiera resuelto de otra manera, tal vez todo se habría podido esconder bajo la alfombra. Al confrontar a los congresistas norteños con el diario espectáculo del tráfico de esclavos, el tema se mantuvo en el candelero. Tenemos que recordar que antes de la Guerra Civil había muchas comunidades norteñas en las que no había prácticamente esclavos ni negros libres.

Hamilton hizo buen uso de su éxito inicial y propuso la creación de un banco nacional. Una vez más, Jefferson y Madison se pronunciaron en contra. Hamilton explicaba que era necesario, para el crédito y el comercio y además, la «cláusula elástica» de la Constitución permitía que el Congreso ejerciera los poderes que fueran «necesarios y adecuados» para cumplir con las facultades que se le otorgaban. Jefferson le escribió al presidente Washington, diciendo que no hacía falta un banco. Y Madison argumentó que ni siquiera era constitucional.

En cada una de esas instancias el Presidente escuchó de buena gana los consejos y opiniones de Jefferson y Madison. Pero se puso del lado de Hamilton y no fue, como acusan algunos, porque favoreciera a la clase comerciante y acaudalada, que sí apoyaba la propuesta del Secretario del Tesoro. Washington era propietario de un establecimiento agrario, por lo que tenía esclavos. Sabía que Jefferson cimentaba sus esperanzas de una república agraria en el voto de los pequeños propietarios, que inevitablemente dependían de la esclavitud porque era un aspecto casi inherente al modelo de la economía agraria. Washington intentaba encontrar un camino de salida del sistema en el que habían nacido él y tantos otros de los Padres Fundadores de su generación. Así que apoyó a conciencia el sistema de Hamilton porque sabía que prescindía de los esclavos. «Puedo ver con claridad», le dijo Washington a un británico que visitó Mount Vernon, «que lo único que puede perpetuar la existencia de nuestra Unión es la abolición de la esclavitud...»[18] Si la Unión se dividía en dos, norte y sur, a causa de la cuestión de la esclavitud, aun sintiendo orgullo por su Virginia amada, Washington le dijo a Edmund Randolph que «había decidido ponerse del lado del norte».[19]

Sin embargo, para Jefferson y Madison el sistema que Hamilton estaba armando iba mucho más allá de la cuestión de la esclavitud o la mano de obra gratis. Jefferson había explicado sus ideas agrarias en su famoso escrito Notas sobre Virginia.

Mientras tengamos tierras para trabajar, no queremos ver a nuestros ciudadanos trabajando en otra cosa. Los carpinteros, los constructores y los herreros no saben de agricultura, pero en materia de manufacturas, dejemos que las fábricas permanezcan en Europa. Es mejor darles provisiones y materiales a los obreros de allá que traerles a los nuestros todo eso, con sus consiguientes principios y conductas. La pérdida causada por el transporte de mercancías a través del Atlántico se verá compensada por la felicidad y la permanencia del gobierno.

Las turbas de las grandes ciudades le aportan al gobierno puro lo mismo que las llagas a la fuerza del cuerpo humano. Son los modales y el espíritu de los pueblos lo que preserva el vigor de una república. Y si se degeneran, se convertirán en un cáncer que acaba carcomiendo el corazón de sus leyes y su constitución.

Ningún político moderno sobreviviría elogiando tanto a los agricultores y condenando a los habitantes de las ciudades, llamándoles «turba» y «llagas». Pero la Norteamérica de 1790 era mayormente un país rural, como lo confirmaría el censo de 1790. De los casi cuatro millones de habitantes, solamente el cinco por ciento vivía en pueblos y ciudades, en tanto el noventa y cinco por ciento habitaba el campo. Jefferson se hizo muy popular entre los agricultores del norte y del sur.

El sistema financiero de Hamilton que se impuso a las objeciones de Jefferson y Madison, dio fruto muy pronto. La nueva república floreció y el crédito del gobierno «valía oro». Las livianas y veloces naves de la Marina de Comercio de Hamilton (hoy, Guardia Costera) comenzaron a hacer cumplir las leyes de aduana, lo que contribuyó a generar grandes ingresos por impuestos de importación para el nuevo gobierno. La próspera economía hizo que el gobierno federal pudiera aumentar su crédito y cumplir con sus nuevas obligaciones.

Mientras tanto el presidente Washington comenzó a recorrer el país. En el verano de 1790 visitó Nueva Inglaterra, viajando en carruaje. Los norteamericanos de hoy, acostumbrados a los vuelos presidenciales en el Air Force One, no podrían imaginarse al Presidente de los Estados Unidos viajando sin custodia, sin Servicio Secreto, dentro de un carruaje que se estremecía y daba saltos ante cada piedra en los polvorientos caminos. Jefferson expresó su preocupación por la seguridad del Presidente, y no precisamente por miedo a ataques de los indios o delincuentes, sino porque los caminos eran verdaderamente intransitables.[20] Washington realizaba esos viajes incómodos y agotadores porque sabía que con sus visitas ayudaba a que el pueblo norteamericano sintiera la presencia de su nuevo gobierno. Y aunque algunos lo criticaban, diciendo que parecía un rey recorriendo su reino, Washington sabía que sus viajes servían para unificar a la república. En el primero de sus desplazamientos a Connecticut y Massachussets, había evitado pasar por Rhode Island, que todavía no había ratificado la Constitución. Poco después, la pequeña isla firmó, y se vio recompensada con una visita presidencial a Newport.

En su periplo por el sur en abril de 1791, el presidente Washington permanecería sin contacto con el gobierno durante semanas. Los dueños de las hosterías quedaban asombrados al ver que «el hombre más importante del mundo»[21] se apeaba del carruaje ante sus puertas. Washington soportó el calor y el polvo del camino, pero su corazón resplandecía al estar en la compañía de sus «buenos compatriotas» y siempre disfrutaba de la compañía de mujeres bellas e inteligentes. En la siempre moderna Charleston, Carolina del Sur, llegó al momento más importante de su viaje presidencial ya que, como le gustaba decir, «cuatrocientas damas, en cantidad y belleza inigualables e incomparables con cualquier cosa que yo haya visto», se acercaron a saludarlo.[22]

Cuando Washington enfermó, el país entero se estremeció. En Nueva York debió ser sometido a cirugía sin anestesia para que le extrajeran un forúnculo que tenía en el muslo. Mientras se recuperaba, los mayores de la ciudad cubrieron con paja las calles para que el ruido de los cascos de los caballos no perturbara su descanso.

Los líderes de Nueva York parecían pensar más en Washington que cualquiera de sus colegas. Hamilton reaccionó ante la creciente oposición a su programa cuando Jefferson y Madison lograron sumar aliados en el Congreso. Por eso apeló a Washington, solicitándole que despidiera a Jefferson ya que las divisiones en su familia oficial «destruirían la energía del gobierno».[23]

Jefferson y Madison no se darían por vencidos y comenzaron a llamarse *republicanos*.* Implicaban, claramente, que Hamilton y quienes lo respaldaban eran monarquistas. Jefferson les llamaba monócratas, con lo cual se refería presumiblemente a la conocida preferencia de Hamilton por un poder ejecutivo fuerte de reelección indefinida, algo así como una monarquía electiva.

Al término de su primer período como presidente, Washington estaba deseoso de dejar atrás su rol como funcionario público y volver a Mount Vernon. Hablaba cada vez con mayor frecuencia de que le quedaban pocos años de vida. Decía que ya no faltaba mucho para que, como dice la Biblia, fuera a «dormir con mis padres». Con ayuda de Madison incluso preparó un discurso de despedida a la nación para 1792. E intentó, con notable éxito, conservar a sus dos brillantes asistentes en el gabinete. Washington le escribió a Jefferson: «Tengo gran estima, y sincera también, por ambos y deseo ardientemente que se pudiera trazar una línea por la que pudieran caminar los dos».[24]

---

* No hay que confundir a los republicanos del señor Jefferson con el partido republicano de nuestros días. El partido que hoy conocemos se fundó en 1854. Los jeffersonianos se llamaron republicanos, luego republicanos democráticos y finalmente, a partir de la época de Andrew Jackson, simplemente demócratas.

Escultura de Washington, realizada por Houdon. *«Primero en la guerra, primero en la paz y primero en los corazones de sus compatriotas»*, *dijo «Harry Caballo Ligero» Lee, en las exequias de Washington. Como presidente, Washington estuvo siempre consciente de que cada una de sus acciones sentaría precedentes para los futuros jefes del poder ejecutivo de la nación. «Camino sobre terreno que nunca antes nadie pisó», decía. Este busto realizado por Jean-Antoine Houdon en 1785 por comisión de Jefferson mientras era embajador norteamericano en Francia, es la imagen más fiel que tenemos de George Washington en la flor de su edad. Sería la imagen que luego aparecería en los billetes.*

Escultura de Jefferson realizada por Houdon. *«Nadie puede remplazarlo»*, *dijo Thomas Jefferson al llegar a París. «Solo estoy aquí como su sucesor». Pero los años de Jefferson como sucesor de Franklin demostrarían ser de gran beneficio para el embajador norteamericano y su país. Jefferson negoció tratados, estudió arquitectura y entabló amistad con filósofos. Su íntimo conocimiento de Francia le ayudaría más tarde cuando propuso comprarle Louisiana a Napoleón.*

James Madison. *Padre de la Constitución y autor de la Declaración de Derechos, defensor de la libertad religiosa. El «pequeño gran Madison» fue un gigante de la fundación norteamericana. Su trabajo en cooperación con Thomas Jefferson no tiene igual en la historia del país. Son el David y el Jonatán de Norteamérica. «Cuídame cuando muera», le pidió Jefferson antes de morir. Los dos términos de Madison como presidente no fueron muy ilustres, pero siguió sirviendo a su país y defendiendo a la Unión, aun con más de ochenta años de edad.*

Alexander Hamilton como secretario del tesoro. *Nació en la isla de Nevis, de las Indias Occidentales Británicas, y fue hijo natural. Hamilton tenía trece años cuando comenzó a administrar una flota mercante. Sirvió heroicamente como ayudante de campo de Washington durante la guerra. Junto a Madison fue quien promovió la Convención Constituyente de 1787. Y también con Madison, escribió Los papeles federalistas. Como primer Secretario del Tesoro designado por Washington, su energía, conocimiento y valentía fueron el emblema de su primer período. Echó los cimientos de una economía nacional fuerte y poderosa, pero alarmó a Jefferson y Madison, que se oponían a sus planes aun cuando Jefferson decía que Hamilton era un coloso. «Sin números es un ejército de un solo hombre». Hamilton murió en un duelo con el vicepresidente Aaron Burr, fue el único fundador que murió de manera violenta.*

La ventaja de Hamilton por sobre Jefferson no puede atribuirse solamente al apoyo que Washington brindó a su programa. Hamilton era el jefe del tesoro, al momento, el departamento federal más grande de todos, con casi quinientos empleados a tiempo completo cuando los demás solo contaban con veintidós.[25] El Congreso y las cortes solo sesionaban unos meses, mientras Hamilton y sus subordinados trabajaban sin cesar.[26] Es justamente lo que él llamaba «*un ejecutivo con energía*».

Hamilton se esforzaba denodadamente por evitar las críticas a su departamento. Insistía en que el tesoro debía mantenerse limpio, honesto, incorruptible. Sus instrucciones a los capitanes de ingresos de la Marina —que hoy leen los comandantes de la guardia costera— muestran aguda comprensión de cómo tratar con los norteamericanos. Los comandantes siempre «deben recordar que sus compatriotas son hombres libres... por lo cual deberán cuidarse de todo lo que pueda parecerse a altanería, malos modales o conducta ofensiva».[27]

Cuando el presidente Washington estaba preparando su periplo por el sur en abril de 1791, le pidió a su gabinete que se reuniera en su ausencia. Jefferson invitó a Henry Knox, a John Adams y a Hamilton a cenar con él. La reunión fue amistosa y la conversación de sobremesa giró en torno a la constitución británica.

Adams dijo: «Purgue a esa constitución de su corrupción... y sería la constitución más perfecta que haya inventado el ingenio humano».[28]

A Jefferson le impresionó esa afirmación de parte de «el Coloso de la Independencia». Pero lo que dijo entonces Hamilton lo dejó boquiabierto: «Purgue [a la constitución británica] de su corrupción... y se convertiría en un gobierno impracticable: así como está en el presente, con todos sus supuestos defectos, es el gobierno más perfecto que haya existido».[29]

Para Jefferson era un sentimiento escandaloso en labios de cualquier norteamericano. Pero que los expresara un hombre que estaba «a apenas un latido» de la presidencia y de otro que acababa de presentar al Congreso el proyecto para la creación de un banco nacional, era algo que le confundía sobremanera. Todos los líderes patriotas habían denunciado la corrupción del monarca durante la Revolución. El rey utilizaba la gran riqueza que la Corona obtenía de la India para sobornar a los miembros del Parlamento con el fin de que apoyaran sus políticas. Durante veinte años el elocuente Edmund Burke denunció a Warren Hastings de la Compañía Oriental de la India, por la corrupción de los jóvenes y ricos «nabobs» [musulmanes de cierta región de la India] que engordaban sus bolsillos con las riquezas de India.*

¿Estaría exagerando Jefferson los peligros de la monarquía en Norteamérica si eso era lo que decían las más altas autoridades del gobierno cuando hablaban en la informalidad?

¿Cómo era posible que hubiera en este gobierno admiradores de Gran Bretaña, después de todo lo que habían sufrido? ¿No creían estos hombres en lo que Jefferson había escrito en la declaración? Los que gobernaban bajo esa misma constitución británica que Adams y Hamilton decían admirar, en realidad habían incitado salvajes ataques contra sus compatriotas y tenían «por designio reducirles bajo el más absoluto despotismo».

Puede haber sido esta la cena más importante en la historia de Norteamérica. Porque a partir de ese encuentro decisivo, podríamos decir que comenzó el bipartidismo norteamericano. Jefferson, por cierto, vio la importancia de la velada en términos de la actitud de Adams y Hamilton hacia Inglaterra. No quería tener nada que ver con su declarada admiración por la constitución británica.

IV. Huracán Genet

Thomas Jefferson se preparaba para dejar París y regresar a casa en julio de 1789, cuando se conoció la importante noticia de la toma de la Bastilla. Fue algo que recibió con agrado. La turba de París no había cumplido con lo prometido (¿puede dar su palabra una turba?). Habían matado a golpes al desafortunado gobernador DeLaunay después de prometerle un salvoconducto a él y a sus hombres. Marcharon por las calles llevando palos sobre los que habían clavado las cabezas de sus víctimas, y derribaron el odiado símbolo de la monarquía absoluta, ladrillo a ladrillo. Lafayette, el francés más apreciado en Norteamérica, comandaba las tropas reales, pero brindó todo su apoyo a la Revolución. Envió a su «padre adoptivo», George Washington la llave a la Bastilla (hoy exhibida en Mount Vernon). Jefferson dejó la ciudad en un clima de violentos disturbios. Aun en sus inicios, esa revolución que motivaba que algunos lamentaran el creciente nivel de violencia, no pareció preocupar a Jefferson, que descartó los problemas con una de sus frases famosas.

---

* La impugnación de Hastings por parte de Burke fue una denuncia pública y extensa, de su conducta y carácter.

Le escribió a Lafayette: «No podemos pretender que nos lleven del despotismo a la libertad sobre un colchón de plumas».[30]

De los testigos de la Revolución Francesa, eran muy pocos los que se mantenían neutrales. «Fue una dicha estar vivo en ese amanecer, ¡ser joven era el cielo!», dijo con entusiasmo el poeta inglés William Wordsworth. Edmund Burke, el gran parlamentario que había defendido la libertad norteamericana, clamó por los derechos naturales de los pueblos indios y por la emancipación católica en Irlanda. Se supondría que este amigo de la libertad, respetado en tres continentes, daría su bendición a la revolución del pueblo francés. Pero no fue así. De inmediato, Burke publicó sus inmortales Reflexiones sobre la revolución en Francia, donde decía haciendo uso de su inolvidable prosa que ese hervidero que se había producido en París no era más que «el candente alambique del infierno».* Burke asombró a muchas de las figuras iluminadas de su época con la furia de su ataque a la Revolución francesa. Escribió: «¿Felicitaré en verdad a un loco que ha escapado de la protección y el refugio de la oscuridad de su celda porque ha restaurado la luz y la libertad? ¿Tengo que felicitar a un delincuente y asesino que escapa de prisión al recuperar sus derechos naturales?»[31]

El ataque de Burke logró que en parte, los pensadores ingleses no expresaran tan fervoroso apoyo a la Revolución Francesa. En Norteamérica, donde tanto se lo estimaba, la obra de Burke circuló con aprobación entre los seguidores de Hamilton que ahora se conocían cada vez más como federalistas, en contraste con los republicanos de Jefferson.

En cuanto a la cuestión en toda su amplitud, los hechos demostrarían que Burke tenía razón. Los franceses no avanzaron al ideal de la libertad ordenada, bastión de la Revolución norteamericana. Lo que el mundo vio, en cambio, fue una dégringolade, término francés que describe una espiral descendente de creciente destrucción, derramamiento de sangre y caos.

Los norteamericanos en general no veían las cosas de ese modo. Creían que los franceses avanzaban hacia el establecimiento de otra gran república. Esperaban que ese movimiento diera inicio a una revolución mundial contra la monarquía y el despotismo, promoviendo la libertad y el constitucionalismo. Sentían orgullo porque su propia revolución sería el modelo de ese movimiento mundial. Poco sabían de la pobre impresión que había tenido la revolución norteamericana en el pueblo

---

* Un alambique era una olla grande, como el caldero utilizado por las brujas.

francés. Maximiliano Robespierre, líder de la facción radical de los jacobinos en la Asamblea Nacional Francesa, lo dijo con todas las letras: «El ejemplo de Norteamérica, como argumento para nuestro éxito, de nada vale porque las circunstancias son diferentes».[32] El nombre de «jacobinos» se debía a que se reunían en un convento de París, y a pesar de las poéticas esperanzas de Wordsworth, el despliegue de su reino del terror no sería para nada celestial.

Los sucesos que en Francia conformaban un caos no afectaron demasiado a Norteamérica en el primer período de Washington. Los norteamericanos estaban ocupados en establecer su nuevo gobierno, disfrutando de «las bendiciones de la libertad». Todos los sectores estaban de acuerdo en que era «indispensable» que Washington siguiera prestando sus servicios al país. Aunque Jefferson no estaba de acuerdo con muchas de las políticas del presidente, le anunció que debía seguir en su puesto un segundo período: «El norte y el sur seguirán tirando hacia el mismo lado si lo tienen a usted», le dijo a su jefe.

Washington le hizo caso a su amigo.

En 1792, fue reelegido como presidente por voto unánime en el colegio electoral, y fue el primero y único presidente norteamericano en ser elegido unánimemente dos veces. La armonía del país se contrastaba con los choques y la discordia del otro lado del Atlántico. Apenas había asumido por segunda vez, en marzo de 1793, Washington y la nación se enteraron de que al rey Luis XVI lo habían juzgado, condenado por traición y ejecutado en París con el nuevo y temiblemente eficiente instrumento: la guillotina. Francia, habiendo decapitado a su monarca, se proclamó república y enseguida declaró la guerra a Gran Bretaña.

Aunque el destino del rey Luis XVI les hacía estremecer —y recordaban su presta ayuda durante la Revolución— muchos norteamericanos recibieron con agrado la noticia de la república francesa.

En ese momento de efervescencia, llegó a Norteamérica un nuevo embajador francés. Edmond Charles Genet —a quien la historia conoce como El Ciudadano Genet— desembarcó en Charleston, Carolina del Sur. La nueva república francesa estaba decidida a eliminar todo título de distinción. De modo que incluso al embajador se le conocería sencillamente como «ciudadano». Su nave había zarpado rumbo a Filadelfia, pero una terrible tormenta les había desviado.

Genet llegó a las costas norteamericanas como un huracán. Charleston lo recibió con efusivos aplausos. El gobernador William Moultrie y la crema de la sociedad de

Carolina del Sur lo agasajaban con fiestas y eventos sociales, en tanto el gobernador aprobaba con entusiasmo los planes de Genet.

¡Y qué planes! El ciudadano Genet comenzó a reclutar marinos norteamericanos y a equipar barcos norteamericanos para que sirvieran como guardianes contra el comercio británico. Era una práctica lucrativa. La diferencia entre ser guardianes y ser piratas era simple: los guardianes podían tomar barcos mercantes y sus cargamentos de manera legal siempre y cuando tuvieran cartas de marca emitidas por un gobierno reconocido. En cambio, los piratas eran simplemente ladrones —delincuentes de los mares— y se les podía ahorcar, colgándoles del penol apenas se les atrapara.

El ciudadano Genet también emitió una convocatoria para formar lo que grandiosamente denominaba Armée du Mississippe y Armée des Florides.[33] Con esas fuerzas, pensaba atacar los fuertes españoles de Louisiana y Florida. ¿Cómo pagaría lo que significaba la concreción de sus ambiciosos planes? Genet era muy imaginativo. Emitió asignaciones. En efecto, eran pagarés, que aplicaba contra la deuda de cinco millones seiscientos mil dólares que los Estados Unidos le debían a Francia como deuda de guerra.

Además Genet presionó para que Norteamérica acelerara el pago de esa deuda de guerra pero como no quería ejercer demasiada presión, sugirió que Francia aceptaría el pago en forma de granos, madera y otras provisiones que ayudarían a la república francesa en la lucha contra sus enemigos. Eso, decía Genet, daría impulso a la economía norteamericana.[34] (En eso tuvo toda la razón, como lo demostraría el Plan Marshall, ciento cincuenta años más tarde.)

El ciudadano Genet recorría la costa este como un huracán. Mientras avanzaba, era recibido con algarabía, entre tañido de campanas, salvas de cañón y discursos en su honor.[35] Al llegar a Filadelfia después de haber viajado durante veintiocho días a paso lento y con todas esas paradas a lo largo del trayecto, Genet representaba para la administración de Washington un problema que requería solución urgente. ¿Reconocería Norteamérica a la nueva república francesa? ¿Debían recibir a su embajador?

Jefferson argumentaba en forma persuasiva que Norteamérica no podía dejar de reconocer un gobierno basado en el mismo principio de consentimiento popular que el que había logrado la independencia de su nación. Los norteamericanos por cierto, no podían dar la impresión de preferir a la monarquía antes que la república.[36] A Hamilton le preocupaba que la caótica situación de Francia diera lugar al debilitamiento del gobierno revolucionario que se había establecido allí. Decía que si los norteamericanos seguían pagando sus deudas, no había garantía de que el nuevo gobierno francés reconociera los pagos. ¿Y qué pasaría con el Tratado de la Alianza de 1778? Hamilton recordaba que ese tratado se había firmado con Luis XVI, ahora muerto. Jefferson respondió que los tratados se firman entre naciones, y no entre gobernantes.[37]

Jefferson creía que la Revolución Francesa preanunciaba la liberación mundial. Su joven protegido William Short, a quien había dejado en París, empezó a escribirle cartas en tono de alarma. Short daba detalles horrendos de sus queridos amigos franceses tremendamente masacrados por las turbas revolucionarias de los sans culottes.[*] Jefferson reprendió con severidad a su amigo:

> La libertad del mundo entero dependía del tema de la contienda, ¿se ha ganado alguna vez un premio con tan poca sangre inocente?
>
> Mis afectos se han visto heridos por algunos de los mártires de esta causa, pero yo no habría querido que fracasara. Antes bien, preferiría ver desolada la tierra. Que quedara un Adán y una Eva en cada país, pero libres. Eso sería mejor de lo que hay ahora.[38]

A lo largo de su vida Thomas Jefferson escribió más de setenta mil cartas. Y seguramente fue esta una de las peores cosas que escribió, tan miope como lo fue la postura de Hamilton en la cena con Jefferson, Knox y Adams.

La violencia no era exclusiva de los revolucionarios. Durante diez largos años los británicos se habían negado a abandonar sus fuertes en la frontera noroeste, como lo requería el Tratado de París. Y allí aprovisionaban a los indios con armas y whisky. Los norteamericanos creían que «la mano que vende el whisky es la que domina el hacha de los indios».[39] También en la frontera sudoeste los ataques de los indios llevaban la marca de la asistencia extranjera, de España en este caso. Los planes de Genet no desagradaban a los norteamericanos que apoyaban las matanzas en las fronteras.

Tampoco era un desatino el plan de Genet de equipar barcos norteamericanos con tripulaciones norteamericanas en puertos norteamericanos. Después de todo,

---

[*] Los pobres que no tenían dinero para comprar calzas y medias blancas (culottes), que se abotonaban por debajo de la rodilla. Así, los *sans culottes* se convirtieron en símbolo de la revolución y marcaron el cambio en la moda masculina, que hoy perdura.

Francia había equipado al famoso *Bonhomme Richard* de John Paul Jones con el mismo propósito de terminar con el comercio británico.[40]

Pero Francia estaba en guerra con Gran Bretaña y, desde abril de 1793, los Estados Unidos eran oficialmente neutrales. El presidente Washington sabía que la nueva nación no podía darse el lujo de mezclarse en una guerra entre las grandes potencias de Europa. Así que emitió la primera Proclama de Neutralidad de la nación.

Y en eso Thomas Jefferson lo apoyó. ¿Por qué? Bien, es que Jefferson servía en el gabinete de Washington y sabía también que los Estados Unidos no estaban preparados para la guerra. A partir de su avidez por leer los periódicos, conocía muy bien la opinión popular. Así que le escribió a Gouverneur Morris en París: «Creo que no hay país que se oponga tanto a la guerra como nosotros».[41] Madison no pensaba lo mismo. Creía que se deshonraba el Tratado de 1778 con Francia, y que el Presidente no tenía autoridad constitucional para proclamar la neutralidad. Después de todo, si la Constitución le daba al Congreso y no al ejecutivo el poder para declarar la guerra, ¿no era lógico inferir que también se incluía allí el poder para no declararla?[42]

Washington podría haber sentido la presión de tomar un rumbo medio, entre los apasionados por Gran Bretaña y los que apoyaban a Francia, si no hubiera sido porque el ciudadano Genet hizo lo suyo. Dondequiera que fuese Genet, las multitudes lo vitoreaban. Los francófilos incluso hicieron circular un grabado con la imagen de George Washington en la guillotina.[43] La Proclama de Neutralidad despertó violentas pasiones. Genet pensaba que podía apelar al pueblo por sobre la cabeza de Washington. Era claro que esos buenos republicanos apoyarían al único verdadero aliado de Norteamérica.

Cuando el buque de guerra francés *Embuscade* capturó una nave británica, el *Little Sarah* (N. de T: Pequeña Sara, en inglés), el premio se llevó a Filadelfia en claro desafío al presidente Washington. El ciudadano Genet izó la bandera francesa en el mástil y ordenó que la nave tomada volviera a la mar bajo un nuevo nombre... *Pequeño demócrata*. Los marineros creen que es mala suerte cambiarle el nombre a un barco, y así fue para el ciudadano Genet. Al ordenar que la nave partiera, Genet había roto su promesa al secretario de estado Jefferson, que consideraba al francés como a un «Jonás».* Le advirtió a su teniente principal Madison que el impetuoso embajador francés «hundiría el interés de la república si no le abandonan».[44]

---

* Jefferson utilizaba el relato bíblico de Jonás, hablando de los marineros asustados que tiraron al profeta por la borda para que lo tragara una ballena porque temían que él sería quien haría que Dios hiciera naufragar a su barco.

Era muy raro que George Washington se dejara llevar por la ira. Cuando lo hacía, el espectáculo era de temer. El ciudadano Genet lo provocaba porque no era solo a Washington sino al gobierno de Estados Unidos que el poco diplomático embajador desafiaba con sus acciones. «¿Es que el ministro de la república francesa es quien decide las acciones de este gobierno, desafiándolo con impunidad?», preguntó Washington. «¡Y luego amenaza al ejecutivo apelando al pueblo? ¿Qué pensará el mundo de tal conducta, y del gobierno de los Estados Unidos, si se somete a todo eso?»[45] Pero aún movido por la ira, Washington mantenía la lógica y la calma. Más que el insulto a sí mismo, lo que deploraba era la falta de respeto a su país. Jefferson no pudo disentir: el ciudadano Genet tendría que irse.

Los norteamericanos tal vez no podían saberlo pero la sangrienta rueda de la revolución ya había resuelto su problema. En junio de 1793 los jacobinos radicales habían tomado pleno control de Francia y enviaban a sus rivales, los girondinos, a la guillotina. Genet era del partido girondino.[*] Casi antes de que los norteamericanos pudieran exigir que se retirara de su país, la república francesa hizo llamar a su ministro itinerante. Genet sabía lo que iba a suceder y por eso hizo lo único que le dictaría el sentido común. Renunció a su país y pidió asilo.

Cuando llegó el nuevo ministro francés, traía en su cartera diplomática una orden de arresto para el ciudadano Genet. Con toda cortesía el presidente Washington recibió al nuevo embajador y con la misma cortesía, desestimó la demanda de entrega de Edmond Charles Genet. El ciudadano Genet era ahora el señor Genet, ya que contrajo matrimonio enseguida con la hija del gobernador George Clinton de Nueva York y se estableció como caballero agricultor en el valle del Hudson.

Genet había insultado a George Washington. Había abusado de su hospitalidad y hasta lo había amenazado con una apelación revolucionaria al pueblo norteamericano. Pero el presidente Washington igualmente le salvó la vida. No hay nada en la larga carrera de Washington que refleje mejor su honor, que esta acción de misericordia. Gracias a Washington y a la nueva república que ayudó a crear, Genet vivió feliz y tranquilo a partir de entonces.

Washington sabía manejar el timón, por lo que el rumbo que marcó para el país fue estable. En los años siguientes los norteamericanos respetarían su papel en

---

[*] Los girondinos o girondistas eran revolucionarios franceses más moderados. Sus líderes en la asamblea nacional provenían de la región de la Gironda, en Francia. Muchos de los girondinos se habían opuesto a la ejecución del rey y la reina. Sufrirían el mismo destino que los monarcas, bajo la cuchilla de la temida guillotina.

esa crisis. Un siglo después el poeta británico Rudyard Kipling escribiría en *Si...* «Si puedes mantener la cabeza cuando todos los demás la pierden....» y bien podría haber escrito esto de George Washington en la crisis que provocó el Huracán Genet.[46]

Uno de los efectos perdurables de la tormenta surgida a causa de Genet fue la consolidación de las diferencias partidarias en el gobierno norteamericano. Los Fundadores habían rechazado el concepto en sí, pero después de Genet, las diferencias aumentaron y se hicieron permanentes: federalistas contra republicanos.

V. Una despedida larga y difícil

Si Washington esperaba una segunda presidencia más serena, su desilusión no podría haber sido mayor. Apenas acabó el asunto de Genet, surgieron problemas en la frontera noroeste. El gobierno británico se demoraba en abandonar los fuertes.

En Londres, Lord Grenville le dijo al ministro norteamericano que los fuertes se conservarían indefinidamente. Al mismo tiempo los británicos comenzaron a redoblar esfuerzos por asfixiar a los franceses, capturando sus naves en alta mar. Emitieron Órdenes en Consejo, que les otorgaban mayor poder a los capitanes de la Armada Real para capturar barcos neutrales y arrestar a sus tripulaciones. El aprisionamiento no era prisión efectiva, sino un proceso mediante el cual los marineros de los otros barcos eran obligados a servir en las naves de la Armada Real.[47] Se suponía que solo se haría con los marineros que fueran súbditos británicos al servicio de naves extranjeras, pero en realidad la Armada Real no controlaba demasiado las nacionalidades para saber quién era británico y quién, no. A veces, un acento que sonara británico bastaría, y unas pocas sílabas podían marcar la diferencia entre la libertad y la esclavitud.

Al presidente Washington le costó mucho impedir que el Congreso le declarara la guerra a Gran Bretaña. Sí envió a una fuerza bajo el general «Loco Anthony» Wayne, al noroeste. Wayne se había ganado el colorido mote durante la Revolución. Dice la leyenda que respondió a la orden de Washington de tomar el fuerte británico de Stony Point, Nueva York, con un famoso grito de guerrero: «Dé la orden, señor, y sitiaré hasta al infierno».[48]

Wayne derrotó a la amenazante alianza de los indios en la Batalla de los Maderos Caídos (cerca de lo que hoy es Toledo, Ohio) en agosto de 1794, borrando así las humillantes derrotas pasadas en la frontera. Como siempre, los indios habían sido enviados por los británicos, y acabaron engañados.[49] El general Wayne firmó al año siguiente el Tratado de Greenville mediante el cual Norteamérica reclamaba lo que hoy es Detroit y Chicago. Sobre la bifurcación del río Maumee se levantó el fuerte Wayne o Fort Wayne.[50]

Cuando entregó su espada de soldado en Anápolis, en 1783, poco podría imaginar George Washington que volvería a usarla. Pero eso es lo que hizo el presidente en 1794. En el oeste de Pensilvania la resistencia a los nuevos impuestos del secretario Hamilton se hacía cada vez más fuerte. Hacían falta agricultores que supieran convertir el maíz y otros cereales en whisky. Y eso, porque carecían de los medios adecuados para preservar los granos durante mucho tiempo. La Ley de Impuestos de 1791 —mediante la cual Hamilton imponía gravámenes altos a las bebidas alcohólicas—, les afectó mucho.

Cuando esa resistencia se convirtió en franca rebelión, el gobierno se alarmó. Los rebeldes habían vencido a unas pocas tropas federales, cerrando los tribunales y jurando que marcharían sobre Pittsburg.[51] Hamilton urgió a Washington a la acción. Estaba en juego la autoridad del nuevo gobierno. El juez de la Corte Suprema James Wilson —oriundo de Pensilvania y uno de los que había tenido un papel importante en la redacción de la Constitución— certificó que la oposición a las leyes se debía a «combinaciones demasiado poderosas como para reprimirlas...»[52]*

Washington en persona lideró a doce mil milicianos fuertemente armados a través de cuatro estados —Pensilvania, Virginia, Maryland y Nueva Jersey— cruzando los Alleghenies. Vestía su uniforme de teniente general.

El fiscal general William Bradford escribió que «el Presidente busca convencer a esta gente y al mundo, acerca de la moderación y firmeza del gobierno».[53] Hamilton quería usar la fuerza a toda costa. «Dondequiera que aparezca el gobierno con armas, tendrá que aparecer como un Hércules», porque era peligroso para la autoridad de los Estados Unidos dar una imagen de indecisión y debilidad. La Rebelión del Whisky fue aplacada muy rápido. Los líderes más radicales de esa rebelión huyeron de inmediato, en tanto otros fueron desapareciendo, y a dos los llevaron a Filadelfia, acusados de traición. Se les enjuició y una vez sentenciados, el comprensivo Washington con su gracia habitual los perdonó.[54]

---

* Volveremos a ver esta frase en la proclamación de Lincoln con respecto a la rebelión del sur. Utilizará así la Rebelión del Whisky como precedente para la acción federal.

Washington culpaba por la rebelión a los «clubes democráticos», que eran asociaciones de voluntarios por lo general leales a los republicanos de Jefferson. La vigorosa acción del presidente y su trato misericordioso con los rebeldes derrotados, parecen haber conformado la combinación adecuada. El pueblo norteamericano lo apoyó ampliamente.[55] Seguía habiendo quien pensaba que no había hecho falta tal demostración de fuerza. Thomas Jefferson —que desde la distancia, en París, había tomado con liviandad la Rebelión de Shays, de 1786— escribió que «se anunció, proclamó y combatió una insurrección que jamás se pudo encontrar».[56]

No se puede subestimar la importancia de la Rebelión del Whisky. Washington sabía que estaba recorriendo «un camino nunca antes transitado». Muchas de sus acciones como presidente, sentaron precedente para los líderes que le sucedieron. Esa acción mostró que el presidente estaba dispuesto a lidiar con cualquiera que desafiara la ley federal. Si alguien quería cambiarla, debía hacerlo con su voto. La decidida acción de Washington en ese bello otoño en las montañas de Pensilvania formaría la base para la acción de los presidentes Jackson y Lincoln (y también de Eisenhower y Kennedy en sus respectivas presidencias más adelante).*

¡MALDITO JOHN JAY! ¡MALDITO EL QUE NO MALDIGA A JOHN JAY! ¡MALDITO TODO EL QUE NO PONGA LUCES EN SUS VENTANAS Y SE MANTIENE DESPIERTO TODA LA NOCHE MAL-DICIENDO A JOHN JAY![57]

Este cartel estaba sobre un muro en la ciudad de Boston. Pocos patriotas han sufrido tantos insultos y ofensas por parte de coterráneos malagradecidos, como debió soportarlos el neoyorquino John Jay. Como juez principal de la Corte Supre-ma de los Estados Unidos, fácilmente podría haberse negado al pedido del presiden-te Washington de hacer el arduo viaje a Gran Bretaña para negociar un tratado. Pero a Washington le parecía que era urgente la necesidad de firmar uno si querían evitar la guerra.[58] El Congreso no se decidía. Como vimos antes, los británicos se negaban a abandonar sus fuertes en el noroeste y alegaban, no sin razón, que hasta que los norteamericanos pagaran las deudas de guerra de los tories —según lo acordado en el Tratado de París de 1783— estaba justificado conservar sus fuertes. Así que

---

* En la película *Dioses y generales*, producida por Ted Turner, Robert Duval interpreta a Robert E. Lee. Lee dice que jamás creyó llegar a ver el día en que un presidente norteamericano «invadiera» un estado norteamericano. En la vida real Lee era nieto político (aunque no sanguíneo) de George Washington. Habría sabido de la campaña otoñal del presidente Washington contra los rebeldes en las montañas de Pensilvania ¡y también sabría que había usado tropas de Maryland y Virginia para tal campaña!

seguían aprisionando a nuestros marinos y capturando barcos norteamericanos que comerciaran con la beligerante Francia.

Jay partió hacia Londres, consciente de la gran victoria del «Loco Anthony» Wayne en la Batalla de los Maderos Caídos. Eso debía darle fortaleza para la negociación. Pero el tratado que trajo a su regreso fue muy pobre.

Washington sabía que los Estados Unidos no estaban preparados para una guerra. Pensó que el tratado de Jay lograría el establecimiento de comunidades en el Valle Ohio, terminaría con los intentos de incitar a los indios contra los norteamericanos (se habían encontrado cadáveres de canadienses entre los muertos de la Batalla de los Maderos Caídos) y acallarían las presiones para una guerra por parte de aquellos cuya propiedad les había sido confiscada bajo las «Órdenes en Consejo». El tratado de Jay incluía provisiones para la indemnización de las personas perjudicadas.[59] Washington pudo prever que habría protestas y sometió el tratado al Senado, precariamente dividido entre federalistas (20) y republicanos (10).[60] Necesitaría los votos de todos los federalistas para alcanzar los dos tercios necesarios para la ratificación del tratado.

La protesta del público fue aterradora, el cartel aparecido en Boston muestra la animosidad contra la administración. El congresista republicano John Randolph de Virginia, incluso se atrevió a brindar diciendo: «¡Maldito sea George Washington!»[61] Y hubo también un simulacro de ejecución en la guillotina, hecho con un muñeco que representaba a Jay, al que primero quemaron antes de «decapitarlo». En todas partes le llamaban «Sir John Jay», y «el architraidor».[62]

Los periódicos republicanos reflejaban el descontento, con críticas y burlas a George Washington, diciendo que quería ser rey. Washington se sintió muy herido ante esas acusaciones tan irresponsables. Como había dicho durante la Rebelión del Whisky, cumplía con su deber como sabía hacerlo, lo cual fue una de las razones por las que él mismo estuvo al frente de las tropas, asumiendo la responsabilidad de las acciones. «Por Dios, ¡preferiría estar en mi granja a que me nombren emperador del mundo!»,[63] exclamó.

Cuando el Senado ratificó el tratado —con una votación ajustada— en junio de 1795, los republicanos intentaron otra vez atacar a Jay. Utilizaron su fuerte posición en la Cámara de Representantes para recortar los fondos necesarios para el cumplimiento del tratado. La Constitución les había dado claramente al Presidente y al Senado la responsabilidad exclusiva de negociar y ratificar tratados, pero con la misma claridad le daba a la Cámara de Representantes el poder sobre toda apropiación. Durante el largo debate, que duró meses, los ministros británicos y franceses se enfrentaron a los miembros de la Cámara, uno por uno, presentando argumentos por la aprobación y el rechazo. El tratado de Jay sobrevivió por solo tres votos, cuando la Cámara aprobó los fondos necesarios en abril de 1796.[64] Las divisiones eran profundas y amargas. Además, eran peligrosas ya que los sureños las criticaban en tanto que los del norte —en especial los intereses mercantiles del noreste— las respaldaban ampliamente.

Tras esa lucha amenazadora y debilitante, George Washington se preparaba para dejar su cargo. Le pidió a Hamilton que escribiera su último mensaje al pueblo norteamericano,[*] el que nos ha llegado como discurso de despedida de Washington, aunque se publicó en un periódico de Filadelfia. En realidad, Washington nunca lo leyó en público.

Washington les recordó a los norteamericanos cuáles eran las cualidades que hacían falta para mantener un gobierno libre:

> De todas las disposiciones y hábitos que llevan a la prosperidad política, la religión y la moral son apoyo indispensable. En vano podría un hombre afirmar que honra al patriotismo si trabaja para subvertir estos grandes pilares de la felicidad humana, estas firmes columnas sobre las que descansan las obligaciones de los hombres y los ciudadanos.[65]

La esencia de este discurso era su advertencia contra dos males gemelos: el espíritu partidista y las alianzas «permanentes» con los estados extranjeros. Washington había visto cómo la contienda entre partidos políticos y las intrigas de los agentes extranjeros amenazaban la unidad del país. Aunque su discurso podía referirse a la batalla por el tratado de Jay, su calidad ha sido transcendental, porque contiene consejos sabios incluso en nuestros días.

A medida que se acercaba la elección de 1796, los republicanos y los federalistas se preparaban para pelear por los premios mayores en el gobierno. Los federalistas no tenían mucha opción, más que alinearse tras el vicepresidente John

---

[*] El brillante Hamilton habría sido el candidato más probable como sucesor de Washington a la presidencia del país. Pero se había eliminado a sí mismo cuando admitió ante investigadores del Congreso que había pagado sobornos para acallar su adúltera aventura con María Reynolds. La confesión de Hamilton es un modelo para los políticos, aunque rara vez lo sigan.

Adams. Para los republicanos, la decisión era obvia: Thomas Jefferson había dejado la administración de Washington en 1793, pero siempre se había mantenido en contacto con James Madison, James Monroe y otros líderes republicanos.

Adams ganó por setenta y un votos electorales, contra sesenta y ocho de Jefferson. Los federalistas no habían llegado a sumar los votos necesarios como para elegir vicepresidente a Thomas Pinckney y, por lo tanto, Jefferson obtuvo ese puesto según lo dictado en ese momento por la Constitución. Como los Fundadores no habían previsto que se crearan partidos, tampoco habían podido prever que los dos puestos de gobierno más importantes fuesen ocupados por hombres de partidos diferentes. Sería un acuerdo incómodo, que duraría cuatro años.

VI. La guerra, la paz y el honrado John Adams

Cuando el 4 de marzo de 1797 George Washington asistió a la ceremonia de asunción de su sucesor, creó otro precedente. John Adams reflexionó luego sobre esta escena en una de sus cartas a su amada esposa Abigail: «Todo me fue más lleno de afecto gracias a la presencia del General, que tenía una expresión tan serena y brillante como el día mismo. Hasta parecía sentir que había triunfado, que se regodeaba en su victoria, como si le oyera decir: "¡Ah! Yo estoy fuera, por justicia, y tú estás dentro, por la misma justicia. Veamos quién de los dos es más feliz". Al término de la ceremonia se me acercó. Me felicitó con cordialidad y me deseó una administración feliz, exitosa y honorable».[66]

Mientras el flamante presidente salía del salón donde se había celebrado la ceremonia de asunción, el vicepresidente Jefferson esperó a que saliera el ahora ex presidente Washington. Éste le cedió el paso como con firme gesto de mando. Washington ahora era un ciudadano común y no deseaba que se le rindiera ningún honor. Aun en esto, estaba estableciendo parámetros para el gobierno de un pueblo libre. Una vez más, el «hombre más grande del mundo» renunciaba al poder y aseguraba una sucesión en orden y paz. El presidente Adams estaba muy consciente de la importancia de esa primera transición, pero como solía suceder, su aspecto rotundo era solo una máscara bajo la que se ocultaba un tierno corazón. Su agudo sentido de lo que significaba participar de un momento histórico se mezclaba con sus sentimientos particulares. No pudo resistir la tentación de decirle a Abigail cuál había sido la reacción de las multitudes durante su discurso de asunción.

Ha habido más llanto que en cualquier representación de una tragedia. Aunque si fue por tristeza o alegría, si por la pérdida de su amado Presidente o la asunción de uno al que no aman, o por el placer de cambiar de presidente sin que haya tumulto, o por la novedad o lo sublime de la atmósfera o por cualquier otra causa, es algo que no puedo determinar.[67]*

Adams se abocó a su primera tarea: tratar de mantener la paz con Francia. No podría haberse imaginado un contraste mayor que el de la revolucionaria Francia y la nueva república norteamericana. Durante el segundo período de Washington, Francia había vivido bajo el reino del terror de Maximiliano Robespierre. La guillotina se había llevado a dieciséis mil seiscientas víctimas en todo el país, en menos de un año (1793-94).[68] Medio millón de personas languidecían en las prisiones de la Revolución. Aunque el terror acabaría en gran medida a la muerte de Robespierre «el Incorruptible», la política de Francia quedaría «envenenada» durante siglos.[69]

Era riesgoso incluso intentar un trato con ese gobierno. En espera de un equilibrio en los asuntos exteriores, el presidente Adams envió a una delegación para que negociara un nuevo tratado con Francia, como lo había hecho el presidente Washington en ocasión del tratado de Jay con Inglaterra. A Adams le preocupaba la amenaza de una «cuasi guerra» en los mares porque las fragatas francesas habían comenzado a capturar naves norteamericanas, como lo hacían los británicos.

El ministro francés de asuntos exteriores, Talleyrand, era un hombre astuto, y se negó a ver siquiera a los diplomáticos norteamericanos, exigiendo un soborno desproporcionado solo para conversar con ellos. Dijo que Norteamérica debía pagar la increíble suma de diez millones de dólares para compensar el honor de Francia por el discurso ofensivo del presidente Adams. Talleyrand envió a tres agentes para que sondearan a los norteamericanos con el objeto de ver si pagarían o no. Uno de los miembros de la delegación norteamericana, John Marshall, era un valiente veterano de la Guerra de la Revolución. Oriundo de Virginia, era uno de los que había cruzado el río Delaware con Washington en 1776 y no estaba dispuesto a tolerar esa estupidez por parte de los franceses. Marshall denominaba a los tres agentes franceses «Señores X, Y y Z» en sus despachos secretos a Estados Unidos. Pronto giró sobre sus talones y regresó a su país.

---

* El escritor David McCullough, ganador del premio Pulitzer, dice que las transcripciones de las cartas de John y Abigail Adams le ayudaron enormemente en su trabajo como biógrafo de John Adams. ¡El registro de las cartas de esta admirable pareja en microficha mide ocho kilómetros de largo!

Cuando la noticia del «Asunto XYZ» llegó a Norteamérica en abril de 1798, el país estalló de ira contra los franceses. «Millones para la defensa, pero ni un centavo como tributo», fue el grito de los federalistas.[70] Una vez más los republicanos de Jefferson —a quienes los opositores llamaban «Galos»— quedaron avergonzados por la conducta de los franceses.

El presidente Adams disfrutaba de su popularidad. En 1798, el Congreso acordó de buena gana reconstruir la armada, como lo proponía el presidente. (La armada de hoy data de la administración Adams.) Pronto, el capitán Thomas Truxton al mando del poderoso y nuevo USS *Constellation* llenó de entusiasmo a los norteamericanos al capturar la fragata francesa *L'Insurgente*, el 5 de febrero de 1799. Desde la isla de Nevis en el Caribe, los rifles del capitán Truxton y sus hombres mataron a veintinueve marineros franceses e hirieron a setenta y uno. Solo dos norteamericanos murieron y otros dos sufrieron heridas. Esa tripulación tan bien entrenada volvió a cruzarse en batalla al año siguiente con el buque de guerra francés, en la Era de las Guerras Navales. *La Vengeance* apenas logró evitar el naufragio, bajo los certeros disparos de la tripulación del *Constellation*. Esas acciones violentas y rotundas, continuaron la tradición triunfante que había establecido John Paul Jones. Los norteamericanos celebraron su independencia de las dos grandes potencias el cuatro de julio, cuando pudieron afirmar finalmente que en el capitán Truxton tenían a un «enviado» a quienes los franceses no podían dejar de recibir.[71]

Si John Adams no hubiera cometido un desastroso error, seguramente lo habrían elegido nuevamente como presidente en 1800. Ante la provocación de la crítica en la prensa, y acosado en el congreso por el aliado de Jefferson —Albert Gallatin—, que era un inmigrante suizo, Adams consintió dos de las leyes más desastrosas en la historia norteamericana: las leyes de extranjeros y la de sedición. La primera extendía el tiempo necesario para la ciudadanía por naturalización de cinco a catorce años.[72] La segunda se promulgó para permitir que se persiguiera a cualquier persona que publicara declaraciones «falsas y difamatorias» contra los líderes del gobierno.

Ni Adams ni Hamilton querían esas leyes. Hamilton sabía que serían contraproducentes. «No establezcamos una tiranía», advirtió. «La energía es algo muy distinto a la violencia».[73] Pero los ultrafederalistas que había en el Congreso insistían, ejerciendo gran presión. Estaban seguros de que era inminente una invasión por parte de Francia. Adams se resistió a entrar en pánico con humor: «No hay perspectiva alguna de ver a un ejército francés aquí, como no la hay tampoco en el cielo».[74] Tampoco serían esos líderes federalistas los únicos en oponerse a las medidas tan extremadamente insensatas. Como candidato al Congreso por los federalistas, representando a Virginia, John Marshall dijo que «por cierto me habría opuesto», y que pensaba que «solo habían sido ingeniadas para crear innecesario descontento y envidia».[75] Adams podría haber vetado las leyes de extranjeros y la de sedición, pero con eso habría abierto una división fatal entre él y la mayoría federalista del Congreso, que pujaba por promulgarlas. Pronto los federalistas lamentarían haberse apresurado. Los irlandeses y los alemanes eran dos grupos importantes —en especial numerosos en la esencial Pensilvania— que con esa legislación tan desatinada quedarían alienados.

Jefferson y Madison respondieron a ese desafío con sus ahora famosas «Resoluciones de Virginia y Kentucky». En 1798 no se conocía quién había sido el autor de estas resoluciones, pero muchas de las ideas que contienen habían sido expresadas en la respuesta de los dos hombres ante la propuesta de Hamilton de crear un banco nacional, en 1791. Las Resoluciones de Virginia, de Madison eran más restringidas y razonadas. Las Resoluciones de Kentucky, de Jefferson, eran más largas y contundentes, y atrajeron la atención de muchos. El estilo de Jefferson es fácilmente reconocible:

> En cuestiones de poder, entonces, ya no se oiga más de confianza en el hombre, sino más bien, atémosle para impedir sus malas acciones con las cadenas de la Constitución. Que este mancomunado [Kentucky] convoca por ello a los demás estados a expresar sus sentimientos en las leyes que regulan la extranjería, y el castigo de ciertos delitos [la sedición]... declarando llanamente si estas leyes son autorizadas o no por el compacto federal [la Constitución].[76]

Merrill Peterson, un estudioso de Jefferson, nos brinda la relación que muestra la importancia de las resoluciones: «El movimiento de secesión fue un testamento notable de la teoría compacta de gobierno que Jefferson, más que nadie, había fijado en la mente norteamericana».[77] Si la Unión norteamericana era un compacto de estados, ¿no podía entonces uno de esos estados dejar la Unión si lo deseaba? Jefferson se negó a decirlo con todas las letras. Y lo más importante fue que reconoció que el pueblo norteamericano no *permitiría* la resistencia armada. Las rebeliones de Shays y del Whisky se lo habían enseñado: «Alejémonos de todo uso de la fuerza y [el pueblo norteamericano] derrotará las maliciosas tendencias del gobierno, *por elección y por petición*», concluyó.[78]

Sin embargo, es posible argumentar que el señor Jefferson plantó las semillas de la secesión con sus anónimas Resoluciones de Kentucky. Jefferson se acerca a ello peligrosamente, pero Madison lo retiene, tirándole del saco. El siempre práctico Madison es quien en todo momento impide que Jefferson salte al abismo (Madison luego denunciará la anulación).

Lo que en realidad buscaban Jefferson y Madison era un cambio en la conducta del Congreso con esa forma de presión por parte de las legislaturas estatales, o por cambio electoral.[79] Si la resistencia a la legislación inconstitucional debía ser por elección y petición, lo que hacía falta entonces era apelar por los votos, de manera organizada. Fue este un cambio muy grande en la política partidista. Jefferson y Madison no solo habían contribuido a crear un partido político, sino que con sus resoluciones de Virginia y Kentucky ofrecían la primera plataforma partidaria e iniciaban una campaña política nacional.

La Guerra Naval no declarada contra Francia (1798-1800) parecía acercarse cada vez más a una guerra declarada cuando se llamó al ex presidente Washington a que dejara su lugar de descanso y encabezara un ejército que se enfrentara a los invasores franceses. Aun con objeciones por parte del presidente Adams, Washington insistió en que Hamilton fuera designado inspector general del ejército. Muchos temían que Hamilton creara una base de poder para sí mismo en el nuevo ejército, como lo había hecho Napoleón Bonaparte en Francia. Los marineros norteamericanos en estado de alerta, entonaban sus sentimientos con una melodía contagiosa:

Que cada marinero, con un solo corazón y una sola voz,
Beba un buen trago de grog (ron) brindando por quien quiera.
Bajo John (Adams), el piloto del Estado, George (Washington) como
comandante,
Terminaremos con los franceses y ese zorro Tallyrand.[80]

A pesar de que Hamilton promovía la guerra con Francia, y aunque los federalistas respaldaban la idea desde el Congreso, el presidente John Adams decidió hacer un último intento por la paz con ese país.

Aunque fue inesperado, el ánimo de los franceses era receptivo. Napoleón, que ahora estaba al mando, no quería entrar en guerra con Norteamérica. Los federalistas estallaron de ira, contra su propio presidente. Querían tomar Nueva Orleáns y las Floridas. Querían desacreditar todavía más a los jeffersonianos amantes de los franceses. La tozudez de Adams y su tendencia a ser independiente, les llevaría a la ruina, afirmaban.

Después de ocho largos meses de negociación, los franceses se negaron rotundamente a pagar veinte millones de dólares por los daños causados a los Estados Unidos cuando capturaban sus barcos durante la cuasi guerra. Pero ambas partes buscaban espacio para un acuerdo. Los franceses liberaron a Norteamérica de sus obligaciones bajo el Tratado de la Alianza de 1778. En realidad, lo que obtuvo Norteamérica fue el divorcio de Francia, con veinte millones de dólares como pago de alimento.[81]

La noticia de la Convención de 1800 entre Estados Unidos y Francia llegó demasiado tarde como para afectar la elección presidencial. La historia siempre se preguntará qué habría pasado si los votantes hubieran sabido del éxito diplomático de Adams antes de elegir al nuevo presidente. Pero una cosa es segura: si Adams hubiera cedido al pedido de guerra de Hamilton, los franceses no le habrían vendido Louisiana a los Estados Unidos tres años después.[82] Porque aunque se considera con justicia a Jefferson como padre de la compra de Louisiana, al menos Adams debe reconocerse como su padrino.[83]

Adams sabía que corría un gran riesgo al enviar a su misión diplomática a Francia. «Defenderé mis misiones a Francia mientras tenga un ojo para dirigir mi mano o un dedo para sostener mi pluma», dijo. «Han sido las acciones más desinteresadas y meritorias de mi vida. Pienso en ellas con tanta satisfacción que no deseo otra inscripción en mi lápida que esta: Aquí yace John Adams, quien asumió la responsabilidad de la paz con Francia en el año 1800».[84]

Los norteamericanos quedaron atónitos ante la noticia que recibieron justo antes de la Navidad de 1799. George Washington había muerto en Mount Vernon, tras una enfermedad que había durado solo treinta y seis horas.

¡El Padre de la Nación había muerto!

Se sintieron como huérfanos ante la noticia. Y ninguno tanto como Hamilton: «Fue para mí un *aegis* [protector] muy esencial», escribiría más tarde. Los dolidos miembros del Congreso se reunieron en la Iglesia Luterana Alemana de Filadelfia, para un servicio en memoria de Washington en el que habló Henry «Caballo Ligero Harry» Lee, de Virginia, que en su panegírico dijo que Washington era «el primero en la guerra, el primero en la paz y el primero en los corazones de sus compatriotas».[*]

VII. LA REVOLUCIÓN DE 1800

Aaron Burr ganó la elección al Senado de los Estados Unidos desde Nueva York, en 1790, derrotando al suegro de Alexander Hamilton, Philip Schuyler. Burr, un héroe de la guerra, tuvo que ser un organizador político eximio para lograr tal hazaña.[85] Bajo la Constitución original, los senadores eran elegidos por las legislaturas estatales.[**] La base del poder de Burr en Nueva York probó ser irresistible cuando Jefferson y Madison buscaban aliados del norte para oponerse a los planes de centralización de Hamilton. Su coalición se convirtió en la base del partido republicano (es decir, el partido demócrata de hoy). Jefferson y Madison viajaron al norte en 1791 a Nueva York y Nueva Inglaterra, en su famosa «expedición botánica». Eran unas verdaderas vacaciones para los agricultores de Virginia que estudiaban las plantas y métodos de la agricultura en la región del norte. Pero también les brindó la ocasión de reunirse con Burr y con el poderoso canciller de Nueva York Robert R. Livingston.[86]

A medida que se acercaba la elección de 1800, Jefferson sabía que tendría que obtener apoyo del norte para ganar. La alianza con Aaron Burr prometía darle el gran bloque de votos electorales de Nueva York al candidato de Virginia.[***] Los republicanos tampoco querían una repetición de la elección de 1796, en que los ganadores para los puestos de presidente y vicepresidente representaban a partidos diferentes. Haría falta más organización y disciplina partidaria para evitar ese resultado.

La campaña de 1800 fue la primera verdadera lid presidencial en la historia norteamericana. Los republicanos peleaban contra los federalistas en cada estado. Pocas elecciones igualarían a esa, en cuanto a los astutos ataques que se lanzaban contra ambos candidatos. Los periódicos partisanos decían que Adams estaba «senil»

---

[*] Serían palabras que los norteamericanos recordarían siempre. Quien las sabía «de memoria» era el hijo de Henry Lee, Robert E. Lee.

[**] Esto se cambió con la XVII enmienda, que en 1914 dictaminó que los senadores de los Estados Unidos serían elegidos por voto directo.

[***] Virginia tenía veintiún votos electorales y Nueva York, doce, del total de setenta requeridos para la elección en 1800.

acusándolo de ser orgulloso, vanidoso y cabeza dura. Y eso era suave, comparado con el ataque a Thomas Jefferson. El candidato de Virginia, filosófico y de suaves modales, fue acusado de ateísmo y de buscar que llegara la sangrienta violencia revolucionaria francesa a las pacíficas costas de Norteamérica. «Loco Tom», «Jacobino», «apóstol de las carreras de caballos y las peleas de gallos», fueron solo algunos de los epítetos que lanzó la prensa federalista.[87] (Lo de las carreras de caballos fue especialmente ridículo porque el señor Jefferson jamás iba al hipódromo, aunque el símbolo federalista, George Washington, sí.)

Jefferson siempre era comparado con Washington, desfavorablemente. La muerte del primer presidente de la nación a fines de 1799 había sumido al país en una pena profunda. La primera víctima de toda campaña política por lo general es la lógica. Si Jefferson era, como decían, un radical tan notorio, ¿qué tan leal podía haber sido Washington al elegirlo como primer secretario de estado?

Sin embargo, nada de lo que los republicanos pudieran decir de los federalistas se podía comparar con lo que se decían entre sí los mismos federalistas. En esta campaña presidencial tan extraordinaria, el partido federalista literalmente se derrumbó. Lo que lo destruyó fueron los rencores personales. Sin la figura unificadora de Washington para mantenerlos unidos, los federalistas empezaron a atacarse entre sí.

En mayo de 1800 Adams montó en cólera durante una discusión con su secretario de guerra James McHenry. Se había enterado de que algunos miembros de su gabinete reportaban regularmente a Hamilton. Dijo entonces que Hamilton era «el hombre que sembraba intrigas, un hombre carente de todo principio moral, un bastardo y tan extranjero como Gallatin. El señor Jefferson es un hombre infinitamente mejor... sirve usted a Hamilton, quien gobernó a Washington y seguiría gobernando si pudiera».[88] Ante eso, el atónito McHenry no pudo sino renunciar, y describir palabra por palabra a Hamilton todo lo que había dicho Adams.

Alexander Hamilton, ofendido por los insultos del anciano, contraatacó. Le escribió a Adams exigiendo una explicación y al no recibir ninguna, produjo un panfleto de cincuenta y cuatro páginas, originalmente dirigido solo a los líderes partidarios. La Carta de Alexander Hamilton respecto de la conducta pública y carácter de John Adams, presidente de los Estados Unidos, por supuesto no podría mantenerse en la confidencialidad. Fue uno de los documentos más increíbles de la historia norteamericana.

En medio del hervidero de esa tan controversial campaña presidencial, en la que el presidente Adams era un candidato fuerte, Hamilton, reconocido líder del partido federalista ¡atacaba a los suyos! Hamilton dijo que Adams era un hombre con «enormes defectos intrínsecos de carácter», con un «asqueroso egoísmo» y un «temperamento ingobernable».[89] Aunque no lo calificó de demente, acusó a Adams en estos términos: «Es un hecho que tiene tendencia a ataques de ira que le privan del dominio propio y producen una conducta muy escandalosa».[90] Aun así, y después de todas esas denuncias, ¡Hamilton pedía que se reeligiera a Adams!

Nadie ha registrado algo similar de parte de Jefferson o Madison. Tal vez Jefferson descargara su ira con cartas, que no siempre serían atinadas o sabias. Todos sabemos que el pobre John Adams estaba pasando por un momento muy doloroso. Su hijo Charles, se hundía cada vez más en el pozo del alcoholismo y la demencia, cosa que le costaría la vida. Abigail le había escrito a su esposo: «Me duele el alma al pensar en lo que se ha convertido. Todos los momentos de mi vida son amargos al pensar en cuál será su destino».[91] No hay dolor más grande que este para un padre o una madre.

El panfleto de Hamilton había logrado causar mucho daño. John Adams obtuvo sesenta y cinco votos electorales y Charles Cotesworth Pinckney, sesenta y cuatro. Los federalistas habían sido derrotados por muy poco. Eso era claro. Pero, ¿quién había ganado?

Thomas Jefferson había obtenido setenta y tres votos electorales ¡al igual que Aaron Burr! La disciplina del partido republicano parecía ser demasiado estricta. Ese empate en el colegio electoral significaba que la elección debía ser resuelta por la Cámara de Representantes. Y lo peor era que según la Constitución de entonces, quien decidiera la elección no sería la Cámara recién elegida, sino el «pato rengo» (N. de T: «pato rengo» o «lame duck», denomina a funcionarios que han terminado su período y que ya no tienen poder) de la Cámara que había sido elegida en 1798.* Esa Cámara tenía mayoría federalista.

Algunos de esos federalistas vieron la oportunidad de molestar a sus oponentes elevando a Aaron Burr a la presidencia. Su lógica era que el ambicioso Burr se sentiría endeudado con ellos por permitirle entrar en la recientemente inaugurada residencia presidencial, en la nueva ciudad de Washington. Pensaban que les sería más fácil tratar con Burr que con Jefferson.

---

* Los períodos de la Cámara de Representantes, del Senado, del presidente y vicepresidente se cambiaron con la XX enmienda en 1933 para acortar el período de tiempo transcurrido entre la elección y la asunción.

Cuando la Cámara se reunió por primera vez en el nuevo Capitolio de la nación, empezaron a votar para elegir al nuevo presidente. Cuando la Cámara tiene que elegir presidente, lo hace por estado. Eso significa que los estados pequeños tienen el mismo derecho que los grandes, en la elección. Y cuando un estado tenía solo un representante, este tenía mucho poder.

La idea de elegir a Burr como presidente tuvo un gran impacto sobre la mayoría de los norteamericanos. Burr supo resistir la declaración clara y directa de lo que todo Norteamérica sabía: que el partido republicano quería a Jefferson como presidente y a Burr como vicepresidente, y que eso es lo que sus votantes pensaban que obtendrían. Burr esperaba, en silencio.[92]

Hamilton se alarmó al ver que después de treinta y cinco votos, todavía no había un ganador. Hasta se había hablado de que podría llegar a ser presidente el federalista John Marshall si la Cámara no lograba resolver el empate. El gobernador de Virginia, James Monroe, leal amigo de Jefferson, amenazó con usar las tropas estatales si los derrotados federalistas hacían fraude en la elección.

En una serie de cartas en tono urgente y febril, Hamilton les rogó a los federalistas que resolvieran la elección a favor de su archirival Jefferson: «Por el amor del cielo no permitan que el partido federal sea responsable de elevar a este hombre [Burr]», le escribió a un amigo. Para Gouverneur Morris, «[Burr] no podría someterse a ningún acuerdo, ni escuchará a consejero alguno más que a su propia ambición». Hamilton se burló ante la idea de que Burr pudiera acceder al puesto por negociación: «Se reirá a escondidas cuando logre que voten por él y luego les aplastará apenas le convenga».[93]

En cuanto a eso Hamilton sabía lo que decía. Aaron Burr era nieto del gran predicador y escritor colonial Jonathan Edwards. Pero nadie había encontrado santidad alguna en su carrera como mujeriego ni en su habilidad para evadir a sus acreedores.[94] Es cierto que Burr era encantador e inteligente. Pero no es por accidente que no estudiemos los escritos de Aaron Burr. Era manipulador, todo acción, todo ambición, poco más que un jugador empedernido. Y los republicanos lo sabían al votar por él.

Finalmente, en la trigésimo sexta votación, el congresista federalista por Delaware James A. Bayard, rompió el empate votando en blanco. Había acordado antes con otros de su partido, que harían lo mismo. Eso resolvió el asunto a favor de

Jefferson.[95] Fue el 17 de febrero de 1801, a solo quince días de la fecha programada para la asunción.

Thomas Jefferson caminó desde su vivienda hasta el nuevo Capitolio, donde juró como presidente el 4 de marzo de 1801.

«Todos somos republicanos. Todos somos federalistas», dijo en su discurso de asunción. «Hemos dado nombres distintos a hermanos del mismo principio».[96]

Jefferson les ofreció a sus opositores políticos la rama de olivo. También aprovechó el disgusto general de muchos norteamericanos ante el peligroso juego de los federalistas prácticamente fuera de ejercicio en el Congreso.[97]

Jefferson no tenía dotes de orador, por lo que su voz en los discursos públicos era casi inaudible. Pero sus palabras en esta ocasión —en que nuestro país se salvó de una guerra civil— siguen teniendo vigencia doscientos años más tarde.

Todos, también, recordaremos este sagrado principio de que la voluntad de la mayoría es la que ha de prevalecer en todos los casos, y que esta ha de ser por justicia razonable. Que la minoría posee iguales derechos, y ha de ser protegida por leyes iguales, y que la violación de dicho principio sería opresión.

Así echó los cimientos filosóficos del libre gobierno al momento de participar en la primera transferencia pacífica de la historia del poder político de un partido gobernante a otro. Luego apeló a la concordia civil con palabras conmovedoras:

Conciudadanos, unámonos entonces, con un mismo corazón, una misma mente. Restauremos a las relaciones sociales esa armonía y ese afecto sin los cuales la libertad y la vida misma no son más que una carga.

Y reflexionemos, en que habiendo eliminado de nuestra tierra esa intolerancia religiosa bajo la cual sangró y sufrió durante tanto tiempo la humanidad, hemos ganado poco sin embargo si albergamos la intolerancia política como despotismo, como maldad, capaz de amargas y sangrientas persecuciones.[98]

Los siguientes doscientos años verían tales ejemplos de persecución, tanto política como religiosa. Norteamérica sufriría por ello también. Tenemos las palabras de Jefferson para animarnos a redoblar esfuerzos en pos de la «armonía y el afecto» en la vida pública.

John Adams dejó la Mansión Ejecutiva esa mañana. No había sido invitado a presenciar la asunción de su sucesor, por lo que tomó el primer coche del día hacia su hogar en Braintree, Massachussets. Antes de partir, dejó una bendición para la nueva casa: «Oro porque el cielo derrame las mejores bendiciones sobre esta casa y sobre todos los que la habiten a partir de ahora. Que gobiernen bajo este techo solamente hombres honrados y sabios».

Capítulo 6

LOS JEFFERSONIANOS

(1801-1829)

Pareciera que apenas asumió el presidente Jefferson, los Estados Unidos asestan el golpe diplomático más grande en la historia del mundo. Doscientos años más tarde, la compra de Louisiana sigue siendo una asombrosa y estratégica hazaña estadista de lo más inspirada. Pero hay muchos que disienten en cuanto a la expansión de la esclavitud hacia nuevos territorios, lo que amenazará la vida de la nación. Después de una década de tensiones la Unión entra en guerra con Gran Bretaña en 1812. El joven país, casi sin armas ni preparación, es derrotado en Canadá, en el noroeste y debe soportar la humillación de ver que los invasores incendian Washi1ngton, D.C. La única llama de esperanza es la valiente resistencia del Fuerte McHenry en Baltimore, y algunas victorias espléndidas en los mares. Luego, como en medio de un trueno, llega a la capital todavía en cenizas la noticia de que el general Andrew Jackson milagrosamente ha logrado que los británicos retrocedieran en la batalla de Nueva Orleáns. Y tras esa gran victoria de Jackson llega la noticia del Tratado de Ghent, que da por finalizada la guerra de 1812. Poco tiempo después Norteamérica se precia de haber soportado y sobrevivido a la invasión por parte de la potencia más grande del mundo. Muchos sienten que ha sido una segunda Guerra de Independencia, con final glorioso. Los herederos de Jefferson —sus lugartenientes políticos Madison y Monroe— miran hacia el sur y el oeste con el fin de ganar territorio. La sorpresa es que Monroe preside «una era de buenas sensaciones».

I. «Un imperio para la libertad»

Thomas Jefferson tenía cincuenta y siete años cuando ingresó a la casa presidencial. A lo largo de su carrera pública había servido al país como legislador por Virginia, como miembro del Congreso, como exitoso ministro norteamericano en Francia (luego de un período notablemente infructuoso como gobernador de Virginia durante la guerra), como primer secretario de estado, segundo vicepresidente y ahora, tercer presidente de los Estados Unidos. Autor de la Declaración de Independencia y del Estatuto de Virginia por la Libertad Religiosa, se le describía como un hombre que podía «calcular un eclipse, supervisar la administración de una propiedad, ligar una arteria, hacer los planos para un edificio, juzgar una causa, domar un caballo, bailar un minué y tocar el violín».[1][*]

No todos los sucesores de Jefferson estaban tan impresionados. El joven Theodore Roosevelt describió a Jefferson como «tal vez el Ejecutivo más incapaz que haya ocupado el sillón presidencial... completamente inhábil para lidiar con el más mínimo peligro... sería difícil imaginar a un hombre con menos capacidad para guiar al estado...»[2]

Estando Jefferson aún con vida, también había quienes lo admiraban y los que no. Inició su período presidencial decidido a lograr un cambio drástico con respecto a la administración que le había precedido. Quizá en parte porque no era buen orador, o porque no quería hacer algo que se pareciera al «discurso desde el trono» de un monarca, Jefferson comenzó a enviar mensajes escritos al Congreso en 1801, en los que hablaba sobre el estado de la Unión. Tal tradición continuó hasta 1913, cuando el hábil orador Woodrow Wilson retomó la práctica de dar discursos en persona.

Jefferson eliminó también la costumbre de las «veladas» con las que Washington prefería agasajar a los dignatarios y funcionarios. Eran eventos formales. En cambio, el viudo invitaba a los miembros del Congreso a cenas en la casa presidencial, en grupos reducidos. Así, el nuevo presidente podría ejercer un liderazgo firme. Los políticos siempre estaban deseosos de cenar con el hombre al que conocían como «Señor Jefferson».

---

[*] No es de extrañar que el presidente Kennedy recibiera a cuarenta y nueve ganadores del Premio Nobel en una cena, en 1962, en la Casa Blanca, diciendo: «Pienso que es esta la más extraordinaria colección de talento y conocimiento humano que se haya reunido en la Casa Blanca, con la posible excepción de cuando Thomas Jefferson cenaba aquí a solas».

Uno de los incidentes más coloridos de la presidencia de Jefferson fue la llegada del diácono John Leland y el «Queso Mamut» a la casa presidencial. Leland, líder bautista, había brindado su importante apoyo a Jefferson y Madison en Virginia durante la década de 1780, cuando se esforzaban por establecer la libertad de culto. Leland había regresado a su nativa Nueva Inglaterra en 1791, pero desde allí siguió apoyando a sus famosos amigos de Virginia. A diferencia de tantos otros clérigos de Nueva Inglaterra, Leland expresaba su apoyo a Jefferson como candidato a la presidencia en 1800. Ahora, convenció a sus vecinos del oeste de Massachussets para que honraran a su héroe con un queso gigante. Leland y otros bautistas llevaron una horma de queso que pesaba 500 kilogramos hasta la casa presidencial. El queso tenía grabado el lema personal de Jefferson: «La rebelión contra los tiranos es obediencia a Dios».[3] El diácono John aprovechó que el queso atraía a cantidad de curiosos para predicar el evangelio durante todo el viaje.[4]

Les tomó un mes cubrir el trayecto. Cuando llegó a la casa del presidente, el día de Año Nuevo de 1802, Jefferson le esperaba con los brazos abiertos.[5] Leland no solo fue invitado a participar de la recepción de Año Nuevo, sino que se le pidió que predicara dos días después en la Cámara de Representantes de los Estados Unidos. El presidente Jefferson se unión al servicio religioso realizado en propiedad federal, en la ciudad federal.* En Virginia John Leland se había opuesto a la establecida Iglesia Episcopal. Con ayuda de Jefferson y Madison logró acabar con la discriminación oficial en contra de los bautistas y otros grupos allí. En Massachussets, Leland se opondría a la establecida Iglesia Congregacional.

Jefferson siguió brindando consejo y guía por medio de sus cartas. Una de las primeras de esas comunicaciones tuvo gran influencia en las relaciones entre la Iglesia y el Estado en Norteamérica. Acababa de recibir una carta de felicitación por su elección por parte de la Asociación Bautista de Danbury, el 30 de diciembre de 1801. Así que respondió con premura el 1 de enero de 1802. El presidente Jefferson escribió la carta más famosa de todas las que redactó, una de sus acciones públicas más incomprendidas.

Jefferson agradeció a los bautistas de Connecticut y aprovechó la oportunidad para explicar por qué se había negado a proclamar días de ayuno y acción de gracias.

---

* Jefferson asistió a este servicio evangélico en la Cámara de Representantes a poco de escribir su tan citada «Carta de los bautistas de Danbury». Es una carta que se cita como modelo de recomendación de «un alto muro de separación entre la iglesia y el estado». Aunque no impidió que el presidente Jefferson diera su apoyo al servicio religioso realizado en una propiedad federal.

Expresando sus creencias constitucionales «estrictamente construccionistas», explicó que el presidente solo tiene poder para ejecutar las leyes promulgadas por el Congreso. El pueblo había aprobado con sabiduría la Primera Enmienda a la Constitución, escribía. Como la enmienda específicamente prohíbe que el Congreso promulgue ley alguna «respecto del establecimiento de la religión o restringiendo su libre ejercicio», creía que no tenía autoridad constitucional como para proclamar días de ayuno y acción de gracias.

Ahora sabemos que Jefferson se había extendido más en el primer borrador de esa carta. La proclamación de observancia religiosa había sido práctica habitual de la monarquía británica porque el rey era cabeza de la Iglesia de Inglaterra. Jefferson volvía a arremeter contra sus opositores federalistas. Pero su fiscal general lo convenció de que muchos buenos republicanos de Nueva Inglaterra siempre habían esperado que sus gobernadores y legislaturas proclamaran estos días tan importantes.[6] En efecto, Jefferson había brindado su apoyo a la proclamación de un día nacional de ayuno y oración siendo miembro del Congreso Continental.

Fue entonces que Jefferson usó la frase que desde ese momento se asoció siempre con su nombre. Escribió que hay «un muro de separación entre la Iglesia y el Estado».[7] Hay que considerar esta carta dentro del contexto de la todavía vigente controversia por la elección de Jefferson en 1800. Los federalistas y quienes les apoyaban en muchos de los púlpitos de Nueva Inglaterra habían denunciado a Jefferson diciendo que era ateo e «infiel». El presidente de la Universidad de Yale, Timothy Dwight, era ministro congregacionalista y había advertido que si se votaba por los republicanos jeffersonianos «es posible que la Biblia termine en la hoguera». Y lo peor sería que a los niños se les enseñaría a cantar «burlas en contra de Dios».[8] El pastor presbiteriano John Mitchell Mason le aseguró a su congregación que elegir a Jefferson sería «un crimen imperdonable... un pecado contra Dios».[9] El periódico federalista Gazette of the United States [Gaceta de los Estados Unidos] había resumido esa elección como la opción entre «Dios y un presidente religioso [Adams] »o «Jefferson ¡sin Dios!».[10]

Jefferson habló contra esa histeria irracional y contra las flagrantes ofensas en cuanto a la autoridad religiosa en pos de la politiquería partidaria. «He jurado sobre el altar de Dios eterna hostilidad contra toda forma de tiranía sobre la mente del hombre», le escribió Jefferson en una carta al doctor Benjamin Rush.[11] Le aseguró que se opondría a todo intento por establecer una forma de cristianismo en particular en Norteamérica.[12] Esa postura hizo que Jefferson fuera muy popular entre los grupos religiosos minoritarios, lo que con el tiempo llevaría a disminuir el establecimiento de la Iglesia Congregacional en Nueva Inglaterra, tal como lo había deseado Leland.

A medida que se aproximaba la fecha de las elecciones de 1802, el partido federalista de Adams, Hamilton y Jay sentía mayor desesperación. Jefferson no había derribado altares de iglesias, ni confiscado Biblias ni levantado una guillotina en el National Mall.* Un líder federalista, Fisher Ames, gritó: «Nuestro país es demasiado grande para la unión, demasiado sórdido para el patriotismo, demasiado democrático para la libertad».[13] Hasta el enérgico Alexander Hamilton parecía haber perdido la esperanza: «Cada día tengo más evidencias de que este mundo norteamericano no está hecho para mí», escribió.[14] Los federalistas preveían un desastre político en las elecciones legislativas que se aproximaban, por lo que se volvieron más estridentes de lo que lo habían sido en 1800. Tomaron un escandaloso artículo escrito por James T. Callender, en que el autor acusaba al presidente Jefferson de haber tenido un hijo con una de sus esclavas de Monticello, Sally Hemmings.

Jefferson había intentado ayudar a Callender con empleos y dinero, pero tendría que haber roto todo contacto con él cuando el alcohólico refugiado escocés publicitó el adúltero asunto de Hamilton con María Reynold. Ahora, la ayuda de Jefferson se parecía más que nada a un soborno. Cuando Callender se volvió contra él, Jefferson supo que la culpa había sido suya. «La serpiente que atesoraste y abrigaste», le escribió Abigail Adams, «mordió la mano que la alimentaba».[15] Jefferson sabía que merecía ese reproche.**

La venganza de Callender no le sirvió de mucho porque el año siguiente lo encontraron flotando en el río James, en Virginia. Se había ahogado después de emborracharse.[16] El escándalo tampoco les vino bien a los federalistas. En las

---

* N. de T: El National Mall es una zona al aire libre (y un parque nacional) en el centro de Washington D.C., la capital de los Estados Unidos. Tomado de: http://es.wikipedia.org/wiki/National_Mall, acceso 9 de marzo de 2009.

** La supuesta relación con Sally Hemings volvió a surgir al escenario del interés general en 1998, cuando se afirmó que la evidencia de ADN ahora confirmaba que había sido el padre de algunos (o todos) de sus hijos. La Comisión Académica Jefferson-Hemings, sin embargo, tomó en cuenta los nuevos hallazgos y estuvo en desacuerdo: «Después de revisar con sumo cuidado toda la evidencia, la comisión acuerda por unanimidad que no hay prueba alguna de lo que dicen demostrar». La Comisión Académica no niega que los hijos de Sally Hemings hubieran tenido por padre a un Jefferson. Lo que sostienen es que no se puede probar que fueran hijos de Thomas Jefferson. Lo más probable, según el periodista Virginius Dabney galardonado con el Premio Pulitzer, es que el verdadero padre de los hijos de Sally Hemings haya sido el sobrino de Jefferson, Peter Carr. (*The Jefferson Scandals,* Dodd, Mead, 1981):

elecciones legislativas parciales de 1802, triunfaron los republicanos con ciento dos bancas en la Cámara de Representantes, contra solo treinta y nueve para los federalistas.

Jefferson debió prestar atención a una crisis extranjera latente, en los inicios de su gestión. Durante más de veinte años había estado urgiendo a iniciar la acción militar contra los corsarios árabes en la costa berberisca.[*] Los corsarios usaban naves veloces, de bajo costo, para capturar los cargamentos que los mercaderes transportaban desde la corta norte de África. Había varios gobernantes árabes que declaraban guerras contra países europeos ocasionalmente y luego comenzaban a capturar sus naves y tripulaciones. Los hombres capturados eran retenidos hasta que se pagaba un rescate o se vendían como esclavos. «¡Hoy los cristianos están en oferta!», gritaba el encargado de la subasta.[17]

No era una práctica nueva. Durante siglos, un millón y cuarto de europeos habían sido tomados como esclavos por musulmanes que operaban desde el norte de África.[18] Mientras era ministro norteamericano en Francia, a mediados de la década de 1780, Jefferson se había enfrentado una vez con un diplomático árabe, y le exigió que dijera con qué derecho atacaba su país a los norteamericanos en el Mediterráneo:

> El embajador nos respondió que su derecho estaba fundamentado en las leyes del Profeta, que estaba escrito en su Corán, que todas las naciones que no respondieran a su autoridad eran pecadores y que tenían derecho y obligación de hacerles la guerra dondequiera que los encontraran y de convertir en esclavos a todos los que tomaran prisioneros.[19]

Ante tal obstinación Jefferson apeló a John Adams, entonces ministro norteamericano en Inglaterra. Pero Adams no quería pelear. Jefferson decidió desde entonces luchar contra los musulmanes que capturaran rehenes. «Debiéramos formar un poder naval si es que queremos continuar con nuestro comercio. ¿Podremos iniciar esto en ocasión más honorable, o con enemigo más débil?», le escribió a James Madison en 1784.[20] El secuestro de mercaderes norteamericanos siguió durante casi veinte años más.

---

[*] N. de T: Berbería o Costa berberisca es el término que los europeos utilizaron desde el siglo XVI hasta el XIX para referirse a las regiones costeras de Marruecos, Argelia, Túnez y Libia, es decir, el actual Magreb, salvo Egipto. Tomado de: http://es.wikipedia.org/wiki/Berber%C3%ADa.

Las administraciones de Washington y Adams se remitieron a pagar rescates como lo hacían las naciones europeas. Era una forma de protegerse, lisa y llanamente. Adams pensaba que era más barato pagar tributo que hacer la guerra. «No debiéramos pelear contra ellos a menos que decidamos hacerlo para siempre», dijo.[21] No era poca cosa pagarles a los gobernantes de Berbería. Cuando Jefferson asumió la presidencia, los Estados Unidos ya habían pagado casi dos millones de dólares, ¡lo cual representaba casi una quinta parte del ingreso anual del gobierno federal![22]

El pachá de Trípoli declaró la guerra contra los Estados Unidos en 1801. Jefferson estaba decidido a pelear en lugar de pagar tributos. Así que envió al comodoro Edward Preble al mando del navío *USS Constitution* para fortalecer las fuerzas navales norteamericanas en el Mediterráneo. Preble conmovió a sus compatriotas con su enérgica respuesta a un arrogante capitán británico que le había mandado identificarse cuando la niebla les envolvía: «Este es el *Donnegal*, de Su Majestad de Gran Bretaña, con ochenta y cuatro armas de fuego», gritó el capitán exigiendo que Preble se preparara para el allanamiento. «Y este es el *Constitution*, de los Estados Unidos, Edward Prebel, comandante norteamericano, que iría al infierno antes de permitir algo parecido de parte de cualquiera. ¡Preparen sus yescas, muchachos!» Ante esa amenaza de fuego de cañón, el capitán de la armada británica prefirió retirar lo dicho.[23] Antes de que Preble pudiera llegar, el *USS Filadelfia* encalló cerca del puerto de Trípoli y el pachá tomó cautivos a los tripulantes.

El joven teniente de navío Stephen Decatur sabía que no debía permitir que el pachá tomara al Filadelfia para utilizarlo, debido a eso, por la noche, se dirigió al puerto y lo incendió.[24] El cónsul norteamericano en Túnez, William Eaton, continuó con tan intrépida iniciativa, reuniendo a una tripulación de marinos y tropas norteamericanos, mercenarios griegos y árabes y sus camellos. Eaton marchó con sus hombres recorriendo ochocientos kilómetros en medio del desierto de Libia, para tomar la aldea costera de Derna. En un ataque coordinado, tres barcos de guerra norteamericanos bombardearon el pueblo.[25] De tan contundente victoria proviene la frase «las costas de Trípoli» en el himno de los Marines, y los oficiales de esa fuerza aun hoy siguen llevando espadas mamelucos con la forma de cimitarras árabes.[26] Stephen Decatur incrementó su reputación con sus palabras al momento de brindar: «Porque nuestro país en su relación con las naciones extranjeras siempre busque el bien. Pero es nuestro país, ¡tenga razón o no!»[27]

Para 1805 los piratas decidieron que ya era suficiente. La determinación de Jefferson en cuanto a utilizar la fuerza había triunfado en la primera guerra norteamericana contra el terror en Medio Oriente.[28]

Otro peligro extranjero acechaba en el primer período de Jefferson como presidente. Por medio de un tratado secreto el conquistador de Francia, Napoleón Bonaparte, había logrado controlar la vasta extensión de tierra norteamericana conocida como Louisiana. Francia le había dado ese terreno a España cuarenta años antes. Ahora la reclamaba. Jefferson sabía que Nueva Orleáns era vital. «Hay en el planeta un lugar y quien lo posee es nuestro enemigo natural y habitual», escribió. «Ese lugar es Nueva Orleáns, por el que tienen que pasar hacia el mercado lo que producen las tres octavas partes de nuestro territorio».[29] En 1803 España estaba debilitada, pero Francia era la mayor potencia militar de todo el mundo. A pesar de su larga amistad con Francia, Jefferson percibió que había peligro. «El día que Francia tome posesión de Nueva Orleáns, tendremos que casarnos con la flota y la nación británicas».[30] Jefferson sabía que solo la poderosa flota británica impediría que Napoleón trajera a decenas de miles de soldados para que controlaran el Mississippi.

Napoleón habría enviado esas tropas si no hubiera habido una revuelta en Haití. Inspirado por la Revolución Francesa, Toussaint L'Ouverture lideró una rebelión de esclavos en Haití y el ejército francés que se envió para reprimir a los rebeldes fracasó ya que miles de soldados murieron a causa de la temida fiebre amarilla. Napoleón estaba pensando en renovar su guerra con Inglaterra. Pero sin ejército, sin poder naval superior, sabía que los británicos podrían tomar Louisiana apenas se iniciara la guerra y entonces, él se quedaría sin nada. Era mejor venderles la tierra a los norteamericanos.[31]

Aun así el embajador norteamericano en París quedó atónito cuando Napoleón ofreció venderles la totalidad de Louisiana, entonces un territorio mucho más extenso de lo que es hoy el estado que lleva su nombre. Robert Livingston solo había recibido autorización para comprar la ciudad de Nueva Orleáns y tal vez unas pequeñas porciones de Florida. Jefferson envió a su buen amigo James Monroe para que ayudara en las negociaciones.

Los franceses le dijeron al norteamericano que el territorio de Louisiana no les servía sin Nueva Orleáns. A Livingston le resultaba difícil vivir en París bajo la dictadura de Napoleón y sintió alivio cuando pudo negociar con el ministro de finanzas de Napoleón, Francois Barbé-Marbois en lugar de Talleyrand, conocido por su afición a los sobornos. Barbé-Marbois, por otra parte, era un hombre conocido por su honestidad y su espíritu pronorteamericano.[32] Inicialmente fijó el precio en veinticinco millones de dólares, que luego redujo a quince millones.[33]

Nadie en Norteamérica tenía idea de lo que pensaba hacer Napoleón. Los federalistas en el Congreso criticaban a la misión de Monroe y querían que el presidente Jefferson amenazara con una guerra por Nueva Orleáns. Algunos incluso querían que Alexander Hamilton capturara la ciudad de la media luna.[34] Hamilton dijo que no había «ni la más remota posibilidad» de que Napoleón vendiera territorios por dinero.[35]

En público, Jefferson hablaba de la paz. Hizo saber que estaba tratando de calmar a los gobernadores del oeste, que querían hacer justicia por mano propia. Pero en privado permitió que su leal secretario de estado, James Madison, hablara en duros términos con el ministro francés. A los norteamericanos les desagradaba que Napoleón hubiera reclamado Louisiana en secreto, le dijo Madison a Louis André Pichon. Más específicamente, le advirtió: «Francia no podrá preservar a Louisiana durante mucho tiempo, contra los Estados Unidos».[36]

Muy pocos de los parisinos de la época de Napoleón sabían lo que estaba sucediendo. Pero sus hermanos —José y Lucien— se oponían al trato. Los británicos les habían pagado sobornos muy grandes y se enfrentaron con su hermano mientras este tomaba su baño en una tina. «No habrá debate», les gritó Napoleón. La venta de Louisiana se arreglaría mediante un tratado con los norteamericanos, y tal tratado sería «negociado, ratificado y ejecutado solo por mí». Con eso, el primer cónsul de Francia se sumergió en la bañera y empapó a sus hermanos con agua perfumada.[37] Como dictador virtual, Napoleón sabía que no necesitaba consultar con su legislatura, que se remitía a «poner el sello» donde él les mandara.

Los norteamericanos, por dicha, supieron aprovechar el momento. Cuando Monroe se reunió con Livingston, ambos acordaron que no podían dejar pasar esa oferta. Enseguida redactaron el tratado, antes de que Napoleón cambiara de idea. Y Monroe se atrevió a excederse en cuanto a sus instrucciones ya que conocía lo que pensaba Jefferson, puesto que era su íntimo amigo y vecino en tanto Livingston no le conocía mucho.

Thomas Jefferson tuvo el placer de anunciar la compra de Louisiana en la casa presidencial el 4 de julio de 1803.[38] La nación había más que duplicado su tamaño. «Es más grande que todo Estados Unidos», escribió Jefferson. «Tal vez, mida unos doscientos millones de hectáreas en tanto que los Estados Unidos miden ciento setenta y cinco millones».[39] No pudo resistirse a añadir que la compra haría que los Estados Unidos fueran dieciséis veces y media más grandes que Gran Bretaña e Irlanda.[40] Ese extenso territorio se había comprado por doce millones de dólares, ¡casi seis centavos por hectárea![41]

Igualmente, había federalistas que protestaban. «No podemos dar el dinero que tanto necesitamos para comprar tierras que no hacen falta porque ya tenemos demasiado», se quejaba uno.[42] Demostrando una vez más que estaban completamente desubicados los editores del *New York Post*, de Alexander Hamilton, denunciaron que el tratado era «la mayor maldición que le haya acaecido a este país».[43] El presidente de Harvard, Josiah Quincy, advirtió: «Ahora los animales de piel gruesa llenarán el salón del Congreso, tendremos búfalos venidos desde la boca del Missouri y lagartos del río Colorado».[44]

Jefferson consideró que el tratado era auspicioso, pero le pidió a su gabinete que consideraran si la adquisición requeriría una enmienda a la Constitución. Los jeffersonianos estaban a favor de la construcción estricta y la Constitución nada decía sobre la compra de tierras. Madison apoyó el argumento de Gallatin de que la compra estaba cubierta por el poder que tenían el Presidente y el Senado para firmar tratados.[45] Pero entonces llegó un alarmante mensaje de parte de Robert Livingston: Napoleón «parece haber cambiado de idea».[46] Lo peor era que si se desataba la guerra en cualquier momento entre Inglaterra y Francia, sería Inglaterra la que podría tomar posesión de Nueva Orleáns, impidiendo para siempre la expansión de Norteamérica hacia el oeste».[47]

Con Madison a su lado en Monticello, urgiéndole que aprovechara la oportunidad, Jefferson no lo dudó más. Hizo que el tratado pasara de inmediato por el Senado para su ratificación.[48] Este aprobó el tratado el 20 de octubre de 1803, por veinticuatro votos contra siete.[49] Tal vez Napoleón no había cambiado de idea. Es que sabía que si los británicos no le arrebataban Louisiana, lo harían los norteamericanos. Con la firma del tratado tendría sesenta millones de francos en el bolsillo para prepararse para su guerra. Como buen gallito francés, cacareó triunfal: «¡Sesenta millones por una ocupación que tal vez no dure un solo día! Le he dado a Inglaterra un rival que tarde o temprano le bajará los humos de grandeza».[50]

Había algunos federalistas que, amargados, temían lo que daban en llamar una «dinastía de Virginia», con Jefferson, Madison y Monroe como imbatibles.

Y empezaron a complotar para la secesión.[51] Pero el hijo del último presidente federalista, John Quincy Adams, era quien tenía la más clara idea de lo sucedido. Esta compra de Louisiana, «seguirá en importancia histórica a la Declaración de la Independencia y la adopción de la Constitución», dijo.[52]

II. Lewis y Clark: «El cuerpo del descubrimiento»

Thomas Jefferson había estado planificando una expedición al Pacífico durante al menos diez años. Los estadistas habían estado buscando un pasaje por el noroeste hacia Oriente durante siglos. Jefferson pensaba que podía haber una ruta para cruzar el continente por agua. Ya en 1792 Jefferson había convencido a la Sociedad Filosófica Norteamericana de Filadelfia para que auspiciaran la exploración de las tierras superiores del nacimiento del Mississippi, para luego navegar por el río Columbia hacia el mar. El esfuerzo no logró llegar más allá de Kentucky, hacia el oeste.[53]

Ahora, el presidente Jefferson eligió a un joven vecino, y secretario personal suyo a quien trataba como a un hijo: el capitán Meriwether Lewis. Este era hijo de un soldado de la Guerra Revolucionaria, ya fallecido. No había recibido educación formal, pero era brillante y se mostraba deseoso de aprender. Desde su juventud había sido un ávido cazador y explorador y el servicio en el ejército había añadido destreza a sus conocimientos.

Jefferson planificó la expedición en Monticello, y él mismo le enseñó a Lewis para luego enviarlo a Filadelfia, donde continuaría con su entrenamiento. Allí el capitán Lewis aprendió a realizar primeros auxilios, bajo la guía del doctor Benjamin Rush. Rush era un querido amigo de Jefferson, y su firma estaba al pie de la Declaración de la Independencia. Era, tal vez, el médico más importante de Norteamérica. Aprovisionó a Lewis con cincuenta docenas de sus famosas píldoras. Eran laxantes, compuestas por calomelano, mercurio y cloro. Se las conocía como «Truenos de Rush».[54] Los amigos de Jefferson en Filadelfia también le enseñaron a Lewis cosas muy útiles, como saber orientarse mirando las estrellas, y cómo preservar muestras de animales y plantas para transportarlas de regreso a Monticello.[55]

Lewis supo elegir muy bien a su socio. William Clark era un hombre robusto y alto, que siempre había practicado actividades al aire libre. Era cuatro años mayor que Lewis, y hermano menor del general George Rogers Clark, «conquistador del noroeste». El general era buen amigo del presidente Jefferson. Lewis hizo algo muy inusual: aceptó compartir el mando con Clark. Ambos serían capitanes. No hay tal vez otro ejemplo, ni antes ni después, en que tal emprendimiento funcionara con éxito. Pero en este caso, los resultados fueron brillantes.[56] Es por eso justamente, que en la historia se les conoce como Lewis y Clark.

Lewis equipó lo que Jefferson llamó «el cuerpo del descubrimiento» comenzando con quince rifles Kentucky que les proveyó el arsenal federal de Harper's Ferry. Compró un barco grande y lo aprovisionó con mercancías que podría comerciar con los indios. Uno de esos objetos era un medallón de bronce con el perfil de Jefferson grabado en una de las caras, como muestra de respeto del Gran Jefe a los líderes indios. Jefferson le dio a Lewis una carta de crédito que le permitiría obtener provisiones que pagaría el gobierno: tal vez haya sido la primera tarjeta de crédito de Norteamérica.[57]

La expedición de Lewis y Clark estaba conformada por treinta y tres expedicionarios. Además de los capitanes había sargentos y cabos, sujetos a la más estricta disciplina militar. También estaba el famoso cazador francés Toussaint Charbonneau, su esposa india de la tribu de los Shoshone, Sacagawea y su bebé (a quien Lewis llamaba «Pomp»). El único hombre de color en esa expedición era York, que era esclavo de William Clark. Lewis también llevó a Reaman, su gran perro labrador.

Lewis y Clark partieron de St. Louis en su barco con quilla, en mayo de 1804. La embarcación de dieciséis metros de eslora. Navegaron por el río Missouri hasta Mandan, cerca de lo que hoy es Bismarck en Dakota del Norte.[58] Avanzaron hacia las «Montañas Rocosas» y allí se contactaron con hombres de la tribu shoshone. Sacagawea se sintió muy feliz al ver a su querido hermano a quien creía perdido, que en ese momento era jefe. Eso ayudó en mucho al instante de reaprovisionar al cuerpo de expedicionarios con caballos y ayudantes. Al cruzar las Montañas Bitterroot en septiembre de 1805 Lewis registró: «Sufrimos todo el frío, todo el hambre y toda la fatiga que podrían existir» durante el trayecto de once días.[59]

A eso hemos de sumarle la tristeza y desilusión que sintieron Lewis y Clark al ver que no había una ruta fácil por agua hacia el Pacífico. En ese momento murió un sueño albergado durante siglos.

El presidente Jefferson había dado claras instrucciones a los capitanes de que debían dejar una buena impresión en la poderosa nación de los sioux.[60] No les fue fácil obedecer ya que varios guerreros sioux tomaron las sogas de la embarcación y exigieron «regalos». Lewis apuntó el cañón de su barco hacia los guerreros y tenía a los hombres preparados para disparar cuando uno de los jefes, Búfalo Negro, intervino para preservar la paz. Búfalo Negro invitó entonces a los expedicionarios a asistir a la primera «danza de cueros cabelludos» que hubieran visto quienes venían del este. Con cierta cautela Lewis rechazó el ofrecimiento del jefe, de compartir su cama con una joven.[61]

Después de dos años de arduas marchas y largos viajes en barco, el cuerpo del descubrimiento bajó por el río Columbia hasta el Pacífico. Clark captó el entusiasmo de todos en su diario: «¡Océano a la vista! ¡Oh! ¡Qué alegría!» Construyeron el Fuerte Clatsop sobre la costa del Pacífico y pasaron allí el invierno de 1805-1806. Esperaban encontrar a algún barco norteamericano que pudiera llevarles de regreso. Como los indios usaban frases como «hijo de puta», supusieron que la región había sido visitada por marinos norteamericanos.[62] Al ver que no aparecía ninguna nave, Lewis y Clark decidieron emprender el arduo viaje de regreso por agua y tierra.

Considerada esa decisión tan crítica, los capitanes la sometieron a votación. Fue el primer referendo norteamericano en que los votantes incluían a un indio, un negro y una mujer. A veces, la mezcla de culturas produce resultados graciosos. Cuando un cacique indio se asombró ante los cien latigazos a los que Lewis sometió a un soldado que se había dormido mientras hacía guardia, el capitán le preguntó qué castigo ejemplar elegiría él con un guerrero desobediente. El cacique dijo que lo mataría, pero que nunca se le ocurriría azotarlo. Lewis y Clark tenían muchos regalos para los indios, que incluían tabaco y whisky.[63] En una ocasión un grupo pequeño de indígenas les presentó a los capitanes una pregunta difícil. Si el presidente Jefferson era en realidad su gran padre, ¿por qué querría un padre que perdieran la razón haciendo que se emborracharan? Sigue siendo una pregunta excelente para el día de hoy.

Jefferson y el país entero sintieron entusiasmo y deleite ante los descubrimientos de Lewis y Clark. El presidente elogió su «valentía sin igual», cuando regresaron a St. Louis en septiembre de 1806. Su éxito sigue teñido de heroísmo en los anales del descubrimiento. Durante el viaje solamente murió un hombre, el sargento Charles Floyd. Y con la excepción de un breve choque causado por el robo de unos caballos, el cuerpo del descubrimiento mantuvo buenas relaciones con los indios. Jefferson había mandado que debían comunicarles a los aborígenes que lo que querían era comerciar con ellos, y no quitarles sus tierras. Pronto se haría aparente que querían comerciar, pero también tomar sus tierras.*

---

* La carrera de Lewis a partir de ese momento estuvo signada por la tragedia. Le asignaron la gobernación de Louisiana, pero cayó en estado de depresión, bebía demasiado y al fin se suicidó. William Clark sirvió durante más de treinta años como un respetado agente indio: «el cacique pelirrojo». Pero

III. Complots, juicios y traición

Mientras Lewis y Clark se aventuraban por tierras desconocidas en Montana e Idaho, ocurrían cosas inesperadas en el oriente del país. El presidente Aaron Burr no gozaba de la confianza de los jeffersonianos, que sospechaban de él, creyendo que intentaba pasar por encima del candidato nominado por el partido haciendo negociados ocultos con los federalistas. Burr sabía que no sería nominado para el puesto en 1804, por lo cual decidió presentarse como candidato a gobernador por Nueva York. Algunos «altos» federalistas apoyaban a Burr. Eran los que ya no tenían esperanzas de volver al poder en la escena nacional, hombres como Timothy Pickering de Massachussets y Roger Griswold de Connecticut, que creían que la única oportunidad para caballeros cultos como ellos, de seguir en puestos públicos, sería si Nueva Inglaterra se unía a Nueva York en una Confederación del norte. Para lograrlo, necesitaban que Burr fuera gobernador.[64]

Los federalistas como Pickering y Griswold detestaban a Jefferson. El brillante golpe diplomático de Jefferson con la compra de Louisiana les convenció a ellos y a otros, de que el partido federalista no volvería a ganar una elección nacional. Su suposición demostró ser cierta. Entendían que a partir de la enorme expansión que pudiera subdividirse en ese territorio de Louisiana, se crearían nuevos estados y por supuesto, estos nuevos estados apoyarían a los republicanos de Jefferson. Ante tan pobre perspectiva, los yankees de Nueva Inglaterra pensaban que lo mejor era separarse de la Unión.

La mayoría de los federalistas seguía respetando a Alexander Hamilton, que no quería tener participación en la secesión. Al federalista de Massachussets, Theodore Sedgwick, le escribió diciendo que la secesión no serviría porque el problema real era la democracia misma, y que ese «veneno» se estaba diseminando por todos los estados.[65*] Hamilton siguió con su campaña en contra de Burr, denunciando que el hombre era un aventurero sin principios. Burr fue derrotado por Morgan Lewis,

---

se deshonró terriblemente al negarse al valiente pedido de York de que lo emancipara. York le había acompañado en todo momento durante el viaje de ida y vuelta hasta el Pacífico, por lo que sería el primer africano en hacerlo.

* A los federalistas no les habría causado tan mala impresión como a nosotros el hecho de que Hamilton se refiriera a la democracia como «veneno» que se diseminaba por todos los estados. Porque veían la democracia como gobierno directo que a veces llevaba a la acción por parte de las turbas, como en el caso de la rebelión de Shays o la del Whisky. La mayoría equiparaba a la democracia con las multitudes de París que aplaudían y vitoreaban al ver caer cabezas ante la guillotina. Hamilton apoyaba claramente lo que hoy conocemos como democracia: elecciones regulares, libertad de prensa y gobierno de la mayoría. Lo demostró respaldando a Jefferson, elegido por el pueblo en la decisión presidencial de 1801.

otro republicano pero que contaba con el apoyo de la mayor parte de los federalistas. Burr naturalmente culpó a Hamilton y exigió una reparación, lo que en esos tiempos se resolvía mediante un duelo.

Aunque en Nueva York los duelos eran ilegales y en general todo el norte desaprobaba ese recurso, Hamilton sintió que no podía negarse al desafío de Burr sin parecer cobarde. No puede haber sido una decisión fácil porque el hijo mayor de Hamilton había muerto en otro dos años y medio antes.[66] Dijo que reservaría su fuego. Estaba resuelto a «vivir siendo inocente» y no «morir siendo culpable» de derramar la sangre de otro hombre.[67] Sabiendo que era muy posible que muriera en ese duelo, Hamilton le escribió a su esposa la noche antes de encontrarse con Burr. Ella le había perdonado su aventura con María Reynold y, ahora, buscando darle consuelo, él le escribió: «Recuerda, mi Eliza, que eres cristiana».

Hamilton y Burr llegaron remando, cada uno por su lado, hasta la orilla opuesta del río para que su duelo fuera en Nueva Jersey, donde todavía no era ilegal la práctica. Allí, en un campo de Weehauken, los dos hombres se enfrentaron en la mañana del 11 de julio de 1804. Hamilton cumplió con su palabra y no disparó. Burr levantó su pistola, apuntó y disparó. La bala atravesó el hígado y el diafragma de su enemigo, alojándose en su columna vertebral. Hamilton sabía que su herida era fatal y mientras le llevaban en bote a la ciudad de Nueva York les advirtió a sus amigos que tenían que cuidarse de las pistolas cargadas. Para darle la comunión, sus amigos fueron a buscar al obispo episcopal de Nueva York, Benjamín More, que al principio dudó porque los duelos le causaban gran repulsión. Pero como Hamilton insistió, y perdonando a Burr confesó su fe en Cristo, el obispo Moore accedió.[68]

Hamilton murió después de treinta horas de dolor. Muchos lo lloraron y hasta la prensa republicana se hizo eco del duelo. Fue el único de los Fundadores que sufrió una muerte violenta. Ahora era casi un mártir de la unidad nacional. La ciudad de Nueva York colgó lazos negros para el funeral de Hamilton y los barcos que estaban en el puerto hicieron sonar sus sirenas como saludo final. Aunque los duelos no eran ilegales en Nueva Jersey, se acusó a Burr de asesinato en esa entidad; la causa luego pasó a Nueva York... era el vicepresidente fugitivo.

Temiendo por su vida Burr escapó a Filadelfia, donde se sintió a distancia razonable de todo peligro, tanto como para cortejar a una dama amiga suya.[69] Desde allí viajó a Carolina del Sur y luego a Virginia, donde lo recibieron muy bien. Hamilton nunca había gozado de popularidad en el sur, pero se consideraba que los duelos eran el método supremo al que recurriría un caballero para preservar su honor.[70]

Los republicanos jeffersonianos llegaron con confianza ese otoño a las elecciones de 1804. Remplazaron a Burr, por George Clinton, gobernador de Nueva York desde hacía mucho tiempo y hombre de edad avanzada. Jefferson ganó en todos los estados, a excepción de Connecticut y Delaware. En el Congreso los republicanos obtuvieron una mayoría abrumadora: ciento dieciséis a veinticinco en la Cámara de Representantes y veintisiete a siete en el Senado.[71]

Los republicanos ahora dominaban las dos ramas del gobierno federal que se elegían en votación, y se preparaban para controlar al poder judicial. Durante años Jefferson y su partido habían denunciado a los «jueces de medianoche» designados en los últimos días de la saliente administración de Adams. Entre ellos estaba el juez de la Corte Suprema, John Marshall. El partido republicano de Jefferson se enfureció cuando Marshall emitió su famosa opinión en el caso Marbury contra Madison (1803).

En esta opinión que sentaría precedentes, el juez fue quien lideró a la Suprema Corte en su fallo contra el federalista William Marbury. No podía obligar al secretario de estado Madison a firmar una comisión para poder acceder al puesto federal al que le había designado el saliente presidente Adams. Esta parte del fallo parecía una rendición del federalista Marshall ante los poderosos jeffersonianos.

Pero Marshall dictaminó que la razón por la que Marbury no podía obtener su comisión era la porción de la ley judicial de 1789, que le daba a la Suprema Corte el poder de decidir que dichos escritos eran inconstitucionales. Era la primera vez que la Suprema Corte ejercía el poder de revisión judicial, por lo que se trató de una jugada audaz de Marshall. Hizo parecer que se rendía ante Jefferson y Madison en una cuestión menor, pero en realidad, había tomado posesión de un arma grande y poderosa, para usarla contra sus compañeros de Virginia. Jefferson respondió diciendo que «las doctrinas de ese caso se dictaron extrajudicialmente y en contra de la ley, y …. que al revertirlas el Ejecutivo estará reglamentando acción».[72]

Los republicanos estaban decididos a librarse de la corte «heredada». Jefferson escribiría luego en su autobiografía: «En cuanto a la seguridad de la sociedad, enviamos a los locos honrados a Bedlam. Del mismo modo hay que retirar de sus bancas a los jueces que con erróneas tendencias nos llevan a la disolución».[73]

Empezarían con la impugnación y remoción del juez Samuel Chase.

El líder de Jefferson en la Cámara de Representantes era el congresista William Branch Giles, de Virginia. Giles anunció en tono rotundo que no hacía falta un «crimen o contravención grave» para remover de su cargo a un juez federal. La impugnación era, sencillamente algo que podía resumirse en lo siguiente: «Ustedes sostienen opiniones peligrosas y si se les permite concretarlas en acciones, será para destrucción de la Unión. Queremos que como jueces entreguen su puesto para poder dárselo a hombres que cumplirán mejor con esta función». Y más todavía, Giles dijo que Chase era solamente el primero de los blancos de los republicanos: «No hablo solo del señor Chase, sino de todos los otros jueces de la Suprema Corte...» con excepción del juez a quien había nombrado Jefferson, solamente.[74]

Este gran plan jeffersoniano de «desempacar» a la corte parecía prometedor, pero los republicanos olvidaron tomar en cuenta al vicepresidente Burr. Su última acción como funcionario sería la de presidir el juicio de impugnación a Chase en el Senado. Burr rechazó la forma en que Giles trataba el tema de la impugnación como si fuera algo banal, y vistió al Senado con estandartes de color rojo, verde y azul, como lo hacía la Cámara de los Lores en Gran Bretaña ante un caso semejante. Convirtió el asunto en una cuestión muy formal. Le negó al anciano un asiento y trató al juez Chase como si fuera un acusado. Uno de los periódicos federalistas, comentó con sorna: «La práctica en los tribunales consiste en presentar al asesino ante el juez, pero hoy vemos al juez, presentado ante el asesino».[75]

En realidad, el juez Chase tuvo suerte de que fuera Burr quien presidiera la sesión. Porque aun cuando había sido uno de los firmantes de la declaración, sus frecuentes arranques en el estrado le habían ganado la antipatía de muchos. «Nuestra Constitución republicana se hundirá en una revueltocracia, el peor de los gobiernos», había dicho en una ocasión.[76] Aun así, como Burr le había dado un tizne de juicio criminal a la cuestión, lo que en realidad logró fue salvar al juez Chase porque el hombre no habría sobrevivido al proceso puramente político que había planeado Giles. Finalmente, fue hallado inocente de todos los cargos de la impugnación.[77] El juicio terminó días antes de que Burr dejara su puesto, habiéndose desempeñado en esa ocasión en una de sus últimas acciones oficiales como funcionario del gobierno.

Apenas dejó Burr el sillón del vicepresidente, comenzó a conspirar con el ministro británico que estaba en Washington. Lo que Burr quería era eliminar a los estados del oeste y al territorio de Louisiana de la Unión. Apeló a los británicos para que le dieran medio millón de dólares para formar una fuerza con la cual atacaría a las colonias españolas.[78] Burr involucró en ese plan a su viejo amigo, el general James Wilkinson, gobernador militar del territorio de Louisiana y además, ex agente de un gobierno extranjero durante veinte años: el Agente 13, pagado por el rey de España.[79]*

Burr recorrió el oeste, donde le recibían como a un héroe. Para la gente de las fronteras, los duelos no eran un problema, y tampoco les amedrentaba un plan para atacar a los españoles. Era obvio que Burr no le habría contado a sus amigos nuevos, como lo era el general Andrew Jackson, que confabulaba con los británicos para destruir la Unión.[80] Con agudeza, negaba que hubiera intentos de secesión mientras su conspiración proseguía, a lo largo de 1805 y 1806. Pero en diciembre de 1806, se descubrió el plan. El general Wilkinson traicionó a su cómplice y le escribió al presidente Jefferson, informándole de «una conspiración profunda, oscura, malvada y ya muy difundida» promovida por Burr con el fin de destruir a la Unión.[81] Jefferson ordenó de inmediato el arresto de su ex vicepresidente, y Burr fue llevado de regreso a Richmond para ser juzgado, acusado de traición. La pena fue muerte en la horca.

Richmond era el centro de la base del poder de Jefferson. George Hay sería quien presidiría la fiscalía. Era un celoso seguidor del presidente y lo respaldaba en todo, incluso al punto de golpear a James Callender en una ocasión cando este acusaba a Jefferson del asunto sexual con Sally Hemings.[82]

Jefferson no contaba con un factor principal: el que presidiría ese juicio sensacional sería el primo de Jefferson, John Marshall, juez de la Suprema Corte. Mashall no olvidaba que había sido Burr quien salvó a los jueces federalistas de las impugnaciones jeffersonianas. Marshall llamó al presidente Jefferson como testigo, y citando la separación constitucional de los poderes, el primer mandatario se negó a atestiguar. Marshall le brindó a Burr toda la protección que la ley permitía.

Los largos y ampulosos discursos de Luther Martin habían irritado a George Washington en la Convención Constituyente, pero en esta ocasión, el hombre habló durante tres días completos en defensa de Burr.[83] Y tuvo éxito porque la instrucción final de Marshall al jurado restringía el cargo de traición a términos muy estrechos. Para poder demostrar que había habido traición, el acusado tenía que haber no solo conspirado sino que tenía que haber dos testigos que hubieran presenciado

---

* El general Wilkinson era entonces el oficial con mayor antigüedad en el ejército de Estados Unidos, con una posición equivalente a la de presidente de los jefes del Estado Mayor Conjunto.

algún acto evidente.[84] Como resultado de esa alocución al jurado por parte del juez, se declaró «inocente» a Burr.[85] William Wirt, otro de los fiscales, dijo «Marshall se interpuso entre Burr y la muerte».[86]

Apenas se dio a conocer el sobreseimiento los jeffersonianos dieron a la prensa algunos documentos incriminatorios que John Marshall se había negado a admitir como evidencia. Burr logró escapar con su cuello intacto, pero su reputación quedó muy afectada. Temiendo por su vida una vez más, en esa ocasión decidió huir a Europa, donde continuó con sus planes, buscando apoyo económico de Napoleón y también de sus enemigos, los británicos. Cualquiera le vendría bien, si estaba dispuesto a pagarle para que traicionara a su país. No encontró quien aceptara su idea. Aaron Burr no tendría éxito en lo que quería emprender.

Hoy podemos sentir gratitud por el valor de Marshall. Aaron Burr era culpable, claro que sí. Pero habría sido muy peligroso enviar a la horca a un ex vicepresidente de los Estados Unidos, contando con evidencia que no era rotunda ni abrumadoramente contundente. Con todo, la vida política de Burr había acabado y con eso bastaba.

El verano de 1805 fue momento de una épica batalla naval tras el horizonte del este, esa batalla tendría influencia sobre el desarrollo de Norteamérica a lo largo del siglo diecinueve. El almirante inglés Horatio Nelson perseguía a una flota francoespañola por el Atlántico y en un momento en que no había transporte terrestre más veloz que el caballo, los barcos que tripulaban los marineros de Nelson eran las máquinas más complejas que el hombre hubiera logrado ingeniar.[*] El almirante francés Pierre de Villenueve era hábil y valiente pero no tenía oportunidad alguna contra la flota de Nelson y lo sabía. La Armada Real de los británicos era disciplinada con reclutamiento forzoso, que aseguraba que los mejores marineros prestaran servicios, incluyendo a muchos desafortunados norteamericanos. En la mañana del 21 de octubre de 1805 Nelson avistó a la flota francoespañola cerca del cabo Trafalgar en España, e izó su famosa señal: «Inglaterra espera que cada hombre cumpla con su deber». Aunque contaba con menos hombres de los que había en la flota francoespañola, Nelson tenía un poder superior en términos de potencia de fuego y los ingleses estaban bien adiestrados para disparar con velocidad y precisión. «El toque de Nelson» destruyó a la flota francoespañola y acabó

---

[*] Algunos de los barcos de Nelson alcanzaban una velocidad máxima de doce nudos por hora (unos 22 km/h). Era mucho más de lo que podían alcanzar los carruajes tirados por caballos, por ejemplo. Y los barcos de Nelson eran famosos porque la potencia de fuego certero de sus cañones era de tres cañonazos en menos de cinco minutos, un ritmo letal para cualquier oponente.

con la esperanza de Napoleón de invadir Inglaterra. Nelson murió heroicamente, por un disparo de un francotirador francés mientras estaba en la cubierta del HMS Victory. La victoria de Nelson en Trafalgar estableció la supremacía naval de Inglaterra durante todo un siglo.

Eso significaba que únicamente Inglaterra tendría poder para amenazar la expansión de Norteamérica hacia el oeste.

IV. «Una espléndida miseria»: Los últimos años de Jefferson

Thomas Jefferson había descrito la presidencia como «una espléndida miseria» al ver el precio que había pagado George Washington en términos de salud y felicidad. Eso fue en 1797. Diez años más tarde sería el mismo Jefferson quien viviría tal miseria en carne propia.

A comienzos de junio de 1807, el HMS Leopard de la armada británica atacó al barco norteamericano USS Chesapeake a solo dieciséis kilómetros de las orillas de la bahía de Chesapeake.[87] El ataque fue porque el navío de guerra norteamericano se había negado a dejarse abordar por los reclutadores forzosos de la Armada Real británica. Durante años los británicos habían recurrido a ese método para reclutar tripulaciones para sus naves. Sencillamente abordaban barcos mercantes norteamericanos y tomaban a cualquier hombre que les pareciera marinero inglés. Esta vez humillaron a Norteamérica al tomar a marineros que navegaban bajo la bandera de los Estados Unidos. Si hubiera convocado al Congreso a sesiones en ese momento, seguramente Jefferson se había encontrado con una unánime declaración de guerra.

Pero Jefferson estaba desesperado por evitar la guerra y para hacerlo recurrió a dos alternativas desastrosas. Construyó barcos cañoneros pequeños y de bajo costo, para evitar «la ruinosa tontera de tener una armada».[88] Y también intentó presionar a Gran Bretaña con la amenaza de un boicot comercial. Durante años él y Madison habían albergado la esperanza de presionar a Inglaterra con un embargo a sus bienes manufacturados. Creían que eso haría que las turbas de desempleados ingleses marcharan a Londres exigiendo alguna acción que preservara sus puestos de trabajo.[89] Pronto, Jefferson logró convencer a la mayoría republicana del Congreso para que aprobaran su embargo. Los federalistas se oponían unánimemente y además había algunos republicanos que adherían a Jefferson, en esa oportunidad consideraban que tal acción no era atinada. El congresista John Randolph de Virginia ridiculizó al secretario de estado Madison. Dijo que este había arrojado patéticamente un atado de papeles contra los ochocientos buques de guerra ingleses.[90]

En los periódicos norteños se publicó una caricatura que con sorna presentaba el caso del embargo, con la palabra escrita al revés: «O Grab Me!» [N. de T: Literalmente, [¡Oh, atrápame!] sobre el dibujo de una tortuga con dientes que tiraba de los pantalones del presidente Jefferson. La tortuga tenía por nombre «Embargo». Tal ilustración demostraba que en verdad Jefferson había quedado atrapado con esa política tan desatinada.

Tampoco se aplacó Nueva Inglaterra cuando el presidente añadió a Francia a la lista de importadores prohibidos. Tanto Napoleón como los británicos habían interferido brutalmente con los derechos norteamericanos al capturar el cargamento de los barcos mercantes y tomar cautivos a los marinos como reclutas. La respuesta obvia era construir más fragatas como el USS Constitution, y enviar a los barcos mercantes con naves armadas como escoltas. Norteamérica tenía que estar preparada para pelear por sus derechos y protegerlos. La primera bandera de la armada de los Estados Unidos, captaba este espíritu: con reminiscencias de la bandera del miliciano Culpeper, que representaba a una víbora de cascabel sobre un campo de bandas blancas y rojas con la leyenda: «¡No me pises!» Claro que formar una armada de primera clase habría sido muy costoso y los jeffersonianos se habían comprometido a pagar la deuda nacional al tiempo de reducir los impuestos, además de tener que pagar los préstamos que representaba la compra de Louisiana.

Solo hubo un momento de luz que alivió la oscuridad del segundo período de Jefferson como presidente. En su mensaje anual al Congreso en 1806, el presidente Jefferson «felicitó» a sus conciudadanos porque se acercaba el año 1808, cuando podrían legislar en contra del tráfico de esclavos. Como concesión la Constitución había permitido que se declarara ilegal la importación de «tales personas», que los estados consideraban válido recibir, pero el Congreso había tenido que esperar veinte años desde la adopción de la Constitución al momento de actuar. Ahora, Jefferson urgía al Congreso a actuar con premura, promulgando una ley que entraría en vigencia el 1 de enero de 1808. Quería asegurarse de que no zarparan barcos con esclavos de la «Costa de Oro» de África, sin la seguridad de poder llegar a Norteamérica antes de esa fecha. Las palabras de Jefferson tenían importancia. Quería «retirar a los ciudadanos de los Estados Unidos de toda futura participación en las violaciones a los derechos humanos que durante tanto tiempo se habían cometido contra los indefensos habitantes de África, y que la moral, la reputación y los intereses de nuestro país hace tiempo esperan proscribir».[91] El gran evangélico británico William Wilberforce había estado pidiendo la misma medida al Parlamento británico durante una generación y sus esfuerzos se verían coronados con el éxito en marzo de 1807. Jefferson quería que los Estados Unidos también rechazaran el inhumano tráfico de vidas humanas. Su elocuente declaración fue la condena oficial más fuerte contra la esclavitud entre todas las efectuadas por algún presidente, antes de la elección de Abraham Lincoln.[*]

A pesar del revés económico que representaba el embargo, Jefferson tuvo la satisfacción de ver que su sucesor fue elegido sin problemas en 1808. Y aunque el embargo de Jefferson no era apoyado por la población, James Madison le ganó al desafortunado federalista Charles Cotesworth Pickney por ciento veintidós votos electorales contra cuarenta y siete. Madison ganó en todas las regiones, a excepción de Nueva Inglaterra y Delaware. Después de firmar la derogación del fracasado embargo, Jefferson acudió con toda sencillez a la ceremonia de asunción de su sucesor. No tenía guardia de honor. Sencillamente ató su propio caballo al palenque y se unió a la multitud que asistía a la ceremonia.

«Jamás hubo un prisionero que, liberado de sus cadenas, sintiera tanto alivio como el que sentiré yo cuando me quiten los grilletes del poder», le escribió a un amigo.[92] Podemos percibir que expresó sus sentimientos con toda sinceridad.

V. «La guerra del señor Madison»

El presidente Madison debió haber sabido que su período como mandatario atravesaría por momentos problemáticos cuando intentó nombrar como secretario de estado a su querido amigo Albert Gallatin. William Branch Giles, de Virginia, le dijo en tono crudo al nuevo presidente que los republicanos del Senado no aceptarían en ese puesto al brillante inmigrante suizo.[93] Así, desde el inicio mismo Madison perdió el control de los sucesos. Era uno de los más grandes Fundadores, pero no tenía la capacidad de gobernar aquello por lo que tanto había luchado.

---

[*] El hecho de que Jefferson se endeudara tanto y que sus vecinos de Virginia endurecieran la actitud contra la manumisión de esclavos, ataría al maestro de Monticello a la aborrecible institución de la esclavitud. Aunque eso no debiera cegarnos a sus muchas acciones y palabras en contra de la esclavitud, de las que tenemos registros documentados.

Madison quería la paz con Inglaterra. Cuando negoció un tratado con el ministro británico en Washington, parecía que los ingleses retirarían sus Órdenes en Consejo, que castigaban la navegación neutral. Desafortunadamente, se perdió esa oportunidad de evitar la guerra cuando el ministro de asuntos exteriores de Gran Bretaña se negó al tratado.[94]

En 1810 los republicanos en el Congreso sorprendieron a todos cuando respondieron a la renovada amenaza rechazando toda apropiación para el ejército y la armada.[95] Aunque Thomas Jefferson había aprobado la creación de West Point en 1802, los republicanos seguían creyendo que tener un ejército y una armada era algo peligroso y demasiado costoso. Preferían confiar en las milicias y en la débil flota de naves armadas con que contaban entonces.

La frontera noroeste se inquietaba, porque había surgido un asombroso líder indio. Tecumseh era un poderoso orador, y su mensaje era todavía más fuerte que sus palabras: «¿Dónde están hoy los pequot? ¿Dónde están los narragansett, los mohicanos, los pokanokets y tantas otras tribus, antes poderosas, de nuestro pueblo? Han desaparecido ante la avaricia y opresión del hombre blanco, como desaparece la nieve ante el sol de verano».[96]

Tecumseh viajaba por el territorio urgiendo a las tribus para que formaran una confederación en resistencia a la constante presión de los norteamericanos. Con su hermano, a quien llamaban el Profeta, Tecumseh amonestaba severamente a los indios para que dejaran las cosas del hombre blanco, y en especial, que evitaran el alcohol. Tecumseh había visto que otros caciques habían sido seducidos con whisky durante diversas negociaciones y que en tal estado de ebriedad, habían firmado la cesión de unos veinte millones de hectáreas desde la década de 1790.[97] Movilizado por esa poderosa retórica el Profeta se negó a permitir que Tecumseh le frenara y atacó a la milicia norteamericana en un lugar llamado Tippecanoe, en lo que hoy es Indiana.*

Los norteamericanos liderados por el general William Henry Harrison lograron repeler el ataque y confirmaron la victoria el 11 de noviembre de 1811. Tal logro le convertiría en presidente treinta años más tarde. Todos reconocían el calmo valor de Harrison durante un ataque nocturno por parte de los indios que en dicha ocasión habían recurrido a una práctica poco habitual.[98]

---

* «Tippecanoe» sería luego símbolo de la heroica victoria que aseguró el viejo noroeste contra una amenaza creciente y de mucha gravedad.

Los norteamericanos de la frontera naturalmente culpaban a los británicos de haber provocado a los indios. Las elecciones de 1810 habían llevado al Congreso a un nuevo grupo poderoso de jóvenes republicanos conocidos como los «Halcones de la guerra».[99] Estos instalaron a Henry Clay, de Kentucky, como orador en la Cámara. John C. Calhoun de Carolina del Sur se unió al grupo que marcaría el destino de Norteamérica en los siguientes cuarenta años. Los republicanos de mayor edad, como el congresista John Randoph, de Virginia, ridiculizaban la fiebre de guerra de los nuevos miembros. Creían que quienes nunca habían olido el agua salada del mar no tenían interés por «el libre comercio y los derechos de los marinos».[100] Randolph comparaba a sus nuevos colegas con el pájaro Chotacabra que solo grita «un único tono monótono: ¡Canadá! ¡Canadá! ¡Canadá!»[101] Era verdad que el hombre de la frontera quería tomar Canadá y eliminar a la amenaza británica de una vez por todas. Thomas Jefferson, ya retirado, incluso les alentaba diciendo que la conquista de Canadá sería solo «mera cuestión de marchar».

El gobierno británico desde Londres retiró las Órdenes en Consejo el 16 de junio de 1812. Pero el Congreso de los Estados Unidos no se enteró y declaró la guerra solo dos días después. Y luego, desafiando toda ley sensata, el Congreso cerró sesiones sin reforzar a la armada.[102] Pronto los norteamericanos se asombrarían ante la rendición del general William Hull en Detroit. El comandante británico en Canadá, general Isaac Broca, había amenazado a Hull con una masacre por parte de los indios si se resistía.[103] Luego en Chicago ocurrió otro de los horrores que tanto inflamó los ánimos de la gente de la frontera norteamericana.

Meriwether Lewis y William Clark. *El equipo de Jefferson lideró los viajes del cuerpo de descubridores desde St. Charles, Missouri, hasta el Pacífico y de regreso. El presidente los elogió por su «temeraria valentía». Fue una de las mayores aventuras de la época. Conocidos en la historia como Lewis y Clark, este par de expedicionarios supo guiar al grupo con éxito. Los intrépidos pioneros perdieron solamente a uno de sus hombres durante los tres años que duró la expedición.*

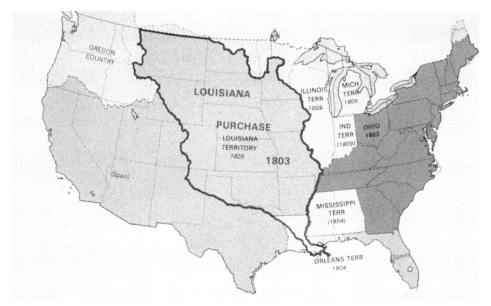

La compra de Louisiana (mapa de los Estados Unidos de 1803). *Mientras el presidente Jefferson hablaba en público de la paz y la amistad con Francia, el leal teniente Madison le advertía en privado al embajador francés que Napoleón podría perderlo todo si no seguía adelante con la venta de Louisiana. Esa gran jugada diplomática, histórica por su importancia, duplicó el tamaño de los Estados Unidos por tan solo siete centavos la hectárea.*

Andrew Jackson como oficial de la milicia. *Sus hombres lo llamaban «el Viejo Hickory» con afecto, aunque también por burla. Con su voluntad de hierro y un coraje de acero, llegó a su posición de liderazgo siendo joven todavía. Impuso la disciplina pero se ganó el respeto de sus tropas de frontera gracias a sus victorias. En su larga carrera militar y también como político, casi nunca debía lamentar derrotas.*

John Marshall, juez de la Suprema Corte de los Estados Unidos. *Héroe de la guerra, diplomático y hábil político. John Marshall fue el mejor de los «jueces de medianoche» de John Adams. Presidió la Suprema Corte con capacidad y conocimiento legal e intelectual, además de un gran sentido de la amistad. Ese gran hombre de Virginia, lo fue también del país porque echó los cimientos para que la Constitución fuera verdaderamente «la ley suprema de nuestra tierra».*

Un escritor canadiense cuenta lo que sucedió cuando seiscientos indios pottawatomie atacaron a la milicia en Illinois:

En las carretas, las esposas de los soldados peleaban tan ferozmente como los hombres, armadas con las espadas de sus maridos. Dos son masacradas a hachazos: la señora Corbin, esposa de un cabo que juró que jamás permitiría que la tomaran prisionera, y .... Cicely (negra y esclava), a quien mataron junto con su niño. Dentro de las carretas donde se acurrucan los niños más pequeños de los soldados, el horror es mayor. Un joven indio entra en una carreta y mata a doce niños, cortándoles las cabezas en un baño de sangre causado por la furia.[104]

Black Bird, un cacique pottawatomie, no cumple con su palabra de preservar la vida de los sobrevivientes a cambio del pago de cien dólares como rescate, por cada uno de ellos:

El sargento Thomas Burns de la milicia es asesinado casi de inmediato por las mujeres indias, pero su destino es mejor que el de cinco de sus camaradas, que son torturados toda la noche hasta que mueren. Sus gritos perforan el silencio que envuelve al gran lago y hacen estremecer a los que sobrevivieron.[105]

La esposa de John Simmons sobrevive a la masacre de las carretas. Su esposo murió en un ataque desesperado y vale la pena registrar la historia del heroísmo de esta mujer en medio de la tragedia:

Creyendo que los indios se deleitan en atormentar a los prisioneros que dejan ver sus emociones, esa valiente mujer decide preservar la vida de su bebé de seis meses, reprimiendo toda manifestación de dolor o pena, incluso cuando la hacen caminar junto a una hilera de cadáveres de pequeñitos mutilados entre los que se cuenta su pequeño David, de dos años. Al ver a su hijito asesinado, no pestañea ni derrama una sola lágrima, cosas que tampoco hará durante los largos meses de su cautiverio.

Sus captores indios parten hacia Green Bay desde la orilla occidental del lago Michigan. La señora Simmons, llevando a su bebé, avanza arrastrando los pies durante el día y por las noches trabaja como sirvienta, juntando leña y encendiendo el fuego. Cuando finalmente llegan a la aldea, los indios la insultan, patean y molestan. Al día siguiente la obligan a correr entre dos hileras de hombres y mujeres que le pegan con garrotes y palos. Envolviendo a su bebé en una manta y protegiéndole con sus brazos, corre lo más rápido que puede y acaba herida y sangrando. Pero el niño no ha sufrido daño alguno.

Es entregada a una «madre» india que la alimenta, lava sus heridas y le permite descansar. Necesita tales cuidados porque le espera un desafío mayor: el largo camino tribal que rodea el lago. Pero la señora Simmons, vistiendo ropa liviana y sufriendo el frío, la fatiga y la falta de alimento, logra llevar en brazos a su bebé durante todo el trayecto de novecientos sesenta y cinco kilómetros. Y sobrevive. Ha caminado con los indios desde Green Bay, de regreso a Chicago y luego alrededor de la orilla oriental del lado hasta Michilimackinac. Pero le espera un recorrido más terrible todavía, de cuatrocientos ochenta y dos kilómetros en la nieve, hasta Detroit, donde los indios piensan pedir rescate por ella. Vestida con harapos y casi muerta de hambre, sobrevive comiendo raíces y bellotas que encuentra bajo la nieve. Su bebé ahora tiene un año y pesa mucho más. Ya casi no tiene fuerzas. Lo único que la sostiene es la idea de la liberación.

... Pero con su liberación, su sufrimiento no ha acabado. El camino de regreso a casa es largo y difícil. Para marzo de 1813 llega a Fort Meigs junto al Maumee (en Ohio). Allí logra que la lleven en una carreta del gobierno que la deja, en medio del mes de abril, a seis kilómetros y medio de la granja de su padre (cerca de Piqua, Ohio).

Madre e hijo caminan la distancia que los separa de su familia, que... habiendo dado por muerta a la joven, se ha refugiado en una construcción robusta para defenderse de los atacantes indios. Allí, por fin a salvo, se quebranta y durante meses ya no logrará reprimir sus lágrimas. En agosto hay otra razón para llorar. Su hermana y su cuñado que trabajaban en un campo de lino en las cercanías, son sorprendidos por los indios, quienes les disparan y matan a hachazos, para luego arrancarles el cuero cabelludo ante la mirada de sus cuatro pequeños, horrorizados. Tal... es el legado de Tippecanoe y todo lo que sucedió allí.[106]

Este pasaje tan extenso nos ayuda a entender la intensa hostilidad que sentían muchos de los colonos norteamericanos hacia los indios y hacia los oficiales británicos como Isaac Broca, de Canadá, a quienes acusaban de usarlos como arma para infundir el terror en ellos.

No solo se horrorizan los norteamericanos ante lo que sucede en la frontera, sino que ahora ven que la conquista de Canadá no será cosa fácil. Lejos de ser «meramente cuestión de marchar», los norteamericanos descubren que los canadienses están decididos a resistirse a la obligada incorporación a la república yankee.

A los norteamericanos les asombra ver que no son bien recibidos por los canadienses, que son mucho menos que ellos. Como en la Guerra Revolucionaria, los franceses de Canadá siguen siendo leales a la Corona británica. Incluso los colonos norteamericanos que se dejaron seducir por los bajos precios de las tierras en el norte, no quieren ayudar a sus compatriotas en la invasión.

Cuando la menuda figura de Laura Secord, manchada de barro, recorre treinta kilómetros a pie por un peligroso pantano para llevar un mensaje de advertencia a la milicia canadiense, nace una leyenda. Esposa de un canadiense herido, la mujer de treinta y ocho años alerta al teniente James Fitzgibbons y a sus «muchachos sangrientos» de que los norteamericanos se aproximan. Su valentía enciende la imaginación de los canadienses y les inspira a un nuevo patriotismo en la frontera en llamas.[107] Laura Secord se convertirá para los canadienses en lo que Paul Revere representa para los norteamericanos. Es una figura legendaria, modelo de valentía y lealtad a la Corona británica.

«La guerra del señor Madison», como se conoce al conflicto de 1812 en Nueva Inglaterra, no gozó de favor en la población. Siempre es problemático que a un presidente se le identifique con una guerra en lugar de que se identifique al conflicto con el país contra quien se lucha. Varios gobiernos estatales se negaron a enviar tropas milicianas para que lucharan en esa guerra.[108] Se acusó a algunos federalistas que se oponían firmemente a las hostilidades, de poner luces sobre la costa para hacer señales a los buques de guerra británicos que bloqueaban a su país. La acusación contra los «federalistas de las luces azules» les perseguiría durante toda una generación.

Para 1814 Norteamérica estaba expuesta a la invasión en tres frentes a la vez: en el norte, por Niágara y el Lago Champlain; en el sur por Nueva Orleáns y en la bahía de Chesapeake.[109] El 11 de septiembre de 1814 una flota británica intentó tomar control del área del lago Champlain. Se enfrentaron con los norteamericanos a bordo del *USS Saratoga*, cuyo capitán era Thomas McDonough. Este hizo virar a su ya dañado barco de guerra mientras estaba aún anclado y con eso forzó a la rendición al HMS *Confiance* y a tres naves británicas más. El capitán británico George Downie murió cuando una de las balas de cañón de McDonough impactó a una de las armas del barco inglés.[*]

Los regulares británicos liderados por el general Robert Ross casi no encontraron oponentes al marchar hacia Washington, D.C. Con victorias en Blandensburg y Upper Marlboro, Maryland, las fuerzas británicas entraron en Washington el 24 de agosto de 1814. El comodoro norteamericano Joshua Barney contaba con solo cuatrocientos marineros y ciento veinte soldados, y valientemente mantuvo a raya a los británicos durante dos horas. Pero el grueso de la milicia norteamericana, comandado por el incompetente general William Winder, huyó ante los nuevos cohetes Congreve que utilizaban los británicos. Estos cohetes no se podían apuntar con precisión y pocos daban en el blanco. Pero aunque no causaran daños mayores, hacían mucho ruido y eso asustaba a los caballos... y a las tropas.[110]

James Madison hacía lo posible por organizar la resistencia contra las triunfantes fuerzas británicas. Cabalgó hasta el frente y desde allí le escribió una nota a su heroica esposa Dolley para que escapara de la ciudad. Ella y Paul Jennings, un joven negro de quince años, cortaron el famoso retrato de George Washington, realizado por Gilbert Stuart, para preservarlo en lugar seguro. El gobierno evacuó la capital ante el avance de los casacas rojas. Afortunadamente el secretario de estado James Monroe le había ordenado a Stephen Pleasanton, un empleado, que guardara todos los documentos históricos como la comisión de George Washington, la Declaración de la Independencia y la Constitución.[111] Pleasanton puso todo eso en una bolsa de lona, que luego se cargó a salvo en un carruaje.

Los soldados británicos entraron en la mansión ejecutiva sin encontrar oposición alguna y después de comer la cena que se había preparado para los Madison, el general Ross ordenó que sus hombres incendiaran la casa del Presidente. También incendiaron el nuevo edificio del Capitolio y la Biblioteca del Congreso.

El doctor William Thornton, valiente médico local, salvó la Oficina de Patentes al rogarles a los británicos que no quemaran los cientos de maquetas de inventos

---

[*] El arma de fuego de los británicos, con la marca causada por la bala de cañón de McDonough, se exhibe hoy en la Academia Naval de los Estados Unidos de Anápolis, frente al salón McDonough.

que había allí. Les advirtió que sería un acto de barbarie, equivalente a lo que habían hecho los turcos al incendiar la Biblioteca de Alejandría en Egipto.[112]

Nada pudo salvar al edificio de uno de los periódicos más importantes. El almirante británico George Cockburn sentía irritación ante la forma en que el *National Intelligencer* publicaba relatos exagerados donde se le acusaba de ser cruel. Mientras los soldados británicos destrozaban las imprentas y tiraban por la ventana los bloques de impresión, Cockburn reía y gritaba: «¡Asegúrense de destruir todas las letras "c" para que los bandidos no puedan volver a insultar mi nombre!»[113]

Hubo un incidente un tanto cómico en medio de la vergüenza nacional. Los padres de las ciudades de Alejandría, Virginia y Georgetown, finalmente lograron llegar hasta el almirante Cockburn después de buscarlo durante dos días. Querían que se declarara vencido y derrotado, aun cuando ni uno solo de sus soldados británicos se hubiera acercado a esas ciudades.[114]

Confiando en que podrían seguir derrotando a los norteamericanos, que no contaban con buenos líderes, el general Ross y el almirante Cockburn navegaron por el Chesapeake hasta Baltimore. El general Ross le dijo en tono jocoso a un granjero de Maryland en cuya casa habían desayunado, que no volvería para la hora de la cena. «Hoy cenaré en Baltimore, o en el infierno».[115] Tal vez su deseo se haya cumplido porque poco después dos francotiradores norteamericanos le dispararon a la columna de británicos que avanzaba y una de las balas hirió de muerte al general Ross, el 12 de septiembre de 1814.[116]

El almirante Cockburn prosiguió hacia Baltimore. Primero, tendría que pasar por el Fuerte McHenry, casi inexpugnable. Aquí volvió a usar los temidos cohetes Congreve pero los defensores de Baltimore eran aguerridos y los británicos no lograron su cometido.

Durante las noches del 13 y 14 de septiembre un joven abogado llamado Francis Scott Key abordó un buque de guerra británico. Key estaba decidido a conseguir la liberación de un anciano médico norteamericano a quien los británicos habían capturado cuando él mismo encerraba a soldados ingleses. Key convenció a los británicos de que el doctor Beanes en realidad había tratado muy bien a sus prisioneros. Pero no podía liberarse a los norteamericanos mientras se estuviera bombardeando el fuerte McHenry. Durante la noche el anciano Beanes le preguntó a Key si nuestra bandera seguía aún allí. Y así nació la inspiración del poema de Francis Scott Key: «La defensa de Fort M'Henry». El poema, luego se convirtió en nuestro himno nacional, «Barras y estrellas», elevando el espíritu de los norteamericanos al tiempo que Baltimore se salvaba.[117]

La fuerza invasora británica se retiró entonces a la isla de Jamaica para preparar su siguiente ataque a Norteamérica. Esta vez, su objetivo sería Nueva Orleáns. En el sudoeste los norteamericanos habían tenido que enfrentar otra revuelta india. Los upper creeks*, conocidos como «Palos rojos», habían tomado el fuerte Mims el 30 de agosto de 1813. El fuerte estaba ubicado a sesenta y cuatro kilómetros de lo que hoy es Mobile, en Alabama. Allí, los Palos Rojos, bajo su jefe Águila Roja, habían masacrado a casi doscientos cincuenta colonos. «Tomaban a los niños por las piernas y los mataban haciendo que sus cabezas golpearan contra la empalizada. A las mujeres les arrancaron el cuero cabelludo y abrían el vientre de las que estaban encinta, y en vida les arrancaban a sus bebés todavía no nacidos».[118] Águila Roja intentaba detener esas atrocidades, sin lograrlo.

La noticia de la masacre de Fort Mims electrizó a Tennessee. El general Andrew Jackson estaba convaleciente, recuperándose de las heridas causadas durante una pelea con Thomas Hart Benton y Jesse Benton en un bar. A pesar de que había perdido mucha sangre, y de que todavía tenía la bala alojada en el hombro, el pálido Jackson se levantó reuniendo fuerzas de donde pudo, para liderar a las tropas de la milicia contra los creeks. Cuando algunos de sus hombres entraron en pánico y buscaron eludir su obligación, Jackson mandó ejecutar a seis de ellos «para animar a los otros», y procedió con premura a derrotar a los creeks.[119] La postura de Jackson, erguido, alto y derecho como una vara, y su disciplina (que tampoco escatimaba la vara), pronto hicieron que le dieran el mote de «el Viejo Hickory». Los indios que tuvieron que soportar su ira, lo llamaban «Cuchillo Afilado».

Los upper creeks se habían inspirado en la valiente resistencia de Tecumseh. Cuando Jackson mató a novecientos creeks en la Batalla de la Curva de la Herradura el 27 de marzo de 1814, los revoltosos supieron que ya no podrían ganar. Jackson ordenó que los creeks se reunieran con él en el fuerte Jackson (hoy Jackson, Mississippi), donde les obligó a ceder a los Estados Unidos unos nueve millones de hectáreas. Con el trato exigido por Jackson se obtuvieron casi las tres quintas partes de Alabama y una quinta parte de Georgia. «Hasta que esto se cumpla, su nación no podrá tener expectativa de felicidad, ni la mía podrá esperar seguridad», les dijo Jackson a los creeks reunidos el 10 de julio de 1814.[120]

---

* N. de T.: tribu también conocida como maskokis.

Cuando los representantes diplomáticos del presidente Madison se reunieron con sus colegas británicos para las negociaciones de paz en Gante, Bélgica, la posición norteamericana no era para nada fuerte. Los británicos exigían grandes porciones de Maine, ocupadas por ellos en ese momento, y la creación de un estado indio junto al río Ohio, para que actuara como amortiguador. Pero John Quincy Adams, de Norteamérica, tenía ya treinta años de experiencia en la diplomacia. Y Henry Clary tenía treinta años jugando al póquer. La habilidad de esos dos hombres resultaría indispensable.[121]

VI. La batalla de Nueva Orleáns

El líder de la fuerza británica invasora era el valiente y joven general Sir Edward Pakenham, cuñado del duque de Wellington, el más famoso soldado inglés. Entre los siete mil quinientos casacas rojas de Sir Edward había varios veteranos de las exitosas campañas de Wellington contra las tropas de Napoleón. Los británicos tenían intención de tomar la ciudad de Nueva Orleáns y todo lo que pudieran de Louisiana. Serían valiosa moneda en las negociaciones de paz de Gante. Pakenham alentaría a la gente de Louisiana a separarse de los Estados Unidos, y a unirse o al Imperio Español o a los británicos.[122] A algunos norteamericanos les preocupaba que Louisiana, adquirida diez años antes y admitida como estado recién en 1812, pudiera ser seducida.

Mientras el general Jackson se preparaba para enfrentar a los invasores británicos, impuso una ley marcial estricta en la dinámica ciudad. Fue una decisión que nadie recibió con agrado. También tuvo que lidiar con los famosos piratas baratarios, liderados por Jean Lafitte. Los piratas de Lafitte, aparentemente leales a nadie más que a sí mismos, habían rechazado un ofrecimiento británico porque no les satisfacía. Jackson necesitaba a todos los hombres que pudiera encontrar para defender a la ciudad sitiada y aunque había denunciado a Lafitte y a sus hombres como «bandidos infernales» debió ceder ante los ruegos de Edward Livingston y otros líderes de Nueva Orleáns y aceptar la ayuda de Lafitte.

Mientras los británicos avanzaban hacia Nueva Orleáns nadie los había detectado, hasta que el 23 de diciembre de 1814 llegaron a la plantación del mayor Gabriel Villaré, que había estado sentado en el porche de su casa fumando un cigarro y conversando con su hermano. De repente aparecieron los casacas rojas desde el denso bosque y los capturaron. Gabriel saltó por una ventana abierta. «¡Lo quiero vivo o muerto!», gritó el coronel británico. Pero Villaré era más veloz que ellos. Saltó sobre la cerca y corrió hacia el bosque. Dice la leyenda que tuvo que matar a uno de sus perros favoritos «con lágrimas en los ojos», para evitar que lo delatara con sus ladridos.[123]

Gracias a la advertencia de Villaré, Jackson pudo fortificar su posición frente a la ciudad de la media luna. Jackson y sus hombres se apostaron frente al Canal Rodríguez, perpendicular al río Mississippi. La posición defensiva de Jackson era ventajosa, porque tenía el río a la derecha y un espeso bosque de cipreses a la izquierda. Su grupo de cinco mil hombres era extraordinario. Contaba con voluntarios de Nueva Orleans, que incluían a aristócratas criollos [N. de T: o creole, término derivado del español «Criollo», para denominar a los habitantes de las colonias]. También había comerciantes y trabajadores de oficio entre sus voluntarios. Contaba con la milicia de Tennessee y Kentucky, por lo que los negros libres eran una fuerza clave entre sus filas, que incluían a españoles, franceses, portugueses, italianos e indios y, por supuesto, a los piratas.[124] Era el tipo de «populacho» al que los británicos despreciaban y por ello llamaban a los norteamericanos «los camisas sucias».[125] Pero no serían los modales ni el agua y el jabón lo que les consiguiera la victoria.

El día de Navidad de 1814, un grupo de esclavos fugitivos ingresaron a las líneas británicas frente a Nueva Orleans.[126] Estarían gustosos de trabajar, con tal de alcanzar su libertad. Uno de esos pobres hombres le habló a un oficial británico en perfecto francés, implorándole que le quitara un horrible grillete con pinchos que tenía alrededor del cuello, como castigo por haber intentado escapar con anterioridad.[127] Librándole de su tortura el oficial británico se burló de lo que los norteamericanos apreciaban tanto: «Es este un ingenioso símbolo de la tierra que proclama la libertad», dijo.[128] Con todo, los británicos no eran justamente liberadores de los oprimidos esclavos de Louisiana. Sus agentes colocaban carteles en todas partes, anunciando: Podrán ustedes conservar sus esclavos. Es que apelaban a los propietarios de las plantaciones, antes franceses, para que renunciaran a su nueva identidad como norteamericanos.[129]

Cuando los británicos empezaron a atacar en la mañana del 8 de enero de 1815, el general Pakenham ordenó que se disparara un cohete. El calmado coraje de Jackson inspiró a sus hombres. «No presten atención a esos cohetes», dijo. «No son más que juguetes para entretener a los niños».[130] Los invasores de Pakenham incluían al famoso Regimiento Noventa y Tres de escoceses, feroces y vestidos con kilts [N.

de T.: polleras escocesas]. Los hombres de Jackson apuntaron a los casacas rojas mientras avanzaban, y mataron a muchos, en lo que dio en llamarse «más bien una masacre que una batalla». Los rifles y el fuego de artillería que Jackson hizo llover sobre ellos fueron demasiado.[131] El general Pakenham también murió junto con varios oficiales generales subordinados. La cantidad de muertos ingleses fue devastadora. En unos minutos nada más, habían perdido doscientos noventa y un hombres, quedando mil doscientos sesenta y dos heridos y cuatrocientos ochenta y cuatro capturados, o desaparecidos en acción. Por su parte, las bajas norteamericanas fueron increíblemente escasas, con solo trece muertos, treinta y nueve heridos y diecinueve desaparecidos en acción.[132]

Fue un terrible golpe al orgullo británico. ¿Quién podría creer que los «camisas sucias» de Norteamérica podrían causar tal derrota a las mejores tropas de Su Majestad? Cuando uno de los milicianos de Tennessee le exigió la rendición a un invasor herido, el oficial casaca roja se volvió para toparse con un norteamericano sucio, sin afeitar, con la mirada desencajada. Quedó atónito: «¡Qué desgracia para un oficial británico, tener que rendirse ante un deshollinador!»[133]

Un incidente revelador nos sugiere la razón del formidable éxito de los norteamericanos.

Inmediatamente después de la batalla, se retiraron de una zanja los cuerpos de tres británicos que habían muerto.[134] Varios de los milicianos de Nueva Orleáns discutían tratando de arrogarse el mérito de haber matado a un coronel. «Si no le dio entre las cejas», dijo un comerciante de nombre Withers, «no fue mi disparo». Y por cierto el cuerpo del coronel daba muestras de la puntería de Withers, y de la leal potencia de fuego de los norteamericanos.[135]

No todas las tropas invasoras tenían tanta ansiedad por dejar a los norteamericanos bajo el talón de los británicos. Había varios prisioneros irlandeses y su patria se había levantado en infructuosa rebeldía contra el gobierno inglés, tan solo en 1798. No les habían dicho que pelearían contra los norteamericanos al hacerles abordar los barcos británicos. Sus captores les preguntaron entonces por qué habían marchado con tal valentía ante el fuego norteamericano. «¿No estábamos obligados a hacerlo, con los oficiales que por detrás nos azuzaban y golpeaban con sus espadas?», respondieron los sobrevivientes con el típico ingenio celta.[136]

Jackson decidió no perseguir a los británicos que se batían en retirada. Pero tampoco dejó de aplicar su estricta disciplina a sus hombres y a la ciudad, ahora rescatada. Los británicos se retiraron al poco tiempo, para no volver jamás. Jackson le comunicó al clérigo católico más importante de la ciudad, el abad Guillaume Dubourg, que la victoria había sido resultado de «la interposición del cielo».[137] Y casi todos los norteamericanos estarían de acuerdo con él, como lo estuvo el abad, que le pidió a Jackson que se le uniera en un Té Deum, o misa de celebración de gracias en la catedral.

En pocas semanas la noticia de la gran victoria llegó a Washington, D.C. Deprimidos todavía por el incendio y destrucción de la capital en el mes de agosto, los washingtonianos enloquecieron de alegría. Los titulares de los periódicos anunciaban: «¡Increíble victoria!», y los más literarios citaban las líneas de Enrique VI, de Shakespeare: «Avancen nuestros flameantes colores sobre los muros. Orleáns ha sido rescatada de los lobos ingleses».[138]

A días de la gran victoria de Jackson, la capital tuvo otra razón para celebrar. El Tratado de Gante se había firmado el día de Nochebuena de 1814. La noticia había tardado casi seis semanas en cruzar el Atlántico. Si hubiera habido cable, no habría habido batalla de Nueva Orleáns porque si los norteamericanos hubieran sabido de qué trataba ese pacto antes de ir a la guerra, muy pocos habrían estado de acuerdo en pelear. El Tratado de Gante no le daba ganancia alguna a Norteamérica. Y los británicos no habían cedido un ápice en su política de aprisionamiento. Pero tampoco insistían en las concesiones territoriales.

El tratado en realidad no arreglaba nada. Y sin embargo, lo arregló todo.

Porque con la victoria de Nueva Orleáns los norteamericanos recuperaron su amor propio. Habían luchado contra la potencia más grande del mundo, y sobrevivido con su independencia intacta. Aunque no habían conquistado Canadá, ahora tenían lo que Theodore Roosevelt calificaría como «rehén» para asegurarse de que los británicos se comportaran bien. Tenían una gran tradición naval, un aclamado y nuevo héroe en el Viejo Hickory y un renovado sentimiento de patriotismo como lo evidenciaban «Barras y estrellas». Hasta el día de hoy Norteamérica jamás volvió a disfrutar de un triunfo militar tan asombroso y espectacular como el de Jackson en Nueva Orleáns. Y la guerra de 1812 contribuyó a la formación de una nueva conciencia norteamericana, una identidad forjada en el yunque de la batalla.[139]

Mientras el general Jackson y su dama, la regordeta y vivaz Rachel, bailaban en Nueva Orleáns al ritmo de «Possum up the Gum Tree» una delegación de amargados federalistas llegó a Washington sin ánimos de festejar. Siempre desacertados en los tiempos, eligieron ese momento de júbilo nacional para informar sobre su recientemente concluida Convención de Hartford (1814). Por fortuna para muchos de los miembros leales y capaces del partido federalista, la convención firmemente había rechazado la secesión y además sugería una cantidad de enmiendas a la Constitución sin amenazar con hacer la paz por separado con Gran Bretaña si la administración Madison no aceptaba sus propuestas. Con todo, la oposición tan prolongada de tantos federalistas con respecto al esfuerzo de la guerra, la lealtad de algunos de los gobernadores al no brindar las tropas necesarias y su preferencia por los ingleses, manchaban al partido federalista.[140] Ya nunca más podría presentarse este partido como serio contendiente para la presidencia.

VII. «UNA ERA DE BIENESTAR»

Para 1816 la elección de James Monroe como presidente era conclusión ya conocida. Monroe era uno de los pocos miembros del gabinete de Madison que había salido de la guerra con su reputación intacta. Ganó por la asombrosa cifra de ciento cuarenta y tres votos electorales, contra solo treinta y cuatro de Rufus King. Era la agonía del partido federalista, que manchado por la sospecha de la secesión y su deslealtad durante la guerra de 1812, debía enfrentar ahora la acusación sin sustento de ser «federalistas de las luces azules» por parte de algunos republicanos jeffersonianos que se burlaban de ellos.

El general Andrew Jackson recibió con agrado la noticia de la elección de Monroe y deseaba proseguir con la expansión territorial. Jackson tenía la mira puesta en Florida. Los españoles se habían puesto del lado de los ingleses en la última guerra y Jackson veía a Florida como escenario de ataques indios contra los colonos norteamericanos a lo largo de la frontera. Ahora, Jackson se preparaba para ajustar cuentas. Pero, ¿se lo permitiría el presidente Monroe?

Cuando se desató la guerra con los seminoles de Florida en 1817, el general Jackson era comandante del Departamento Sur del Ejército de los Estados Unidos. Así que no dudó en cruzar la frontera en feroz persecución de sus enemigos. Después de otra masacre de colonos norteamericanos por parte de los indios, Jackson capturó a dos caciques seminoles y los ahorcó. Luego encontró a dos ciudadanos británicos, que él creía estaban colaborando con los indios: Alexander Arbuthnot y Robert Ambrister. Los entregó a una corte marcial norteamericana en la ciudad de St. Mark. Arbuthnot terminó colgado del penol de su propio barco y Ambrister murió fusilado.[141] Los dos británicos murieron el 29 de abril de 1818. La feroz determinación de Jackson por acabar con los enemigos de su país le hizo tremendamente popular en la frontera. Sin embargo, no se quedó para ver cómo ejecutaban a los desafortunados ingleses, sino que marchó al oeste y tomó el puerto español de Pensacola el 24 de mayo de 1818.[142] El secretario de estado, John Quincy Adams, con mucho tacto descartó las vehementes protestas de los españoles por el atrevimiento de Jackson. Viendo que no podrían aferrarse a Florida con un líder tan feroz como Jackson en su contra, los españoles acordaron enseguida aceptar el tratado propuesto por Adams. Le vendieron Florida a los Estados Unidos por cinco millones de dólares, el 22 de febrero de 1819.[143]

Para la mayoría de los norteamericanos el gran éxito del general Jackson en Nueva Orleáns y sus posteriores victorias contra los indios y españoles, significó que se le conociera como el Héroe. Sin embargo, la forma de actuar de Jackson no contaba con la aprobación de todos.

El orador de la Cámara de Representantes Henry Clay, de Kentucky, también era del oeste. Clay anunció que daría un discurso sobre el tema de las conquistas de Jackson. Una corriente eléctrica de entusiasmo recorrió Washington porque Clay era ya una de las figuras más destacadas en esta joven república. ¿Qué diría en su discurso? El suspenso se hacía cada vez mayor. Cuando Clay descendió las escaleras, dispuesto a hablar ante la Cámara, las galerías estaban repletas de gente. Ese hombre, que había iniciado su carrera como Halcón de la guerra, y que bregaba por la pelea contra los ingleses ¿cómo no iba a aplaudir lo que hacía Jackson? No solo faltó su aplauso al general Jackson, sino que con sus argumentos potentes y elegantes Clay dejó asombrados a todos los presentes con sus críticas contra las acciones de Jackson. Clay denunció las ejecuciones de los súbditos británicos, deploró el cruel trato al que sometía a los indios y condenó la toma de Pensacola.[144] Entonces, en medio de la tensión y el silencio, advirtió lo que podría suceder si la joven república permitía que sus líderes militares hicieran lo que querían. Recordando el discurso de Patrick Henry contra el rey Jorge III Clay dijo: «Recuerden que Grecia tuvo a su Alejandro y Roma a su César. Inglaterra tuvo a su Cromwell y Francia a su Bonaparte, pero si queremos eludir la roca contra la que chocaron ellos, ¡tendremos que evitar sus errores!»[145]

Clay les aseguró a sus oyentes una y otra vez, durante las más de dos horas que duró su discurso, que no tenía nada personal contra el general. Solo quería el bien de la república. Jackson y quienes lo apoyaban no iban a soportar eso. A partir de ese momento, el 20 de enero de 1819, se abrió una brecha insalvable entre los dos grandes líderes del oeste. Jackson reaccionó con fría furia y una enemistad que se llevaría a la tumba un cuarto de siglo después.

VIII. La negociación de Missouri

Todos los esfuerzos por convertir el vasto territorio obtenido con la compra de Louisiana en cantidad de nuevos estados, seguramente traerían conflictos. Louisiana había sido admitida como estado esclavista en 1812, pero la esclavitud ya existía allí desde el tiempo de la dominación francesa y española.

El territorio de Missouri era diferente.

Los norteños se preocupaban al ver que la esclavitud no perdía vigencia, como pensaban que sucedería para ese momento muchos de la generación de los Fundadores. Por el contrario, parecía cobrar fuerza. Alabama y Mississippi habían sido admitidos como estados esclavistas, pero eso era en el extremo sur. Allí, la esclavitud parecía extenderse cada vez más. En 1793 Eli Whitney, de Connecticut, había inventado la desmotadora. Ese aparato contribuiría a que el algodón fuera mucho más rentable. Ese rubro era la base de la agricultura esclava. Pero con Missouri la esclavitud parecía estar difundiéndose peligrosamente hacia el norte y el oeste.

Los miembros del Congreso venidos del norte lograron mantenerse firme en defensa de concesiones. Missouri sería admitido como estado esclavista así como Maine, antes una región de Massachussets, sería admitida como estado libre. La frontera sur de Missouri, a 36° 30' de latitud norte, sería la línea divisoria. No se permitiría la esclavitud al norte de esa línea. Ambas partes parecían satisfechas.

Henry Clay era la fuerza movilizadora tras esa solución legislativa a un problema aparentemente insoluble. Sus esfuerzos por preservar la unión le granjearon la admiración de miles de personas, y el título de el «Gran Negociador».*

Sin embargo, Thomas Jefferson estaba preocupado. Ya retirado y en Monticello, el ex presidente escribió que «esta cuestión tan importante me despierta como

---

* La negociación de Missouri preservaría la paz de la Unión durante cuarenta años. Se puede argumentar que el rechazo a tal negociación en la década de 1850 fue lo que llevó directamente a la Guerra Civil.

alarma de incendio por las noches y me llena de terror. La considero como el tañido de campanas funerarias para nuestra unión».[146] Jefferson podía prever que «una línea geográfica que coincidiera con un principio moral y político bien marcado, concebida y sostenida contra las iracundas pasiones de los hombres, no podría borrarse jamás. Por el contrario, con cada nueva irritación se haría más y más profunda».[147] Aquí Jefferson pronosticaba con asombrosa precisión la historia de su país para los siguientes cuarenta años. En ese momento, Jefferson había cambiado su postura con respecto a la expansión de la esclavitud. Con anterioridad se había opuesto a la extensión de la misma (perdiendo por solo un voto en su afán por establecer una política nacional entonces propuesta al Congreso de la Confederación en 1784). Ahora, tal vez por influencia de los escritos de Madison en el Federalista No. 10, Jefferson pensaba que podría ser más fácil erradicar la esclavitud si se la diluía en toda la Unión. Jefferson admitió su propia paradoja: «Tenemos a un lobo por las orejas y no podemos ni seguir sosteniéndolo ni dejarlo ir».[148]

IX. La doctrina Monroe

Sabiendo que llegaba al final de su segundo período sin poder acreditarse grandes logros, el presidente Monroe comenzó a buscar la forma de dejar su huella en la historia. Cuando el secretario británico de asuntos exteriores George Canning propuso una declaración conjunta anglonorteamericana a América Latina, Monroe sintió profundo interés. Las relaciones con Gran Bretaña habían mejorado mucho desde el final de la guerra de 1812. Y eso serviría para afianzar el vínculo. Jefferson y Madison, ahora retirados, elogiaron la idea de declarar al hemisferio occidental «fuera de límites», para futuras colonizaciones por parte de las potencias europeas. Canning quería preservar los fuertes vínculos comerciales de Gran Bretaña con las repúblicas latinoamericanas recientemente independizadas. Y Norteamérica quería limitar el avance ruso sobre el noroeste de la costa del Pacífico.[149]

Fue Adams, el secretario de estado, quien le brindó a Monroe su gran apertura, proponiendo que emitiera la declaración por cuenta propia. «Sería más sincero y digno afirmar nuestros principios explícitamente ante Francia y Rusia en lugar de hacerlo como bote que navega en la estela de un barco de guerra británico», le dijo Adams al gabinete de Monroe.[150]

Y así se decidió que se anunciara el documento que lleva su nombre durante el mensaje anual del presidente al Congreso en diciembre de 1823. El mensaje de Monroe dio en llamarse Doctrina Monroe. Lo ofrecía como política de los Estados Unidos, estableciendo que el hemisferio occidental ya no sería receptivo a futuras colonizaciones por parte de las grandes potencias de Europa. Los Estados Unidos no intentarían tomar las posesiones coloniales —eso convenía a Gran Bretaña, que seguía dominando Canadá— pero tampoco permitiría que ninguna nación europea recuperara las colonias que ya se habían independizado o que pudieran independizarse en el futuro.

La doctrina Monroe ha sido un pilar de la política exterior norteamericana desde ese momento hasta hoy. Los británicos, sorprendentemente, no reaccionaron de manera negativa porque les hubiera «dejado plantados ante el altar». El agregado británico que estaba en Washington escribió su informe a Londres, elogiando el «tono explícito y varonil» de la declaración.[151] La verdad, por supuesto, fue que esa declaración brindaba «un muro de contención» a la flota británica, que protegía la independencia de América Latina y no conformaba un «cerco de papel y pergamino», como les parecía a los ingleses. Ese paso valiente y decidido mostraba que Norteamérica tenía toda la intención de pararse firme sobre sus dos pies, en la comunidad de las naciones.

X. «UN NEGOCIO CORRUPTO»: LA ELECCIÓN DE 1824

La caída del partido federalista significó que los presidentes se elegirían mediante el sistema de «carrera entre iguales» o «asamblea partidista». Se trataba de una reunión entre los principales miembros jeffersonianos republicanos del Congreso, que presentaban nombres para que el colegio electoral eligiera. El presidente Monroe fue reelegido en 1820, virtualmente sin oposición. Ganó todos los votos electorales a excepción de uno (de un elector que sencillamente quería mantener intacta la trayectoria del presidente Washington). Ese era el sistema que los Fundadores habían tratado de evitar en Filadelfia. No querían que el presidente fuera elegido por el Congreso pero en 1824, no podía encontrarse método alternativo.

Sin sucesor obvio al popular James Monroe el sistema colapsaba. Andrew Jackson fue nominado por la legislatura de Tennessee y el orador de la Cámara, Henry Clay, fue presentado por sus legisladores de Kentucky. Algunos republicanos en el

Congreso preferían al secretario de estado, Adams. El secretario del tesoro William H. Crawford, uno de los favoritos en un principio, sufrió un ataque que le dejó paralítico pero aun así, siguió en la carrera. El secretario de guerra John C. Calhoun era el «hijo preferido» de Carolina del Sur. Pronto fue evidente que a Calhoun le faltaba apoyo suficiente, por lo que acordó servir como vicepresidente.

Cuando se contaron los votos electorales, Jackson llevaba ventaja por sobre todos sus rivales, con noventa y nueve votos. Adams tenía ochenta y cuatro a favor, por lo que estaba en segundo lugar. Como no había mayoría en el colegio electoral, la elección se pasó a la Cámara de Representantes. Esta era solo la segunda ocasión en que sucedía algo así. Como Henry Clay había quedado en cuarto lugar en la votación del colegio electoral y la Constitución establecía que solamente podían tomarse en cuenta los tres primeros, quedaba eliminado. Comenzó la votación para elegir entre Jackson, Crawford y Adams, pero entonces Clay declaró su apoyo a Adams y con ello, John Quincy Adams fue elegido como sexto presidente de los Estados Unidos. Sus calificaciones eran admirables: había sido senador, hábil diplomático y miembro del gabinete.

Su siguiente movida, sin embargo, demostró que John Quincy Adams era tan inepto como político como lo había sido su padre. Adams nombró a Henry Clay como secretario de estado. Quienes apoyaban a Jackson de inmediato alzaron su protesta, que duró cuatro años. «Un negocio corrupto», era la acusación. Así, la campaña de 1828 comenzó casi en el mismo momento en que John Quincy Adams prestaba juramento como mandatario.

Adams era un hombre tozudo. Ahora, reclamaba para sí la denominación de republicano nacional, parte de la coalición jeffersoniana. Su primer mensaje al Congreso dejó ver un ambicioso plan de acción federal, que habría enorgullecido a Hamilton. Adams quería más rutas y canales, una armada más grande y esfuerzos que mejoraran el conocimiento científico.[152] Cuando promovió la creación de un observatorio astronómico nacional, poéticamente se refirió a los observatorios como «los faros del cielo».[153] La reacción de los congresistas no se hizo esperar: presentaban al presidente como caricatura, como soñador poco práctico con la cabeza en las nubes, destacando la inutilidad de su propuesta.

XI. «¿Es el cuatro ya?»: Mueren Adams y Jefferson

Thomas Jefferson estaba retirado, pero no inactivo. Seguía escribiendo y recibiendo cartas, comunicándose con cientos de amigos y aliados políticos. Desarrolló nuevas variedades de plantas y decía: «Soy viejo como hombre, pero joven como jardinero». Y recibía a muchísimas visitas en Monticello.

En una de sus famosas misivas, aconsejaba al hijo de un buen amigo suyo, el joven Thomas Jefferson Smith, que en ese momento no contaba con edad suficiente como para comprender y apreciar sus palabras. Pero cuando fue mayor, le mostraron la carta, que decía:

De tu parte, serán necesarias pocas palabras con buena disposición. Adora a Dios. Respeta y ama a tus padres, con reverencia. Ama a tu prójimo como a ti mismo y a tu país, más que a ti mismo. Sé justo. Sé verdadero. No protestes contra los caminos de la Providencia. Entonces, la vida en la que has entrado será el portal a una vida de eterna e inefable dicha. Y si se les permite a los muertos, cuidar de los asuntos de este mundo, cada una de las acciones de tu vida estará a mi cuidado. Me despido y te deseo lo mejor.[154]

Uno de sus visitantes más ilustres fue el anciano Marqués de Lafayette. Se reunieron trescientas personas a la entrada de la casa de Jefferson, ubicada en la cima de una montaña, cuando llegó el carruaje del venerado héroe francés. «¡Ah, Jefferson!», exclamó el general de sesenta y seis años. «¡Ah, Lafayette!», respondió el estadista de ochenta y uno. Y ambos irrumpieron en emocionado llanto.[155]

La noche siguiente, el 5 de noviembre de 1824, Jefferson agasajó a Lafayette con una cena importante en el Salón de la Cúpula de la aún no terminada rotonda de la Universidad de Virginia. Entre los asistentes estaban los ex presidentes James Madison y James Monroe.[156] Ambos eran amigos de Jefferson y también amigos mutuos, por lo que participaban del proyecto de ese gran hombre, ya anciano: la universidad.*

Jefferson y Madison habían estado trabajando en «gran colaboración» durante casi cincuenta años. Ahora, retirados ambos en sus granjas del verde paisaje de Piedmont, trabajaban juntos para instituir la Universidad de Virginia. La historia

---

* Aun si Thomas Jefferson se hubiera dedicado a cualquier otra cosa, habría merecido renombre como arquitecto. En 1976 el Instituto Estadounidense de Arquitectos eligió los diseños de Jefferson para la Universidad de Virginia —su «Aldea Académica»— como el mayor logro de la arquitectura norteamericana de los últimos doscientos años.

norteamericana no tiene mejor ejemplo de una amistad tan sincera, tan íntima y tan llena de labor productiva por su país. «Has sido pilar de apoyo para mí toda la vida. Cuídame cuando muera y ten la seguridad de que me iré dejándote con todo mi afecto», le escribió Jefferson al Gran Pequeño Madison en el último año de su vida.[157]

Ahora, durante el único período de John Quincy como presidente, sucedió algo que aun hoy resulta asombroso. El padre del presidente Adams, John, se había reconciliado con Thomas Jefferson en 1811 después de una década de silencio entre los dos gigantes de la Revolución. El doctor Benjamin Rush puso fin a su alejamiento. Fue uno de los innumerables servicios de Rush a Norteamérica. «¡Siempre he amado a Thomas Jefferson!», les dijo Adams a dos vecinos jóvenes de Jefferson en Virginia. Y la relación epistolar entre los dos se reanudó.[158] Aunque los separaba cierta distancia, porque uno estaba en Braintree, Massachussets y el otro en Charlottesville, Virginia, siguieron intercambiando correspondencia durante el resto de sus vidas.

Se aproximaba el quincuagésimo aniversario de la Declaración de la Independencia y el país entero volvía la mirada a esos dos líderes revolucionarios. Cuando el alcalde de Washington, D.C., invitó al señor Jefferson a una celebración en la capital, el autor de la declaración debió rechazar la invitación porque con ochenta y tres años, su salud era delicada. Envió una carta, en la que decía: «Todos los ojos están abiertos o abriéndose a los derechos del hombre. La luz de la ciencia y su brillo ya han mostrado que la masa de la humanidad no nació con monturas sobre las espaldas, y que no hay unos pocos favorecidos que preparan sus espuelas para cabalgarlos legítimamente por gracia de Dios... Que cada año esta fecha refresque por siempre nuestra conciencia de tales derechos, y nuestra inclaudicable devoción a los mismos».[159]

John Adams, con noventa años, ya no podía sostener la pluma para escribir, pero el 30 de junio dio una respuesta elocuente a una delegación que le visitó para pedirle un mensaje para el 4 de julio. «¡Independencia, por siempre! », dijo el viejo patriota.

Jefferson agonizaba en Monticello, y preguntó: «¿Es el cuatro ya?» Lo era.

A ochocientos kilómetros en dirección norte John Adams, que no sabía que Jefferson había muerto ese mismo día, decía: «Thomas Jefferson sobrevive aún». Y entonces expiró. Al instante se desató una violenta tormenta eléctrica a la que llamaron «la artillería del cielo».[160]

El fallecimiento simultáneo de los dos héroes de la Revolución conmovió a los norteamericanos como ninguna otra cosa desde Nueva Orleáns. Muchos vieron la mano de la Providencia en este hecho. Y muchos hoy siguen creyendo que fue una coincidencia providencial.

Capítulo 7

Jackson y la democracia

(1829-1849)

El rudimentario ensayo de democracia de Andrew Jackson dominó el período entre la disputada elección de 1824 y su fallecimiento en 1845. La gran determinación de Jackson logra eludir la mayor amenaza a la Unión, en la crisis de la anulación de 1832. Jackson advierte que «colgará tan alto como lo estuvo Amán en la horca» a cualquiera que intentara obstruir el cumplimiento de la ley federal, por lo que su anuncio va acompañado de una concesión ingeniosa y a tiempo al tema de los impuestos de aduana para Carolina del Sur. Desafía a los tribunales y a la gente de conciencia con su política de remoción de los indios. Después de una era en que el Congreso dominaba a los presidentes, Jackson aparece como imposible de dominar. Blandirá su poder de veto cual garrote y lo utilizará no solo para los proyectos de ley que sean inconstitucionales sino como arma política. «La Unión Federal debe ser preservada», dice Jackson en un legendario brindis, y contribuye a crear la primera democracia masiva del mundo.

I. De la campaña a la locura: La elección de 1828

Los fuertes temían a Andrew Jackson. El motivo se nos revela en parte de su pasado. Cuando era juez en Tennessee, en la década de 1790, envió a una serie de alguaciles y agentes de la ley y la justicia a arrestar a un hombre corpulento y fuerte que en un arranque de ira provocado por el alcohol, le había rebanado las orejas a su hijo.

Como nadie podía con el hombretón, el mismo juez Jackson decidió arrestarlo en persona. Cuando se le preguntó por qué se rindió sin más ante Jackson luego de resistirse a todos los demás, el hombre contestó: «Es que cuando llegó lo miré a los ojos y vi una bala. No había visto lo mismo en los ojos de los demás».[1] Jackson llegó a ser leyenda en su tiempo debido a historias como esa.

Como mencionamos en el capítulo anterior, el día que la Cámara de Representantes eligió en controvertida decisión a John Quincy Adams como presidente luego de la elección de 1824, se inició la portentosa elección de 1828. Los que apoyaban a Andrew Jackson gritaron «negocio corrupto» cuando el presidente electo Adams recompensó a Henry Clay, de Kentucky, con el puesto de secretario de estado. Todos los presidentes desde Thomas Jefferson habían servido en esa posición clave antes de asumir la presidencia. Y, por supuesto, al aceptar el ofrecimiento de parte de Adams, el ambicioso Clay pensó que sus posibilidades de llegar a presidente como sucesor de Adams eran mejores. El tiempo demostraría que ambos estaban muy errados en sus cálculos.[*]

Los jacksonianos injustamente acusaron a Adams de venderle a Clay el puesto de secretario a cambio de su apoyo en la votación de la Cámara. Lo más probable es que no fuera cierta esa acusación.[2] Eso no impidió que los jacksonianos se burlaran de Adams, llamándolo «nuestro presidente de arcilla»[**] Sugerían que el presidente era arcilla en las manos de Harry del Oeste.[3]

Era claro que ya no habría campañas partidarias. La gente no aceptaría a un presidente elegido por un grupo de líderes en la Cámara y el Senado. Exigían tener voz en la elección de quien les presidiera y nadie creía en eso con mayor convicción y fervor que Andrew Jackson.

La tradición de no hacer campañas francas para la presidencia había sido establecida por George Washington. Pero también se había establecido la práctica de los candidatos que alentaban a sus seguidores por medio de numerosas cartas. Jackson se consideraba jeffersoniano y sus cartas, enviadas desde el Hermitage, su hogar en Nashville, seguían los caminos trazados por «el sabio de Monticello». El apoyo a

---

[*] Cuando la Cámara elige presidente, la delegación de representantes de cada estado emite un único voto. Eligieron entre los tres que más votos habían conseguido en el colegio electoral. Lo cual significaba que serían elegibles J.Q. Adams, Jackson y William Crawford, de Georgia. Henry Clay fue eliminado. Los seguidores de Jackson, Adams y Crawford sin embargo, le buscaban y por eso el grito de «negocio corrupto» en realidad, no estaba basado en los hechos.

[**] N. de T.: en inglés, «our Clay President», en un juego de palabras donde el apellido hace alusión al sustantivo homónimo que significa arcilla.

Jackson para la tan anticipada elección de 1828 provino de fuentes similares a las que habían apoyado a Jefferson. Con fuerza en el sur y el oeste, su alianza con el senador Martin Van Buren de Nueva York era importante, y así como la culpa de Jefferson con Aaron Burr le había dado un margen para la victoria, el apoyo de la organización de Van Buren —la Regencia de Albany— convirtió a Jackson en un candidato imparable. Jackson también contaba con el apoyo, más o menos franco, del vicepresidente John C. Calhoun y los sureños propietarios de plantaciones a quienes representaba.

El presidente Adams, oponente de Jackson en 1828, hizo bastante también por asegurar la elección de héroe de la guerra de Tennessee. Pocos presidentes norteamericanos podrían competir en intelecto, capacidad de trabajo, integridad personal, fe religiosa y sincera devoción a su país, características de John Quincy Adams. Aunque también es verdad que pocos hombres han llegado a la presidencia sin haber desarrollado al menos cierta destreza y habilidad en la política. John Quincy Adams era uno de ellos.

Adams sabía que era un hombre frío, austero, respetado, pero sin simpatía. A diferencia de su padre, no tenía sentido del humor. Y hasta las más inocentes distracciones de su trabajo le molestaban. Cuando compró una mesa de billar con dinero de su bolsillo, lo atacaron sin piedad, acusándolo de instalar «mesas de juego y mobiliario de apostadores» en la residencia presidencial.[4] Era un orador que no persuadía, incómodo ante el atril. También lo era Jefferson pero a John Quincy Adams le faltaba la «peculiar felicidad de expresión» del hombre oriundo de Virginia. Cuando lo invitaron a celebrar en Baltimore la defensa de la ciudad en la guerra de 1812, el presidente Adams debía proponer un brindis. Así que gritó: «Ébano y topacio», en tono académico y explicó que se trataba del póstumo escudo de armas del general británico Robert Ross, «y a los milicianos republicanos que se lo otorgaron». Los asistentes quedaron boquiabiertos. Había que conocer de heráldica británica, y saber que Ross había sido asesinado por francotiradores norteamericanos. Su brindis fue tan pedante y confuso que bien podría haber hablado en griego, y lograr el mismo efecto. En todo el país se burlaron del presidente y «Ébano y topacio» se convirtió en el grito de los jacksonianos que buscaban demostrar lo desconectado que estaba John Quincy Adams del espíritu democrático de su época.[5] Tampoco ayudó demasiado el hecho de que durante toda su presidencia, Adams se sintió aterrado, inquieto y nervioso al punto de caer en momentos de depresión. Eso le daba imagen de perdedor.

Cuando Adams presentó su programa en un mensaje al Congreso, se hizo evidente un gran parecido con el «Sistema Norteamericano» que defendía Henry Clay. Adams estaba a favor de los derechos de aduana y la creación de un banco nacional. Proponía la creación de una universidad nacional, una academia naval, más exploraciones según el modelo de Lewis y Clark y un extenso sistema de caminos, canales y puertos. Sabía que su ambicioso programa se enfrentaría a la resistencia por parte de los que debían pagar impuestos, pero urgió a los miembros del Congreso a no permitir que el mundo viese que el gobierno norteamericano «quedaba paralizado ante la voluntad de los votantes». El estadista británico Edmund Burke bien podría haber sentido orgullo ante tal declaración, pero para Adams representó el equivalente a un suicidio político.

Jackson y sus seguidores creían con sinceridad que Adams representaba la verdadera filosofía jeffersoniana. Para Jackson, la frialdad en los modos de Adams solo era una máscara que ocultaba las aristocráticas pretensiones del hombre. ¿No era John Quincy Adams después de todo, hijo del rival derrotado de Jefferson?

Los jacksonianos de inmediato tomaron el desdén elitista de Adams por el hombre común. Si la voluntad del pueblo no era la que gobernaba en una república democrática, ¿cuál sería la voluntad que se impondría?[6]

Con el colapso de los federalistas después de 1816, los republicanos jeffersonianos dominaban la política nacional. La facción de Adams y Clay en ese partido jeffersoniano se llamaba «Republicanos nacionales». Sus líderes sabían que les había tocado en suerte un candidato sin atractivo, que carecía de habilidades políticas básicas. Por lo tanto, hicieron lo que hoy llamaríamos «destacar lo negativo del adversario». Iniciaron una campaña maliciosa buscando matar la personalidad e imagen de Jackson.

Sin autorización del presidente Adams, por supuesto, acusaron a Andrew Jackson de adulterio. Se había casado con su amada Rachel, decían, antes de que esta se divorciara de su primer esposo Lewis Robards. La acusación tenía fundamentos, pero lo complicaba todo el hecho de que Robards, un hombre vengativo y con malas intenciones, había pedido el divorcio ante la legislatura de Virginia, sin completar los trámites posteriores. El impetuoso Andrew se había casado con Rachel antes de ver los documentos que comprobaban que definitivamente su amada era libre. Cuando en 1793 la pareja se enteró de que Robards había continuado con el proceso, aunque tarde, procedieron a casarse otra vez de inmediato. La gran mayoría de la gente de Tennessee ni siquiera tomó en cuenta el asunto. No eran infrecuentes tales irregularidades en la frontera, considerando la lentitud de las comunicaciones. Por lo tanto las costumbres eran flexibles.

Lo que no fue tan flexible fue la ira de Jackson, cuando se enteró de que se manchaba el honor de Rachel. Su ferocidad arremetió contra el responsable de las calumnias. Las cosas en esa época se arreglaban con un duelo a pistola. Y Jackson era de temer. Participó en más de una docena de duelos, al menos tomando en cuenta los declarados, y en muchas ocasiones las disputas se debían a situaciones en las que la honra de su esposa había sido insultada. Hasta el día de su muerte, llevó en el pecho una bala que le disparó Charles Dickinson. Se había enfrentado a este, que con su «boca sucia» había manchado el «sagrado nombre» de Rachel, en un duelo en el lugar que la gente de la frontera llamaba «el campo del honor», en 1806.[7] Dickinson tenía buena puntería y disparó primero. Pero como el traje de Jackson tenía un chaleco con botones que quedaban echados hacia la izquierda, la bala impactó a cuatro centímetros a la derecha de su corazón. Jackson apuntó y mató al atrevido joven. «Podría haberle dado aunque me hubiese metido la bala en el cerebro», dicen que comentó Jackson entonces.[8]

No conformes con el ataque a la encantadora esposa de Jackson, sus oponentes dijeron entonces que su madre no había sido más que una prostituta común, y en un franco acto de racismo, también dijeron que su padre era mulato, hombre de padres de razas distintas.

Parecía que la campaña de 1828 no podía ser más cruenta, pero lo fue. El «Cartel del Ataúd», fue clásico ejemplo de publicidad negativa. Sin referencias ocultas al topacio y el ébano, el cartel fue tan cruel como efectivo. Mostraba seis ataúdes negros con los nombres de los milicianos de Tennessee a quienes había mandado ejecutar el general Jackson por desertar. El cartel del ataúd tenía por objeto manchar la reputación del héroe de Nueva Orleáns, mostrándolo como tirano bárbaro y cruel. Poco importaba que hasta el admirado Washington hubiera tenido que ejecutar a soldados amotinados durante la revolución. O que el no imponer la disciplina militar había abierto la capital de la nación a las antorchas de los invasores británicos en la misma guerra en la que peleaba Jackson.

Los seguidores de Jackson tampoco se quedaron atrás en esa primera campaña de la nueva democracia masiva. Acusaron al presidente Adams de haber hecho negocios sucios para el zar mientras era embajador norteamericano en Rusia. No había verdad alguna en la maliciosa mentira de que Adams le había presentado a una muchacha norteamericana al «Autócrata de todas las rusias», pero la historia encajaba con las sospechas de los norteamericanos contra la altanería de los aristócratas.

¿N o son esas las cosas contra las que los críticos de la democracia han advertido desde siempre? ¿No era inevitable que el gobierno popular descendiera a las cloacas? Todo eso de los proxenetas y prostitutas era justamente lo que a los amigos de la aristocracia les resultaba tan desagradable en la democracia. Aquí, en la primera contienda realmente masiva de la historia norteamericana, los parámetros de la decencia y la plena verdad no podrían haber sido peores.

La deplorable guerra de rumores no logró destruir la imagen de Jackson. Ganó en casi todo el país. El apoyo a Adams se limitó a Nueva Inglaterra, Nueva Jersey y los viejos fuertes federalistas de Nueva York, Maryland y Delaware. Con 178 votos contra 83, Jackson también había triunfado en el voto popular, recientemente adoptado. Con más del cincuenta y seis por ciento de los votos del pueblo Jackson montaba la ola de la democracia. Fue la primera elección en la historia en la que votaron más de un millón de personas. Aunque las mujeres en general no votaban, y muy pocos hombres de color podían hacerlo, la elección de 1828 es importante de todos modos porque inició un proceso continuo de expansión del electorado.* Con un total de 1.155.340 votos, en un país con trece millones de habitantes,[9] la democracia norteamericana en 1828 ofrecía mayores derechos de sufragio que cualquier otra nación en la historia hasta ese momento.

Luego de su reivindicación el día de la elección de Jackson, la tragedia golpeó su hogar de Hermitage. Justo antes de la Navidad de 1828, Rachel Jackson sufrió un infarto masivo y murió repentinamente. El dolido Andrew Jackson sabía que su esposa era una mujer muy religiosa y creía que la vergüenza del deshonor tras la burla a su nombre y persona eran culpables de su muerte. Jamás perdonaría a sus enemigos políticos por eso. En ocasiones, su venganza se le volvería en contra pero sus enemigos tenían buenos motivos para temer su ira.

---

* Había algunas mujeres que votaban en la Norteamérica de entonces, aunque tal vez su conjunto no conformara más del uno por ciento de la población. Eran las que cumplían con los requisitos de ser propietarias por derecho propio. Por lo tanto, en general serían mujeres mayores y viudas.

«Jackson y la reforma» había sido el grito de campaña de los demócratas. Aunque no se aclaraba del todo de qué reforma se trataba. Para Jackson, una de las cosas que representaba la reforma era «la rotación en los puestos de gobierno». Quería sacar a quienes hubieran ocupado posiciones gubernamentales durante períodos prolongados. «Al vencedor le corresponde el botín», gritaba un político. Los opositores denunciaron que se trataba de un «sistema de botines», pero Jackson pensaba que todo tenía que ver con un gobierno básicamente bueno. Nadie tenía derecho adquirido a ocupar una posición oficial, por linaje o conexiones. Muchos de los funcionarios creían que ocuparían sus cargos de por vida. Finalmente, todo se remitió a más ruido que nueces, y el presidente reemplazó solamente a un diez o veinte por ciento de los funcionarios federales durante su mandato. En muchos casos, se trató de puestos que habían quedado vacantes.[10]

Jackson se dirigió a la ciudad federal en barco a vapor y carruaje. Se respiraba una atmósfera de emoción y entusiasmo. El presidente Adams, dolido por el rechazo de los norteamericanos, observó que el general ni siquiera le había ido a ver a su llegada a Washington. A Adams le dolía tal falta de cortesía y negó haber tenido nada que ver con los ataques contra Jackson y su esposa. Decidió salir de la residencia presidencial y romper la tradición de asistir a la asunción de su sucesor. Tomó esa decisión por la misma razón por la que su padre había dejado la ciudad, solo y sin que lo notara nadie, en 1801: nadie se había molestado en invitarlo a la ceremonia. Aun así, los dos Adams, padre e hijo, quedaron como perdedores en la memoria de sus compatriotas.

Vestido con un traje de luto y una banda de color negro en su sombrero de copa, el general Jackson se mantuvo de pie, erguido y con autoridad, ante el podio de asunción el 4 de marzo de 1829.* De todos los rincones del país había llegado gente a ver cómo prestaba juramento el general. El senador Daniel Webster se maravilló al ver unos quince a veinte mil ciudadanos, que se abrían paso a codazos para poder ver mejor. «Hay personas que recorrieron ochocientos kilómetros para ver al general Jackson, y que realmente parecen pensar que el país ha sido rescatado de algún

---

* Aunque la reina Victoria era considerada modelo de devoción por llevar luto durante cuarenta años después de la muerte de su amado Albert, Andrew Jackson había sido el primero en dar tal ejemplo de dolor por la pérdida de su esposa. Vistió de luto desde el día en que murió Rachel en 1828, hasta que él mismo falleció en 1845. Sin duda, sincera expresión de dolor, pero también reproche a los opositores a quienes consideraba culpables de haber llevado a su amada a la tumba.

peligro terrible».[11] Antes de que el juez de la Corte Suprema John Marshal le tomara juramento, el general hizo una reverencia ante la multitud reunida. ¡Democracia!

Todos quedaron impresionados con la natural dignidad de Jackson. Aunque no había tenido gran educación formal, y su mala ortografía le valía cierto desprecio de parte de los amigos de Adams graduados en Harvard, Jackson conocía muy bien la Biblia. Y para sus compatriotas, con eso bastaba. Luego de la ceremonia de asunción en el Capitolio, una muchedumbre se dirigió en carretas y carros, a pie y a caballo, hasta la Casa Blanca.

Nadie había planeado ese cortejo. La multitud invadió la mansión presidencial ese día. Y el presidente Jackson casi quedó aplastado entre la gente que quería acercarse a él. Los rudos habitantes de las fronteras se paraban sobre las elegantes sillas con sus botas enlodadas, tratando de ver a su héroe. El presidente debió ser rescatado por un grupo de «guardaespaldas» formado por amigos, y los mayordomos comenzaron a llevar baldes con aguardiente y ponche a los jardines. La gente saltaba por las ventanas, rompiendo los vidrios y rasgando las cortinas. Para los «elegantes» habitantes de Washington, pertenecientes a la clase social más acaudalada, esa escena repetía lo ocurrido en Versalles, cuando la turba del populacho había invadido el palacio real en París. Un ministro de la iglesia unitaria, horrorizado ante aquella escena, decidió predicar sobre Lucas 19.41 el domingo siguiente: «Jesús vio la ciudad y lloró por ella».[12] Jamás se había visto algo igual. Y nunca se volvió a ver algo así.

Las críticas a la vulgaridad del populacho no pueden modificar un dato cierto: nadie podría haber imaginado que tal multitud quisiera codearse con el frío y desapegado Adams. Fue, sin duda, la fiesta de asunción presidencial más increíble en nuestra historia. Y Jackson, más que Jefferson incluso, estaba decidido a ser «el presidente del pueblo».

II. El caso Peggy Eaton

La idea reformista del Presidente Jackson incluía un cambio en los aspectos sociales de la nación, además de sus políticas prácticas. De inmediato nombró secretario de estado a Martin Van Buren, un hombre muy capaz, y llenó el resto de su gabinete con hombres mediocres cuya única distinción parecía ser la de una lealtad irrestricta a Jackson. No importaría mucho porque con el tiempo, Jackson preferiría los consejos de un grupo de personas que formaban lo que dio en llamarse «el gabinete de la cocina». La prensa les dio ese nombre a los íntimos de Jackson porque mantenían reuniones extraoficiales en la cocina de la mansión presidencial.[13]

Jackson tomó una decisión poco distinguida, que tendría gran importancia. El ex senador por Tennessee John Eaton fue nombrado secretario de guerra aunque no tenía experiencia ni capacidad para el puesto. Pero eso no fue finalmente relevante, porque Eaton se había involucrado con la hija del dueño de la taberna que frecuentaba. La linda y vivaz Peggy O'Neale era esposa de un teniente de la armada estadounidense, que o murió o se suicidó cuando se vio enfrentado con una situación imposible. La sociedad de Washington rumoreaba que Peggy era amante del senador, desde hacía años ya. Y para terminar con el asunto Jackson urgió a su nuevo secretario de guerra a casarse de inmediato con la bella viuda para hacer de ella «una mujer decente». La boda, sin embargo, no resolvió el problema. Las esposas de los ministros, lideradas por la del vicepresidente John C. Calhoun, se negaban a recibir a la señora Eaton y hasta la propia sobrina de Jackson estaba decidida a no tener nada que ver con la desafortunada Peggy. Parecía una epidemia de «malaria Eaton», que afectaba a la alta sociedad en Washington.[14]

No sabemos si el presidente Jackson consideró que la ofensa a Peggy Eaton era como la que había sufrido su preciosa Raquel. Sí se sabe que suponía que el rumor estaba siendo difundido por «los acólitos del señor Clay». Al atacar a los Eaton, en realidad Clay intentaba ofender al presidente, o al menos esa era la idea de Jackson.[15]

Jackson bien podría haber estado anunciando la llegada de los nuevos hombres a Washington. Él mismo tenía que cargar con su «pasado». No solo en lo referido a su boda, tan comentada, con Rachel, sino por los duelos, peleas y ejecuciones. Como joven valiente de la frontera, Jackson se había destacado por su impetuosidad y las carreras de caballo, las apuestas en los juegos de naipes, la bebida y las bromas obscenas habían marcado los primeros años de este huérfano de la guerra. Una anciana de Carolina del Norte decía, asombrada:

¡Qué! ¿Jackson como candidato a la presidencia? ¿Jackson? ¿Hablan de Andrew Jackson? ¿El que vivía aquí en Salisbury? Bueno, les digo que cuando estaba aquí era tan bandido que mi esposo no quería traerlo a casa. Es cierto que le habrá acompañado al establo, para pesar los caballos antes de una carrera, o tal vez bebieran juntos un vaso de whisky allí. Si Andrew Jackson puede llegar a presidente, ¡cualquiera podría![16]

En una ocasión hasta había invitado cruelmente a la prostituta del pueblo y a sus alocadas hijas a un baile de la sociedad de Salisbury, Carolina del Norte. Pero desde el día en que el joven Andrew, de trece años en ese momento, había eludido el golpe de sable de un brutal oficial británico deteniendo la hoja con su mano, nadie dudaba de su valentía.

Y eso es lo que hacía falta para afirmar que la señora Eaton era «casta como una virgen», pero los ojos azules de Jackson lanzaban destellos como de acero cuando le anunció a su gabinete que la señora sería recibida en la sociedad. Como secretario de estado, Martin Van Buren les llevaba ventaja a sus colegas. Era viudo. Podía visitar con todo respeto a la pobre Peggy, sin preocuparse por la desaprobación de las damas de la sociedad. Cuando se enteró de cómo defendía Jackson a la señora Eaton, Henry Clay respondió con sarcasmo: «¡Ni la edad ni el tiempo podrán marchitar o echar a perder su infinita virginidad!»[17]* Jackson aprendió de esa cruel burla de Clay, porque en su mente aquellas palabras confirmaron las sospechas de que Clay había tenido que ver en los ataques a su amada Rachel.

Por supuesto, había algo más en toda esa historia. Peggy O'Neal Eaton tenía uno de los nombres irlandeses más característicos y al defender a la señora el presidente estaba declarando la inclusión de los irlandeses a la nueva y democrática Norteamérica. No solo llegaban en multitudes y llenaban las ciudades del este, sino que se convertirían en uno de los grupos más leales y devotos de Andrew Jackson.

Quien quedó como gran perdedor en este asunto fue el vicepresidente John C. Calhoun. Había dejado en claro que era opositor del presidente John Quincy Adams durante los primeros cuatro años como vicepresidente y el apoyo de Calhoun a Jackson en la elección de 1828 había contribuido a que los dueños de las plantaciones del sur apoyaran al héroe. Por cierto, podría haber esperado que Jackson le devolviera el favor en 1832. No era alocado que Calhoun pensara que podría postularse como candidato a la presidencia de los Estados Unidos en la siguiente elección.

---

* Clay era tan inteligente como cruel. Su broma era un juego de palabras, basado en una frase de Antonio y Cleopatra, de Shakespeare: «La edad no puede marchitarla, ni puede la costumbre echar a perder su infinita variedad» (segundo acto, segunda escena).

Sin embargo, ahora Jackson culpaba a Floride, esposa de Calhoun, de volver a las esposas de los ministros en contra de Peggy Eaton. Y a partir de ese momento, Jackson mostraría una clara preferencia por Martin Van Buren. No por nada se conocía al inteligente neoyorquino como el «Mago». Peggy Eaton se mostraría merecedora de la amistad del Viejo Hickory. Cuando asistió a una cena en el Hermitage, la señora Eaton vio a Jackson en el jardín, echado sobre la tumba de Rachel: «Este viejo tan lleno de odio, también estaba lleno de amor», dijo con ternura.[18]

Jackson también se enteraría de que Calhoun secretamente había buscado censurarlo por sus andanzas en Florida cuando el originario de Carolina del Sur se desempeñaba en el gabinete de Monroe. Solamente Adams había defendido al corajudo general a puertas cerradas. Y aunque esa verdad descubierta más tarde no logró que Jackson viera con mejores ojos a su derrotado rival, sí amargó su relación con su vicepresidente.

III. John C. Calhoun: un hombre de hierro

El gran campeón de Carolina del Sur no siempre había sido un hombre de opiniones divididas. John Caldwell Calhoun había nacido en la lejana región de Palmetto State. En 1782 esa zona del interior se consideraba parte de la frontera del oeste y su pueblo natal, Abbeville, había sido atacado tanto por los británicos como por los cheroqui.[19] Los tories habían asesinado a su tío y tocayo John Caldwell, en la cruel Guerra Civil de la revolución norteamericana en las dos Carolinas.[20] El joven John C. Calhoun había tomado la sorprendente decisión de estudiar en la Universidad de Yale, en New Haven, Connecticut. No era una elección usual para alguien del sur, porque el presidente de Yale, el reverendo Timothy Dwight, era un cristiano sin pelos en la lengua y además, federalista. Ni su política ni su religión apelaban al menudo joven que venía de Carolina, por lo que Calhoun se mantuvo alejado de los sermones de Dwight y evitaba sus polémicas antijeffersonianas.

John Calhoun sí visitó en su juventud al presidente Jefferson en Monticello, mientras era todavía estudiante, y los seguidores de Calhoun considerarían siempre esa reunión de medianoche como un simbólico «pase de antorcha».[21] Alto, de un metro ochenta y cuatro de altura y con su cabello oscuro y ojos negros y penetrantes, Calhoun solía atraer la atención de muchos en Yale. Y como no congeniaba con las opiniones de sus vecinos de Connecticut, se zambullía en sus libros. Se convirtió en un estudiante excelente y pronto fue elegido como miembro de la cofradía Phi Beta Kappa, con honores académicos.[22]

Aunque no pensaba igual que el reverendo Dwight, tampoco podía evitar asistir a las clases que dictaba el presidente de la universidad, por lo cual su presencia allí sirvió para afinar sus propias opiniones en oposición a los pensamientos del clérigo. Timothy Dwight sostenía un principio del alto federalismo que dejaba impreso en las mentes de todos sus estudiantes. En lugar de seguir viviendo bajo las reglas de los detestados jeffersonianos, Dwight abogaba por la secesión de los estados del norte.[23] Calhoun se graduó de Yale con honores y fue a estudiar leyes con el famoso Tapping Reeve, de Litchfield, Connecticut. Allí no encontraría grandes afinidades políticas. El juez Reeve, en efecto, terminó arrestado por insultar al presidente Jefferson.[24]

De regreso a Carolina del Sur, el joven Calhoun se sentía atraído y asqueado a la vez por el gran puerto marítimo de su estado, Charleston. Lo comparaba con los modos serios y modestos del interior: «Aquello había sido cosa de caballeros desde el principio mismo, en tanto nosotros éramos puritanos».* Los príncipes del comercio de Charleston daban la bienvenida a su hermosa ciudad a los hugonotes franceses, los católicos irlandeses, los luteranos alemanes y los judíos sefardíes, creando un ambiente vivaz y culto. George Washington consideró a las bellas mujeres de Charleston como la máxima atracción de toda su gira por el sur en 1791. Los de Charleston eran gente capaz, orgullosa de sí misma, que se conducía con confianza. «Aquí, señor, los ríos Ashley y Cooper se unen para formar el océano Atlántico», decían a los visitantes con mirada pícara.

Calhoun quedó desubicado ante la conducta de la gente de esa ciudad tan mundana. En Yale lo habían acusado de violar el día de descanso porque salía a caminar en lugar de asistir a la iglesia, pero aquí en Charleston, el domingo era día de visitas sociales y carreras de caballos.[25] La ciudad le pareció corrupta «sin atención alguna al llamado de la religión, cualquiera que fuese».[26]

George Washington, sin embargo, no fue el único sureño que había quedado cautivado ante los encantos de Charleston. John C. Calhoun no tardó en cortejar a la bella Floride Calhoun, y se casó con ella. La joven provenía de la rama de su fami-

---

* Era una referencia a la guerra civil inglesa ocurrida dos siglos antes, en que los caballeros realistas tenían cabello largo, sombreros con plumas, modales elegantes y preferencia por la buena vida. Los puritanos, por su parte, eran serios, sobrios y píos, y peleaban por el Parlamento y en contra del rey, en defensa de sus derechos.

lia radicada en Charleston. Durante toda su vida se amaron con devoción y gracias a su esposa, Calhoun tuvo dinero y una posición en la sociedad.

Calhoun entró al Congreso poco después y se unió a los «Halcones de la guerra» en la Cámara de Representantes, que hacían sonar los tambores de la batalla, preparándose para luchar contra Inglaterra en 1812. Enseguida Calhoun ascendió a una posición prominente, por lo que el partido proguerra lo llamó «el joven Hércules».[27]

En el Congreso, Calhoun inspiraba más respeto que afecto. Henry Clay, también un ávido halcón de la guerra y oriundo de Kentucky, lo describió diciendo: «Alto, de mirada preocupada, con el ceño fruncido, de mirada intensa y un tanto desgarbado, pero con aspecto de quien disecciona la más reciente abstracción surgida del cerebro del metafísico, murmurando para sí por lo bajo: "Esta es una verdadera crisis"».[28]

En Washington las mujeres seguían los vaivenes de la política con atención y acudían a las galerías de la Cámara y del Senado para ver cómo contendían los representantes y senadores. Harriet Martineau era una inglesa de aguda inteligencia, que informaba sobre economía política para el Washington Globe. Su observación sobre las grandes figuras del Senado de su época fue:

El señor Clay, sentado muy erguido en el sofá con su caja de rapé a la mano, hablaba durante horas en ese tono de voz deliberado y suave, sobre cualquiera de los grandes temas de la política norteamericana que surgieran asombrándonos siempre con la moderación de un discurso de naturaleza impetuosa pronunciado con toda elegancia. El señor Webster, cómodamente reclinado, contaba historias o bromas y estremecía el sillón con cada carcajada, o hablaba con tranquilidad sobre la perfecta felicidad de la parte lógica de la constitución del hombre, con comentarios que iluminaban la tarde cada tanto.[29]

Aunque su retrato más penetrante fue el de Calhoun, que representaba a Carolina del Sur:

El señor Calhoun, hombre que parece forjado en hierro, se ve como si no tuviera principio ni fin, como si hubiera existido desde siempre y cada tanto surgiera para asegurar que entendemos algo de momento, para luego dejarnos analizando su charla teórica, breve, rápida e ilustrada intentando ver si hemos comprendido sus dichos.[30]

¿Teórico? ¿Calhoun? Sí. Varina Howell Davis, esposa de Jefferson Davis de Mississippi, describió a Calhoun como «una abstracción mental y moral».[31] Las mujeres apreciaban la inteligencia y el magnetismo de Calhoun, pero no dejaban de notar su falta de sentido del humor. Calhoun era incapaz de escribir un poema de amor, decían, porque siempre iniciaba sus frases diciendo «Por tanto...»[32]

Calhoun fue dos veces compañero de fórmula de Andrew Jackson, en 1824 y 1828. Cuando la Cámara eligió a Adams en 1824, el senado eligió a Calhoun como vicepresidente.[*] Cuando el héroe finalmente fue elegido en 1828 como presidente, Calhoun obtuvo su segundo mandato en el puesto. Para ese momento, sin embargo, la fascinación de Calhoun por la filosofía de los derechos naturales de Thomas Jefferson, había cambiado profundamente. Sin escatimar palabras, y con tono atrevido, negó la Declaración de la Independencia de Jefferson. «Si tomamos la proposición de manera literal no contiene ni una palabra de verdad», dijo Calhoun. «Comienza con "todos los hombres nacen", lo cual es completamente falso. No son los hombres quienes nacen sino los bebés. Que luego llegan a ser hombres... No han nacido iguales. Porque mientras son bebés, no son capaces de ejercer la libertad...»[33] En realidad, Jefferson no había dicho nada acerca del nacimiento. Dijo, por supuesto, que todos los hombres son *creados.* Y la lógica de Calhoun, desprovista de imaginación, le habría jugado una mala pasada en el Segundo Congreso Continental.

El cambio en la posición política de Calhoun sucedió porque reconoció la necesidad de defender la esclavitud, esa «peculiar institución». A diferencia de Jefferson, Washington, Franklin y casi todos los Fundadores, para Calhoun la esclavitud no estaba mal. Garantizaba la igualdad para los blancos y era un «bien positivo» para los negros, según argumentaba.[34]

Calhoun pensaba que no tenía alternativa. Veía que los estados del norte crecían en población y riqueza. Que los inmigrantes inundaban las ciudades del norte y temía que en el futuro habría cada vez más estados libres en la Unión hasta conformar las tres cuartas partes del total. Entonces, sencillamente promulgarían una enmienda a la Constitución para emancipar a los esclavos. Por eso insistía en que los territorios se mantuvieran receptivos a la esclavitud. En Carolina del Sur,

---

* Esta provisión de la Constitución sigue vigente. Si la Cámara de Representantes hubiera elegido a George W. Bush como presidente en el 2000, el Senado habría elegido a Dick Cheney como vicepresidente.

la cantidad de esclavos era mayor que la de ciudadanos blancos. Una vez libres, los negros de Carolina del sur serían ciudadanos, luego votantes y, finalmente, amos. Ese era el miedo que acechaba a John C. Calhoun durante el día, y que no le dejaba dormir por las noches.

Calhoun nunca había sido religioso, en el aspecto convencional de la palabra. Pero sí le interesaba la teología y en parte, este interés le llevó a la profecía bíblica. Uno de los pasajes que le quitaba el sueño a John C. Calhoun era el del capítulo once del libro de Daniel: «Vendrá, pues, el rey del norte, y levantará baluartes, y tomará la ciudad fuerte; y las fuerzas del sur no podrán sostenerse, ni sus tropas escogidas, porque no habrá fuerzas para resistir».[35] Por eso decidió respaldar la anulación de la ley de aranceles de 1828. Así como la abolición amenazaba con destruir la riqueza del sur, al eliminar la mano de obra barata, la ley de aranceles era un impuesto a la ganancia obtenida a partir de esa misma mano de obra a tan bajo costo.[36]

IV. «NUESTRA UNIÓN FEDERAL ¡TIENE QUE SER PRESERVADA!»

Carolina del Sur se había levantado en contra de lo que dio en llamar la Tarifa de las abominaciones, de 1828. La Constitución no permitía que el gobierno federal decretara impuestos sobre las exportaciones. Los aristócratas de las plantaciones y los dueños de los establecimientos de Carolina del Sur jamás habrían firmado tal documento. Pero las tarifas, o impuestos sobre las importaciones, serían onerosas para la economía agrícola. Tenían que importar muchas de las máquinas y, por supuesto, casi todos los lujos a los que estaban acostumbrados.

Como amos de esclavos y dueños de plantaciones, esperaban que Jackson se pusiera de su lado, en contra de tal tarifa que el Congreso había aprobado ese año. El vicepresidente Calhoun había escrito —de manera poco anónima— su famosa Exposición y Protesto de 1828. En ese documento Calhoun iba más allá de las posturas de Madison y Jefferson en sus Resoluciones de Kentucky de 1798. Argumentaba que cuando el gobierno federal violaba los derechos de un estado, ese estado tenía derecho a anular la ley federal que le ofendiera e impedir que tuviera vigencia dentro de sus límites. Si eso no se lograba, implicaba Calhoun con claridad, el estado tenía derecho a salirse de la Unión. Así, la secesión, lógico resultado de la anulación, comenzó a ser tema de debate entre los que tenían esclavos. El sur, por supuesto, no era la única sección que había mencionado razones para la secesión. Los altos federalistas habían jugueteado con la idea en Nueva Inglaterra durante la guerra de 1812. Los del oeste también la habían traído a colación de tanto en tanto. Pero era esta la primera vez en que la desunión se incorporaba a una filosofía política seria.

Las ideas de Calhoun fueron defendidas en público por el principal senador de Carolina del Sur, Robert Y. Hayne. En enero de 1830 Hayne se explayó con su «teoría compacta» de la Unión. Bajo tal teoría, la Unión era una liga o compacto de estados. Estos conformaban la Unión y si esta Unión era una amenaza para sus derechos, podrían disolverla. Las conclusiones de Hayne eran razonadas, lógicas y hasta podrían haber sido convincentes si la Unión no hubiese sido más que una liga o compacto.

El senador por Massachusetts, Daniel Webster, se levantó para poner en disputa la interpretación de la Constitución que presentaba Hayne. El vicepresidente Calhoun presidía el senado, lo que le añadía un toque dramático al choque. Este «Daniel que parece un dios» —como lo llamaban sus admiradores— procedió a derribar los argumentos de Hayne. «Yo quiero la Unión tal como está», gritó, dirigiéndole las palabras a Calhoun como reto. «Señor, es la constitución del pueblo, el gobierno del pueblo, hecho para el pueblo y por el pueblo, y debe responder al pueblo».[37]

Las galerías del Senado estaban repletas de gente que quería escuchar la respuesta de Webster y el senador no los desilusionó, con su emotiva pero lógica defensa de la Unión. La conclusión de su discurso de seis horas, expresado en dos días, fue tan conmovedora que durante generaciones los niños norteamericanos debían aprenderla de memoria en la escuela:

No me he permitido, señor, mirar más allá de la Unión para ver qué podría estar escondido u oculto allí. No he sopesado fríamente las probabilidades de preservar la libertad cuando se rompan los vínculos que nos unen. No me he acostumbrado a colgar del precipicio de la desunión para ver si con mi limitada visión puedo adivinar qué tan profundo es el abismo, ni podría yo considerar que es consejero seguro en los asuntos de este gobierno a quien piensa solamente no en cómo preservar mejor la Unión sino cuán tolerable sería la condición del pueblo una vez quebrada o destruida esta Unión. Mientras la Unión perdure, tenemos perspectivas elevadas, emocionantes y gratificantes por delante, para nosotros y para nuestros hijos. Más allá de eso, no busco entender qué habrá.

¡Dios nos libre de que se levante el velo que oculta lo que vendrá! Dios me otorgue que jamás pueda verse lo que habría de suceder. Cuando por última vez vuelva mis ojos al cielo para ver el sol, pido no ver que sus rayos iluminen los fragmentos rotos y deshonrados de una Unión que en otro momento fuera gloriosa. Que no ilumine estados separados, en discordia, beligerantes, ni una tierra arrasada por los feudos civiles, ni empapada por la sangre de los hermanos. Que la última mirada de los rayos del sol, en cambio, ilumine la gloriosa insignia de la república, conocida y honrada hoy en la tierra toda, con sus avances, sus armas y trofeos destellando con su lustre original. Que no nos muestre una insignia donde se hayan borrado bandas, donde se haya oscurecido siquiera una de sus estrellas, reemplazando su brillo con un lema, no como miserable pregunta: «¿Valió la pena?», ni con palabras de desilusión y estupidez: «Primero la libertad y después la Unión». No. Sino que en todas partes, sobre todo lo que ilumine esta luz de vida, destellando en los pliegues de nuestra bandera, sobre los mares y la tierra, flameando al viento bajo el cielo todo, surja ese otro sentimiento que todo verdadero norteamericano alberga en su corazón: Libertad y Unión, hoy y siempre ¡una misma cosa, inseparable!

Imaginemos el entusiasmo de la gente que desde las galerías observaban el rostro de Calhoun mientras Webster pronunciaba esas palabras, mirándole directamente, y no como «seguro consejero». Nicholas Trist fue testigo de la situación. Nieto político de Thomas Jefferson y consejero del presidente Jackson, Trist le escribió a James Madison diciendo que la devastadora respuesta de Webster a Hayne fue «como el mamut que a propósito pisotea el cañaveral».[38]

Pronto, la atención de todos se centró en el banquete del día de Jefferson, evento que se realizó en el Hotel Indian Queen de Washington el 13 de abril de 1830. Los discursos y brindis de los principales demócratas elogiaban el compromiso del sabio de Monticello con los derechos de los estados. Implicaban así que él hubiera estado a favor de la anulación. Por cortesía se le pidió al presidente Jackson que dijera unas palabras. En esa ocasión, Jackson no habló de «Ébano y Topacio», sino que mirando directamente a John C. Calhoun dijo con solemnidad: «Nuestra Unión federal ¡debe ser preservada!»

Se hizo un silencio total. El pequeño Van Buren se paró en su silla para observar a los presentes. Calhoun, pálido y nervioso, elevó su copa y derramó sin querer un poco de vino. Dijo entonces: «La Unión, junto con nuestra libertad, lo que nos es más precioso».[39]

El presidente Jackson se consideraba un sincero jeffersoniano. Creía en los derechos de los estados pero se oponía con firmeza a la anulación. Jackson podía confiar en el gran prestigio de James Madison, padre de la Constitución y amigo íntimo de Jefferson durante medio siglo. El ex presidente Madison habló desde su hogar en Montpelier, donde pasaba sus últimos años.

El *pueblo*, y no los estados, habían creado la Unión, decía Madison. El pueblo había creado a la Unión y también a los estados. A sus ochenta años, y con todo el vigor de la juventud, Madison denunció la doctrina de la anulación propuesta por Calhoun, en octubre de 1830. El resultado de la anulación sería «la ruptura final, la disolución de la Unión». Y ante tal idea «todo amigo de este país, de la libertad y la felicidad del hombre, ha de estremecerse», escribió Madison.[40]

Madison gozaba de enorme prestigio como último sobreviviente de la Convención constituyente, como teniente político, sucesor y heredero de Jefferson. Rechazó totalmente a los «anuladores» (como los llamaba Jackson). Si no cedían ante la razón, escribió, «la explicación estará entre la impenetrable estupidez y el incurable prejuicio».[41]

A medida que se hacía más intensa la crisis por la anulación, Calhoun decidió ponerse del lado de Carolina del Sur. Cuando Jackson eligió a Van Buren como compañero de fórmula y resultó reelegido en 1832, Calhoun supo que jamás llegaría a ser presidente. Incluso renunció como vicepresidente. Carolina del Sur de inmediato le envió para que representara a ese estado en el Senado (banca que mantuvo hasta su muerte en 1850). El Congreso promulgó una nueva tarifa de 1832, diseñada para aplacar a Carolina del Sur, al eliminar algunas, aunque no todas, las porciones de la tarifa de las abominaciones que tanto irritaban a los sureños.

Urgidos por Calhoun, los de Carolina del Sur convocaron a una convención de anulación. Los dueños de plantaciones en ese estado creían que la culpa de su depresión económica correspondía a esos impuestos. Y hasta decían que era un impuesto de «cuarenta». Porque acusaban al impuesto de representar cuarenta de cada cien bultos de algodón producidos.[42] El 24 de noviembre de 1832, esa convención emitió una ordenanza de anulación. La ordenanza decía que la tarifa de 1832 era «nula e inválida» y que a partir del 1 de febrero de 1833, nadie de Carolina del

Sur la cumpliría. Más ominoso todavía era el hecho de que la ordenanza declaraba que si Jackson intentaba usar la fuerza, el estado se separaría de la Unión.[43] Algunos propulsores de la anulación incluso acuñaron medallas con la inscripción: «John C. Calhoun, primer presidente de la confederación sureña».[44]

Jackson respondió enseguida con su propia Proclama al Pueblo de Carolina del Sur, del 10 de diciembre de 1832. La Unión, dijo, no era creación de los estados. La Unión era más antigua que los estados. Declaró: «La perpetuidad es el sello de sangre de la Constitución...»[45]* «Quienes les hayan dicho», les escribió a los de su estado natal, «que pueden impedir que se ejecuten las leyes con medios pacíficos, les han engañado... Lo que buscan es la desunión. No se dejen engañar por los nombres. La desunión mediante la fuerza armada es traición. ¿Realmente están dispuestos a incurrir en lo que les culpe como traidores?»[46]

Jackson no descartó la negociación. Llamó a una reducción de las tarifas a niveles más aceptables. Buscó el apoyo de los unionistas de Carolina del Sur y otros estados sureños, lo que funcionó. Virginia, Georgia y Alabama le dieron su apoyo.[47] Los opositores a la anulación de Carolina del Sur se envalentonaron: «¿A qué temeremos? Tenemos razón, y Dios y el Viejo Hickory están con nosotros», exclamaban exultantes.[48]

Carolina del Sur sí tenía razones para temer. En varios distritos había más esclavos que hombres libres, a razón de tres o cuatro por cada uno.[49] El plan Denmark Vesey para la rebelión de los esclavos había sido arrancado de raíz en 1822, pero los blancos de Carolina leyeron horrorizados la historia de la rebelión de Nat Turner de 1831 en Virginia. Turner era un esclavo, predicador muy conocido y hábil que creía que tenía una misión divina para reunir bandas de esclavos que asesinaran a familias agricultoras en remotas localidades. Mató a casi cien blancos antes de que la milicia pudiera sofocarlos. Se les heló la sangre a todos. Los de Carolina del Sur también se habían agrupado para desconocer el plazo de Jefferson para terminar con el tráfico de esclavos africanos, indicado para 1808. Importaron cuarenta mil esclavos, a toda velocidad, de la «Costa de Oro» de África. Muchos de ellos hablaban el dialecto *gullah*, que sus amos no podían comprender, y eso se sumaba al miedo de las de Carolina del Sur, de sentirse rodeados en sus propias casas.[50]

---

* En este punto hasta Ronald Reagan se equivocó. Les dijo a las multitudes en su discurso de asunción: «Todos debemos recordar que el gobierno federal no creó a los estados. Sino que los estados crearon al gobierno federal».

Con un artículo editorial del 1 de enero de 1831, apareció un periódico nuevo en Norteamérica, heraldo del nacimiento de un movimiento muy potente. El editor William Lloyd Garrison dejó de lado el tacto y la moderación del pasado, y en la inauguración de su diario, el *Liberator*, Garrison decía: «No quiero pensar, hablar, o escribir con moderación... tengo intenciones serias, no me equivocaré ni me excusaré, ni me retractaré una sola pulgada, y me haré oír». Para los sureños, Garrison y su pequeño periódico eran algo tan loco y atrevido como quien fuma frente a un barril de pólvora. Desde la distancia, a salvo en su oficina de Massachusetts, Garrison podía exigir la inmediata abolición de la esclavitud. Los dueños de plantaciones de Carolina del Sur sentían que no solo quedarían en la ruina económica sino que incluso, si liberaban a sus esclavos, sería el exterminio total para sus familias. Garrison se hacía oír.

Los de Carolina del Sur llevaron a todo el sur en esos días a cuidarse de no hacer referencia directa a la esclavitud. Usaban recursos como «nuestra peculiar institución» o «nuestra política doméstica». Los amos de esclavos no querían siquiera que el Congreso debatiera el tema. Temían que cualquier debate abierto encendiera la «chispa» que inflamaría una revuelta a gran escala. Suprimieron a los periódicos abolicionistas por «incendiarios». E incluso una de sus fiestas preferidas, el cuatro de julio, se convirtió en momento de insoportable tensión porque temían que los esclavos oyeran las inspiradoras palabras de la Declaración de Independencia de Thomas Jefferson y vieran que su Creador había tenido por intención que ellos también fueran libres.[51]

Si los que promovían la anulación concretaban sus planes, el héroe les hizo saber que llevaría a diez mil voluntarios a Carolina del Sur para «aplastar y colgar» a todos los traidores.[52] Prometió mantener Fort Sumter en el puerto de Charleston «hasta el último aliento».[53]* Impulsó la «Ley forzosa» en el Congreso, medida que le autorizaba a obligar a Carolina del Sur a cumplir con la ley.

Aunque la causa inmediata de la controversia eran los aranceles, todos sabían que la esclavitud era el fondo de la cuestión. Calhoun lo reconoció: «Considero que los aranceles son la ocasión, más que la causa real del infeliz estado de las cosas en estos días...» Los estados tienen que poder guardar sus «instituciones domésticas» o verse obligados a rebelarse, dijo.[54]

---

* Aquí, este presidente demócrata establecería los parámetros para el primer presidente republicano. ¿Podría Lincoln en 1861 entregar lo que Jackson había prometido nunca dar?

A la explosiva combinación se sumó el senador Henry Clay, por Kentucky. Aunque había sido derrotado recientemente por Jackson en la elección presidencial, Clay se esforzó por elaborar el compromiso arancelario de 1833. Su proyecto satisfacía muchas de las demandas de los promotores de la anulación y pasó por el Congreso, llegando al escritorio del Presidente el mismo día en que llegó la Ley Forzosa. Esta combinación de firmeza y flexibilidad tuvo éxito.[55] Seguramente, la mente del senador Calhoun se concentraba en la amenaza de Jackson de colgarlo «tan alto como colgaron a Amán».[*] Calhoun aceptó el compromiso arancelario y la crisis se calmó.

El presidente Jackson había nacido en Carolina del Sur y era dueño de plantaciones, amo de esclavos. Comprendía a los amos blancos del sur, pero en cuanto al tema de la desunión, no daría un paso atrás. No por nada lo llamaban el Viejo Hickory.

«La anulación ha muerto», pronunció Jackson. Pero sabía que a largo plazo, el tema no estaba resuelto. «Ahora vendrá el próximo pretexto de la cuestión de los negros o la esclavitud», predijo con exactitud.[56] Henry Clay se ganó el título de «el Gran Negociador». Su oportuna y desinteresada acción ayudó a salvar la Unión. Pero el temerario Viejo Hickory era quien tenía sed de desquite porque hasta en su lecho de muerte, en 1845, Jackson admitió que lamentaba solo dos cosas: que ninguno de sus caballos de carrera había vencido al famoso María de Haynie, y que no había colgado a John C. Calhoun.[57]

V. LA TRAGEDIA DE LA ELIMINACIÓN DE LOS INDIOS

Durante los mismos años en que se endurecía la crisis de la anulación, el presidente Jackson debió contender con la cuestión de la eliminación de los indios. «Cuchillo afilado» Jackson se había ganado gran parte de su reputación e inmensa popularidad por luchar contra los indios. Los norteamericanos de la frontera confiaban en él para que les protegiera de las depredadoras tribus guerreras.

El guerrero indio más grande, Tecumseh, había planeado una guerra de exterminación contra los colonos. Convocó a su poderosa confederación con palabras contundentes: «¡Que perezca la raza blanca!», le dijo a su pueblo. «Les quitan su tierra, corrompen a sus mujeres, pisotean los huesos de sus muertos. ¡Sí,

---

[*]   Así colgaron a Amán en la horca que él había hecho preparar para Mardoqueo; y se apaciguó la ira del rey (Ester 7.10).

enviémosles de regreso al agua grande, cuyas malditas olas les trajeron a nuestras costas! Quemen sus viviendas, destruyan su ganado, maten a sus esposas e hijos, ¡para que perezca toda esa raza! ¡Guerra, ya! ¡Guerra siempre! ¡Guerra a los vivos! ¡Guerra a los muertos!»[58]

El Congreso había decidido ocuparse del problema de los indios sacándolos para enviarlos al oeste del río Mississippi. En una situación ideal, recibirían dinero y tierras en el oeste, para compensarles por lo que perdieran en el este. Esta política se inició bajo el presidente Monroe, pero durante la administración del humanitario John Quincy Adams cayó en desuso.[59] Cuando Jackson asumió la presidencia, los norteamericanos esperaban que se ocupara de eliminar a los indios. Georgia, Alabama y Mississippi estaban particularmente impacientes. Afirmaban que las leyes estatales se aplicaban a todas las personas que habitaran territorios dentro de sus fronteras.[60] Este era un principio profundamente jeffersoniano, decían.

Sin embargo, este principio abstracto tendría ominosas consecuencias para las tribus indígenas, porque significaba dejarlas a merced de legislaturas estatales hostiles, en las que no tenían representación genuina. Y lo más descabellado era que no podrían reclamar la protección de los tratados que hubieran firmado con el gobierno federal.

Ante el creciente peligro de la anulación en Carolina del Sur, Jackson no podía darse el lujo de ponerse en contra a los estados sureños por culpa de la cuestión india. Además, estaba de acuerdo con la gente de Georgia, Alabama y Mississippi. Su compromiso por terminar con los sangrientos ataques en la frontera había sido uno de los factores principales que le habían valido la elección a la presidencia. Jackson no perdió en ninguno de los estados en los que la gente tenía la preocupación de la guerra india.

Georgia intentó impedir que los blancos trabajaran con los indios. La ley de Georgia podría haber sido buena si hubiese impedido que los blancos emborracharan a los indios y luego les engañaran, quitándoles sus tierras. Pero la ley estatal se aplicaba incluso a los misioneros cristianos. El reverendo Samuel Worcester, de Vermonter, presentó un caso en el tribunal federal. Quería continuar con su obra entre los cheroquis y el juez supremo John Marshall habló en representación de la mayoría de la Corte Suprema de los Estados Unidos cuando sentenció a favor del misionero en el caso Worcester contra Georgia (1832): «La nación cheroqui es entonces una comunidad definida que ocupa su propio territorio, donde las leyes de Georgia no pueden tener validez. Todo el intercambio y relación entre los Estados Unidos y esta nación, es por nuestra constitución y nuestras leyes, cuestión del gobierno de los Estados Unidos».[*]

Para Marshall, la acción de Georgia era inconstitucional. El Viejo Hickory respondió, supuestamente: «John Marshall ha tomado una decisión. Ahora veamos si puede aplicarla».[61] Suena a algo dicho por Jackson, pero lo más probable es que haya tomado una actitud de espera, respecto del dictamen de la corte.[62] Él no pensaba que las tribus fueran naciones independientes y sinceramente creía que los caciques inescrupulosos habían explotado a su propia gente.[63] Aunque nunca buscó extender la democracia a las tribus indias, tampoco quería considerarlas como corporaciones privilegiadas, exentas de las leyes estatales.

En la primavera de 1832 la frontera de Illinois vio el inicio de la Guerra del Halcón Negro. El cacique Halcón Negro había sido aliado de los ingleses en la guerra de 1812. Su tribu, Sac y Fox, había sido reubicada al oeste del Mississippi, pero morían de hambre. Volvieron a sus antiguos hogares cuando la hostilidad del sioux los obligó a regresar a Illinois. El gobernador del estado convocó a la milicia, que incluía al comandante de campaña Abraham Lincoln. Los indios se vieron superados, pero persiguieron a los voluntarios del mayor Stillman, que estaban un tanto borrachos, a lo largo de cuarenta kilómetros en lo que se conoció como la «corrida de Stillman».[64] Envalentonado por esa inesperada victoria, Halcón Negro aterrorizó a todos los de la frontera, incendiando granjas y arrancando cueros cabelludos. Cuando por fin una fuerza de mil trescientos soldados logró vencer a la pequeña tropa de Halcón Negro en el mes de agosto, los indios trataron de rendirse. No se le dio descanso a las tribus de Sac y Fox, y los milicianos procedieron a masacrar a todos, hombres, mujeres y niños. Halcón Negro escapó a Wisconsin, donde los winnebagos lo entregaron al ejército.[65]

Aquí al menos Jefferson Davis, de West Point, le dispensó tratamiento de caballero.[66] No permitiría la humillación de su cautivo indio y, en efecto, lo trató con la típica cortesía sureña.

El presidente Jackson se reunió con Halcón Negro y le dijo con severidad al cacique: «Se ha comportado usted muy mal al levantar a los tomahawk contra los blancos, y al matar hombres, mujeres y niños en la frontera...» Jackson envió a Hal-

---

[*] El tema sigue vigente. En 2003 Arnold Schwarzenegger hizo campaña como candidato a la gobernación de California, prometiendo hacer que los casinos ubicados en tierras tribales indias pagaran impuestos estatales.

cón Negro a una gira por las ciudades del este. Fue no tanto para humillar al enemigo cautivo como para impresionarlo con el abrumador poder de Norteamérica. «Verá usted que nuestros jóvenes son tan numerosos como las hojas de los bosques», le dijo Jackson.[67] Mientras visitaba los centros poblados del este, Halcón Negro fue invitado a cenas en hoteles donde el público aplaudía mientras el derrotado guerrero asentía y sonreía con educación.[68]

No hay caso de remoción de indios más trágico que el de la nación cheroqui. El gran líder indio Sequoia había ingeniado un lenguaje escrito para los cheroqui. Su gente leía el Cherokee Phoenix en su propio idioma, además de Biblias impresas y otros libros. Aceptaban a los misioneros cristianos, organizaron una legislatura y se establecieron en comunidades agrícolas estables. Nada de todo eso los salvó de la depredación de sus vecinos. Cuando se descubrió oro en tierras cheroqui, el presidente Jackson retiró a las tropas federales que John Quincy Adams había enviado a Georgia para protegerlos.[69] Más de una cuarta parte de los cheroqui murió en la larga y penosa «travesía de las lágrimas» que se vieron obligados a hacer para dirigirse al territorio indio, hoy Oklahoma. Aunque el peor desatino contra los cheroqui sucedió en 1838 bajo el gobierno del presidente Martin Van Buren, Jackson cruelmente prosiguió con la política de eliminación y por ello, carga con dicha responsabilidad.[70] También en esa instancia, Jackson tenía sed de violencia y el resultado de ello es una mancha indeleble en la reputación de Norteamérica.

En opinión de Andrew Jackson la política que él llevaba adelante era la única humanitaria que podía seguir el país. A partir de su gran experiencia creía que los indios no sobrevivirían si permanecían en los estados del este. Cientos de miles de inmigrantes llegaron a Norteamérica en la década de 1830, creando enorme presión por conseguir más tierras. Los inmigrantes y los ciudadanos nativos tenían derecho al voto, pero los indios no. La democracia jacksoniana había proclamado que el pueblo debía gobernar y el pueblo norteamericano, con pocas excepciones, no solo apoyaba sino exigía la eliminación de los indios.[71]

Algunos de los opositores de Jackson en el Senado, como Henry Clay de Kentucky y Theodore Frelinghuysen de Nueva Jersey, hablaban con elocuencia en contra de la eliminación de los indios. Frelinghuysen era un hombre muy religioso y devoto. Su antepasado era quien había fundado la Iglesia Holandesa Reformada de Norteamérica. La oposición de Clay era aun más notable porque los ciudadanos de Kentucky no sentían compasión por los indios.[72]

Davy Crockett, con su solitaria oposición a la política de Jackson respecto de la eliminación de los indios, cometió un suicidio político al mantenerse firme en su postura. Crockett era un personaje colorido, hombre de la frontera, que había peleado con los indios, no pudo lograr la reelección como miembro del Congreso. Por sus principios se había opuesto a la eliminación de los indios, y por ese mismo principio, sus vecinos se negaron a votarlo. «Me voy a Texas», les dijo a sus conciudadanos de Tennessee, «y todos ustedes pueden irse al infierno».

Se retrata a Jackson a menudo como un hombre rudo, casi sin cultura. Así es como lo veían sus opositores. Y su política con respecto a los indios se cita como ejemplo de ignorancia y pacatería. Pero Jackson contaba con el apoyo de millones de norteamericanos que estaban de acuerdo con su política. Los indios eran vistos como terroristas, lisa y llanamente. Eran terroristas que mataban hombres, mujeres y niños inocentes. Jefferson había defendido siempre a los indios ante los filósofos europeos que los llamaban degenerados. El presidente Jefferson les dio a Lewis y Clark órdenes de tratar siempre a los indios con humanidad y los exploradores se esforzaron por obedecer. Pero aun el iluminado Jefferson en la Declaración de la Independencia, califica a los indios de algo así como terroristas: «[El rey] ha motivado insurrecciones internas entre nosotros y se ha esforzado por usar a los habitantes de nuestras fronteras, los inmisericordes indios salvajes, cuyo gobierno por la fuerza y la guerra se basa en la indeterminada destrucción de personas de toda edad, sexo y condición».

Jackson, cuando era presidente: «*Nuestra Unión federal debe ser preservada*». *Fue su famoso brindis. Lo presentó como desafío ante el pálido y tembloroso vicepresidente Calhoun en una cena por el día de Jefferson en 1830. En cuanto a la anulación y a muchas otras cosas, Jackson mantuvo una posición indeclinable. Bajo Jackson votaron más norteamericanos que en cualquier otro pueblo sobre la tierra. Alexis de Tocqueville llegó desde Francia para analizar esta nueva democracia en Norteamérica. Jackson esgrimió el veto como nueva y potente arma en sus batallas con los tribunales y el Congreso. Destrozó al Segundo Banco de los Estados Unidos y envió a los indios del otro lado del Mississippi. Al hacerlo, tuvo el abrumador apoyo de la gente de su época, pero mereció el oprobio y la crítica de todos los historiadores desde ese mismo momento.*

Henry Clay, senador de los EE.UU. *El Gran Harry del Oeste. Clay inició su carrera como Halcón de guerra y siguió siendo un firme nacionalista en sus cuarenta años como funcionario. Su patriotismo, encanto, lógicos argumentos y constantes llamamientos a la paz entre las diversas secciones le granjearon la admiración de las damas, la lealtad de los hombres y el título de el «Gran Negociador». Fue tres veces candidato y decía que «prefería tener razón antes que ser presidente», y así fue. Fue el primero en el gran triunvirato y se elevó por encima de muchos otros hombres de menor talla que sí accedieron al sillón presidencial en su época.*

Presidente James Monroe. *Como joven voluntario de Virginia cruzó el Delaware con George Washington y fue herido en batalla. Su carrera diplomática fue menos que estelar, pero su incalificable lealtad a Jefferson le aseguró el éxito en última instancia. El último de la dinastía presidencial virginiana, su período fue, sorprendentemente, de gran bienestar. Le dio nombre a un mensaje que había escrito John Quincy Adams en borrador y que se convertiría en piedra angular de la política exterior norteamericana: la Doctrina Monroe.*

John Quincy Adams. *Hijo de un presidente, podría haber sido exitoso en la política. Pero sabía que su frialdad y su actitud distante no le congraciaban con el pueblo. Su único período como presidente se vio eclipsado por la inevitabilidad del triunfo de Jackson. Luego hizo carrera como miembro de la Cámara de Representantes, donde su defensa de la libre expresión y el derecho a peticionar contra «el poder esclavo» le valieron el mote de el Viejo Elocuente.*

John C. Calhoun, senador de los EE.UU. *Calhoun, de Carolina del Sur, inició su carrera como jeffersoniano y nacionalista. «Halcón de la guerra», urgía a la hostilidad con Gran Bretaña en 1812. Chocó con el presidente Jackson en torno a la doctrina de la anulación en 1830, mientras era vicepresidente del Viejo Hickory. A partir de ese momento, lo llamaron «el hombre de hierro». Fue reconocido líder de las fuerzas proesclavitud en el Senado estadounidense, y el más importante teórico de la secesión.*

Daniel Webster, senador de los EE.UU. *«El dios Daniel», le decían sus muchos admiradores norteños. La respuesta de Webster a Hayne en 1830, fue tan importante que durante más de un siglo los niños debían memorizarla en la escuela: «Libertad y Unión, ahora y siempre, una misma cosa, e inseparable». La potencia intelectual y la oratoria de Webster sirvieron de potente reprimenda a Calhoun, el sureño. Pero muchos de sus seguidores se sintieron desilusionados cuando se unión a Calhoun y Clay en la negociación de 1850.*

El problema era que una enorme cantidad de norteamericanos no hacía distinción alguna entre la ferocidad de un Tecumseh y la pacífica disposición de un líder cheroqui como Sequoia. Es cierto que algunos indios se comportaban como terroristas. Pero la cruel política de Jackson no tomaba en cuenta a las tribus altamente civilizadas. Y aun el aguerrido Tecumseh se condujo con honor cuando les perdonó sus vidas a los prisioneros norteamericanos que capturó en Canadá durante la guerra de 1812.

Norteamérica, en 1831 y 1832, era un campo de sueños para un joven francés nacido en noble cuna. Alexis de Tocqueville visitó los Estados Unidos, ostensiblemente para presentar un informe sobre las condiciones de las prisiones. Su *Democracy in America* [Democracia en Norteamérica] publicado en 1835 cuando el autor tenía solo treinta años de edad, es un clásico de lo que él dio en llamar «ciencia política». Tocqueville creía en la inevitabilidad de la difusión de la democracia en Europa y veía a Norteamérica como la sociedad más democrática del mundo. Escribió sobre todo lo que observó, y observó mucho en realidad. Escribió, por ejemplo, sobre el efecto del avance de la colonización sobre las tribus indias: «La cercanía de los blancos se sentía a veces a una distancia de doscientas leguas de la frontera».[*] La influencia llega a tribus con nombres que el blanco ni siquiera conoce y que sufren los males de la usurpación mucho antes de que puedan conocer a sus autores».[73]

Tocqueville fue testigo de un episodio de eliminación de indios que fue menos impersonal, menos benigno que el inexorable proceso que describe en su libro. Vale la pena citarlo en su totalidad:

Hacia fines del año 1831 me hallaba en la orilla izquierda del Mississippi, en un lugar al que los europeos llamaron Memphis. Mientras estaba en este lugar llegó una gran tropa de choctaw... Los salvajes dejaban su país y buscaban cruzar hacia la orilla derecha del Mississippi, donde estaban convencidos de que encontrarían el refugio que les prometía el gobierno norteamericano. Era un invierno crudo y el frío arreciaba con inusitada violencia. La nieve formaba una capa sólida sobre el suelo y flotaban en el río enormes trozos de hielo. Los indios viajaban con sus familias, y llevaban consigo a los heridos, los enfermos, a los bebés recién nacidos y a los viejos a punto de morir. No tenían carpas ni

---

[*] Una legua, como medida tradicional de distancia, equivalía a unos cinco kilómetros. Así, indica que las tribus indias podían sentir el impacto de la colonización a novecientos sesenta y cinco kilómetros de distancia.

carros, sino solo algunas provisiones y armas. Los vi embarcar para cruzar el gran río y jamás olvidaré el solemne espectáculo. No se oían quejas ni se veían lágrimas en esa multitud. Guardaban silencio. Sus infortunios eran antiguos y en sus corazones, irreparables. Todos los indios ya se habían subido a las barcas que iban a trasladarlos, y sus perros todavía estaban en la orilla. Cuando los animales vieron finalmente que sus amos los dejarían para siempre, comenzaron a aullar de manera terrible y echándose a las heladas aguas del Mississippi, siguieron a sus dueños a nado.[74]

VI. La guerra de Jackson

Andrew Jackson había sido siempre hostil hacia lo que consideraba privilegios de la aristocracia. Creía apasionadamente en la democracia, tal como la entendía. Por eso cuando el senador Henry Clay insistió en 1832 con un proyecto en el Congreso para establecer el Segundo Banco de los Estados Unidos, el escenario para una gran contienda ya se había armado. Jackson, como la mayoría de los habitantes de la frontera, tenía ciertos prejuicios contra los bancos centrales grandes y poderosos. Odiaba al Banco de los Estados Unidos por emitir lo que para él era papel moneda poco confiable, «dinero de trapo».* Cuando llegó el proyecto a su escritorio, Jackson lo vetó. Dijo que el banco era un «monstruo». Lo que más le molestaba era que el banco daría beneficios, ganancias y privilegios a los que ya eran ricos. Entre quienes se beneficiarían de su influyente rol había extranjeros. Era algo totalmente normal en el negocio bancario, y hasta necesario. Pero a Jackson le parecía un despropósito que los sinceros esfuerzos de los norteamericanos sirvieran para enriquecer a los extranjeros.

El senador Henry Clay era una figura dominante en el Senado de los Estados Unidos. No había nada que exigiera que el Senado actuara sobre el Banco de los Estados Unidos en 1832. La carta de fundación del banco seguía vigente hasta 1836, pero Clay sería contrincante de Jackson en la elección presidencial y creía que le sería de utilidad el tema de una revalidación porque podría usarlo en contra de Jackson. Sabía que tendría éxito. Si Jackson usaba el poder de veto contra esa revalidación, Clay diría con una sonrisa socarrona: «¡Y yo lo vetaré a él!»[75]

---

* No es fácil imaginar lo que pensaría el Viejo Hickory con respecto a que su imagen sea una de las más conocidas para los norteamericanos, 170 años después de su período presidencial. Su rostro es el que adorna los billetes de $ 20, el que más entregan los cajeros automáticos.

Todos los ricos y poderosos respaldaban al banco. Y además, todos los miembros de la elite financiera, gente conocedora, entendía y apreciaba la necesidad de un banco central. Debido a eso, incluso los jeffersonianos en la cima de su poder no se habían atrevido a matar al banco, pieza central del plan financiero de Hamilton.

El mensaje de veto del presidente Jackson fue contundente. Buscó en Roger B. Taney, de Maryland, y en su gabinete de cocina, la ayuda que necesitaba para redactar un documento potente y popular:

> Hay que lamentar que los ricos y poderosos muy a menudo tuerzan las acciones del gobierno para servir a sus egoístas propósitos. En la sociedad siempre habrá distinciones, en tanto el gobierno sea justo. No habrá igualdad de talentos, de educación o de riqueza porque las instituciones humanas no pueden producirla. Para disfrutar plenamente los dones del cielo y los frutos del esfuerzo, la economía y la virtud, todo hombre tiene el mismo derecho a estar protegido, por ley. Pero cuando las leyes buscan añadir a estas ventajas naturales y justas, algún tipo de distinción artificial, u otorgar títulos, privilegios o ventajas exclusivas para que el rico sea más rico y el poderoso, más poderoso, los miembros más humildes de la sociedad como los granjeros, mecánicos y obreros que no tienen ni tiempo ni medios para asegurarse esos favores, tienen derecho a quejarse de la injusticia de su gobierno.[76]

Nicholas Biddle, presidente del banco, estaba de acuerdo con Clay. Por sus modales refinados, se le conocía como «el Zar Nicolás». Biddle creía que el mensaje de veto se le volvería en contra al presidente e incluso mandó imprimir treinta mil copias del mensaje de Jackson ¡para distribuirlas como documento de campaña a favor de Henry Clay![77] Biddle despreciaba a Andrew Jackson, y decía: «Este gran Presidente cree que porque ha arrancado el cuero cabelludo a los indios y ha mandado jueces a prisión, puede salirse con la suya en este tema del banco. Está equivocado».[78] Biddle estaba vadeando las peligrosas corrientes de la política presidencial al comparar el mensaje de veto de Jackson con «la furia de una pantera enjaulada que muerde los barrotes de su jaula».[79] Biddle se identificaba totalmente con el banco de los Estados Unidos, y para él, su persona y el banco eran la misma cosa. Incluso tenía su casa de campo sobre las orillas del río Delaware, y le había puesto por nombre Andalucía, ¡habiéndola construido como réplica exacta del edificio del banco en el centro de Filadelfia, en estilo arquitectónico del renacimiento griego![80]

Jackson, en efecto, se aventuraba en terreno desconocido. Dijo que el presidente tenía el deber, como lo tenía el Congreso, de considerar las cuestiones de constitucionalidad de la legislación. No estaba dispuesto a entregar ese poder únicamente a la Suprema Corte. El hecho de que el juez marshall, de la Corte Suprema, y la mayoría de los otros jueces de ese alto tribunal hubieran dado su aprobación al banco en el famoso caso de *McCulloch contra Maryland* (1819), no solucionaba la cuestión en opinión de Jackson. Cada poder era independiente y separado de los demás.

Jackson fue más lejos todavía. Vetaría no solo por cuestiones constitucionales sino cada vez que pensara que la política del bien común lo requiriera. La suya era una doctrina casi revolucionaria porque significaba que el presidente se involucraba activamente en lo legislativo. Podía impedir que cualquier medida se convirtiera en ley con tener un tercio más uno de cualquiera de las cámaras del Congreso en su favor. No es de extrañar que sus opositores lo llamaran el rey Andrew I, o el rey Veto.

En esa época no había encuestas de opinión y tal vez no fuera extraño que el candidato Henry Clay y los whigs hubieran equivocado tanto sus cálculos.[*]

Es usual que los políticos conversen con sus amigos. Quienes estaban a favor de las políticas del banco pensaban que Jackson se equivocaba y, sin embargo, los votantes no coincidieron con ellos. Jackson y Van Buren ganaron la elección en una victoria de 219 votos electorales contra 49 para Clay. En el voto popular Jackson había ganado por un abrumador cincuenta y seis por ciento. Los «agricultores, mecánicos y obreros» que constituían la gran mayoría del nuevo electorado norteamericano veían en Jackson a un amigo, un defensor leal. En la batalla entre «el Viejo Hickory y el oro», el ganador fue este hombre decidido.

Jackson logró destruir el banco de los Estados Unidos. Cuando su secretario del tesoro se negó a retirar los fondos públicos del banco, Jackson lo reemplazó. También su nuevo secretario se negó y Jackson volvió a blandir el hacha. Finalmente, con Roger B. Taney en el tesoro, consiguió un socio dispuesto. Jackson depositó entonces los fondos públicos en bancos estatales y obligó al partido demócrata a

---

[*] Los opositores de Jackson se llamaban whigs, nombre tomado de la política inglesa del siglo anterior, aunque originalmente se consideraba una palabra que denigraba, tomada luego por quienes se oponían al despotismo y la corrupción del rey Jorge III. Los patriotas norteamericanos de la Revolución también se hacían conocer por este nombre.

apoyarlo incluso en momentos en que la economía entraba en recesión. «Otros podrán adorar al becerro de oro, pero yo serviré al Señor», dijo.[81]

Sus oponentes enseguida denominaron «bancos mascota» a esas instituciones. Cuando empezaron a hacer operaciones de especulación inmobiliaria, Jackson respondió emitiendo su Circular Especie, en 1836. Ese documento decía que las tierras públicas no podían comprarse con papel moneda sin garantías, sino que debían pagarse en oro. La política tendría efectos desastrosos en la economía. Para cuando golpeó la crisis del pánico de 1837, Jackson ya había regresado a su querido hogar del Hermitage y el problema cayó en manos de su sucesor elegido, Martin Van Buren. Pero esta vez al «Mago» ya no le quedaban trucos en la manga.

VII. «EL VIEJO ELOCUENTE»

Cuando F. Scott Fitzgerald escribió que en Norteamérica no hay «segundos actos», lo hizo sin conocer la carrera de John Quincy Adams. Dolido y entristecido porque los norteamericanos lo habían rechazado como presidente, Adams volvió a Massachusetts en 1829. La famosa familia se vio acosada por la tragedia: dos de sus hermanos, y dos de sus hijos murieron a causa del alcoholismo. Bien podría haberse sumido en la depresión después de su mandato como presidente. Esos cuatro años de infelicidad habían servido como anticipación de lo que vendría para Jackson.

Sin embargo, el tiempo le dio a John Quincy Adams un lugar donde pararse, y una causa para defender. A lo largo de su extensa carrera no se había reconocido a Adams como defensor de la abolición. Pero al igual que su padre, la esclavitud no era algo que él aprobara y no habría sido prudente ofender a las grandes figuras nacionales hablando demasiado al respecto.

En 1830, todo titubeo quedó atrás. Sin buscarlo, le ofrecieron a Adams una banca en la Cámara de Representantes de los Estados Unidos: «Mi elección como presidente de los Estados Unidos no fue tan gratificante como esto para mi alma. No hubo elección o designación que me confirieran que me diera tanto placer», le confió a su diario. No le pareció que una banca en la Cámara fuera algo que le rebajara. En ese momento de nuestra historia la Cámara de Representantes era el lugar donde los funcionarios llegaban por el voto directo del pueblo.

Pronto se vería envuelto en el creciente conflicto entre sectores a favor y en contra de la esclavitud. Al principio el tema surgía de manera indirecta porque el sur estaba decidido a dar batalla.

Con «la densa población de esclavos que tenemos», escribía un habitante de Carolina del Sur, a los norteños no se le podría permitir «debatir el tema aquí».[82]

Para impedir que sucediera eso, pronto se hizo necesario que también se impidiera el debate en el Congreso. Casi todos reconocían que el Congreso no tenía derecho a interferir con la esclavitud en los estados. Y por eso los congresales de los estados donde la esclavitud continuaba, argumentaban que el Congreso ni siquiera tenía derecho a recibir peticiones de parte de ciudadanos que exigían la emancipación. Impusieron algo así como una «ley mordaza» que consignaba dichas peticiones ante un comité, que las ignoraba sistemáticamente.

El congresista John Quincy Adams creía que se infringía el «derecho a peticionar», algo contrario a la ley. Así que defendió la garantía de la Constitución.

Cada año su oposición a la ley mordaza aumentaba. Ya no era el oscuro «Ébano y topacio». Se dedicó entonces con determinación, pasión y contundencia, lo cual hizo que le pusieran por mote «Viejo elocuente». Empezó a desarrollar una idea que poco a poco se difundió por todo el norte, con el argumento de que los hombres libres se veían atados por el «poder de la esclavitud». En el punto más álgido de su campaña contra la mordaza, los ciudadanos inundaron el Congreso con cien mil peticiones.[83]

Claro que Adams tenía razón. Aunque el Congreso no tuviera autoridad para interferir con los estados sí tenía poder bajo la Constitución para proponer enmiendas. Pero incluso eso le fue negado por el poder de la esclavitud. Hubo una petición que solicitó que el Congreso protegiera a los norteños que viajaban al sur. Un congresista de Carolina del Norte había anunciado que todo abolicionista que viajara a su estado moriría en la horca.

Adams se levantó contra esa idea: «Si un abolicionista fuera a Carolina del Norte y emitiera un principio de la Declaración de la Independencia...», fue lo que comenzó a decir. Pero no pudo seguir porque se impusieron los pedidos de «¡Orden! ¡Orden!» Adams esperó a que se aplacara la tormenta de insultos y prosiguió con decisión y potencia.[84] En esa lucha, Adams ya no era el académico distante, desprovisto de pasión, sino un luchador que daba todo de sí. Era espectacular y sublime ver a un ex presidente de los Estados Unidos desafiando a quienes lo atacaban.

Adams se unió al nuevo partido de los whigs, opositores de Jackson. Y al igual que su padre, vio que un partido no podría contenerle. Porque en cuanto a la anulación, tenía que darle la razón a Jackson y apoyar también su vigoroso y exitoso esfuerzo por obligar a Francia a pagar por los daños causados a los barcos norteamericanos durante las guerras napoleónicas. Sin embargo, no podía olvidar su antiguo enfrentamiento con el Viejo Hickory. Cuando Harvard, su antigua universidad, votó otorgándole a Andrew Jackson un diploma honorario, Adams exclamó, angustiado: «No podría presenciar el momento en que mi querida Harvard cayera en la desgracia de conferir el diploma del doctorado a un bárbaro y salvaje que apenas sabe escribir su propio nombre».[85]

Adams tuvo su momento de gloria en 1839 cuando lo convocaron para defender a cincuenta y tres africanos del barco español Amistad. Bajo el liderazgo de Cinque, habían matado al capitán y a casi toda la tripulación. Cuando fue llevado a New Haven, Connecticut, por un barco de guerra español, los españoles exigieron que los amotinados del Amistad fueran regresados a Cuba. España quería enjuiciar a los africanos por piratería. Lewis Tappan y Roger Sherman Baldwin, abolicionista de Connecticut, apelaron a Adams, para pedirles que el caso de los africanos se juzgara en la Corte Suprema de los Estados Unidos.[86] Aduciendo que estaba ya viejo y no había estado en un tribunal en décadas, Adams intentó eludir el pedido pero ante la persistencia de quienes lo buscaban, debió acceder: «Con la bendición de Dios presentaré los argumentos del caso ante la Suprema Corte», dijo.[87]

La administración Van Buren le brindó un ingenioso argumento para la fiscalía. Según el Tratado Transcontinental (1819) que el mismo John Quincy Adams había negociado con España, cada país prometía regresar toda «propiedad» robada o perdida al otro. Adams negaba que los africanos fueran propiedad, en ese sentido. Y señaló un documento enmarcado, que colgaba sobre la pared. «En el momento en que llegamos a la Declaración de la Independencia, está decidido que todo hombre tiene derecho a la vida y la libertad. No pido más que esta declaración, en representación de esos desafortunados».[88]

Adams ganó el caso en 1841. Incluso el juez de la Corte Suprema Roger B. Taney, amo de esclavos, votó con la mayoría. Taney pudo hacerlo porque la corte encontró que los africanos no eran esclavos sino habitantes libres de África que habían sido secuestrados y transportados a Cuba.[89] Es que hacía ya más de tres décadas que los Estados Unidos habían prohibido el tráfico transatlántico de esclavos, originalmente por iniciativa del presidente Thomas Jefferson. John Quincy Adams no cobró dinero por su brillante defensa, pero los africanos le regalaron una bella Biblia impresa, en gratitud. Irónicamente, cuando Cinque regresó a su hogar en África, se convirtió de inmediato en traficante de esclavos.[90] Los defensores de la esclavitud no tardaron en hacer uso de ese dato.

VIII. «¡Tippecanoe y Tyler, también!»

Martin Van Buren se había esforzado durante toda la vida por alcanzar el éxito en el juego de la política. Pero cuando el pánico de 1837 asoló la nación a poco de su asunción como presidente, Van Buren parecía incapaz de convocar a la ciudadanía como había podido hacerlo su mentor Andrew Jackson. En gran medida, la gran depresión económica era resultado de la guerra de Jackson contra el banco. Decidido a destruir al Segundo Banco de los Estados Unidos como ciudadela de privilegiados e institución antidemocrática en una democracia recién nacida, Jackson y Van Buren no habían logrado crear una institución efectiva que pudiera reemplazarla y dar repuesta a las necesidades.

Aunque eran buenos jeffersonianos, Jackson y Van Buren desconfiaban de los bancos. No apreciaban la necesidad de un banco central sólido que diera seguridad y estabilidad a las instituciones financieras de la nación y por mucho que se hubieran opuesto al plan de Hamilton, de crear el primer banco de los Estados Unidos, Jefferson y Madison no habían sido tan tontos como para intentar destruirlo una vez creado.

Aun así Van Buren actuó con decisión en la crisis de Canadá, de 1837. Cuando los rebeldes prodemocracia intentaron derrocar al gobierno británico colonial y aristocrático de Ontario, muchos norteamericanos vieron eso como consecuencia natural del Espíritu del '76. En la provincia de Quebec, hasta había un grupo de Fils de la Liberte (Hijos de la libertad) organizado en franca imitación de los patriotas norteamericanos.[91] Los canadienses leales al gobierno perseguían a los rebeldes, por lo que atravesaron el río Niágara, hundiendo un barco norteamericano del lado estadounidense de la frontera. Van Buren se resistió a la exigencia de declarar la guerra a Gran Bretaña. Pero estuvo dispuesto a perder popularidad enviando a la cárcel a los rebeldes canadienses, incluso mientras protestaba ante el combativo ministro británico Henry John Temple, Lord Palmerston, por su intrusión en suelo norteamericano.[92] Cuando los rebeldes regresaron a Canadá, muchos murieron en la horca.

Los tejanos también pensaban en la rebelión. Habían logrado ganarse el corazón de muchos norteamericanos, con su atrevida insurrección contra la autoridad mejicana. A poco de independizarse de España, México había caído en una dictadura militar. En 1836 el general López de Santa Ana abolió la constitución mejicana, con sus garantías de los «derechos de los estados» para provincias como la de Texas. Los norteamericanos —muchos provenientes de Kentucky y Tennessee— que habían llegado a Texas bajo el gobierno mejicano, se levantaron en rebelión contra el despótico Santa Ana. Los héroes de la frontera Davy Crockett y Jim Bowie se contaban entre los ciento ochenta y tres defensores que resistieron contra las fuerzas de Santa Ana en el Álamo, San Antonio. Cuando el coronel William Travis trazó su famosa «línea en la arena», con su espada, ninguno de los defensores salió de su refugio en la vieja misión. El 6 de marzo, los mejicanos de Santa Ana finalmente atacaron el Álamo. El general cruelmente mandó ejecutar a todos los defensores.

La valentía de los luchadores por la independencia tejana inspiró al ejército de voluntarios del general Sam Houston. «¡Recuerden el Álamo!», era su grito de batalla. Houston era un querido amigo de Andrew Jackson, cortado con la misma tijera. Atacó a los mejicanos el 21 de abril en la batalla de San Jacinto, y tomó como prisionero a Santa Ana. Se había conseguido la independencia de Texas y Sam Houston asumió como presidente de la «República de una sola estrella».[93] Los texanos solicitaron ser admitidos en la Unión.

Van Buren no podía darse el lujo de mostrarse tan decidido en cuanto a Texas. Los norteños sospechaban de todo intento por anexar tierras porque consideraban que eran sutiles manejos de los amos de esclavos por aumentar su poder. Los demócratas del sur clamaban a favor de anexar Texas y Calhoun incluso amenazó con disolver la Unión si no se admitía a Texas como estado, permitiendo la esclavitud.[94] Jackson sabía que los intereses balleneros de Nueva Inglaterra aceptarían mejor la adición de Texas si la costa de California, tan rica, podía sumarse también a los Estados Unidos. Y, contrario a su habitual actitud, aconsejó ser pacientes.[95] Sin embargo, la resistencia no desapareció de la noche a la mañana. Y en 1838 John Quincy Adams habló durante tres semanas en la Cámara, derrotando a quienes proponían anexar Texas.[96]

Se acercaba la elección de 1840 y los whigs, opositores al presidente, querían hacerle a Van Buren lo que los demócratas le habían hecho a Adams en 1828. Nominaron al anciano héroe de la guerra de 1812, William Henry Harrison. «El viejo

Tippecanoe» no tomó posición pública. Los whigs no presentaron plataforma partidaria. Su campaña consistió en feroces ataques contra Van Buren, tildándole de aristócrata malcriado. «¡Van, Van, lo que quiere se lo dan!», se burlaban. Y también ponían en ridículo sus modales, su forma de vestir al estilo neoyorquino, y su gusto por el buen vino. Tipppecanoe había nacido en una cabaña de troncos, afirmaban los whigs, y prefería la sidra rústica. El compañero de fórmula del viejo general era un demócrata de Virginia, contrario a Jackson, John Tyler. La campaña tuvo como lema «Tippecanoe y Tyler, también». No era una frase vana. Les recordaba a los votantes que también los whigs habían jugado un papel importante en la lucha contra las amenazas de ataques indios en la frontera. «Sigan haciendo correr la bola», gritaban los whigs. Este partido de hombres refinados y educados, por esta vez al menos, logró apelar al interés popular. Harrison sepultó a Van Buren por 234 votos electorales contra 60. Y en términos del voto popular, la diferencia fue menos: 1.275.016 a 1.129.102. El voto popular de casi dos millones y medio de ciudadanos, reflejaba la enorme expansión del electorado bajo el gobierno de Jackson.

Con sesenta y ocho años Harrison fue el presidente de mayor edad al asumir, antes de Ronald Reagan. Escribió su propio discurso de asunción, y lo llenó de alusiones clásicas. Los líderes del partido Whig convocaron al senador Daniel Webster para que lo editara y resumiera. Webster bromeaba diciendo que había matado a «diecisiete procónsules romanos». Pero aun así el discurso de Harrison fue el más largo de la historia. Bajo la lluvia fría el anciano general enfermó de neumonía y murió al mes de asumir, el 4 de abril de 1841. El vicepresidente John Tyler procedió a reclamar los títulos del sillón presidencial. No quería ser «un presidente de hecho», le informó al gabinete. Quería funcionar como presidente ejecutivo.* Cuando vetó un proyecto de mejoras internas, a los líderes whigs no les pareció mejor que el tozudo Jackson. Poco después el presidente Tyler se convirtió en hombre sin partido. El secretario de estado Daniel Webster fue el único whig que permaneció en el gabinete de Tyler, y eso porque estaba negociando un tratado de vital importancia con Inglaterra. El Tratado Webster-Ashburton de 1842 resolvió casi toda disputa pendiente entre Inglaterra y Norteamérica y formó las bases de la «relación especial» angloamericana que existe hasta en la actualidad.

---

* La insistencia de Tyler sentó un importante precedente para la sucesión presidencial, que se acordó formalmente cuando el Congreso promulgó la 25ta Enmienda, y los estados la ratificaron, referida a la incapacidad presidencial, en 1967.

IX. El Gran Harry del Oeste

Cuando Henry Clay visitó Nueva Orleáns en 1844, un periódico local, el Tropic, se divirtió con el héroe de Kentucky, publicando un poema sobre el Gran Negociador, pronunciado con acento holandés:

Vien Henrry, estás en la ciudad por fin y
Nos alejramos de verte,
Desayunaremos y cenaremos contijo y
Almorzaremos y tomaremos el té también,
Agradecidos porque no eres turco y porque
Puedas cumplir con tu terrible tarea con las damas...
Que pensarán en ti todo el bendito día...
Y también al estar en sus camas cada noche...
Puedes hacer que cambien sus ideas políticas, pero no enloquecerlas.[97]

Vemos aquí que el Gran Harry tenía éxito con las damas. Aunque no contaba con el atractivo de los otros tres grandes senadores de su época. Webster era «el buen Daniel» y «el moreno Dan», para sus admiradoras. Y Calhoun había impresionado a las mujeres en su juventud, alto y erguido, con su cabello negro y sus ojos oscuros y penetrantes.

A las mujeres les gustaba Clay y viceversa. Y las tomaba en serio. Era encantador, sabía hablar con ternura y era sensato. En esa época de apasionada intensidad, los esfuerzos de Clay por preservar la Unión y la paz por medio de la razón y la persuasión, resultaban atractivos entre las mujeres. Nadie podía imaginar a Clay haciendo campaña con algún eslogan idiota como «Rumsey, Dumsey, Johnson mató a Tecumseh». No. Clay apenaba a los reservados, los serios, los adeptos al razonamiento. Y aun en la alocada Norteamérica de Andrew Jackson quedaba gente así.

La propiedad de Clay, conocida como Ashland, era una plantación bien administrada, con una casa señorial, ubicada en Kentucky en las afueras de Lexington. Sus doscientas cuarenta y tres hectáreas se destinaban al cultivo del maíz, el trigo, el centeno y el cáñamo. Era un emprendimiento eficiente y se decía que inspiraba a los visitantes con la visión del famoso *Sistema Norteamericano*, de Clay.[98] Era la visión que Clay ofrecía, de una república independiente y autosuficiente, en paz con sus vecinos porque nada necesitaba de ellos.

Ashland era, sin embargo, un emprendimiento próspero gracias al trabajo de los esclavos. Henry Clay era propietario de unos sesenta esclavos y los abolicionistas encontraban intolerable la asociación de una plantación con esclavos con cualquier tipo de sistema norteamericano. Sinceramente creían que era lo peor que había en su nación.

Durante la campaña de 1844 Clay fue confrontado mientras hablaba desde una plataforma pública en Indiana. Lo confrontó Hiram Mendenhall, que le presentó una petición para que liberara a sus esclavos. Durante muchos años Clay había dicho que la esclavitud era un mal y había respaldado en gran medida a la Sociedad de la Colonización Norteamericana, que ayudaba a los esclavos emancipados, reservándoles pasajes a Liberia, África. Eso era cuando se consideraba que tal posición era iluminada, por parte de los amos de esclavos.

Pero a Clay no le gustó que en público lo pusieran en evidencia los «monomaníacos».[99] Entonces, se volvió al peticionante. Mendenhall no sabía nada de la condición de los esclavos de Ashland, dijo. Señaló a su sirviente Charles, plácidamente sentado a un lado de la plataforma. Charles podía dejarle cuando quisiera pero si lo hacía, ¿cómo podría ganarse la vida, Charles al igual que los demás sirvientes? ¿Cómo podrían vivir, si dejaban sus casas y sus costumbres? Para Clay y para millones de norteamericanos, liberar a los esclavos sin brindarles capacitación y empleo, no serviría de nada.

Con su habilidad como orador, su dignidad y su comando Clay luego se dirigió al peticionante y dijo: «Vaya a casa, señor Mendenhall y ocúpese de sus asuntos, que yo me ocuparé de los míos».[100]

«Vaya a casa, señor Mendenhall», fue una reprimenda efectiva por parte de un orador muy hábil, pero a Henry Clay esas palabras lo persiguieron durante el resto de la campaña.

(N. de T al editor: OJO, cambiado el título X, ver índice de contenidos para ajustar)

X. Se reanexa Texas y se reocupa Oregon

El presidente Tyler no fue más popular con los partidarios de Andrew Jackson de lo que logró serlo con los whigs. Los demócratas buscaban quien llevara su estandarte para la elección de 1844 y el ex presidente Martin Van Buren parecía ser quien estaba en mejor posición. Se esperaba que Jackson apoyara a su leal lugarteniente pero Van Buren erróneamente, había hecho un acuerdo con Henry Clay respecto de Texas. Ambos habían intercambiado cartas donde prometían no convertir a Texas en un tema de debate para la campaña. Jackson quería el expansionismo y se apartó de Van Buren para acudir a James Knox Polk, de Tennessee como lo era él.

«¿Quién es Polk?», se burlaban los whigs. Polk no tenía la fama de Jackson y Clay, pero no era un don nadie. Había seguido con fidelidad a Clay y fungido como gobernador de Tennessee y orador en la Cámara de Representantes de los Estados Unidos. Hoy, tales calificaciones nos parecerían más que suficientes para un candidato presidencial. Los whigs pronto se enterarían de quién era Polk. Su plataforma convocaba a «Reanexar Texas y reocupar Oregon», por lo que ganó una apretada victoria en la elección de 1844, dejando atrás al gran Henry Clay. Los activistas antiesclavitud se oponían a adquirir Texas, donde la esclavitud era legal. Y no solo resentían la idea de que hubiera dos miembros proesclavitud adicionales en el Senado, sino que ¡temían que Texas pudiera subdividirse en hasta cinco nuevos estados! Eso significaría la existencia de diez senadores proesclavitud.

Polk ganó 1,337,243 votos populares, solo 38,181 más que los 1,299,062 de Clay. El colegio electoral arrojó resultados de 170 votos para Polk y 105 para Clay.[*] Lo que decidió la elección de 1844 fue el voto del Estado de Nueva York. James G. Birney era el candidato del pequeño partido Libertad, contrario a la esclavitud. Sus 62,300 votos (2,3%) en toda la nación, provenían especialmente de Nueva York y Nueva Inglaterra. El voto de Birney en la ciudad llevó a Nueva York a la columna de Polk, garantizándole 36 votos electorales más, y con ello, la elección. Así, el tema de la esclavitud llegó a tener un gran impacto en la política presidencial.

Los whigs, por supuesto, se quejaron amargamente. Clay, aunque tenía esclavos, abogaba por la emancipación gradual. Era esa una postura de avanzada para quien representaba a Kentucky, estado donde la esclavitud era práctica legal. Los agitadores abolicionistas, sin embargo, recordaban el duro reproche de Clay: «Vaya a casa, señor Mendenhall». Ese reto, tan efectivo durante el discurso de Indiana, le costó caro a Harry del Oeste, en Nueva York y Nueva Inglaterra.

El presidente Tyler tomó la elección de Polk como evidencia del apoyo popular al «Destino manifiesto» y enseguida propuso admitir a Texas como parte de la

---

[*] Clay había sido candidato en 1824, 1832 y ahora en 1844. Tres pérdidas, ante la elección para el puesto más alto de la nación, pero el gran hombre de Kentucky había convocado a miles de seguidores leales, entre los cuales tal vez el más importante fuera el joven Abraham Lincoln, de Illinois. Clay fue el más grande de los «casi ganadores».

Unión, por resolución conjunta. La razón por la que los demócratas hablaban de «reanexar» Texas es porque sostenían que Texas había formado parte de la compra original de Louisiana y que John Quincy Adams había fracasado al negociar el Tratado Transcontinental con España en 1819 (el hecho de que el tratado había sido aprobado por el presidente Monroe y ratificado por una mayoría de demócratas y republicanos en el Senado no parecía afectar a esos ansiosos expansionistas). De manera similar se buscaba «reocupar» Oregon para afirmar el reclamo norteamericano sobre todo el noroeste del Pacífico. Los expansionistas querían extender la frontera a los 54° 40' de latitud norte, lo cual implicaba que querían todo el territorio de Oregon hasta la frontera sur de la rusa Alaska. El reclamo por Oregon tenía sus orígenes en el viaje de 1792 del capitán norteamericano Robert Gray a bordo del USS Columbia. Gray había anclado ante el Cabo Desilusión, al no poder ingresar en las temibles aguas del río que llamó Columbia. Lewis y Clark habían pasado el invierno cerca de allí en su famosa expedición.

Los demócratas esperaban que al añadir a Oregon a su lista de ambiciones territoriales, los norteños se convencieran de que convenía admitir a Texas.[101] El proyecto para anexarse Texas ingresó en el Congreso y recorrió su camino allí a toda velocidad en los últimos días del gobierno de Tyler porque los sureños temían que Inglaterra hiciera un tratado más favorable con la República de Texas, convocando a la emancipación de los esclavos.

La British Hudson's Bay Company había sido ley y poder en el noroeste Pacífico durante toda una generación. Su influencia se basaba en el comercio de pieles. Con la «fiebre de Oregon» en el medio oeste, en 1842, miles de norteamericanos empacaron sus pertenencias y recorrieron con sus carretas Conestoga el camino a Oregon, atraídos por las fértiles tierras del Valle Willamette. La tierra era un atractivo y la creciente agitación por la esclavitud en esos territorios creaba problemas. Los misioneros norteamericanos protestantes y católicos habían iniciado el movimiento.[102] En Massachusetts, Henry David Thoreau expresó el pensamiento de muchos al escribir:

Debo caminar hacia Oregon y no hacia Europa.[*]
Hacia allí va la nación y
Bien puedo decir que el progreso de la humanidad es de este a oeste.

---

[*] Tal vez no es poco poético señalar que caminar hacia el este habría significado que Thoreau caminaría sobre las aguas.

El camino ya había sido abierto por los «hombres de la montaña», durante veinte años. Eran personas rudas, cazadores, norteamericanos que vivían más allá de la frontera colonizada y conocían el terreno como la palma de sus manos.

La vida de Jim Clyman ilustra cómo vivían los hombres de las montañas. Clyman vio a George Washington en el condado de Fauquier, Virginia, donde había nacido en 1792. Y en su juventud había «buscado los territorios». Para cuando murió el presidente era Alan Arthur. Clyman murió en 1881 en su residencia de Napa, California. Durante su vida, había cubierto todo el continente.[103] Había otros hombres de las montañas, cuyas vidas no eran menos famosas:

El ojo del hombre de las montañas tenía la agudeza del ojo del indio, siempre buscando movimiento entre pastos y ramas, rastreando el olor de los animales en el viento, de algo que inexplicablemente flotaba en un arroyo, de la nube de polvo en un día calmo, de la configuración de un arañazo en la corteza de un árbol. Su oído no volvería a oír las campanas de la iglesia o los ruidos de la granja, porque al igual que el indio, estaba sintonizado para oír cualquier sonido en un lugar donde cualquier ruido podía significar una amenaza de muerte. Se vestía como el indio, con mantas, capas, pieles y mocasines y a veces también se ponía grasa en el cabello y se pintaba el rostro con líneas color bermellón. Vivía como el indio en chozas de pieles y cortezas, y tenía una sucesión de esposas... Su brutalidad era como la del indio y a veces, más cruel todavía. Los indios habían demostrado que sus amigos serían amigos solo mientras lo aparentaran. Todos los demás debían morir a primera vista, dejando sus cueros cabelludos como trofeos. Era la ley del indio, y toda violencia se respondía con venganza.[104]

Por rudos que fueran esos hombres de las montañas, los norteamericanos no podrían haber cruzado las Rocosas ni colonizado los fértiles valles de California y Oregon sin su ayuda. Eran los guías que les mostraban el camino hacia el oeste a las caravanas de carretas. Eran los cazadores que impedían que los viajantes murieran de hambre cuando las tormentas de nieve dejaban atascadas las carretas en los pasos montañosos. Y cuando no lo hacían, como sucedió con el grupo de los Donner, los resultados eran catastróficos. En 1846, esos pioneros sin experiencia quedaron atrapados en la ladera oriental de las montañas de Sierra Nevada. De los ochenta y siete que conformaban el grupo, solo sobrevivieron cuarenta y seis, a causa del frío y el hambre, e incluso el horror del canibalismo. Sin embargo, hubo miles que sí lograron pasar.

Los mormones también lograron esa asombrosa hazaña. Liderados por el visionario y determinado Brigham Young, miles de mormones llegaron al Gran Lago Salt en 1847, huyendo de la persecución de Missouri e Illinois donde el hombre a quien consideraban su profeta, Joseph Smith, había muerto a manos de una turba. Es que la poligamia de los mormones molestaba profundamente a sus vecinos, como molestaba también su habilidad comercial, práctica de venta y compra comunitaria. La táctica representaba una amenaza directa al individualismo económico de los establecimientos agrícolas familiares, aspecto central de la forma de vida de los norteamericanos. Brigham Young estaba decidido a encontrar una región remota donde pudiera levantar su «Deseret».[105]

En pocos años, los miles de norteamericanos que llegaron a Oregon crearon nuevas realidades «sobre la tierra». Para 1845 el comercio de las pieles parecía haber perdido impulso por lo que la Hudson's Bay Company abandonó su puesto comercial de Fort Vancouver, al norte del río Columbia. La presencia británica se retiró del puesto de Victoria en la Isla Vancouver, por lo que en el noroeste Pacífico los ingleses veían que su influencia se derretía como la nieve al sol en las laderas de la montaña.

«¡Cincuenta y cuatro cuarenta, o la guerra!», era el grito de los demócratas empecinados en la expansión hacia el oeste. Significaba que queríamos todo el territorio del Pacífico noroeste hasta los 54° 40' de latitud norte. El editor demócrata John O' Sullivan entendió que el cielo daba su aprobación a eso. En su periódico, el *New York Morning News*, escribió que «es nuestro destino manifiesto ampliarnos y poseer la totalidad del continente que la Providencia nos ha dado, para el desarrollo del gran experimento de la libertad y el autogobierno federado».[106] Algunos expansionistas hasta hacían alarde con respecto a extender el dominio norteamericano de mar a mar y de polo a polo.

No todos los norteamericanos estaban dispuestos a pelear por Oregon. El periódico whig *Niles' Weekly Register*, echó agua fría sobre el caliente debate. El editor dijo que la guerra con Gran Bretaña por Oregon «sería una de las muestras más demenciales y descabelladas que haya visto el mundo civilizado».[107] El presidente Polk no quería una guerra con Inglaterra, pero tampoco descartaba la posibilidad de que la hubiera: «La única forma de tratar a John Bull [Gran Bretaña] era mirándole directo a los ojos... y consideré de nuestra parte que el curso más valiente y firme sería el avance pacífico...»[108]

Los hechos le dieron la razón al «joven Hickory». Gran Bretaña no quería una guerra por un remoto territorio cuyo comercio de pieles estaba en baja. No llegamos al cincuenta y cuatro cuarenta. Pero tampoco tuvimos guerra. Y para los norteamericanos, la fortuna sonreía porque para el momento en que Gran Bretaña acordó negociar la línea a los 49° de latitud norte, ya estábamos casi en guerra con México. El senador Thomas Hart Benton de Missouri rió al decirle a Polk: «¿Por qué no marchar hasta el "cincuenta y cuatro cuarenta" con el mismo coraje con que marchamos a Río Grande? Porque Gran Bretaña es poderosa, y México es débil».[109] Polk soportó el ridículo y el resentimiento, porque acababa de meterse en el bolsillo al primer gran puerto costero del Pacífico. Ahora, su atención estaba puesta en México, para poder asegurarse los otros dos.

XI. «LOS SALONES DE MOCTEZUMA»

El presidente Polk había dado instrucciones a su enviado John Slidell para que les ofreciera a los mejicanos cuatro millones y medio de dólares en compensación por los daños causados por las incesantes guerras civiles mejicanas, si México reconocía al Río Grande como frontera sur de Texas. Slidell también tenía autorización para ofrecer cinco millones más, si los mejicanos le vendían su provincia de Nueva México.[110] E incluso podía ofrecer hasta veinticinco millones, si California formaba parte del trato. «El dinero no será un impedimento», le escribió el secretario de estado James Buchanan al embajador norteamericano en la Ciudad de México.[111]

Para los mejicanos, todo ofrecimiento era un insulto. Se negaron a recibir a Slidell. Y otro golpe militar, fenómeno cada vez más conocido en América Latina, derrocó al moderado gobierno de Herrera para instalar al militante y antinorteamericano general Mariano Paredes en el poder. Paredes juró que no cejaría ante los atrevidos yanquis.[112] Para el día de Año Nuevo de 1846, Paredes estaba listo para la guerra con Norteamérica.[113]

El presidente Polk también temía que se hicieran realidad los rumores de la compra de California por parte de los británicos. El almirantazgo británico tenía los ojos puestos en el excelente puerto de la Bahía de San Francisco, se decía.[114]

Polk reafirmó los principios de la Doctrina Monroe. Este hemisferio estaba fuera de límites a la colonización europea. Pero nada dijo de la expansión norteamericana.

Polk ordenó que el general Zachary Taylor llevara a un ejército hacia el territorio en disputa, entre los ríos Nueces y Grande. El general Pedro de Ampudia le advirtió a Taylor que estaba invadiendo suelo mejicano, y le ordenó retroceder. Taylor ignoró su advertencia y construyó un fuerte norteamericano.[115] El 25 de abril de 1846, una fuerza mejicana le tendió una trampa a una patrulla norteamericana, matando a once agentes. Polk había decidido ir a la guerra aun antes de que sucediera eso y ahora, le dijo al Congreso, México había «derramado sangre norteamericana en suelo norteamericano».[116] El Congreso no tardaría en darle su declaración de guerra, con un voto de ciento setenta y cuatro a catorce en la Cámara y de cuarenta a dos en el Senado.[117]

No es que México estuviera exento de culpa y cargo. Los mejicanos despreciaban a los yanquis, y recordaban el fracaso por conquistar Canadá, así como la humillante captura de los ingleses de la ciudad de Washington, D.C. en la guerra de 1812. Un oficial mejicano hizo alarde de que su caballería podía ocuparse de la infantería norteamericana usando únicamente sus lazos.[118] No era México el único que despreciaba a Norteamérica. El Britannia de Londres se burlaba de que los Estados Unidos «como potencia agresiva es una de las más débiles de mundo... y solo sabe pelear contra los indios».[119]

Aunque la guerra gozaba de popularidad en el valle del Mississippi y en el sur, Nueva Inglaterra volvía a oponerse a la guerra. El partido whig cuestionaba la guerra pero votaba para que se aprovisionara a las tropas. Los whigs recordaban que los federalistas habían sido tildados de ser desleales durante la guerra de 1812.[120] Y las figuras literarias como James Russell Lowell veían solo los designios del poder esclavo en esa corrida hacia la guerra:

Solo quieren esta California
Para tener más estados esclavos,
Para abusar de ti, para burlarse de ti
Y para saquearte como pecado.[121]

La legislatura de Massachusetts denunció que la guerra era un esfuerzo por fortalecer el poder esclavo y la postura de opositor hizo que Henry David Thoreau pasara una noche en la cárcel por haberse negado a pagar los impuestos destinados a financiar la guerra. Su *Essay on civil disobedience* [Ensayo sobre la desobediencia civil], se convirtió en un clásico de la literatura norteamericana.[122] Theodore Parker, ministro de la Iglesia Unitaria, dijo que si «la guerra estaba bien entonces el cristianismo está mal y es una falsedad, una mentira». El abolicionista William Lloyd Garrison expresó en su periódico militante, el *Liberator*, que apoyaba al pueblo mejicano: «Todo amante de la libertad y la humanidad, en todo el mundo, ha de desearles el éxito del triunfo».

Garrison fue más allá todavía. Su *Liberator* proclamaba: «Maldita sea la Unión Norteamericana como impostura republicana. Maldita sea, como despotismo cruel, con tres millones de personas que jamás han ejercido porción alguna de lo que es la familia humana. ¡NO A LA UNIÓN CON LOS ESCLAVISTAS!»[123]

Para los que pensaban como Garrison, el concepto de O'Sullivan del «Destino manifiesto» era la hipocresía más grande. Y el nuevo y joven aliado de Garrison les daría más razones para resistirse al poder esclavo. Un brillante esclavo que había escapado, publicó en 1845 su sensacional autobiografía: *Narrative of the life of Frederick Douglass* [Historia de la vida de FD]. Ahora, miles de norteamericanos podían leer sobre los horrores de la vida bajo el látigo, contado con las propias palabras de un escritor y orador de gran habilidad. Douglass apareció en escena justo a tiempo, para darle voz, carne y sangre al idealismo abstracto de Garrison y los abolicionistas.

La campaña de México, aunque con ciertos contratiempos, avanzaba a toda velocidad. El general Zachary Taylor, conocido como «el viejo rudo y listo», se ganó la reputación de triunfador y el presidente Polk, que temía que se hiciera demasiado popular, estaba decidido a no hacer de él otro héroe militar para los whigs. Ordenó que el general Winfield Scott tomara la Ciudad de México. Scott luchó en una campaña brillante, y con la excelente asistencia del primer desembarco anfibio de la armada de los Estados Unidos.[*]

El capitán Robert E. Lee del ejército, rodeó a la principal fuerza mejicana para alcanzar la victoria; dos de sus subordinados que también se llevaron los laureles de esa operación, eran los tenientes George B. McClellan y Ulysses S. Grant.[124][**] Los

---

[*] El presidente Polk se dio cuenta de la importancia del poder naval, y rompió con la tradición jeffersoniana al fundar la Academia Naval de los Estados Unidos en Annapolis (1845).

[**] Tanto Lee como Grant pensaban que la guerra contra México era injusta, pero ambos se distinguieron en su capacidad militar.

soldados norteamericanos marcharon desde Veracruz y se ganaron su famosa «tira de sangre» —la banda roja a lo largo de la pierna de los pantalones en el uniforme— en la batalla de Chapultepec. Sufrieron grandes pérdidas en esa batalla, pero llegaron hasta los salones de Moctezuma en la Ciudad de México.

El ataque norteamericano a la Ciudad de México fue exitoso a pesar de la feroz resistencia que opusieron dos asombrosos grupos de luchadores. Los jóvenes cadetes de la Academia Militar Mejicana, que eran muchachos de entre trece y diecinueve años, lucharon contra los «gringos».* Los jóvenes quedaron en la historia mejicana como los *Niños*. Y muchos dieron sus vidas, como precio por cada kilómetro que los norteamericanos lograban ganar.[125] El otro grupo era el de los *San Patricios*. La mayoría eran desertores del ejército norteamericano, casi todos irlandeses. Lucharon con valentía contra sus ex camaradas. A veintinueve patricios capturados se les obligó a mantenerse de pie en carretas, bajo el sol ardiente de septiembre, acusados de traición. Luego les ataron cuerdas alrededor del cuello y se les obligó a presenciar el ataque final de los yanquis contra la Ciudad de México. ¡Cuando se izó la bandera norteamericana, los patricios aclamaron su antiguo emblema! Luego las carretas avanzaron y así acabó un triste capítulo de la historia de las guerras norteamericanas.[126]

Las bajas norteamericanas en la guerra de México no fueron demasiadas, ni siquiera para los parámetros de la época. En combate murieron mil setecientos treinta y tres hombres, o el dos por ciento de los setenta y ocho mil setecientos dieciocho soldados. Pero lo que más vidas cobró fue la enfermedad, con un total de once mil quinientos hombres equivalentes al catorce por ciento de las tropas. En total, el ejército perdió un dieciséis por ciento de sus soldados.[127] Una cifra habitual en las guerras de los tiempos anteriores a la medicina moderna.

En el sudoeste los norteamericanos avanzaron rápidamente para tomar Nueva México y seguir hasta California. El general Steven Kearny lideró una fuerza que incluía a la extraordinaria Brigada Mormona, en una conquista fácil. El líder mormón Brigham Young tomó la crucial decisión de apoyar a los Estados Unidos en esa guerra contra México. Envió a cientos de jóvenes reclutas a ayudar a las fuerzas

---

* Gringo. Se cree que la palabra se tomó de la canción que cantaban las tropas norteamericanas mientras marchaban por los polvorientos y áridos valles mejicanos: «Green grow the lilacs»... aunque es más probable que gringo provenga de «griego», indicando que para los norteamericanos el español era tan difícil como el griego.

norteamericanas en el sudoeste. La paga del ejército que esos jóvenes mormones daban como diezmo a su iglesia ayudó a que la colonia pudiera sobrevivir.

La «República de la Bandera de Oso», fue la corta y casi cómica historia de ese capítulo de California. Los nativos mejicanos opusieron una débil resistencia y el capitán John Charles Frémont decidió que separaría a la provincia de su madre patria. Pero su reputación como descubridor tenía que ver con su habilidad para las relaciones públicas y las conexiones familiares (su suegro era el poderoso senador Thomas Hart Benton). El general Kearny sentía que Frémont no era más que una molestia. A pesar de la corte marcial y de sus amenazas de batirse a duelo (su adversario proponía batirse a tiro de pistolas), se pudo restaurar cierto orden y California se incorporó a la Unión poco después.[128]

Mientras tanto, Polk debía enfrentar a sus opositores. Ni siquiera su propio gabinete entendía muy bien el por qué de esa guerra. Y cuando su secretario de estado, el quisquilloso James Buchanan les escribió a los diplomáticos norteamericanos para informarles que los Estados Unidos no tenían ambición alguna sobre el territorio de California, Polk lo desautorizó y le ordenó eliminar esa declaración tan autoderogatoria.[129]

Muchos whigs dieron en llamar a Polk «mentiroso», con total falta de educación. Y el congresista Abraham Lincoln de Illinois, aunque más respetuoso, no fue menos contundente. Mientras esperaba a que acabaran las hostilidades, en septiembre de 1847, Lincoln presentó su «Resolución de la mancha» en diciembre. Allí le pedía al presidente Polk que indicara precisamente en qué lugar del suelo norteamericano, había manchas de sangre norteamericana derramada. Quería que Polk demostrara que la sangre se había derramado en suelo norteamericano pero Polk sencillamente le ignoró.

No le fue tan fácil ignorar la medida que presentó el congresista demócrata por Pensilvania, David Wilmont: «Ni la esclavitud ni la servidumbre involuntaria existirán» en cualquier territorio que obtengamos de México, decía la enmienda de Wilmot. Este proyecto de Wilmot pasó por la Cámara en 1846, pero el Senado lo dejó de lado. Wilmot volvió a presentarlo en 1847, y esta vez el Senado lo rechazó.[130] El senador John C. Calhoun había acertado cuando temía que la guerra con México derivara en ese tipo de acciones contrarias a la esclavitud.

La guerra seguía dividiendo a los norteamericanos. Cuando la Cámara de Representantes elevó una resolución para honrar a los veteranos de la guerra, el 21 de febrero de 1848, el Viejo Elocuente ¡la rechazó poniéndose de pie! John Quincy Adams perdió, porque la mayoría votó a favor del proyecto y cuando el empleado de la Cámara leyó el tributo a los soldados, Adams volvió a pararse para objetar, pero cayó, porque había sufrido un ataque. Lo llevaron a la oficina del orador, donde murió dos días después.[131] Entre los elegidos por la Cámara para el comité del funeral, estaba un joven que venía de las praderas: Abraham Lincoln.

James Knox Polk no recibió gratitud por haber añadido vastos territorios a la república norteamericana. Él es el Bismarck norteamericano, porque así como al «canciller de hierro» se le acredita el haber creado el gran Imperio Alemán en la década de 1860 y 1870, James Knox Polk tenía tres grandes objetivos en mente: los puertos de San Diego, de San Francisco y de Puget Sound. Al igual que Bismarck, Polk estuvo dispuesto a ir a la guerra con tal de conseguir lo que buscaba, pero a diferencia de Bismarck, Polk solo podía confiar en los miles de colonos, que lograrían su meta sin pelear. Mientras los mejicanos opusieron valiente resistencia contra los invasores norteamericanos, el enorme sudoeste se ganó sin derramar una sola gota de sangre.

Polk trató a su enviado a la Ciudad de México, Nicholas Trist, con asombrosa ingratitud. Aunque tuvo el tino de presentar el Tratado de Guadalupe-Hidalgo, de Trist (1848) ante el Senado. Al hacerlo, rechazó las exigencias de algunos ultranacionalistas de aquí y otros jóvenes reformistas de México, de que había que incorporar el país entero a los Estados Unidos.*

México entregó California, Arizona y Nueva México y reconoció el Río Grande como frontera sur de los Estados Unidos. Norteamérica acordó pagarle a México quince millones de dólares y el tratado se ratificó poco después. El territorio de lo que se conocía como Cesión Mejicana comprendía mil trescientos sesenta kilómetros cuadrados. Por supuesto, la compra de Louisiana había añadido dos mil ciento cuarenta y cinco kilómetros cuadrados de suelo fértil y bien regado a la Unión norteamericana pero el sudoeste era la vasta región con incalculable riqueza mineral y belleza natural.

¿Representaron esos quince millones de dólares algo que en su conciencia Polk sentía como reparación? ¿O solo se trató de un asombroso acto de compasión? Lo

---

* La guerra también sirvió para salvar West Point. Aunque la había fundado la administración de Jefferson en 1803, la academia militar era para los herederos políticos de Jefferson una institución antirrepublicana. La actuación destacada de los bien entrenados oficiales de West Point en la guerra de México, dio por finalizado todo intento por cerrar esa institución.

que está claro es una cosa: es imaginable una acción de esa naturaleza por parte de cualquier gran potencia ante la conclusión de una guerra exitosa contra un vecino más débil.

Polk cumplió con su palabra de servir como presidente durante un único período. Ese hombre rígido, desconfiado pero valiente y decidido, dejó la Casa Blanca en marzo de 1849 y murió tres meses más tarde a los cincuenta y cuatro años. Sus esfuerzos lo habían agotado. «Su administración fue una maldición para el país», dijo William Lloyd Garrison, que no encontró motivo alguno para lamentar la muerte del ex presidente.[132]

Los norteamericanos, al reflexionar en la contribución que esos vastos territorios han dado a la vida de la nación y al pensar en la esperanza y las aspiraciones de tantos inmigrantes que se vieron atraídos a esas tierras, tal vez no estén de acuerdo con Garrison.

LA TORMENTA EN CIERNES

(1849-1861)

Cuando los marineros hablan de «perder la brújula», se refieren a que el navegador del barco ya no indica con precisión dónde están y hacia dónde van. En la década de 1850, Norteamérica casi pierde la brújula. La nación que nació anunciando «un nuevo orden para todas las eras» (novus ordo seclorum) identificándose para siempre con la causa de la libertad. George Washington dijo que los norteamericanos eran depositarios de la custodia del «sagrado fuego de la libertad», por lo que daban por sentado que la difusión de nuestros ideales e instituciones republicanos sería de beneficio para la humanidad. Todos los Fundadores consideraban que la esclavitud era una aberración. Todos la deploraban y pensaban que era injusto. Todos esperaban que fuera erradicada algún día. En la década de 1850 la visión de los Fundadores ya no es clara. La expansión de la esclavitud es el tema que impulsa a John Brown al asesinato y a preanunciar la rebelión aunque hay respetables hombres públicos como John C. Calhoun, Jefferson David y Albert Gallatin Brown que la impulsaban. Abraham Lincoln describirá a la esclavitud como una serpiente de cascabel que espera, enroscada bajo la mesa mientras los Fundadores debaten sobre el futuro de Norteamérica. En la década de 1840 la serpiente despierta y en la década siguiente, hace sonar su cascabel con tono de amenaza, preanunciando su veneno. ¿Podrá sobrevivir la libertad?

I. California y la negociación de 1850

James Knox Polk, decidido y poco simpático, había logrado sus metas de expansión territorial. Consiguió que el poderío de los Estados Unidos llegara al Pacífico. Polk tenía la idea fija de añadir el puerto de San Diego y la Bahía de San Francisco a la Unión norteamericana. Fue esta decisión presidencial —más que el entusiasmo de los periodistas por el «Destino manifiesto»— lo que hizo que Estados Unidos pudiera expandirse tan asombrosamente, en términos de poder e influencia a fines de la década de 1840.[1] Sin embargo, Polk descubrió que no podría hacer todo eso sin crear héroes militares para sus grandes rivales políticos: los Whigs. El partido Whig había liderado la oposición a la guerra de México y ahora, irónicamente, los Whigs nominaron al general Zachary Taylor, gran héroe de esa guerra, como candidato presidencial en 1848.

El «viejo rudo y listo» Taylor era de Louisiana, y tenía esclavos. Pero no se sabía cuál era su posición política. Por eso los Whigs lo eligieron. Las caricaturas en los periódicos mostraban a Taylor respondiendo a los curiosos reporteros: «Pregúntenle a mi trasero». El partido Whig no aprobó plataforma alguna y confiaba en la misma fórmula que había elegido ocho años antes a «Tippecanoe y Tyler, también». Pero algunos «whigs de conciencia», como Charles Sumner de Massachusetts, no estaban dispuestos a apoyar a Taylor porque se negaba a dar seguridad de que se opondría a la expansión de la esclavitud hacia los territorios.[2]

Un representante, diputado del partido Whig de Illinois que apoyaba al general Taylor, ridiculizó al nominado demócrata Lewis Cass. Los demócratas trataban de exagerar las hazañas de Cass... ¡en la guerra de 1812! Abraham Lincoln bromeaba diciendo que el general Cass había «invadido Canadá sin encontrar resistencia, y salido de allí sin que nadie le persiguiera».[3] Lincoln también puso en ridículo al incompetente Cass debido a que el día de la batalla del Támesis, Cass era ayudante de campo del general William Henry Harrison, que había estado cosechando bayas. Según Lincoln: «Es justo suponer entonces que Cass era el asistente que ayudaba a Harrison a cosechar bayas».[4]

A Cass tampoco le iba demasiado bien con los votantes. El ex presidente Martin Van Buren, que había sido demócrata, formó equipo con Charles Francis Adams, hijo y nieto de presidentes, para liderar el partido abolicionista Tierra Libre.

Por desdicha para los herederos políticos de Jackson el ambicioso programa de James Knox Polk, que buscaba anexar los grandes puertos del Pacífico —Puget

Sound, bahía de San Francisco y puerto de San Diego— había causado divisiones en su propio partido demócrata.

Esa nueva facción, el partido Tierra Libre, estaba compuesta por varios ex demócratas que estaban dispuestos a tolerar la esclavitud en el sur, pero que no querían ver que se expandiera hacia los territorios que se habían obtenido de México. Para mantener la paz con sus aliados sureños esclavistas, la mayoría de los demócratas norteños aceptaban permitir que la esclavitud se expandiera por el caluroso sudoeste, región con reducida cantidad de habitantes.

Van Buren y Adams, así como su partido Tierra Libre, obtuvieron más votos que el demócrata Cass en el estado de Nueva York (26,4% contra 25,1%), con lo cual Taylor y los whigs perdieron la elección en ese vital estado. La boleta del Tierra Libre también aventajó al partido de los demócratas en Connecticut, Massachusetts, y Vermont.[5] Hemos visto en el capítulo anterior que James Birney y su partido de la libertad, le habían costado la elección de 1844 a Henry Clay y los whigs.

Ahora, cuatro años más tarde, el tema de la esclavitud había roto la unidad de los demócratas. Van Buren fue denunciado por sus antiguos amigos del partido demócrata como «incendiario de graneros».[6] El término hacía referencia a la antigua leyenda holandesa del granjero loco que había incendiado su propio granero para deshacerse de las ratas. El mote era especialmente ofensivo para Van Buren, porque sus antepasados eran holandeses.

Zachary Taylor no había votado ni una sola vez en más de cuarenta años de servicio en el ejército.[7] Pero como presidente no podría evitar esos temas por mucho tiempo. Lo sucedido en California asombraría al mundo entero y ejercería presión sobre Washington. Todavía no se había firmado la paz con México cuando se descubrió oro en Sutter's Mill, en la bifurcación sur del río Americano, cerca de Coloma, California. La noticia se esparció por todo el país, gracias a que ahora existía el telégrafo. La fiebre del oro no se hizo esperar y decenas de miles de norteamericanos, de todas las regiones, se sumaban a gente del mundo entero que llegaba llena de ambiciones al valle de Sacramento, California.

Llegaban por tierra y por mar. En China se hablaba de la Gum Shan o Montaña Dorada, en referencia a California.[8] Muchos llegaban por la Golden Gate o Puerta Dorada. Con el típico donaire del pionero, el mayor del ejército norteamericano John Charles Frémont, conocido como el «Encuentra caminos», había dado este nombre a la entrada a la bahía de San Francisco.[9] Los del «Cuarenta y Nueve» (1849), aumentaron enormemente la cantidad de pobladores. Cada día se obtenían entre treinta mil y cincuenta mil dólares en oro extraído de las minas. William Tecumseh Sherman, de West Point y ahora miembro del ejército basado en California, creía que con el oro bastaría para pagar todos los costos de la Guerra de México.[10]

California no tardaría en buscar conformarse como estado y aunque a Taylor no le gustara, había que decidir qué política se seguiría allí en cuanto a la esclavitud. La decisión bien podría significar la división nacional.

El destino de California se decidiría en Washington y allí el tema de la esclavitud era predominante. «Si vamos a salvar al sur, este es el momento»,[11] escribió John C. Calhoun, enfermo y ahora dolido porque aunque había sido nacionalista en un principio, y miembro importante del partido republicano jeffersoniano, después de su choque con Jackson se veía como líder de una región sureña seccionada y atravesada por la violencia.

El presidente Taylor asombró a sus seguidores sureños urgiendo a la adición de California sin antes organizarla como territorio. Aunque Taylor tenía su corazón en el sur, por sus años en el ejército su perspectiva era nacional e integrista. Calhoun, ya cerca de su final, se levantó en el Senado para exigir «garantías»[12] diciendo que la república federal de 1787 se estaba convirtiendo en una gran democracia nacional. El sur necesitaba tener certeza de que seguiría teniendo representación equitativa en el gobierno nacional porque de otro modo, tendría que pensar en la secesión. El senador William H. Seward de Nueva York pensaba igual que Calhoun. Seward era whig, y dijo que el surgimiento de los estados libres sería inevitable, porque era una ley de la naturaleza. Dijo que aunque el Congreso tenía derecho constitucional a limitar la expansión de la esclavitud, en tono provocativo afirmó que había una «ley superior» a la Constitución: la ley natural.[13]

No solo se limitaría la expansión de la esclavitud, dijo Seward, sino que con el tiempo, se aboliría esa práctica.[14]

Henry Clay, de Kentucky, se dirigió a los senadores, decidido a volver a ser el gran negociador, como lo había sido en 1820 y 1833. «No conozco sur, ni norte, ni este ni oeste al que le deba lealtad... Soy leal a la Unión Norteamericana y a mi estado», clamó. Luego añadió que jamás prometería ser leal a forma alguna de confederación sureña.[15]

En esta era de vibrante oratoria política la fama del discurso de Clay se esparció desde las pobladas galerías del Senado a toda la Unión.

Clay ofreció un conjunto de propuestas legislativas que cubrían diversos aspectos de la disputa en torno a la esclavitud para los territorios. Se le llamó negociación, más allá de sus bondades o defectos. Ante todo, California debía admitirse como estado libre. Segundo, Nuevo México se organizaría como territorio, sin restricciones a la esclavitud. Tercero, el tráfico de esclavos en el distrito de Columbia debía abolirse, pero en cuarto lugar, el Congreso prometería no volver a interferir con la cuestión de la esclavitud en la capital de la nación. En quinto lugar, el Congreso no volvería a utilizar su gran poder bajo la cláusula de comercio de la Constitución, buscando regular el tráfico de esclavos entre los estados. Y por último, en sexto lugar, el Congreso promulgaría una ley de esclavos fugitivos más restrictiva.[16] Los sureños decían que al menos unos treinta mil esclavos habían huido de sus amos, lo que les había costado unos quince millones de dólares.[17]

Clay argumentó que había que dejarse guiar por la sabiduría de George Washington en su discurso de despedida.[18] Cuando alguien sugirió que este esfuerzo impediría que Clay llegara a ser presidente en algún momento de su vida, el hombre contestó: «Señor, ¡prefiero tener razón y hacer lo correcto, antes que ser presidente!»[19]

El inspirador discurso de Henry Clay movió a un patriota de Virginia, Edward Coles, a enviar al gran negociador el «Consejo a mi país», todavía no publicado, que había escrito James Madison poco antes de morir en 1836. Coles esperaba que Clay lo usara en el debate. Como si hablara desde la tumba, Madison argumentaba con sólidas razones en contra de la desunión: «Que la unión de los estados sea algo que se atesore y perpetúe. Que todo enemigo de la Unión se vea como una pandora que abre su caja, y como quien bajo un disfraz llega como serpiente, arrastrándose con sus mortíferos artilugios para entrar en el paraíso».[20]

Ahora todas las miradas se centraban en Daniel Webster, esperando su respuesta a Calhoun y Clay. ¿Ayudaría a Clay para que se promulgara esta negociación tan controvertida? ¿O se pondría del lado de los norteños para rechazarla? El «Buen Daniel» se levantó y desde su banca llenó la cámara con su sonora voz: «Quiero hablar hoy no como hombre de Massachusetts, no como norteño, sino como norteamericano y miembro del Senado de los Estados Unidos... Hablo hoy por la preservación de la Unión."¡Préstenme oídos, por mi causa!"»[*21]

---

* Del discurso de Bruto en Julio César, de Shakespeare, tercer acto, segunda escena.

Webster habló durante más de tres horas ese 7 de marzo de 1850 y mantuvo su promesa de no hablar como hombre del norte. Asombró a sus seguidores de Massachusetts, al atacar el fanatismo de los abolicionistas, y quitando su apoyo al Proviso Wilmot. El Proviso Wilmot había sido presentado por un diputado demócrata de Pensilvania, David Wilmot, y decía que la esclavitud se prohibiría en todo nuevo territorio que se adquiriera como resultado de la guerra con México. El Proviso Wilmont había pasado por la Cámara de Representantes varias veces ya, pero quedaba estancado en el Senado. Webster ahora argumentó que el Proviso no era necesario porque Dios mismo era quien había creado los áridos y yermos territorios del sudoeste, inhóspitos para la agricultura esclava. Apoyó la negociación de Clay brindándole un respaldo esencial en ese momento tan crítico. Webster seguía confiando en que finalmente la preservación de la Unión resultaría en mayor libertad. Y esperaba ver cómo se marchitaría la esclavitud en el oeste.

John C. Calhoun permanecía sentado en su banca, sin poder pronunciar palabra pero mostrándose inquieto. Era obvio que su salud empeoraba a cada momento. Calhoun y sus seguidores insistían en que se atrasara la admisión de California hasta tanto estuviera organizada como territorio, el proceso seguido por todos los demás estados. Calhoun tenía la esperanza de utilizar ese tiempo para poder establecer el valle central de California como centro agrícola con mano de obra esclava. Si California era un estado que permitía la esclavitud, la «peculiar institución» de Calhoun habría conseguido una salida al Pacífico.

Sin embargo, cuando Webster le advirtió al Senado que la disolución de la Unión jamás se lograría de manera pacífica Calhoun gritó: «¡No señor! La Unión se puede romper».[22] Si el norte se negaba a respetar la «Plataforma del sur» de Calhoun, este creía que la secesión era la única respuesta. En dicha plataforma Calhoun exigía el derecho de los amos a tomar su «propiedad» y llevarla consigo dondequiera que fuesen dentro de la Unión. La esclavitud debía seguir a la bandera, decía.[23] En cuanto al tema de California, no cedería un ápice: «Ya hemos soportado los errores e insultos del norte durante mucho tiempo», escribió.[24]

Al redefinir la libertad como derecho de la raza dominante a llevarse a su «peculiar institución» por el territorio de la Unión, Calhoun admitía que no estaba de acuerdo con Jefferson. Argumentaba que la errónea creencia de Jefferson de que «todos los hombres son creados iguales», le había hecho «adoptar una perspectiva totalmente falsa de la relación de subordinación de la raza negra a la raza blanca en el sur, y a sostener que... la primera... tenía el mismo derecho a la libertad y la igualdad que tenía la segunda, y que privarles de ese derecho era tanto injusto como inmoral».[25]

Lo que Calhoun trataba como idea de Thomas Jefferson ya no lo era porque John Adams había dicho que no había una idea en la Declaración de la Independencia que no se hubiera «batido y debatido» en el Congreso durante años. Jefferson mismo negaba haber sido original al afirmar que la Declaración de la Independencia era «expresión del pensamiento norteamericano».[26]

Es decir que Calhoun no solo estaba desafiando a Jefferson sino que además rechazaba toda la filosofía de los derechos naturales sobre la que se basaban los Estados Unidos de Norteamérica. Su disenso no podría haber sido más radical y, hasta en cierto sentido, subversivo. Pero a pesar de sus revolucionarias ideas no pudo frenar la negociación de 1850 y a un mes del discurso del «Siete de Marzo», de Webster, Calhoun falleció.

Aunque la prensa sureña elogiaba a Webster por sus ideas de justicia, muchos de los ciudadanos de su jurisdicción reaccionaron con horror cuando aceptó la negociación y, en especial, por haber admitido la detestada ley de esclavos fugitivos. El poeta John Greenleaf Whittier, de Massachusetts, criticó con amargura a Webster en su «Ichabod»:[*]

Entonces, sea la reverencia del pasado
a su perdida fama;
Vuelve atrás, apartando la mirada,
y esconde la vergüenza.[27]

Aunque en su oportunidad Ralph Waldo Emerson había urgido a sus lectores de Massachusetts a «amar más a sus prójimos y menos a sus hermanos de color», el filósofo poeta ahora estaba horrorizado por la ley de esclavos fugitivos. «Este sucio arreglo es del siglo dieciocho, pergeñado por gente que sabía leer y escribir. ¡No obedeceré, por Dios!»[28]

---

[*] Whittier se inspiró en fuentes conocidas. Primero, el estilo recuerda al del gran poeta puritano John Milton. En El paraíso perdido, de Milton, Satán lamenta su caída y en este poema Whittier compara la caída de Webster con la de Lucifer. También recurrió a la Biblia: «Y llamó al niño Icabod, diciendo: ¡Se ha ido la gloria de Israel!, por haber sido tomada el arca de Dios» (1 Samuel 4.21, LBLA). Para los brahmines de Boston, tan cultos y entendidos, la daga de Whittier tenía doble filo.

Otro obstáculo para la promulgación de la negociación de Clay de 1850 era el presidente Zachary Taylor. El rudo y listo viejo no veía motivos para hacerle tantas concesiones al sur respecto de California. Directa y rotundamente, Taylor quería admitir a California como estado libre sin buscar la aprobación de Calhoun o de sus aliados en el Senado. Taylor ridiculizaba el conjunto de propuestas legislativas de Clay, diciendo que eran un «ómnibus», un carro tirado por caballos, que transportaba a mucha gente. Taylor nombró así al complejo paquete de medidas de Clay y sin saberlo, acuñó un término que al día de hoy se utiliza en el ámbito legislativo.

La muerte de Calhoun en el momento de mayor agitación respecto de la negociación de 1850, solo sirvió para aumentar las tensiones. El sur buscaba liderazgo desesperadamente y muchos sureños veían motivos de alarma en el censo de 1850.[29] La población de los estados libres había aumentado un veinte por ciento en la última década. Tal crecimiento se veía alimentado por el hecho de que siete de cada ocho inmigrantes a los Estados Unidos se establecían en el norte.[30] Les atraía el sistema de trabajo libre del norte y como resultado los sureños se preocupaban porque estaban convirtiéndose en minoría en el gobierno nacional. La Cámara de Representantes, o diputados, reflejaba a la población así que con cada censo, realizado en períodos de diez años, este sector de la legislatura se volvía más y más abolicionista. Los reiterados intentos por promulgar el Proviso Wilmot, que prohibía la esclavitud en territorios adquiridos a México, llenaban de preocupación a los representantes de los estados esclavistas. Y la admisión de nuevos estados libres era una amenaza a su posición en el Senado, donde cada estado tenía igual representación. Por eso la admisión de California como estado libre les parecía una amenaza.

El presidente Taylor dijo que estaba dispuesto a ponerse al frente de un ejército si hacía falta para «aplastar» a la secesión, evocando así al Viejo Hickory.[31] Amenazó con colgar a Robert Toombs y Alexander Hamilton Stephens, ambos de Georgia, que estaban dispuestos a tomar las caídas banderas del nacionalismo sureño para ponerse la capa que había dejado Calhoun. El presidente incluso denunció que su ex yerno, Jefferson Davis de Mississippi, era «el conspirador en jefe».[32] En lugar de pagarle a Texas la compensación por sus reclamos contra Nuevo México Taylor amenazó con resistirse a las demandas de Texas por la fuerza, mientras hacía ver su sable.[33]

Sin embargo el presidente Taylor no tuvo oportunidad de desenvainar su espada. En 1850 contrajo «cholera morbus» después de soportar horas de oratoria el día de los festejos del cuatro de julio. Bajo el abrasador calor del verano de Washington, habiendo consumido cantidad de leche helada y pepinos, Taylor enfermó y debió guardar cama en la Casa Blanca.[34] Allí los médicos invadieron la habitación, pero murió en menos de una semana.

El nuevo presidente, Millard Fillmore de Nueva York, era un whig contrario a Seward. Era más maleable que Taylor y enseguida dio señales de estar dispuesto a firmar la negociación de 1850. Fillmore parecía esperar que se cumpliera el último deseo de Calhoun, es decir el final de los problemas en torno a la esclavitud.

Fue en ese momento que surgió una nueva generación de senadores, representada por hombres como Stephen A. Douglas de Illinois, Jefferson Davis de Mississippi, William H. Seward de Nueva York y Charles Sumner de Massachusetts. A Douglas le dieron el mote de «Pequeño Gigante» cuando decidió que la negociación de Clay se tratara, no en conjunto, sino como leyes individuales, una por una. También Douglas quería terminar con la creciente controversia en torno a la esclavitud.

Sus esperanzas eran ilusorias, en especial porque la ley de fugitivos esclavos llevaba el largo brazo de la esclavitud a comunidades norteñas que hasta entonces se creían «libres». Ver a la gente de color perseguida por las calles norteñas era constante motivo de agitación. Los bostonianos se alzaron cuando Anthony Burns fue hecho esclavo otra vez después de haber vivido en libertad durante años.

Los esclavos fugitivos habían ingeniado un sistema de escape, organizado por ex esclavos con la ayuda de blancos compasivos. El Ferrocarril Subterráneo contaba con la financiación y el auspicio mayoritario de los cuáqueros. No era un ferrocarril, ni era subterráneo, pero llevó a cientos de esclavos fugitivos a la libertad, en el norte e incluso en Canadá. La ex esclava Harriet Tubman servía como «guardia» de ese ferrocarril y volvió a entrar en el sur muchísimas veces para ayudar a sus hermanos y hermanas a lograr una huida exitosa. Si llegaban a capturarla, sabía que moriría en la horca, pero la señorita Tubman decía con humor que su tren nunca se descarrillaría.

Henry «Box» Brown confió en un ferrocarril de verdad cuando hizo que lo escondieran en un cajón de carga y lo enviaran hacia el norte, a la libertad. La valentía de Bos Brown para escapar lo convirtió en una celebridad internacional. El tema musical de Negro Spiritual «Follow the Drinking Gourd» [Sigue a la calabaza para beber],* data de esta época. La canción se refería a la constelación de la Osa Mayor

---

* N. de T.: Los esclavos usaban una calabaza ahuecada, que llenaban con líquido para beber a lo largo del día. La forma de cuenco recordaba la forma de «carro» o «cucharón» de la constelación de la Osa Mayor, y la letra de la canción se utilizaba como código entre los fugitivos.

y a la Estrella del Norte, especialmente brillantes en el cielo nocturno antes del advenimiento de la electricidad en zonas rurales. No es de extrañar que Frederick Douglass llamara a su periódico abolicionista *The North Star* [Estrella del Norte].

La muerte de Calhoun causó dolor entre los sureños. Incluso uno de sus más acérrimos adversarios, Thomas Hart Benton, de Missouri, dijo: «No está muerto, señores, no ha muerto. Tal vez no haya vida en su cuerpo, pero sí la hay en sus doctrinas».[35]

¡Las doctrinas de Calhoun! Ese hombre era importante porque se había atrevido a contradecir a Jefferson directamente. Los hombres no nacen iguales, decía, sino en condiciones de desigualdad. Se atrevió a decir que la esclavitud no era un mal necesario, sino un bien, algo positivo. Reconoció que la «peculiar institución» no podría defenderse si se pensaba que estaba mal desde sus fundamentos. Y aunque sus ideas sobre los derechos de las minorías políticas en un gobierno genuinamente federal tenían fuerza, también es cierto que no hubo doctrina humana como la suya en términos de poner a su país en el camino de la Guerra Civil. Al finalizar la guerra, el poeta Walt Whitman informó sobre una disputa entre dos veteranos heridos de la Unión, agotados por la batalla. Uno dijo que había visto el monumento a Calhoun mientras marchaba por Carolina del Sur. Y el otro soldado lo llamó mentiroso. «Soy yo quien vio el monumento a Calhoun. Lo que viste no era el monumento real sino el desolado y arruinado sur. Casi una generación entera de jóvenes de entre diecisiete y treinta años, agotados y destrozados. Gente rica que empobreció. Plantaciones ahogadas por las malezas. Esclavos que se convirtieron en amos. Y el nombre del gran sureño, ennegrecido con toda vergüenza posible. Ese es el verdadero monumento a Calhoun».[36]

Los norteamericanos reconocían ahora que de alguna manera la segunda gran generación de líderes nacionales había quedado atrás. Y la agitación por el significado de la esclavitud en una nación dedicada a la libertad no había perdido vigencia. En realidad, recién estaba comenzando.

II. Los ferrocarriles y la reforma

En apenas una generación los norteamericanos habían sido testigos de una revolución en materia de transporte, con la construcción de canales y la aparición de los barcos de vapor. El ferrocarril fue un paso más. Así como el territorio de la nación se había extendido hacia el Pacífico, crecían los medios de transporte y vinculación entre las localidades de todo el país.

Había muchas preguntas técnicas: ¿Cuál debía ser el medio de propulsión? ¿Los caballos? ¿Las velas? ¿El vapor? Decididamente, el vapor.

¿Cómo debían construirse los rieles? ¿Con acero? ¿Con madera? Con acero, definitivamente.

Esas no eran decisiones que tomara el gobierno, sino los inventores, los inversores y los industriales, después de rigurosa labor de experimentación. El sistema de la libre empresa demostraba ser la fuerza más creativa y productiva del mundo.

Los norteamericanos entendían que su vida como nación estaba pasando por una transformación, gracias al ferrocarril; aquello que los indios llamaban Caballo de Hierro tuvo profundo impacto en la forma en que se difundían las instituciones libres por todo el continente. Cuando la Baltimore & Ohio Railroad (B&O), empresa de ferrocarriles, clavó la primera estaca en el suelo el 4 de julio de 1828, los líderes de Maryland le pidieron a Charles Carroll, que en su ancianidad era uno de los pocos firmantes de la Declaración de la Independencia todavía vivos, que presidiera la ceremonia.[37] Poco después Carolina del Sur construyó su primer ferrocarril, en el crítico período de 1833.[38] Un periódico sureño, el DeBow's Register hacía alarde del fenomenal crecimiento de los ferrocarriles norteamericanos. En solamente una década los Estados Unidos habían construido el sistema ferroviario más grande del mundo, con casi seis mil kilómetros de vías, en comparación con los mil ochocientos noventa kilómetros de Gran Bretaña, mil ochocientos treinta de Alemania y novecientos de Francia.[39]

El desarrollo de los ferrocarriles norteamericanos, sin embargo, no era uniforme en todo el país. El surgimiento del «Rey Algodón» en el sur significaba que el transporte estaría al servicio de la economía de las plantaciones, con mano de obra esclava. En el norte* y el oeste las vías eran las que tenían la delantera en el desarrollo de la economía. Los empresarios sureños no tenían el mismo incentivo que los del norte, para invertir en los ferrocarriles.[40] La mayoría de las vías del ferrocarril trazaban un recorrido hacia el este y el oeste, en especial los que llevaban a las olas de nuevos

---

* Norte y sur. Hay que notar que en esa década los estados del oeste estaban cada vez más ligados al este y al noreste, por medio de la conexión del ferrocarril. El hecho de que los estados del oeste fueran libres también fue muy importante para el crecimiento de la idea de que sur, se refería solo a los estados esclavistas, y todo lo demás, se llamaba norte.

inmigrantes. Y como pocos inmigrantes querían ir al sur —o eran bienvenidos en el sur— este trazado este-oeste sirvió para aislar al sur todavía más, del resto del país.

Las primeras décadas de desarrollo habían demostrado que las locomotoras de vapor requerían vías sencillas, por lo que la idea de competir por una única línea de vías no funcionaría.[41] Pronto el ferrocarril basó su transporte en los vagones llamados «salón», con un pasillo en el medio.[42] Era cierto que los boletos de «primera clase» brindaban condiciones más confortables, pero al mismo tiempo, demarcaban divisiones sociales y esta idea era contraria a la democracia jacksoniana. Muchos norteamericanos comenzaron a preocuparse por el surgimiento del monopolio en la industria ferroviaria. Con los ferrocarriles podían ganarse fortunas. Algunos norteamericanos veían con recelo el sistema económico que se basaba en la riqueza. Temían que las grandes disparidades económicas, características de Europa, minaran el ideal jeffersoniano del agricultor propietario de su tierra, libre e independiente.

Pero incluso en el norte el prejuicio racial dictó que habría segregación. Los vagones «Jim Crow»* se enganchaban detrás de los demás, para llevar a los pasajeros negros.[43] Frederick Douglass creó una conmoción nacional al negarse a dejar su asiento en un vagón de primera clase, en Massachusetts. Douglass se enfrentó con el furioso guardia blanco, pidiéndole «una única buena razón» por la que debía dejar su asiento. El guardia gritó: «¡Porque usted es negro!», mientras llamaba a varios estibadores corpulentos y musculosos para echar de allí al famoso abolicionista. «¡Saquen de aquí al maldito n....!», gritó el guardia. Douglass, que había enfrentado ya a un cruel «domador de esclavos» en la costa este de Maryland, se aferró a su asiento. Para cuando lograron ponerlo en la plataforma de la estación, el asiento por el que había pagado seguía en sus manos. Lo había arrancado. «Al menos tendrían que haberme dejado viajar hasta la mitad del recorrido», digo Douglass luego ante un grupo de ingleses. «Después de todo, ¡solamente soy negro a medias!»[44] La broma se fundaba en el hecho de que el padre de Frederick había sido un blanco propietario de esclavos en la costa este de Maryland.

Para finales de década de 1850 la construcción ferroviaria se había más que triplicado. El gobierno otorgó nueve millones de hectáreas de tierras públicas, lo que fue un enorme incentivo para el crecimiento de la industria. Aunque el sistema

---

* «Jim Crow» era un personaje creado por un blanco, «Daddy» Dan Rice, en 1832. Rice se pintaba la cara con corcho quemado, y representaba una cruda caricatura del hombre negro. Jim Crow se convirtió en sinónimo de negro, y su vida en la cultura norteamericana fue larga pero poco honorable (tomado de: http://xroads.virginia.edu/~HYPER/JACOBS/hj-jcrow.htm).

de vías no podía haberse construido con la misma velocidad o eficiencia utilizando otros medios, tuvo sus críticos, que aducían corrupción en las legislaturas estatales y el Congreso.[45] A pesar de esas dificultades políticas y la severa aunque temporal depresión de 1857, Norteamérica decididamente se había convertido en una nación sobre ruedas. En el norte, unos treinta y seis mil kilómetros de vías conectaban a las principales ciudades, brindando conexiones para la revolución agrícola que le seguía el paso a la veloz industrialización. El vasto territorio del sur no contaba con tantos kilómetros de vías, pero sus más de catorce mil sí eran más de los que tenían muchas otras naciones del mundo.[46]

En paralelo con el desarrollo del ferrocarril, el telégrafo de Samuel F.B. Morse facilitaba las cosas. Después de enviar su primer mensaje: «¿Qué es lo que hizo Dios?», en 1844, Morse vio cómo su invento se difundía por todas partes. Para 1850 las líneas de telégrafo se extendían desde Maine a Florida, y pronto cubrieron todo el continente.[47] Para su invento, Morse también había ingeniado el Código Morse, un sistema de puntos y guiones que durante un siglo memorizaron Boy Scouts y reclutas del ejército, como método esencial para las comunicaciones.* Al mismo tiempo, la cosechadora de Cyrus McCormick hizo por el trigo lo que la desmotadora de Eli Whitney había logrado con la industria algodonera, medio siglo antes.[48]

La corriente de inmigrantes hacia las ciudades costeras de los Estados Unidos y la promoción de la educación pública en los estados del norte, motivaron el ansia por la reforma. Emerson dijo que los jóvenes de la época nacían «con el cerebro afilado».[49] Los sindicatos comenzaron a exigir mejores condiciones para los trabajadores urbanos. Los escritores sureños señalaban las condiciones insalubres bajo las que debían trabajar esos «esclavos asalariados». (Pero no hubo fabricantes norteños que promovieran una ley para empleados fugitivos. Sin duda, se puede atribuir eso a la corriente de mano de obra barata, debida a la inmigración.)

La década de 1850 vio surgir federaciones laborales urbanas, como el Sindicado Nacional de Tipógrafos (1852), el de los Sombrereros Unidos (1856), y el Sindicato de los Matriceros del Hierro (1859).[50] Algunos inmigrantes alemanes —refugiados radicales de la fracasada Revolución Europea de 1848— trajeron consigo el socialismo marxista.[51] Y en contraste, el escritor inglés Charles Dickens se maravillaba ante las fábricas limpias y brillantes de Massachusetts, donde trabajaban las

---

* Morse era muy anticatólico. Su distinguido genio inventivo y pacatería religiosa, estaban a tono con los de Henry Ford (excepto que en el caso de Ford, el objeto de su desprecio eran los judíos).

famosas «Chicas Lowell».[52] Aun así, las plantas textiles modelo donde trabajaban esas jóvenes, no eran acabadas representantes del nuevo industrialismo en auge. El partido demócrata —conocido entonces sencillamente como Democracia— convocaba a los obreros e inmigrantes.

Los grupos en defensa de los derechos de la mujer iniciaron su larga marcha hacia la libertad, con la convención de Seneca Falls, Nueva York, en 1848. Elizabeth Cady Stanton y Lucretia Mott fueron pioneras del movimiento sufragista femenino.[53] Este movimiento pronto supo expresarse de otras maneras también, y la muy digna señora Stanton —hija de un distinguido juez y esposa de un senador por Nueva York— asombró a muchos cuando dejó de usar las conocidas polleras largas y adoptó los modernos «bloomers», compuestos por calzas y una pollera corta. La respetable señora Stanton y sus seguidoras sufragistas, debieron soportar las burlas de un estribillo que se hizo popular:

¡Ah, ah! Cuervo de carroña,
La señora Stanton lleva los pantalones
Mientras veinte marineros cosen y cosen.[54]

Las mujeres no se inmutaron y siguieron trabajando por las reformas sociales, en movimientos importantes como Templanza (abstinencia de bebidas alcohólicas), la reforma carcelaria y las mejoras en el trato a los enfermos mentales. Se formaron «Ejércitos de agua fría» para desalentar la ebriedad y los bares, ofreciendo «el juramento» a los jóvenes: «Los labios que tocan el licor, jamás tocarán los míos», prometían las legiones de muchachas virtuosas.

Muchos obreros, trabajadores pero amantes del alcohol, veían con desagrado los esfuerzos de estas «bienhechoras» socialmente prominentes (incluso en nuestros días hemos visto esa actitud de superioridad y desdén de muchos reformadores que miran con desagrado a quienes llevan sombrero de copa o fuman y beben unas cervezas al salir del trabajo). Así como en Inglaterra y Europa, los bares cumplían un rol social importante para los inmigrantes que solían vivir en edificios viejos, oscuros y con higiene deficitaria. Los organizadores de los partidos políticos solían encontrar en las tabernas un público dispuesto al reclutamiento.

Tampoco se confinaba el espíritu de reforma solo a la tierra firme. El comodoro Uriah Philips Levy finalmente logró que se prohibieran los latigazos en la armada, en

1850. Había hecho campaña durante décadas en oposición a esa práctica inhumana. Ahora, no se podía azotar a los marineros negros o blancos para disciplinarlos. Y aunque tal vez no buscara la abolición, el contraste con el trato a los esclavos en los campos de algodón, era impactante.*

El nativismo, movimiento político y social que buscaba restringir el ingreso de inmigrantes, se levantó en la década de 1850, rompiendo así con la tradición del sistema bipartidista. En varios estados del norte —incluyendo Massachusetts y Nueva York— un nuevo grupo virtualmente eclipsaba al partido whig. Se autodefinían como Partido Norteamericano, y sus líderes se organizaban en secreto para copar las legislaturas e impedir el voto de los inmigrantes. Todos respondían a las preguntas diciendo: «No sé nada» y por eso, la historia les conoce como los «nada saben». En Baltimore, grupos como los «Plug Uglies» usaban la violencia para impedir el voto a los inmigrantes.[55]

Este nativismo, en gran parte adoptó un tono anticatólico, por lo que las legislaturas investigaban a las escuelas parroquiales católicas y los conventos. Los estudiantes católicos de las escuelas públicas pedían que se les permitiera leer su propia versión «Douay»,** de la Biblia, lo que causó disturbios en Filadelfia. Cuando los nativistas eligieron un alcalde en la ciudad de Nueva York, el legendario arzobispo católico John Hughes solicitó una reunión. Le informó en tono amable al alcalde que si se atacaba alguna de sus casas de adoración, los católicos «convertirían a Nueva York en otra Moscú». La advertencia de «Daga John» produjo el efecto deseado: Nueva York permaneció en paz.*** No fue de gran ayuda a la causa abolicionista para los demócratas que la mayoría de los nativistas fueran contrarios a la esclavitud.

La década de 1850 también le dio a los Estados Unidos un tesoro literario de importancia. Henry Wadsworth Longfellow publicó sus inmortales obras: *The golden legend* [La leyenda dorada], *Hiawatha* y *The courtship of Miles* Standish [El cortejo de Miles Standish]. Nathaniel Hawthorne escribió *La letra escarlata* y *La casa*

---

* Levy fue el primer comodoro judío en la armada de los EE.UU. También fue líder de la preservación histórica. Compró la propiedad Monticello, de Thomas Jefferson, en 1836 y salvó así esa joya de la arquitectura. Marc Leepson, autor de Saving Monticello [La salvación de Monticello] afirma que fue esa la primera instancia de la preservación histórica en el país.

** N. de T.: La versión utilizada por los católicos en inglés es la Biblia de Dewey. Los inmigrantes pronunciaban mal el nombre, y de allí, las comillas en «Douay».

*** En referencia a la decisión del Zar Alejandro de incendiar la ciudad por completo antes de permitir que Napoleón la ocupara. El mote de Daga John se refería a sus punzantes homilías, que llegaban directo al corazón, y no porque utilizara una daga en realidad (tomado de http://www.kevinbaker.info/c_tns.html.)

de los siete tejados. Herman Melville escribió *La chaqueta blanca* y *Mobi Dick*. Henry David Thoreau escribió *Walden* y Walt Whitman produjo *Hojas de hierba*.[56] Aunque de todas esas obras maestras, la que llegó a más norteamericanos e incluso al mundo entero a millones y millones de lectores, más que todas las demás en su conjunto, fue *La cabaña del Tío Tom*, de Harriet Beecher Stowe, escrita en 1852.

Este libro estremeció a los Estados Unidos como un terremoto. Escrito justamente cuando la ley de esclavos fugitivos laceraba las conciencias de la gente del norte, el libro de Stowe creó personajes inolvidables como la pobre Eliza, joven esclava que con su bebé en brazos atravesó las congeladas aguas del río Ohio. Stowe retrató a los propietarios de esclavos del sur con caridad. Les mostró atrapados en un sistema que no habían ingeniado ellos mismos. El villano del libro era el cruel Simon Legree, un yanqui transplantado al sur. Aun así, en el sur muchos reaccionaron con furia, dolidos. Y en muchas comunidades de la región, se prohibió el libro.

«El tío Tom» es en nuestros días un mote ofensivo que hace referencia a un negro obsequioso con los blancos. Pero el Tío Tom del libro de Stowe fue una figura mesiánica con la que millones de norteamericanos, en especial los evangélicos del norte, podían identificarse profundamente. En Inglaterra, la reina Victoria lloró al leer el libro y también lo leyó su primer ministro, Lord Palmerston. Durante generaciones, los norteamericanos repitieron la leyenda de que cuando Abraham Lincoln conoció a la señora Stowe, dijo: «Así que usted es la menuda mujer que escribió el libro que dio inicio a esta gran guerra».[57] *La cabaña del Tío Tom* se tradujo a docenas de idiomas y ha vendido millones de copias. Desde su primera publicación, jamás ha dejado de imprimirse.

Frederick Douglass no necesitaba leer *La cabaña del Tío Tom* para conocer los males de la esclavitud. Habiendo escapado de ella, se le pidió que hablara ante una multitud el Día de la Independencia de 1852, en Rochester, Nueva York. Douglass elogió a los Fundadores de la nación y dijo que los firmantes de la declaración «eran hombres valientes. Y también fueron hombres grandes, lo suficientemente como para hacer famosa una era de grandeza... por el bien que hicieron y los principios que defendían, por eso, me uno a ustedes para honrarles hoy, en el recuerdo».[58]

Con envidiable agudeza Douglass le dijo a su audiencia que Virginia había promulgado veintidós leyes que mandaban la pena de muerte para crímenes cometidos por negros, en tanto solo había dos leyes con castigo similar para los blancos. ¿Qué era esto —preguntó— sino la admisión oficial de Virginia, de que el negro era plenamente humano, plenamente moral, plenamente capaz de elegir entre el bien y el mal? ¿Es que alguien cree necesario promulgar leyes de pena de muerte para su ganado, sus caballos? ¿Quién respondería a la punzante lógica de Douglass? Les presentó el desafío de decir que la Constitución era un documento proesclavitud, en tanto afirmó que creía que se podía interpretar libremente a la Carta Magna como declaración contraria a la esclavitud. Y finalmente, preguntó: «¿Qué es el cuatro de julio para el esclavo?»[59]

Eso, en total contraste con William Lloyd Garrison. El extrovertido líder blanco de los abolicionistas norteamericanos quemó en público una copia de la Constitución. Como polo opuesto a John C. Calhoun en la cuestión de la esclavitud, Garrison compartía de todos modos con el senador sureño un desprecio vitriólico a las mentadas instituciones de la nación. Denunció a la Constitución en las páginas del *Liberator*, su periódico, diciendo que era «un pacto con la muerte y el infierno».

No solo rompió Frederick Douglass las cadenas con las que le sujetaban sus amos blancos, sino que además tuvo el valor de declarar su independencia de William Lloyd Garrison. En vez de convocar a la secesión del norte y el sur, Douglass quería la unión. Disputaba la postura de Garrison en cuanto a que el abolicionista no podía votar ni participar del pecaminoso sistema político de los Estados Unidos. Allí donde Garrison condenaba a Washington y Jefferson al infierno por el pecado de poseer esclavos, Douglass hablaba con respeto de los Fundadores. Le recordó puntualmente a Garrison que Jesucristo mismo había cenado con pecadores y cobradores de impuestos.[60] Douglass inició su discurso diciendo, con valentía: «Me uniría con cualquiera para hacer lo correcto, y con nadie para hacer lo que está mal. Y si la Unión, bajo la Constitución, no me pide que haga el mal pero me da todo tipo de facilidades para hacer el bien, no puedo estar con la Sociedad Norteamericana Antiesclavitud en esta doctrina de desunión».[61]

La ciega intransigencia de Garrison estimulaba el odio hacia los abolicionistas, en el norte al igual que en el sur. Garrison no mostraba prudencia alguna. ¿Qué importaba si su lenguaje ofensivo y denigratorio ofendía a más votantes del norte de los que ganaba por la causa antiesclavitud? A Garrison eso no le importaba en absoluto. Detestaba la Constitución. Detestaba la Unión. E incluso a veces parecía odiar a Norteamérica y a sus compatriotas norteamericanos también. Ese hombre, desprovisto de todo sentido del humor, habría sido más peligroso todavía al mando de una fuerza política, si hubiera sido líder, como Calhoun. Pero Garrison maldecía a los seguidores suyos que participaban de la política y así, condenó a la Sociedad Antiesclavitud a permanecer fuera de la política norteamericana.

Garrison respondió con amargura a la valiente muestra de independencia de Douglass. Lo acusó de venderse por dinero. Garrison había sacrificado muchas cosas por la causa antiesclavitud. Lo habían azotado y amenazado. Su familia también había sufrido. Y aquí estaba ese ex esclavo a quien había contratado como orador, a quien le había dado espacio y protagonismo, un temerario que ahora desafiaba su autoridad.

Garrison no era hombre de soportar la oposición y muchas veces, mostraba no tener sentido común. En una ocasión cuando su hijo de seis años, Charley, enfermó, Garrison se negó a recibir ayuda de los médicos, por lo que puso a Charley en un baño de vapor, con los remedios que él decidió usar. El pequeño se retorcía y gritaba pero Garrison no cedía. Sin querer, había quemado a su amado hijo, con el vapor hirviente. El niño estuvo delirando durante días, y murió en agonía.[62] Ni siquiera esa horrible tragedia hizo que el determinado y obstinado Garrison dudara de su criterio y dejara de ser tan rígido.

Harriet Beecher Stowe le rogaba a Garrison que no fuera tan duro con Douglass: «¿A dónde nos llevará tanta falta de comunicación? ¿Es que hay una sola iglesia antiesclavitud, y todas las demás son herejes?»[63]

Stowe reconocía la capacidad superior de Douglass. Durante un discurso que Douglass dio en Gran Bretaña, dijo que él tenía el mismo derecho que Thomas Auld, su antiguo amo, para vender a Auld, recordando el derecho del blanco para vender al negro y luego, con una chispa de ingenio, ¡ofreció vender a Auld a cualquiera que lo quisiera comprar! La multitud gritó y vitoreó su aprobación.

III. «Kansas sangra»

La elección de 1852 representó la última oportunidad para el partido whig. Irónicamente, ese partido contrario a Jackson y destacado por convocar a intelectuales como John Quincy Adams, Henry Clay y Daniel Webster, jamás había ganado la Casa Blanca con la excepción de generales ancianos y bastante enfermos, como William Henry Harrison y Zachary Taylor. Una vez más intentaron ganar con un héroe militar.

Esta vez propusieron al viejo general Winfield Scott. Este había sido un héroe de la guerra de 1812, y también de la guerra de México y la crisis de anulación de 1832.

La campaña de Scott se vio seriamente afectada por una división entre los whigs «de conciencia» antiesclavitud y los whigs «algodoneros» del sur.

El ex senador por Nueva Hampshire, Franklin Pierce, había sido un verdadero candidato «sorpresa» para los demócratas. Un hombre ignoto que saltó a la fama, y cuando ninguno de los candidatos serios —Lewis Cass de Michigan, Stephen A. Douglas de Illinois o James Buchanan de Pensilvania— lograron los necesarios dos tercios de los delegados, la convención se volcó al inobjetable Pierce en la novena ronda de votaciones. El partido demócrata no hizo referencia alguna a la Declaración de la Independencia desde el atril, lo que fue algo poco usual. Aunque el voto popular fue más reñido (1.609.038 a 1.386.629) en el colegio electoral los demócratas vencieron casi olímpicamente a los whigs (254 a 42).

A dos años de promulgarse la negociación de 1850 tanto Clay como Webster murieron. El cortejo y la carroza fúnebre de Clay pasaron por las principales ciudades del norte, mientras se dirigían hacia Kentucky en el oeste. Abraham Lincoln expresó el sentimiento de muchos al referirse a Clay: «Con otros, había que olvidar la derrota pero con él, la derrota no era un incidente menor. Ese hechizo —perdurable hechizo— que unía las almas de los hombres a Clay, es un milagro». Y fiel a sus convicciones Clay siguió el ejemplo de George Washington, proveyendo un camino gradual hacia la emancipación de sus esclavos.[64]

Mientras Daniel Webster agonizaba en su granja Marshfield, de Massachusetts, le pidió a su hijo que le leyera la Elegía en un cementerio rural, de Gray: «Suenan las campanas con su lento tañido de despedida... » El devoto Webster le pidió también que le leyera el Salmo 23. Cuando murió se dijo que «todo cañón de la Unión disparó con la respuesta de Webster a Hayne».[65] Durante más de un siglo después de la muerte de Webster, los escolares norteamericanos memorizaron los pasajes principales de su famosa respuesta al senador Hayne de Carolina del Sur: «Libertad y unión, ahora y siempre ¡una misma cosa e inseparables!»

Calhoun había precedido al «gran Harry del oeste» y al «dios Daniel» dos años antes. Así se fueron tres gigantes del senado, los hombres a quienes el historiador Merrill Peterson llama «el gran triunvirato». Ninguno había sido elegido como presidente, pero todos se elevaban por encima de los demás en su época, con la excepción de Andrew Jackson, claro está.

En ese momento Abraham Lincoln era un exitoso abogado de Springfield, Illinois, que había sido miembro del Congreso durante un período, por el partido whig. Los whigs locales lo invitaron a dar un discurso en memoria de Henry Clay el 6 de julio de 1852. Lincoln se destacó allí como figura de creciente popularidad, no solo por sus dotes de orador, sino por su devoción a la Unión:

> Como político o estadista nadie se cuidó tanto por evitar toda división. Todo lo que hizo, lo hizo por el país entero. En la construcción de sus medidas analizó con cuidado cada una de las partes, sopesando todo interés en conflicto. Al sentir una realidad que no se puede negar, de que la esperanza del mundo dependía de que continuara la Unión de estos estados, siempre fue celoso guardián y estuvo atento a lo que pudiera tener la más leve tendencia a separarlos.
>
> El sentimiento predominante del señor Clay, desde el principio hasta el final, fue la profunda devoción a la causa de la libertad humana, con gran compasión por los oprimidos de todas partes, y con un ardiente deseo por su liberación. Esta era su principal pasión, la que controlaba todas sus acciones. Esta pasión se vio acompañada por una conducta que jamás modificó. Amaba a su país en parte porque era su país, pero ante todo, por ser un país libre. Y ardía con ansias de prosperidad, progreso y gloria para su nación porque en este progreso, en esa prosperidad y en la gloria, veía la libertad humana, el derecho humano y la naturaleza humana. Deseaba la prosperidad de sus compatriotas en parte porque eran compatriotas suyos, pero ante todo, para demostrarle al mundo que los hombres libres pueden ser prósperos.[66]

Ese año de 1852, en que sucedieron tantas cosas, el Gran Hombre del oeste no fue Lincoln sino el demócrata Stephen Douglas, que con treinta y nueve años —y siendo cuatro años más joven que Lincoln— ya había sido senador durante media década. Stephen A. Douglas tenía ambiciones de llegar a la Casa Blanca y estuvo a la cabeza de los demócratas del senado en el apoyo a la Ley de Kansas-Nebraska, en 1854. Bajo el proyecto apoyado por Douglas la negociación de Missouri que había preservado la paz de la región durante treinta años, sería rechazada, haciendo posible la expansión de la esclavitud, al menos en teoría, a los territorios del oeste si los ciudadanos lo aprobaban con su voto.

Douglas avanzó su proyecto Kansas-Nebraska bajo el estandarte de la soberanía popular. Así, los demócratas argumentaban que el «sagrado principio» de la democracia era que las personas de cualquier territorio podían decidir si permitirían la esclavitud o no. Douglas adoptó una posición neutral en cuanto a la extensión de la esclavitud. Decía a menudo: «No me importa si se vota a favor o en contra de la esclavitud».

En lo personal, su posición no era tan neutral. Aunque representaba en el Senado al estado libre de Illinois, Douglas tenía tierras y esclavos en Mississippi.[67] El presidente Pierce incluyó en su gabinete a sureños proesclavitud, como su compañero veterano de la guerra de México, Jefferson Davis. Davis era su secretario de guerra. La posición proesclavitud de Pierce hizo que le llamaran cara de masa. Era como se denominaba a los norteños con principios sureños.

Douglas usó su posición de poder como presidente del Comité de Territorios del Senado para hacer avanzar su proyecto. La ley logró galvanizar el sentimiento antiesclavitud en el país. Significaba que la esclavitud podría llegar al Pacífico si los colonos locales votaban en ese sentido. La solución de Douglas al tema de la esclavitud se conoció como «soberanía del ocupante», y ofendió no solo a los abolicionistas y promotores de Tierra Libre sino a los sureños que consideraban que cualquier limitación a la esclavitud era intolerable.[*]

¿Quién le respondería a Douglas? Parecía aplastar a toda la oposición y sus oponentes naturales, los whigs, se estaba dividiendo entre sí en lo referido a la esclavitud.

Con la división del partido whig, quedaron hombres sin un hogar político, como el ex congresista Abraham Lincoln. Lincoln dudó antes de unirse al nuevo partido político que se estaba formando en Ripon, Wisconsin, en 1854. El editor del *New York Tribune* Horace Greeley, urgía a la nueva alianza de grupos opuestos a Nebraska, a la que llamó republicana. Este nombre fue una buena elección en términos de relaciones públicas. Los republicanos democráticos de Jefferson hacía mucho ya que no usaban el término «republicano». Aquí los amigos de Greeley podrían afirmar que las raíces de su partido se remontaban a la visión del Fundador (aun si en verdad estos republicanos probablemente estuvieran más cerca del nacionalismo, el conservadurismo económico y las creencias antiesclavizantes de Hamilton, más que de las raíces agrícolas de Jefferson). No se sabía con claridad qué rumbo tomarían los republicanos. ¿Se alinearían con los «contrarios a la inmigración, ese grupo al

---

[*] A los disertantes sureños a favor de la esclavitud se les llamaba «Comefuego», porque presentaban sus argumentos con una retórica candente, amenazando con la desunión. Por contraste, los «quemagraneros» eran los norteños contrarios a la esclavitud, aquellos que estarían dispuestos a incendiar sus graneros para librarse de las ratas. El granero, por supuesto, era en este caso la institución de la esclavitud.

que les decían «los no saben nada»? En varios estados se formó esa alianza.[68] Pero a Lincoln esto no le parecía bien. En una carta a su amigo de la juventud Joshua Speed, escribió:

Yo no soy un «nada sabe». Eso es algo seguro. ¿Cómo podría serlo? ¿Cómo podrían quien aborrece la opresión de los negros estar a favor de grupos de blancos que degradan a otros? Creo que vamos muy rápidamente hacia la degeneración. Como nación comenzamos por declarar que «todos los hombres son creados iguales» y ahora, prácticamente leemos «todos los hombres son creados iguales, excepto los negros». Cuando lleguen al poder los «nada saben», leeremos «todos los hombres son creados iguales excepto los negros, los extranjeros y los católicos». Si llegamos a eso, preferiré emigrar a algún país donde no se finja amar la libertad. A Rusia, por ejemplo, donde el despotismo se puede tomar puro y sin la malevolente aleación de la hipocresía».[69]

Poco después, como veremos, la dedicación de Lincoln a la libertad e igualdad de los hombres le harían aceptar el desafío del Pequeño Gigante de Illinois, Stephen Douglas. La ley de Kansas-Nebraska de Stephen Douglas había sido firmada por el presidente Pierce, pero no logró poner fin al conflicto relacionado con la esclavitud. Es más, su efecto fue opuesto. «Los rufianes de la frontera» de Missouri, cruzaron el límite y llevaron la violencia a las praderas de forma que los elementos antiesclavitud del norte urgían a sus seguidores a fortalecer a las facciones de Tierra Libre de Kansas.

El predicador abolicionista Henry Ward Beecher (hermano de Harriett Beecher Stowe), alentaba a la resistencia por la fuerza. Los cajones llenos de «Biblias de Beecher» —que en realidad eran rifles— aparecieron en el territorio que el empresario periodístico Horace Greeley llamaba «Kansas bañada en sangre».

Luego de un ataque de los rufianes de la frontera contra Lawrence, Kansas, en mayo de 1856, Charles Sumner, senador pos Massachusetts, dio un punzante discurso titulado «El crimen contra Kansas». Sumner insultó gravemente a Andrew Butler, un senador ya anciano, de Carolina del Sur. Su ataque personal, falto de educación, sugería que el hombre ya no estaba en sus cabales. Carolina del Sur, gritó Sumner, había enviado al Senado a «un Don Quijote que había elegido una amante que aunque impura a los ojos del mundo es impoluta a los ojos de él. Y hablo de la prostituta esclavitud».[70]

Hablar de senilidad y prostitutas ya era demasiado. Siempre era explosivo hablar de temas sexuales en conexión con los sureños blancos y los esclavos.* El sobrino de Butler, Preston Brooks, era miembro del Congreso por Carolina del Sur. Este no se molestó en retar a duelo a Sumner. Es que estaba seguro de que el yanki jamás podría «darle satisfacción». En cambio, Brooks entró a paso firme en la Cámara del Senado y al ver que el legislador de Massachusetts estaba solo, lo golpeó brutalmente con un bastón, dejándolo casi muerto. La violencia del tema de la esclavitud no se vería confinada a Kansas. Ahora había invadido el Senado y «los únicos que no tienen revólver ni cuchillo», dijo el senador James Hammond de Carolina del Sur «¡son los que tienen dos revólveres!»[71]

Después del ataque a Lawrence, Kansas, el abolicionista John Brown de Nueva Inglaterra decidió que reclamaría «ojo por ojo». Él y sus hijos, junto a varios seguidores, atacaron Pottawotamie, Kansas. El 23 de mayo de 1856 mataron a golpes a varios hombres partidarios de la esclavitud, mientras las aterradas esposas de sus víctimas les rogaban por sus vidas.

Atónita ante aquella violencia, la democracia se volvió contra el presidente Pierce en 1856, para elegir a James Buchanan. Este era un hombre mayor y soltero, que tenía la buena fortuna de haber estado fuera del Congreso sirviendo como embajador en Inglaterra durante los fragorosos debates sobre la negociación de 1850 y la ley de Kansas Nebraska. Conocido como un «cara de masa», la habilidad diplomática de Buchanan le permitiría —era de suponer— resolver las crecientes divisiones en su tierra.

El nuevo partido republicano estaba decidido a presentar un candidato. El joven John Charles Frémont, famoso como «Abrecaminos», fue la dinámica decisión y su lema sería «Tierra libre, trabajo libre, libre expresión, hombres libres y Frémont». La primera plataforma del partido republicano condenaba tanto la esclavitud como la poligamia, por ser «reliquias de la barbarie». Los republicanos defendían la causa de la libertad, al mismo tiempo que la visión de los Fundadores. Se oponían a las ideas

---

* Era explosivo porque podía ser cierto. La sureña Mary Chesnut lo admitiría en su famoso diario de la Guerra Civil. O podía ser falso, en cuyo caso se consideraba difamación. Incluso hoy, la revelación de que Strom Thurmond tenía una hija natural, con la mucama de la familia, muestra que el tema sigue siendo controvertido y sensible.

de Calhoun y a la indiferencia de los demócratas ante la necesidad de que la libertad sobreviviera en la república que se ampliaba.

En vano fueron las esperanzas de una resolución calmada, con debates razonados. La elección de 1856 fue, de nuevo, un asunto desagradable que se complicó todavía más cuando los «nada saben» nominaron al ex presidente Millard Fillmore.

A Frémont lo atacaban porque sus padres no habían estado casados, y era hijo de un francés católico. Se había casado con la inteligente y vivaz hija del senador Thomas Hart Benton, la joven Jessie. Y eso era una ventaja, pero la ceremonia había sido realizada por un sacerdote católico, lo que representaba una afrenta para los nativistas.

Buchanan, por su parte, no tenía esposa. Había periódicos republicanos que lo retrataban como solterón ¡vistiendo faldas!

Los políticos del sur llamaban al nuevo partido «Republicanos negros». Era para distinguirles del partido republicano jeffersoniano, y para endilgarles la mancha de los anarquistas. Pero más que nada, era para asociar a los republicanos con los negros. En Indiana los demócratas organizaban a grupos de jóvenes muchachas, que llevaban pancartas con una leyenda que decía: «Padres, sálvennos de los maridos n...» Ya no existía lógica alguna en esa campaña que se basaba en acusaciones y críticas respecto del sexo y la raza. ¿Habían oído la palabra «no» estas jóvenes muchachas? ¿Podrían haberse casado con hombres negros sin acceder a ello?

Los líderes del sur seguían cada vez más el camino que habían trazado los altos federalistas, y el que hoy recorrían los adeptos a Garrison, amenazando con la desunión. «La elección de Frémont será el fin de la Unión, como tiene que ser», gruñía el comefuego Robert Toombs.[72] Se denunciaba a los republicanos por ser un partido que promovía la división, aun cuando por la fuerza se les impedía votar en la mayoría de los estados esclavos. Los demócratas financiaron secretamente la campaña de Fillmore en estados importantes del norte, para dividir el voto anti Buchanan.[73]

Finalmente, Buchanan ganó la elección y llevó consigo a todo el sur, a Pensilvania y a Illinois. Sus 1.838.169 votos (45,3%), se tradujeron en 174 votos electorales. Frémont barrió con el alto norte, en una impresionante victoria para un candidato de un nuevo partido nacional. Su voto popular de 1.341.264 (33,1%), dio como resultado un respetable total de 114 votos electorales. El nuevo partido republicano había desplazado a los whigs y claramente, era ahora firme y único rival en serio para la democracia. Frémont no logró el voto de su famoso suegro, el senador Benton.

Tampoco consiguió que California votara por él, lugar donde se había convertido en figura de importancia nacional (tal vez, porque Thomas Hart Benton y los californianos lo conocían de verdad). Fillmore obtuvo 874.432 votos (21,6%), pero solo consiguió los votos electorales de un solo estado: Maryland, que quedó con la dudosa distinción de ser el único estado que haya votado por los «nada saben» en una elección nacional. Era este el último aliento de los «nada saben». El ex senador de Massachusetts, Rufus Choate, que era whig, redactó el epitafio: «No ha habido nada más bajo, más obsceno ni más podrido en los múltiples movimientos de la historia».[74] Es claro que Choate no lamentaba la muerte de ese movimiento político.

IV. DRED SCOTT

El presidente electo James Buchanan y muchos otros demócratas nacionales esperaban que la Suprema Corte de los Estados Unidos resolviera el divisivo conflicto de la extensión de la esclavitud a los territorios. Buchanan les escribió en privado —algo inapropiado— a sus amigos de la Suprema Corte, urgiéndoles a emitir una sentencia amplia. Intentó así influenciar el resultado de la decisión del alto tribunal. Cuando subió al podio el día de su asunción, 4 de marzo de 1857, se vio a Buchanan susurrar de manera animada con el juez Roger B. Taney, de la Corte Suprema. ¿Podían haber estado hablando del importante caso, en ese momento presentado ante la consideración de Taney?[75] El caso de Dred Scott v. John F. A. Sandford había estado recorriendo su tortuoso camino por las cortes federales durante casi una década. Dred Scott era un esclavo que había demandado a su amo y pedía la libertad para él y su familia, porque este había llevado a los Scott al estado libre de Illinois.

Después de la conversación en voz baja con Taney, Buchanan dio su discurso inaugural y le dijo a la multitud reunida que se aproximaba la sentencia: «En común con todos los ciudadanos de bien, me someteré a la decisión que tomen, sea cual sea», dijo en referencia al dictamen de la Suprema Corte.[76] Fue un comentario de singular indecencia porque luego se supo que él conocía muy bien cuál sería la decisión. Buchan luego expresó esperanzas de que pronto se extinguieran los partidos meramente «geográficos». Por supuesto, se refería a los republicanos. Seguramente, es esa una forma de terminar con los opositores. Thomas Jefferson, que en realidad había abrazado a sus opositores en su discurso inaugural, pronunciando que su disenso era legítimo, se habría asombrado al ver en qué se había convertido el partido democrático fundado por él y Madison.

Dos días después, Taney, de ochenta años entonces,* leyó su opinión ante una cámara de la Suprema Corte, repleta de espectadores.[77] Su dictamen ocupaba cincuenta páginas y realmente les quitó el aliento a muchos. Ante todo, Taney decía que Dred Scott no era ciudadano norteamericano y que jamás podría serlo, debido a su raza. Podría haber dejado de leer allí, dando por cerrado el caso. Pero a pesar del patente absurdo de su afirmación, si Scott no era ciudadano norteamericano tampoco podría haber presentado una demanda ante un tribunal norteamericano. Sin embargo, Taney estaba decidido a seguir avanzando aun más. Luego dijo que la negociación de Missouri era inconstitucional, afirmando que el Congreso no tenía potestad para interferir con la «propiedad» de Sandford sin seguir el debido proceso contenido en la quinta enmienda. Por supuesto, el Congreso tiene autoridad bajo el artículo IV, sección 3, para efectuar «toda regulación necesaria en los territorios».[78] En efecto, Taney estaba diciendo que la respetada ordenanza del noroeste de 1787 también era inconstitucional porque tal ley promulgada por el Congreso bajo los artículos de la Confederación, había prohibido la esclavitud al norte del río Ohio.

Finalmente, Taney ofreció el descabellado obiter dictum** de que como negro, Scott era «tan inferior que no tenía derecho que tuviera que respetar el hombre blanco».[79] Su opinión —evidentemente basada en una falsa lectura de la historia de la fundación de los Estados Unidos— adoptaba las doctrinas de Calhoun. Bajo la sentencia de Taney Norteamérica sería una nación con esclavos y los estados libres serían meras excepciones a la regla general.[80] Ahora, se lamentó Frederick Douglass, todo hombre negro de Norteamérica tendría que dormir con una pistola junto a su almohada.

Si la opinión sobre el caso Dred Scott, emitida por la Suprema Corte, se hubiera aceptado sin más ni más, el experimento norteamericano que defendía la libertad habría acabado allí mismo. La nación habría «perdido la brújula», en 1857.

Los sureños tomaron con agrado la opinión de Taney. Robert Toombs, de Georgia, hizo alarde en un discurso de que un día «pasaría lista a sus esclavos a la

---

* Taney, del estado de Maryland, pronunciaba su apellido con el acento de su región. En tanto, el famoso barco ligero de la Guardia Costera que lleva su nombre, por su servicio como secretario del Tesoro de Jackson, se conoce como Taynee, solo porque la pronunciación difiere.

** Obiter dictum, dicho al pasar. En términos legales es un comentario superfluo que no es necesario para decidir el caso en cuestión.

sombra del monumento de Bunker Hill».[81] Si Sumner había ofendido mortalmente el honor sureño con su discurso sobre el «crimen contra Kansas», Toombs había ofendido igualmente a la dedicación norteña a la libertad, en su terriblemente ofensivo discurso.

Siguiendo las doctrinas de John C. Calhoun, muchos sureños empezaron a clamar por la expansión territorial, y no por mayor libertad humana. En cambio, querían que hubiera más tierras donde pudieran trabajar más esclavos. El senador Jefferson Davis, demócrata de Mississippi, exigía que se anexara Cuba y su medio millón de esclavos.[82] El colega de Davis, Albert Gallatin Brown, habló a favor de ese contingente cuando declaró en el Senado: «Quiero a Cuba, y tarde o temprano la tendremos. Quiero a Tamalpais, Potosí y uno o dos estados mejicanos más, y los quiero por la misma razón: para plantaciones y para la extensión de la esclavitud».[83]

Aunque los sureños apreciaban la sentencia del caso Dred Scott, los norteños la condenaban. No se había emitido sentencia más contraria a la visión de los Fundadores. Pero para los defensores de la esclavitud, había sido un triunfo, aunque en la dirección equivocada. De un solo golpe Taney, de Maryland, había dejado atónitos a millones de norteños, que ahora reconocían por fin que la libertad peligraba. Horace Greeley lo dijo con tono despectivo, refiriéndose en el New York Tribune a la sentencia Dred Scott, como «el peso moral que refleja el criterio de una mayoría de los reunidos en un bar cualquiera de Washington».[84] Para el Chicago Tribune, Taney había vuelto atrás la «corriente de ideas progresistas y la humanidad cristiana».[85]

La sentencia del caso Dred Scott, lejos de resolver la cuestión de la esclavitud, inflamó a los opositores a la extensión de esta y sirvió como gran herramienta de reclutamiento para el nuevo partido republicano.

Después de su único período como miembro del Congreso, Abraham Lincoln había vuelto a trabajar como abogado. Vivía bien, en especial porque trabajaba a favor de la ampliación de la red ferroviaria. Pero no había perdido el interés en la política y ahora, plenamente comprometido con el nuevo partido republicano, Lincoln usó palabras de templanza, en oposición a la sentencia. Aunque no dejó de criticarla.

> En tanto la opinión de la Corte... declara expresamente que la Constitución de los Estados Unidos no le permite al Congreso ni a la legislatura territorial excluir la esclavitud de ningún territorio de los Estados Unidos, la justicia de la mayoría omite declarar si la misma Constitución permite o no que un estado la excluya.[86]

Quienes oyeron sus palabras seguramente se estremecieron ya que a pesar del cuidado lenguaje legal, Lincoln estaba levantando un espectro que asustaba: los Estados Unidos ya no tendrían estados libres. Porque si los esclavos no eran más que «propiedades», y si el Congreso y los territorios no podían privar a los amos del uso pleno de tal «propiedad», ¿cómo podrían bajo criterio lógico los estados libres impedir que la esclavitud se extendiera a todos los estados de la Unión, desde Maine a California? Según el criterio de la sentencia en el caso Dred Scott, en efecto, sería imposible.

V. LINCOLN CONOCE A DOUGLAS

Para los abolicionistas de Nueva Inglaterra, toda concesión a los amos de esclavos sureños era impensable. Pero para Lincoln, la paz de la Unión exigía que los norteños hicieran algunas concesiones.

A diferencia de los abolicionistas, se esforzó por reconocer la humanidad de sus opositores, del norte y del sur por igual. En un discurso que pronunció en Peoria, Illinois, en 1854, Lincoln dijo: «Solo un pequeño porcentaje [de la gente] son tiranos por naturaleza. Ese porcentaje no es mayor en los estados esclavos, en comparación con los libres. La gran mayoría, tanto en el sur como en el norte, tiene compasión humana». Aunque al admitirlo, Lincoln también argumentó con firmeza que esa misma compasión «se manifiesta en muchas formas, mostrando el sentido del mal en la esclavitud y en la conciencia de que, después de todo, hay humanidad en el negro». Mostró cómo los sureños se habían unido a los norteños para imponer la pena de muerte a los traficantes de esclavos africanos en 1829. «Aunque jamás pensaron en mandar a la horca a alguien por capturar y vender caballos salvajes, búfalos u osos salvajes».[87] El modo amable y calmado de Lincoln, en combinación con su magistral uso de la lógica, lo convirtió en estrella del nuevo partido republicano en Illinois.

Mientras tanto, el poderoso y nacionalmente famoso Stephen A. Douglas, tendría que lograr ser reelecto en el Senado, o volver al anonimato. «Locomotora de vapor con pantalones», que era como llamaban al enérgico Douglas, estaba decidido a ganar.[88] Su tarea se vio complicada por el feudo abierto que tenía con su colega demócrata, el presidente Buchanan. Primero se habían enfrentado por la cuestión del patrocinio. Y luego por Kansas, la sangrante Kansas. El senador Douglas pensaba que la constitución proesclavitud, escrita por una legislatura montada en Lecompton, Kansas, era expresión fraudulenta de la voluntad del pueblo. Y tenía razón. Pero el presidente Buchanan respaldaba la constitución de Lecompton. Horace Greeley estaba tan impresionado con la posición de Douglas que públicamente urgió a los republicanos de Illinois a apoyar al Pequeño Gigante.[89]

Lincoln sabía que eso podría destruir a los republicanos, en Illinois y en toda la nación. Haciendo caso omiso de un remoto editor de Nueva York, como lo era Greeley, desafió a Douglas a una serie de debates, en diversos lugares del estado. Douglas podría haber vencido físicamente a Lincoln, alto y delgado. El ex congresista, que había cumplido con su único período en la banca, se había ganado una excelente reputación en los tribunales de Illinois, al tiempo de ganar buen dinero como abogado de los ferrocarriles. Pero no tenía la fama internacional de Douglas. A pesar de esa desventaja Lincoln tenía sus razones para echarle el guante, así como Douglas tenía las suyas para aceptar el reto. Quería —y tal vez incluso necesitaba— mostrarle a la legislatura de Illinois que seguía teniendo muchos seguidores entre los votantes. Después de todo, sería la legislatura la que elegiría al senador de los Estados Unidos.*

Douglas tenía gran confianza en su potente voz, en su ingenio y su estilo agresivo para debatir. Había afilado sus uñas en el Senado de los Estados Unidos durante cinco años, sentado junto a hombres como Webster, Clay y Calhoun.

Pero más allá de demostrar que su magistral retórica ameritaba un retorno al Senado, había en juego cuestiones ideológicas serias. Douglas aceptó el reto de Lincoln, en parte porque estaba ansioso por mostrar que su argumento por la soberanía popular era superior al argumento de Lincoln por limitar la extensión de la esclavitud. «Que el pueblo decida», era su convocatoria. El caso de Lincoln, en defensa de la visión de los Fundadores por la libertad y la igualdad de los hombres, podía quedar como algo impracticable, en opinión de Douglas, que viajó por el estado a lo grande. Tenía su propio vagón en el tren, aprovisionado de refrescos y whisky, que le brindaba George B. McClellan, ex miembro de West Point y ahora presidente del Ferrocarril Central de Illinois.[90] En cada pueblo y ciudad, la bienvenida al tren era grandiosa, con salvas de cañones y bandas de músicos. Lincoln, por su parte, viajaba en vagones públicos y no llevaba consigo acompañantes ni ayudantes de campaña.

---

* Desde 1789 hasta que se promulgó la séptima enmienda en 1914, los senadores de los Estados Unidos eran elegidos por sus legislaturas estatales.

Aun así, había jóvenes mujeres que lo recibían con estandartes: «Hacia el oeste va tu estrella del imperio, tus chicas te siguen, Lincoln. Sus madres seguían a Clay».[91]

Douglas de inmediato atacó el discurso de Lincoln sobre la «casa dividida». Ese verano, Lincoln había electrizado a la convención republicana del estado con un discurso (1858). Lincoln era un radical, y peligroso, decía Douglas. Y quería mezclar las razas. La esclavitud, argumentaba, era perfectamente aceptable si el pueblo de cada estado la deseaba.

Lincoln volvió a usar la lógica para derrotar a su oponente. «Aunque se han escrito miles de libros sobre la esclavitud, para probar que es algo bueno, jamás oímos que un hombre haya querido este bien para sí, convirtiéndose voluntariamente en esclavo».[92]

Douglas no pudo resistir la tentación de jugar con el prejuicio racial. «Quienes piensen que el negro es su igual, y tiene que estar en posición de igualdad con ustedes, social, política y legalmente, tienen derecho a sus opiniones, y por supuesto, votarán por el señor Lincoln», dijo ante una multitud.[93]* Acusó a Lincoln de fomentar el matrimonio entre blancos y negros.

Lincoln respondió diciendo que porque no quisiera una mujer negra por esclava, eso no quería decir que la tomaría por esposa. Él ya tenía una esposa, dijo, y en cuanto a la mujer negra, «la dejaría sola». Luego Lincoln mostró a partir del censo de 1850, que la vasta mayoría de las personas mestizas vivían en el sur. Era claro que la esclavitud, y no la libertad, producían tales resultados. Y hasta bromeó provocando a Douglas al decir que si el senador y sus amigos necesitaban una ley que prohibiera el casamiento mixto entre negros y blancos, él apoyaría la moción. La multitud rió ante la referencia a los amigos de Douglas, porque se sabía que uno de los demócratas más importantes tenía una amante negra.[94]**

Una vez más, Lincoln utilizó la lógica contra su adversario en el debate. Aunque no favorecía la total igualdad social entre negros y blancos, dijo:

---

* Douglas se refería al voto por los candidatos a la legislatura estatal, pronunciados a favor de Lincoln.
** El profesor Harry Jaffa ha escrito sobre este «importante demócrata». Era Richard Mentor Johnson, vicepresidente de Van Buren. Y la única razón por la que no se casó con su amada ama de llaves negra, es porque las leyes de la época se lo impedían. Cuando murió su hija mestiza Johnson quedó devastado. Escribió: «Fue gran motivo de felicidad para mí pero ahora se ha ido, donde la pena y los suspiros ya no molestarán su pacífico y calmo capullo». Estos sentimientos tan profundos, esta ternura, hacen que el profesor Jaffa lo compare con el rey Lear, acariciando el cuerpo sin vida de su amada Cordelia. En tanto el juez Taney, de la Corte Suprema, citaba las leyes contra el matrimonio interracial como prueba de la inferioridad de los negros, Jaffa señala en A new birth of freedom [Nuevo nacimiento de la libertad], que demuestran todo lo contrario.

No hay razón en el mundo por la que el negro no tenga todos los derechos naturales que enumera la Declaración de la Independencia: el derecho a la vida, a la libertad y a la búsqueda de la felicidad. Sostengo que tiene los mismos derechos que el hombre blanco. Y concuerdo con el juez Douglas en que no será igual a mí en muchos aspectos, por cierto no en el color y tal vez no en sus dotes morales o intelectuales. Pero en cuanto al derecho a comer el pan, sin que nadie tenga que darle permiso, ese pan que gana con el trabajo de sus manos, es igual a mí, y es igual al juez Douglas y es igual a cualquier otro hombre.

Douglas intentó mostrarse humanitario, con una analogía burda. En la lucha entre el cocodrilo y el negro, dijo que se inclinaría por el negro. Pero en la lucha entre el hombre blanco y el hombre negro, su favor estaba con el blanco. Por eso, intentó deshumanizar al negro y ponerlo fuera de la comunidad por la que tenía responsabilidad la mayoría blanca. Bajo la definición de Douglas de lo que era la soberanía popular, siempre era la mayoría blanca la que tomaría decisiones en cuanto a la libertad de los negros. Y pensaba que eso era lo justo. Lincoln respondió que la libertad era la posibilidad de un hombre de decidir y gobernarse a sí mismo. Pero si un hombre gobernaba a otro, sin su consentimiento, eso se llama tiranía.

Lincoln logró presionar a Douglas en lo referido a la esclavitud en los territorios, después de la decisión del caso Dred Scott. ¿Qué quedaba de la soberanía popular de Douglas?, quiso saber Lincoln. ¿Cómo podría el pueblo de un territorio votar en contra de la esclavitud si Taney decía que todo norteamericano tenía derecho a llevar consigo su «propiedad»?

En respuesta Douglas presentó lo que llamaba la Doctrina Freeport, por el nombre del pueblo de Illinois donde se habían conocido. La Doctrina Freeport decía que la esclavitud no podía existir sin una «legislación favorable» que la respaldara. Los votantes antiesclavitud sencillamente se niegan a promulgar dichas leyes y la esclavitud, efectivamente se mantendría fuera del territorio, afirmaba Douglas. Así, la soberanía popular era completamente consecuente con la sentencia de Taney.

Lincoln, avezado y experto abogado, supo llevar con toda habilidad a Douglas hacia una admisión que resultaría fatal, no solo para Douglas sino para su partido demócrata. Los comefuego sureños estaban furiosos. Douglas jamás obtendría su apoyo si quería ser presidente. A menos que Douglas hubiera ingeniado alguna barrera contra la expansión de la esclavitud hacia los territorios, ¿cómo podía esperar que votaran por él como norteño? Lincoln luego haría buen uso del fatal paso en falso de su contrincante. Sabía que era absurdo contender que «se puede impedir legalmente una cosa de donde tiene derecho legal a estar».[95] Jaque mate.

El desempeño de Lincoln en los debates lo convirtió en líder. A Lincoln le gustaba la lucha libre, y quienes practican lucha libre saben cómo usar la fuerza de sus oponentes en contra de ellos mismos. Lincoln utilizó la fama mundial de Douglas para catapultarlo a una posición nacional prominente, aunque los resultados positivos parecían demorarse. Douglas, por ejemplo, ganó la reelección en la legislatura de Illinois, a pesar de los impresionantes esfuerzos de Lincoln, que admitió sentirse como un niño que se golpea un dedo del pie en la oscuridad: demasiado grande para llorar, pero con tanto dolor que no podía reír. Aunque más tarde reconocería que esa serie de debates había sido «un tropezón, no una caída». El senador obtuvo la reelección gracias a los que quedaban en la legislatura. Pero a Lincoln le fue bien entre los elegidos en 1858.

Lincoln se destacaba por el uso de la lógica y las analogías hogareñas. Aunque la mayoría de los abolicionistas acusaban moralmente a la esclavitud y a los amos de esclavos, Lincoln comparó la esclavitud del sur con una serpiente de cascabel, escondida en la cuna de un niño. Uno no puede golpearla sin poner en peligro la vida del pequeño. Pero la esclavitud en los territorios era una serpiente de cascabel en medio del campo. Allí se la podía golpear con una azada, para matarla. Esa convincente imagen mostraba que no consideraba a los sureños como ajenos a la familia, como ajenos a la Unión. Conocía y apreciaba su preocupación ante la posibilidad de una revuelta de los esclavos y no alentaría la insurrección, porque podría crear un nuevo Haití, en tierras sureñas. Lo que Lincoln pedía era que tratáramos a la esclavitud como un error, como algo que era malo, como la habían tratado Washington, Jefferson y Madison. Volvamos la esclavitud al «camino de la extinción final», donde la pusieron nuestros Fundadores.

Cuando Douglas atacó el discurso de Lincoln sobre la «casa dividida», Lincoln supo dar vuelta al golpe. Dijo que Douglas pensaba que una casa podía seguir existiendo por siempre aunque estuviera dividida. El conflicto en realidad, no era entre él y Douglas, sino entre Douglas y una «autoridad superior». Quienes lo escuchaban rieron porque reconocieron su metáfora. Era Jesús quien había dicho que la casa dividida no puede perdurar.*

Los debates entre Lincoln y Douglas fueron los más importantes desde la ratificación de la Constitución. Lincoln demostró dominio y maestría de la ley, la filosofía y la historia, lo que lo elevó no solo por encima de Douglas, sino por sobre todo estadista de su época. Después de esos debates ya no habría republicanos que coquetearan con Douglas, el demócrata. El futuro del partido republicano ahora estaba vinculado con el futuro de la libertad en los Estados Unidos. «La lucha debe continuar», dijo Lincoln una vez contados los votos. «La causa de la libertad civil no deberá rendirse al término de una derrota, y ni siquiera de *cien* derrotas más».[96]

VI. John Brown y Harpers Ferry

Los abolicionistas más extremos, como John Brown, no estaban dispuestos en modo alguno a que la esclavitud se pusiera en camino a la extinción. Exigían acción, y la exigían ya. Brown se movía con libertad entre los líderes de la causa abolicionista. Empezó a hablarles, aunque no en detalle, de sus planes para terminar con la esclavitud de manera radical. Un grupo de personas, conocido como «Los seis secretos», ofreció apoyo económico y ayudó a Brown a alquilar una granja en Maryland, al otro lado del río Potomac, frente al arsenal federal de Harpers Ferry, Virginia.** Brown reunió a un grupo de veintiún jóvenes, incluyendo a sus hijos y algunos ex esclavos. Pensaba levantar el estandarte de la liberación en esa estratégica ciudad, convocando a los esclavos a unírsele en un valiente movimiento en pos de la libertad.

Sin embargo, Brown no era en realidad la persona idónea para organizar una revolución, o cualquier otra cosa para tal caso. Tenía veinte hijos y sus esfuerzos en diversos emprendimientos —la agricultura y el comercio, por ejemplo— habían fracasado. Era alto, de postura erguida, con ojos penetrantes y una barba espesa. Parecía un profeta del Antiguo Testamento, según la opinión de varios. Había también quienes veían en ese hombre al demonio del fanatismo irracional. Nadie que conociera a John Brown pensaría en la convocatoria de Lincoln a «la lógica y la mente, que todo lo conquista». Brown había escapado para que no lo capturaran por

---

* «Y si una casa está dividida contra sí misma, tal casa no puede permanecer» (Marcos 3.25).
** Hoy Harpers Ferry forma parte del oeste de Virginia.

haber asesinado a algunos hombres que promovían la esclavitud en Kansas. Y eso lo envalentonaba. Intentó lograr que Frederick Douglass se sumara a su plan, pero este no quiso unirse a su amigo porque lo «estremecía» la idea de lo que pensaba hacer y creía que su intento sería frustrado de inmediato.[97] Amargado por esa negativa Brown decidió seguir adelante sin la ayuda de Douglass.

Cuando finalmente dio su golpe el 16 de octubre de 1859, John Brown tomó el arsenal federal de Harpers Ferry, y a varios habitantes de Virginia como rehenes. La noticia alarmó a toda la nación.

El coronel Robert E. Lee estaba de permiso en Virginia cuando llegó la noticia, por lo que se reportó de inmediato a la Casa Blanca, llevando consigo al teniente J.E.B. Stuart.[98]

Allí el presidente Buchanan autorizó a Lee a llevar a un destacamento de los soldados hasta Harpers Ferry para capturar a Brown y sus cómplices. Lee se apresuró a recuperar el arsenal federal. Envió a Stuart, que enarbolaba la bandera blanca de la tregua, para exigir la inmediata rendición de Brown y los insurrectos que lo acompañaban. Desde dentro del arsenal Lee y sus soldados podían oír los gritos de algunos rehenes. Temían herir o matar a alguno, si quedaban en medio de la pelea que se libraría en el edificio. Uno de esos rehenes, Lewis W. Washington, gritó: «¡No piensen en nosotros! ¡Solo disparen!» Lee conocía bien esa voz. Era el sobrino nieto de George Washington, y en medio de la tensión, les dijo a sus soldados: «¡Lleva en las venas la sangre del viejo revolucionario!»[99]

Apenas Brown rechazó la exigencia del teniente, J.E.B. Stuart se llevó la mano al sombrero. Era la señal acordada con Lee y las tropas para atacar el lugar. Al instante los soldados avanzaron y derribaron las pesadas puertas de roble utilizando sus bayonetas en lugar de disparar balas, para no lastimar a los rehenes.[100]

En minutos nada más capturaron a Brown y a sus hombres. Dos de los hijos de este murieron, además de otros insurgentes. La lucha duró solo treinta y seis horas.

El plan de Brown fracasó en medio de un baño de sangre. Frederick Douglass lo había predicho, pero de todos modos Brown tuvo oportunidad de modificar la impresión que quedó de su intento. Durante su juicio rechazó con desprecio la sugerencia de sus abogados, que le aconsejaron declararse inocente por razones de demencia. Impresionó a todos por su calma y compostura, por estar dispuesto a morir por la causa de la abolición e incluso el gobernador de Virginia Henry A.

Wise, favorable a la esclavitud, lo visitó en prisión y se maravilló ante la firmeza de ese hombre.[101]

Acusado de «traición contra Virginia», fue juzgado ante un tribunal estatal. Este hecho evidenció aun más las ambiguas políticas del presidente Buchanan porque el objetivo de Brown había sido un arsenal federal. El veredicto fue el que todos suponían: ejecución en la horca. Antes, Brown se dirigió a la corte:

> Creo haber interferido como lo hice... a favor de los pobres de Dios. Y creo haber hecho bien. Ahora, si es necesario que renuncie a mi vida en pos de la justicia, y que mi sangre sea derramada como lo fue la de mis hijos y la de millones en este país de esclavos que desprecia los derechos de tantos con acciones malvadas y crueles, será eso lo que debo aceptar. Que así sea.

Su posición de mártir cristiano fue casi perfecta. Casi todos los escritores norteños lo elogiaron. Emerson dijo que «la hora sería tan gloriosa como la cruz».[102] Henry David Thoreau les dijo a los ciudadanos de Concord, Massachusetts: «No hay hombre en Norteamérica que se haya levantado con tal eficiencia y persistencia en defensa de la dignidad de la naturaleza humana...»[103]

El público no se enteró, sin embargo, de la carta que Mahala Doyle le había escrito a Brown. Allí le recordaba cómo había invadido él su hogar de Kansas tres años antes, llevándose a su esposo y sus hijos para matarlos. «Mi hijo John Doyle, por quien tanto le rogué para que no lo matara, ahora es un muchacho y desea estar en Charlestown, el día de su ejecución», escribía la viuda, que no podía perdonarle lo que había hecho.[104]

John Brown murió en la horca el 2 de diciembre de 1859. Camino al cadalso, le entregó un mensaje a uno de los oficiales: «Yo, John Brown, ahora estoy seguro de que los crímenes de esta tierra culpable no podrán purgarse si no es con derramamiento de sangre».[105]

Entre la multitud que se reunió en Charlestown ese día había un profesor del Instituto Militar de Virginia, Thomas J. Jackson. El profesor notó la «inamovible firmeza» de Brown. Pronto ese mismo profesor Jackson —*Muro de piedra* Jackson— estaría dando lecciones de inamovible firmeza. Cerca de él, el comefuego Edmund Ruffin admiró el coraje de Brown también. Pero el joven John Wilkes Booth, ya famoso como actor, solo sentía desprecio por el viejo. Los abolicionistas eran «los *únicos* traidores del país», dijo Booth.[106]

VII. La elección de 1860

El partido republicano estaba ansioso por evitar que se les identificara con el peligroso radicalismo de John Brown. Aunque los demócratas del Congreso se esforzaban por acusar a los «negros republicanos», no hubo forma de comprobar tales acusaciones. Se llevó a cabo una investigación de las actividades de John Brown y no se halló evidencia de que hubiese contado con apoyo republicano. La furia que se desató después del ataque de John Brown bastó para convencer a Frederick Douglas de que más le convendría aceptar el antiguo ofrecimiento de dar charlas en Gran Bretaña. Sus amigos temían que fuera secuestrado y arrastrado en cadenas al sur, para enfrentar a un jurado de blancos que lo acusarían de conspiración con Brown. En tal caso, Douglass podría ir a la horca. Por eso, no tardó en ir hacia Canadá para, desde allí, dirigirse a Inglaterra.

En cuanto a Abraham Lincoln, siempre se había mantenido en contra de los extremismos como el que representaba John Brown. La «religión política» de este país, dijo Lincoln en su discurso del liceo de jóvenes de Springfield en 1838, debía ser el respeto a la ley. «El viejo John Brown ha sido ahorcado», les dijo Lincoln a sus copartidarios republicanos. «No podemos poner objeción».

Lincoln reconocía el valor de Brown y su oposición moral a la esclavitud, pero pensaba que su ataque al arsenal demostraba su irracionalidad.[107] Les recordó a quienes lo escuchaban que así como Brown había ido a la horca por traidor, tendrían que tratar de la misma manera a cualquier traidor que intentara rebelarse contra el gobierno legítimo y legal de su país.

Lincoln avanzó con valentía en febrero de 1860, dando un discurso en la ciudad de Nueva York. La mayoría de los republicanos suponían que el nuevo senador por Nueva York, William H. Seward, sería el candidato presidencial del partido en 1860. Al hablar ante la Cooper Union, Lincoln le presentó un desafío a Seward en su propio terreno.*

---

* N. de T.: Cooper Union, sociedad que promocionaba la educación libre para todos, independientemente de su raza, condición social o económica, según los principios de Peter Cooper. Fundada en la ciudad de Nueva York en 1859.

Su discurso entusiasmó a los neoyorquinos. Fue uno de los primeros en responder, después del frustrado ataque de John Brown. Las palabras de Lincoln tomaron todas las acusaciones en contra de los republicanos y las derribaron una por una. Con todo cuidado, presentó la visión de los Fundadores sobre el tema de la esclavitud, y puso en línea con esa visión a los republicanos. Presentó la causa republicana como una causa prudente, moderada, pero firme. Se mostró paciente con los sureños e incluso parecía rogarles que reconsideraran su idea. No se condujo como los abolicionistas, que demonizaban a los que poseían eslavos. Tampoco maldijo a los «republicanos negros» como peligrosos, según la tradición del movimiento del «Poder Esclavo». Lincoln concluyó su discurso con una afirmación de la libertad, diciendo:

Lo que piden, podríamos otorgarlo de buena gana, si pensáramos que la esclavitud es buena. Lo que pedimos, podrían otorgárnoslo de buena gana, si ellos pensaran que es mala. Que ellos piensen que es buena, y que nosotros pensemos que es mala, es justamente el hecho del que depende esta controversia. Como piensan que es buena, no hemos de culparles porque deseen su pleno reconocimiento como algo correcto. Aunque, ¿cómo concederlo desde aquí, cuando pensamos que es mala? ¿Podríamos votar, acompañándoles y yendo en contra de nuestras convicciones? ¿Podríamos hacerlo, en vista de nuestras responsabilidades morales, sociales y políticas?

Aunque pensamos que la esclavitud es mala, podemos no hacer nada al respecto dado el estado actual de su existencia real. Pero sabiendo que con nuestro voto podemos impedir que se extienda, ¿podríamos permitir su ampliación? Si nos lo prohíbe nuestro sentido del deber, entonces tenemos que cumplir con nuestro deber de manera valiente y eficiente. Que no nos desvíe ninguno de los ingeniosos argumentos que tan laboriosamente nos presentan, como el de buscar un terreno medio entre el bien y el mal, por vana que fuera la búsqueda de algo que se parece a encontrar a quien estando vivo también está muerto, o como la postura de «no hacer nada» respecto de una cuestión que a todo hombre de bien debe importarla. La Unión busca la verdadera unión, y no hemos de ceder ante los que buscan la desunión, revirtiendo la regla divina y llamando no a los pecadores sino a los justos al arrepentimiento, y no hemos de escuchar las invocaciones a desdecir lo dicho por Washington o a deshacer lo hecho por Washington.

Tampoco hemos de abandonar nuestro deber porque nos acusen falsamente, no vamos a amedrentarnos por las amenazas de destrucción al gobierno, o del calabozo para nosotros mismos.

Tengamos fe en que lo bueno produce lo bueno, y en esa fe, sigamos hasta el final cumpliendo con nuestro deber así como lo entendemos.[108]

A William Seward le falló la elocuencia. Su discurso anterior sobre «el conflicto irremediable» entre la esclavitud y la libertad había hecho que lo tildaran de radical. Asustaba a la gente. Cuando Lincoln dijo esencialmente lo mismo en su discurso de la casa dividida, se cuidó de tomar su texto de la Biblia. Era mucho más difícil tildarlo de peligroso, y eso es algo que Stephen Douglas debió entender.

Además, el protagonismo de Seward le había granjeado poderosos enemigos. Los «nada saben» lo detestaban porque había tratado de brindar asistencia estatal

a estudiantes de escuelas católicas en el estado de Nueva York. En efecto, Seward quería otorgarles bonos. Eso significaría que con su nombre primero en la boleta perderían los votos de los nativistas. Hemos visto ya que Lincoln no sentía simpatía por los «nada saben» y sin embargo no se le había convocado para oponerse a ellos durante su único período del Congreso. Detestaban a Seward. Y eso significaría la pérdida para los republicanos en estados como Maryland y Pennsylvania.

Cuando la convención del partido republicano se reunió en Chicago en el mes de mayo los candidatos más probables eran William H. Seward de Nueva York; Salmon P. Chase, el demócrata de Ohio, y Simon P. Cameron de Pennsylvania. El agente de campaña de Lincoln, el juez David Davis, había trabajado con astucia para que este fuera la segunda opción de todos. El juez Davis se aseguró de llenar las galerías de visitantes a la convención con los «pulmones de cuero» de Illinois. Eran grupos de jóvenes robustos y ruidosos contratados para gritar en favor de Lincoln. El juez Davis quería mostrarles a todos los delegados que aquel Lincoln podía ganar en los estados del bajo norte.

A Lincoln le preocupaban los informes que indicaban que el juez Davis buscaba de todas formas su nominación. «No autorizo negociación ni pacto alguno, y no los reconoceré», le telegrafió Lincoln a Davis.[109] Se dice que al leer esa nota Davis dijo: «Lincoln no está aquí y no sabe a qué nos tenemos que enfrentar».[110] Bloqueado ya

Seward, Lincoln quedó nominado en la tercera boleta. En Springfield se dispararon salvas de cañón para celebrarlo. Todos parecían exultantes, excepto Lincoln.

Los demócratas estaban muy divididos. El senador Jefferson Davis, de Mississippi, había exigido un código federal de esclavitud para los territorios. No habría derechos estatales para el norte. Si el gobierno federal protegía la esclavitud en los territorios —como querían Davis y sus seguidores— era muy posible que esos territorios votaran para ser estados esclavos.

El senador Stephen A. Douglas no lo aceptaba. El comefuego William L. Yancey, de Alabama, estaba preparado para ejercer presión por una declaración del partido desde su plataforma, en el sentido de que la esclavitud era buena. No habría otra cosa que pudiera responder a la agitación antiesclavitud de los republicanos, dijo Yancey. El partido demócrata jamás había efectuado una declaración en ese sentido. Es cierto que el senador Pettit, uno de los caras de masa de Indiana, había dicho que la afirmación de la Declaración de la Independencia de que «todos los hombres son creados iguales» no era una verdad que se demostraba a sí misma, sino por el contrario, «una mentira cuya verdad es evidente».[111] Sin embargo, Yancey iba demasiado lejos. «Caballeros del sur, no nos entienden» advirtió el senador demócrata Pugh, de Ohio. «Nos malinterpretan. No lo haremos».[112] Todos percibían que se aproximaba un choque histórico.

Cuando la convención del partido demócrata se reunió en Charleston, Carolina del Sur, para la nominación, se respiraba una atmósfera de desunión. Como no pudieron ponerse de acuerdo en cuanto a quién nominarían para presidente —su reglamento exigía un acuerdo de las dos terceras partes para la nominación— los demócratas sufrieron el abandono de los delegados algodoneros. Desanimados, propusieron volver a reunirse en Baltimore. Baltimore era apenas un poco menos vehemente que Charleston en cuestión de esclavitud.

Fue allí donde finalmente ocurrió la gran división. Cuando la convención se negó a aprobar una convocatoria de plataforma para un código federal de esclavitud para los territorios, hubo otro abandono. Los delegados del sur volvieron a reunirse en Richmond, Virginia, para nominar a John C. Breckinridge como vicepresidente. Lo que esta facción quería en realidad era reiniciar el tráfico de esclavos africanos. El senador Stephen A. Douglas por fin había conseguido el premio que tanto buscaba: la nominación como candidato a presidente por el partido demócrata. Pero para el momento en que obtuvo lo que quería, su premio no valía todo lo que esperaba.

Una pequeña facción de los whigs de la vieja línea, más algunos ex «nada saben» se unieron para formar el Partido de la Unión Constitucional, nominando a John C. Bell de Kentucky y al distinguido Edward Everett de Massachusetts. Ahora, la elección nacional tendría cuatro caminos.

Muchos demócratas entendían que la división en el partido más grande solo podría elegir a Lincoln. Los comefuego Yancey y Robert B. Rhett aceptaron el resultado con agrado. Habían sido agitadores que buscaban la secesión del sur, y creían que la elección de Lincoln era el golpe que hacía falta para lograrlo.

Stephen Douglas decidió romper con la tradición y utilizar el ferrocarril para hacer campaña y así lo hizo con todo vigor. Se esforzó como disertante, hablando desde las plataformas de las estaciones de tren en el norte y el sur, llamando a la unidad nacional y criticando a los que buscaban la secesión. Lincoln ni siquiera aparecía en la boleta de diez estados sureños. Quienes lo seguían llevaban rieles en honor a su título de «romperrieles». Los republicanos afirmaban orgullosos que Lincoln era un hombre que sabía trabajar con sus manos.

Para ese momento, Lincoln era un abogado exitoso y con un muy buen pasar. Eso se sumaba al atractivo de su juventud, arte de la arenga republicana que le anunciaba a la gente que con esfuerzo y honestidad, cualquier trabajador podría ser rico. Sus jóvenes seguidores marchaban por las ciudades norteñas, casi como militares en un grupo que se conocía como «los bien despiertos».[*] Pronto, la marca abarcaría todo el país.

Cuando se contaron los votos en noviembre, Lincoln había arrasado con los estados del norte, ganando 1.866,452 votos en esa elección entre cuatro candidatos (más que los de Buchanan, cuatro años antes). Obtuvo 180 votos electorales (hacían falta 152 para ganar). El segundo en el voto popular fue Douglas (1.375.157), pero como casi todos estos votos provenían del norte, solo ganó 12 votos electorales. Breckinridge arrasó en el sur con 847.953 votos y 72 votos electorales y Bell solo ganó en los estados fronterizos, con 590.631 votos populares y 39 electorales.

Fue la elección más importante en la historia de los Estados Unidos. De inmediato se iniciaron los preparativos en el sur para la secesión. La legislatura de Carolina del Sur convocó a una convención de secesión que se reuniría en Charleston en el mes de diciembre. No había tiempo que perder, los secesionistas les decían a los

---

[*] «Los bien despiertos», grupo paramilitar de jóvenes, llamado así por sus marchas al atardecer, llevando antorchas. Apoyaban al partido republicano, aunque se sospechaba que intimidaban a los votantes y eran anticatólicos.

sureños que dudaban. Cuando Lincoln hubiera entrado ya en la Casa Blanca sería más difícil separarse de la Unión.

El presidente Buchanan bramaba con sus miembros sureños del gabinete. El secretario de guerra John Floyd no hizo esfuerzo alguno por impedir la toma de fuertes y arsenales federales en el sur. Buchanan parecía dudar y cuanto Carolina del Sur votó a favor de la secesión, Buchanan no supo qué hacer, y quedó como paralizado. El comefuego Robert Barnwell lo confrontó, exigiendo que entregara el Fuerte Sumter. Buchanan, frustrado, hizo un ademán con la mano y dijo: «Me está presionando e importunando, señor Barnwell. No me da usted tiempo para pensar. No me da tiempo para orar. Siempre oro cuando se requiere acción de mi parte en asuntos del Estado».[113]

Los que eran leales a la Unión oraban pidiendo «solo una hora de Andrew Jackson», en lugar del insulso Buchanan.

Siete estados se habían separado de la Unión para cuando Lincoln se disponía a prestar juramento. Le habían informado que mientras estaba en Filadelfia, alguien había intentado asesinarlo. Se negó a cancelar su discurso del día del cumpleaños de Washington en el Salón de la Independencia, y le dijo a la ansiosa multitud que estaba dispuesto a dar su vida...

> Por ese sentimiento de la Declaración de la Independencia que daba libertad no solamente al pueblo de este país si no, espero, al mundo para todo tiempo futuro. Fue lo que dio la promesa de que en su debido tiempo se quitaría el peso de los hombros de todos los hombres. Este es un sentimiento plasmado en la Declaración de la Independencia. Ahora, amigos míos, ¿podremos salvar este país sobre esa base? Si es posible, me considero uno de los hombres más felices del mundo si puedo ayudar a salvarlo. Si no se puede salvar bajo tal principio, verdaderamente será terrible. Aunque si este país no se puede salvar sin abandonar ese principio quiero decir que preferiría ser asesinado en este mismo momento antes que renunciar a él.[114]

Fue un momento emocionante, algo atípico para Lincoln. En contra de lo que le indicaba su criterio, lo convencieron de cambiar sus planes y pasar por la secesionista Baltimore —donde se decía que el complot ganaba adeptos— en la oscuridad de la noche. Como llegó a Washington a salvo, debió enfrentar el ridículo internacional, que decía que había pasado por Baltimore disfrazado de escocés. Los carica-turistas publicaban dibujos que se burlaban de su persona.

En Washington las cosas no fueron mejores. Había rumores de traición en las fangosas calles de la capital. El viejo general Winfield Scott, de Virginia y férreo defensor de la Unión, prometió defender las calles de la ciudad. No habría violencia ni irrupción armada de la pacífica transferencia del gobierno. Para la ceremonia de asunción del 4 de marzo de 1861 Scott apostó francotiradores en todos los edificios federales. En claro desafío a los rebeldes, Scott dijo que rellenaría sus piezas de arti-llería ubicadas en el Capitolio con sus cuerpos y que luego «fertilizaría las colinas de Virginia» con ellos.[115]

El presidente saliente Buchanan y el presidente electo llegaron al acto caminan-do del brazo.[116] Lincoln se acercó al podio donde juraría como décimo sexto presi-dente de los Estados Unidos. Quien tomaría juramento no era otro más que el juez de la Corte Suprema Roger B. Taney. El senador Stephen A. Douglas, su derrotado rival, sostenía el alto sombrero negro de Lincoln.[117]

Su discurso inaugural fue uno de los más elocuentes que se hubieran pronun-ciado en la ciudad de Washington hasta ese momento. Les ofreció la rama de olivo a los estados que habían promulgado ordenanzas de secesión, aun cuando negó el derecho de ellos a separarse de la Unión. En un pasaje que en ocasiones se ha pasado por alto, presentó su opinión sobre Fort Sumter. La instalación federal en el puerto de Charleston estaba rodeaba por un «anillo de fuego» de la Confederación. «El poder que se me ha confiado será la herramienta para ocupar, mantener y poseer la propiedad y los lugares que pertenecen al gobierno y para obrar tasas e impuestos», dijo Lincoln tratando de no provocar. Y a sus compatriotas insatisfechos, les dijo: «No tienen promesa registrada en el cielo para destruir al gobierno, en tanto yo sí tengo la promesa más solemne de "preservarlo, protegerlo y defenderlo"».*Apeló a la razón, a la amistad y a esos «místicos acordes de la memoria que llegan de todo campo de batalla y de todas las sepulturas de los patriotas, hacia cada uno de nues-tros hogares y corazones».

El futuro de la libertad estaba en esas palabras. No solo la libertad para Nor-teamérica, sino la del mundo entero estaban en juego. Si una minoría insatisfe-cha podría destruir al gobierno cada vez que perdía una elección, sería en efecto

---

* En ese momento aún no había prestado juramento. En ese punto de la historia, los presidentes daban su discurso inaugural antes de prestar juramento.

imposible el gobierno popular. Si el hecho de no obtener los votos suficientes hacía que los disidentes recurrieran a las balas, ese grandioso experimento de la libertad ordenada fracasaría.

Los cuatro años que siguieron fueron años de pruebas de fuego. Antes de que Abraham Lincoln volviera a hablarles a las multitudes en otro discurso inaugural, el sagrado fuego de la libertad se habría ahogado hasta casi extinguirse. La república norteamericana llegaría al borde de la muerte para renacer. El nuevo presidente sabía qué era lo que estaba en juego. Creía que nuestra sagrada Unión era «la última, la mejor esperanza sobre la tierra». Para salvar a ese precioso experimento en libertad ordenada, Lincoln apeló en su discurso inaugural a la razón y a los «mejores ángeles de nuestra naturaleza».[118]

Capítulo 9

LA PRUEBA DE FUEGO DE LA LIBERTAD
(1860-1863)

Los sucesos de 1860-1865 no solamente determinaron el destino de la libertad en los Estados Unidos, sino que además establecieron para el futuro los términos de la lucha por la libertad en el resto del mundo. Si la esclavitud humana formara parte imborrable del legado norteamericano para el futuro sin límites, la democracia sonaría hueca y estaría desacreditada en todo el mundo. La constitución británica contiene provisiones para la libertad personal en gran medida aun cuando la clase gobernante inglesa niega firmemente que todos los hombres sean creados iguales. Y con la misma firmeza, rechazan la democracia como sistema político. Francia, Prusia y Rusia son regímenes despóticos. Únicamente en los Estados Unidos se abraza la democracia como filosofía de gobierno en su escala más amplia. El gran demócrata Andrew Jackson crea una república popular que amplía los derechos al voto mucho más que en cualquier otra nación de la tierra. Le ha dado la bienvenida a millones de inmigrantes europeos e incluso de buena gana los incluye en la comunidad política. Como ciudadanos estos nuevos norteamericanos gozan de plena igualdad. Al tiempo de apagar las chispas de la rebelión en Carolina del Sur, Jackson no da esperanza alguna a los esclavos. Jackson jamás habla siquiera de la eventual liberación de los esclavos. En su lecho de muerte se despide de su familia y también de sus esclavos. Les asegura que todos volverán a encontrarse en el cielo. Pero aquí en la tierra los esclavos de Jackson siguen siendo esclavos. Mientras gobierne el partido demócrata de Jackson esto será así. Cuando se divide el partido demócrata de Andrew Jackson a causa del tema de la esclavitud, es la unión misma la que se divide.

1. Invierno de secesión (1860-61)

«Carolina del Sur es demasiado pequeña como para ser una república y demasiado grande como para ser un manicomio»,[1] le respondió James L. Petigru al comefuego Robert Barnwell Rhett, durante la semana de Navidad de 1860. Después de la elección de Lincoln, Petigru se contaba entre los que conformaban un pequeño grupo de unionistas en Charleston, y que se habían visto derrotados en votos y fuerzas ese mismo invierno. La convención de la secesión de Carolina del Sur votó en favor de separar al estado de la Unión el 20 de diciembre de 1860.

En Charleston los ánimos eran festivos. Se celebró la ordenanza de secesión con fuegos artificiales y la gente ponía distintivos azules sobre el busto de John C. Calhoun. Había orquestas que tocaban La Marsellesa, himno revolucionario de Francia.[2] Los representantes en la convención redactaron una declaración en la cual daban las razones por las que querían separarse de la Unión. Condenaban la actitud de los norteños que «denunciaban la institución de la esclavitud como pecado».[3] También criticaban a las sociedades abolicionistas del norte. El gobernador William H. Gist dio órdenes a un oficial de la milicia estatal para que llevara la noticia a otros estados del sur. En broma se llamó a ese oficial, Gesta por los derechos de los estados.[4]

Muchos comefuego del sur no solamente esperaban que Lincoln ganara la elección. En realidad estaban contentos porque querían utilizar la victoria de un presidente anti esclavitud para que los sureños por fin pidieran la secesión. No les importaba que Lincoln y los republicanos hubieran asegurado reiteradas veces que no habría interferencia con la institución de la esclavitud en el sur. La plataforma republicana de 1860 decididamente era menos radical que la de 1856. Ya no se hablaba de que la esclavitud era «un rezago de la barbarie». En el norte se veía a Lincoln como mucho más moderado que John Charles Frémont, primer candidato presidencial de ese partido.

Lincoln estaba todavía en Springfield, ocupándose de las interminables demandas de quienes buscaban un puesto en la función pública. Dijo que se sentía, «como quien alquila habitaciones en un extremo de su casa mientras el otro extremo se incendia». Aun así, tenía que conformar un gabinete y dotar de personal a su administración. «Debemos hacer que la máquina funcione, en las condiciones en las que la encontramos», les decía a quienes lo cuestionaban con ansiedad.[5]

Mientras Lincoln buscaba equilibrar a todas las facciones del muy dividido nuevo partido republicano, los secesionistas avanzaban rápidamente, buscando que más y más estados se separaran de la Unión antes de que Lincoln prestara juramento el 4 de marzo de 1861. Mississippi se separó y envió «comisionados» a otros estados esclavistas para persuadirles de unirse a la nueva Confederación del Sur. El juez Alexander Hamilton Handy era el hombre de Mississippi en Maryland. No llegó a ninguna parte cuando llevó su mensaje a Anápolis, porque el gobernador Thomas Hicks era un hombre de la Unión. Temiendo lo que pudiera hacer la legislatura de Maryland, Hicks se negó a convocarla a una sesión especial. Entonces Handy habló ante una audiencia nutrida y comprensiva, en Baltimore.[6] La esclavitud no era un pecado ante Dios y el hombre, dijo, sino algo ordenado por Dios. Y añadió:

> La primera acción del partido republicano negro consistirá en excluir la escla-
> vitud de todos los territorios, el Distrito [de Columbia], los arsenales y fuertes,
> por acción del gobierno general. Sería reconocer que la esclavitud es un pecado
> y confinar a esa institución a sus límites actuales. Apenas el gobierno general
> pronuncie la esclavitud como maldad moral, como pecado, la seguridad de los
> derechos del sur habrá desaparecido por completo.[7]

Andrew Calhoun, hijo del gran hombre de Carolina del Sur, era el comisionado de ese estado en Alabama. No cantaba La Marsellesa, sino que trazó un escalofrian-te paralelo entre el radicalismo de la Revolución Francesa con su elevada retórica sobre «libertad, igualdad y fraternidad» y la sangrienta rebelión de esclavos en San-to Domingo (Haití). Declaró que esa insistencia de los republicanos en la igual-dad, terminaría con los mismos resultados en el sur de los Estados Unidos. Habló, furioso, de muros «hechos de calaveras» y de «los demonios blancos» del norte que incitaban a los esclavos a la insurrección.[8]

Georgia se separó de la Unión y envió como comisionado a Virginia a su joven juez de la Corte Suprema Henry Benning. Hablando a los delegados en la conven-ción de secesión del Antiguo Dominio Benning les contó la decisión de Georgia de dejar la Unión, basándose en una única idea: «La convicción, profunda convicción de Georgia, de que separarse del norte era lo único que podría impedir la abolición de su esclavitud».[9]

Para quienes defendían la esclavitud a tales extremos, no importaba que Lincoln y los republicanos hubieran prometido no interferir con la esclavitud en los estados donde ya existía. No importaba que Lincoln hubiera prometido hacer cumplir la ley de esclavos fugitivos. Lo haría porque la Constitución así lo mandaba (aunque, como le escribió a su amigo Joshua Speed, eso «crucificaría nuestros sentimientos»). No importaba que la moderación de Lincoln le hubiera valido el desprecio de los abolicionistas extremos como William Garrison y Wendell Phillips. Phillips dijo con desprecio, de Lincoln, que era «un perro esclavo de Illinois».[10] Al sur, nada de eso le importaba en el derrotero marcado por Calhoun hacia la secesión. Lo que sí les importaba era que Lincoln hubiera dicho que «si la esclavitud no es mala, entonces nada lo es».

El presidente electo Lincoln vio algo de esperanza cuando leyó el discurso de Alexander Hamilton Stephens de Georgia, viejo amigo suyo del Congreso. Stephens había hablado en términos fuertes contra la desunión en su convención de secesión estatal.[11] «¿Qué razón puede uno dar a las naciones de la tierra para justificar [la secesión]?», preguntó. «¿Qué derechos había transgredido el norte? ¿Qué intereses del sur habían sido invadidos? ¿Qué justicia les había sido negada? ¿Qué reclamo, fundado en la justicia y el derecho, se les había negado?»[12]

Lincoln le escribió a Stephens asegurándole que sus intenciones para con el sur eran de amistad. El sur, dijo, no se vería amenazado bajo su administración, como tampoco lo había estado con George Washington.[13] «Consideran ustedes que la esclavitud es buena y que habría que extenderla. Y nosotros pensamos que es mala y tendría que ser restringida», escribió Lincoln en tono conciliatorio. Stephens no puso en disputa la descripción que hacía su amigo de ese conflicto, pero dijo que el mero hecho de que la mayoría de los norteños había votado para poner «a las instituciones de la mitad de los estados bajo el escarnio de la opinión pública y la condena nacional», bastaba para iniciar una revuelta en los estados esclavistas.[14]

Una vez separados siete estados de la Unión, se enviaron delegados a Montgomery, Alabama, en febrero de 1861 con el fin de redactar una constitución para su nuevo gobierno. La nueva nación se llamaría Estados Confederados de Norteamérica, y elegiría presidente por voto, cada seis años. El presidente tendría poder de veto en particular.* Los miembros del gabinete podrían ocupar bancas en el Congreso

---

* [N. de T: Veto en particular se refiere al poder de vetar provisiones, o partes, de una ley promulgada] Ha habido quien afirmó que el veto en particular, que tanto buscó el presidente Reagan, fue lo único de la constitución confederada por lo que valía la pena lucha. Eso fue antes de que Bill Clinton les mostrara a todos que el veto en particular podría usarse de manera creativa para aumentar el gasto federal. El presidente Clinton amenazó con vetar leyes de obras públicas que los miembros del Congreso habían votado, a menos que estos votaran a favor de los gastos sociales de su gestión.

Confederado, abriendo así un camino para formar luego un gobierno de gabinete como el de Gran Bretaña.

Los aspectos más importantes de la Constitución Confederada eran menos obvios. Para ser un movimiento que reclamaba el derecho a la posesión de esclavos, su constitución no hacía provisión alguna para que los estados tuvieran derecho a emancipar a sus esclavos. Ningún estado podría ser admitido, de la vieja Unión a la Confederación, a menos que acordara mantener la esclavitud por siempre. Y algo más asombroso todavía fue que los que redactaron esa constitución, debatieron y luego rechazaron enfáticamente un pasaje que podría haber reconocido el derecho a los estados de separarse de esta Confederación.[15]

Cuando los delegados comenzaron a elegir a un presidente y un vicepresidente, rechazaron a comefuego como Robert Barnwell Rhett y Robert Toombs. Mejor le habría ido a Toombs, un hombre tan capaz, si jamás hubiera ido a Montgomery. Es que su amigo Alexander Stephens informó que allí, Toombs estaba bebiendo demasiado: «Más ebrio que nunca, demasiado para su carácter y reputación».[16] Entonces los delegados prefirieron elegir al sobrio Jefferson Davis, de Mississippi. Davis era de West Point, héroe de la guerra de México, ex secretario de guerra y senador de los Estados Unidos. Un hombre con calificaciones admirables. Como vicepresidente de Davis, los secesionistas eligieron al viejo amigo de Lincoln, Alexander Hamilton Stephens. Stephens era un hombre menudo, de baja estatura, y lo eligieron precisamente, porque no era un comefuego. Su moderación apelaría a tantos otros sureños que aún no estaban del todo convencidos en cuanto a la secesión.[17] Pero cuando Georgia dio el primer paso, el pequeño Aleck Stephens se decidió a favor de la Confederación.

Expresó sus creencias en otro discurso, un mes después de haber sido elegido. Su discurso fundacional puso énfasis en que los Fundadores habían estado equivocados al afirmar que todos los hombres son creados iguales. Así como Lincoln había decidido basar su famoso discurso sobre la «casa dividida» en las palabras de Jesús, Stephens también eligió citar las Escrituras.[*]

Nuestro nuevo gobierno [confederado], se funda en la idea diametralmente opuesta [a la de la igualdad, en la Declaración]. Sus fundamentos, su piedra angular, yacen en la gran verdad de que el negro no es igual al blanco. Que la

---

[*] «La piedra que desecharon los edificadores ha venido a ser cabeza del ángulo» (Salmo 118.22). Esa piedra angular, como saben quienes han oído miles de sermones cristianos, es Jesús mismo.

esclavitud —la subordinación a la raza superior—, es una condición natural y normal. Este nuevo gobierno nuestro es el primero en la historia del mundo que se basa en esta gran verdad física y moral.[18]

A diferencia del juez Taney y del senador Stephen A. Douglas, Stephens confirmó lo que había dicho Lincoln sobre los Fundadores. Sí creían en lo que habían escrito en la declaración. Pero Stephens sencillamente afirmaba que los Fundadores estaban equivocados y en su discurso, va más allá de lo que decía John C. Calhoun, que parecía pensar que la doctrina de la «igualdad de la creación», contenida en la Declaración de la Independencia, era una idea de Thomas Jefferson. Aquí Stephens admite que Lincoln tenía razón al afirmar que creía y defendía sencillamente un principio legado por los Fundadores. La razón por la que se había formado esta Confederación era para reafirmar la desigualdad racial y para defender la esclavitud de los negros.[19]

Ningún sureño contradijo al vicepresidente Stephens al oír su discurso fundacional. Era una clara defensa de las razones de los confederados para separarse e ir a la guerra.

El presidente Jefferson Davis sabía que necesitaría la intervención europea a favor de la Confederación, por lo que evitó mencionar directamente la esclavitud en su discurso inaugural del 18 de febrero de 1861, en Montgomery. Eso, porque la esclavitud era algo que Europa en general condenaba. En cambio, prefirió centrarse en el derecho de los estados a la autodeterminación: «Así, los estados soberanos aquí representados proceden a formar esta Confederación y es por abuso del lenguaje que se la ha denominado revolución», dijo Davis. «Han formado una nueva alianza, pero dentro de cada Estado continúa su gobierno, y no se han obstruido los derechos de las personas y la propiedad».[20]

Se destacan dos cosas importantes. Primero, Jefferson Davis rechaza explícita y específicamente la idea de que la Confederación se basa en el derecho natural a la revolución. Eso tiene sentido táctico, si no filosófico. Porque si hubiera citado el derecho a la revolución, habría justificado el derecho de sus esclavos a rebelarse en contra de él. Thomas Jefferson, por quien este hombre llevaba su nombre, había invocado explícitamente el derecho natural a la revolución que tenían los norteamericanos, en la Declaración de la Independencia. Pero Jefferson Davis no haría nada parecido.

En segundo lugar, habla en código sobre los derechos a la propiedad. Para los amos que consideraban que sus esclavos eran objetos que poseían, y que seguían al juez de la Corte Suprema Roger B. Taney en su razonamiento del caso Dred Scott, sus palabras confirmaban que la esclavitud seguiría existiendo mientras existiera el derecho a la propiedad: para siempre.

II. Fort Sumter: El círculo de fuego

El amplio respeto al presidente Jefferson Davis en el sur, no era lo que sentía el gobernador de Texas Sam Houston. El ex gobernador de Tennessee, y triunfante vencedor de la Batalla de San Jacinto que había logrado independizar a Texas de Méjico, había sido amigo de Andrew Jackson y ocupado una banca en el Senado junto a Davis, decía de él que era «tan ambicioso como Lucifer, y frío como una lagartija».[21]

La crisis de la secesión encontró a Houston cada vez más aislado en el Estado de la Estrella Solitaria. Con setenta años de edad, ya había emitido advertencias en contra de la secesión y en Galveston había hablado como uno de los profetas del Antiguo Testamento. En realidad, Houston siempre hablaba como un profeta del Antiguo Testamento, pero vale la pena recordar aquí sus palabras:

> Algunos ríen, despreciando la idea del derramamiento de sangre que podrá causar la secesión, pero permítanme decirles qué es lo que se aproxima. Podrán, después del sacrificio de incontables millones de tesoros y cientos de miles de preciosas vidas, ganar la independencia del sur probablemente si Dios no se opone a ello. Pero lo dudo. El norte está decidido a preservar esta Unión.[22]

En una oportunidad, mientras daba un discurso en el pueblo de Belton, Texas, se le acercó un hombre armado, con gesto amenazador: «No es más que un perrito que le ladra al león en su madriguera», respondió Houston mirando fijo al hombre.[23] Sin embargo, no tendría el mismo éxito al oponerse a la convención de la secesión del estado. Cuando los delegados votaron por separar a Texas de la Unión, exigieron que el gobernador Houston prestara juramento de lealtad a la Confederación. Houston iba y venía, meditabundo, en la mansión ejecutiva, dedicando la noche a evaluar cuál sería su respuesta. Oró con su familia hasta entrada la noche.

A la mañana siguiente, le dijo a su angustiada esposa: «No lo haré, Margaret».[24] Y el 16 de marzo de 1861, dijo ante la convención: «En nombre de la Constitución de Texas, pisoteada ahora, me niego a prestar este juramento... en nombre de mi propia conciencia y hombría... me niego a jurar... y protesto en el nombre del pueblo de Texas contra todas las acciones y decisiones de esta convención y las declaro nulas y vacías»,[25] concluyó con tono desafiante.

Pero Houston no podía ir tan lejos como para iniciar una guerra civil en su amada Texas, al aferrarse al puesto que se le había designado por votación. Rechazó el ofrecimiento de tropas que le hizo el nuevo gobierno de Lincoln. Un grupo de hombres armados le ofreció ayuda para defender su puesto como gobernador. Entre los que conformaban ese grupo estaba Noah Smithwick, el herrero que había forjado el primer cañón que se disparó en la Guerra de la Independencia de Texas. Houston no permitiría que esos hombres usaran la fuerza para conservar su puesto. «Mi Dios, ¿es posible que todos hayan enloquecido»?, preguntó mientras les daba las gracias y les despedía.[26] Se negaba a pelear contra su gente de Texas, pero podía ver con claridad lo que vendría: «Nuestro pueblo irá a la guerra para perpetuar la esclavitud, y el primer disparo en la guerra, marcará el final de la esclavitud».[27] Sin embargo, se hizo caso omiso de sus palabras y advertencias. Fue por ese último episodio en su vida política que John F. Kennedy haría luego de Sam Houston el «perfil de valentía» de los estadounidenses.

El coronel Robert E. Lee abandonaba Texas al momento de la votación por la secesión. Le había delegado el mando al valiente general David Twiggs, que había ganado honores en la guerra contra México. Pero como había nacido en Georgia, cuando esta y Texas se separaron de la Unión, Twiggs decidió entregar el mando del ejército de los Estados Unidos a los secesionistas de Texas. Lee no podía creerlo. Twiggs acababa de entregar la décima parte de las armas y provisiones del ejército nacional, sin disparar una sola bala.[28] Al salir de San Antonio, Lee se despidió de sus muchos amigos, diciendo: «Cuando llegue a Virginia, creo que el mundo habrá perdido a este soldado ya que renunciaré y me dedicaré a cultivar maíz».[29] Pronto descubriría, sin embargo, que otro era el destino que el mundo tenía para Robert E. Lee.

Una de las primeras acciones del presidente Lincoln fue la firma de una comisión, para ascender a Lee al rango de coronel.[30] Lee aceptó y con ello el general Scott pensó que siempre se mantendría fiel a la Unión. Anciano y ya enfermo, Scott era de Virginia, pero también se le conocía como héroe de muchas batallas.

La Unión era su vida. Sin embargo, ahora era Jefferson Davis, amigo de Lee, quien llevaba a la Confederación y a su camarada de la guerra de México —Pierre Gustave Toutant Beauregard—, y cercaba a Fort Sumter con un «círculo de fuego».[31]

Poco después Lee fue invitado a reunirse con Francis P. Blair, poderoso miembro de la política de Washington. Blair había sido uno de los que conformaban el «gabinete de cocina» del presidente Jackson, y ahora quería hablar con Lee para conocer sus planes.[32] Blair le dijo a Lee que el presidente Lincoln lo había autorizado a ofrecerle el mando de todas las fuerzas de la Unión, un enorme ejército de entre setenta y cinco a cien mil hombres, la fuerza más grande que hubiera visto el continente.

Lee escuchó a Blair, pero rechazó el ofrecimiento de manera cortés. «Aunque me opongo a la secesión y a la guerra, no podría participar de una invasión a los estados sureños», dijo.[33] El general Scott quedó devastado. Lee era su preferido, porque tanto él como muchos otros pensaban que era el hombre más capaz del ejército de los Estados Unidos. Profundamente conmovido, le dijo a Lee: «Ha cometido usted el peor error de su vida, pero ya me lo temía».[34] Fue «la respuesta para la que había nacido», como dijo el ilustre biógrafo de Lee, Douglas Southall Freeman. Al igual que Sam Houston, Lee pasaría la noche sin dormir, orando, en su hogar de Arlington, una bella mansión con vista a la ciudad de Washington. Allí escribió su carta de renuncia, dirigida al secretario de guerra Simón P. Cameron.

Los dados estaban echados ya.

Mientras tanto, en Charleston, el general Beauregard había tomado el mando de las fuerzas que rodeaban Fort Sumter en representación de los estados confederados, el día tres de marzo. Con habilidad reorganizó las armas y reparó las defensas que los milicianos de Carolina del Sur habían levantado, con muchas ganas pero sin destreza alguna. Beauregard sabía bien lo que tenía que hacer, porque se había entrenado para ello en West Point, bajo su instructor Robert Anderson. Este había quedado tan impresionado con el joven Beauregard, que había retenido a ese cadete de Louisiana para entrenar a los recién llegados reclutas de artillería.[35] Al igual que Lee, Beauregard había sido superintendente de West Point, pero apenas Louisiana se separó de la Unión, había enviado su renuncia.[36]

Ahora, desde la orilla opuesta el mayor Robert Anderson se enfrentaría a su pupilo. Anderson era un militar profesional de Kentucky, nacido en una familia con esclavos y comandaba la guarnición federal de Fort Sumner. Anderson, aun con pocos hombres y casi sin provisiones, seguía izando la bandera de los Estados Unidos y resistiéndose a la exigencia de rendición por parte de los confederados.

Harriet Beecher Stowe. *Su novela, La cabaña del Tío Tom, llegó a los corazones de millones de lectores. Aunque el villano del libro era Simon Legree, un yanqui que había llegado del norte, muchos amos de esclavos presionaban para que el libro se prohibiera. La reina Victoria lloró al leerlo y Lincoln saludó a la señora Stowe en la Casa Blanca: «Así que usted es la menuda mujer que escribió el libro que dio inicio a esta guerra tan grande». El libro jamás se dejó de imprimir.*

Frederick Douglass. *Cuando luchó contra Edward Covey que intentó matarle, Douglass vivió su «resurrección» como hombre y lo expresó en su autobiografía. Douglass era un esclavo que había escapado de Maryland, y se convirtió en orador, escritor y editor. Reclutó voluntarios para los regimientos de negros de la Unión, durante la Guerra Civil: «Que el hombre negro lleve sobre su persona en caracteres de bronce las letras que identifican a la Unión y que el águila adorne sus botones»... y no había poder en la tierra que pueda negarle la ciudadanía en los Estados Unidos, escribió Douglass. Tenía razón. Luchó por la emancipación y luego por los plenos derechos civiles durante medio siglo, sin abandonar jamás. «Agiten, agiten, agiten», le dijo a un joven seguidor. Y eso hacía él también.*

Los debates entre Lincoln y Douglas, Illinois, 1848. *Esta serie de encuentros frente a frente sin precedentes, tuvo lugar en Illinois. Allí el poderoso senador Stephen Douglas «locomotora con pantalones», se enfrentaba a un ignoto ex congresista. La habilidad de Lincoln al poner al «pequeño gigante» a la defensiva, le marcó como líder nacional por el nuevo partido republicano. Aunque los demócratas de la legislatura de Illinois volvieron a votar por Douglas como senador, el luchador Lincoln reconoció esa pérdida como «un tropezón, no una caída».*

Fuego contra Fort Sumter. *Si entrega Fort Sumter, le dijo Ben Wade al recientemente elegido presidente Lincoln, Jeff Davis le convertirá a usted en prisionero de guerra en menos de treinta días. Lincoln cumplió con su promesa de asunción, de «mantener, ocupar y poseer» su fuerte federal en el puerto de Charleston, pero le llevó cuatro duros años de guerra civil.*

Monitor y Merrimack. *El CSS Virginia —nuevo nombre del Merrimack— arremetía y hundía los barcos de madera del bloqueo de la Unión. Fue el peor día para la armada de los EE.UU., antes de Pearl Harbor. Ese choque en las afueras de Hampton Roads, Virginia, el 9 de marzo de 1862, marcó la obsolescencia de las armadas del mundo. El USS Monitor, conocido como «caja de queso sobre una balsa», peleó contra el barco de guerra de la Confederación, logrando un empate con la nave de mayor tamaño. El Merrimack se retiró, dando a la Unión una victoria estratégica.*

Los muertos de Antietam. *Las lúgubres fotografías de Mathew Brady, muestran los muertos confederados de Antietam, y dan cuenta de las trágicas pérdidas en el día más sangriento de la historia norteamericana: el 17 de septiembre de 1862. El general George McClellan encontró una copia de la orden número 191 del general Lee y con ello, luchó con Lee hasta el final. Lee se retiró de Maryland, por lo que ahora Lincoln tenía la victoria que necesitaba para emitir su Proclama de Emancipación Preliminar.*

El presidente Buchanan se había mantenido en el fuerte durante el largo invierno de la secesión, aunque con grandes dificultades. Después de que un escándalo financiero hubiera obligado a su secretario de guerra a abandonar su puesto, Buchanan debió volver a conformar un gabinete, que le exigió que se mantuviera firme. Edwin M. Stanton, nuevo fiscal general de Buchanan, le dijo al anciano en tono rotundo: «Ninguna administración, y muchos menos esta, puede darse el lujo de perder un millón [de dólares] y un fuerte, en una misma semana».[37] Sin embargo, Buchanan estaba afuera ahora. Y Lincoln había entrado. Este nuevo presidente recibía consejos contradictorios en cuanto a si se podía y se debía mantener Fort Sumter. El secretario de estado William H. Seward les decía a los sureños que Lincoln abandonaría el fuerte pero el senador Ben Wade de Ohio, conocido como Bluff Ben Wade, hizo honor a su fama y le dijo a Lincoln: «Si abandona Fort Sumter Jeff Davis le convertirá a usted en prisionero de guerra en menos de treinta días».[38] No es de extrañar que Charles Francis Adams, hijo y nieto de presidentes, confiara a su diario que Lincoln «no estaba a la altura de las circunstancias».[39] El tiempo demostraría que Seward, Wade, Adams y, en realidad todos los demás, se habían equivocado al juzgar a Lincoln.

Lincoln ordenó que una flotilla naval reaprovisionara Fort Sumter. Mandó un mensaje al nuevo gobernador de Carolina del Sur, avisando que la instalación federal sería reaprovisionada, aunque no se fortalecería la guarnición. Si había guerra, sería decisión de los confederados.[40]

Robert Toombs se dio cuenta del peligro del sur, cuando era ya demasiado tarde. «Al disparar contra el fuerte se iniciará una guerra civil, la más grande que haya visto el mundo. Sería un suicidio. Un asesinato». Así que le advirtió al presidente Davis que atacar a Fort Sumter sería como golpear un nido de avispas. Enjambres, legiones de aguijones saldrían del nido para «picarnos, por lo que moriremos».[41] Era el peor momento, porque el ardor de Toombs se había enfriado, en tanto que los ánimos del presidente Davis estaban caldeados.

Davis hizo caso omiso a las palabras de Toombs. Ordenó que Beauregard abriera fuego contra Fort Sumter si llegaba a acercarse un escuadrón de ayuda. Cuando una delegación de sureños le dio un ultimátum al mayor Anderson para que entregara el fuerte, este se negó a hacerlo, con toda educación. Les acompañó de regreso a su bote y dijo: «Si no volvemos a encontrarnos en este mundo, Dios nos conceda que podamos volver a vernos en el que vendrá».[42]

Antes del amanecer del 12 de abril de 1861, el general Beauregard dio la señal para que sus baterías abrieran fuego contra el fuerte, desde el centro del puerto. Edmund Ruffin, de Virginia, con su largo cabello blanco que le llegaba por debajo de los hombros, tuvo el honor de disparar primero. Ruffin era en realidad de Nueva York, pero estaba sediento de acción. «El derramamiento de sangre» escribió, «hará que muchos estados que hoy dudan, cambien su voto y pidan la inmediata secesión».[43] El viejo comefuego no tardó en hacer resonar el estallido que dio inicio a la guerra.

Las baterías de Beauregard iluminaron con sus disparos el amanecer del puerto de Charleston. El mayor Anderson solo contaba con un reducido grupo de valientes de las tropas federales, y resistió todo lo que pudo. Finalmente, después de treinta horas de furioso bombardeo y mientras los cartuchos de pólvora aún ardían, Anderson se vio obligado a rendirse. Fort Sumter, una obra aún sin terminar, y construida con granito de Nueva Hampshire, quedó en manos de las triunfantes fuerzas confederadas. Anderson y sus hombres recibieron el trato de «honor de guerra», pero en el norte los hombres no podían esperar para enlistarse y dar pelea.

III. «Pueblo contra pueblo»: Comienza la Guerra Civil

El ataque a Fort Sumter horrorizó al norte. El senador Stephen Douglas habló por el partido demócrata del norte, prometiendo todo su apoyo a la nueva administración para sofocar la rebelión. El presidente Lincoln emitió una proclama, convocando a setenta y cinco mil voluntarios, para terminar con las «combinaciones tan poderosas en la resistencia» y asegurar que se cumpliera con la ley federal. Pasarían cuatro largos años antes de que flameara nuevamente la bandera de los Estados Unidos sobre el abatido Sumter. Después de que cayera Sumter, Lincoln convocó al Congreso a una sesión especial del 4 de julio. Las hostilidades significaron que Virginia ya no dudaría. La convención de secesión del antiguo dominio votó a favor de abandonar la Unión. Los ahora olvidados delegados votaron por romper sus lazos con esa república norteamericana por la que los grandes hijos de Virginia —Washington, Jefferson, Madison, Marshall, Mason y Henry— arriesgaron sus vidas. También votaron para invitar al gobierno confederado a mudarse a Richmond.

Con la secesión de Virginia y la inminente separación de Maryland, Washington, D.C. podría verse rodeada. Lincoln podía ver las baterías de los confederados desde la ventana de su mansión ejecutiva. Cuando las tropas de Massachusetts y Nueva

York acudieron al sur para llevar asistencia a la capital, se cruzaron con una turba de secesionistas en Baltimore. Se produjo entonces una revuelta cuando algunos de los civiles arrojaron piedras del pavimento contra las tropas federales. Los soldados de Massachusetts dispararon contra la multitud, y doce civiles murieron en tanto las tropas perdieron a cuatro hombres. Era el 19 de abril, octogésimo sexto aniversario de Lexington y Concord. Aquella había sido una gesta por la libertad. No todos los norteamericanos habían estado de acuerdo en cuanto al significado de la libertad durante la revolución. Algunos, en especial los tories, habían luchado en contra de la independencia. Y especialmente en el sur, la lucha había sido amarga y sangrienta. Y ahora, justamente porque los norteamericanos no lograban ponerse de acuerdo respecto del significado de la libertad, nuevamente estaban matándose unos a otros.

Lincoln les dijo a los unionistas inquietos de Maryland que no traería más tropas por el camino de la sangrante Baltimore, pero que no podía prometer que se evitara que pasaran hombres por el estado de la vieja línea. Le dijo al gobernador de Maryland que las tropas no eran pájaros que pudieran volar hasta Washington, ni topos que pudieran cavar para pasar por debajo de la tierra. Con sabiduría ordenó al general Ben Butler que enviara a sus fuerzas por agua hasta Anápolis y luego utilizara el ferrocarril para que llegaran a Washington. Butler era un general político, uno de los muchos que habían sido ascendidos no por su capacidad militar sino para fortalecer las lealtades de los muchísimos seguidores de la población. Butler era demócrata de Massachusetts, y el año anterior había estado involucrado en un plan para que el senador Jefferson Davis fuera el candidato presidencial de su partido.

Lincoln no correría riesgos con la estratégica Maryland. Autorizó el encarcelamiento temporal de los legisladores estatales favorables a la secesión, y la supresión de los periódicos desleales del estado. Suspendió también el recurso del habeas corpus, lo cual significaba que habría más arrestos sin que se recurriera a los tribunales. La suspensión del habeas corpus fue la primera de las acciones de Lincoln a gran escala. Pero aun así, la Constitución específicamente permite tal suspensión en tiempos de rebelión. («El privilegio del escrito del habeas corpus no se suspenderá con la excepción de casos de rebelión o invasión que pongan en riesgo la seguridad pública», Artículo I, sección 9). Hasta el día de hoy sigue discutiéndose sobre la celeridad y efectividad de sus acciones en Maryland. La canción oficial del estado, «Maryland, mi Maryland», que habla acerca de derrotar a «la basura norteña», contiene todavía palabras contrarias a Lincoln:

El talón del déspota está en tus costas, Maryland
Su antorcha está ante la puerta de tu templo, Maryland.
Véngate del antipatriota
Que manchó las calles de Baltimore,
Y vuelve a ser la reina de las batallas del ayer,
*Maryland, mi Maryland.**

El déspota mencionado en la primera línea es el presidente Lincoln.

Era seguro que se aproximaba una rebelión. Si los ciudadanos blancos de Maryland hubieran votado en ese momento, el estado seguramente se habría separado de la Unión, aunque el oeste de Maryland era leal a la Unión, como lo era el montañoso oeste de Virginia. Pero la costa este y la densamente poblada Baltimore, eran secesionistas. Lincoln estaba decidido a salvar a Maryland y a la capital de la nación, por la Unión.

No tenía muchas opciones. Se respiraban aires de secesión. En todas partes, la deslealtad rondaba, franca u oculta, por lo que la situación era crítica. El secretario de guerra de los confederados hacía alarde de que la bandera de los rebeldes «flamearía por sobre la cúpula del viejo Capitolio antes del 1 de mayo».[44]

Cuando el debilitado juez Taney de la Corte Suprema ordenó la liberación de un simpatizante rebelde, civil, Lincoln lo ignoró.[45] La opinión de Taney en *Ex Parte Merryman* era en realidad un análisis muy razonado de la historia y la ley constitucional. Taney le reprochaba a Lincoln la suspensión del *habeas corpus*, poder que Taney argumentaba que la Constitución otorgaba implícitamente al Congreso y no al presidente. Taney citó al gran John Marshall en su argumento como recurso de convicción.[46]

El hombre en cuestión, John Merryman, había sido arrestado por las autoridades militares que actuaban bajo el alcance de las órdenes de Lincoln. Acusaron a Merryman de haber ayudado a volar puentes del ferrocarril que llegaba a la capital que al momento estaba en peligro, Washington.[47] Taney parecía no preocuparse con esa mortal amenaza de muerte a la república. ¿Podía un rebelde volar los puentes por sobre los que tenían que pasar los congresistas que regresaban para volver a reunirse

---

* «Maryland, my Maryland», adoptado como himno del estado en 1939 (capítulo 451, Actas de 1939, Artículo del gobierno del estado, sec. 13-307).

y votar una suspensión del *habeas corpus*, y luego señalar que el Congreso no había podido reunirse como justificación para las órdenes de la corte contra el presidente?

Lincoln bien podría haber recitado las palabras del gran John Marshall para que las escuchara el recalcitrante viejo Taney. Marshall había escrito para la unánime Corte Suprema en el famoso caso de *McCullough contra Maryland*, de 1819: «Que el fin sea legítimo, que esté dentro del alcance de la Constitución y que todos los medios sean adecuados, adaptándose a tal fin, ninguno de ellos prohibido sino congruentes con la letra y espíritu de la Constitución, para que sean constitucionales».[48]

¿Qué podía ser *más* legítimo que el hecho de que el presidente Lincoln al ver amenazada la república, mantuviera lejos a los desleales para que no pudieran tomar control de la capital de la nación, impidiendo que se reuniera el Congreso y perturbando así el orden del gobierno? Es bueno que no se haya llegado a arrestar al anciano juez, como se rumoraba. Pero también hay que admitir que en el fragor de la guerra civil, Roger Brooke Taney de Maryland nada hizo por proteger a la nación que había jurado servir. También es verdad que la opinión del juez Taney en la desastrosa ocasión del caso Dred Scott había puesto a los jóvenes de la nación en pie de guerra, con sus bayonetas como armas entre compatriotas.

Muchos de los oficiales militares de alto rango —aunque no los reclutas— «acompañaban a sus estados». El superintendente de la Academia Naval de los EE.UU. en Anápolis, Maryland, percibía el ánimo de sus vecinos. El capital Franklin Buchanan se unió a las fuerzas del sur.*

También en el norte había muchos que querían que la Unión se disolviera. El editor del *New York Tribune*, Horace Greeley, escribió a favor de los estados secesionistas: «Hermanas traviesas, partan en paz». Muchos abolicionistas —con excepción de Frederick Douglass— veían la secesión como medio para librar a la Unión de los estados esclavistas. Muchos blancos norteños odiaban a los abolicionistas y los culpaban por la guerra. Cuando intentó dirigirse al público durante una reunión en Boston, corazón del sentimiento antiesclavitud, Douglass fue lanzado por las escalinatas, por un grupo de matones contratados. Pero se defendió «como un pugilista entrenado».[49]

Según lo informó en su primer mensaje al Congreso, Lincoln actuó para preservar la Unión. Era ese el primer deber del presidente. El poder ejecutivo tenía el

---

* A pesar de ello, la enorme mansión del superintendente, con sus treinta y siete habitaciones en el predio de la Academia Naval, se llama Buchanan House, por Franklin Buchanan, primer superintendente de la academia.

deber constitucional de «cuidar que se ejecutaran las leyes, con fidelidad» (Artículo II, sección 3). Señalando que en los estados secesionistas no se cumplía con las leyes, Lincoln preguntó: «¿Es que hay que violar todas las leyes menos una, y destruir al gobierno para que esa sola ley no se viole?»[50] Aunque había quienes afirmaban que Lincoln actuaba como dictador (y hay quienes siguen sosteniéndolo), el presidente le recordó al Congreso que compartía con el ejecutivo la responsabilidad de salvar a la Unión y que al Congreso le competía el poder de removerlo de su puesto si hallaba que había violado su juramento. Su mensaje del 4 de julio se refirió de manera poderosa a lo que estaba en juego en la guerra:

> Esta es, en esencia, la contienda del pueblo. Del lado de la Unión, es una lucha por mantener en el mundo la forma y sustancia del gobierno que tiene por objetivo principal elevar la condición de los hombres —quitando pesos artificiales de todos los hombros— y allanar los caminos de la noble búsqueda para todos, para que todos puedan tener un comienzo sin impedimentos, y una oportunidad justa en la carrera de la vida... Me hace feliz ver que la gente común comprende y aprecia esto... porque no hay ni un soldado o marinero raso que hayan desertado y abandonado su bandera... Ahora les toca a los norteamericanos demostrarle al mundo que quienes pueden llevar adelante una elección limpia también pueden suprimir una rebelión, y que los votos son sucesores pacíficos y justos de las balas. Y que cuando se decide el voto, libre y constitucionalmente, no puede haber un regreso exitoso a las balas.[51]

Lincoln esperaba que el sentimiento a favor de la Unión en otros estados fronterizos se reafirmara. Había mucha evidencia de que la secesión no era algo aceptado en la totalidad de los estados sureños. En el este de Tennessee, una región montañosa donde pocos agricultores tenían esclavos, había hombres como Andrew Johnson y William G. Brownlow que luchaban en contra de la rebelión. Johnson era un firme demócrata de Jackson y Brownlow, ex editor de un periódico whig, juró luchar «contra los líderes de la secesión hasta que el invierno se congele ¡y entonces los venceré sobre el hielo!»[52] Johnson y Brownlow no tenían pretensiones aristocráticas. Eran hombres comunes, fogosos y orgullosos de su condición.

En Virginia los condados del oeste habían votado en contra de la secesión, negándose a seguir el ejemplo de Richmond. Con ayuda de las tropas federales al mando del general George B. McClellan, se retiraron del estado de Virginia (con el tiempo, Virginia del oeste sería admitido como estado individual de la Unión).

Lincoln trataba a Kentucky con guantes de seda porque no deseaba perturbar su afirmada, aunque dudosa, «neutralidad». Lincoln esperaba retener la lealtad de Kentucky por medio de la paciencia y las medidas blandas. No solo era su tierra natal, sino la de Jefferson David, y hogar del ex candidato presidencial John Bell, quien había sido nominado por un partido menor en 1860. Sus críticos se burlaban diciendo: «Lincoln quiere que Dios esté de su lado, pero no puede hacer nada sin Kentucky».[53] Y algo de razón tenían porque sin Kentucky, el corazón de la Unión —estados como Ohio, Indiana e Illinois— habrían quedado expuestos a los ataques de los confederados.

Missouri era otro estado fronterizo esclavista que no se pronunció leal en un principio. Lincoln respaldaba los esfuerzos militares del general Nathaniel Lyon, que se había apresurado a desarmar a la milicia proconfederación en St. Louis. Luego de la muerte de Lyon durante la batalla, Lincoln había tenido que brindarle su apoyo al general John Charles Frémont, candidato presidencial de los republicanos en 1856, y quien contaba con considerable apoyo de muchos miembros de su partido en el Congreso. Frémont le causó mucha vergüenza política a Lincoln al emitir por autoridad propia una orden de emancipación para Missouri. Lincoln y los republicanos habían prometido no interferir con la esclavitud en los estados en los que ya existía. Missouri se había mantenido leal a la Unión, por lo que Lincoln debió exigir públicamente que Frémont revocara su orden. Este envió a su brillante y bella esposa, hija del famoso senador Thomas Hart Benton de Missouri, y joven de gran inteligencia, a presentar sus argumentos ante el presidente.

Jessie Frémont llegó a Washington una noche de septiembre, muy tarde, y de inmediato fue convocada a la mansión ejecutiva aunque estaba cansada después de tan largo viaje y debido a los polvorientos caminos y el calor. El presidente no fue cálido al recibirla y ni siquiera le ofreció una silla. Cuando la joven dio su discurso sobre la necesidad de emancipar a los esclavos para obtener el apoyo de Gran Bretaña, Lincoln la interrumpió diciendo: «Es usted una mujer política», y procedió a darle un sermón: «Esta es una guerra en pos de una gran idea nacional, la Unión... y el general Frémont no debería haber arrastrado a esta guerra a los negros».[54]

Eso fue una afrenta para los abolicionistas y sus aliados del Congreso. Frederick Douglass pensaba que se estaba tratando injustamente a John Charles Frémont, y que el presidente Lincoln se mostraba dispuesto a aplacar a los elementos proesclavitud en la «frontera leal». Esa era la acusación de Douglass. Así que escribió que esos elementos no eran leales, en absoluto, sino «una piedra atada al cuello del gobierno... y su mal llamada lealtad es el mejor escudo para la traición en los estados algodoneros».[55]

Sin embargo, Lincoln estaba decidido a no permitir que los comandantes militares en el campo hicieran política, en especial sobre un tema tan sensible como la emancipación. Respondió a una carta de protesta de trece páginas que le escribió su buen amigo de Illinois, el senador Orville Browning, con estas palabras: «¿Se puede fingir que ya no hay gobierno de los Estados Unidos —gobierno de Constitución y leyes— si un general o un presidente pueden dictar reglas permanentes de propiedad por proclamación?»[56] Lincoln no estaba dispuesto a delegar esa cuestión tan importante a ningún subordinado, y menos al errático Frémont.

No solo estaba decidido Lincoln a sostener las riendas de tal momento en sus manos, en términos de la emancipación, sino que además sabía que no podría actuar con la esclavitud luego del desastre militar de la Unión en Bull Run. En el norte, la gente sentía tristeza porque el general Irwin McDowell —azuzado por Lincoln y un Congreso impaciente— se había dirigido a encontrarse con las fuerzas confederadas cerca de Manassas Junction, a un día de marcha desde Washington. El volátil Greeley ahora se unió al grito general: «¡Hacia Richmond!» Las tropas federales se dispersaron y corrieron, llenas de pánico, ante los victoriosos rebeldes. La derrota federal se conoció como «Skedaddled»,[*] un apelativo humillante. El general Beauregard añadió los laureles de la victoria de Manassas a su triunfo de Fort Sumter (pero al hacerlo, este «Napoleón gris», se ganó la desconfianza y los celos de su jefe, el presidente Davis). En esa batalla el general Thomas Jonathan Jackson comandó a su línea de hombres de Virginia, haciendo caso omiso de las balas de los cañones y rifles. «Allí está Jackson, de pie, como un muro de piedra», gritó el general Bernard Bee.[**]

La señora Frémont no era la única dama de importancia política que le causó problemas a Lincoln en 1861. Su propia esposa, Mary Todd Lincoln, avergonzó al presidente al gastar veinte mil dólares de fondos del Congreso en la remode-

---

[*] N. de T.: Palabra de uso común en la Norteamérica de tiempos de la Guerra Civil, cuyo significado es, en términos amplios, «huida tumultuosa».

[**] No se sabe si fue admirado por su valentía o molesto porque Jackson no se movía para apoyarlo, como sugiere el escritor de la Guerra Civil Shelby Foote. El general Bee murió por un disparo de los federales después de darle a Jackson su mote inmortal.

lación de la mansión ejecutiva, que estaba en terrible estado. Le había parecido importante destacar la continuidad de la Unión y sus instituciones, al igual que el plan de seguir adelante con la construcción de la cúpula del Capitolio, entonces no terminada. Pero mientras el presidente se debatía entre los posibles planes y candidatos militares para obtener un triunfo, la «primera dama» salía de compras en Nueva York y Filadelfia.

Ingenua, quería hacer de la mansión ejecutiva un lugar espectacular (para responder a sus críticos y a las matronas prosureñas de la capital). Pero su sentido del estilo pudo más que su sentido común. Los comerciantes veían en ella a una compradora ávida y cuando un decorador de Filadelfia exigió el pago de siete mil dólares por un elegante empapelado de París, la extravagancia de la señora Lincoln quedó al descubierto. Lincoln estaba furioso. ¿Cómo podía haber gastado Mary tanto dinero en «pavadas para esta maldita y vieja casona»? Lincoln sabía muy bien que los soldados de la Unión pasaban frío porque no tenían mantas.[57] Mortificado, el presidente dijo que pagaría la diferencia de su bolsillo, en base al salario de veinticinco mil dólares al año.* El Congreso, aunque tarde, decidió en silencio cubrir con un manto de piedad aquella exageración de la esposa de Lincoln, pero su reputación sufrió un daño irreparable.

IV. «UNA GUERRA A LA VEZ»: EL CASO TRENT

El general Winfield Scott necesitaba ayuda para montar su caballo, una yegua dócil y mansa. Anciano, con sobrepeso y a menudo atacado por alguna molestia, su mente seguía con la misma agudeza de siempre. El héroe de tantas guerras, nacido en Virginia, defendía la Unión con firmeza. Cuando su oficial de más alto rango en el ejército le presentó un plan para sofocar gradualmente la rebelión, por medio de un bloqueo naval en torno a los estados sureños, el plan recibió el ridículo nombre de «Anaconda». Aun así, el presidente Lincoln utilizó una variante de ese plan para formar un cuello de botella en contra de los confederados.

El control de los mares y el río Mississippi por parte de la Unión sería esencial para debilitar a los confederados, de manera que los ejércitos federales pudieran

---

* Hoy, el salario del presidente Lincoln habría sido de quinientos cincuenta mil dólares al año. En la actualidad, los presidentes cobran cuatrocientos mil al año (tomado de: http://www.eh.net/hmit/compare/:)

avanzar contra un sur hambriento de artículos importados y en especial, de municiones.[58]

Lincoln emitió una proclama para cerrar los puertos sureños al comercio internacional. La armada de la Unión —con barcos dispuestos en todo el mundo— no era capaz de cumplir con esa política del presidente ya que se veía enfrentada a la valentía y el ingenio de los «antibloqueo sureños».

Había peligro de un choque con Gran Bretaña o Francia. Y para que el bloqueo fuera aceptado según la ley internacional, tenía que ser real y no solo algo escrito. Había otro problema porque en la ley internacional, se declaraban los bloqueos contra fuerzas beligerantes. El mismo acto de imponer ese bloqueo hacía que Lincoln se enfrentara al grave riesgo de que las naciones extranjeras reconocieran a la Confederación como gobierno legítimo y si lo hacían, podrían utilizar la proclamación del mismo Lincoln en su contra.

Además, llevaría tiempo que los barcos de la Unión lograran retornar a aguas norteamericanas. Había algunos que todavía patrullaban las costas de África en un infructuoso intento por detener el tráfico de esclavos. Otras naves acompañaban a balleneros norteamericanos, incluso en Alaska. Todavía no existía el canal de Panamá, por lo que consumía meses rodear las costas del continente norteamericano por el sur.

Los planes de Lincoln recibieron la inesperada ayuda de los propios sureños. Los confederados que habían rechazado los principios de igualdad de Thomas Jefferson en la Declaración de la Independencia, sí estaban dispuestos a aceptar el desastroso concepto del embargo, tan defendido por Jefferson. Y como resultado, deliberadamente no enviaban algodón a los mercados europeos. Pensaban que como «el algodón reina», Gran Bretaña y Francia se veían obligadas a romper con el bloqueo de la Unión con tal de recibir algodón. Con excepción de la secesión, este puede haber sido el peor error de cálculo de los líderes sureños.[59] Los mercados textiles habían tenido provisión por demás en 1859 y 1860. Para cuando se sintió la falta de algodón en Gran Bretaña y Francia, en 1862 y 1863, los reveses militares de los confederados harían improbable la intervención. Los líderes confederados tampoco tuvieron en cuenta que Egipto e India eran potenciales proveedores del algodón que el sur de Norteamérica ya no podría exportar.

El presidente Lincoln debe haber estado contento de no haberse visto obligado a designar políticos como almirantes de la armada.[60] Pero eso no le salvó de una de las peores crisis de la guerra, una crisis que nació en los mares. El oficial al mando del USS San Jacinto era un marino de carrera, temerario y rudo. El 8 de noviembre de 1861 el capitán Charles Wilkes interceptó a un barco del correo de Gran Bretaña, el Trent. En vez de abordar el barco y enviar a la tripulación y los pasajeros ante un magistrado federal para su adjudicación, Wilkes se hizo cargo de arrestar a dos diplomáticos confederados, los ex senadores James Mason y John Slidell, así como a sus secretarios. Luego permitió que el Trent siguiera su camino. Wilkes envió a los hombres a una prisión de Boston, por lo que en el norte se le consideró un héroe. Después de la humillación de Manassas, el público norteño anhelaba una victoria. El Congreso hasta acuñó una medalla elogiando al capitán Wilkes por su atinada acción.

Pero el pueblo y el Parlamento británicos estaban furiosos. La valentía de Wilkes era un insulto a la bandera británica. La prensa popular inglesa («los jingos demonios del penique»), hacía batir los tambores de guerra contra los insolentes yanquis.[*] Henry John Temple, Lord Palmerston, agresivo primer ministro, estaba enfurecido. Le dijo a su gabinete: «Tal vez ustedes defiendan esto pero, maldita sea, yo no lo haré».[61] Richard Cobden, un inglés amigo de los Estados Unidos, escribió que «las tres cuartas partes de la Cámara [de los comunes] se alegrarán de encontrar una excusa para votar a favor del desmembramiento de la Gran República».[62] Las clases altas inglesas no necesitaban excusa alguna para ventilar su hostilidad hacia la democracia. El Times de Londres habló por la aristocracia gobernante cuando francamente declaró su anhelo de que la Unión cayera: «Sería librarnos de una pesadilla... Con la excepción de unos pocos caballeros de tendencia republicana, todos esperamos y casi deseamos, el éxito de la causa confederada».[63]

Por fortuna para los Estados Unidos en ese momento no funcionaba el nuevo cable transatlántico. Así que hubo demoras en la comunicación desde el otro lado del océano.[64] El gabinete británico aumentó el tamaño de la guarnición apostada en Canadá, con catorce mil casacas rojas que se sumaron a los seis mil cuatrocientos soldados que ya estaban allí.[65] E incluso, los británicos reforzaron su escuadrón naval en América del Norte. La guerra con los Estados Unidos se levantaba como fantasma en el horizonte.

El secretario de estado, Seward, le había recomendado a Lincoln unos meses antes, que declarara la guerra contra todas las potencias europeas como forma de

---

[*] La palabra jingo en realidad pertenece a un período posterior en la historia inglesa. En 1878, el gobierno británico jingoismo recurrió a la prensa para promover un sentimiento contrario a Rusia. Y le dieron al mundo una nueva palabra: («Si necesitan nuestra ayuda, por jingo iremos...») (tomado de: http://www.loyno.edu/-seduffy/eveWWI.html.).

unir a los divididos norteamericanos contra un enemigo común. Pero Lincoln había desechado cortésmente la propuesta de Seward de «envolver al mundo en llamas». Ahora, le dijo en tono de advertencia: «Una guerra a la vez».

En ese momento de graves tensiones y máximo peligro para la república norteamericana, lo que salvó la situación fue la intervención monárquica. El príncipe Alberto, consorte de la reina Victoria y figura muy respetada, ofreció un borrador con enmiendas al ministro de asuntos exteriores John Russell, que demandaba satisfacción. Con el escrito de Alberto: «El gobierno de Su Majestad no está dispuesto a creer que el gobierno de los Estados Unidos tenga la vana intención de insultar a nuestro país y añadir a sus muchas complicaciones obligando a una cuestión de disputa entre ambos...»[66] La generosa interpretación del príncipe Alberto en cuanto a las acciones de los Estados Unidos bajó el tono de la discusión, por lo que fue aceptada por los ministros de Palmerston. Gran Bretaña solo pedía una disculpa y la restauración de los enviados confederados que estaban presos. Ese sería el último acto oficial del príncipe Alberto porque a los pocos días murió, víctima de la fiebre tifoidea. Había trabajado por la paz entre los Estados Unidos y Gran Bretaña, casi literalmente hasta su último aliento.

Mientras tanto, el senador Sumner de Massachusetts sermoneó al gabinete de Lincoln durante cuatro horas el día de Navidad. Sumner era anglófilo, y tenía muchos amigos y conexiones en la élite británica. Presentó un panorama de consecuencias terribles si los Estados Unidos le declaraban la guerra a Gran Bretaña en ese momento tan crítico.[67] Advirtió que no solo sería probable que el sur de independizara, sino que estaría en riesgo la propia supervivencia de los Estados Unidos. Fue una reunión de tono sombrío.

En medio de esa crisis, la figura de Seward demostraba ser un peso y una desventaja. Porque el año anterior, 1860, cuando el Príncipe de Gales había visitado los Estados Unidos, el heredero al trono británico y el secretario colonial, Lord Newcastle, habían conocido al senador Seward, que era candidato presidencial con buenas probabilidades entonces. Seward le informó a Newcastle que si ganaba la elección, tendría el deber de «insultar» a Gran Bretaña y peor todavía, se cree que le dijo a Newcastle que los Estados Unidos tenían planeado anexar Canadá como compensación POR la pérdida de los estados esclavistas si los sureños persistían en sus planes de secesión.[68]

La historia de ese encuentro extremadamente descabellado está registrada en las cartas del hábil ministro norteamericano ante Gran Bretaña, Charles Francis Adams. Tal vez haya exagerado al relatar los hechos con Newcastle, pero quien conociera a Seward no podría considerar que se trataba de una mentira. Después de todo, era el hombre que había recomendado la guerra con todo el continente europeo, con tal de evitar el conflicto entre los norteamericanos. Los británicos de influencia vieron en esa historia la confirmación de que «el señor Seward es un ogro que piensa comerse crudos a todos los ingleses».[69] Adams era una rara excepción a la regla general del gobierno de Lincoln en cuanto a utilizar acciones diplomáticas para terminar con problemas partidarios. Lincoln permitió que Seward tuviera su rol político, en la elección de embajadores.[70] Pero como Gran Bretaña era el puesto más importante, y como Lincoln había aprobado a Adams, elegido por Seward, para el puesto en Londres, no hubo daño real para el esfuerzo de guerra de la Unión.

Lincoln había resuelto hacer todo lo posible para mantener la paz con Gran Bretaña. Se liberaría a los agentes confederados. Los Estados Unidos reconocerían que el capitán Wilkes había actuado sin autoridad y Lincoln presentaría disculpas. Seward no podía resistirse a darle un último pellizco al león, y señaló que la violación de los derechos neutrales que ahora motivaba la queja de los ingleses, ¡era justamente el mismo argumento por el que los Estados Unidos habían ido a la guerra contra los ingleses en 1812![71] Una total falta de tacto.

La crisis se limó con la liberación de Mason y Slidell. La Unión, con este giro, produjo una reacción de asombro en Gran Bretaña. Henry Adams, hijo del ministro estadounidense, escribió que «la corriente que teníamos en contra con tan extrema violencia hace seis semanas, ahora parece estar a favor de nosotros con la misma fuerza».[72] Y para los amigos de la Unión, lo mejor es que Mason y Slidell comprobaron ser mala elección como diplomáticos de los confederados. Carecían de tacto y estaban tan vinculados con los comefuego y los que favorecían la ampliación de la esclavitud, que su influencia en Inglaterra y Francia bien puede calificarse como nula.

V. 1862: «AÑO DEL JUBILEO»

Cuando Lincoln tuvo que remplazar al general McDowell después de la vergonzosa derrota de la Unión en Manassas, el general Scott recomendó al brillante y joven George Brinton McClellan. Era natural que se lo eligiera ya que McClellan había sido la estrella de su clase de 1846, en West Point. Después de su conducta ejemplar durante la guerra con México, fue enviado por el ejército como observador del esfuerzo anglofrancés en la Guerra de Crimea. Cuando dejó el ejército, McClellan pronto llegó a ser presidente del Ferrocarril Central de Illinois.

El carismático hombre de treinta y cuatro años llevaba un prolijo bigote y una barbita al estilo francés, que ocultaba sus facciones aniñadas. Vestía uniforme, con sombrero francés, un kepi, y aceptaba el mote de «joven Napoleón», que le habían dado los periodistas.[*]

Hijo de una familia socialmente prominente de Filadelfia, el apuesto «pequeño Mac» se veía muy atractivo cuando montaba a caballo (en realidad, había diseñado las monturas que usaba el ejército de los EE.UU). Y McClellan era demócrata. Después de la prematura muerte del senador Stephen A. Douglas, causada por la cirrosis, McClellan era tal vez el demócrata a favor de la Unión más prominente del país.

La política de McClellan le trajo problemas en el Congreso. Porque los republicanos radicales querían una guerra dura. Y cuando McClellan reunió a los dispersos elementos del ejército después de Manassas, se le tuvo que aceptar a regañadientes en la colina del Capitolio. McClellan sentía afecto por sus hombres, y era correspondido. Les entrenó y equipó con los mejores uniformes, botas y armas. Se aseguró de que su ejército tuviera el mejor alimento y la mejor medicina y organizaba desfiles militares impresionantes con frecuencia. Se destacaba en el aspecto ceremonial y de celebración en la vida militar. Sus hombres gritaban «pequeño Mac» con orgullo, dondequiera que fuese. Logró levantar la moral de sus hombres, y le dio el nombre de Ejército del Potomac a la fuerza federal. McClellan tenía capacidad para la organización y logró formar la fuerza de lucha más grande que se haya visto en el continente. Lo hizo todo por su ejército, excepto pelear.

Decidido a no presionar a McClellan como lo había hecho con McDowell, Lincoln le ofreció un consejo paternal: «Tienes que actuar», le escribió a su comandante general cuando el Congreso y la prensa empezaban a quejarse de los demasiado frecuentes informes enviados por McClellan, diciendo que «todo está en calma en el Potomac». Sin embargo, la acción se hizo esperar. Al término del primer año de

---

[*] A pesar de la derrota de Napoleón en Waterloo, el pensamiento, la ingeniería y la moda de Francia seguían dominando en los Estados Unidos. Los ejércitos del norte y del sur hacían alarde de coloridos regimientos Zouave, vestidos con uniformes norafricanos franceses. Se descartaron los pantalones rojos y abuchonados, porque hacían de los soldados un blanco fácil ante la presencia de francotiradores en el campo de batalla.

la guerra McClellan enfermó de fiebre tifoidea. A Lincoln le invadió el desaliento. Volviéndose hacia el intendente de la Unión, Montgomery Maigs, Lincoln se sinceró: «General, ¿qué haré? El pueblo está impaciente. [El secretario] Chase no tiene dinero y me dice que ya no puede recaudar más. El general del ejército tiene fiebre tifoidea. Hemos tocado fondo. ¿Qué haré?»[73] El nuevo secretario de guerra de Lincoln, Edwin M. Stanton, resolvió poner fin a la inactividad de McClellan. Ya no más elegantes cenas oficiales con «champaña y ostras», dijo Stanton.[74]

A McClellan el poder se le había subido a la cabeza, y más después de que obligó al anciano general Scott a dejar su puesto, por lo que reclamó para sí su título de general en jefe. Incluso al presidente lo trataba con desprecio. En privado se refería a Lincoln como «el gorila original» o «el mandril con buenas intenciones». Una vez hasta volvió a su casa de una celebración de una boda y dejó al presidente y al secretario Seward sentados en su sala de recepción. Después de una hora, un sirviente le dijo al presidente ¡que su general se había ido a dormir! Lincoln soportó esa falta de educación con paciente humildad: «No importa. Cuidaré al caballo de McClellan, si tan solo logra llevarnos al éxito».[75]

¿Dónde estaría el éxito?

McClellan finalmente decidió actuar, y en una movida atrevida decidió transportar a una enorme porción del Ejército del Potomac a la península de Virginia, cerca de la ciudad de Norfolk, para atacar a la capital de los confederados, Richmond. Las fuerzas de McClellan incluían a más de cien mil hombres, veinticinco mil caballos y mulas y unas trescientas piezas de artillería transportadas en cuatrocientas barcas.[76] Toda esa fuerza se reunió bajo el general Montgomery Meigs, el brillante, decidido y leal intendente de la Unión.[77]

Esa primavera de 1862 el milagro logístico de Meigs fue el más grande ataque anfibio de la historia.

Pero ¿dónde estaría el éxito?

Cuando Lincoln visitó a McClellan y al Ejército del Potomac en la península de Virginia, el tozudo general procedió a sermonear al presidente sobre la necesidad de evitar una «guerra de abolición». El ejército, le dijo a Lincoln en tono amenazador, no apoyaría acción alguna a favor de la emancipación de los esclavos. Era claro que estaba invadiendo un campo de autoridad que no le competía. Y en el mes de febrero, anunció que estaría en Richmond «en solo diez días».[78] Pero un mes más tarde, no estaba ni un metro más cerca de la capital rebelde. McClellan siempre se quejaba de que contaba con pocos hombres, y exageraba la fuerza del enemigo. Confiando en informes poco fidedignos brindados por el detective privado Allan Pinkerton, los cálculos de McClellan triplicaban el tamaño del ejército confederado al que se enfrentaría. Dijo que eran doscientos mil cuando en verdad, era el Ejército del Potomac de McClellan el que claramente aventajaba en número a los rebeldes.[79] Si se decía que McClellan era un Napoleón, había cosas de Napoleón que no tenía: la velocidad ni la voluntad de pelear.

Allí habría estado el éxito.

Lincoln, frustrado, dijo finalmente: «Si el general McClellan no quiere usar el ejército, con gusto lo tomaré prestado».[80]

En la península, McClellan entró en pánico. Comenzó a enviar histéricos telegramas al Departamento de Guerra, culpando al secretario Stanton. Culpando a todos los de Washington por el fracaso de su ejército, que no había tomado Richmond. Lincoln, que no había estado a favor de la invasión por agua planificada por McClellan, pero que aun así había dejado que su joven general siguiera adelante con sus planes, le envió un mensaje telegrafiado: «Le doy todo lo que puedo y actúo suponiendo que usted hará todo lo que puede con lo que tiene, mientras supongo que sigue suponiendo, con egoísmo, que podría darle yo mucho más si así lo quisiera».[81]

McClellan por fin estaba mostrando quién era en realidad. Lincoln llegó a la triste conclusión de que el Ejército del Potomac tenía un título grandioso pero que en realidad «solo son guardaespaldas de McClellan».[82]

La campaña de la península fue tan inútil como descabellada. Jamás tomaron Richmond y McClellan usó sus energías para culpar a todos por su fracaso. Pero además, y esto era un problema para la Unión, el herido general confederado Joseph Johnston fue reemplazado por Robert E. Lee, más capaz.

Lincoln se vio obligado por fin a reemplazar a McClellan. Pero como sucedía en esos tiempos, la suerte tampoco acompañó a la Unión en ese reemplazo ya que el general John Pope tenía el porte de soldado pero demostró no serlo de verdad. Al asumir el mando le dijo al Ejército del Potomac que acababa de llegar del oeste «donde siempre le hemos visto las espaldas a nuestros enemigos».[83] Y su informe a Lincoln, desde sus «cabeza de mando sobre la montura», hizo que el presidente observara que «mejor sería que en la montura apoyara sus cuartos traseros».[84] Cuando Pope lideró al ejército a una segunda derrota humillante en Manassas, a Lincoln no le quedó más opción que devolverle el puesto a McClellan.

Sin embargo, no todo fue vergüenza y malas noticias. Porque mientras el Ejército del Potomac les levantaba el ánimo a los confederados en el este, la Unión sí tuvo importantes victorias en el oeste. El general Ulysses S. Grant exigió y obtuvo la rendición incondicional de los defensores de Fort Donelson en el río Cumberland, entre Kentucky y Tennessee; convirtiéndose así en héroe instantáneo para el norte, que lo llamó enseguida «Grant, el de la rendición incondicional».

La guerra en las aguas continuaba. En la bahía de Chesapeake la armada confederada estrenaba un nuevo barco de guerra, el CSS Virginia, antes llamado USS Merrimack. Era una nave de propulsión a hélice y recubierta de hierro; arremetió contra dos de los barcos de la Unión, hechos de madera, que formaban el bloqueo y los hundió. El Merrimack había tenido por capitán a Franklin Buchanan, ex superintendente de la Academia Naval de los EE.UU. en Anápolis. Buchanan luego informó a Stephen R. Mallory, secretario confederado de la armada y hombre muy capaz, que el Cumberland «comenzó a hundirse, y seguía disparando mientras pudo mantenerse a flote. Se hundió con todos los honores».[85] Había entrenado bien a sus hombres. Luego, el capitán Buchanan apuntó los cañones del Merrimack hacia el USS Congress, cuya tripulación incluía a su propio hermano.[86]

Se perdieron el USS Congress y el USS Cumberland. El Merrimack entonces logró vencer al USS Minnesota y las balas de cañón rebotaron en la armadura del Merrimack. El bloqueo de la Unión, y la armada de los Estados Unidos en su totalidad, corrían grave peligro. El peor día para la armada de los EE.UU., antes de Pearl Harbor, fue el 8 de marzo de 1862.[87] Pero el 9 de marzo, una nave pequeña y casi ignota entró en acción, contra el monstruo sureño.

El USS Monitor tenía el aspecto de «una caja de queso sobre una balsa». También era acorazado y su línea de flotación era baja, pero tenía una torre única con dos potentes cañones Dahlgren, que se enfrentarían a los diez del Merrimack. Durante tres horas, el Monitor y el Merrimack se trenzaron en mortal abrazo frente a las costas de Hampton Roads, Virginia. Al término de ese encuentro, parecía que las naves habían empatado pero como los confederados necesitaban un avance naval, la acción del Monitor en realidad, representó un triunfo para la Unión. La flota de la Unión, y de allí el estratégicamente indispensable bloqueo del sur, se había salvado. La Unión mantenía el control de los mares, una ventaja esencial.[88]

El mundo entero tomó nota de ello e incluso el London Times, siempre crítico de los yanquis, dijo que no se podía arriesgar a la flota británica en un enfrentamiento con el USS Monitor.[89] Quien había diseñado ese asombroso ejemplo de «ingenio yanqui», era el sueco John Ericsson. Genio de la ingeniería, el irascible Ericsson viviría para ver integrados sus diseños a las armadas modernas del mundo.

La armada también le dio a la Unión su primera gran victoria de 1862, cuando una flota bajo el oficial de bandera David Glasgow Farragut navegó ante las amenazantes baterías costeras para tomar el puerto confederado más grande: Nueva Orleáns. Farragut, que era del sur, había rechazado los ruegos de otros sureños miembros de la flota, para que se uniera a los confederados. «Ustedes, antes que terminar con esto, se unirían al diablo», les dijo el marino de sesenta años.[90] Cuando el intrépido general Ben Butler llegó a la costa con sus quince mil casacas azules, tomó control de la ciudad de la media luna.

Las damas sureñas mostraron su desprecio por Butler y sus tropas, arrojándoles el contenido de las bacinillas y cubos de basura cuando pasaban bajo sus elegantes balcones, en el afamado Sector Francés de la ciudad. Butler se ganó la condena internacional por su notable «orden femenina». Dijo que toda mujer que insultara a las fuerzas estadounidenses, sería tratada como «mujer del pueblo que ofrece sus servicios», en resumen, una prostituta. De allí el mote de «Bestia», aunque logró detener los insultos y ataques contra los uniformados de los Estados Unidos.

En Nueva Orleans Butler continuó con su controvertida política de «contrabando». Como los sureños hacían alarde de que gracias al trabajo de los esclavos podían enviar a más hombres blancos a las líneas de combate, Butler entonces tomó esclavos como «contrabando de guerra». Con anterioridad, este término se aplicaba solo al material de guerra y no a seres humanos. Pero si los sureños afirmaban que sus esclavos eran objetos de su propiedad, Butler los consideraba como tales. Para los esclavos, fue una oportunidad porque pronto, miles se liberaban y llegaban a las líneas de combate de la Unión, gritando: «¡Contrabando!»

Para el verano de 1862, la «fricción de la guerra» a la que se refería Lincoln estaba poniendo sobre el tapete la cuestión de la esclavitud. A Lincoln le angustiaba que los congresistas de los estados esclavos leales no aceptaran ese plan de emancipación por compensación.[*]

Si no respondían a la generosa oferta del gobierno, les advirtió durante una reunión en la mansión ejecutiva, lo más probable es que lo perdieran todo en «la fricción de la guerra». Frederick Douglass exigió saber cómo podría seguir

---

* Los estados esclavistas leales eran Delaware, Maryland, Kentucky y Missouri.

luchando la Unión si tenía una mano atada a la espalda. Y ¿cómo podía ser que «los hombres de color fueran buenos para pelear para Washington, y no para pelear con McClellan»?, preguntó con agudeza Douglass.[91]

El 14 de agosto de 1862, el presidente Lincoln invitó a la mansión ejecutiva a una delegación de hombres de color libres. Fue la primera reunión oficial entre un presidente y norteamericanos negros. Pero Lincoln les había invitado cortésmente, para pedirles que se fueran. Les dijo que el prejuicio blanco había condenado a la gente negra a sufrir injusticias en los Estados Unidos. Y dijo que en ningún lugar se consideraba al negro igual al blanco. Deploraba el prejuicio de los blancos pero adujo que nada podía hacer por cambiarlo. «Si no fuera por la raza de ustedes, no tendríamos guerra», comentó. Por eso, mejor sería que las dos razas se separaran. Alentó a los presentes a tomar en cuenta su plan para la colonización de los norteamericanos negros en América Central. Tendrían pleno apoyo de su gobierno, les aseguró.[92]

Frederick Douglass habló por casi todos los norteamericanos negros al criticar ese plan de colonización de Lincoln. Acusó el discurso de Lincoln de «mostrar todas sus incongruencias, el orgullo por su raza, su desprecio por los negros y su flagrante hipocresía».[93] «Vivimos aquí, hemos vivido aquí, tenemos derecho a vivir aquí y queremos vivir aquí», escribió Douglass.[94]

Douglass, furioso, arremetió contra «la enfermedad de la colonización». Y con toda pasión criticó a quienes seguían negando los derechos humanos de los norteamericanos negros. «Somos norteamericanos porque nacimos aquí, porque aquí nos educamos, y porque preferimos las instituciones norteamericanas por sobre las de cualquier otro país».[95] ¡Una declaración asombrosa! «Los norteamericanos negros tenían restricciones en el acceso a la educación en la tierra donde habían nacido y, aun en el norte, estaban obligados a asistir a escuelas segregadas. En cuanto a las instituciones norteamericanas, el tribunal supremo del país había declarado que los negros no eran ciudadanos y que no tenían derechos que el blanco se viera obligado a respetar. Sin embargo, Frederick Douglass exigía justicia: «Que queramos permanecer aquí es natural para nosotros, y cosa completamente creíble para ustedes».[96] Con lógica irrefutable Douglass atacó el meollo del plan colonizador: «El argumento que presenta la necesidad de que los negros nos vayamos, cuando somos libres e iguales, indica que irremediablemente mientras permanezcamos aquí tendremos que ser esclavos».[97]

Cuando Lincoln había presentado la cuestión de la colonización para los esclavos emancipados, tuvo por intención que fuera una opción voluntaria, bajo la benevolente protección de la armada de los Estados Unidos. La colonización de los norteamericanos negros en África o América Central, había sido una posición auspiciada por norteamericanos «iluminados» como James Monroe y Henry Clay. Ninguno había consultado con la gente de color para conocer qué pensaban. Nadie le preguntó a Frederick Douglas qué pensaba, pero él no se callaría y, en efecto, tampoco se iría. Lincoln podría haberse persuadido ante la fuerza de la oposición de Frederick Douglass.

Luego, Lincoln se volvió a los norteamericanos blancos. Respondió a la dura nota editorial de Horace Greeley, titulada: «La oración de los veinte millones», donde exigía la inmediata emancipación (era el mismo Greeley que un año antes había deseado que los estados del sur «partieran en paz»).

> Mi principal objeto en esta lucha es salvar a la Unión y no salvar ni destruir a la esclavitud. Si pudiera salvar a la Unión sin liberara un solo esclavo lo haría, y si pudiera hacerlo liberando a todos los esclavos, también sería esa mi acción. Si pudiera hacerlo liberando a algunos y dejando a otros hacer lo que quisieran, también elegiría esa opción. Lo que hago respecto de la esclavitud y la raza negra, lo hago porque pienso que ayuda a salvar a la Unión, y lo que dejo de hacer, no lo hago porque no creo que ayude a salvar a la Unión.[98]

Es una carta que citan los críticos que piensan que Lincoln no era amigo sincero de la libertad, y que albergaba un sentimiento de dura indiferencia al problema de los norteamericanos negros. Pero debemos recordar que es ese el mismo Lincoln que dijo que la casa dividida no puede mantenerse en pie, y que debía ser toda esclava o toda libre. Era el mismo Lincoln que estaba persuadido de que la esclavitud, restringida a los estados del sur, quedaría en «el camino hacia la completa extinción». El mismo Lincoln que había aconsejado a los republicanos a aferrarse «con cadenas de hierro» a la negativa a extender la esclavitud a los territorios. Y el mismo Lincoln que, mientras escribía esa famosa carta a Greeley, conservaba un borrador de la Proclama de la Emancipación en el cajón de su escritorio. Solo esperaba una victoria de la Unión para emitirla.

Lincoln, presidente. *Lincoln era conocido como el divisor de rieles, un hombre del oeste, abogado sin experiencia ejecutiva. Los comefuego se burlaban de su referencia a los «mejores ángeles de nuestra naturaleza». Le dijo al Congreso que cuando hablaban los votos, no podía apelarse a las balas. La gente común le llamaba «el viejo Abe», o «el tío Abe». Después de su decisión de emitir la Proclama de la Emancipación, se le conoció como Padre Abraham.*

General Robert E. *Lee. Marse Robert era más conocido como el «Modelo de mármol», en su época de cadete de West Point. Era hijo de Caballo Liviano Harry Lee. La abuela de su esposa era Martha Washington. Deploraba la esclavitud y la secesión, pero cuando Virginia abandonó la Unión, se puso del lado del antiguo dominio. «Desearía que fuera nuestro», dijo de él una joven de Pensilvania. Millones de norteños pensaban lo mismo.*

General George B. McClellan. *El joven Napoleón carecía de dos cualidades napoleónicas: velocidad y decisión. Lincoln tuvo paciencia con él durante un año, hasta que lo despidió. McClellan no era rápido. Como oponente demócrata de Lincoln en la elección presidencial de 1864, McClellan se debatía entre aceptar o rechazar una placa de paz, que efectivamente significaba la rendición. «Está en las trincheras», bromeó Lincoln. Finalmente, McClellan ni siquiera ganó los votos de los soldados de su amado Ejército del Potomac.*

General «Muro de piedra» Jackson. *Vieja Luz Azul, lo llamaban sus hombres cuando se enojaba. Thomas Jonathan Jackson era un feroz guerrero, general de verdadero genio táctico. Su campaña del valle Shenandoah, en 1862, le hizo mundialmente famoso. Fue herido por fuego amigable luego de su victoria total en Channcellorsville. «Ha perdido su brazo izquierdo», dijo Robert E. Lee, «pero yo perdí el derecho». La muerte de Jackson, una semana después de la batalla, vistió de luto a todo el sur.*

General Ulysses S. Grant. *Grant era hijo de un curtidor, había fracasado como agricultor y vendedor. Héroe de combate durante la guerra de México y entrenado en West Point, dejó el ejército en tiempos de paz. Pero en la batalla, su valentía se encendía «desde las cuatro de la mañana». Grant no exigió otra cosa que la rendición incondicional de su viejo amigo en Fort Donelson, y los Estados Unidos ganaron así a un nuevo héroe. Lincoln rechazó a quienes exigían que lo despidiera. «No puedo darme el lujo. Es un hombre que pelea». Grant fue el único que «pudo con la aritmética», cuando llegó al este en 1864. Soportó muchas bajas mientras luchaba contra el hambriento ejército de Robert E. Lee, en el norte de Virginia.*

General William Tecumseh Sherman. *Sherman fue tildado de loco a principios de la guerra, porque predijo una lucha larga y sangrienta. Pelirrojo, brillante, irascible, detestaba a los reporteros y a los políticos. Sirvió de buena gana bajo el firme y callado Grant. «Fue Grant quien estuvo a mi lado cuando yo estaba loco, y yo estuve a su lado cuando él estaba ebrio. Ahora, siempre estamos juntos», dijo Sherman. «La guerra es el infierno», les dijo a quienes objetaban su táctica de destruir granjas y pueblos civiles, porque dedicaba cuerpo y alma a destrozarlo todo. Su marcha hacia el mar salvó la presidencia de Lincoln en la elección de 1864.*

La rendición de Appomattox. *El general Lee se reunió con su colega Grant en el salón de recepción de Wilmer McLean, en el tranquilo pueblo de Virginia del Sur el domingo de ramos del 9 de abril de 1865. Lee se veía muy elegante, vestido con su mejor uniforme, montado sobre su famoso caballo, Viajero. El uniforme de Grant estaba sucio y arrugado y sus botas, manchadas de barro porque había venido directamente desde el frente. Grant les dio permiso a Lee y a todos sus hombres. Luego, desafío al vengativo presidente Andrew Johnson que quería enviar a Lee a juicio, acusándolo de traición.*

El problema era que en todo conflicto siempre hay visiones, planes, esperanzas y opiniones que compiten y que deben conciliarse o aplacarse. En esos años difíciles, Lincoln apenas podía mantenerse a flote mientras trataba de coordinar el desastre de la mejor forma para la supervivencia de la Unión.

Como si los problemas en casa no bastaran, Lincoln también debía soportar la frustración de su relación con el reticente general en jefe. «Como por arte de magia», dijo, podría «reforzar a McClellan con cien mil hombres». Lincoln le dijo al senador Browning que « [el general] se sentiría extasiado ante eso, agradeciendo la acción y diciendo que iría a Richmond mañana mismo, pero con la llegada del día de mañana [McClellan] enviaría un mensaje por telégrafo avisando que tenía información de que el enemigo tenía cuatrocientos mil hombres y que no podría avanzar si no recibía refuerzos».[99] Y para colmo, comentó Lincoln en su exasperación, cada vez que enviaba refuerzos, solo llegaba una pequeña fracción. Era «como sacar pulgas con una pala».

En septiembre, el general Robert E. Lee llevó a su ejército de Virginia del Norte hasta Maryland, donde se le unió «Muro de piedra» Jackson, que había pasado la primavera haciendo pasar por tontos a los generales de la Unión, McDowell, Frémont y Banks. Nathaniel Banks, otro general político, había sido orador demócrata en la Cámara de Representantes. No solo había sido derrotado sino que detrás de sí había dejado las provisiones que necesitaban los hambrientos confederados, y por ello se le llamaba el «comisario Banks». La campaña del valle de Jackson, en Shenandoah, en la primavera de 1862, fue tan brillante y audaz que hasta hoy se la estudia en los colegios militares.

Los rebeldes, con sus orquestas tocando «Maryland, mi Maryland», avanzaron por las ciudades del norte, y el pánico cundía. Lee esperaba influenciar las elecciones legislativas del otoño, obteniendo el reconocimiento de los británicos y franceses para la Confederación, con una victoria definitiva en el norte. Pero Lee no había tomado en cuenta un «accidente de la historia». Una de las copias de la «Orden General Número 191», de Lee para sus comandantes subordinados y enviada como envoltorio de tres cigarros, había sido capturada por un soldado de la Unión. De inmediato, el general McClellan se enteró de los planes de Lee.

Cerca del pueblo de Sharpsburg, Maryland, sobre las orillas de la quebraba de Antietam* los hambrientos, harapientos pero decididos confederados se

---

* Los registros confederados llaman a esta batalla «Sharpsburg» y las fuerzas de la Unión le dieron por nombre Antietam.

LA PRUEBA DE FUEGO DE LA LIBERTAD

enfrentaron a un ejército de la Unión que los superó en todo. Durante todo el día del 17 de septiembre de 1862, los dos ejércitos lucharon sin cesar.

McClellan seguía enviando hombres como carne de cañón, sin comprometerse nunca a ganar la batalla, sin arriesgar lo suficiente como para perder. Un testigo ocular, joven soldado del ejército de Lee, proveniente de Georgia, deja un relato típico de aquellos tiempos:

> Cinco balas derribaron al que portaba los colores del regimiento 34 de Nueva York. «Se oían risas, insultos, gritos y los gemidos de los heridos y moribundos, y el rugido de las balas de los mosquetes era ensordecedor», recuerda el sargento William Andrews de la Primera de Georgia. «Allí donde estaba la línea, todo se veía azul y creo que podría haber caminado sobre los cuerpos sin tocar el suelo en ningún momento».[100]

Los primeros voluntarios de Minnesota informaron que la rebelde artillería luchó «con ardor». Un joven artillero de Virginia contribuía con los de Minnesota ese día sangriento. Era el cabo Robert E. Lee Jr., de diecisiete años, hijo del comandante del ejército de Virginia del Norte.[101]

Otro de los sobrevivientes de la Batalla de Antietam fue el coronel John Bell Gordon, de la Sexta de Alabama.[102] Había recibido cinco impactos de bala en Sunken Road, y cuando su esposa llegó para verlo, gritó: «Aquí está tu apuesto esposo, ¡venido de una boda irlandesa!»[103] Gracias a los cuidados que le prodigó su esposa, se recuperó de su herida de bala en el rostro e incluso, conservó el brazo que le habían destrozado.[104]

Norteamérica jamás había vivido algo como eso. Matthew Brady, famoso fotógrafo de Nueva York, envió a su asistente Alexander Gardner para registrar el horror de Sharpsburg. Brady exhibió las fotos de la matanza de esa batalla ante su atónito público, llamándola «Los muertos de Antietam». «Hay un aspecto de la imagen que no pudo captar la destreza del fotógrafo», escribió un reportero del *New York Times*. «Es el telón de fondo de las viudas y los huérfanos... Hogares desolados, y la luz de la vida en miles de corazones, apagada por siempre. Toda esta desolación debe pintarla la imaginación porque los corazones destrozados no se pueden fotografiar».[105]

Aun teniendo tropas de reserva en Antietam, McClellan jamás hizo que entraran en la batalla. En cambio, ambos ejércitos lucharon hasta un sangriento interludio.

Lee se vio obligado a retroceder y McClellan lo consideró su más grande victoria. Angustiado, Lincoln presionó a McClellan para que persiguiera a Lee y destruyera al Ejército de Virginia del Norte. Pero McClellan no quiso hacerlo.

Las bajas de la Unión en Antietam sumaron 2.108 muertos, 9.540 heridos y 753 desaparecidos, la cuarta parte de quienes habían participado en la batalla.[106] Las bajas de los confederados fueron menos, pero Lee no podía darse el lujo de perder a nadie. Como operaba en suelo norteño, no habría una cuenta total de la «carnicería» de Lee. Los cálculos sugieren que las pérdidas para los confederados sumaron 1.546 muertos, 7.752 heridos y 1.018 desaparecidos.[107] En total, las bajas suman 22.719, lo que convierte a la batalla de Antietam en el día más sangriento de la historia norteamericana.

La Guerra Civil se conoce como «guerra entre hermanos». Ese fue el caso, en especial, en muchos regimientos de Maryland y Kentucky, cuyos miembros tenían hermanos luchando en bandos opuestos. Aunque también podría llamársele guerra entre padres e hijos, como lo demuestra esta carta:

> Un soldado del regimiento 21 de Connecticut... solicitó permiso para buscar la sepultura de su hijo de dieciocho años, muerto en el ataque del puente Burnside, pero no pudo encontrarlo. «Oh, ¡qué horrible me pareció ese lugar, donde mi querido hijo había sido enterrado como una bestia en el campo!», escribió. Había jurado vengarse, añadió con amargura, de «esta rebelión malvada, indeseada, más que infernal».[108]

Los reclutas que luchaban por primera vez hablarían de su primera experiencia, describiéndola como «haber visto al elefante». Era una forma un tanto humorística de contar lo brutal y terrible que había sido el combate.

El norte se regocijó ante la retirada del abatido ejército sureño. Lincoln aceptó ese sangriento día en la historia norteamericana como una señal del Todopoderoso. Emitió su Proclama Preliminar por la Emancipación. A menos que se volvieran a la Unión, para el 1 de enero de 1863, les advertía a los estados que se habían separado que todos sus esclavos serían liberados. Al principio la reacción del norte no fue favorable. Los republicanos perdieron algunas elecciones estatales importantes, así como varias bancas en el Congreso. Ni siquiera los abolicionistas recibieron con agrado la proclama preliminar. ¿Qué pasaría si los estados rebeldes volvían a la Unión? Entonces, sus esclavos seguirían siendo esclavos. Lincoln se exponía a un riesgo enorme.

McClellan seguía sin actuar. Se quejó de que sus caballos estaban cansados. Y por fin, a Lincoln se le terminó la paciencia. Los caballos de los confederados no estaban cansados. Le envió un mensaje al joven Napoleón: «¿Me perdonará usted si pregunto qué es lo que han estado haciendo sus caballos desde la batalla de Antietam? ¿Han hecho algo que podría cansar a alguien?»[109] El poderoso Frank Blair intentó interceder para impedir lo que sabría podía pasar. Había intentado durante mucho tiempo «aguantar a alguien demasiado opaco como para brillar», le dijo Lincoln a Blair. «Dije que lo sacaría si permitía que el ejército de Lee se le escapara y tengo que hacerlo. Es un "lento", señor Blair».[110]

Cuando ese mismo verano el senador Ben Wade había exigido que McClellan fuera despedido, Lincoln le había contestado: «¿Y con quién podría reemplazarlo?» Con cualquiera, había dicho Bluff Ben, exasperado. «Cualquiera le serviría a usted, Wade, pero yo necesito a alguien», respondió, cansado, Lincoln.[111]

Como ahora no tenía a ese alguien, Lincoln se debatía en la duda. Decidió nombrar al general Ambrose Burnside, uno de los más cercanos subordinados del Pequeño Mac, para suceder a McClellan. Envió a uno de los buenos amigos de McClellan, el general Catharinus Buckingham, en medio de una terrible tormenta de nieve con órdenes para que McClellan le pasara el mando a su elegido.

Fue un momento muy peligroso para la república. Estaba en juego la libertad. Habían corrido rumores en los cuarteles de McClellan, de volver al Ejército del Potomac en contra de los políticos de Washington. McClellan no ocultaba su postura en contra de la emancipación. Sus tropas lo adoraban y vitoreaban a su paso. Si McClellan no podía pelear como Napoleón, ¿tendría la capacidad de este para las intrigas políticas o para un golpe de estado?

Afortunadamente, las relaciones de McClellan con el partido demócrata eran excelentes. Se veía en el futuro, no como dictador militar, sino como emblema del partido opositor. Era lo que quería ser. Y el país entonces se salvó de una revuelta militar contra la autoridad civil.

Lincoln sabía que su lugar en la historia se vería determinado por fuerzas que estaban más allá de su control. Dijo que había hecho «un pacto con su Creador». Si a Lee lo echaban de Maryland, atacaría a la esclavitud, y lo haría con fuerza. «Llegó el momento en que vi que la esclavitud* tendría que morir para que la nación pudiera vivir», dijo Lincoln, que oía «los gemidos de los hijos de Israel a los que Egipto mantenía esclavos».[112] El pueblo norteamericano también parecía percibir que había un cambio en el presidente. Hasta ese momento, lo llamaban con afecto «viejo Abe», o «tío Abe», pero después de la Proclama de Emancipación Preliminar, la gente común empezó a llamar «Padre Abraham» a su presidente.[113]

Hacia el final de 1862, el general Burnside llevó al Ejército del Potomac hacia el interior de Virginia. El 13 de diciembre en Fredericksburg, Burnside les demostró a todos lo que, modestamente, había dicho de sí mismo: que aunque era un comandante competente, no era capaz de comandar un ejército entero. Ordenó un infructuoso ataque detrás de otro, contra la terrible muralla de piedra. Y vio cómo sus hombres caían cual tallos de trigo al paso de la hoz. Sus hombres tuvieron que impedirle que intentara un ataque suicida. Al ver la matanza desde Marye's Heights, por sobre el campo de batalla, el general Lee dijo: «Está bien que sea tan terrible esta guerra, para que nos desagrade».[114] Esa noche los soldados se maravillaron al ver la aurora boreal, un suceso extraño en esa latitud. Era como si el cielo mismo se hubiera vestido de luto con colores iridiscentes.

En la mansión ejecutiva, Lincoln era presa de la desesperanza. No solo había perdido ese año a su amado hijo Willy, sino que el Año Nuevo se iniciaba con la pérdida de unos doce mil seiscientos jóvenes, muertos o heridos en Fredericksburg. «Estamos al borde de la destrucción», le dijo a su amigo, el senador Orville Browning, de Illinois. «Me parece que el Todopoderoso está en contra de nosotros...»[115]

La tristeza de ese invierno se hizo más gris, con las críticas de los editores:

Los días se hacen más cortos,
El sol ha cruzado la línea
Y la gente se pregunta:
¿Renunciará Abraham?[116]

VI. LA EMANCIPACIÓN: «LIBRES PARA SIEMPRE»

Abraham no renunciaría. Por el contrario, estamparía su firma sobre la Proclama de la Emancipación. El 1 de enero de 1863 el secretario de estado William H. Seward

---

* Éxodo 6.5.

y su hijo Frederick llegaron temprano a la mansión ejecutiva con una copia «en limpio», lista para que el presidente la firmara.* Lincoln la leyó en unos minutos y notó que había un error. La copia debió enviarse de nuevo al Departamento de Estado para su corrección.[117] Es que Lincoln no quería que hubiera el más mínimo error. Sabía que esa proclama sería analizada en detalle por un poder judicial que le era hostil. Y el más hostil de todos sería el juez de la Corte Suprema Roger B. Taney.

Luego, el presidente recibió a centenares de visitantes en la recepción anual del día de Año Nuevo. Saludó a todos con vigor y cuando se cerraron las puertas a las dos de la tarde, Lincoln volvió su atención a la copia corregida de la Proclama de Emancipación.[118]

«Jamás en mi vida me he sentido más seguro de estar haciendo lo correcto, como lo siento al firmar este papel», les dijo a los presentes, unas doce personas que estaban allí.[119] Tomó entonces la lapicera de oro que para tal ocasión le había regalado el senador Charles Sumner de Massachusetts. Pero al momento, comenzó a temblarle la mano, no podía sostener la pluma. Primero tuvo una sensación casi supersticiosa: ¿estaría firmando algo que significaba un error fatal?[120] Luego recordó que había pasado las últimas tres horas saludando y dando la mano a muchísima gente y, por supuesto, eso era lo que le provocaba el temblor.

Le preocupaba que se analizara su firma. «Dirán: "Se ve que estaba compungido"», les explicó a los presentes.[121] Entonces, flexionó su brazo y se dispuso a firmar el histórico documento. Escribió su nombre completo: Abraham Lincoln, y levantó la mirada, sonriendo: «Con eso bastará».[122] Le entregó entonces la pluma de oro a Sumner.

Algunos estudiosos de la actualidad, han criticado la proclama. El historiador Richard Hofstadter les habló a varias generaciones, al calificar la proclama como «casi una carta de embarque, por su falta de grandeza moral».[123] Pero en realidad, lo que Hofstadter ridiculizaba era la elocuencia del documento, que concluía con:

En este acto, que sinceramente creo es un acto de justicia respaldado por la Constitución y bajo requerimiento militar, invoco el criterio considerado de la humanidad, y el favor y la gracia de Dios Todopoderoso.[124]

---

* Una copia «en limpio» de un documento oficial, para que la firmara un alto funcionario.

¿Qué más se le podía pedir a Lincoln? Hoy, la proclama se exhibe en contadas ocasiones, y cuando ocurre, el texto en el que tanto trabajaron los empleados del Departamento de Estado para corregirlo en un día de fiesta, casi no se lee. Pero la firma de Abraham Lincoln se ve, clara y distinguida.

Cuando el presidente Jefferson Davis prestó juramento por un mandato de seis años el 22 de febrero de 1862, en Richmond, justamente en el natalicio de Washington, Davis y sus lacayos negros vestían trajes formales de color negro y cuando se le preguntó a su cochero el porqué, el hombre respondió con astucia: «Señora, así nos vestimos en Richmond para los funerales y ocasiones similares».[125]

Ese año de 1863 no representaba el funeral de la Confederación. No todavía. Es que la Proclama de Emancipación de Lincoln, emitida el primero de enero, se adelantaba a la posibilidad de que Gran Bretaña pudiera intervenir a favor del sur. Gran Bretaña había sido la primera nación del mundo en abolir el tráfico de esclavos africanos (1807), y luego la esclavitud (1831). El evangélico inglés William Wilberforce había estado insistiendo en ello durante casi medio siglo, por lo que los británicos eran decididamente contrarios a la esclavitud.

Tampoco actuaría por sí solo el emperador francés Napoleón III, que solía ser más propenso a las intervenciones. No tenía una armada capaz de enfrentarse a la flota estadounidense. Los políticos del sur siempre habían soñado con «la ilusión del reconocimiento británico». Para fines de 1862, el embargo del algodón estaba devastando las fábricas textiles de Inglaterra y Francia, y el desempleo causaba estragos. A pesar de su sufrimiento, esos obreros organizaron marchas *a favor* del presidente Lincoln, elogiándole por su Proclama de Emancipación. Un grupo de seis mil obreros de Manchester le envió un mensaje sencillo pero directo: «Al borrar esa fea mancha que afectaba a la civilización y a la cristiandad, la mancha de la esclavitud, durante su presidencia, el nombre de Abraham Lincoln quedará en la posteridad como objeto de honor y reverencia. Acepte nuestra más alta admiración por haber defendido la proclamación de la libertad».[126]

A Lincoln le conmovieron especialmente las cálidas palabras de esos obreros porque un año antes, los Estados Unidos habían estado al borde de la guerra con Gran Bretaña. Se tomó un momento para agradecer a esa gente común. Tomó nota de los problemas que la guerra había causado a los pobres de Europa, y dijo que el mensaje que le habían enviado representaba «una instancia de sublime heroísmo cristiano que no se ha visto hasta hoy en ningún país en momento alguno».[127] En

Francia, los autores Jules y Edmond de Goncourt, deploraban el hecho de que «los hilanderos de Rouen ahora debían comer pasto y que las madres tenían que prostituir a sus hijas».[128] Sin embargo, si se les preguntaba a los obreros qué pensaban de la Guerra Civil Norteamericana, decían: «Preferimos sufrir hambre y pobreza antes que ver a cuatro millones de seres humanos viviendo como esclavos».[129]

Cuando Lincoln declaró que los esclavos de los rebeldes «a partir de hoy y para siempre, son libres», con extremo cuidado había eximido de su proclama a vastos territorios que entonces estaban bajo el control de la Unión. Esos territorios incluían no solo a los cuatro estados fronterizos leales —Missouri, Kentucky, Maryland y Delaware— sino a áreas ocupadas de Tennessee, Louisiana, Florida, Virginia y Carolina del Norte. El *London Spectator* señaló con sarcasmo que el único principio de la proclama era que un ser humano no podía poseer a otros a menos que fuera leal al gobierno de Lincoln.[130] Sin embargo, el *London Spectator* en ese momento (y los cínicos críticos de Lincoln de todos los tiempos) malinterpretaron las bases de la acción de Lincoln. Como era un líder constitucional y no un déspota, Lincoln solo podía liberar a los esclavos como medida de guerra para suprimir la rebelión. La confiscación de propiedad del enemigo en tiempos de guerra se reconoce como legítima, bajo las reglas de la guerra.

Por eso, no es cierto que liberara a los esclavos allí donde no tenía poder y dejara en esclavitud a aquellos que estaban bajo su control. Lincoln no tenía autoridad constitucional para liberar a los esclavos en los estados leales. Y sabía que no podía emancipar a los esclavos en las áreas en donde las armas de la Unión hubieran aplacado la rebelión. Los efectos de la Proclama de Emancipación fueron que el ejército de la Unión se convirtió en un ejército de liberación.

Dondequiera que estuviera el ejército, miles de esclavos llegaban para engrosar sus filas puesto que los soldados de los Estados Unidos llevaban la libertad en sus mochilas.

Algunos observadores británicos fueron más perceptivos que la aristocracia gobernante. El filósofo John Stuart Mill demostró un agudo entendimiento de lo logrado por Lincoln:

El actual gobierno de los Estados Unidos no es abolicionista. Los abolicionistas de Norteamérica son los que no se mantienen dentro de la Constitución, los que exigen la destrucción (en términos de esclavitud) de todo lo que está protegido por la legislación interna de cada estado, a partir del control del

Congreso. Son quienes apuntan a abolir la esclavitud dondequiera que exista, y por la fuerza y hace falta, pero por cierto, mediante cualquier otro poder que no sea el de las autoridades constituidas en los estados esclavistas. El partido republicano no apunta ni profesa apuntar hacia ese objetivo. Y cuando tomamos en cuenta el río de ira que les bañaría si lo hicieran, pensaríamos que de hacerlo estarían equivocados. Pero aunque no es un partido abolicionista, sí es un partido de tierra libre. Si no se han levantado en armas contra la esclavitud, lo han hecho contra su extensión. Y saben, como también sabremos nosotros, que ambas cosas significan lo mismo. El día en que la esclavitud ya no pueda extenderse, será el de su fin. Los amos de los esclavos lo saben y por eso están furiosos. Saben, como lo saben todos los que conocen el tema, que al limitar la esclavitud se estará firmando su sentencia de muerte.[131]

«Es mi esperanza poder mantener esta empresa hasta lograr el éxito, o hasta que muera, o hasta que me venzan, o hasta que termine mi mandato o hasta que el Congreso o el país me abandonen», había escrito Lincoln en un momento de gran desaliento. Hay que admitir que Jefferson Davis también tuvo ese compromiso de pelear hasta el final. Pero fue Lincoln quien tuvo la tarea más grande porque debió ganar la guerra y ganar la paz, tanto para el norte como para el sur, en tanto Davis solo tenía que ocuparse de evitar la *derrota*.

Jefferson Davis reaccionó ante la Proclama de Emancipación con furia, como era de esperar. Le dijo al Congreso confederado que era «la más deleznable medida en la historia del hombre culpable». Lincoln quería «incitar a la insurrección servil y encender el fuego de los incendiarios», acusó Davis. Y lo acusó incluso cuando Lincoln específicamente había urgido a los esclavos liberados que no fueran violentos, con la excepción de la necesaria defensa propia. Frederick Douglass había escrito sobre el temor que tantos amos de esclavos habían expresado «ante el peligro de que les cortaran el cuello porque así lo merecían».[132] Lincoln se estaba convenciendo de la teoría de la guerra dura, que significaba gran destrucción para la propiedad de los rebeldes, pero no daba su apoyo a las revueltas de los esclavos. Es más, no hay casos informados de asesinato ni violaciones en las plantaciones sureñas, lo que habla mucho del carácter de Lincoln y del carácter de los esclavos liberados. Ese «lobo por "las orejas"» que tanto temía Thomas Jefferson y cientos de otros amos de esclavos en el sur, durante sesenta años, no aulló.

Luego del «Día de Jubileo», 1 de enero de 1863, ya no se volvió a hablar de la colonización de los norteamericanos negros. En cambio, toda la atención estuvo en determinar lo pronto que podría reclutarse a los hombres de color para que se incorporaran a los ejércitos de la Unión. La administración Lincoln estaba plenamente comprometida a utilizar lo que Douglass llamaba «brazo de sable», contra la rebelión. Fue una decisión difícil, porque hubo amplia resistencia al reclutamiento de los negros, incluso dentro del ejército. En julio de 1862 un hombre de la caballería de la Unión, Charles Francis Adams le había escrito a su padre que estaba en Londres: «Hay que abandonar la idea de armar a los negros como soldados». Sin embargo, solo un año después el joven Adams pudo decirle a su famoso padre: «La cuestión del regimiento negro es nuestra más grande victoria en la guerra hasta ahora y puedo asegurarte que en el ejército estos (soldados negros) son más exitosos al punto que pronto serán la moda».[133]

Una de las cosas que hacía que los líderes del norte dudaran, era que los confederados amenazaban con tratar a los soldados negros, no como prisioneros si eran capturados, sino como insurrectos, lo cual ameritaba la muerte en la horca. Sus oficiales blancos también se veían amenazados de muerte ante una eventual captura. El general Beauregard, con su estilo francés, pedía que se los ejecutara con el garrote. Solo cuando Lincoln emitió severas órdenes, se acallaron las sangrientas amenazas del sur. Después de los apasionados ruegos de Douglass, Lincoln decretó que todo soldado negro de la Unión que volviera a la esclavitud sería compensado con un prisionero blanco de los confederados, que cumpliría trabajos forzados. Todo prisionero de la Unión que cayera en manos sureñas y fuera ejecutado, se vería respondido con un prisionero sureño elegido al azar, que sería fusilado. Fue bueno que Lincoln jamás se viera obligado a ejecutar su orden.

Aun así, la libertad para los norteamericanos negros y también los blancos, dependía del éxito de los ejércitos de la Unión. En el oeste el general Grant sitiaba el gran bastión de los confederados, en Vicksburg, sobre el Mississippi. Grant trabajaba en conjunto con los bombarderos navales de la Unión. Pero el asunto llevaba tiempo y significaba grandes esfuerzos. Grant había obtenido una sangrienta victoria en Shiloh, en el mes de abril. Allí la Unión había perdido a trece mil hombres (de los cincuenta y cinco mil que tenía) y los confederados perdieron a once mil (de sus cuarenta y dos mil).[134] El general confederado Albert Sidney Johnston, favorito del presidente Davis, se desangró por una herida en la pierna, oculta por su bota. La batalla de Shiloh dio como resultado más bajas en dos días de las que habían sufrido los Estados Unidos durante toda su existencia como nación. Cuando los críticos de Grant se quejaron ante Lincoln, afirmando que el general estaba bebiendo otra vez, Lincoln los despachó diciendo: «No puedo darme el lujo de perderlo. Es un hombre que lucha».[135]

En el este, Lincoln no tuvo más opción que la de conferir el comando del Ejército de Potomac al «Peleador Joe» Hooker. Lincoln criticaba a Hooker por la forma en que había desplazado al honorable aunque incapaz Burnside. Lincoln también se había enterado de que Hooker hablaba de la necesidad de una dictadura militar en el país. Aun así, le dio a Hooker el mando del ejército con estas palabras que pasaron a la historia: «Me he enterado, y lo creo, que ha estado diciendo usted que tanto el ejército como el gobierno necesitan un dictador. Por supuesto no fue por eso sino a pesar de ello, que le he puesto al mando. Solamente los generales que logran éxitos pueden poner a dictadores en el gobierno. Ahora, solo le pido éxito militar, y me arriesgaré a la dictadura».[136]

Con habilidad, Hooker reorganizó el ejército, mejoró las raciones, el cuidado de la salud y la moral de las tropas. Y con energía, llevó al ejército más al interior de Virginia pero no pudo resistirse a la tentación de hacer alarde: «Que Dios se apiade del general Lee porque no tendré misericordia». Luego llevó a su ejército a otro desastre federal, el 3 de mayo de 1863 en Chancellorsville.

El mayor triunfo de Robert E. Lee —Chancellorsville— también fue la escena de su mayor pérdida. La victoria de los sureños se veía asegurada con la «caballería de a pie» de Muro de piedra Jackson, que salió de los bosques, dando gritos aterradores, costumbre de los rebeldes. Causaron tanto pánico entre las filas de las tropas de la Unión, que huyeron. Hooker quedó paralizado cuando un proyectil disparado por la artillería confederada destruyó la columna contra la que se apoyaba. Pero cuando cayó el sol ese día, el general Jackson montó su Pequeño Sorrel para inspeccionar sus filas y prepararse para la lucha del día siguiente. Solo lo acompañaban sus ayudantes. Los confederados creyeron que era un oficial de la Unión y abrieron fuego, hiriéndolo de gravedad. Hubo que amputarle el brazo poco después, procedimiento usual para los heridos graves. «Ha perdido su brazo izquierdo», dijo Robert E. Lee con tristeza, «pero yo perdí mi brazo derecho». Esa semana Jackson contrajo neumonía y falleció. En esos días no existía la penicilina y cualquier infección era fatal. Todo el sur se vistió de luto y aun en el norte se honró a Jackson como oponente valiente e ingenioso.

La derrota de Hooker —confesó que había «perdido confianza en Joe Hooker»— significó que Lincoln tendría que encontrar a otro comandante en el este. En menos de un año, ya había probado con McClellan, Pope, de nuevo con McClellan, con Burnside y Hooker. Ninguno había tenido éxito.

Lee planeaba una segunda invasión al norte, por lo que debía ocultar sus movimientos. La caballería de la Unión, al mando del mayor general Alfred Pleasanton buscó al ejército de Lee pero, en cambio, sorprendió a las tropas montadas del valiente J.E.B. Stuart, en Brandy Station a unos cuarenta kilómetros de Fredericksburg, Virginia. Ese choque del 9 de junio de 1863 fue la batalla de caballería más grande que se haya librado en el hemisferio occidental. Murieron casi mil cien de los veintidós mil hombres.[137]

Aunque Pleasanton no encontró a Lee, ese día de lucha con Stuart demostró que la caballería de la Unión podía enfrentarse a la famosa caballería de los confederados, sin temor alguno. Después del sangriento encuentro en que los soldados de a caballo luchaban con sus sables, y que resultó en un empate, Stuart y su caballería sufrieron las críticas de la prensa sureña.[138] A partir de ese momento, la caballería de la Unión lucharía con mayor destreza y ahínco.[139]

Ahora Lee avanzaba, y se dirigía hacia el norte. Una vez más estaba en juego el destino de una nación.

Capítulo 10

EL NUEVO NACIMIENTO DE LA LIBERTAD
(1863-1865)

El presidente Lincoln llega a Gettysburg, cuatro meses antes de la gran batalla del 1 al 3 de julio de 1863. Allí, bajo el frío aire de noviembre, pronuncia las palabras que por siempre habrán de considerarse inmortales. Pero las palabras de Lincoln en el Discurso de Gettysburg —e incluso sus acciones— de nada servirán si el ejército de la Unión fracasa. Después de dos años de guerra los ejércitos de la Unión todavía no han logrado sofocar la rebelión. Todo depende del éxito de las armas federales. Gettysburg será la medida máxima para la Confederación. Allí surge la marea gris, que vuelve a surgir una y otra vez y luego rompe sobre la roca del valor de la Unión. Y allí Robert E. Lee inicia el largo y lento camino que culminará casi dos años después en un pequeño tribunal de Virginia del Sur, llamado Appomattox. Lincoln vivirá para ver ese momento, pero morirá una semana más tarde. Asesinado en 1865, dejará a los Estados Unidos en manos inestables, precisamente cuando más necesitamos su mente y su corazón.

I. GETTYSBURG: LO MÁXIMO PARA LA CONFEDERACIÓN

Lee avanzó nuevamente hacia el norte a fines de junio de 1863, con la intención de llegar a Pensilvania. La crisis empeoraba y Lincoln aceptó la petulante renuncia del general Joe Hooker. Acudió entonces al general George G. Meade, nativo del estado de Keystone. Lincoln tenía la esperanza de que Meade fuera confiable, como para «pelear bien en su propio terreno».[1]

Cuando Lee se encontró con la fuerza principal de los federales en Gettysburg, decidió «darles una tunda». Pero se vio impedido en parte porque le faltaba su excelente comandante de caballería, el general James Ewell Brown (J.E.B.) Stuart. Stuart había humillado ya una vez a los federales, al cabalgar alrededor de ellos y rodearlos por completo. Pero ahora estaba demasiado lejos, capturando los tan necesarios vagones con provisiones, pertenecientes a la Unión. Así, Lee quedó «ciego» a los movimientos del enemigo. Los generales confederados Stuart y George Pickett se habían ganado los corazones de muchos en el sur, por su porte de caballeros: Stuart tenía una barba roja y densa, con una pluma de avestruz en el sombrero y una banda color granate alrededor de la cintura en tanto Pickett tenía cabello largo y rizado que le llegaba a los hombros y olía a perfume. Pickett había sido el último en su clase de 1846 en West Point, aunque compensaba su mal desempeño académico con su valentía y energía.

Un oficial de la Unión, el coronel Joshua Lawrence C Chamberlain, de treinta y cuatro años, alto, delgado y con un imponente bigote, era profesor de los clásicos en la vida civil. Hablaba ocho idiomas: inglés, griego, latín, árabe, siríaco, hebreo, francés y alemán.[2] Es poco probable que haya habido otro hombre tan culto en el campo de batalla en ese momento. Pero muchos corazones valientes, muchos intelectos cultivados prestaban sus cuerpos a la lucha por la cuestión en disputa. Chamberlain comandaba la Vigésima de Maine, y sabía que tendría que tomar control de Little Round Top, una cima en el campo de Gettysburg. Si los confederados lograban ganar ese elevado punto, podrían disparar con su artillería hacia las tropas de la Unión, en el valle, y lo más probable es que entonces ganaran la batalla... y hasta la guerra.

Chamberlain convocó a sus granjeros y pescadores de Maine, para frenar el ataque de los rebeldes. Su compañía ya había perdido una tercera parte de los hombres y el mismo Chamberlain había sido herido levemente, dos veces durante la batalla.[3] Ahora, ante otro ataque, Chamberlain recordaría: «Mis pensamientos iban hasta lo más profundo... Con cinco minutos más en esta defensiva, todo acabaría para nosotros. Aunque la situación era desesperada, no había más opción que la de atacar. Y eso es lo que decidí hacer. Los hombres me miraron y con una sola palabra bastó:

"¡Bayoneta!" Fue como encender una chispa en un barril de pólvora. La palabra voló a lo largo de las filas».[4]

Cuando se les terminaron las municiones, Chamberlain podría haberse rendido, con honor. Pero prefirió liderar a sus hombres colina abajo, desde Little Round Top, y los dispuso como si fueran un portón que se rebate sobre el punto de apoyo de una bisagra. Chamberlain barrió con los sorprendidos hombres de Alabama. Y por su decidida acción de ese día, aquel joven hombre de Maine fue condecorado con la medalla de honor del Congreso.

Las filas de la Unión dudaron al ver que las fuerzas del general Meade eran obligadas a entrar en la granja de la familia Rose. Allí, los lugares con nombres prosaicos, como Campo de trigo, o Huerto de duraznos, se hicieron inmortales en los anales de la guerra. Meade estaba decidido a resistir. Ordenó al mayor general Winfield Scott Hancock que brindara apoyo al tercer batallón. Entre los experimentados soldados del general Hancock se contaban los de la famosa brigada irlandesa. Con sus brillantes banderas verdes y sus características espadas curvas, los irlandeses estaban preparados para entrar en acción. Antes de volverse para enfrentar al enemigo, acudieron a su sacerdote para la absolución. Desde una roca, y mirando de frente los rostros sinceros y ansiosos, el Padre William Corby les dio su bendición y luego les advirtió: «La Iglesia Católica le niega cristiana sepultura al soldado que le da la espalda el enemigo y deserta a su bandera».[5] Sobre esa misma roca hay hoy un monumento al Padre Corby.

Un oficial irlandés que no llegó a recibir la bendición del Padre Corby, se había graduado primero en su clase de West Point, dos años antes. Era Patrick, o Paddy, H. O'Rourke, que había saltado de su caballo y lideraba a su Decimosexta de Michigan al grito de «¡Vamos por aquí, muchachos!» cuando una bala rebelde le dio en el cuello y lo mató. Un soldado de Nueva York, que vio la lamentable escena, dijo que «ese había sido el último disparo de Johnny». Las compañías A y G competían para derribar al asesino del amado Paddy. Y «el rebelde Johnny», recibió diecisiete disparos.[6]

Después de dos días de lucha feroz (1 y 2 de julio) bajo el sofocante calor del varano de Gettysburg, Lee decidió atacar el cuerpo principal de las filas de la Unión. El general James Longstreet se oponía, tal vez porque recordaba la devastación que sufrieran las fuerzas de la Unión en Maryes' Height, en Fredericksburg. Pero tal era el prestigio de Marse[*] Robert's que nadie se atrevió a contrariar su criterio. Al ver

---

* «Marse», era la forma en que los esclavos de Virginia pronunciaban la palabra «Master», que significa amo. Los hombres de Lee, que lo adoraban, adoptaron el mismo título para dirigirse a él.

a un conejo asustado que huía, un sureño respondió con humor cuando el soldado gritó: «¡Corre, vieja liebre!», dirigiéndose a sus hermanos que aguardaban detrás de una arboleda, dispuestos a avanzar cuando se les diera la orden. «Si yo fuera una vieja liebre, también correría».[*]

Cuando Pickett comandó su ahora famoso ataque, los confederados, vestidos de gris y marrón claro, marcharon a enfrentarse con la artillería de la Unión. Miles de hombres murieron en cuestión de minutos porque los artilleros del ejército de la Unión estaban protegidos tras muros de piedra. Se maravillaron al ver el coraje de los confederados, y al fracasar el ataque de Pickett, hubo una ola de hombres que caían contra las rocas. Desde las filas de la Unión, los hombres mantenían la lucha al grito de «¡Fredericksburg! ¡Fredericksburg!» Y el cielo entonces pareció partirse con el estallido de miles de gargantas de la Unión, que gritaban su victoria. Habían salvado a su país, y lo sabían. Durante el resto de sus vidas, esos veteranos de la Unión seguirían rindiendo homenaje a la valentía y desinterés de los soldados de uniformes grises.

«Oh, todo ha salido mal», gritó angustiado Robert E. Lee al ver a los pocos sobrevivientes de la división de Pickett, que volvían arrastrándose. Por eso salió al encuentro de sus hombres y dijo: «Es culpa mía».

Al instante le envió un cable al presidente Davis, avisándole que renunciaba a su posición pero la respuesta tampoco se hizo esperar: no se aceptaba su renuncia. Lee era una figura poco frecuente, amado e incluso adorado por sus soldados, respetado por los sureños y admirado por casi todos sus adversarios del norte. «Ojalá fuera de los nuestros», dijo una joven de Pensilvania que lo vio cabalgar hacia Gettysburg. Era el sentimiento de millones de norteños. Lee había dicho que la esclavitud era «un mal moral y político».[7] E incluso había hablado en contra de la secesión: «Los que le dieron marco a nuestra Constitución jamás dedicaron tanto esfuerzo, sabiduría y paciencia para que cada uno de los miembros de la [Unión] luego quebrantaran este marco como les diera la gana...»[8] Aun así, cuando Virginia se separó de la Unión, Lee no podía elegir otro camino más que el de apoyar a su estado. Cientos de miles de valientes y honorables sureños siguieron la misma lógica.

Los voluntarios de la Primera de Minnesota habían estado en todas las batallas más importantes del ejército de la Unión. Y en Gettysburg su papel también fue

---

[*] Relato del fallecido Shelby Foote, que lo contó con una sonrisa, en la magnífica serie Civil War, de Ken Burns, emitida por PBS.

importante. Intentaron, aunque infructuosamente, capturar una bandera rebelde siguiendo las órdenes del general Winfield Scott Hancock. En tan solo quince minutos de intensa acción, sufrieron bajas del sesenta y ocho por ciento.[9]

Después de la batalla, el sargento Henry Taylor, de Minnesota, describió cómo llegó a saber lo que le había pasado a su hermano Isaac:

Cerca de las ocho y media, el señor Snow —de la compañía B— me dice que cree haber visto a mi hermano; por lo que lo acompaño hasta el lugar, ¡donde encuentro muerto a mi querido hermano! Un proyectil impactó la parte superior de su cabeza y salió por la espalda, cortando en dos partes su cinturón. El pobrecito ni siquiera llegó a enterarse de lo que le había pasado. Tomé su agenda, su reloj, su diario, su cuchillo y demás pertenencias y con W.E. Cundy y J.S. Brown lo sepultamos a las diez de la mañana a trescientos cincuenta pasos al oeste de un camino que cruza hacia el norte hacia la casa de Jacob Hummelbaugh y John Swisher (de color) a mitad de camino entre ambos, junto a un muro de piedra donde había caído, más o menos a un kilómetro y medio al sur de Gettysburg. Sobre su tumba puse un cartel, en el que escribí:

Su pecho no fue albergado por un inútil ataúd,
Ni lo envolvimos en mortaja o lienzo,
Sino como guerrero que descansa, aquí lo dejamos
Bajo el resguardo de su tienda de campaña.[10]

Y en el diario de su hermano, Henry hizo una última anotación: «El propietario de este diario murió a causa de un disparo cerca del atardecer del 2 de julio de 1863, con la mirada puesta en el enemigo».[11] La anotación estaba fechada el 4 de julio de 1863, a ochenta y siete años del nacimiento de una nación por la que el joven Isaac había dado su vida.

Para los derrotados confederados, fue un Día de la Independencia muy triste, en especial porque para algunos, esa era una *Segunda Guerra de la Independencia*.[12] Los abatidos hombres de Lee, regresaron por los polvorientos caminos de Pensilvania, pisando la sangre de los caídos bajo la lluvia. Desanimados y a la espera de un ataque federal a cada momento, el ejército de Virginia del Norte se dispuso a cruzar el Potomac, que por la lluvia había crecido. Lincoln estaba desesperado porque

Meade cerrara con Lee y terminara con la rebelión, por lo que cuando Meade emitió una orden de felicitación a sus hombres por haber echado al «invasor» de nuestro suelo, Lincoln exclamó: «¿Es que nuestros generales jamás se quitarán esa idea de la cabeza? El país entero es nuestro suelo».[13]

Ese mismo 4 de julio llegó desde el oeste un mensaje que electrizó a todos. El general Ulysses S. Grant aceptó la rendición de la ciudad de Vicksburg. Grant conducía una campaña osada e inteligente contra los defensores confederados indecisos y divididos. Vicksburg dominaba el paisaje del río Mississippi, debido a su elevación, y era un puesto estratégico. Uno de los líderes confederados era el general John C. Pemberton, de Filadelfia, que se había unido a las filas sureñas porque se había casado con una dama de Virginia.[14] Después de todo, era esa una guerra en la que peleaba hermano contra hermano, padre contra hijo. J.E.B. Stuart, valiente integrante de la caballería confederada, repudió la decisión de su suegro de Virginia de permanecer con el «viejo ejército», el de los Estados Unidos. «Lo lamentará solamente una vez, pero será para siempre», dijo Stuart.

Grant había comenzado con cierta indecisión. El héroe rebelde Nathan Badford Forrest había estado acosando a las fuerzas de la Unión. Forrest había sido traficante de esclavos y un acaudalado propietario de plantaciones, antes de la guerra. Y de cabo ascendió a general, como único soldado de la Guerra Civil que lograra tal encumbramiento, incluyendo a ambos bandos. Lo hizo sin contar con conexiones importantes en Richmond.

«Ese demonio de Forrest», como lo llamaba Sherman, era un gran obstáculo para el movimiento del ejército de la Unión en Tennessee. Una vez, estando rodeado, Forrest había ordenado un ataque en ambas direcciones, logrando así huir; en otra oportunidad, Forrest tomó a un soldado de la Unión y lo subió a su caballo, llevándolo detrás de sí sobre la montura, para usar al pobre desafortunado como escudo humano, protegiéndose de las balas yanquis. Durante la guerra, Forrest había perdido ya treinta caballos a causa de los proyectiles y la cantidad de muertos causados por ese hombre sumaba un total de treinta y uno. Después de la guerra, decía con cierta petulancia: «Siempre estuve un galope delante de ellos».[15]

Grant se había distinguido por su valentía en la guerra de México pero en esa oportunidad no había estado al frente de un ejército. Ahora era general y, en retrospectiva, describió lo que sentía al estar en medio del combate como cabeza de sus soldados:

Al acercarnos al borde esperábamos ver desde arriba el campamento de Harris [de los confederados], con la posibilidad de averiguar si estaban listos y formados para luchar contra nosotros. Sentí que el corazón se me subía cada vez más, hasta que lo sentí en la garganta. Lo habría dado todo por haber estado de nuevo en Illinois, pero no tuve el coraje de hacer una pausa para considerar qué debía hacer. Seguí adelante. Y cuando llegamos a un punto desde donde veíamos todo el valle, mandé detenernos. El lugar donde había estado el campamento de Harris seguía allí, se veían señales de ocupación reciente. Pero las tropas [sureñas] ya no estaban. Sentí entonces que el corazón me volvía a su lugar. Pensé que Harris había tenido tanto miedo de mí, como yo de él. Fue esa una perspectiva que jamás había tomado en cuenta, pero no pude olvidarla jamás. Desde ese momento y hasta que terminó la guerra, no volví a sentir dudas ni temor al confrontar al enemigo.[16]

Vemos aquí el secreto del éxito de Grant: su estilo sin vueltas, su claridad, su candidez y el sentido del humor que acompañaba una opinión real de sí mismo y de los demás. Pero por sobre todas las cosas, vemos el ingenio de Grant para reírse de sí mismo y su gran determinación: «*Seguí adelante*».

Después de meses de sitio por parte de Grant y sus hombres, los de Mississippi se rindieron debido a la falta de provisiones (¡Vicksburg no volvería a celebrar el 4 de julio hasta 1942!). La ciudad entregó el mando del río Mississippi a la Unión, dividiendo a la Confederación en dos. Las iniciales de Grant eran U.S. Grant. ¿Podrían haber sido más simbólicas? El pueblo norteamericano quedó impactado ante la unión del bajo y alto Mississippi, justamente el día del cumpleaños de la nación. El presidente Lincoln escribió: «El padre de las aguas puede ahora volver tranquilo al mar».

En el este los ánimos no eran tan festivos. El presidente Lincoln había esperado e incluso orado para que el general Meade tomara la rendición incondicional del ejército de Lee en Pensilvania como Grant había conquistado Vicksburg en el oeste. Pero no sería así.

Robert Todd Lincoln nunca había visto llorar a su padre, pero después de la batalla de Gettysburg, Abraham Lincoln lloró con amargura. No podía creer que Meade estaba dejando escapar a Lee. La retirada de Lee incluso se vio demorada por la marea alta del río y ni siquiera entonces descendió Meade para sofocar la rebelión de una vez y para siempre. Porter Alexander, jefe de artillería de los confederados, describió la cansina persecución de Meade: «Como una mula que va tras un oso pardo, como si atraparnos fuera lo último que quisiera hacer».[17]

Lee escapó, pero Lincoln no reemplazó a Meade, a quien sus hombres llamaban «tortuga protestona con ojos saltones». Meade se sintió ofendido por la falta de agradecimiento de su comandante en jefe después de tan grande victoria, por lo que presentó su renuncia. Lincoln le respondió por escrito de inmediato, pero jamás llegó a enviar la misiva en la que expresaba su angustia:

> Una vez más, mi querido general, no creo que llegue usted apreciar la magnitud del infortunio que representa la huida de Lee. Estaba a su alcance y podría usted haber dado fin a la guerra si tan solo le hubiese atrapado, sumando esto a nuestros últimos éxitos. Ahora, esta guerra se prolongará indefinidamente. Si no podía usted atacar a Lee con seguridad el día lunes, ¿cómo podría hacerlo al sur del río cuando solo puede llevar consigo poco más de dos tercios de las fuerzas con las que contaba entonces? No sería razonable esperar eso y no espero que pueda usted lograr mucho en este momento. Ha dejado pasar una oportunidad de oro y me angustia sobremanera que así sea.[18]

Esta carta, que Lincoln finalmente no envió, revela su profundo anhelo de ver el final de la guerra y el derramamiento de sangre. Al mismo tiempo, nos muestra el agudo sentido de la estrategia de Lincoln, que durante la Guerra Civil se había convertido en un eximio estratega. Solo él entendió desde el principio que el principal objetivo de las fuerzas de la Unión era la destrucción del ejército de Lee, y no la toma de Richmond. Allí donde otros sintieron pánico cuando Lee invadió el norte, en 1862 y 1863, Lincoln veía una oportunidad excelente para privarle de provisiones y capturar al cansado ejército de Lee y sus soldados descalzos. «Si yo hubiera estado allí podría haberles borrado de un plumazo», les dijo Lincoln a sus jóvenes secretarios John Hay y John Nicolay.[19]

Sin embargo, en esta instancia tal vez Lincoln estuviera equivocado porque la tarea de perseguir y aplastar al derrotado ejército de Lee se veía más fácil desde Washington que desde el lugar de los hechos, en Gettysburg, donde estaba el general Meade.[20]

De haber lanzado un contraataque para acabar con las filas de Lee, Meade tal vez se habría llevado una sorpresa. El general confederado James Longstreet salió a inspeccionar el campo cuando Pickett no lo hizo. «El viejo Peter» corría un riesgo muy grande. Era eso exactamente lo que había hecho Muro de piedra Jackson después de su gran victoria de Chancellorsville, dos meses antes, y por ello había pagado con su vida.

Al viejo Peter le sorprendió encontrar una batería de artillería aún allí, después de que hubiera ordenado que se retiraran las armas. «¿De quién son estas armas?», quiso saber, gruñendo la pregunta. Un oficial rebelde salió a su encuentro, fumando su pipa, y respondió con tranquilidad. «Yo soy el capitán y sigo aquí para darme el gusto de disparar si los yanquis salen de sus madrigueras».[21]

Lee se había cuidado de preparar su línea de retirada, detallista como siempre. Pero no lograría compensar las terribles pérdidas sufridas entre sus oficiales. En solamente tres días, Gettysburg le había costado diecisiete de sus cincuenta y dos generales, casi un tercio de sus mejores hombres.[22] La situación no podría durar demasiado, y Lee lo sabía.

También lo sabían otras personas.

El teniente coronel Arthur James Lyon Fremantle, oficial británico de la guardia Coldstream de la reina Victoria, era observador del ejército de Virginia del Norte. Al ver que los hombres de Pickett retrocedían en lugar de atacar, dijo: «No volverán a intentarlo».[23] Dirigiéndose a sus amigos confederados, preguntó: «¿Ven que es un sistema que se alimenta de sí mismo? No pueden ustedes reemplazar a estos hombres. Sus tropas hacen maravillas pero siempre, a un precio que no podrán pagar».[24]

Robert E. Lee lo entendía pero también era ávido lector de los periódicos norteños. Estaba al tanto del cansancio que la guerra producía en la población del norte y sabía además, que muchos políticos del norte se oponían a este sangriento enfrentamiento. Si tan solo pudiera lograr una victoria importante, en especial en territorio del norte, la gente de esa región podría empezar a clamar por la paz. Y eso fue exactamente lo que hicieron algunos de los más importantes políticos del partido demócrata.

Lee era nieto adoptivo de George Washington. Sabía tan bien como cualquier otro norteamericano que Washington había perdido varias batallas, antes de ganar la guerra. Yorktown había sido esa decisiva victoria que convenció al público británico harto de la guerra, que jamás lograrían someter a Norteamérica. La esperanza que albergaba Lee era que pudiese mantener a su agobiado ejército y hacer que para los del norte, aplacar la rebelión fuera algo tremendamente costoso.

Tal vez eso explique su determinación por ganar una batalla importante en suelo norteño. Había conseguido victorias espectaculares en Virginia. Fredericksburg era un ícono del triunfo. Y Chancellorsville se sigue estudiando en los colegios militares como ejemplo de valentía y destreza.[25]*

Fue en ese momento que Lincoln empezó a apreciar lo que había conseguido el general Meade. La gente del norte estaba muy contenta por las victorias de Gettysburg y Vicksburg, y el presidente parecía estarlo también. Después de días de angustia Lincoln envió un despacho para que lo viera Meade. Esta vez, le dijo: «Han pasado unos días y estoy profundamente agradecido ahora por lo que se hizo y sin críticas respecto de lo que no se ha hecho. El general Meade tiene mi confianza como oficial valiente y capaz y como hombre honrado». George Gordon Meade comandaría al ejército del Potomac hasta el último día de la guerra.

Lincoln contactó a Grant en esos días también. Viendo que no había conocido aún a su comandante del oeste, le telegrafió diciendo: «Pensé que podía ir usted río abajo para unirse al general Banks y cuando se dirigió hacia el norte, al este del Big Black, temí que fuera un error. Ahora quiero expresarle personalmente mi reconocimiento de que estaba usted en lo cierto y yo, en un error». No siempre manifiesta un presidente tal humildad y gracia. Grant y Lincoln no se conocían, y además, ¡el general sería un muy probable rival en la elección presidencial de 1864!

A pesar de las victorias, la angustia de Lincoln encontraría motivos para volver a asediar su corazón. A días de ganar terreno en Vicksburg y Gettysburg, se produjo en la ciudad de Nueva York una de las revueltas más grandes en la historia de

---

* El reciente trabajo del historiador del ejército norteamericano Tom Carhart echa luz sobre las acciones de Robert E. Lee ese fatídico día del 3 de julio de 1863. Al estudiar los registros del ejército de Virginia del norte y del Potomac, Carhart concluye que Lee planeaba otro ataque a Culp's Hill, por parte del cuerpo de soldados del general Richard Ewell. Ewell habría aplastado al flanco derecho de la Unión en tanto Pickett atacaba el centro. El golpe fatal habría estado a cargo del valiente general J.E.B. Stuart, con sus seis mil jinetes. El plan se vio frustrado por la valentía de los soldados de la Unión que hicieron retroceder a Ewell, a la vez que diezmaban a los hombres de Pickett. Pero ante todo Tom Carhart cree que fue la represalia del general George Armstrong Custer, contra la invicta caballería de Stuart, la que podría haber salvado la batalla y la Unión. Carhart muestra de qué modo los increíbles ataques de Custer contra los «invencibles» de Stuart, conformaron la clave —no revelada en el pasado— para la victoria. Custer había terminado último en la misma clase de West Point de la que Paddy O'Rourke había resultado el primero. Y esa tarde de julio, el general Custer actuó con valor y habilidad. Su grito a los de las tropas de la Primera y la Séptima de Michigan —«Vamos, lobos»— representaba el grito de batalla por la libertad. Aún no ha sido del todo aceptada la tesis de Tom Carhart, aunque se espera que inicie un debate que recorrerá muchas de las mesas de estudio sobre la Guerra Civil en el país.

los Estados Unidos. En esa ciudad de inmigrantes, el reclutamiento o *conscripción* militar era algo que todos detestaban. Los pobres obreros irlandeses no tenían con qué pagar los trescientos dólares requeridos para quien quisiera eximirse de servir en el ejército de la Unión.*

Vivían hacinados, en conventillos mal iluminados, y su magro salario se veía en peligro además porque los protestantes yanquis empleaban a los estibadores negros libres para terminar con las huelgas. Las promesas de libertad y prosperidad en Norteamérica les parecían huecas palabras. El gobernador de Nueva York, Horatio Seymour, había criticado las políticas de emancipación y conscripción del gobierno de Lincoln en un demagógico discurso del 4 de julio ante los demócratas citadinos. Cuando los encargados de la conscripción comenzaron a sortear los nombres de los futuros reclutas el 11 de julio, se encendió la chispa que daría lugar a la rebelión. Una muchedumbre enfurecida atacó a los negros, linchando a seis hombres e incendiando un orfanato para niños de color. El editor del *New York Times* debió defender sus oficinas instalando tres de los recientemente inventados rifles Gatling.[26]**

El arzobispo John Hughes había viajado a Europa, cumpliendo así con una misión de lealtad que consistía en impedir que las potencias católicas prestaran reconocimiento a la Confederación. El prelado advirtió que no había que convertir a ese conflicto en una «guerra de abolición», y al momento de la revuelta, él y sus sacerdotes irlandeses intentaban ordenar a sus rebaños, buscando calmarlos. La policía de Nueva York —que contaba con muchos hombres irlandeses— peleó contra los revoltosos y ganó, pero murieron cientos de personas.

Cuando llegaron las tropas de Pensilvania a la ciudad, esa revuelta, la peor en la historia de los Estados Unidos,[27] tuvo que ceder porque aunque fuera injusta la conscripción, había que proceder a reclutar soldados ya que el gobierno no podía permitirse una victoria por parte de sus opositores. Hay que reconocer aquí la virtud de Lincoln, que jamás ordenó arrestar al gobernador Seymour por haber incitado a los revoltosos.

Cuando los líderes cívicos de Pensilvania decidieron que había que establecer un cementerio militar en Gettysburg, se eligió al mejor orador de Norteamérica para el discurso de dedicación. Edward Everett, ex presidente de Harvard y ex secretario de

---

* Entre los neoyorquinos importantes que pagaron los trescientos dólares para ser reemplazados por otro hombre se contaban Grover Cleveland y Theodore Roosevelt, padre.
** ¿Quién podría resistirse a comparar ese momento con el entusiasmo del New York Times por promover el control de la posesión de armas?

estado, fue el elegido. El gobernador republicano Andrew Curtin estaba inmerso en una difícil campaña por la reelección, y el evento de conmemoración a los caídos en la batalla era una buena oportunidad. Sin embargo, el lugar donde se había librado esa sangrienta lucha seguía siendo un escenario de horror, aunque habían pasado ya tres semanas. El joven banquero de Gettysburg, David Wills, que iba a presidir la ceremonia, informó al gobernador: «En algunos lugares todavía se ven brazos, piernas e incluso cabezas que los animales salvajes desentierran para comerse».[28] Sepultar a los veintidós mil ochocientos siete muertos del ejército de la Unión y a los veintiocho mil confederados caídos sería una tarea titánica. Cuando Everett confirmó que aceptaba ser el orador principal, se le pidió al presidente Lincoln que efectuara «un par de observaciones adecuadas a la ocasión».[29] El evento se veía principalmente como una cuestión de estado y como Washington estaba a solo ciento cuarenta y cinco kilómetros, se le pidió al presidente que asistiera, casi como si la idea hubiera surgido por casualidad.[30]

Everett había sido candidato a la vicepresidencia por la Unión Constitucional, con John Bell en 1860. En efecto, los organizadores del evento habían invitado a uno de los adversarios del presidente, dándole protagonismo en la ceremonia. También habían invitado al gobernador demócrata de Nueva York, Horatio Seymour, porque su estado había efectuado un aporte valioso a la victoria. Las «observaciones» que hizo Lincoln no pretendían ser un discurso pero luego de pronunciadas, sus palabras se reconocieron como uno de los mejores discursos que se hubieran dado en lengua inglesa. Se conoce como *Discurso de Gettysburg*, y cuando se usa la palabra *discurso* es lo primero que nos viene a la memoria:

Hace ochenta y siete años nuestros padres dieron a luz a una nueva nación en este continente, una nación concebida en la libertad, dedicada a la premisa de que todos los hombres son iguales, desde su creación.

Estamos ahora envueltos en una gran guerra civil, comprobando si esta nación, o cualquier otra concebida y dedicada a estos principios, puede perdurar. Nos encontramos en un gran campo de batalla, de esa misma guerra y hemos venido a dedicar parte de ese campo como última morada de quienes dieron sus vidas para que la nación tenga vida. Es justo que así lo hagamos.

Pero en un sentido más amplio no podemos dedicar, ni consagrar ni santificar este suelo. Los hombres valientes, vivos y muertos, que aquí lucharon ya lo han consagrado mucho más allá de nuestra débil capacidad de añadir o sumar nada a ello. El mundo tal vez no note ni recuerde durante mucho tiempo lo que aquí decimos, pero ha de recordar por siempre lo que ellos hicieron aquí. Es este el lugar donde nosotros, los vivos, hemos de dedicarnos a terminar la obra incompleta de los que aquí pelearon, continuando con su noble avance. Nosotros somos los que hemos de dedicarnos aquí a la gran tarea que nos toca —de que de estos fallecidos a quienes les debemos honores, tomemos la devoción creciente a la causa por la que dieron ellos toda su devoción— para decidir en este mismo momento que estos muertos no han fallecido en vano, y que esta nación, bajo la mano de Dios, pasará por un nuevo nacimiento de la libertad, y para que el gobierno del pueblo, por el pueblo y para el pueblo, jamás perezca en la tierra.

Lincoln no habla aquí del norte, ni del sur, ni impugna los motivos de nadie, no acusa, no habla en tono triunfal. Explica, en cambio, en pocas palabras lo que significa la guerra. Y sus palabras seguirán vivas mientras viva la idea de los Estados Unidos.

Lincoln no «refundó» la nación. Tampoco rehízo a los Estados Unidos. Él mismo habría rechazado esa idea. Todos sus actos fueron sencillamente, esfuerzos por defender la «premisa» fundamental de la idea de los Fundadores. Si no es cierto que todos los hombres son creados iguales, no es cierto entonces que tengan el derecho a la libertad, dado por Dios, ni la probabilidad de gobernarse a sí mismos. Para Lincoln esto era un axioma.

Felizmente, el muy honorable Edward Everett reconoció el genio del discurso de Lincoln y le envió poco después una nota, en la que refleja su gracia: «Me alegraría poder halagarme al pensar que pude decir en dos horas siquiera algo que se acercara a la idea central expresada por usted en dos minutos».[31]

II. La angustia de Abraham Lincoln

Con solo ver las fotografías de Lincoln a partir de 1860 y compararlas con las que se le tomaron al final de la guerra, podemos ver el efecto que tuvieron en él aquellos cinco años. Al momento de ser elegido tenía cincuenta y un años pero durante la guerra pareció envejecer un cuarto de siglo. Por eso dijo de sí mismo que era «anciano», en su discurso de despedida a sus vecinos de Springfield, Illinois, cuando partió en el tren especial que lo llevaría a Washington, D.C.

Los avatares de la guerra cobraron su precio. La muerte de su amado hijo Willy en 1862 fue un golpe muy duro. Después de eso, su relación con su esposa Mary también empeoró. Es que la mujer casi enloqueció de pena e incluso invitaba espiritistas a la mansión ejecutiva, porque le afirmaban que podían comunicarse con su hijo muerto. Lincoln asistió a al menos una de esas sesiones. No parece haber confiado mucho en la necromancia. Ávido estudioso de Shakespeare, habría leído esa parte en que «los muertos en mortaja gemían y chistaban en las calles de Roma» (Hamlet, primer acto, primera escena). Y agobiado por la preocupación de la guerra, lo más probable es que no haya querido contrariar a su inestable y extravagante esposa.

No podían seguir siendo todo lo íntimos que habían sido porque Mary no era ya de confiar. No es que quisiera lastimar a su marido, porque lo adoraba y desde el momento en que se casaron, ambicionaba un brillante futuro político para él. Pero la sociedad de Washington despreciaba a Mary, que le contaba al senador Charles Sumner, de Massachusetts, casi todo lo que oía. Sumner se había alineado con los republicanos radicales en el Congreso y los radicales cada vez estaban más en desacuerdo con la blandura de Lincoln para reconstruir el sur.

Lincoln y su familia pasaban los veranos de la Guerra Civil en el hogar para soldados al noreste de Washington. A unos ocho kilómetros de la casa del presidente, era este un refugio más tranquilo y fresco que la mansión presidencial. Pocos acudían allí buscando favores o con petitorios que agobiaban al cansado presidente, Lincoln solía desayunar café y tostadas, casi nunca almorzaba. Su deterioro físico durante su presidencia era evidente. Aunque nunca había vestido demasiado bien, ahora parecía que la ropa le quedaba enorme, aunque era un hombre de casi dos metros de altura. Lincoln prefería cabalgar a solas hasta su oficina pero estaba siendo observado todo el tiempo. Se arriesgaba a morir asesinado, con cada día que pasaba.

Su opinión en cuanto a la posibilidad de morir asesinado parecía fatalista. Creía que cualquiera podría matarle, siempre y cuando estuviera dispuesto a morir en el intento.[*] A pesar de que la guerra desataba emociones violentas, y aun con la ardiente retórica política que había dado lugar al enfrentamiento, no todos los

---

[*] En un famoso pasaje de uno de los *Diálogos*, de Platón, Sócrates nos recuerda que el ciudadano más humilde de cualquier *polis* puede matar al rey, si es que está dispuesto a morir al hacerlo.

norteamericanos creían en la posibilidad de un asesinato. No era el tipo de cosas que pasaban en los Estados Unidos, después de todo.

La prensa destrozaba a Lincoln, fuera norteña, sureña o extranjera. Se publicaban artículos decididamente racistas y caricaturas burlonas. Un periódico de Londres lo pintó como un jugador empedernido a punto de tirar sobre la mesa el as de espadas, aun cuando estuviera perdiendo. El rostro del jugador en esa caricatura era el de un hombre negro, lo que no es de extrañar, ya que el triunfante opositor en ese juego de naipes continental, era el elegante, seguro y sonriente Jefferson Davis. Tal vez por eso se dio en llamar «la carrera de los naipes» a las campañas electorales. Cuando los periódicos hostiles no pintaban un Lincoln negro, sin embargo, buscaban siempre ridiculizarlo, presentándolo como compañero de baile o amigo de los negros. Lincoln conocía muy bien todo eso y en los eventos sociales no cantaba ni bailaba con blancos, y mucho menos con mulatos. Las caricaturas tenían por intención crear animosidad racial contra el presidente.

«Esa jirafa», fue como lo llamó con desprecio el próspero abogado de los ferrocarriles de Pensilvania, Edwin Stanton, antes de la guerra. Sin embargo, cuando lo necesitó, Lincoln no dudó en integrar al hábil demócrata de la guerra a su gabinete. Así se conducía con casi todo el mundo. Había vivido a la sombra de muchos durante toda su vida, y aprendido a usar esa desventaja en el espinoso juego de la política. Stephen Douglas, William Seward, Roger B. Taney, Charles Sumner, Salmon P. Chase, George B. McClellan, son solo algunos de los poderosos que subestimaban a Abraham Lincoln.

Con el humor, propio o ajeno, Lincoln buscaba aliviar su angustia. A menudo contaba alguna historia o anécdota graciosa a quienes visitaban su oficina. Muchos venían esperando un puesto o algún favor, y encontraban que el presidente mismo los acompañaba luego hasta la puerta, para darles la mano y contar alguna de sus «ocurrencias». Su gusto por las historias graciosas fue caricaturizado por un dibujante que mostró en un dibujo al presidente de pie entre los muertos de la Unión, en Antietam, diciendo: «Esto me recuerda una historia».

El día que convocó a su gabinete para la lectura de la Proclama de Emancipación, intentó romper el hielo con un ingenioso chiste de Artemis Ward, su humorista preferido.* Les dijo: «Con todas las tensiones a las que me veo sometido día y noche, si no riera moriría. Ustedes también necesitan esta medicina».[32]

---

* El chiste favorito de Lincoln era «Locura en Utica», de Ward.

Sus ministros no daban indicación de apreciar esa actitud del presidente, a excepción de Seward, que mascaba su cigarro como siempre, y que solía disfrutar de genuina camaradería y buenas historias humorísticas junto a Lincoln. El resto del gabinete mayormente estaba conformado por asnos solemnes. Lincoln utilizaba sus talentos, pero no hay indicación de que disfrutara de su compañía. Tampoco ellos de la suya.

Lo que más buscaba Lincoln era un general luchador. McDowell le había fallado en un principio. McClellan ocupó su puesto durante más de un año, pero tampoco resultó. Lo mismo pasó con Pope, Burnside y Hooker. Meade tuvo más éxito, al menos en la defensiva. Pero también se quejaba y jamás gozó de la plena confianza de Lincoln.

Con Grant todo era diferente. A Lincoln le había gustado desde el principio. Grant era de Illinois. Era un hombre callado, pero eficiente. Lincoln esperaba que Grant compartiera sus ideas en cuanto a la reconstrucción política de la Unión pero mucho más importante era que estuviesen de acuerdo en asuntos militares. Grant tenía una ventaja por sobre los otros generales de la Unión: no se quejaba. Tomaba los recursos que se le asignaban y peleaba.

Lincoln había esperado mucho tiempo por un héroe militar, por alguien que le enorgulleciera. Aun antes de la caída de Vicksburg, Lincoln ya sentía entusiasmo por el general de Illinois. «No sabemos di logrará capturar Vicksburg o no, pero la campaña de Grant, desde el principio de este mes [mayo de 1863] y hasta el vigésimo segundo día, ha sido una de las más brillantes del mundo».[33] No había sido la más brillante, pero tampoco estuvo mal, y al compararla con lo que habían hecho otros generales, por cierto se veía excelente.

Es por ello que Lincoln sintió tal desilusión al volver a oír quejas porque Grant bebía demasiado. Con toda discreción envió al secretario adjunto de guerra, Charles Dana, a visitar a Grant. El motivo aparente sería una inspección de su ejército pero Grant pronto se dio cuenta de que Dana había venido a inspeccionarlo a él.[34] Astuto, le abrió las puertas de su lugar de residencia al «espía» de Lincoln y fue inteligente al hacerlo porque Dana escribió informes elogiosos sobre la inteligencia, capacidad y devoción de Grant a la causa de la Unión.[35]

Solo en una ocasión tuvo Lincoln necesidad de negarle algo a su comandante del oeste. El padre de Grant había ido al campamento de su hijo, no para felicitarlo sino para sacar provecho de su posición. Varios de los inescrupulosos cohortes de

Jesse Grant, buscando sacar algo del negocio del algodón en los territorios ocupados, eran especuladores y, para empeorar las cosas, algunos eran judíos. En lugar de echar a Jesse Grant y a sus amigos del campamento de la Unión, el general Grant emitió una orden que prohibía la entrada de «todos los judíos».[36]

Los líderes hebreos sintieron horror y acudieron enseguida al presidente para solicitar una reparación.[37] Lincoln no había sido informado de todos los detalles y saludó a los judíos con una broma bíblica: «¿Han echado a los hijos de Israel de la feliz tierra de Canaán?» De inmediato el líder judío espetó: «Para eso hemos venido al seno del Padre Abraham, buscando protección».[38] Eran tantos los problemas que Lincoln ha de haberse divertido mucho con el ingenioso intercambio. «Tendrán esa protección de inmediato», les dijo antes de redactar una orden que anulaba la prohibición de Grant.[39]

Después de que cayera Vicksburg, Lincoln quería que Grant se ocupara de la situación de Tennessee. El general de la Unión, William S. Rosecrans, había tenido un comienzo promisorio pero luego sufrió una terrible derrota a manos de los rebeldes en la batalla de Chickamauga. Para Lincoln, Rosecrans era «como un pato al que le dieron en la cabeza». Grant despachó a Rosecrans enseguida y lo reemplazó con el general George Thomas.[40] Fue una movida inteligente que demostró beneficiar a la causa de la Unión. Thomas era de Virginia y se había mantenido firme durante la batalla, por lo cual se le conocía como «la roca de Chickamauga». Pero sus hombres lo llamaban «Pap», con afecto. Avanzando hacia Chattanooga, Tennessee, Grant ordenó al general Joe Hooker que tomara el monte Lookout. Y eso hizo Hooker.[41] Luego dio instrucciones a Thomas para que tomara los puestos confederados ubicados al pie de los montes Misioneros, ordenándole que allí se quedara. Las valientes tropas de Thomas cumplieron con lo pedido y siguieron avanzando. Tomaron los puestos al pie de los montes en una «batalla que llegó a las nubes».[42] Grant y Lincoln se alegraron.

Lincoln siempre había buscado un comandante militar que, como le gustaba decir, «supiera lidiar con la aritmética», en referencia a la capacidad de enfrentar las muchas bajas que sufrirían las fuerzas de la Unión al cercar al ejército de Lee. El presidente entendía lo mismo que Lee y algunos de los líderes confederados: como el norte tenía recursos superiores en términos de hombres y material, solo sería cuestión de tiempo hasta que el norte lograra aplastar al sur. Grant era el general más conocedor, más experto, más ingenioso y valiente de todos. Claro que podía lidiar con la aritmética. Lincoln envió a Grant de regreso al este y le confirió el mando de todos los ejércitos de la Unión, ascendiéndole al grado de teniente general, algo que el Congreso había hecho únicamente con George Washington.

La manera en que Grant se había hecho cargo de los ejércitos de los Estados Unidos era típica de él. Volvió a Washington y de inmediato se registró en el afamado Hotel Willard, a pocas cuadras de la mansión ejecutiva. Allí, un aburrido empleado de la recepción le dijo que solo disponían de una habitación pequeña, casi un altillo bajo el alero en el último piso, donde podrían alojarse el general y su hijo de catorce años. Grant dijo que tomaría la habitación y cuando firmó el registro, sencillamente como «U.S. Grant e hijo, Galena, Illinois», el empleado se dio cuenta de quién era aquel huésped tan poderoso. Tartamudeando le asignó de inmediato la mejor habitación del hotel.[43] Todos los presentes en la recepción comenzaron a aplaudir.*

No tardaría Grant en enfrentarse a Lee en Virginia. Fue una lucha horrible, y los heridos gritaban aterrados mientras los bosques se incendiaban y los árboles se consumían. En los alrededores de los tribunales de Spotsylvania, Grant persiguió a Lee con tenacidad, causando muchas bajas pero también sufriendo las propias. «Si ve al presidente», le dijo Grant a un colega, «dígale que ya no hay vuelta atrás».[44] Así era, en efecto.

Para Grant.

Para Lincoln.

Para los Estados Unidos de Norteamérica.

Al principio el norte se alegró al oír a aquel hombre parco diciendo: «Me propongo seguir luchando así me lleve todo el verano».[45] Pero muy pronto, cuando se publicaron las listas de muertos y heridos en los periódicos norteños, la gente entendió lo que significaba la pelea en Virginia. Hooker y Burnside habían recorrido ya ese camino, antes que él, y siempre habían retrocedido. Fiel a la suposición de Lincoln, Grant lidió con la aritmética y siguió adelante. ¡Pero a muy alto precio! Los soldados de la Unión, sabiendo a qué se enfrentarían, cosían bandas impresas con

---

*   Sería la primera presentación de Grant en la recepción del Willard. Más tarde, siendo ya presidente, se referiría a quienes pasaban su tiempo allí con la esperanza de hablar con autoridades del gobierno como «lobbyistas» [N. de T.: por «lobby», o salón de recepción/sala de estar], y acuñó así un nuevo término (tomado de: http://www.c-span.org/questions/week175.asphttp://www.c-span.org/questions/week1.)

sus nombres en el interior de sus chaquetas, la noche anterior a Cold Harbor.* Su intención: que se pudieran identificar sus cuerpos después de la batalla.[46]

«Lamento este ataque más que cualquier otro que haya ordenado», expresó Grant con respecto a su orden de atacar Cold Harbor.[47] Perdió allí a siete mil soldados de la Unión, muertos o heridos en tan solo treinta minutos de esa mañana del 3 de junio de 1864.[48]

No tardaron en tildar a Grant de «carnicero». Hasta la señora Lincoln lo llamó así. Sin embargo, a Robert E. Lee nadie le decía carnicero y había sido la estrategia de defensa de Lee la que dio como resultado cifras tan escalofriantes. Lee sabía que mataba a dos federales por cada hombre que él perdía mientras defendía Richmond.[49] Es verdadera la reputación de Lee como inmaculado caballero cristiano, pero no debiera cegarnos al hecho de que Lee era un oponente letal. Consumía periódicos norteños y sabía que la oposición política a Lincoln iba en aumento. También sabía que la única oportunidad del sur en 1864 era la de causar enormes bajas a las filas de los norteños como para angustiar a los votantes de la Unión, que le darían la espalda a Lincoln y los republicanos.

Lincoln se mantuvo leal a su general. Es que Grant cumplía con su tarea, de manera eficiente y con decidida concentración en su objetivo. No se metía en política y no exigía más apoyo del que podía ofrecerle Lincoln. Hasta encontró una nueva forma de lidiar con las presiones, canjeando la botella por un cuchillo y un palo para afilar.

La calmada seguridad de Grant y su humildad impresionaban a muchos. George S. Boutwell, uno de los republicanos más conocidos de Massachusetts, dijo: «Es difícil poder entender las cualidades de un hombre que se conmueve ante el relato del sufrimiento de una persona pero logra dormir aunque le rodee el horror de las batallas del desierto».[50]

Por cierto, horror era lo que rodeaba a todos. ¿Qué habrán pensado los jóvenes soldados de la Unión mientras marchaban, luchaban y luego dormían en «los bosques asediados por la peor ferocidad» por los que habían luchado también sus hermanos mayores (algunos de ellos entregando sus vidas), en los últimos dos años? Herman Melville captó el sentimiento en un poema: «Los ejércitos del desierto»:

En los valles encuentran calaveras
Donde antes había piñas caídas de los pinos,

---

* Cold Harbor está a solo dieciséis kilómetros al noreste de Richmond.

Rifles oxidados, zapatos verdes llenos de huesos,
Chaquetas mohosas y esqueletos acurrucados,
Cientos y cientos, como en una pesadilla.
Los camaradas perdidos al borde de estos bosques,
Donde Muro de piedra atacó.
Año y hombre, ya no existen más.

Lincoln sintió profundo dolor ante la cuenta de las bajas en las trincheras, lamentando la muerte de los soldados de la Unión, pero de la Unión como un todo. Porque no lloraba solo las muertes de los norteños. Creía que el país era un solo, norte y sur. Al llegar los informes de las trincheras de Petersburg, Virginia, el país entero entendió lo que ello significaba. Entre los muertos sureños había muchachos de trece años, que yacían junto a hombres de blanca barba, abuelos ya. ¿Quién podría no sentir que se le encogía el corazón al ver tan tremenda pérdida?

Hubo pocas familias, del norte y del sur, a las que la mano de la muerte no tocó. La familia de Lincoln solo era una más. Cuando a la cuñada preferida de Lincoln, Emilie Helm, la detuvieron en Fort Monroe, Virginia, la joven se negó a jurar lealtad a los Estados Unidos. Ben Helm se había casado con la media hermana menor de Mary Lincoln, Emily. Ben había perdido la vida en Atlanta. «Envíenmela», había telegrafiado Lincoln a los oficiales de la Unión que habían detenido a la joven viuda a la que tanto Lincoln como su esposa consideraban una hija, la hija que jamás habían tenido.[51] Cuando Emilie llegó a la mansión ejecutiva, el presidente y la primera dama la abrazaron. «¿Sabes, hermanita?», dijo el presidente según lo contó Emilie Helm más tarde, «intenté que Ben viniera conmigo». Emilie afirmó: «El señor Lincoln me abrazó y ambos lloramos».[52] En cierto sentido, el abrazo de Lincoln comprendía a todo el país.

III. «Abraham, un poco más todavía»

A pesar de las grandiosas victorias de la Unión ese año de 1863, entre los norteños el cansancio era cada vez mayor y esa era la única esperanza que albergaban los confederados. La Proclama de la Emancipación había roto la unidad del público del norte. El partido demócrata criticaba la proclama y cuando los demócratas tomaron las legislaturas de Illinois e Indiana, emitieron resoluciones que exigían la revocación de esa proclama como condición para que sus estados siguieran apoyando el esfuerzo de la Unión en la guerra. Clement Vallandigham, demócrata de Ohio, dio un discurso el 1 de mayo de 1863 en el que criticaba aquella guerra como un intento por liberar a los negros y esclavizar a los blancos.[53] Y exigió que la Unión aceptara el ofrecimiento de mediación de los franceses, el que presuponía la independencia del sur. El general Ambrose Burnside, a quien se había reemplazado poco antes como comandante del ejército del Potomac, actuó con premura para llevar a Vallandigham ante un tribunal militar en Ohio. Acusado de deslealtad, Vallandigham fue echado en prisión y fue afortunado al no morir ejecutado. Aun esa sentencia, que merecía, le pareció demasiado severa a Lincoln. El presidente ordenó que se exiliara a Vallandigham tras las líneas de los confederados. Desde el sur, el astuto Vallandigham huyó a Canadá, y desde allí se presentó como candidato a gobernador de Ohio aunque estaba en el exilio.[54] Vallandigham era solo uno de los cada vez más numerosos «Cabezas de cobre» que buscaban obstruir los esfuerzos bélicos de la Unión.* Cuando los demócratas que se oponían a la guerra criticaron a Lincoln diciendo que era un tirano y había maltratado a Vallandigham, el presidente respondió: «¿Es que se espera que ejecute a un simple soldado desertor, sin tocarle un pelo siquiera al artero agitador que le induce a desertar?»[55]

Habiendo emitido la Proclama de Emancipación, Lincoln había abierto los rangos militares del ejército de los Estados Unidos a soldados y marineros negros. Frederick Douglass respondió con entusiasmo y viajaba por el norte, alentando a los negros a enrolarse. Su sempiterno tema era: «¿Por qué debiera enlistarse un negro? Porque podrá pararse con la frente en alto, erguido, sintiéndose más seguro y a salvo de los insultos, como nunca antes. Quien pelea las batallas de Norteamérica puede afirmar que este es su país y su afirmación gozará del respeto de todos», les decía Douglass a quienes lo escuchaban con avidez.[56]

Lo que estaba en juego no era solamente el respeto por sí mismos. Lo que Douglass quería además, era la plena igualdad cívica y política para la gente de color. «Si un negro viste botones de bronce con las letras del ejército de los EE.UU., y el símbolo del águila, y porta el mosquete al hombro y lleva balas en su bolsillo, no habrá poder ni sobre ni debajo de la tierra que puedan negar que se ha ganado

---

* Los cabezas de cobre, que se oponían a la guerra, se llamaban así por los peniques de cobre que exhibían el busto de la Libertad. Usaban esas monedas, limadas, como escudos sobre la solapa de sus chaquetas. A los norteños leales les gustaba el mote porque podían comparar a los cabezas de cobre con la serpiente venenosa del mismo nombre.

el derecho a la ciudadanía de los Estados Unidos», le dijo a una multitud reunida en Filadelfia. El hombre que exhibía gran dignidad y fuerza moral, que retaba su causa, les presentaba un desafío a quienes lo escuchaban: «Lo digo otra vez: Esta es nuestra oportunidad y si no la aprovechamos, nuestro destino será muy malo».[57]

Los norteamericanos negros acudieron a su convocatoria, de modo que cuando terminó la guerra, más de doscientos mil habían prestado servicios para «defender a la bandera».

Aunque 1864 era un año de elecciones la mayoría de los negros no podía votar, aunque sí podían hacerlo los blancos, por resentidos o enojados que estuvieran. Lincoln necesitaba responder al creciente sentimiento racista que expresaban tantos demócratas, y lo hizo en una carta, de circulación masiva:

Dicen ustedes que no lucharán para liberar a los negros. Pero aun así, hay negros que parecen dispuestos a pelear por ustedes. No importa. Peleen entonces, aunque sea exclusivamente para salvar a la Unión. Emití la proclama a propósito, para ayudarles a salvar la Unión. Cuando hayan conquistado toda resistencia a la Unión, si les urjo que han de seguir luchando será entonces el momento adecuado para que me digan que no pelearán por la libertad de los negros.

Pensé que en su lucha por la Unión, en tanto los negros dejaran de ayudar al enemigo estarían debilitándole en su resistencia a ustedes. ¿Piensan diferente? Pensé que los negros que puedan conseguirse para servir como soldados, estarán tomando el lugar de los blancos que debían ir al frente para salvar a la Unión. ¿Les parece que no es así?

Los negros, como las demás personas, actúan según sus motivos. ¿Por qué harían algo por nosotros cuando no hacemos nada por ellos? Si arriesgan sus vidas por nosotros, ha de moverlos el motivo más potente, incluso la promesa de la libertad. Y cuando se efectúa la promesa hay que cumplirla...

La paz ya no parece tan distante. Espero que llegue pronto... [Entonces] habrá algunos negros que podrían recordar que con lengua silenciosa, dientes apretados y mirada firme en la mira de la bayoneta, habrán ayudado a la humanidad para conseguir tan grande propósito. Pero temo que habrá algunos blancos que no podrán olvidar que con corazón lleno de malicia y palabras engañosas, dedicaron sus esfuerzos a impedírselo.[58]

Vemos, una vez más, cómo hace uso Lincoln de la más poderosa lógica para contradecir a sus opositores. ¿Cómo podrían decir que eran leales a la Unión si estaban dispuestos a permitir que los negros del sur siguieran cosechando en los campos en lugar de salir a pelear contra los rebeldes?

Cuando Lincoln envió a Grant al este y le entregó el mando total de los ejércitos de la Unión, se esperaban grandes cosas. En una conferencia de estrategia Lincoln vio la genialidad del plan de Grant, de atacar con los ejércitos simultáneamente los distintos puntos del sur. La anaconda del bloqueo de la Unión se estaba cobrando ya su precio después de tres inviernos de guerra. Lincoln exclamó en referencia al plan de Grant: «Ya lo veo. Quienes no despellejan, al menos pueden sostener una pata». La metáfora fue clara para Grant, como hijo de curtidor. Significaba que si uno o más ejércitos de la Unión no avanzaban, aun así podían ayudar al esfuerzo de todos «sosteniendo una pata» que impediría que la confederación reforzara sus tropas mediante el uso de líneas de comunicación internas.

La insatisfacción de algunos republicanos con el rumbo que Lincoln daba a la guerra, fue expresada por el ala más radical. Querían que la guerra fuera más dura, con más castigos. Jugaban con la idea de presentar como candidato opositor a Lincoln al ex secretario del tesoro Salmon P. Chase. A Lincoln no le preocupaban los entretelones e intrigas de Chase. Así que le hizo saber que lo tenía en mente como reemplazo del anciano juez de la Corte Suprema, Roger B. Taney. Chase mordió el anzuelo y expresó su apoyo a la reelección de Lincoln.

Los republicanos volvieron a nominar a Lincoln como candidato en junio de 1864. Los radicales del Congreso no estaban contentos. Desesperados por obtener el apoyo de los demócratas favorables a la guerra, nominaron como candidato a la vicepresidencia al gobernador militar de Tennessee Andrew Johnson, un demócrata de Jackson.

Aparentemente, antes de Petersburg, Grant se hallaba casi atascado en las trincheras, porque el ataque al raído remanente de las tropas de Lee en Cold Harbor, había dado como resultado una enorme cantidad de bajas para la Unión.

El general William Tecumseh Sherman era un hombre alto, pelirrojo, salido de West Point, que siempre mascaba cigarros. No le gustaba perder el tiempo pero como en los inicios de la guerra había tenido un ataque de nervios, muchos lo tomaban por loco. Era uno de los pocos que había predicho que la guerra sería larga, sangrienta y muy destructiva. Su aspecto era como el de una cama sin tender.

Aunque era mayor que Grant, en el antiguo ejército había tenido rango superior pero estaba dispuesto a ponerse bajo las órdenes del joven comandante. «Fue Grant quien estuvo a mi lado cuando yo estaba loco, y yo me mantuve junto a él cuando bebía. Ahora bien, siempre nos apoyaremos mutuamente», dijo Sherman.[59]

Cuando Grant quedó en medio de un sangriento y lodoso sitio antes de Petersburg, como Sherman avanzaba sin problemas por la costa atlántica, se rumoraba que tal vez fuera este último quien reemplazara a Grant al mando del ejército. Si alguien pensó que tal rumor lograría sembrar semillas de disenso en el alto mando de la Unión, subestimaba a esos dos hombres. Grant le escribió a su leal amigo: «Nadie puede estar más contento que yo por tu progreso y si estuvieras en mi lugar y yo tuviera que ser tu subordinado, no habría nada que pudiera cambiar nuestras relaciones personales».[60] No es fácil imaginar otro caso de generales en la Guerra Civil, capaces de escribir algo así. Tal vez la excepción serían Lee y Jackson.

Aunque el hermano de Sherman era un influyente senador, «Cump» odiaba a los políticos y a la prensa. Pero no por eso simpatizarían con él los negros. El plan de Sherman tenía que haberles parecido muy arriesgado: exponer las debilidades de la Confederación a la luz para que el mundo las viera. Entraría a Georgia desde Tennessee. «Busco terminar con los rebeldes a latigazos, humillando su orgullo, persiguiéndoles hasta su último escondite, para que nos teman y sientan terror».[61]

A Sherman se le considera el primer guerrero «moderno» de Norteamérica. Fue el primero en pensar en una «guerra total». Y era destructivo: «Puedo hacer que Georgia aúlle», dijo. Y lo cumplió. Pero aunque dejó detrás de sí una estela de escombros humeantes, anteriormente casas en plantaciones que ocupaban una franja de casi cien kilómetros, no hay registros de que el ejército de Sherman ejecutara, ahorcara o violara a civiles. Quemó los edificios públicos y sus «fuerzas de choque» mataban o soltaban a los animales y el ganado. El ejército de Sherman tenía un propósito fijo, blandir «una espada terrible y veloz», porque habían descubierto prisioneros de la Unión casi muertos de hambre, que habían logrado escapar de la prisión de los confederados en Andersonville.

Se le informó a Sherman que su oponente confederado, el general John Bell Hood y héroe de Gettysburg, se dirigía al río Ohio. Sherman sabía que Hood buscaba así desviar al ejército de Tennessee de su objetivo, y gruñó: «Si va al Ohio, le enviaré raciones». La horda conquistadora de Sherman fue el primer ejemplo de «golpe y miedo» en Norteamérica. Prefirió no depender de los pesados trenes de carga para poder moverse con mayor rapidez. Comería lo que encontrara en el camino.

Los radicales republicanos insatisfechos se unieron a los abolicionistas, a los rechazados que habían solicitado empleos de favor, e incluso a algunos cabezas de cobre, y nominaron al general de la Unión John Charles Frémont en una convención de Cleveland, Ohio. La movida podría haber asegurado la victoria para los demócratas en 1864.

Pero Lincoln no se inmutó. Recibió la noticia del desafío de Frémont estando en la oficina de telégrafos. Allí pasaba mucho tiempo el presidente, y cuando el telegrafista le informó que unos cuatrocientos delegados se habían reunido en Cleveland, aunque los organizadores de la convención prometían reunir a miles, Lincoln tomó su Biblia y leyó 1 Samuel 22:2: «Y se juntaron con él todos los afligidos, y todo el que estaba endeudado, y todos los que se hallaban en amargura de espíritu, y fue hecho jefe de ellos; y tuvo consigo como cuatrocientos hombres».[62] Pronto, el «abrecaminos» haría honor a su mote abriendo una vía al éxito. Frémont se retiró de la carrera cuando, en el otoño, la suerte militar de Lincoln cambió.

El principal opositor de Lincoln, George B. McClellan, logró una nominación sin problemas como candidato de los demócratas, que se reunieron en el mismo centro de convenciones de Chicago —el Wigwam— donde había sido nominado el propio Lincoln en 1860. Pero McClellan tenía problemas con la unidad del partido. La misma convención demócrata, tan entusiasta al elegirlo, también había adoptado una plataforma propuesta por el cabeza de cobre Vallandigham. El plan de «paz» de Vallandigham decía que el esfuerzo bélico de la Unión era «un fracaso» y proponía una tregua así como la negociación de la paz con los confederados. Por supuesto, una vez detenida, la máquina de la guerra no podría volver a ponerse en marcha. Aceptar el plan de Vallandigham significaba en esencia que el partido demócrata llamaba a la rendición en la Guerra Civil.

McClellan estaba preocupado. (Lincoln bromeaba diciendo: «Está atrincherado».[63]) Finalmente, se pronunció en *contra* del plan de Vallandigham. «No podría mirar a mis galantes camaradas del ejército y a la armada a la cara, porque fueron ellos quienes sobrevivieron a batallas tan sangrientas», expresó con respecto a aceptar las ideas de los cabezas de cobre.[64]

Las victorias militares cambiaron el paisaje político. Primero, el almirante de la armada de los EE.UU. David Glasgow Farragut, logró navegar por aguas infestadas de minas para tomar Mobile, Alabama. «No piensen en los malditos torpedos y avancen a toda velocidad», afirmaba.[65] También, el general Phil Sheridan, el más grande jefe de caballería de la Unión, incendió el gran valle de Shenandoah de Virginia, conocido como «la canasta de pan de los confederados». Ya no podrían estos acudir al Shenandoah por cereal y alimentos o provisiones. Sheridan dijo que ahora: «Hasta un cuervo que sobrevuele el lugar tendrá que llevar consigo su vianda».

Finalmente el 2 de septiembre llegó la noticia que haría que Lincoln fuera reelegido. Sherman telegrafió un mensaje: «Atlanta es nuestra, ganada con justicia».[66] En ese momento, Sherman procedió con su «marcha hacia el mar». Levantó los rieles de los ferrocarriles. Sus hombres calentaban y luego retorcían los rieles alrededor de los postes del telégrafo, como si fueran «moños de Sherman». Es que el comandante quería que la guerra fuera tan terrible como para que pasaran generaciones enteras antes de que a los sureños se les pudiera ocurrir volver a ese recurso.[*]

Si a algún presidente le vino a la mente la idea de demorar o cancelar una elección, fue a Lincoln. Pensaba que perdería y eso significaba abandonar la lucha por la Unión. Dijo: «No podemos tener un gobierno libre sin elecciones y si la rebelión nos obliga a renunciar a una elección nacional o a posponerla, podrá entonces afirmar que nos ha conquistado y arruinado».[67]

Lincoln confiaba en el pueblo y este, en última instancia, confiaba en él. Para Lincoln tiene que haber sido especialmente gratificante el hecho de que en las elecciones ganara por el «voto del soldado», aun cuando su oponente era el tan querido comandante del ejército del Potomac, McClellan.

Lincoln obtuvo 212 votos electorales y 2.213.635 votos populares (55,1%). McClellan solo obtuvo 21 votos electorales de Delaware, Kentucky y Nueva Jersey, y 1.805,237 votos populares (44,9%). Aunque los ochenta votos faltantes —en representación de los estados aún en rebelión— tampoco habrían significado la victoria para McClellan. Los caricaturistas tuvieron su día de gloria. Uno de ellos dibujó a un presidente alto y esmirriado, que sostenía una hoja de papel con el título «cuatro años más».

«Abraham, por un poco más de tiempo», se leía debajo.

El general Sherman envió un cable al presidente. Como regalo de Navidad, le presentaba el puerto marítimo de Savannah, Georgia. La bella Savannah se había

---

[*] En 1967 el candidato presidencial Jimmy Carter solía hacer un gesto de desaprobación cuando las bandas de escuelas secundarias lo saludaban con «Marchando por Georgia», canción que celebraba la marcha de Sherman. Tan fuerte fue la impresión que dejó en la memoria de todos aquella acción.

rendido, y así se salvó de ser incendiada, lo mismo que la elegante Charleston que con júbilo había recibido la ordenanza de secesión. No fue tan afortunada Columbia, capital de Carolina del Sur. Allí, durante treinta años, los políticos comefuego habían planeado romper con la Unión. Al enterarse de que Columbia había sido incendiada, la respuesta de Lincoln fue seria y bíblica, tomada del Evangelio de Mateo: «Los que estaban en la oscuridad han visto una gran luz».

A medida que esa guerra horrible avanzaba, Lincoln veía las cosas más y más en términos espirituales. A un amigo le escribió en aquel fatídico año de 1864: «No me arrogo el haber podido controlar los hechos, sino que confieso sencillamente, que los sucesos me han controlado a mí».[68] Una declaración asombrosa de parte de un hombre que valoraba tanto la razón humana, la «mente que todo lo conquista». Lincoln era un hombre con motivaciones. Su socio en la oficina de abogados de Springfield, Illinois, Billy Herndon decía que su ambición era como un motor que jamás dejaba de funcionar. Lincoln seguramente sabía que su intelecto era superior al de otros hombres. También era fuerte físicamente, ya que en su juventud había sido campeón de lucha libre. Ya mayor, todavía podía sostener un hacha de doble filo con el brazo estirado y mantenerla alzada. Se le acusaba de ser un dictador y hasta sus más férreos defensores debían reconocer que ningún otro presidente ejerció jamás tanto poder. Sin embargo, Lincoln le confesaba a su amigo que sentía que no podía controlar los sucesos. Era como si un ángel cabalgara sobre un remolino.

IV. La Unión victoriosa

La victoriosa reelección de Lincoln significó que los confederados se derrumbaban en caída libre. Ya no había esperanzas de intervención por parte de otro país. El abrazo de la anaconda, representado por el bloqueo de la Armada de los EE.UU. estrangulaba el esfuerzo de guerra de los sureños. Los proyectiles del USS Kearsarge hirieron de muerte al barco mercante CSS Alabama, de los confederados, hundiendo a la nave frente a las costas de Cherburgo, Francia. Dondequiera que mirara Jefferson Davis, la Confederación se derrumbaba. Para principios de 1865 había más negros en los ejércitos y la armada federales que blancos en las fuerzas confederadas.

Y para colmo Davis tuvo que soportar el trago más amargo de todos: Robert E. Lee sugirió que los esclavos se reclutaran con la promesa de hacerles libres si el sur ganaba su independencia. «Si los esclavos son buenos soldados, nuestra teoría de la esclavitud está errada», respondió Howell Cobb, de Georgia.[69]

El afamado regimiento cuarenta y cuatro de Massachusetts se había probado en Fort Wagner, Carolina del Sur. Este regimiento «negro» —el ejército estadounidense se mantendría segregado hasta 1948— había sido liderado en la batalla por el joven y valiente coronel Robert Gould Shaw, nacido en la familia Brahmin de Boston.

Cuando el coronel Shaw cayó en el ataque, tiraron con desprecio su cuerpo en un zanjón, junto con otros caídos de color. El padre de Shaw era un importante abogado de Massachusetts que se negó al ofrecimiento de que desenterraran a su hijo muerto, afirmando que era un honor que Robert estuviera sepultado con sus hombres. Eran las historias como esas las que lograron un profundo cambio en la opinión de los norteños.[*]

Ya hemos visto que muchos de los generales de Lincoln lo habían decepcionado, hasta que encontró el equipo ganador formado por Grant y Sherman. Pero nunca tuvo ocasión de quejarse de un georgiano cuya lealtad era incuestionable. Montgomery Cunningham Meigs era el superintendente general de la Unión. Winfield Scott, de Virginia, había insistido en la designación de Meigs a principios de 1861, como compensación al caos y la corrupción del secretario de guerra Simon Cameron. El general Meigs logró disciplinar al ejército de la Unión, procurándoles de todo, desde caballos hasta tiendas, además construyó muchos hospitales para los heridos.[70] Hombre rigurosamente honrado, incansable y con grandes dotes de organizador, Meigs había supervisado la construcción del Capitolio antes de la guerra. En ese momento su jefe había sido Jefferson Davis, y ahora lo era Abraham Lincoln. Gracias a los continuos esfuerzos de Meigs, el ejército de la Unión estaba mejor provisto, vestido y protegido que cualquier ejército de la historia. Meigs era responsable de todo, excepto de la comida y las armas. Entre otros logros, se cuenta la toma de botas y vestimentas, que contribuyeron en gran medida a mejorar la economía de los civiles estadounidenses cuando terminó la guerra.[71]

Meigs había enviado ambulancias para atender a los cientos de miles de heridos de la Unión, y también de los confederados. Es por eso que sentía amargura al ver que sus antiguos camaradas de West Point, habían traicionado —en su opinión—

---

[*] La historia del famoso regimiento cuarenta y cuatro de Massachusetts se muestra de manera admirable en la película de Hollywood *Glory*. Es exacto el relato en casi todos sus aspectos, con excepción de uno: el gobernador Andrew jamás habría permitido que sus valientes tropas salieran del Estado de la Bahía sin llevar puestas botas buenas.

su juramento como oficiales. En el pasado había servido bajo Robert E. Lee y ahora, cuando se le convocó para que eligiera un lugar para un nuevo y enorme cementerio de la Unión, el general Meigs sin dudarlo eligió el jardín delantero de la mansión Custis-Lee. Al poner a los muertos de la Unión en el jardín de Lee, Meigs sabía que la familia del comandante confederado jamás querría regresar a su histórica residencia.[72] Sin embargo, en octubre de 1864 el general Meigs sufriría su propia tragedia familiar. El mayor John Rodgers Maigs, del ejército de la Unión, cayó muerto en combate y el mismo Meigs debió presenciar el entierro de su hijo en el jardín de rosas de la señora Lee.[73] La magnífica mansión de Robert E. Lee se convirtió así en el Cementerio Nacional de Arlington, suelo consagrado.[*]

Para las decenas de miles de prisioneros de ambos bandos de la Guerra Civil, el cautiverio fue cruel. La prisión confederada de Andersonville, Georgia, era la más notoria. Miles de prisioneros de la Unión murieron de hambre en ese lugar y el comandante encargado de Andersonville, Henry Wirz, fue el único soldado confederado arrestado y ejecutado por crímenes de guerra cuando terminó el conflicto bélico. Aunque las prisiones norteñas también eran una vergüenza para la nación.

El capitán de la infantería confederada Jonas Lipps, de la brigada de Muro de piedra, fue capturado como prisionero cerca de Chancellorsville, Virginia, en 1864. Cuando lo llevaron a Camp Delaware en las afueras de Filadelfia, un guardia de la Unión atacó a Jonas con una bayoneta. El prisionero, desarmado, dio un salto hacia atrás y la bayoneta le atravesó el brazo en lugar del abdomen. Jonas sencillamente tiró de la bayoneta para sacársela y la usó para atravesar al guardia, dándole muerte. Un capitán de la Unión ordenó que no se castigara a Jonas porque había actuado en defensa propia. Al menos, la justicia todavía estaba viva.

Luego Jonas Lipps fue atado fuera de las baterías de la Unión en la isla Morris, Carolina del Sur. Jonas y cientos de prisioneros sureños quedaron expuestos al fuego amigable de la artillería durante treinta y un días, en las afueras de la sitiada ciudad de Charleston. El horrible castigo era en represalia por la tortura a los prisioneros de la Unión, atados por los confederados a postes de luz en la ciudad, para evitar

---

[*] Después de la guerra el hijo de Robert E. Lee, George Washington Custis Lee, presentó una demanda contra el gobierno de los Estados Unidos, exigiendo la devolución de la casa de sus padres. La Suprema Corte decidió en 1882 —por cinco votos contra cuatro— que la toma de la propiedad había sido ilegal, y ordenó que se le devolviera a los Lee. Los herederos de Robert E. Lee entonces le vendieron la propiedad a los Estados Unidos por ciento cincuenta mil dólares. Diez años después el mismo general Meigs fue sepultado en el Cementerio Nacional de Arlington, donde descansa (Arlington National Cemetery Source: http://www.arlingtoncemetery.net/arlhouse.htm.)

que la artillería federal bombardeara la bella y antigua ciudad. El diario de Jonas da testimonio de que cuando vio que los proyectiles de la artillería volaban a su alrededor, vio que se abrían las puertas de los cielos, y se vio sentado a la mesa de su padre. Era la peor de las guerras. Jonas Lipps sobrevivió a Fort Morris junto con los «seiscientos inmortales» sureños, pero murió de disentería en Fort Delaware, solo cinco días antes de que terminara la guerra. Lipps, de Virginia, tenía veinticuatro años.

Lincoln volvió a subir al podio para su asunción como presidente, por segunda vez, el 4 de marzo de 1865. Símbolo de la Unión, la cúpula del Capitolio estaba ya terminada y esta vez, le tomaría juramento el juez de la Corte Suprema Salmon P. Chase, hombre que solo un año antes había estado conspirando para arrebatarle la presidencia. El vicepresidente Johnson, cansado por el largo viaje en tren desde Tennessee y afectado por la fiebre tifoidea, había bebido demasiado antes de prestar juramento. Su discurso fue largo —vergonzosamente largo— y debió hacerlo dentro del Capitolio. «No permitan que Johnson hable afuera», le había dicho Lincoln a uno de los mariscales del desfile.[74] Andrew Johnson jamás se recuperaría de tal vergüenza.

Era un día húmedo y ventoso. Cuando Lincoln se levantó, al son de un estallido de aplausos, el sol asomó por entre las nubes. Los rayos de luz destacaban la bella cúpula del Capitolio, recién terminada. Lincoln había insistido ante el Congreso para que se completara la obra de décadas, y convirtió así al Capitolio en símbolo de la concreción de la Unión. La Estatua de la Libertad, ubicada sobre la cúpula, había sido traída en carreta a la ciudad de Washington. Muchos de los obreros que habían acarreado la enorme figura femenina, eran esclavos y para cuando se la ubicó sobre el edificio que hoy corona, esos mismos hombres ya eran libres.

Lincoln pronunció entonces el más grande discurso de asunción en la historia de los Estados Unidos. Describió la guerra, observando que la causa había sido la esclavitud. Urgió a todos a no exigir justicia para sí mismos y entonces presentó la idea más terrible y conmovedora que se haya expresado en la vida pública de la nación:[75]

Albergamos la esperanza, y oramos con fervor, porque este terrible flagelo de la guerra quede atrás lo antes posible. Pero si Dios quiere que continúe hasta que toda la riqueza apilada por el amo durante doscientos cincuenta años de trabajo forzado se hunda en el mar, y hasta que cada gota de sangre arrancada por el látigo se pague con otra, arrancada por la espada como se dijo hace tres mil años, igualmente tendremos que decir «los juicios del Señor son verdad, y justos».*

Y concluyó con estas palabras inmortales:

Sin malicia hacia nadie, con caridad por todos, con firmeza en el derecho que Dios nos da para ver el bien, esforcémonos para completar esta obra, para cerrar las heridas de la nación, para cuidar al que lo dio todo en la batalla, y a su viuda y a su huérfano, y por hacer todo lo posible por lograr y atesorar una paz justa y perdurable entre nosotros y con todas las demás naciones.

Estas palabras, pronunciadas en la fina voz de tenor de Lincoln, y no en la de barítono —como la presenta Hollywood—, llegaron a oídos de toda la multitud, incluyendo a los de Frederick Douglass.

Y a los de John Wilkes Booth.

Más tarde, en la mansión ejecutiva, Lincoln saludaba a la gente que celebraba. Frederick Douglass no había podido entrar porque se lo había prohibido un guardia. Pero Douglass se trepó por una ventana y llegó hasta la fila de personas que esperaban saludar a Lincoln. Al verlo, el presidente exclamó: «¡Ah, Douglass!» Le dijo al gran abolicionista que quería oír su opinión acerca del discurso. «Señor Presidente, fue un esfuerzo sagrado», respondió Douglass. Diría luego de su relación con Lincoln que había sido el único hombre blanco que jamás le había hecho sentir al instante que estaba hablando con un negro.

El 2 de abril de 1865 cayó Richmond. El general Lee envió un mensaje al presidente Davis diciéndole que debía abandonar las filas. El mensajero encontró a Davis en la iglesia. La congregación notó el tono ceniciento del rostro de Davis cuando dejó su asiento en la iglesia. El gobierno confederado empacó de inmediato y dejó la ciudad. Hubo un intento por incendiar las instalaciones militares importante para negárselas a los yanquis, que derivó en un fuego por toda la ciudad. Dos días más tarde el presidente Lincoln visitó el lugar, acompañado por su hijo menor Tad, mientras se dirigía a la Casa Blanca de los Confederados. Las multitudes de soldados y negros libres vitorearon cuando se sentó ante el escritorio de Jefferson Davis. Los blancos de Virginia miraban en silencio desde sus

---

* Los juicios de Jehová son verdad, todos justos (Salmos 19.9).

ventanas, cerradas y aseguradas. Las autoridades del ejército de los Estados Unidos implementaron controles rápidos, firmes aunque no agresivos en la ciudad vieja y cuando la inválida señora Lee, esposa de Robert, se quejó de que tenía un soldado negro apostado como guardia frente a su casa, se reemplazó al joven de color por un soldado blanco. La bandera de las barras y las estrellas volvió a flamear sobre el Capitolio diseñado por Thomas Jefferson.

Una semana después de la caída de Richmond, el general Lee aceptó conocer al general Grant, en los tribunales de Appomattox. Debido a problemas burocráticos sus hambrientos soldados habían recibido enormes cantidades de municiones en lugar de alimentos. La zona rural del sur de Virginia no tenía provisiones. Lee rechazó el pedido de varios oficiales para que llevara al ejército a las montañas, librando allí una guerra de guerrillas. Lee ya había visto una guerra de guerrillas en Missouri, con un trágico final. No quería formar parte de otra carnicería, sangrienta y larga, sin piedad.

Grant había estado sufriendo terribles dolores de cabeza antes de recibir la nota de rendición de Lee. Pero apenas leyó la noticia, ya no tuvo más dolores.[76] El general Lee viajó hasta el hogar de Wilbur McLean en los tribunales de Appomattox, Virginia, donde se llevaría a cabo la reunión el 9 de abril de 1865. Vestido con su mejor uniforme, y con su espada grabada a un costado, la figura de Lee era impactante. Pero el general Grant llegó tarde, había cabalgado desde lejos. Vestía una arrugada chaqueta de cabo, con las estrellas de grado de teniente general desordenadamente ubicadas sobre los hombros. Y sus botas manchadas de barro.

Grant hizo todo lo posible por aliviar la angustia de Lee. Habló en tono amable de sus días en la guerra de México. Grant lo recordaba, aunque Lee no pudiera hacerlo. Cuando llegó el momento de escribir los términos de la rendición, Grant le pidió a Ely Parker, indio seneca de pura cepa, que copiara los términos con su linda letra. Lee quedó paralizado, porque había pensado que el coronel Parker era negro y que su presencia sería una forma de humillarlo. Sin embargo, le pidió a Grant que modificara parte del texto para que sus hombres pudieran conservar sus caballos, ya que la mayoría eran de su propiedad. Grant se negó a cambiar esos términos pero dijo que se entendía que quien afirmara ser dueño de un caballo por supuesto podría conservarlo. Es que les harían falta al momento de la siembra de primavera en «sus pequeñas granjas».

Grant trató a Lee con total respeto y afecto. Y cuando las tropas de la Unión comenzaron a vitorear ante la noticia de la rendición, de inmediato ordenó que callaran. No debía hacerse nada que pudiera humillar a los rebeldes que eran ahora, una vez más, «nuestros compatriotas». También dio órdenes de que se les dieran decenas de miles de raciones de la Unión para alimentar «a la horda rebelde muerta de hambre».* El general Lee y sus veintiocho mil soldados del ejército de Virginia del Norte, quedaron libres bajo fianza por orden de Grant, que les permitió volver a sus hogares para vivir bajo las leyes de los, ahora recompuestos, *Estados Unidos*.

Grand registraría sus ideas de ese día en Appomattox, en sus memorias:

No puedo saber qué sentiría el general Lee. Como era hombre de gran digni-dad y rostro impasible, era imposible definir si sentía por dentro alivio porque finalmente todo había acabado, o si estaba triste por el resultado y su hombría le impedía demostrarlo. Más allá de sus sentimientos, nada demostró; pero lo que yo sentí fue que, jubiloso al recibir la carta, ahora sentía tristeza y depre-sión. No tenía ánimo de regocijarme ante la caída de un enemigo que había peleado durante tanto tiempo y con tal valentía, que habría sufrido tanto por una causa, aun cuando creo que fue una de las peores causas por las que haya peleado jamás un pueblo, una causa casi sin excusas. No cuestiono, sin embar-go, la sinceridad de toda esa gente que masivamente se nos oponía.[77]

Grant eligió al héroe de la Unión, dos veces herido, general Joshua Lawrence Chamberlain, para que recibiera formalmente la rendición de las armas sureñas. Chamberlain era en todo la imagen de la caballerosidad y la galantería durante tanto tiempo vinculada a los sureños caídos como J.E.B. Stuart y Muro de piedra Jackson. Cuando los confederados, descalzos y vestidos con harapos, entraron mar-chando dos días después para entregar sus armas y sus amadas banderas, Chamber-lain dio órdenes para un saludo. Las líneas de la Unión, con endurecidos veteranos que tanto habían sufrido en las batallas, respondió: «¡Entreguen armas!» El general confederados John Bell Gordon dio la vuelta a las filas sobre su caballo y respondió con elegancia, haciendo que su caballo se inclinara cuando tocó con su sable la pun-ta de su bota: «El honor, respondiendo al honor».[78]

---

* De la invasión sureña a Maryland en 1862, en *Barbara Freitchie*, el poeta John Greenleaf Whittier escribió: «Bella como el jardín del Señor, a los ojos de la horda rebelde muerta de hambre». El ejército de Lee había pasado hambre durante años.

Chamberlain describiría la escena:

Llegaron con su típico paso de marcha en ruta, y las banderas de batalla flameando... y eran tantos, aunque habían perdido a muchos hombres, que la
columna parecía coronada de rojo... Delante, el orgulloso estandarte de los confederados... En digna humillación teníamos delante de nosotros el más acabado
ejemplo de la hombría: hombres a los que ni el sufrimiento, ni el esfuerzo, ni
la posibilidad de la muerte, ni el desastre o la desesperanza... podían doblegar
o apartar de su propósito. Ahora, allí formados, flacos, cansados y con hambre,
seguían erguidos y mirándonos a los ojos, recordándonos cosas que nos habían
unido como nada más podría hacerlo... Por nuestra parte no hubo trompetas
ni tambores, ni vítores ni palabra o susurro de vanagloria. Nadie se movía...
y todo estaba cubierto de un manto de quietud, como conteniendo el aliento
ante el paso de los caídos... ¡No podíamos evitar caer de rodillas, todos juntos,
orando a Dios que nos perdonara y tuviera misericordia de nosotros![79]

En realidad, no se otorga el debido crédito a Grant por ese sublime momento
en la historia de nuestro mundo tan herido y doliente. Solo podemos compararlo
con el final de las rebeliones en México y Canadá, treinta años antes. Santa Ana
había matado con la espada a todos los rebeldes de Álamo en 1836, y así perdieron
la vida tanto los «anglos» del norte como los tejanos hispanos locales. Los británicos
habían ahorcado en Canadá, en 1837, a docenas de líderes rebeldes que no habían
exigido más que el mismo gobierno representativo que disfrutaban sus millones de
vecinos en los Estados Unidos.[80]

Al dispensar a su enemigo vencido un trato tan compasivo y respetuoso, Grant
reflejaba con fidelidad las políticas de su comandante en jefe. Lincoln había prometido «dejarlos en paz». No quería «que corriera la sangre». Cuando se le preguntó
qué pensaba hacer con los líderes confederados, Lincoln hizo ademán de «que salieran de aquí», con la mano, como si se tratara de sacar a gansos de una huerta.

En Washington, cientos de cañones de la Unión dispararon salvas de salutación
ante la noticia que llegaba desde Appomattox. El presidente Lincoln apareció ante
una de las ventanas de su residencia oficial, en reconocimiento de los gritos de algarabía de la entusiasta multitud. Su hijito Tad hacía flamear una de las banderas confederadas capturadas, para deleite de los espectadores y Lincoln pidió que la banda

tocara «Dixie». Dijo que siempre había sido una de sus melodías favoritas, y ahora según el fiscal general, era propiedad federal. Cuando efectuó algunas observaciones serias sobre la devolución de Louisiana a la Unión en términos moderados, el actor John Wilkes Booth le dijo con amargura a uno de sus cómplices conspiradores: «Eso significa la ciudadanía para los n....» Juró que ese sería el último discurso de Lincoln, y así fue.

El viernes 14 de abril por la noche el presidente Lincoln y su esposa fueron al Teatro Ford a ver una comedia, *Nuestro primo norteamericano*. Los Lincoln llegaron tarde, pero la obra se interrumpió en espera de que pudieran ocupar el palco presidencial. La orquesta tocó «Saludo al jefe», y Lincoln agradeció al público los aplausos. Pero poco después de las diez de la noche se oyó un disparo, y del palco presidencial se vio que surgía una pequeña humareda. Un hombre con una gran daga saltó sobre el escenario y su espuela se enganchó en los flecos del tapizado que decoraba el palco. Gritó: «¡*Sic Semper tyrannis!**» y rengueó hacia la salida del escenario. De inmediato, varias personas del público lo reconocieron: era John Wilkes Booth, uno de los actores más famosos de los Estados Unidos.

El presidente, inconsciente, fue llevado en esa noche de frío y niebla hasta la casa Peterson, frente al teatro sobre la Calle Diez. Allí, ese gigante de casi dos metros de altura, fue acostado en diagonal sobre una cama que había en un cuarto de la parte trasera de la casa. Y entonces comenzó la larga vigilia. La señora Lincoln, que no se había repuesto de la muerte de su hijo Willy en 1862, tuvo un ataque de histeria. No pudo consolarla su hijo Robert Todd Lincoln ni su buen amigo, el senador Charles Sumner. Finalmente, el autocrático y brusco secretario de guerra Edwin M. Stanton ordenó a los soldados que «sacaran a la mujer de allí y la mantuvieran fuera».

Toda la noche hubo informes terribles, que llegaban al salón de recepción donde Stanton había instalado un puesto de comando. El vicepresidente Johnson también había estado en la mira, pero como el encargado de dispararle era George Atzerodt, un inmigrante alemán que se había emborrachado y no acudió al teatro, nada le sucedió. A las siete y veintidós de la mañana del 15 de abril los médicos confirmaron que el presidente había muerto. Con lágrimas en los ojos Stanton se puso de pie y dijo: «Ahora le pertenece a la eternidad».[81]

Booth escapó de Washington, cruzando el condado de Prince George a caballo para llegar al sur de Maryland donde se escondió en la casa del doctor Samuel

---

*   «¡Esto, siempre, para los tiranos», lema del estado de Virginia.

Mudd. Mudd lo conocía bien y le entablilló la pierna. Luego, Booth y su cómplice Davey Herold, partieron al amanecer rumbo a Virginia donde el actor pensaba que se le recibiría como a un héroe. En cambio, todos lo despreciaron.

El norte se sumió en el luto más profundo. Nunca antes había muerto asesinado un presidente. Muchos creían que Jefferson Davis —refugiado y ahora, prófugo— había tenido que ver en la conspiración. (Jamás se encontraría vínculo alguno entre el gobierno de Davis y los conspiradores de Booth.*) El vicepresidente Johnson prestó juramento, pero era un reemplazo inestable e inadecuado, incapaz de ocupar el lugar del Emancipador asesinado.

El dolor y la pena eran casi universales. «Jamás, ni antes ni después, he estado con tan grande cantidad de hombres abrumados por una misma emoción. Toda la división lloraba al mismo tiempo», escribió un oficial de la Unión en Carolina del Norte.[82] Temiendo que los libertos se vengaran de los sureños por considerarles responsables de aquello, el coronel John Eaton se asombró al ver que en las iglesias de negros que visitó en Memphis no oyó ni una palabra en son de venganza. «Estaban muy dolidos... y sin embargo no oí ni un susurro en contra de quienes simpatizaban con todo aquello a lo que él se había opuesto», escribió.[83]

Muchos citaron con aprobación al general Lee, que dijo que el asesinato había sido una calamidad para el sur y «un crimen nunca antes visto en este país, y que debe ser denostado por todos los norteamericanos».[84] Al general Sherman una mujer sureña le dijo que se alegraba de que hubieran asesinado a Lincoln, y Sherman le contestó: «Señora, el sur acaba de perder al mejor amigo que haya tenido».[85]

Llegaron mensajes de condolencias desde todo el mundo. Cuarenta mil franceses, desafiando la furia de su malevolente emperador, recaudaron dinero para enviar un medallón conmemorativo, que una delegación presentó ante el embajador norteamericano en Paris. «Dígale a la señora Lincoln que en esta cajita está el corazón de Francia», dijeron.[86] De viuda a viuda, la reina Victoria le escribió una afectuosa carta personal a la señora Lincoln.** El *London Times* lamentó haber atacado tanto a

---

* Booth murió el 26 de abril cuando las tropas federales lo asesinaron dentro de un granero en llamas, cerca de Bowling Green, Virginia. Los demás conspiradores fueron juzgados y condenados a la horca. El doctor Mudd acabó en prisión. No hubo más muertos que estos.

** Además de ser sincera la carta de la reina fue un acto de estadista. Los británicos tenían motivos para temer por la seguridad de Canadá, si la ahora todopoderosa Unión tenía ánimos de venganza. Gran Bretaña al fin acordó al arbitrio internacional por los reclamos estadounidenses motivados por los daños que habían causado el *CSS Alabama* y otros barcos mercantes sureños, construidos por los británicos.

Lincoln y la revista *Punch* que durante la guerra había criticado tanto al presidente, publicó un conmovedor poema, en muestra de arrepentimiento:

Sí, vivió y vio cómo me avergonzaba haberme burlado,
Vivió para invalidar mi lápiz, para confundir a mi pluma,
Para que reconociera a este hombre, como un príncipe,
Romperrieles, y verdaderamente, un rey entre los hombres.[87]

Pero Alice Cary, recalcitrante republicana, no aceptaba lo publicado por Punch, y escribió en respuesta:

Qué necesidad tiene él ahora de corona tan tardía,
Ya no le hace falta salvar su nombre de las burlas y el ridículo,
Hoy, cuando los arados de todos los agricultores
Aran sin herir la tierra, porque toda ella es su tumba.[88]

El tren fúnebre de Lincoln recorrió casi la misma ruta que cuando le había traído a Washington cuatro años antes. La gente común, casi todos los que en esa oportunidad lo habían saludado a su paso, ahora volvían para dar un último adiós al líder que en 1861 había pasado por allí, elegido por el pueblo. Fueron los testigos del paso a la gloria de este hombre, ahora en 1865, inerte pasajero en el tren fúnebre.

El legado de Lincoln es la libertad y la unión. Lo que Webster había inmortalizado en palabras Lincoln lo consiguió, de palabra y de hecho. El mejor poeta norteamericano, Henry Wadsworth Longfellow, había ofrecido su tributo a la Unión por la que tanto había trabajado Lincoln, en su «Construcción del barco»:

Tú, también, sigue navegando, barco del Estado,
Navega, oh Unión, grande y fuerte.
La humanidad, con todos sus miedos,
Con todas sus esperanzas para el futuro,
Aguarda tu destino conteniendo el aliento.[89]

Capítulo 11

Cómo vendar las heridas de la nación

(1865-1877)

En 1865 los Estados Unidos tienen el ejército más grande del mundo y su armada es la segunda en tamaño en todo el planeta.[1] Esgrimiendo tal poder los Estados Unidos presionan a Francia para que abandone México y urge a los canadienses para que formen una confederación, en defensa propia. Luego de la rendición de Lee y el colapso de la Confederación los generales Grant y Sherman logran resistir los rencorosos planes de venganza del presidente Andrew Johnson, que buscaba juzgar a los líderes rebeldes. Después de un breve período de cooperación, Johnson, demócrata de la guerra, y los republicanos fundamentalistas del Congreso, pelean entre sí con respecto a la reconstrucción, obstaculizando gravemente los esfuerzos por volver a reunir a los estados del sur y la Unión, garantizando los derechos de todos e inclusive los de los cuatro millones de libertos. Los más fundamentalistas en el Congreso al fin intentarán quitar a Johnson de su puesto como mandatario, pero esperan demasiado, las acusaciones no sirven y además no pueden ofrecer una alternativa aceptable al fallido liderazgo de Johnson. Ulysses S. Grant asume como presidente con una rogatoria: «Tengamos paz». Busca en términos generales, seguir políticas sabias y humanas, en especial con los indios. La diplomacia de Grant logra impedir que Gran Bretaña y los Estados Unidos entren en guerra a causa de los reclamos por la Guerra Civil. El mismo Grant, aunque honrado y sincero, no puede evitar que algunos de sus asociados más cercanos manchen su administración con las bajezas de la corrupción. En la peligrosa y disputada elección de 1876, el liderazgo de Ulysses S. Grant contribuyó a evitar una guerra civil. Pero cuando se retiran las tropas federales del sur en 1877, la reconstrucción concluye. Sin apoyo del partido demócrata nacional los norteamericanos negros esperarán otros noventa años para que se reivindiquen sus derechos en el sur.

1. Pase de revista

Por respeto a Robert E. Lee, el general Grant había dado órdenes estrictas en Appomattox respecto a que las triunfantes tropas de la Unión no debían gritar su victoria. No se permitiría nada de eso, sino solo respeto por los hombres vestidos con harapos de color gris. Ahora todos volvían a ser compatriotas. Sin embargo, al cabo de seis semanas la gente del norte y los ejércitos de la Gran República estaban decididos a celebrar su victoria.

La pequeña ciudad sureña de Washington, D.C. sería el escenario del más grande desfile triunfal que se hubiera visto en este hemisferio. Las fuerzas armadas de la Unión ahora contaban con un total de novecientos mil hombres, blancos y negros.[2] Y de este total, las dos terceras partes, es decir seiscientos mil soldados del ejército del Potomac de Meade y del ejército de Sherman del Tennessee, pasarían desfilando unidos, como el Gran Ejército de la República. No fue fácil reunir a esos jóvenes aguerridos, ni siquiera para un desfile.[*]

En el momento en que el impecable ejército del Potomac se encontró con los veteranos rudos, rústicos y casi cansinos de la «Marcha hacia el mar» de Sherman, se produjeron disturbios. El general Grant tuvo que intervenir y ordenó que los dos ejércitos rivales de la Unión formaran filas sobre las orillas opuestas del Potomac.[3]

Marcharon por la Avenida Pensilvania en sesenta filas, una junto a otra, aquellos jóvenes fuertes y decididos vestidos de azul. Marcharon frente a las gradas de revista ubicadas delante de la mansión ejecutiva, y pasaron frente al Presidente, el gabinete, los líderes del Congreso y el cuerpo diplomático extranjero. El desfile del ejército del Potomac duró todo el día del 23 de mayo y también les tomó a los soldados rudos, delgados y endurecidos de Sherman un día entero su revista ante los

---

[*] Winston Churchill habría entendido esta exuberancia. De su roce con la muerte, escribiría: «Nada es tan emocionante como que te disparen sin lograr matarte».

notables reunidos. Sherman se había disculpado ante el general Meade, también de West Point como él, por la posición poco castrense de sus hombres. No hacía falta que se disculpara. Porque en ese grandioso día el ejército de Tennessee marchó con vigor, elegancia y precisión. Rudo, endurecido y a veces también ebrio, William Tecumseh Sherman admitió que ese había sido uno de los días más felices de su vida.[4]

La noche se presentaba calmada y clara. Los hombres espontáneamente decidieron insertar velas en los cañones de sus rifles, y siguieron marchando.[5] Poco después se les unieron las bandas. Todos vitorearon hasta quedar sin voz y un reportero del New York Herald informó que la procesión era «como si las luces de gas de una gran ciudad hubieran cobrado vida para bailar y bailar».[6] Fue todo espontáneo, sin que nadie diera órdenes para hacerlo.

No olvidarían ese momento hasta el final de sus vidas. Sentían que ese tiempo de pruebas y dificultades les marcaría para siempre. En el caso de muchos, era el tiempo que representaría lo que eran sus vidas y durante las décadas siguientes, lo revivirían una y otra vez. Oliver Wendell Holmes, que luego llegó a ser juez de la Corte Suprema, habló en tal sentido:

La generación que libró la guerra ha quedado apartada en un lugar especial, debido a sus experiencias. Hemos sido muy afortunados al haber recibido ese fuego en el corazón, durante nuestra juventud. Un fuego que se nos otorgó para que aprendiéramos desde temprano que la vida es algo profundo, apasionado. Aprendimos a no despreciar nada, más que la indiferencia, y a no fingir que subestimamos las recompensas mundanas de la ambición. Pero hemos visto con nuestros propios ojos, más allá y por encima de los campos de oro, las nevadas alturas del honor y de ello tendremos que hablarles a todos los que nos sucedan.[7]

Holmes sabía que a veces, muy de vez en cuando, sentirían que tenían más cosas en común con sus camaradas caídos que con sus propias familias. «El ejército de los muertos pasa delante de nosotros, y sus heridas son, a nuestros ojos, estrellas».[8]

II. Truenos en las fronteras: El sur y el norte

«¡Estoy loco! ¡Estoy loco!», gritaba el enorme y robusto joven bañado en sangre mientras corría por las oscuras calles de Washington. Blandía un largo cuchillo, también manchado de sangre. Lewis Powell era uno de los conspiradores de Booth. Se le había asignado la tarea de asesinar al secretario de estado Seward esa fatídica noche del 14 de abril de 1865. Seward estaba en cama en su casa, víctima de un accidente con un carruaje. Powell pasó junto a un sirviente, afirmando que traía medicinas para Seward.[9] Cuando subía las escaleras, lo detuvo el hijo de Seward, Frederick, a quien dejó inconsciente con un golpe propinado con la culata de su pistola. Powell entonces corrió a la habitación de Seward, que estaba inmovilizado con un enorme dispositivo de metal que le envolvía el cuello. Lo apuñaló varias veces, buscando cortarle la yugular y casi le rebanó la mejilla.[10] Cuando intentaba escapar, apuñaló siete veces al hijo menor de Seward, Augustus. Frente a la casa de Seward, Powell enterró su cuchillo Bowie en el pecho de un mensajero del Departamento de Estado. A unas cuadras de allí en aquella horrorosa noche envuelta en densa niebla, el Presidente de los Estados Unidos agonizaba porque un asesino le había disparado.

William H. Seward era alto, de hombros caídos, con mentón poco prominente y una nariz aquilina. En una época había sido rival de Abraham Lincoln. Casi todos esperaban que los republicanos nominaran a ese neoyorquino que mascaba tabaco, como candidato a la presidencia en 1860. Buscó llevar adelante el gobierno como lo haría un primer ministro, trabajando junto al inexperto presidente romperrieles. Y finalmente, gracias a la habilidad y al tacto de Lincoln, Seward encontró su lugar como consejero y amigo verdaderamente confiable del mandatario. Esa noche Seward tendría que haber muerto, pero se recuperó milagrosamente. Tendría por delante su logro más grande en la política exterior de los Estados Unidos. Haría falta toda la experiencia de Seward para ello.

A los norteamericanos no les gustaba Napoleón III, nombre que se asignaba a sí mismo el emperador de los franceses, llamado en realidad Luis Napoleón, sobrino del genio militar Napoleón Bonaparte, que había llegado al poder bajo la Segunda República de Francia. Les había prometido democracia y reforma a los franceses, pero distaba mucho de ser un Andrew Jackson.

Luis Napoleón no tardó en dar un golpe de estado para echar por tierra a las instituciones republicanas e imponer un «Segundo Imperio». Napoleón III era casi demasiado ridículo como para representar una amenaza. Vestía ricos y elegantes uniformes cubiertos de medalla que él mismo se otorgaba. Sus largos bigotes encerados sobresalían unos doce centímetros por debajo de su protuberante nariz y las ínicas batallas que ganó fueron las que peleaba en los vestidores de sus amantes. Era ·l ridículo y el absurdo en persona.

Ese destructor de la libertad francesa aprovechó la Guerra Civil de los Estados Jnidos para conspirar contra la libertad en este hemisferio. Convenció al poco inteli-;ente archiduque Maximiliano de Austria-Hungría, de que participara de un esfuer-:o respaldado por los franceses que intentaría formar un «Imperio» en México.

Era esa una flagrante violación de la Doctrina Monroe, que decía que los Esta-los Unidos no permitirían que ningún poder europeo formara nuevas colonias en as Américas. Pero como los norteamericanos estaban ocupados luchando entre sí, lesde Manassas a Appomattox, el secretario de estado William Seward podía hacer)oco más que gruñir ante los avances e ideas del emperador francés.

Al término de la guerra, sin embargo, la situación tuvo un drástico giro, por-]ue el ejército de la Unión, objeto de burlas y desprecio en ocasión de la huida de Manassas en 1861, ahora hacía estremecer los edificios al llenar las polvorientas :alles de la capital de la nación con su incesante marcha. Los diplomáticos que esta-)an presentes durante el gran desfile debieron informar a sus gobiernos del otro ado del mar, que el poder armado de los Estados Unidos no era asunto menor.

El general Grant mandó al general Phil Sheridan a la frontera entre México y os Estados Unidos, en Texas, con cincuenta mil soldados bien entrenados y expe-·imentados.[11] Serviría eso para indicarle a Napoleón III que su permanencia en México se había prolongado demasiado.

El secretario Seward envió al general Schofield en una misión secreta a Francia: «Meta sus piernas bajo el escritorio de caoba de Napoleón y dígale que tiene que ıbandonar México», le dijo Seward al general.[12]

Seward no buscaba humillar a los franceses y por ello hablaba en público hacien-lo gala del mayor tacto. «Sentiremos grata satisfacción cuando el Emperador nos)rinde información definitiva... sobre cuándo podremos esperar que cese la activi-lad militar francesa en México», escribió en un comunicado que se publicó.[13]

Los bigotes encerados de Napoleón se le habrán ido a los pies cuando recibió tal nensaje. Es que Seward le estaba diciendo en tono diplomático: «¡Fuera de aquí!»

Y Napoleón se fue. Antes de que se cumpliera un año de la publicación de esa 10ta de Seward las tropas francesas, único apoyo del «architonto» Maximiliano y ;u imperio de juguete, abandonaron México.[14] Ahora que no contaba con apoyo nilitar por parte de los franceses, el presidente mejicano Juárez capturó al pobre

Maximiliano, víctima de la alocada conspiración de Napoleón. Murió ejecutado por un pelotón de mejicanos. El Portland (Maine) Transcript expresó lo que muchos pensaban, al publicar: «Si hay alguien que merece ser fusilado, es Luis Napoleón».[15] Para el secretario Seward fue esa una victoria sin sangre, que reivindicó el honor norteamericano al conseguir sus objetivos sin disparar una sola bala.

Volviendo la mirada hacia el norte, la frontera boreal presentaba un blanco tentador: Canadá. En los mapas norteamericanos Canadá siempre aparecía seductora, y de color rojo, identificando a la realeza británica. Los del norte estaban muy enojados con los ingleses porque la élite gobernante de allí se había pronunciado decididamente a favor de los confederados. Y no se trataba solo de palabras porque, además, les vendían a los confederados rifles, balas y cañones ingleses para que con ellos mataran a los soldados de la Unión. Para colmo los barcos mercantes confederados, el famoso CSS Alabama, el CSS Florida y el CSS Shenandoah, habían sido construidos y equipados en astilleros británicos.

Y también estaba el asunto de los «carneros» de Laird.*

Esos potentes barcos de guerra estaban listos para ser estrenados y entregados a agentes confederados en Inglaterra.** Solamente el ministro estadounidense Charles Francis Adams, con sus vehementes protestas de último momento y directas amenazas de guerra, impidió que los problemas de los Estados Unidos empeoraran.

Muchos norteamericanos parecían olvidar el elocuente llamado de Lincoln a conducirse «sin malicia hacia nadie». Ardían en deseos de vengarse de la madre Inglaterra. Los soldados de la Unión compartían ese ánimo, cantando «Yankee Doodle» con una nueva estrofa:

La secesión fue lo que quiso aplacar
por completo y para siempre,
Y después de cortar con la corona inglesa,
se adueñaría de Canadá.[16]

---

* El «carnero» era un barco de guerra con un enorme tirante de hierro de unos 2.30 m, que sobresalía hacia adelante desde la proa. Con eso se podían romper los barcos de madera de la flota mercante norteamericana. La flota mercante de los Estados Unidos jamás se recuperó totalmente, después de la Guerra Civil.

** El principal agente confederado, en Liverpool, era el capitán naval James Dunwood Bulloch. Después de la guerra, deleitaba a su sobrino neoyorquino con relatos de las intrigas en alta mar. El sobrino era el joven Theodore Roosevelt, quien jamás olvidó las historias que le contara el tío James. (Tomado de: e: http://civilwartalk.com/cwt_alt/resources/articles/acws/laird_rams.htm.)

La situación se vio complicada además por los norteamericanos irlandeses, organizados en el grupo de los Fenians. Querían tomar Canadá y mantenerla como rehén para lograr la independencia de su madre patria con respecto a Inglaterra. Habían estado atacando el territorio perteneciente a la corona, al norte del paralelo cuarenta y nueve, durante décadas. Ahora, muchos de esos veteranos norteamericanos irlandeses del ejército de la Unión estaban listos para entrar en acción y con su típico genio irlandés, cantaban la marcha que habían compuesto:

Somos la hermandad feniana, experta en el arte de la guerra,
y peleamos por Irlanda, la tierra que adoramos.
Hemos ganado muchas batallas junto a los chicos de azul,
y vamos a capturar Canadá ahora, porque no tenemos más que hacer.[17]

Ante tan peligrosa situación los británicos y los canadienses no iban a quedarse de brazos cruzados. La finura y elegancia de Francia era bien conocida, aunque no porque la exhibiera Napoleón III. Más bien fueron los británicos y los canadienses quienes hicieron gala de esa cualidad. Los norteamericanos se habían sentido conmovidos por la carta que la reina Victoria le había enviado a la dolida señora Lincoln. Le había escrito: «De viuda a viuda». Era un astuto recordatorio de que su amado y finado príncipe Alberto había sido quien intervino para impedir la guerra entre Inglaterra y Norteamérica, en 1861.

El secretario Seward tuvo otro triunfo diplomático, la compra de Alaska a Rusia, cuando los británicos y los canadienses llegaron a la conclusión de que debían unir las provincias de Canadá bajo un único gobierno confederado. El senador Charles Sumner de Massachusetts urgió al Senado para que ratificara que la compra de Alaska por parte de Seward era un «paso visible en la ocupación del continente de América del Norte, en toda su extensión».[18]

En Canadá Sir John A. MacDonald lideraba el movimiento hacia la confederación. El querido «Sir John A.» les advirtió a los canadienses que sus dominios, que no estaban densamente poblados, no resistirían a los embates de los yanquis a menos que se unieran bajo la corona británica. Los norteamericanos «codiciaron Florida, y la tomaron; codiciaron Louisiana y la compraron; codiciaron Texas y la robaron, y comenzaron una pelea con México consiguiendo California». El nacionalista canadiense D'Arcy McGee resumió los peligros para que no quedaran dudas entre quienes le escuchaban: sin «el fuerte brazo de Inglaterra protegiéndonos no existiríamos hoy como pueblo separado de los Estados Unidos».[19]

A los norteamericanos no les gustó la idea de la confederación canadiense y miraban con recelo la posibilidad de una presencia monárquica potente en este continente. El héroe de la guerra, Joshua Lawrence Chamberlain, del ejército de la Unión y ahora popular gobernador de Maine, expresó el sentir de muchos: «Si resulta exitosa la confederación, el resultado no puede ser más que injurioso para nosotros. Los amigos de este país en las Provincias [de Canadá] se oponen seriamente a este proyecto».[20]

Parece que no había tantos «amigos» de los Estados Unidos en Canadá. La reina firmó la ley británica de Norteamérica el 29 de marzo de 1867, veinticuatro horas antes de que Seward firmara el acuerdo de la compra de Alaska. La ley de la reina otorgaba condición de dominio a la confederación canadiense. Así se logró la unidad y una buena medida de gobierno independiente para los canadienses, en oposición (y también debido) al ruido de los sables norteamericanos. En cuanto al término «dominio» había sido el secretario británico de asuntos exteriores Lord Stanley, quien insistió en ello en vez de nombrar un reino de Canadá, para evitar hábilmente una provocación a los yanquis.[21] Los británicos y los canadienses mostraron coraje, calma y decidida determinación.

Alaska fue como una joya que el secretario Seward se guardó en el bolsillo. La enorme región bloqueaba el acceso de los monárquicos canadienses por el oeste. A Seward no le importaron las quejas contra «la heladera de Seward» o «la tontería de Seward». Había logrado el único objetivo que los demócratas bajo el presidente James Knox Polk tanto habían buscado. El republicano Seward había conseguido «el cincuenta y cuatro cuarenta» para los Estados Unidos, sin guerras ni luchas. Y con su típico ingenio, lo había hecho acercando esa línea imaginaria fronteriza hacia el sur, por debajo del «mango» de Alaska.

III. RECONSTRUCCIÓN Y RENOVACIÓN

El asesinato de Lincoln también había causado un profundo cambio en el sentimiento de los norteños. Ahora, muchos no estaban tan dispuestos a seguir la blanda política de reconciliación entre el norte y el sur, propuesta por Lincoln. El ánimo oscuro del público norteño quedó reflejado en el poema «El mártir», del escritor Herman Melville, de Massachusetts:

El viernes santo fue el día
Del prodigio y el crimen,
Cuando lo mataron en su compasión,
Cuando lo mataron en su mejor momento
De clemencia y calma,
Cuando lleno de afecto buscó
Redimir a los de mala voluntad.
Y aunque era conquistador,
Mostraría su bondad.
Pero lo mataron en su bondad,
En un arrebato de locura y ceguera,
Y lo mataron por detrás.
Hay lamentos de los fuertes,
Hay una mortaja que cubre al país.
El pueblo, en medio de las lágrimas,
Desnuda la mano de hierro:
Cuidado con el pueblo doliente
Que muestra la mano de hierro.
Yace él en su sangre,
El padre, en su rostro.
Han matado al que perdonaba
Y en su lugar se levanta el vengador.
El vengador, sabio y severo
Que hará justicia
Según se lo reclame el cielo.
Los parricidas perderán,
Por haber matado al bueno
En un arrebato de locura y ceguera,
Manchando sus manos con la sangre de él.
Hay llanto de los fuertes,
Hay una mortaja que cubre al país.
El pueblo, en medio de las lágrimas,
Desnuda la mano de hierro:
Cuidado con el pueblo doliente
Que muestra la mano de hierro.[22]

El general Grant y su esposa habían rechazado una invitación de los Lincoln para ir al teatro aquella fatídica noche. Con toda educación se excusaron y dijeron que debían tomar el tren hacia Nueva Jersey. Aunque en verdad, Julia Dent Grant no soportaba la frecuente excentricidad de la señora Lincoln.[23] En la plataforma de Havre de Grace, Maryland, la señora Grant oyó ruido. A diferencia de la guardia de policía de Lincoln, el guardia del tren estaba alerta y logró evitar que un atacante entrara en el vagón privado de los Grant.[24] Fue solo cuando el tren se detuvo en Filadelfia que el general Grant le contó a su esposa la terrible noticia del asesinato de Lincoln. La señora Grant le preguntó a su esposo si asumiría la presidencia el vicepresidente Johnson. El general respondió: «Sí pero, por alguna razón, *me llena de terror*».[25]

Apenas entró Andrew Johnson en la mansión ejecutiva, se preparó para juzgar ante los tribunales al general Lee y a los líderes sureños. «La traición tiene que ser algo que todos odien y los traidores deben quedar sin nada», declaró el nuevo presidente.[26] «Bluff» Ben Wade, senador republicano radical de Ohio, abogaba por el castigo a los rebeldes líderes. Wade sugirió que se enjuiciaran a unos pocos, los peores: «trece, digamos, una docena con un poco más».[27] Johnson respondió que no podía justificar el ahorcamiento de tan pocos, informó James Gillespie Blaine, congresista de Maine.[28] Tal vez porque recordaba a Lincoln y sus palabras acerca de «no derramar sangre», incluso Ben Wade empezó a preocuparse de que quizá Johnson iría demasiado lejos.[29]

Cuando un gran jurado federal reunido en Norfolk, Virginia, arrestó a Lee, a Longstreet y al alto comando confederado acusándoles de traición, Lee le escribió de inmediato al general Grant. ¿Cómo podría conciliarse esa acusación con la «libertad bajo fianza» que Lee y su ejército habían recibido en Appomattox?, preguntó Lee con su habitual cortesía. No había manera de hacerlo y Grant no dudó en decirlo. De inmediato le escribió al secretario de guerra, Stanton, diciendo: «Los oficiales y los hombres a los que otorgamos la libertad bajo fianza en Appomattox y después de ese momento... no podrán ser juzgados por traición mientras cumplan con los términos de la fianza».[30]*

Johnson era terco y estaba decidido a ejercer sus nuevos poderes. Grant visitó a Johnson en la mansión ejecutiva y le presentó sus argumentos, pero el presidente

---

* Después de la rendición de Lee otros ejércitos confederados se rindieron bajo términos similares en las siguientes seis semanas. Jefferson Davis fue capturado en Georgia, y llevado a prisión en la Fortaleza Monroe, de Virginia.

le preguntó en tono belicoso qué derecho tenía un subordinado a «interferir, con el objeto de proteger a un architraidor para impedir que se cumplieran las leyes».[31]

Grant era famoso como hombre que sabía dominar sus emociones. Pero no fue así en este caso. Estaba furioso. Lee jamás se habría rendido si hubiese pensado que él y sus hombres serían sometidos a procesos judiciales como criminales, le dijo Grant a Johnson. Y si no se hubieran rendido, la guerra habría continuado indefinidamente, con más pérdidas de vidas para las fuerzas de la Unión y los confederados. Entonces Grant disparó toda su artillería verbal contra el atónito Johnson: «¡Renunciaré, antes de ejecutar cualquier orden de arresto contra Lee o cualquiera de sus comandantes mientras ellos obedezcan la ley!»[32] La misma promesa le había hecho a Grant su leal amigo Sherman.

Frustrado, Johnson le preguntó entonces: «¿Y cuándo podremos enjuiciar a estos hombre?»

«Jamás. Jamás, a menos que violen su palabra», le contestó Grant.[33]

Medroso y cabeza dura, Andrew Johnson supo sin embargo que había perdido. Como sureño y demócrata a favor de la guerra sabía que tenía poco apoyo de parte de los republicanos que dominaban el Congreso y también sabía que en cualquier contienda entre él y Grant el país entero respaldaría a su amado héroe de la guerra. El fiscal general de Johnson instruyó entonces a los fiscales de Norfolk que dieran marcha atrás con los arrestos.[34]

No se había equivocado Grant al confiar en Robert E. Lee. El carácter de Lee era muy diferente al del archisecesionista Edmund Ruffin, que ávido de sangre había disparado el primer tiro en Fort Sumter y el último, directo a su propio cerebro.[35] Libre entonces del asedio federal, Lee se movió rápidamente para asumir la presidencia del Colegio Universitario Washington, que pasaba por momentos difíciles. Dedicó los cinco años que le quedaban de vida a trabajar por la educación.[*]

Johnson afirmaba estar siguiendo las blandas políticas de reconstrucción de Lincoln, pero pronto demostró tener motivos completamente diferentes. Había sido hostil a los aristócratas que poseían esclavos pero ya no se trataba de envidia contra la clase alta —él no podía pagar lo que costaban los esclavos— sino de la justicia con los oprimidos. Otorgó clemencia a muchos ex líderes confederados, siempre y cuando apelaran personalmente ante su persona. Pronto dio a conocer cuáles eran

---

[*] Cuando murió Robert E. Lee en 1870, lo lloraron en el sur y en el norte por igual. El Colegio Washington es hoy la reconocida Universidad Washington & Lee.

sus intenciones y actitudes. No le importaban los derechos civiles de los libertos: «Este país es para los blancos», le dijo al gobernador republicano de Missouri, «y por Dios, mientras yo sea presidente, lo gobernarán los blancos».[36]

Johnson estaba ansioso por aceptar a los gobiernos estatales reconstituidos del sur, lo antes posible. Pero los republicanos en el Congreso —y no solamente los más radicales— se escandalizaron cuando las elecciones en el sur dieron bancas a dieciséis oficiales confederados de alto rango, a cuatro generales sureños y a cinco coroneles, que ahora estarían en Washington.[37] Un joven reportero francés, Georges Clemenceau, identificó el problema: «Cualquiera que haya tenido cuatro años consecutivos en una guerra como la que ha tenido la nación *de los Estados Unidos no desea perder el fruto pagado a un precio tan alto como el de los dolorosos sacrificios que se han hecho aquí».[38]

El Congreso había implementado una nueva organización, la oficina de los libertos, para ayudar a los sureños negros que acababan de obtener su libertad. El general Oliver O. Howard, valiente héroe del ejército de la Unión que había perdido un brazo en la guerra, fue designado como jefe de esa oficina.**

Muchos libertos pensaron erróneamente que a cada familia se le darían «dieciséis hectáreas y una mula» para que pudieran comenzar nuevas vidas como agricultores independientes.[39] Pero la oficina de los libertos intentó, con diversos grados de éxito, persuadir a los obreros agricultores negros de que volvieran a los campos, trabajando por salarios razonables. Al tratar de ayudar a los libertos, finalmente la oficina también estaba ayudando a los agricultores sureños blancos que no tenían dinero.

Esa podría haber sido la fórmula del renacimiento del sur. Un plan del gobierno federal que ayudara a los sureños blancos y negros podría haber sido un primer Plan Marshall. Pero lamentablemente, no fue así.

Para que el plan tuviera éxito los demócratas tendrían que apoyar a los republicanos en la reconstrucción y el partido demócrata no tenía intención de hacerlo.

Cuando los republicanos que controlaban el Congreso regresaron a Washington, sintieron gran preocupación por lo que veían allí.***

---

* Las palabras de Clemenceau fueron proféticas. Es esta precisamente la visión que tendría medio siglo más tarde cuando en su posición de premier de Francia en la Primera Guerra Mundial, se esforzaría por conservar los frutos de la dura victoria contra los alemanes.

** Fue para honrar al general Howard que se nombró en su memoria a una de las instituciones negras académicas históricamente más grandes de los Estados Unidos: la Universidad Howard, de Washington.

*** En esa época el Congreso no se reunía permanentemente a lo largo del año. El antiguo Congreso cerró sesiones en marzo de 1865 y el Congreso elegido en 1864 —con mayoría republicana— no volvió a reunirse hasta diciembre de 1865.

Sabían que si los demócratas norteños se unían a los demócratas del derrotado sur, los republicanos serían minoría. Y lo peor era que podrían perder todo aquello por lo que habían peleado. El Congreso había promulgado la decimotercera enmienda a la Constitución a principios de 1865. Esta enmienda abolía la esclavitud en los Estados Unidos con el beneplácito del gobierno de Lincoln. Por lo tanto las exenciones para promulgar la Proclama de Emancipación como medida de guerra debían corregirse al momento de ratificar la enmienda.

El Congreso no aceptó el veto de Johnson a la legislación que reautorizaba la oficina del liberto y las nuevas leyes de derechos civiles. Los periódicos del partido demócrata habían titulado los vetos de Johnson de la siguiente manera: «¡Viva! ¡Grande y glorioso! ¡Victoria para los blancos!»[40] Los republicanos moderados sentían gran desilusión[41] porque habían esperado otra cosa. Querían trabajar con Johnson y no les interesaban los vengativos planes para la reconstrucción, que ingeniaban los radicales. La intransigencia de Johnson, sin embargo, hizo que los republicanos se unieran en contra de él y los votos unificados fueron muestras de la creciente hostilidad entre el nuevo presidente y el Congreso.

Pero al mismo tiempo la tensión racial aumentaba en el sur. Los sureños negros no habían buscado la violencia después de su liberación, pero sí se convirtieron muy pronto en blancos de la agresión.[42]

En Memphis, Tennessee, en el mes de mayo de 1866 dos carretas habían colisionado en una calle de la ciudad. Era algo común en esa época. Pero en este caso, uno de los cocheros era blanco y el otro, negro. La policía de Memphis, conformada por hombres blancos, arrestó al hombre negro y enseguida los veteranos negros del ejército de la Unión reaccionaron, diciendo que era víctima de prejuicios. Pronto hubo disturbios, liderados por turbas de hombres blancos y la ciudad se convirtió en un caos.[43] Los policías blancos fuera de guardia lucharon durante tres días y como resultado, hubo cuarenta y seis muertos en las secciones negras de la ciudad. Cientos de escuelas, hogares e iglesias ardieron y las autoridades de la ciudad, no hicieron nada al respecto.[44]

Ese verano se organizó una convención en Nueva Orleáns con el objeto de apoyar el derecho al sufragio de la gente de color. La convención fue atacada y en los disturbios que siguieron murieron cuarenta personas. Hicieron falta las tropas federales para restablecer el orden.[45] Debido a ese incidente y a otros de similar naturaleza, las políticas del presidente Johnson quedaron desacreditadas. Los norteños veían que hacía falta una mano más fuerte para lidiar con el sur derrotado.[46]

En ciertos estados del sur, se promulgaron los infames «códigos negros», que limitaban en mucho los derechos de los trabajadores negros para la contratación, para el ejercicio de sus ocupaciones, para presentar demandas o servir como jurados (a menos que el acusado fuera negro también) y hasta para conseguir nuevo empleo. Parecía que estaba en riesgo la misma Proclama de Emancipación.

En el Congreso los republicanos tenían dificultades para lograr una respuesta adecuada a esta situación. Pronto vieron que la reconstrucción sería imposible mientras el demócrata Johnson pudiera blandir sus poderes presidenciales en contra de ellos.[47] Al principio, los sureños derrotados estaban dispuestos a hacer lo que hiciera falta para recuperar su posición pero como Johnson proclamó a viva voz su apoyo por «un gobierno de blancos», los rebeldes de aquel momento sintieron nuevos motivos para resistirse a la autoridad federal.[48]

No pasó mucho tiempo antes de que los republicanos del Congreso lograran otra enmienda a la Constitución, requiriendo que todos los estados otorgaran la ciudadanía a los libertos, además de «igual protección por parte de la ley» para todos. El diputado John Bingham (Ohio) y el senador Jacob M. Howard (Michigan), dos de los republicanos más importantes en el Congreso, auspiciaron la decimocuarta enmienda, que también dictaminaba que se podía limitar la representación de un estado en el Congreso en caso de incumplimiento con esa enmienda. Los republicanos convirtieron a la ratificación de la decimocuarta enmienda en una condición, para permitir la readmisión de los diputados sureños al Congreso.[49]

El peligro estaba en la falta de fuerza de la ley, porque estaban desapareciendo los medios que hacían valer las leyes. Antes de que 1865 llegara a su fin se llamó a los cuarteles al gran ejército y a la armada de la Unión. De más de un millón de uniformados (de los cuales una décima parte eran negros), quedaron solo ciento cincuenta y dos mil.[50]

A lo largo de 1866 las relaciones entre la mansión ejecutiva y el Congreso empeoraron cada vez más. «Jefferson Davis está en su celda de la Fortaleza Monroe», se quejó el senador Charles Sumner de Massachusetts, «pero Andrew Johnson está haciendo lo que tiene que hacer».[51] Johnson recibió a una delegación de líderes negros encabezados por Frederick Douglass. Venían a pedirle al presidente su apoyo para que el sufragio fuera un derecho de todos los hombres negros también, como parte de la reconstrucción nacional. Pero Johnson no comprometió su palabra y más tarde, le dijo a su secretario: «Esos malditos hijos de mala madre pensaron que me habían atrapado. Conozco a ese maldito Douglass. Es igual a cualquier otro negro y muy capaz de degollar a cualquiera».[52]

Johnson decidió que se enfrentaría con los republicanos en el congreso. Partió entonces en una gira importante, que «cerraría el círculo» de cómo serían sus políticas, para que todos pudieran conocerlas. Convenció a Ulysses S. Grant, comandante general del Ejército, que le acompañara y este aceptó porque intentaba formar una buena relación con su comandante en jefe. Al principio todo funcionó bien durante el viaje y hasta hubo una divertida carrera de carruajes en Central Park, en la ciudad de Nueva York, en la que Grant llevaba las riendas de un velocísimo carruaje, compitiendo con el carruaje que llevaba al presidente. Este vehículo elegante era propiedad de un rico industrial, Abram Hewitt, que lo conducía. Como pasajeros, además del Presidente de los Estados Unidos, iban el secretario de estado Seward, el alcalde de Nueva York, y algunos dignatarios locales. Grant era un excelente jinete y conocía muy bien a los caballos. Su carruaje ganó. En él viajaban el general Meade, el general George Custer y el almirante Farragut. El dueño del vehículo era el poderoso financista neoyorquino Leonard Jerome, de quien Grant había tomado las riendas.[53]*

La multitud, que había ido a ver a Johnson, acabó vitoreando a Grant, que se sentía cada vez más disgustado por los vulgares ataques y vituperios de Johnson contra el Congreso.

Con completa falta de dignidad, Johnson respondió a la multitud con lenguaje soez y hasta gritó que colgaría al congresista Thaddeus Stevens, líder de los radicales y al famoso abolicionista Wendell Phillips.[54] Grant le escribiría a su esposa que la conducta de Johnson era «una vergüenza nacional».[55] Lo que más ofendía al general era el profundo odio de Johnson a los norteamericanos de color.[56] Johnson jamás había sido miembro del partido republicano de Lincoln y apareció en la campaña como demócrata de la guerra, en 1864, solo como parte de un esfuerzo por lograr una mayor unidad nacional durante la Guerra Civil.

Tan pronto le fue posible, Grant adujo un malestar y abandonó la gira. Los discursos de Johnson eran un desastre, en lo político y lo personal, para la figura

---

* La bella hija de Jerome pronto se casaría con el británico Lord Randolph Churchill y lo convertiría en abuelo de Winston Leonard Spencer Churchill. Leonard Jerome era dueño del *New York Times*.

del presidente. En rechazo a la estridencia de Johnson buscando el apoyo de los votantes, en noviembre las elecciones dieron como resultado un Congreso con abrumadora mayoría republicana.[57]

Los líderes republicanos del Congreso tenían ahora la sartén por el mango y estaban decididos a reconstruir el sur según su propio plan. Promulgaron una ley de reconstrucción, que dividía al sur derrotado en distritos militares, con gobernadores militares designados que responderían al general Grant y no al presidente. Al ver la forma en que Johnson había utilizado sus poderes para designar autoridades, el Congreso promulgó además una ley regulando la potestad de los funcionarios. Bajo esta medida, claramente inconstitucional, el Presidente no podía despedir a un funcionario que hubiera sido confirmado por el Senado, hasta tanto los senadores confirmaran a su sucesor.

La ley de reconstrucción se utilizó para eliminar de sus puestos a los gobernadores de seis estados sureños y a miles de autoridades estatales y locales, bajo el argumento de la «lealtad». Un ejército de ocupación suprimió las muchas manifestaciones de patriotismo en el sur, incluyendo a grupos de veteranos, desfiles de conmemoración y sociedades históricas.[58] Es que los radicales del Congreso estaban decididos a suprimir todo sentimiento de rebelión en el conquistado sur.

Incluso Lincoln había tenido problemas con algunos de los republicanos más radicales. Cuando vio que el senador Sumner, «Bluff» Ben Wade de Ohio y el viejo y rudo Thad Stevens se dirigían en sombría procesión hacia la mansión ejecutiva, Lincoln contó la historia del niño de su «escuela de la iglesia» en Indiana, que lloraba cada vez que tenía que leer los versículos de la Biblia sobre los tres jóvenes israelitas en el horno de fuego. Los extraños nombres de Sadrac, Mesac y Abednego eran demasiado para el pequeñito y lo único que podía decir entre sollozos era «aquí vienen de nuevo esos tres condenados tipos». Con humor y sabiduría Lincoln se ocupaba de los radicales sin chocar francamente con ellos. Johnson jamás lo intentó siquiera.

Los sureños blancos se resistían con amargura a lo que consideraban como despotismo por parte del norte. Y criticaban a los norteños que llegaban al sur para ayudar con la obra de reconstrucción, llamándoles «viejos bolseros», porque eran oportunistas que iban de un lado al otro llevando sus pertenencias en bolsas grandes de género grueso. Los pocos sureños —como el ex general confederado James Longstreet—, dispuestos a cooperar con las autoridades de la Unión, quedaban categorizados como «bandidos».[59] Fueran políticos negros con educación formal o ex esclavos analfabetos ahora inesperadamente involucrados en asuntos legislativos, todos recibían críticas.

El presidente Johnson trató de obstaculizar la decimoquinta enmienda a la Constitución, que otorgaba el derecho al voto a los hombres de color. Incluso su asistente militar, el coronel William G. Moore, anotó en su diario que «el presidente ha expresado en ocasiones un disgusto total, un completo rechazo hacia los negros».[60] En una oportunidad, al ver a un grupo de hombres negros que trabajaban en la mansión ejecutiva, Johnson preguntó en tono enojado si se había despedido a todos los blancos.[61]

El presidente decidió meter la cabeza en la boca del león, en términos de su poder para designar funcionarios. Despidió a Edwin M. Stanton como secretario de guerra, quien había estado informando de todas las conversaciones del gabinete, a los radicales. Pero cuando Stanton recibió la orden de dejar su puesto, el irascible ex demócrata a quien Lincoln llamaba Marte* se encerró en su oficina y se negó a salir.[62]

IV. JUICIO POLÍTICO

Los radicales estaban furiosos. El diputado Thaddeus Stevens incluso presentó un proyecto para suspender al presidente Johnson hasta que se le sometiera a un juicio político. Para el general Grant, eso fue demasiado ya que veía que la idea de Stevens era claramente inconstitucional. Aunque despreciaba a Johnson, le aseguró que se resistiría a todo intento de arrestar al comandante en jefe, antes de que se llevara a cabo un proceso adecuado de acusación y juicio.[63] El plan de Stevens quedó truncado apenas Grant le comunicó al Congreso que no participaría en algo tan descabellado y sin precedentes.[64]

Thad Stevens no era una figura con liderazgo, aunque tenía cualidades y virtudes. Desde el principio se había opuesto a la discriminación racial y hasta se negó a firmar la nueva constitución de Pensilvania en 1838 porque no extendía el derecho al voto a los negros de ese estado.[65] Fue uno de los primeros miembros del Congreso en abogar por la plena emancipación y por la igualdad política y civil de los cuatro millones de esclavos del sur. Pero el plan de postguerra propuesto por Stevens implicaba la confiscación de las tierras de los amos sureños, para dárselas a

---

* Marte era el dios romano de la guerra. Lincoln tenía sentido del humor, aunque Stanton no lo tuviera.

los inmigrantes del norte y a los esclavos libertos. ¡Hasta los mismos radicales de su bando pensaban que era una medida demasiado extrema![66] * Y su plan para arrestar al presidente Johnson hizo que creciera su reputación como hombre intempestivo y rencoroso.

La intervención de Grant apenas pudo menguar la fuerza de las acusaciones. La Cámara de Representantes presentó once cargos contra el Presidente, diez de los cuales tenían que ver con la violación a sabiendas de la ley de la función pública.

Cuando por fin se llevó a cabo el juicio ante el Senado en marzo de 1868, el país contuvo el aliento. En solamente tres años el pueblo de los Estados Unidos había soportado el sangriento fin de la más devastadora guerra en su nación, el asesinato de un presidente, una tumultuosa era de reconstrucción y ahora esto... el primer proceso de juicio político contra un presidente.

Desde los inicios del juicio ante el Senado los encargados de la Cámara se mostraron «demasiado nerviosos, sin concentración, sin atención a los puntos más finos de la ley», como publicó la revista The Nation.[67] Presidido por el juez de la Corte Suprema Salmon P. Chase, según lo mandaba la Constitución, el nivel de calidad de las pruebas debía ser el más elevado.** La amiga alemana de Frederick Douglass, Ottilia Assing, pensaba que Chase era un «traidor» y escribió con amargura para su periódico de Berlín que Chase «arde de deseos» por el sillón de la presidencia.[68] (Algunos decían que si Johnson cumplía su mandato, la oportunidad de Chase de que el partido demócrata lo designara candidato presidencial en 1868, era mayor.)

Siete senadores republicanos salvaron a Johnson de ir a la cárcel y perder su puesto. De ellos, tres eran respetados republicanos moderados, que no temían a la ira de los radicales: William Pitt Fessenden (Maine), James Grimes (Iowa) y Lyman Trumbull (Illinois).[69] Fessenden habló por muchos, cuando dijo: «El presidente está ante el tribunal por acusaciones específicas y no por otra cosa. Sería contrario a todo principio de justicia... juzgar y condenar a cualquier hombre, por muy culpable que se le considere, por algo de lo que no está acusado...»[70]

---

* Aunque carecía de sentido del humor, y era un hombre con motivación, a Stevens se le conocía por su sinceridad. A su muerte, su testamento indicaba que quería ser sepultado en uno de los pocos cementerios integrados de Pensilvania. Su epitafio proclama: «La igualdad del hombre ante su Creador» (Foner y Mahoney, America's Reconstruction, p. 91).

** Chase tenía ya precedentes. El juez de la Corte Suprema Marshall lo había hecho durante el juicio por traición contra Aaron Burr en 1805 (y el vicepresidente Burr también lo había hecho durante el juicio al juez Chase en 1804).

Grant consideraba que el juicio a Johnson era correcto porque «es un mentiroso infernal», pero los que apoyaban a Grant en el Senado, no estaban de acuerdo con él, lo cual no era una sorpresa.[71] La razón puede verse en el calendario. La elección presidencial sería en solo ocho meses más y los senadores que querían que Grant fuera presidente no querían reemplazar a Johnson con el senador Ben Wade.* Temían que si Wade era presidente, decidiera entonces que se propusiera una estadía más prolongada para él en la mansión ejecutiva.[72]

Johnson se salvó de la prisión por un solo voto en el Senado, escapando, como diría luego Winston Churchill de un oponente suyo: «sin un rasguño y sin colgar de la horca». Pero nuestro país, con sus heridas todavía abiertas, no pudo escapar a la venganza de Andrew Johnson.

El senador John F. Kennedy nombró al senador Edmund Ross de Kansas como uno de sus perfilados valientes, por haber votado contra el juicio político a Johnson. Es que el joven Jack Kennedy tenía ambiciones presidenciales y, por supuesto, quería que los poderes de tal puesto quedaran fuera del alcance de quienes quisieran limitarlos. Pero si el proceso hubiese logrado el objetivo, se habría demostrado que la presidencia es una posición demasiado importante como para dársela a alguien como Andrew Johnson, que no lo merecía.

Se puede culpar a los radicales por esa debacle, en tres aspectos. Primero, tendrían que haberse cuidado más de elegir a una figura que inspirara confianza, en lugar de tener a Bluff Ben Wade como presidente del Senado. Segundo, tendrían que haberse movido antes para enjuiciar al odioso Johnson y evitar así el enredo con la cercanía de la elección presidencial de 1868. Y tercero, su juicio contra Johnson tendría que haberse basado en algo de mayor sustancia. Johnson hacía todo lo posible por obstruir las leyes del Congreso, cuando por la Constitución estaba obligado a «cuidar que la ley se cumpla con fidelidad». Fue eso, y no la flagrantemente inconstitucional ley de funcionarios públicos lo que podría haber constituido un argumento más válido para el juicio político.

La presidencia de Andrew Johnson, de solo seis semanas menos de lo que fueron cuatro años terribles, fue una tragedia nacional.

---

* El puesto de vicepresidente había quedado vacante desde que Johnson sucediera al presidente Lincoln en 1865. El presidente del senado, Wade, era el siguiente en la línea de sucesión bajo las leyes de ese momento.

V. «TENGAMOS PAZ»

El partido republicano se reunió en Chicago en mayo de 1868, para su cuarta convención nacional de nominación. La convención se inauguró a solo cuatro días del sobreseimiento de Johnson. Ya se sabía que Grant sería elegido como candidato a la presidencia. Por encima de la plataforma del orador en esa convención, había un gran retrato del general Grant. Y un cartel que desafiaba a los poco felices demócratas: «¡A ver si pueden igualarlo!»[73]

«Tengamos paz», fue lo que dijo Ulysses S. Grant cuando se le informó que por decisión unánime había sido elegido como candidato por los republicanos. La frase fue su lema de campaña, de la presidencia de Grant y de su vida entera.

Cuando los demócratas se reunieron en Tammany Hall, en la ciudad de Nueva York, el cuatro de julio, no tuvieron más opción que la de nominar al gobernador de Nueva York, Horatio Seymour. Seymour había estado «cerca de los cabezas de cobre» durante la guerra.[74] El gobernador Seymour había llamado «amigos míos» a los creadores de disturbios por el tema de los reclutas en la ciudad de Nueva York, en 1863. Y además había comparado públicamente al presidente Lincoln con el rey Carlos I de Inglaterra.[75*]

El caricaturista Thomas Nast dibujó a Seymour con la ciudad de Nueva York en llamas, como fondo. Y a Seymour lo retrató como al diablo mismo. La leyenda de la caricatura decía: «¡Iguales!»[76]

La campaña de 1868 se vio manchada por la fealdad del racismo de ambos lados. Los demócratas y la prensa sucia apelaban al sentimiento racista de los votantes del sur y el norte. Pero el «respetable» *Harper's Weekly* utilizaba la habilidad políticamente legal de Thomas Nast con fines dudosos. Nast era uno de los más grandes caricaturistas de los Estados Unidos, un anticatólico rabioso que odiaba a los inmigrantes irlandeses. Una de sus caricaturas mostraba al candidato demócrata Seymour dándose la mano con un Nathan Bedford Forrest que blandía una daga. El ex general de los confederados era el Gran Dragón del Ku Klux Klan. A esos dos personajes se sumaba un irlandés con aspecto de simio. En la caricatura los pies de los tres se posan sobre el cuerpo postrado de un valiente soldado negro de la Unión.[77]

Una de las pocas cosas que se le habían criticado a Grand era su «Orden número 11», durante la guerra. Grant dirigía su ira a los almaceneros que frecuentaban

---

* El monarca inglés de menor estatura medía aproximadamente un metro cincuenta y cinco. Quedó más pequeño todavía cuando Oliver Cromwell lo decapitó en 1649.

Juicio a Andrew Johnson. *Grant, como comandante general, no acompañaría el plan de los republicanos radicales de arrestar o suspender a Andrew Jackson antes de enjuiciarlo. Grant no iba a tolerar medidas inconstitucionales, aun cuando estaba a favor del juicio político a Johnson, que debió pasar por ese proceso pero finalmente no llegó a ser sentenciado porque se salvó en el Senado por un voto.*

«El largo Abraham Lincoln, por un poco más de tiempo», *caricatura de Harper's Weekly de 1864, después de la reelección de Lincoln.*

Long ABRAHAM LINCOLN a Little Longer.

El ferrocarril transcontinental (clavando la estaca de oro, 1869). *El presidente Lincoln firmó la legislación que promulgó el congreso dominado por republicanos, para construir un ferrocarril transcontinental. Finalmente, el 10 de mayo de 1869 se clavó la estaca de oro en Promontory Point, Utah, donde se encontraron las cuadrillas de construcción del ferrocarril de Central Pacific y Union Pacific.*

Grant, como presidente. *Grant le dijo al comité que lo designó: «Tengamos paz». Su objetivo era la reconciliación del norte y el sur. Como presidente, promovió políticas humanitarias hacia los indios y apoyó los derechos civiles de los norteamericanos negros. Hizo cumplir con vigor la ley del Ku Klux Klan. Pero ciertos nombramientos cuestionables, llevaron las prácticas corruptas peligrosamente cerca del puesto de Grant, manchando su trayectoria de genuinos logros y éxitos. Su firmeza durante la disputada elección de 1876 evitó una crisis constitucional.*

Indios de las planicies cazando búfalos. *Valientes y hábiles, los indios de las planicies sentían que el Caballo de Hierro (el ferrocarril) hacía peligrar su forma de vida, al igual que lo hacía una nueva ola de inmigrantes. Los colonos querían cultivar las tierras de las praderas y los indios montaban caballos que descendían de los que los conquistadores españoles habían traído al Nuevo Mundo. Después de que los sioux derrotaran al coronel George Armstrong Custer y su séptimo regimiento de caballería en la Batalla de Little Big Horn, en 1876, los indios de las planicies libraron una larga y fútil batalla por preservar una forma de vida que consideraban en peligro.*

los campamentos del ejército de la Unión. Ellos eran los encargados de brindar provisiones a los soldados, pero en ese caso los almaceneros abusaban de su ventaja con los combatientes, vendiéndoles alimentos de calidad inferior, o provisiones de mala clase a precios exorbitantes. Los soldados estaban lejos de sus hogares y necesitaban con desesperación buen alimento y provisiones diversas. En vez de enfocar la atención en los abusadores y en sus acciones, Grant directamente había prohibido que hubiera almaceneros judíos en su campamento. Durante la guerra, la reacción no se hizo esperar: el presidente Lincoln de inmediato dio la contraorden; fue esa la única ocasión en que se opuso a algo que Grant hubiera decidido.

En dicha campaña Grant hizo público su arrepentimiento por esa orden. «Por favor, dígale al señor Moisés [un ex confederado judío] que no siento prejuicio alguno contra razas o grupos, sino que quiero que cada persona sea considerada por sus propios méritos», escribió. Y luego añadió: «La orden número 11 no respalda esta declaración, lo admito. Pero tampoco respaldo yo esa orden, que jamás habría emitido si no se hubiera telegrafiado apenas la redacté, sin dedicarle un momento para reflexionar».[78] El hecho de que Grant admitiera con tal candidez su error hizo que la población del país le diera gran crédito.

Si bien Grant, al ser elegido representaba la promesa de terminar con la amarga rivalidad entre los extremos de la Avenida Pensilvania, la renovación del gobierno unido bajo los republicanos no sería tarea fácil. En el sur la resistencia se mantenía cada vez más firme. El Ku Klux Klan aterrorizaba a los negros libertos y a los blancos que simpatizaban con ellos.[*] El ex general confederado Nathan Bedford Forrest era conocido por su gran genio militar durante la Guerra Civil. Era un hombre feroz y osado y también un ex traficante de esclavos, y como comandante sus hombres mataban a sangre fría a los prisioneros negros de Fort Pillow. («El río se tiñó de sangre a lo largo de doscientos metros. Esperamos que esto les demuestre a los del norte que los soldados negros no pueden contra los sureños», había dicho).[79] Ahora, Forrest era el Gran Dragón del klan. En un solo condado, en 1871, habían sido asesinados ciento sesenta y tres negros sureños y en parroquias cercanas a Nueva Orleáns, los asesinatos llegaban a trescientos.[80] La decimoquinta enmienda había otorgado el derecho al voto solamente a los que tenían valentía suficiente como para ejercer ese derecho.

---

[*] En Louisiana los condados se llaman «parroquias», término que quedó de la época en que era una colonia francesa.

Los esfuerzos de los republicanos por enfocar la atención en las condiciones del sur se vieron frustrados por el éxito de —justamente— algunas de sus políticas bélicas. El Congreso de mayoría republicana había promulgado una ley de viviendas que abría vastas extensiones de tierras del oeste a los agricultores. La preocupación porque se extendiera la esclavitud había limitado la expansión hacia el oeste antes de la Guerra Civil.

Poco después de que Grant prestara juramente como presidente, los norteamericanos festejaron la ocasión en que se clavó la «Estaca de oro» en Promontory Point, Utah, el 10 de mayo de 1869. El ferrocarril transcontinental era otro resultado de las políticas republicanas. Antes de la guerra, Jefferson Davis había servido como secretario de guerra del presidente Pierce y luego como senador de los Estados Unidos por Mississippi. Hizo entonces que sus colegas sureños se negaran a dar aprobación a la ayuda federal para la construcción del ferrocarril a menos que siguiera una *ruta por el sur*. La concreción del ferrocarril significaría comunicaciones y transporte de un extremo al otro del país, pero también ponía énfasis en la apertura del oeste y por supuesto, menor atención a las condiciones del sur.

Los sindicatos comenzaron a protestar pidiendo mayores salarios y mejores condiciones de trabajo en el norte. Los sacrificios que había exigido la guerra ya no podían justificar la falta de atención a los problemas de los obreros. Los activistas apelaban a la atención pública diciendo: «Los obreros y trabajadores de los Estados Unidos en el futuro reclamarán una porción más acorde con la riqueza que su industria crea en tiempos de paz, y una participación más equitativa en los privilegios y bendiciones de las instituciones libres que defendieron con hombría en muchos de los más sangrientos campos de batalla».[81]

En efecto, fue en ese mismo período de la reconstrucción (1865-77) que los Estados Unidos fueron testigos del mayor crecimiento de los sindicatos en el siglo diecinueve, con más y más obreros que se afiliaban.[82] Muchos de los obreros eran veteranos de la Unión, ex combatientes de guerra, y sufrían porque algunos políticos republicanos constantemente «hacían flamear sus uniformes manchados de sangre» con tal de ganar sus votos.[83*] El partido demócrata llegó a ser muy racista,

---

* Eso había hecho el congresista Ben Butler —agitando una camisa que supuestamente pertenecía a uno de los bolseros de Ohio, a quien el klan había azotado— en apoyo al juicio político a Johnson. Fue otra de las innovaciones de quien inventó el término contrabando, para los esclavos fugitivos. Butler era, irónicamente, ex demócrata.

con tal de obtener más votos en las elecciones. Pero el histórico pedido de los obreros no cambió en sus reclamos.

También a los republicanos les llegó el turno de ver afectada su campaña por acusaciones de corrupción bastante creíbles. Muchos de los funcionarios de Grant se habían mostrado ansiosos por meter la cuchara en el dulce de la riqueza corporativa. Con poco tino Grant le había dado a su codicioso padre Jesse un importante empleo como jefe de correos en Kentucky. Otros de los más dudosos personajes incluían a su cuñado Abel Corbin, secretario de planificación, y a algunos miembros del gabinete. Aunque Grant era una persona honrada que no sacaba provecho de su posición, era evidentemente muy ingenuo con respecto a las apariencias.

A principios de su mandato, Grant había mantenido encuentros sociales con Jay Gould y Jim Fisk, financistas de Wall Street, que intentaron lograr que el mandatario postergara la compra de oro del gobierno como respaldo de la moneda. Grant no tenía idea de que aquellos dos buscaban apropiarse del mercado del oro.

Mientras estaba de vacaciones el presidente Grant recibió una larga carta de parte de Corbin. Su cuñado enumeraba todas las razones por las que el presidente debía suspender las ventas de oro del gobierno.[84] Cuando Grant se enteró de que su cuñado estaba en connivencia con el dúo corrupto, su furia hizo que se negara siquiera a responder. Pero la oficina local de telégrafos envió su mensaje de manera muy confusa: «Carta recibida bien», era lo que él quiso decir. Sin embargo, el mensaje se envió como «Carta enviada. Muy bien».[85] Hay aquí una cruel ironía. Como general triunfante, U.S. Grant era famoso por la concisa claridad de sus órdenes escritas. Nadie podía malinterpretar jamás una orden suya. Aunque en este caso, no fue él quien escribió el confuso mensaje.

De inmediato Grant ordenó al secretario del tesoro, George Boutwell, que aumentara las ventas de oro a cuatro millones de dólares.[86] Aunque Fisk y Gould no sufrieron daños económicos, hubo miles de inversores crédulos que cayeron en su trampa y quedaron en la ruina, en lo que se conoció como el *Viernes Negro* de Wall Street. Eso manchó la reputación de Grant. Jim Fisk lo enfrentó diciendo: «No se ha perdido nada más que el honor, muchachos». Los resultados de ese fraudulento intento por apoderarse del mercado del oro echaron sombra sobre la brillantez de Grant y su presidencia.

Se trataba de corrupción a secas, nada más que el tráfico de influencias, al servicio de la codicia. Fue el tema de la exitosa novela *La era dorada*, escrita por Mark Twain y Charles Dudley Warner. El comandante Alfred Thayer Mahan dio testimonio ante el Congreso de que habían desaparecido trescientos mil metros de madera con destino al astillero naval de Boston. Y el republicano radical Ben Butler fue atrapado con las manos en la masa, reacondicionando el famoso yate *América*, para su uso personal, con dinero de los contribuyentes.[87]

También causó vergüenza el dinero que distribuían los ferrocarriles que tanto se habían beneficiado con la fiebre de la expansión ferroviaria.* La carrera política del vicepresidente Schuyler Colfax sufrió un serio revés en 1872. Se dio a conocer que él, el congresista James Gillespie Blaine de Maine y hasta el —por lo general recto— congresista James Abram Garfield habían recibido acciones de Credit Mobilier como *regalo*. Credit Mobilier era un grupo organizado por los promotores del Ferrocarril Union Pacific.[88]

El senador por Massachusetts Charles Sumner no estaba conforme con sus radicales planes para el sur. En 1869, con la mirada puesta en la frontera del norte, presentó una acusación fantástica: la construcción del barco mercante *CSS Alabama*, por parte de Gran Bretaña, no solo había causado pérdidas directas a los Estados Unidos por quince millones de dólares sino que además, indirectamente había prolongado en dos años la Guerra Civil, a un costo calculado en miles de millones de dólares. Muchos, con sed de venganza, pensaban que Canadá sería un pago adecuado por la falta de neutralidad de Gran Bretaña en la Guerra Civil. El joven Henry Adams era hijo del entonces ministro de asuntos con Inglaterra Charles Francis Adams. Su opinión sobre el reclamo de Sumner fue que el senador estaba *demente*.[89]

Únicamente alguien con el enorme prestigio de Grant podría haberse resistido con éxito al sentimiento que había hecho surgir Sumner. Grant fue el primer norteamericano en alcanzar el rango de las cuatro estrellas, lo cual le otorgaba autoridad en tiempos de guerra como de paz, sin que nadie pudiera desafiarlo. Trabajó muy de cerca con su hábil secretario de estado Hamilton Fish, que era neoyorquino. Grant firmó el Tratado de Washington en 1871, bajo cuyos términos Gran Bretaña acordaba someter a arbitrio los reclamos de Norteamérica por Alabama.

El tribunal de Ginebra, que tomó el caso debió, soportar sesiones tormentosas y hubo miedo a ambos lados del Atlántico. Finalmente, un conjunto de respetados

---

* El único Padre Fundador de la nación que no se habría avergonzado ante el uso que hacían los ricos y poderosos de las conexiones en el gobierno sería Alexander Hamilton, quien habría señalado que el sistema ferroviario moderno era de gran beneficio para el país haciendo caso omiso del pequeño precio que significaban los sobornos. Es más, si los republicanos no le hubieran prometido a California el ferrocarril transcontinental, los vastos recursos de oro del Estado Dorado podrían haber servido para ayudar a la Confederación.

jueces internacionales dictaminó que Gran Bretaña era responsable. En ese tribunal, el representante de los Estados Unidos era Charles Francis Adams. Se sentenció que Gran Bretaña debía pagarle quince millones y medio de dólares a los Estados Unidos por concepto de daños y perjuicios, suma que se abonó de inmediato. Los diplomáticos británicos incluso exhibieron el cheque cobrado sobre la pared de la oficina de asuntos exteriores, como advertencia para los futuros ministros.[90] Desde entonces, el Tratado de Washington de 1871 se ha considerado un triunfo diplomático de la administración Grant.[91]

Siempre buscando la reconciliación entre las distintas secciones, mientras defendía los derechos de los libertos, Grant presionó al Congreso para que promulgara la ley del Ku Klux Klan, acción que daba al gobierno federal nuevos poderes para reprimir al «imperio invisible». Grant firmó la ley y la utilizó con eficacia contra los atacantes del KKK, que cubiertos con sábanas blancas recorrían las noches norteamericanas. Tanto la elección como la reelección de Grant recibieron el entusiasta apoyo de Frederick Douglass, que les decía a los libertos insatisfechos que aunque los republicanos «nos ignoran, ¡los demócratas nos matan!»

Hay muchas instituciones de altos estudios como Fisk, Tuskegee, Atlanta y Howard, que dan testimonio de la sinceridad de los norteños por contribuir a la educación y elevación de los libertos. Hubo también muchos hombres del sur que alentaron dichos esfuerzos.

Al fin y al cabo, el norte terminó desgastado debido a la resistencia de unos pocos sureños muy obstinados. Las salvaguardas formales y constitucionales para la igualdad ante la ley, estaban dispuestas en las enmiendas decimotercera, decimocuarta y decimoquinta pero, durante casi un siglo, no fueron más que declaraciones huecas. La reconstrucción fracasaba. Los norteamericanos anhelaban el final de la incesante agitación y los disturbios que causaban los conflictos en el sur. Exhaustos ante tanta controversia y peleas civiles, la mayoría de los norteños solo querían vivir en paz. Intentaban hacer caso omiso de la política y encontrar la felicidad ocupándose de sus asuntos privados.[92]

Mientras los del norte enfocaban su atención en emprendimientos económicos, los blancos y los negros del sur sufrían muchísimo. En lo que quedaba del siglo, el sur se vería sumido en «la locura económica».[93] Todo podría haberse evitado. Si los políticos del norte hubieran seguido los iluminados principios de Lincoln, si hubieran garantizado la equidad de derechos, reprimiendo a los terroristas como los del

KKK, podrían haber contribuido a la recuperación de sus sufrientes compatriotas. Les faltó imaginación para ver las oportunidades de renovación, en una Unión restaurada y con libertad para todos. Es lo que Frederick Douglass expresó por escrito diciendo: «La abolición de la esclavitud no solo ha emancipado al negro, sino que también liberó a los blancos».[94]

A medida que se profundizaba la depresión que siguió al Pánico de 1873, el presidente Grant se vio bajo la extrema presión de tener que inflar la moneda. Los deudores, en especial los de los estados del oeste, pedían a gritos que Washington brindara alivio.[95]

Pero también entraron en pánico las autoridades de campaña del partido republicano, quienes le rogaron a Grant que firmara una medida exigida por los agricultores y estancieros, que solicitaban la impresión de hasta cien millones de dólares en papel moneda. El gabinete de Grant apoyó el camino de la inflación,[96] por lo que el mandatario luego expresó sus reflexiones sobre esta presión y su acción:

La única vez que deliberadamente resolví hacer algo expeditivo por razones partidarias y en contra de mi criterio, fue en ocasión del camino de la inflación. Jamás fui tan presionado en mi vida para que hiciera algo, como en el caso de la firma de esta ley. Se me dijo que si la vetaba estaría destruyendo al partido republicano del oeste... y resolví escribir un mensaje diciendo que la ley no necesariamente significaría inflación... lo escribí con gran cuidado y presenté todos los argumentos que pude para mostrar que la ley sería inocua. Cuando terminé mi maravilloso mensaje lo leí, y me dije: «¿De qué sirve todo esto? No lo crees. Sé que no es cierto». Decidí hacer lo que pensé que era lo correcto y veté la ley.[97]

Grant vetó la ley y los líderes del partido republicano no se habían equivocado con respecto a los resultados y consecuencias políticas de tal acción. El partido sufrió su peor derrota en la historia en el otoño, por lo que la Cámara de Representantes pasó, de una mayoría republicana de ciento noventa y cuatro a noventa y dos, a una mayoría demócrata de ciento siete a ciento ochenta y uno.[98]

Los republicanos perdieron ochenta y siete bancas.

Después de eso, los sinceros esfuerzos de Grant por ayudar a los libertos del sur, se vieron impedidos por la división en el gobierno.

Las elecciones de 1874 fueron desastrosas para los republicanos, pero para los caricaturistas políticos significaron un día de fiesta. Thomas Nast produjo, como siempre, la caricatura de *Harper's Weekly* explicando los resultados, al menos para satisfacción de los leales al partido republicano. Había dibujado un elefante asustado, que representaba a los votantes republicanos y no al partido, junto a un burro que alegremente bailaba disfrazado con la piel de un león. El literario Nast se había inspirado en una fábula de Esopo en la que el burro disfrazado de león asusta a todos los animales de la selva. Los demócratas habían asustado a muchos de los votantes republicanos al hablar de «cesarismo», la idea de que el presidente Grant se preparaba para un inaudito tercer mandato. Aquí, Nast se divertía con una broma que había publicado el periódico demócrata más importante de la época, el *New York Herald*, de James Gordon Bennett. El *Herald* había publicado a propósito una noticia falsa, diciendo que todos los animales del zoológico se habían escapado y que se dirigían al Central Park para atacar a los que paseaban por allí. Nast fue entonces el creador de los inolvidables símbolos para ambos partidos: elefantes republicanos y burros demócratas.[99]

Uno de los desarrollos más evidentes e importantes en esos años posteriores a la Guerra Civil fue que los norteamericanos dejaron de centrar la mirada en el sur. El sur había dominado la política nacional entre 1800 y 1860. Después de la Guerra Civil, Nueva York y Ohio eran los estados más importantes. El foco de la atención estaba puesto en las prósperas y florecientes ciudades del norte y el medio oeste, en el cinturón agrícola de las grandes planicies, en las tumultuosas regiones fronterizas y las minas de carbón, de hierro y los galpones de los ferrocarriles. Mientras tanto, el sur ya no importaba tanto.

Fue una tragedia para los norteamericanos negros, que en su mayoría seguían residiendo en los estados donde habían nacido. También fue malo para los sureños blancos porque mientras la nación se recuperaba y progresaba, el sur languidecía. Las leyes de Jim Crow que separaban las razas, siguieron afectando a los talentosos y devotos independientemente del color de su piel.

VI. Un trágico divorcio en las filas de la libertad

Hasta la Guerra Civil muchos reformadores habían trabajado juntos para terminar con la esclavitud y darles derechos a las mujeres. Las sufragistas más conocidas abogaban por la abolición y los abolicionistas, en su mayoría, creían que las mujeres debían gozar del derecho al sufragio. Las dos causas parecían ir de la mano. Pero el debate en torno a la decimoquinta enmienda causaría una división en ambos movimientos cuyas consecuencias siguen sintiéndose en nuestros días. Susan B. Anthony expresó lo que pensaba gran parte de su gente, cuando dijo: «Preferiría cortarme la mano derecha antes que pedir el derecho al sufragio para los hombres negros y no para las mujeres».[100]

Cuando Frederick Douglass se retiró de una de las primeras convenciones femeninas, la señorita Anthony le reprochó: «No hemos oído una palabra de usted desde que desapareciera tan repentina y misteriosamente, en Albany...»[101] Douglass nunca más quiso asistir a otra conferencia.

La división obedeció a una razón muy sencilla. Los republicanos se estaban preparando para otorgarles el derecho al voto a los hombres de color, en el norte y en el sur. Pero no estaban dispuestos a hacerlo con las mujeres. Creían que sería algo demasiado avanzado para la época. Los demócratas en el Congreso no querían que pudieran votar ni los negros ni las mujeres. Douglass le escribió a una reformadora amiga, explicando sus razones. Como siempre, sus consideraciones no solo se basaban en principios, sino en la práctica:

> El derecho al voto de las mujeres es, en mi criterio, tan sagrado como el del hombre y estoy dispuesto cuandoquiera que sea a levantar mi mano a favor de tal propuesta... Pero en este momento, mi dedicación se centra en una causa que, aunque no más sagrada sí es más urgente, porque es cuestión de vida o muerte para quienes han estado esclavizados durante tanto tiempo en este país. Mientras al negro se lo apuñala, se lo ahorca, quema o insulta y lastima con todo lo que pueda ser malicioso en el norte y todo lo que atente contra su vida en el sur, mi preferencia será por su reclamo.... [Susan B. Anthony y Elizabeth Cady Stanton se oponen a la decimoquinta enmienda si esta no incluye a las mujeres]. Su principio es que no puede otorgársele al negro lo que a la mujer se le niega.[102]

Era un cruel dilema. Había millones de mujeres alfabetizadas en el sur y en el norte. A diferencia de Douglass, la mayoría de los libertos eran analfabetos. En varios estados esclavistas la ley prohibía que se le enseñara a leer al negro. Las mujeres ya habían hecho importantes contribuciones a los debates políticos de la nación, además de haber sacrificado mucho en la Guerra Civil, movidas por el patriotismo. ¿Cómo podrían negárseles sus reclamos? Al mismo tiempo, para los republicanos el voto de los negros parecía ser la única forma de asegurar lo que con tanto esfuerzo se había ganado con la Guerra Civil. Como las tropas federales protegían el derecho al voto de los líderes negros del sur, estos por primera vez ocupaban bancas en el Congreso. Los senadores Blanche K. Bruce y Hiram R. Revels así como los diputados Benjamin S. Turner, Josiah T. Walls, Joseph H. Rainey, Robert Brown Elliot, Robert D. De Large y Jefferson H. Long representaban distritos sureños y parecía improbable que pudieran sobrevivir como funcionarios si no se promulgaba la decimoquinta enmienda.

Era imposible que supieran entonces que la larga lucha de las sufragistas duraría medio siglo, o que el período en que los negros podrían votar, aun siendo ratificada la decimoquinta enmienda, sería patéticamente breve. Aun así, la adopción de la decimoquinta enmienda en 1870 ofreció una base lógica para la promulgación de la decimonovena enmienda en 1920. Muchos estados precedieron a la enmienda federal en el reconocimiento del derecho al voto para las mujeres.

VII. El espíritu de 1876

Se acercaba el primer centenario de la independencia y los norteamericanos tenían muchos logros que les daban motivos para celebrar. Habían declarado su independencia, consiguiendo que se mantuviera luego de una dura pero exitosa revolución contra la monarquía británica. Habían aceptado una alianza con Francia pero luego disfrutaron el alivio de ver que la armada francesa abandonaba sus costas en paz.[*] Habían redactado y ratificado una Constitución sin precedentes en el mundo entero, estableciendo «un nuevo orden para todos los tiempos». Su flamante república federal, en 1789 se extendía desde los bosques de Maine a la frontera de Florida y al oeste del río Mississippi. Habían logrado negociar la compra de tierras más grande de la historia: Louisiana. Los norteamericanos pelearon la guerra de 1812, repeliendo a los invasores británicos que llegaban desde Canadá. Soportaron que el enemigo incendiara su ciudad capital y finalmente, habían triunfado al vencer

---

[*] Una de las preocupaciones del general Washington durante la Guerra de la Independencia era que los franceses no enviaran suficientes tropas. También le preocupaba que los franceses enviaran tantas tropas como para que los norteamericanos se sintieran colonizados otra vez. Era muy difícil encontrar el equilibrio.

la más grave amenaza británica en Nueva Orleáns. Luego de un extraordinario período de expansión nacional, los norteamericanos habían llevado sus instituciones democráticas hasta el océano Pacífico, cubriendo el territorio nacional. Y habían salvado a su Unión, y a la libertad, después de cuatro durísimos años de guerra civil. Liberaron a cuatro millones de esclavos y por enmienda constitucional, abolieron la esclavitud, pronunciaron la igualdad ante la ley y propusieron el derecho al voto para los hombres que acababan de liberar de la esclavitud. En verdad, los Estados Unidos habían sido testigos de «un nuevo nacimiento de la libertad». Después de la Guerra Civil, los norteamericanos no decían «los Estados Unidos son», sino «los Estados Unidos es», muestra de la unidad de su país.[103]

La nación además logró evitar una dictadura militar. Grant y Sherman eran tan osados e ingeniosos en el campo de batalla como lo había sido Napoleón. Compartían con Bismark ese sentimiento, unánime, por una nación unida. El opositor a Sherman, general confederado Joseph Johnston, dijo que desde los tiempos del César no había habido ejército que avanzara con una fuerza tan irresistible. Sin embargo, tanto Grant como Sherman siempre respetaban a los representantes elegidos por el pueblo.[*]

Los norteamericanos también lograron evitar una guerra de venganza en este continente. Echamos a los franceses de México sin recurrir a un conflicto bélico. A pesar de la indignación que causaba el tratamiento favorable a los rebeldes por parte de los británicos durante la guerra, los Estados Unidos no invadieron Canadá, dominada por los ingleses.

En términos materiales, la riqueza y el poder de los Estados Unidos habrían asombrado incluso a visionarios como Franklin y Jefferson. En todas partes, la navegación a vela daba lugar a la propulsión a vapor. Y la construcción de canales, que tan importante les había parecido a los líderes con visión de futuro como lo era Washington, se vio eclipsada muy pronto por la construcción de los ferrocarriles. Después de la «Estaca de oro», que marcó la concreción del ferrocarril transcontinental, los norteamericanos siguieron extendiendo la vía férrea con líneas secundarias, entretejiendo una extensa red de transporte y comunicaciones con rieles de acero. Los inmigrantes llegaban de a miles. E incluso con las quinientas cuarenta mil muertes de la Guerra Civil, en la década de 1860 la población de

---

[*] Lo mismo hicieron Lee y Jackson en el sur. La subordinación voluntaria de estos grandes generales a la autoridad civil, sin duda era resultado de su entrenamiento en West Point, un tributo más a la «larga línea gris» de distinguidos graduados de la academia militar de los Estados Unidos.

los Estados Unidos aumentó un veintiséis por ciento. En 1860, había 31.443.321 habitantes, de los cuales la séptima parte eran esclavos y un 13% inmigrantes. Para 1870, ya abolida la esclavitud, la población era de 39.818.449, con un 14,2% de inmigrantes.[104]

Si bien había críticas hacia la era del materialismo, los cambios económicos en la vida de los norteamericanos fueron asombrosos. Los veteranos de la Guerra Civil comentaban que creían haber nacido en un país distinto al que veían ahora, terminada ya la guerra. Para quienes vivieron la época posterior al conflicto bélico, y durante el resto del siglo diecinueve, el país era como un mundo totalmente distinto.

Los avances en la agricultura y la industria hicieron posible alimentar a más personas que en cualquier otro período de la historia. Los EE.UU. se convirtieron en gran exportador de alimentos al resto del mundo. La refrigeración y el enlatado fueron procesos que contribuyeron a crear un mercado continental para la carne y los vegetales. La mayoría de los norteamericanos buscaba obtener una porción cada vez mayor de la riqueza que ahora era posible, gracias a la libertad. En esta tierra de abundancia, todos buscaban tener más, a tono con Samuel Gompers que dijo que sus obreros norteamericanos simplemente querían «más».

El presidente Ulysses S. Grant esperaba con entusiasmo la inauguración de la Exposición Internacional del Centenario, de 1876, en Filadelfia. Quería terminar sus dos mandatos presidenciales con un evento honorable y digno. La presidencia no había sido una experiencia del todo grata para el victorioso general de Appomattox, ya que la corrupción había manchado la reputación de su gobierno.

Después de la inauguración de la Exposición del Centenario, el 10 de mayo de 1876 en Filadelfia, casi diez millones de personas llegaron a visitarla.[105] El presidente Grant estuvo junto al emperador Don Pedro de Brasil, durante la ceremonia de apertura. El compositor alemán Richard Wagner recibió cinco mil dólares en pago por su pomposa obra original: la «Marcha del Centenario».[106] * El centenario se realizaba después de la Gran Exposición de 1851 de Londres, evento organizado por el príncipe Alberto, consorte de la reina Victoria, en el Palacio de Cristal. Desde entonces, las muestras de los avances en la ciencia, la tecnología y el comercio marcaban los hitos de la era del progreso. El ingreso de los Estados Unidos a esa competencia señalaba que el poder y el prestigio de la gran república iban en aumento.

---

* Mark Twain tal vez captó la esencia de la«Tempestad e ímpetu» del gran compositor, cuando dijo: «Dicen que la música de Wagner es mejor de lo que suena».

Los norteamericanos sentían enorme satisfacción al ver que su democracia estaba a la par de los poderes imperiales de Europa.

Una de las atracciones que más entusiasmó a todos en la Exposición del Centenario, fue el enorme brazo de mujer, extendido y sosteniendo una antorcha gigante en la mano. Era tan solo la primera sección de una estatua monumental, regalo del pueblo de Francia. La estatua, de la que se había enviado esta parte como anticipo para despertar interés en la gente, se conocería luego como La Libertad iluminando al mundo. Hoy la conocemos como Estatua de la Libertad, y fue concebida originalmente por el conocido amigo de la libertad, el francés Edouard de Laboulaye, quien con osadía se opuso a la política esclavista del tiránico emperador Napoleón III. Después del asesinato del presidente Lincoln, Laboulaye quiso dar tributo a la visión del gran emancipador. La misma idea era compartida por el joven escultor de Alsacia, Frédéric-Auguste Bartholdi. Poco después, todo el pueblo francés se había adherido ya a ese principio y con entusiasmo organizaron una lotería para recaudar los fondos que se requerían para construir el enorme monumento. Bartholdi trajo el brazo con la antorcha para encender la imaginación de los norteamericanos. Y lo logró. La llegada del escultor al majestuoso puerto de Nueva York le brindó la inspiración para ubicar a la Estatua de la Libertad.*

La segunda maravilla exhibida en esta muestra del Centenario fue una demostración realizada por Alexander Graham Bell. El joven inmigrante escocés trajo un modelo de algo inventado por él: un teléfono. El invento funcionaba pero no muchos mostraron interés en el aparato, hasta que el emperador brasileño saludó a Bell con efusividad. Don Pedro lo había conocido en su escuela para sordos y ahora quería ver ese nuevo dispositivo del joven inventor. La multitud reunida pudo escuchar fragmentos del soliloquio de Hamlet: «¿Ser o no ser?»

Bell no tenía dinero para pagar el almuerzo, por lo que debió pedir prestado a su asistente, Watson. Finalmente, meses más tarde el jurado de la exposición reconoció que su invento era «la más grande maravilla lograda desde el telégrafo hasta hoy».[107] El teléfono de Bell era muy superior al telégrafo, que no tenía capacidad para una audiencia masiva. En cambio, el teléfono llegó pronto a miles de negocios, organismos gubernamentales y millones de hogares norteamericanos.

---

* La pasión de Bartholdi por la libertad era un compromiso intensamente personal. Para cuando llegó a Norteamérica, su amada provincia de Alcacia-Lorena había sido arrancada de los franceses por los alemanes, luego de la Guerra franco-prusiana de 1870-71.

No todos se sintieron maravillados en esa Exposición del Centenario. Con candor y gran ingenio el comisionado de Japón describió lo que había sido el día de la inauguración:

El primer día llegan las multitudes, como si fueran ovejas. Corren de aquí para allá, y donde va uno, todos le siguen. Nadie logra ver nada. Nadie puede hacer nada. Todos corren, empujan, tironean, gritan, hacen mucho ruido, maldicen varias veces al día, se cansan y luego vuelven a casa.[108]

VIII. Una disputa peligrosa

Sin duda, Ulysses S. Grant podría haber ganado las elecciones por tercera vez en 1876 si verdaderamente hubiese querido presentarse como candidato por su partido. Tenía solo cincuenta y cuatro años entonces, y era más joven de lo que lo habían sido la mayoría de los presidentes al asumir por primera vez. Pero había dado su palabra de que no buscaría la reelección en 1876, y fue fiel a su promesa. Ni siquiera la Batalla de Little Big Horn hizo que volviera atrás. El coronel George Armstrong Custer y doscientos sesenta y cinco hombres de la Séptima de Caballería perdieron la vida el 25 de junio de 1876.* La muerte de Custer hizo que muchos pusieran el grito en el cielo, buscando venganza contra los sioux. Había habido unos doscientos enfrentamientos entre los indios y los casacas azules durante los dos mandatos de Grant.[109] A este le preocupaba en particular el trato justo hacia los indios y por ello no dudó en oponerse a la opinión pública, en especial a la de los colonos de las fronteras.

Desde 1861 los demócratas ya no ocupaban posiciones de poder. Percibían que 1876 podía ser su año. El pánico de 1873 en realidad hizo que los efectos de esa depresión económica se extendiera a lo largo de toda la década de 1870. Los demócratas eligieron como candidato presidencial al gobernador Samuel J. Tilden, de Nueva York, para las elecciones de 1876. Como compañero de fórmula, iría el senador Thomas Hendricks, de Indiana. Hendricks se había opuesto con todo vigor a la decimotercera enmienda que abolía la esclavitud y a la decimocuarta que otorgaba a los libertos la ciudadanía y la plena igualdad en términos de la protección de la ley.[110]

---

* No, Custer no pasó del rango de general al de coronel. Después de la reducción del ejército y la armada, con posterioridad a la Guerra Civil, muchos de los que deseaban continuar en actividad debieron aceptar un rango menor al que tenían.

Thomas Nast: El burro y el elefante. *Los símbolos de nuestros dos partidos políticos surgidos de la incomparablemente talentosa, aunque a veces ácida, pluma de Thomas Nast.*

Thomas Nast: Boss Tweed. *La caricatura que Nast hizo de Tweed era exacta y tan devastadora que las autoridades españolas la utilizaron para identificar al fugitivo Boss Tweed.*

Thomas Nast: San Nicolás. *Nast nos ha dejado este indeleble retrato del buen San Nicolás (aunque me pregunto si el antipapista Nast conocía los orígenes romanos de Nicolás).*

Booker T. Washington. *El doctor Washington fue uno de los educadores más respetados de Norteamérica. Su Instituto Tuskegee, en Alabama, era reconocido en el mundo entero. En su aclamada autobiografía, Up from slavery [De pie, después de la esclavitud] abogaba por la autoayuda para los norteamericanos negros. Decidió no rebelarse contra las leyes de la segregación directamente, sino trabajar por el cambio desde adentro de su comunidad. El presidente Theodore Roosevelt lo invitó a cenar en la Casa Blanca en 1901 y por ello, tanto el doctor Washington como su anfitrión debieron soportar muchas críticas e insultos. Las moderadas opiniones de Washington chocaban con las de W.E.B. DuBois y la estrategia de confrontación de la recientemente formada Asociación Nacional para el Avance de la Gente de Color (NAACP, en inglés).*

William Jennings Bryan. *Bryan electrizó a la convención nacional demócrata de 1896, con su discurso de la «Cruz de oro». Se oponía a las políticas monetarias del presidente demócrata Grover Cleveland. Bryan, de 36 años, lideró una gran campaña, que recorrió el territorio en ferrocarril. Su populismo asustaba a los intereses banqueros y manufactureros del este. Tres veces se presentó como candidato a la presidencia, pero finalmente solo llegó a ocupar el cargo de secretario de estado de Woodrow Wilson, sin mayores logros. Murió en 1925, poco después de su humillante desempeño en los tribunales durante el famoso juicio Scopes, en Tennessee.*

La Estatua de la Libertad. *«La Libertad iluminando al mundo», fue el título de este regalo del pueblo francés a los Estados Unidos. El escultor Auguste Bartholdi y sus auspiciantes esperaban que inspirase ideales liberales y republicanas en Europa pero el poema de Emma Lazarus —El nuevo Coloso— convirtió a la Dama del Puerto en símbolo para los inmigrantes. El editor del New York World, Joseph Pulitzer, demostró gran ingenio comercial, al convocar a los niños de las escuelas a donar sus centavos, para la construcción de la base para la monumental estatua.*

El gobernador demócrata Samuel J. Tilden había llegado a ser muy reconocido por haber terminado con la corrupción del «Círculo Tweed», en la ciudad de Nueva York. William Marcy Tweed era el jefe demócrata de la ciudad, a quien se conocía como «Jefe Tweed». Robaba millones y cuando el caricaturista Thomas Nast decidió emprender una campaña para sacar a la luz sus fechorías, delineó a ese puntero político como una enorme bolsa de dinero. Nast inventó el tigre para representar a Tammany Hall, cuartel general del aparato político demócrata de la ciudad. En una caricatura Nast dibujó a los miembros del círculo Tweed dispuestos en ronda, señalándose unos a los otros y con la leyenda: «¿Quién se ha robado el dinero del pueblo?» Dice la leyenda que Tweed quería que alguien pusiera fin a los «malditos dibujos» de Nast.[111] No le importaba lo que escribía sobre él el gallardo New York Times en sus editoriales ya que muchos de sus votantes eran inmigrantes, y no sabían leer en inglés. Pero se quejaba porque podrían ver los dibujos y entender de qué trataban. Era tan exacto el retrato que Nast hacía de Tweed, ¡que en 1876 las autoridades españolas lo usaron para identificar al «Jefe» cuando intentó huir a España para evitar ser arrestado por fraude!»[112]

Al acreditársele la eliminación de esas prácticas corruptas por parte de sus copartidarios demócratas, Tilden mereció el mayor reconocimiento como reformador. También la emprendió contra la administración de Grant. No había luchado en la guerra —al igual que muchos de los neoyorquinos prominentes como Grover Cleveland y Theodore Roosevelt padre— y además era soltero.[113] Por eso, no contaba con las características necesarias para ser un candidato popular. Tampoco su intelecto causaba impresión alguna. Kate Sprague, la vivaz hija del juez de la Corte Suprema, Salmon P. Chase, dijo una vez: «Temo que cuando el sur intentó apartarse, se llevó los cerebros del partido demócrata».[114]

Como adversario, los republicanos eligieron al gobernador de Ohio Rutherford Birchard Hayes, héroe de la Guerra Civil, aunque sin grandes logros en su haber.

La victoria demócrata de 1876 parecía inevitable. El partido no había ganado una sola elección presidencial desde 1856 y muchos de los oradores partidistas aconsejaban a los veteranos militares de la Unión: «Voten del mismo modo en que disparaban». El republicano Robert Ingersoll convocaba multitudes al decir que «todo hombre que disparara contra los soldados de la Unión era un demócrata» e incluso que «el hombre que asesinó a Lincoln era demócrata».[115] (Ingersoll, famoso ateo, tal vez ni siquiera había leído las palabras de Lincoln sobre conducirse «sin malicia hacia nadie».) Esa falta de lógica, ese frenesí, llevó a muchos norteamericanos pensantes a la desesperación con respecto a la libertad y su futuro en un debate racional de temas importantes, al menos durante el año electoral.

La campaña de 1876 tuvo como ingrediente el desagradable elemento que había caído en el olvido desde el colapso de los «nada saben»: el anticatolicismo. El presidente Grant había advertido en 1875 que algo amenazaba a las escuelas públicas de la nación. A los reunidos del ejército de Tennessee les dijo que «ni un solo dólar» de los fondos públicos podría utilizarse para apoyar escuelas sectarias de ninguna clase. Thomas Nast reafirmó su genio al defender los derechos civiles de los norteamericanos negros y atacar la corrupción cívica pero además, era un acérrimo anticatólico. Dibujó a Grant «dando en el clavo», en un dibujo en el que mostraba un tablón de la plataforma republicana que abogaba por el apoyo únicamente a las escuelas públicas. Para que nadie malinterpretara el mensaje, junto al martillo que usaba Grant Nast incluyó el dibujo de la triple corona del Papa, descartada a un lado del tablón.[116] Peor aun fue el hecho de que la compasión de Nast por los negros y oprimidos no se extendía a los sufridos inmigrantes irlandeses, a quienes dibujaba con rasgos de simios, inhumanos y siniestros.[117] Grant incluso llegó a recomendar que se enmendara la Constitución federal, prohibiendo la emisión de bonos que pudieran —aun indirectamente— utilizarse como ayuda para las escuelas católicas. Cuando el senador James G. Blaine presentó este proyecto, todos los senadores republicanos votaron en apoyo a la propuesta.[118] Y aunque la enmienda no llegó a promulgarse, los republicanos se ocuparon de que formara parte de las constituciones de varios estados del oeste.

La votación dio como resultado una disputa peligrosa. Parecía claro que Tilden había ganado, con 4,288,446 votos populares (51%), en tanto Hayes tenía 4,034,311 votos (48%). Pero entonces, igual que ahora, lo que determina quién llega al sillón presidencial es el voto del colegio electoral. Y lo especialmente peligroso en 1876 era que había varios grupos de electores que pujaban entre sí. En los estados de Carolina del Sur, Louisiana, Oregon y Florida, se habían elegido listas rivales. El tema se complicaba todavía más porque los estados ex confederados seguían en proceso de reconstrucción y había tropas federales estacionadas en el sur. A pesar de ello, hubo muchas acusaciones de intimidación a los votantes en el sur, clamando que las organizaciones de blancos «redentores» se habían confabulado para aterrorizar a los negros e impedir que ejercieran su derecho constitucional al voto. En Carolina del Sur el ex general confederado Wade Hampton lideró una campaña de intimidación contra los libertos. En reacción al asesinato de cinco milicianos negros y al asesinato del comisario de Hamburg, un ex esclavo advirtió a los republicanos que los demócratas «tendrían que abrirse paso con la sangre hasta las rodillas» para volver al poder.[119]

Para empeorar las cosas, la Cámara de Representantes tenía mayoría demócrata y el Senado, mayoría republicana. Hasta se habló de un conflicto armado.[120] ¿Habría una nueva guerra civil? Incluso los republicanos más intelectuales buscaban flexibilizar las reglas porque temían lo que podría llegar a ser un gobierno demócrata.

Habían visto a los desleales cabezas de cobre unirse al partido de Jefferson y Jackson durante la Guerra Civil. Esos republicanos quedaron atónitos cuando los demócratas presentaron a Fernando Wood, como miembro de una comisión electoral.[121] Wood había sido alcalde de Nueva York durante el ataque a Fort Sumter ¡y había urgido a la ciudad a secesionar y unirse a la Confederación!

Los republicanos sabían que los demócratas se oponían ferozmente al sufragio de los negros y a las tres enmiendas constitucionales que aseguraban y garantizaban la libertad del hombre de color. ¿Podían confiar en que un partido como ese llevaría adelante a esta Unión que tanto había costado conseguir? Pero si no se respetaban los resultados de la elección, ¿qué tipo de Unión sería esa, que tan alto precio había representado?

El gobernador Hayes estaba preparado para aceptar su derrota, al menos en un principio. «A tu madre y a mí no nos ha desilusionado el resultado, aunque habríamos preferido que fuera otro», le escribió a su hijo. «Nos ahorramos así grandes responsabilidades, terribles esfuerzos, preocupaciones y el enorme peso de las obligaciones, con esta derrota».[122]

Durante todo ese período de crisis electoral de 1876, el presidente Grant fue un pilar de fuerza y firmeza. Dio estrictas órdenes a su gran amigo, el general Sherman, para que se vigilaran los resultados y se mantuviera el orden en los estados donde había disputas. Le escribió a Sherman: «Nadie que fuera digno del puesto de Presidente querría ocupar ese lugar si lo ganara mediante el fraude. Cualquiera de los dos partidos podría sufrir la desilusión de un resultado adverso, pero el país no está en condiciones de sufrir un resultado manchado por la sospecha de la ilegalidad o el fraude».[123]

Eran palabras que resonaban por su importancia, y por la sinceridad de quien las pronunció. Sin embargo, no todos los del bando republicano eran igual de escrupulosos. Charles Farwell, un empresario de Chicago, probablemente haya «adornado» a los miembros de la junta electoral de Louisiana para asegurar un resultado favorable a Hayes.[124] Por otra parte, los demócratas eran más sutiles. Los agentes de Tilden en Florida le enviaron un mensaje ingeniosamente codificado al sobrino del candidato demócrata. El coronel W.T. Pelton, que vivía en el hogar de su tío en Gramercy Park, recibió un pedido para aprobar un gasto de doscientos mil dólares en un telegrama que hablaba de «Bolivia», «Londres», «Glasgow», «Francia» y «Rusia», todos nombres en código para las juntas y miembros que había que sobornar. Pelton, que trabajaba para el Comité Demócrata Nacional, respondió: «Demasiado alto».[125]

El Congreso creó una comisión electoral para decidir cuáles serían las listas de electores que se aceptarían como válidas. El demócrata Tilden, sin duda podía afirmar que tendría ciento ochenta y cuatro votos electorales, y solo hacían falta ciento ochenta y cinco. No era fácil ver cómo podría prevalecer el republicano Hayes, entre todos los electores en disputa.

Sin embargo, fue eso exactamente lo que sucedió. En la comisión electoral había demócratas sureños como el congresista Lucius Q. Lamar (Mississippi) y el senador John B. Gordon (Georgia). Lamar había servido como juez adjunto general de Robert E. Lee. Gordon caballerosamente había devuelto el saludo del general Joshua Lawrence Chamberlain en Appomattox, aunque menos galante buscó que el Ku Klux Klan respaldara su elección en el senado, desde Georgia. Entre los republicanos de la comisión se contaban el diputado de Ohio James A. Garfield, héroe de la Guerra Civil, y el senador John Sherman, hermano del gran general del ejército de la Unión. No fue sino hasta el 2 de marzo de 1877 —cuando solo faltaban tres días para la asunción— que la comisión electoral otorgó todos los votos electorales en disputa a Hayes, elegido entonces por ciento ochenta y cinco votos contra ciento ochenta y cuatro. A cambio de voltear la elección a favor de Hayes se prometió a los sureños que se retirarían las tropas de la Unión del sur. Había acabado la reconstrucción.

Por su parte, los republicanos recibieron vagas garantías de que se respetarían los derechos civiles de los sureños negros. Sería un arreglo terriblemente malo porque en los siguientes veinte años se les fue quitando la participación política a los negros en el sur y no fue sino hasta 1965 que los sureños de color tuvieron libre acceso al voto. El peligro de una renovada guerra fraterna era mayor y después de once años de ocupación, tanto los del norte como los del sur se habían hartado de las reglas militares. La libertad no podría mantenerse en equilibrio indefinidamente sobre la punta de una bayoneta.

Muchos periódicos demócratas llamaban a Hayes «Su Fraudulencia», y «Rutherfraud B. Hayes». Asumió bajo una nube de sospechas y siguió siendo atacado en cuanto a la legitimidad de su presidencia durante los dos primeros años de su mandato.

El New York Sun lamentaba que el presidente no fuera judío porque de ese modo, ¡habría tenido que hacer acto de propiciación y contrición durante los días de fiesta religiosa, en muestra de que lamentaba haber cometido fraude en la elección![126] En un ataque político de lo más atípico, el Sun mostró siempre la imagen de Hayes con la palabra fraude impresa sobre su frente.[127]

En lo personal, Hayes jamás aceptó esas acusaciones. Estaba convencido de que se había impedido por la fuerza que los negros del sur votaran, en muchas de las regiones en disputa. Si no hubiera sucedido eso, sabía que su voto popular habría sido mayor que el de Tilden. Sin duda, tenía razón porque en aquella época el noventa por ciento de los votantes negros (unos quinientos mil), habrían votado a favor del partido de Lincoln. En 1878 otro periódico de Nueva York publicó los despachos de cifras de Pelton. En esos documentos quedaba claro que el sobrino de Tilden había estado muy involucrado en los esfuerzos por sobornar a las juntas electorales del sur y al combinar eso con el fraude a los votantes, típico rasgo del aparato político demócrata en las grandes ciudades, se confirmó la opinión de Hayes. Ante tales revelaciones, cesaron los ataques de los demócratas contra la presidencia de Hayes.[128]

Como opinión final sobre la presidencia de U.S. Grant, podríamos tomar la de alguien que lo conocía bien: Frederick Douglass, un agradecido al victorioso general de Appomattox:

A Grant, más que a cualquier otro hombre, le debe el negro su libertad y el indio la política humanitaria. En cuanto a la protección del liberto de toda violencia, su valentía moral excedió a la de su partido.[129]

Capítulo 12

UNA ERA MÁS QUE DE ORO, ¿DORADA?
(1877-1897)

¿Por qué no se elige como presidente a un gran hombre? Era este el importante tema del estudio de Lord Bryce, que se extendía a lo largo de dos volúmenes: El mancomunado norteamericano. Muchos estadounidenses, en el pasado y también hoy, han aceptado sin crítica alguna el despectivo comentario del noble británico respecto de la gran república. Hoy podemos retomar el desafío de Lord Bryce y sugerir que en ese momento los gobernantes británicos, por cierto, no eran mejores que los presidentes electos de nuestra nación. Hay algo que debería quedar en claro a partir de ese estudio de la experiencia norteamericana: los norteamericanos elegimos hombres honorables, inteligentes y decentes. En esa era, tuvimos en la mansión ejecutiva a Hayes, Garfield, Arthur, Cleveland, Harrison y McKinley. A todos esos presidentes, los historiadores los han denigrado. Tal vez no fueran «grandes hombres» pero la mayoría de los países del mundo de hoy se considerarían bendecidos si les gobernaran hombres como ellos. ¿Por qué no habrían de apreciarles más los norteamericanos?

I. ¿UNA ERA DORADA?

«¡El rey del fraude!», clamaban los titulares de la nota sobre el Crédit Mobilier en 1872. «Soborno colosal», aullaba la prensa popular. El escándalo contribuyó a manchar el monumental logro del ferrocarril transcontinental. Para muchos norteamericanos, el nombre extranjero de la compañía que financiaba el emprendimiento, hacía que todo el asunto pareciera más sospechoso todavía. Durante generaciones, se les ha enseñado a los estudiantes norteamericanos que solo se pudo «clavar la estaca de oro», porque se llenaron con dinero sucio los bolsillos de los políticos involucrados. Es claro que sí hubo corrupción en la construcción del ferrocarril transcontinental, pero el proyecto que Abraham Lincoln tanto promovió y fomentó, consiguió su meta en solamente siete años. En Canadá también abundaba la corrupción y a sus ferrocarriles financiados por el gobierno les tomó veinte años poder cubrir el territorio nacional. El ferrocarril transiberiano de Rusia les tomó a los rusos cuarenta años, y también estuvo marcado por la corrupción.

Los fondos gubernamentales que se destinaban a la construcción del ferrocarril no eran regalos. Eran préstamos que tendrían que devolverse. Y se devolvieron con intereses. Para 1898, se le devolvió al gobierno de los Estados Unidos un total de $63,023,512 en capital y $104,722,978 en intereses.[1] Según opina el profesor Hugo Meyer, de Harvard, el contribuyente norteamericano no se vio engañado con la construcción del ferrocarril transcontinental: «Para el gobierno, el resultado en términos financieros no ha sido menos que brillante».[2] Si el único interés del gobierno hubiera sido la inversión, el emprendimiento ya habría sido un éxito enorme. Pero además, conseguimos una gran institución nacional que contribuyó enormemente a sanar las heridas que dejó la Guerra Civil. Esos trenes no solo podían transportar mercadería más lejos y a menores costos, reduciendo el precio de las cosas, sino que además transportaban a inmigrantes que «anhelaban respirar» la libertad, y llevaban periódicos cuyos titulares criticaban justamente los mismos rieles que les convirtieron en publicaciones de nivel nacional.

Los ferrocarriles produjeron cambios profundos en los Estados Unidos. Hasta 1883, no había zonas horarias como las que tenemos hoy. «El mediodía» era el momento en que el sol estaba en el cenit, no importa dónde se encontrara uno. Los horarios del ferrocarril obligaron al Congreso a actuar, para crear «zonas horarias estándar».[3] Es esta una de las medidas por las que los ferrocarrileros «hacían lobby» [o gestionaban] en el Congreso. ¿Habría que tomarlo como un caso de corrupción? Muy probablemente, no.

Se nos ha enseñado que la última parte del siglo diecinueve fue, según dijo Mark Twain, «la era dorada». Su brillo, bromeaba Twain, era solo superficial, una delgada capa de barniz. El New York Times criticó a los capitanes de la industria que levantaron grandes corporaciones. Les llamaba «barones ladrones» y el título resultó atractivo para el público, aunque Harper's Weekly lograba ver más allá: «Dondequiera que [el comodoro Vanderbilt] trazara la línea de la oposición, se reducían al instante las tarifas y no importa cómo comprara a sus opositores... o ellos lo compraran a él, jamás volvieron a subir las tarifas según el estándar anterior».[4] El pueblo norteamericano se beneficiaba con esas tarifas menores. Nunca antes se habían rebajado los «barones» a servir con tal perfección a los intereses de la gente común.

Los ferrocarriles comunicaban a todos los habitantes del país. Entre 1870 y 1900, la red ferroviaria creció de 85,170 a 311,160.[5] El ferrocarril dominó la vida de los norteamericanos durante un siglo entero. La producción de acero pasó de apenas 1,643 toneladas en 1867 a la fenomenal cantidad de 7,156,957 toneladas en 1897.[6] Los Estados Unidos, para finales del siglo, producían más acero que Alemania y Gran Bretaña,[7] hecho de gran importancia política y militar también a largo plazo. La inventiva norteamericana en ese período, con los teléfonos, la bombilla eléctrica, los fonógrafos, las máquinas de coser, de escribir y los automóviles, no era tan solo una maravilla en sí misma y además de cambiar para siempre las vidas de los norteamericanos, contribuyó a transformar la economía mundial.

Con todo, eso no quiere decir que perderemos de vista el hecho de que el crecimiento no era equitativo en todo el país. Eso nunca sucede. El sur, devastado por la guerra, sufría todavía a causa de la postergación económica y las injustas leyes Jim Crow que mantenían separados a los blancos de los negros. Eso impedía el progreso de los sureños, fueran blancos o negros. Los inmigrantes vivían hacinados en los barrios bajos de las ciudades del norte. Esos barrios tan necesitados dejaban atónitos a los reformadores. La familia inmigrante promedio lograba salir de allí en menos de quince años[8] y aun en esas condiciones estaban mejor que en la terrible pobreza en la que habían vivido en «su vieja tierra». No se puede negar que en nuestro sistema político hubo corrupción en el siglo diecinueve. Pero entonces, como ahora, el libre gobierno y la libre expresión de prensa dieron lugar al vasto movimiento de reforma.

II. La reforma, los Roosevelt y las reacciones

El presidente Rutherford B. Hayes era objeto de burlas y ridículo, y lo llamaban Rutherfraud cuando una comisión electoral le entregó la presidencia a solo dos días de la fecha de asunción de 1877. Hayes era bien conocido por todos, y no hubo nada en su conducta o gestión que justificara el mote de «fraude». Inteligente, recto y digno, conformó un gabinete distinguido, incluyendo a reformadores tales como el inmigrante alemán Carl Schurz y William Evarts. La habilidad legal de Evarts había salvado a Andrew Johnson en ocasión del juicio político. Los más antiguos en el partido republicano, conocidos como los Stalwart [N. de T.: stalwart significa firme, estable, con vigoroso sentido común, en inglés] sentían horror ante eso y se preocuparon todavía más cuando Hayes nombró a un ex confederado como miembro de su gabinete: David M. Key, de Tennessee, sería el secretario general de correos. Hayes también ascendió a John Marshall Harlan, de Kentucky, a juez de la Corte Suprema. Harlan había sido propietario de esclavos, pero a lo largo de su carrera había demostrado un gran compromiso con la equidad de derechos para todos los norteamericanos. Hayes nominó además a Frederick Douglass, como comisario para el distrito de Columbia.[9] Era esa la posición más elevada y prominente jamás alcanzada por un norteamericano de color.

Los más cínicos creyentes en el sistema de sobornos, dieron en llamar «Abuela Hayes» a ese mandatario, cuyo registro de gobierno fue limpio de toda sospecha. Los políticos partidarios no sabían qué hacer para criticarlo, y se asombraron todavía más cuando la bella e inteligente primera dama se negó a servir bebidas alcohólicas en la mansión ejecutiva.[10] «Lucy Limonada» era una anfitriona excelente y refinada, y en sus obligaciones oficiales era respetada por los norteamericanos, como lo había sido la señora Julia Dent Grant. Durante los años de la señora Hayes en la mansión ejecutiva, «el agua fluyó como la champaña».

Como se había comprometido a cumplir un solo mandato presidencial, a Hayes no le hacía mella luchar contra los Stalwart de su propio partido cuando se trataba de favores políticos. La reforma en el servicio civil era un apremiante asunto nacional. No todos los Stalwart eran tozudos, ya que había algunos, como el senador Roscoe Conkling de Nueva York, que con ingenio demoníaco y habilidad parlamentaria intentaban atacar la postura moralista de la «reforma civil de los llorones». Conkling se oponía a los esfuerzos de su presidente por nombrar más funcionarios públicos según su mérito y no según su servicio al partido. «Cuando el doctor Johnson definió el patriotismo como último refugio del bandido, no sabía de las entonces ocultas capacidades y usos de la palabra "reforma"».[11]

A causa de la oposición de Conkling el proyecto de reforma de Hayes se vio demorado. En la década de 1880 el estado de Nueva York era un gran premio electoral, como lo es ahora California. No había que provocar a los poderosos como Conkling. Aun así Hayes removió de su puesto de cobrador de tarifas del puerto de Nueva York a Chester Alan Arthur. Esta posición, aunque no llevaba un nombre pomposo, era la «niña de los ojos» de la función pública y aunque Arthur era un funcionario capaz, con su porte distinguido, sus grandes patillas y su estatura física, el problema era que respondía a Conkling.

En reemplazo de ese aliado de Conkling, Hayes nombró a Theodore Roosevelt (padre). Envió el nombre de Roosevelt al Senado en octubre de 1878. Conkling apeló ante sus colegas legisladores para que apoyaran la tradición de la «cortesía senatorial» (una tradición que indica que el Presidente no puede nombrar a un funcionario en un estado si no cuenta con el apoyo del senador de ese estado o si no pertenecen al mismo partido. Es una tradición que continúa viva en nuestros días). Conkling sabía que estaba librando la batalla de su vida. Y se burlaba de los reformadores, llamándoles «sombrereros» en poco sutil referencia a los homosexuales.[12]*

Theodore Roosevelt padre no era un político de carrera. Provenía de una de las grandes familias holandesas de Nueva York. Esposo y padre dedicado, era un líder en su comunidad. Detestaba el juego de la política y no estaba preparado para aterrizar en medio de una gran batalla nacional, en especial en esa fea puja política por el favor presidencial. Su reacción al ataque político y personal fue el retraimiento. Los amigos de Conkling votaron en contra de su nominación en el senado, treinta y uno a veinticinco. El hombre conocido como «Corazón grande» en su amplio círculo de admiradores, conformado por amigos y familiares, sintió dolor, pero no lo expresó. El joven Theodore le escribió a su hermana Bamie después de esa derrota de su padre: «Somos muy afortunados al tener un padre a quien podemos amar y respetar más que a cualquier hombre del mundo».[13] Cuando su padre murió de cáncer en el estómago solo cuatro meses después, el joven Theodore quedó devastado. Le habría sido difícil no creer que la brutal pelea por la que había pasado su progenitor era lo que lo había matado.** Durante el resto de su vida Theodore Roosevelt lucharía contra «los intereses creados» con una pasión y una fuerza que no admiten análisis lógico.[14]

---

* Se refería a los que hacían los sombreros para damas.

** Habiendo pasado personalmente tres veces por una puja similar, puedo dar testimonio de que aunque fuera rutinaria, es una experiencia que causa gran tensión nerviosa.

Los últimos años de la presidencia de Hayes fueron tormentosos. A pesar de los disturbios contra los chinos en San Francisco, y la terrible presión porque firmara la ley, vetó la legislación de exclusión de los chinos que los demócratas habían promulgado en 1879. También vetó los intentos de los demócratas por eliminar el derecho al voto de los negros en el sur. Un amigo de Hayes, el congresista James A. Garfield, de Ohio, dijo que ese veto era el mejor que había visto en su vida, debido a su mensaje.[15] Hayes también expresó creciente preocupación por el estado del matrimonio en los Estados Unidos e incluso le pidió al congreso que prohibiera que los polígamos accedieran a posiciones públicas o a los tribunales en calidad de jurado.[16]

Al haberse comprometido de antemano a cumplir un solo mandato como presidente, Hayes limitó su carrera política pero le produjo satisfacción ver que para sucederle en la presidencia, se había nominado a su querido amigo en 1880. James A. Garfield fue elegido por los delegados republicanos después del colapso de la idea de que Grant volviera para un tercer período. Hayes fue filosófico cuando la facción favorable a Grant en el partido republicano incluyó a Chester Alan Arthur en la boleta como nominado a la vicepresidencia. Ohio y Nueva York se habían convertido en distritos clave para la elección de un presidente, y los republicanos habían sabido equilibrar sus boletas.

Garfield fue elegido por sobre el casi ignoto demócrata Winfield Scott Hancock. Al igual que el general Winfield Scott, Hancock había sido un gran general, pero como candidato no alcanzaba a brillar. La fórmula Garfield-Arthur ganó por solo nueve mil quinientos votos, pero ganaron al fin. La campaña de Garfield había hecho hincapié en su brillante desempeño durante la guerra, presentando la dramática historia de cuando Garfield cabalgó hacia la multitud atemorizada en medio de Wall Street el día en que se conoció la noticia del asesinato de Lincoln. Garfield había actuado con valentía, calmando a la gente: «¡Conciudadanos! Dios reina y el gobierno de Washington sigue vivo». Su atinada acción tal vez haya evitado disturbios e incluso un colapso financiero. Garfield era un hombre de grandes talentos, que sabía hablar alemán cuando se hallaba ante los inmigrantes y podía entretener a sus amigos citando a Shakespeare para luego traducir las citas al latín o al griego, escribiéndolas con las dos manos.

El país no tuvo la oportunidad de reconocer a este hombre. El 2 de julio de 1881, a solo cuatro meses de su asunción como presidente, un hombre vengativo asesinó a Garfield. Charles A. Guiteau estaba enojado porque no había conseguido un puesto público y persiguió al joven presidente hasta la Estación Unión en Washington. Gritó: «Soy un Stalwart y ahora, el presidente es Arthur», y le disparó por la espalda. El presidente agonizó durante días en aquel caluroso verano, y se llamó a varios médicos para que le atendieran en la mansión ejecutiva. Pero el presidente no mejoraba. Con urgencia, llamaron a Alexander Graham Bell para que viniera y usara su aparato de teléfono para localizar la bala. «El mundo entero espera y siente miedo, y la angustia crece con las horas. Nadie puede predecir lo que pasará mientras no se conozca dónde se alojó la bala», comentaba Bell.[17] Bell sintió frustración cuando lo único que pudo oír era el ruido de la estática y hasta compró un trozo de carne y le disparó una bala, experimento con el que su equipo funcionó perfectamente. Pero lo que los médicos del mandatario no le habían dicho era que Garfield estaba sobre un colchón que tenía resortes de acero. Eso era lo que causaba la estática. Algunos de los que habían puesto sus dedos sucios en la herida del Presidente, se ocuparon de filtrar a la prensa la noticia del fracaso de Bell, y hubo algunos que hasta lo llamaron mentiroso, embaucador.[18] El pobre Bell vería que en Norteamérica gozaba de mayor libertad que en su Escocia natal pero que aquí también carecía de la protección de las estrictas leyes británicas contra las calumnias.

Norteamérica acababa de vivir su segundo asesinato presidencial en solo dieciséis años. Guiteau fue juzgado, sentenciado y ahorcado. Había todavía ciertas preguntas con respecto a si el presidente Arthur se alinearía con Conkling y los Stalwart o si seguiría el camino de reforma establecido por Garfield en su breve período como presidente. Arthur era un neoyorquino urbano a quien sus amigos llamaban «nuestro Chet». De modales suaves y siempre a la moda, pronto hizo que volvieran la champaña y el whisky a las recepciones presidenciales. Fue eso lo único que consiguieron los Stalwart.[19] Es que Arthur les dejó atónitos al firmar la ley de reforma del servicio civil de Pendleton, en 1883. Arthur también comprometió a la nación a seguir un programa de reconstrucción naval. Había visto esa necesidad en su posición como recolector de impuestos en el puerto de Nueva York.

Arthur ya había quemado demasiados puentes con los agitadores y movilizadores del partido republicano y no lo considerarían para un segundo mandato. Hoy se sabe que sufría del mal de Bright, una enfermedad del riñón, aunque nadie lo sabía entonces. A poco de dejar la Casa Blanca murió. Uno de sus contemporáneos dijo: «Soy solamente uno en cincuenta y cinco millones y, aun así, mi opinión, que representa la mínima fracción entre cincuenta y cinco millones de opiniones, es que nos será difícil encontrar un gobierno mejor que el del presidente Arthur».[20] Mark Twain expresó la opinión de muchos más y un editor dijo de Arthur con generosidad: «No hay hombre que haya asumido la presidencia con menos confianza del público, ni ninguno que se haya ido con mayor respeto de parte de todos».[21]

III. GROVER CLEVELAND: «¡DIGAN LA VERDAD!»

La elección de 1884 fue motivo de otra contienda ardiente. Muchos republicanos esperaban presentar a otro héroe de la Guerra Civil, el general William Tecumseh Sherman, que se había retirado del servicio activo poco tiempo antes. Sin embargo, el «amurallado» Sherman les respondió: «Si me nominan, no presentaré mi candidatura. Y, si me eligen, no asumiré». Así que los republicanos eligieron entonces a su máximo representante James Gillespie Blaine, de Maine. Blaine había sido vocero de la Cámara, senador y secretario de estado. Era un excelente disertante y los moderados del partido republicano lo seguían. El líder de la facción de «mestizos» de los republicanos que había producido a Hayes y Garfield apoyó una medida de reforma del servicio civil y buscó la reconciliación con el sur. Dos veces antes había perdido la oportunidad de que lo nominaran como candidato a la presidencia. Una vez, cuando lo acusaron de prostituir el puesto de orador en un trato con los ferrocarrileros y otra cuando su propio partido votó en su contra. Pero ahora, parecía claro que el hombre a quien sus seguidores llamaban «El caballero de la pluma», ganaría la elección presidencial.

El candidato demócrata era el gobernador Grover Cleveland de Nueva York. Era grande como un oso, soltero y tenía un enorme bigote que le daba aspecto de morsa. No había peleado en la Guerra Civil como tampoco lo había hecho Blaine, así que ya no habría más motivos para el recurso de la «camisa manchada de sangre». A diferencia de Blaine, Cleveland era conocido por oponerse a la reforma aunque eso significara ir en contra de los líderes de su propio partido. En el caso de Cleveland, la pelea contra los jefes de Tammany Hall lo convirtió en figura nacional. «Lo amamos por los enemigos que consiguió», decían los admiradores de Cleveland, que abogó por reducir los aranceles en contra del «proteccionismo» de los republicanos, pero estaba de acuerdo con ellos en que hacía falta «dinero sólido», lo cual significaba que la moneda tenía que tener respaldo en oro.

Si la campaña hubiera continuado en ese elevado nivel, es probable que Cleveland pudiese haber obtenido una victoria sin problemas. Pero 1884 fue una contienda brutal. Cuando el líder inmigrante germanoamericano Carl Schurz surgió para apoyar a Cleveland, le siguieron otros influyentes reformadores republicanos, que también brindaban su apoyo al neoyorquino. A esos reformadores se les conocía como «Mugwumps», que en la lengua india significaba cacique;[22] aunque los humoristas no tardaron en encontrar el lado ridículo para bromear al respecto.

Los republicanos normales estaban desesperados. Les pareció que su posición se salvaba cuando se filtró una oscura historia proveniente de la ciudad de Buffalo, Nueva York, de donde era oriundo Cleveland. El hombre tenía un hijo nacido fuera del matrimonio y, además, se había visto obligado a internar a la madre del niño en un manicomio. Los líderes demócratas, horrorizados, le rogaron que negara la historia, por lo que un editor local de Buffalo sugirió que Cleveland nombrara a su fallecido socio, el abogado John Folson, como padre verdadero de la criatura. Folson también había tenido relaciones íntimas con la mujer. «¿Está loco este hombre?», gritó Cleveland exasperado. «¿Acaso cree por un minuto siquiera que permitiría que se manche el buen nombre de mi amigo muerto solo porque quiero salvarme?»[23] Cleveland se negó rotundamente y de inmediato admitió ser el padre del pequeño. Así que instruyó a sus ayudantes de campaña para que, literalmente, «digan la verdad». Cuando los demócratas le trajeron evidencia de que la señora Blaine había estado encinta antes de su matrimonio, Cleveland tomó los papeles, los rompió y los echó al fuego. «El otro lado tendrá el monopolio de todo lo sucio en esta campaña», les dijo.[24]

Para los republicanos, era un festín. De costa a costa bromeaban diciendo: «¡Ma! ¿Dónde está mi pa?» Incluso en Inglaterra, la revista humorística Puck se burló de Cleveland con una caricatura suya donde se le mostraba junto a la Casa Blanca, tapándose los oídos mientras una mujer con un bebé que lloraba, se ocultaba por vergüenza.

Los republicanos tendrían motivos para llorar como aquel bebé. Las acusaciones de corrupción que Blaine creía ya vencidas, resurgieron gracias a Carl Schurz y los mugwumps. Apareció una carta de Blaine en la que se refería al tema de Little Rock y el ferrocarril Fort Smith. Por su participación en el asunto, Blaine había recibido cien mil dólares, pero lo que más devastó su campaña fue una nota, escrita de puño y letra, que decía: «Quema esta carta».[25] Los miembros más jóvenes del

Antiguo Gran Partido,* como los delegados Theodore Roosevelt (Nueva York) y Henry Cabot Lodge (Massachusetts), tuvieron que hacer frente a cosas desagradables mientras seguían apoyando al candidato de su partido.[26] Aunque también los republicanos debieron soportar las burlas de los demócratas de todo el país, que cantaban:

> *¡Qué vergüenza! Blaine, Blaine*
> *Farsante continental, venido del estado de Maine.*[27]

Los líderes de la campaña republicana esperaban que la candidatura de Ben Butler en la boleta del partido Greenback le quitara a Cleveland los votos necesarios como para elegir a su algo alicaído Caballero de la pluma. A Butler le decían «Cucharas», porque supuestamente había querido robar los objetos de plata de las plantaciones del sur durante la guerra. Ahora, los líderes republicanos le pagaron en secreto a Spoons para que viajara en tren privado por el país, haciendo campaña contra el candidato demócrata del «dinero sonante».[28]

Las oportunidades republicanas de 1884 quedaron arruinadas por la acción de uno de sus promotores más celosos. Samuel Burchard, ministro presbiteriano, dio un discurso en una reunión de republicanos en Nueva York. Con Blaine sentado junto a él en el escenario, el reverendo Burchard se burló de los mugwumps y luego criticó a los demócratas diciendo que eran el partido del «Ron, el romanismo y la rebelión». Blaine, que de todos modos no tendría la posibilidad de ganar en muchos de los estados del sur, se vio afectado por las críticas de Burchard contra el consumo de alcohol, y con ello perdió el apoyo de los alemanes del norte, que gustaban de beber cerveza. Esa pacatería anticatólica del «romanismo» ofendió a los inmigrantes de todo el país.

Blaine no pidió disculpas por el irreverente discurso del reverendo. Este férreo defensor de la templanza les dio a los opositores de Blaine las municiones que necesitaban para lograr la victoria. Nueva York era la clave para esa elección. «Espera hasta enterarte del resultado en los barrios bajos», le decían a Blaine sus agentes de campaña mientras observaban los votos en el estado de Nueva York.[29] El editor

---

* El partido demócrata de hoy tiene origen en la famosa «Expedición botánica» de James Madison y Thomas Jefferson, de Virginia, al estado de Nueva York, en 1791. Por eso es más antiguo que el partido republicano fundado en Ripon, Wisconsin, en 1854. Para mediados de la década de 1880 parecía que el Antiguo Gran Partido (GOP, por sus siglas en inglés) había existido desde el principio de los tiempos.

Joseph Pulitzer, inmigrante húngaro, le brindó a Cleveland el argumento más brillante cuando en su editorial del *New York World* escribió: «Hay cuatro razones para elegir a Cleveland: 1. Es un hombre honrado. 2. Es un hombre honrado. 3. Es un hombre honrado. 4. Es un hombre honrado».[30] ¿Quién podía negarlo? ¿Y quién podía afirmar en serio que Blaine no era deshonesto?

Los totales nacionales fueron casi un empate. «El buen Grover» ganó con 4,874,986 votos populares y 219 electorales, en tanto Blaine obtuvo 4,851,981 populares y 182 electorales. Los 36 votos electorales de Nueva York marcaron la diferencia. Cleveland ganó en su propio estado por solo 1,149 votos.[31] Después de haber pasado veinticuatro años en el olvido político, los demócratas festejaban y contestaban la pregunta de «¿Ma? ¿Dónde está mi pa?», diciendo: «¡Está en la Casa Blanca, ja, ja, ja!»

La elección de Cleveland fue un monumento a la libertad. La Guerra Civil había demostrado lo dicho por Lincoln: no podría pasarse de «los votos a las balas». Pero para que los Estados Unidos pudieran afirmar la libertad con toda seguridad, las elecciones tenían que darle al pueblo la posibilidad de votar de modo que «pudieran festejar en grande» y sacar a los malos del gobierno. Para 1884, la gran carpa del circo de los republicanos, cobijaba a muchos malos y mediocres, y también a unos cuantos payasos.

El país que debía presidir Grover Cleveland no gozaba precisamente de tiempos de calma. El ideal de los republicanos, de la tierra libre, el trabajo libre y la libre empresa, convencía a muchos pero la depresión agrícola iniciada en la década de 1870 había golpeado a demasiados. El precio del trigo había caído de un dólar con diecinueve centavos por quintal en 1881 a solo cuarenta y nueve centavos en 1894. El maíz, de sesenta y tres centavos a dieciocho, en los mismos años.[32] Para aumentar el rendimiento de sus tierras y cultivos los agricultores habían invertido en equipos nuevos y caros. Pero cuando la crisis los golpeó, muchos quedaron en peligro y por eso pedían que se acuñara moneda, en plata, en papel, que se redujeran los impuestos tarifarios, que se hiciera lo posible por darles algún alivio. A eso se le llamaba «populismo de la pradera» y se expresaría en el movimiento de los granjeros, en el que se habían inscrito hasta ochocientos mil agricultores. Probaron el sistema de *cooperativas* para almacenar y comercializar el grano.[33] El movimiento era una organización social e intelectual que por estatuto tenía prohibido entrar en la actividad política. Era sencillo reunir a los agricultores, para una asamblea ordinaria y luego votar para el «cierre de sesiones». A partir de ese momento los organizadores daban arengas sobre economía y política, y a medida que los agricultores sufrían más y más penurias, las palabras de Mary Lease («la pitonisa de Kansas»), comenzaron a exhortarles a «¡sembrar menos maíz y más *disturbio*!»[34]

El rostro de la Norteamérica urbana estaba cambiando, y muy rápidamente. Desde la primera demostración de su teléfono en 1876 hasta 1885, Alexander Graham Bell había visto crecer su compañía Bell Telephones, hasta contar con ciento treinta y cuatro mil suscritos, mayormente en ciudades y pueblos. Eran diez veces más que la cantidad de suscritos en Gran Bretaña.[35] Thomas A. Edison había inventado la bombilla de luz en 1879, creando una sensación en el mundo entero. William H. Vanderbilt, uno de los grandes Vanderbilts de los astilleros y ferrocarriles, fue uno de los primeros financistas del asombroso invento, como también lo fue J. Pierpont Morgan, que le escribió a su cuñado en París: «En este momento, el secreto y la confidencialidad son tan esenciales que no me atrevo a escribirlo. El tema es la luz eléctrica de Edison, y su importancia puede observarse a partir de los editoriales del *London Times*... y el efecto que ha tenido en las acciones del gas, que cayeron de un veinticinco a cincuenta por ciento desde que se iniciaron los rumores del éxito de Edison...»[36]

Lo que vemos aquí es el apoyo que prestaban los hombres muy riqueza al brillante inventor, para que su nuevo producto pudiera comercializarse en el momento indicado. Vemos también el dinamismo de la libre empresa: incluso el rumor de que llegaría la luz eléctrica hace que caigan las acciones del gas, de la noche a la mañana. No intentaron impedir que avanzara la luz eléctrica para «proteger» a la industria del gas. Hoy sabemos que el gas no sufre para nada por la competencia de la electricidad. Los norteamericanos usan calefacción a gas. Pero este episodio nos muestra que la vitalidad del mercado hace que haya más y mejores productos, disponibles para más personas y a mejor precio. Ofrece una vida mejor para millones de personas. Hoy la compañía General Electric existe gracias al genio creativo de Thomas A. Edison.

Los Estados Unidos pasaban por una segunda revolución industrial. La producción de acero en el país, de veinte mil toneladas apenas terminando la Guerra Civil, era mayor que la de Gran Bretaña para 1895, con seis millones de toneladas producidas.[37] Además, había nuevos usos para el acero que ahora no solo era esencial para las locomotoras del ferrocarril y los vagones de carga y pasajeros, sino que podía usarse para construir edificios y estructuras importantes. El magnífico Puente Nuevo, de Brooklyn, que conectaba Manhattan, parte de la ciudad de Nueva York, con la ciudad independiente de Brooklyn era creación de los ingenieros John y Washington Roebling. Inaugurado en 1883, el puente de Brooklyn sigue siendo utilizado en la actualidad. El francés Gustave Eiffel había hecho un «esqueleto» de acero para la Estatua de la Libertad que se ubicaría en el puerto de Nueva York.* Andrew Carnegie, inmigrante escocés al igual que Bell, fue uno de los líderes en la organización de la industria del acero (Carnegie había sido experto telegrafista durante la Guerra Civil, y tal vez le habría quitado de en medio el invento del teléfono de Bell). John D. Rockefeller organizó el Standard Oil Trust en 1879. El término *trust*, o fideicomiso en español, describía una nueva forma o modalidad en la organización industrial. Pero los métodos de Rockefeller, aunque hicieron posible el inicio de una revolución en materia de transporte mundial, iniciada en los Estados Unidos, despertarían al país entero en contra del creciente poder de los fideicomisos. El poder que ejercían los fideicomisos sobre el gobierno de los Estados Unidos fue motivo de creciente preocupación hacia fines del siglo diecinueve. Mark Twain, con su típico sentido del humor, captó el sentimiento cuando dijo: «Es el elemento extranjero el que comete nuestro crimen. No hay una clase criminal nativa de los Estados Unidos, a excepción del Congreso».

El presidente Cleveland no pretendía «conducir el país». ¿Quién podría dirigir una nación tan vasta? Sí se dedicó a trabajar con diligencia, sentado ante el elegante escritorio *Resolute*, regalo de la reina Victoria al pueblo norteamericano.** Enfrentó dignamente la enemistad del poderoso gestor, el lobby, de los veteranos cuando vetó cientos de proyectos de pensiones privadas para los soldados de la Guerra Civil. Fue algo verdaderamente decidido, por parte de quien había contratado a un sustituto para no ir a pelear en la guerra. Pero Cleveland creía firmemente que el Congreso estaba intentando darles a los «evadidos y desbandados» un lugar en el podio público.[38]

---

*   Los escritores franceses criticaron la famosa Torre Eiffel del ingeniero cuando la inauguró en París en 1889. Decían que era demasiado «norteamericana». En cierto sentido, lo era. El soporte de acero fue lo que brindó la base para los modernos «rascacielos» como el Edificio Chrysler, el Empire State y el hoy destruido World Trade Center.

** El escritorio con doble pedestal hecho con los maderos del HMS Resolute permaneció en el sector residencial de la Casa Blanca hasta que el presidente Kennedy hizo que lo llevaran a la Oficina Oval, donde sigue estando hoy.

Sin embargo, Grover Cleveland no solo se ocupaba de trabajar. Sabía divertirse también: el soltero de cuarenta y ocho años encontraba tiempo para cortejar a la hija del amigo cuya reputación había protegido con tanta nobleza, la bella señorita Frances Folson. Aunque podrían criticarlo diciendo que la doblaba en edad, y también en peso,[39] es sabido que la posición de mandatario mejora notablemente las posibilidades de casamiento para cualquier hombre. Él y Frances contrajeron matrimonio en la mansión ejecutiva el 2 de junio de 1886. John Philip Sousa, «Rey de las marchas», hijo de inmigrantes portugueses, dirigió la banda marcial durante la ceremonia. Era la primera boda que se realizaba allí, pero a Cleveland no le pareció que era un lugar adecuado para vivir. Así que compró y remodeló una cómoda casa de campo para vivir en ella con su flamante esposa. La casa, llamaba Techo Rojo, estaba ubicada en lo que hoy es el agradable y tranquilo barrio de Cleveland Park, en Washington.

Según una de las más conocidas historias de la época, la señora Cleveland despertó a su esposo una noche, interrumpiendo sus ronquidos, para decirle que había ladrones en la «casa». Somnoliento, él contestó: «No, no, querida. En el Senado tal vez, pero no en la Casa [porque así le decían] de los diputados».[40]

IV. La puerta de oro

Al son de lamento de las gaitas, el regimiento setenta y nueve de los Cameron Highlanders de Nueva York marchó por las calles de la ciudad vestido de luto en Manhattan. La unidad se había formado con inmigrantes escoceses llegados a Nueva York, que vestían sus trajes típicos: polleras, gorras militares escocesas llamadas glengarries, y chaquetas de corte tradicional. En julio de 1885 marcharon en procesión funeral, por el general Ulysses S. Grant. Los dolidos norteamericanos estuvieron formando fila durante dos días y dos noches para darle el último adiós junto al ataúd del héroe de la victoria de Appomattox, fallecido a los sesenta y tres años. Todo el país lo lloró con lágrimas sinceras. El general Winfield Scott Hancock iba a la cabeza de la procesión, que se extendía a lo largo de casi dos kilómetros. El presidente Cleveland encabezaba el duelo nacional por el héroe que habían perdido. Se encargó una serie de lujosos trenes privados, que traerían a la nueva élite de industriales desde todos los rincones de la nación. Mucha gente consideró que era inadecuada tal demostración de riqueza, ya que sentían que todo era una muestra escandalosa de los excesos de la era dorada. Pero la nueva clase empresarial de los Estados Unidos sentía orgullo por su sistema de libre empresa. Las hazañas militares de Grant lo habían hecho posible y con la misma convicción creían que su poderío industrial había facilitado que Grant luchara hasta la victoria. En el puerto, los buques acorazados saludaron con veintiuna salvas de cañones. Los ex presidentes Hayes y Arthur se mantenían erguidos junto a la tumba del general; a los generales Sherman y Sheridan de la Unión, se unieron los héroes de los ex confederados Simón Bolívar Buckner y Fitzhugh Lee.[41]

Grant había ganado su última campaña. En la carrera contra la muerte había completado sus memorias. Un año antes, le habían diagnosticado cáncer de garganta, el que pronto se le extendió a la lengua. Durante casi todo ese año, Grant había estado sufriendo terriblemente o atontado por los analgésicos, porque hasta el agua que pasaba por su garganta la sentía como lava ardiente. Todas las cualidades que habían hecho de él un gran general, también le convirtieron en gran escritor: valentía, integridad, intensa concentración y un mensaje claro, convincente. En la guerra, nadie había malinterpretado jamás una orden suya, ni siquiera sus enemigos. Día tras día, mientras la nación entera seguía su tragedia, escribió sus memorias hasta completar un libro.[42]

Es que necesitaba hacerlo, porque no tenía dinero. En esa época no había generosas pensiones para los ex presidentes, y todo el dinero de Grant se había esfumado en la inversión de su firma de Wall Street Grant & Ward. Ferdinand Ward, su joven socio, lo defraudó y no pagó las deudas. Cuando Ward fue llevado a prisión, Grant y su familia se encontraban en la ruina total.[43]

Hubo alguien que vino al rescate de Grant: Samuel Langhorne Clemens, más conocido como Mark Twain. Su nueva editorial le ofreció un contrato más que generoso por sus memorias y un año después Twain pudo entregarle a Julia Grant un cheque por doscientos mil dólares, la suma por regalías más elevada que se hubiera pagado hasta entonces.[44]

Con el tiempo, los dos volúmenes de las Memorias de Ulysses S. Grant vendieron trescientas mil copias, y los herederos de Grant cobraron cuatrocientos cincuenta mil dólares.[45] Grant había producido una obra maestra literaria. El historiador de la Guerra Civil, James McPherson, dijo: «Leer las Memorias conociendo las circunstancias en las que las escribió Grant, es comprender las razones de su éxito militar».[46] Robert E. Lee habría sido un gran hombre en cualquier país pero la historia de U.S. Grant muestra las posibilidades singulares de la libertad en los Estados Unidos.

La atención de los norteamericanos volvió a centrarse en la ciudad de Nueva York en 1886. El presidente Cleveland volvió a encabezar las ceremonias de dedicación de la Estatua de la Libertad. Miles de personas fueron a la costa para presenciar el evento en que Fréderic-Auguste Bartholdi quitó la gigantesca bandera tricolor francesa que envolvía a la enorme estatua. En ese momento, todo el puerto estalló en aplausos y vítores de júbilo. Los barcos de la armada, los de pasajeros y la incontable cantidad de barcas y botes del puerto se vistieron con los colores de la bandera. Explotaron salvas, las orquestas y bocinas llenaron el ambiente con sonidos de celebración. El mandatario mantuvo su postura calmada y digna aun cuando el senador William Evarts, por Nueva York, y encargado de presidir el acto, intentaba hacerse oír en vano.

Y pensar que la ceremonia casi se posterga. Cuando los donantes franceses completaron la colosal figura, los norteamericanos no habían logrado recaudar el dinero necesario para la construcción del sólido pedestal sobre el que se ubicaría a la Dama. El editor Joseph Pulitzer no acudió gorra en mano a rogar que los nuevos ricos, titanes de la industria, pagaran el pedestal sino que en un gesto de genio mercantil, desde su New York World apeló a los niños norteamericanos para que donaran sus centavos a la causa. Al tiempo de criticar el provincialismo de algunos norteamericanos que se habían negado a donar porque la estatua sería ubicada en Nueva York, Pulitzer también hizo que los neoyorquinos actuaran, advirtiéndoles que había otras ciudades como Filadelfia, Boston y aun Minneapolis, que codiciaban la estatua.[47]

La campaña de Pulitzer dio inicio a un remate de obras de arte para recolectar fondos «de ayuda para el pedestal Bartholdi». Para ese remate, la poeta Emma Lazarus de treinta y tres años de edad, escribió las palabras que cambiarían por completo la forma en que las generaciones venideras verían a la Estatua de la Libertad. Vale la pena leerlas hasta el final:

«EL NUEVO COLOSO»

Diferente del enorme gigante de griega fama,
Con sus brazos extendidos de costa a costa.

Aquí, junto a nuestras puertas del sol bañadas por el mar, estará
La poderosa dama con la antorcha, cuya llama
Es la luz aprisionada. Su nombre:
Madre de los exiliados. Desde su mano iluminada
Brilla la bienvenida al mundo entero.
Sus dulces ojos comandan el puerto que
Con un puente de aire une dos ciudades hermanas. *
«¡Guarden, tierras antiguas, su pompa tan mencionada!», grita ella
Con labios silenciosos. «Denme a los cansados, a sus pobres,
A sus masas hacinadas que anhelan respirar con libertad, y
Tráiganme a los que, rechazados, llenan sus orillas,
Para que vengan a mí los que no tienen techo,
Los que la tempestad sacude de un lado al otro,
Mi antorcha levanto, junto a la puerta dorada».

Nuestros benefactores franceses tenían en mente tres objetivos. Ante todo, querían conmemorar el centenario de la alianza entre Francia y los Estados Unidos. En segundo lugar querían inspirar a sus conciudadanos de la Tercera República Francesa para que imitaran los ideales republicanos norteamericanos de la libertad y la unión. Y finalmente querían alentar a otros europeos para que descartaran la perimida idea de la monarquía hereditaria.

Magistralmente, el poema de Emma Lazarus reemplazó su potente visión. «El nuevo coloso», convirtió a la Estatua de la Libertad en un símbolo para los inmigrantes que llenaban las costas de Europa para dirigirse hacia la «puerta dorada» de los Estados Unidos. El poema de Lazarus era un ejemplo sin igual de lo que sucede cuando hay libertad. El poder de las palabras para expresar ideas nuevas y diferentes podía cambiar lo que representaban años de esfuerzo, cientos de miles de dólares en inversiones, doscientos veinticinco toneladas de acero y una estatua de noventa y cinco metros de altura.[48] También en esto los Estados Unidos eran un lugar extraordinario. La libertad de expresión y de prensa, la libertad de culto, todo eso abría nuevas puertas, reales y simbólicas.

---

* «Las ciudades hermanas» son Nueva York y Brooklyn, en esa época dos municipalidades separadas. Las palabras de Lazarus al fin se inscribirían en la base de la estatua.

Los Estados Unidos han tenido altibajos en sus intentos por concretar los ideales que Emma Lazarus enarboló con sus memorables palabras. Pensemos en la ley de exclusión de los chinos que firmó Grover Cleveland. Pensemos en los debates de fin del siglo veinte sobre los inmigrantes «deseables» e «indeseables». Estos argumentos se inspiraban en un vulgarizado darwinismo social. En la década de 1920 se aprobaron leyes de inmigración injustas y restrictivas, que en 1939 se vieron seguidas de la vergüenza del rechazo al *SS St. Louis*. Allí, cientos de desesperados judíos se vieron obligados a soportar la ira de Hitler. En nuestros días, se ha dado la bienvenida a «boteros» vietnamitas. Y aunque reconocemos que no siempre los norteamericanos hemos actuado según nuestros elevados ideales, también tenemos que señalar que esta nación le ha abierto las puertas a millones de personas que «anhelaban respirar con libertad». No hay otra nación sobre la tierra que haya dado a tantos las bendiciones de la libertad y la oportunidad. En la misma década en la que los Estados Unidos aceptaron a la Estatua de la Libertad, la población del país creció un veinticinco por ciento. En 1880, las cifras del censo oficial indicaban una población de 50,155,783. De ellos, 13,1% habían nacido en el extranjero. Para 1890 la cifra aumentó a 62,947,714 de norteamericanos, de los cuales un 14,5% eran inmigrantes.[49] Son cifras impresionantes. No hay otro país que pueda igualar semejantes guarismos.

El protagonismo de Joseph Pulitzer y Emma Lazarus en la historia de la Estatua de la Libertad señala otro de los cambios importantes en el relato de libertad que cuentan los Estados Unidos. Pulitzer era un inmigrante reciente. Lazarus venía de una antigua y distinguida familia neoyorquina. Ambos eran judíos. Norteamérica ya tenía inmigrantes judíos en 1654, cuando veinticuatro judíos sefardíes llegaron a Nueva Ámsterdam.* Fue en la última parte del siglo diecinueve, sin embargo, que empezaría a aumentar la cantidad de judíos europeos que llegaban a estas tierras. Como sucediera con tantos otros grupos, lo que atraía a los judíos era la oportunidad y la libertad que ofrecían los Estados Unidos, y les movía hasta aquí el impulso por alejarse del militarismo, la tiranía política y la falta de libertad de culto de su vieja tierra.

En el caso de los inmigrantes judíos, Norteamérica era especialmente atractiva porque en Europa el antisemitismo era cada vez más fuerte. Esta no era solamente la tierra de la «puerta dorada» que menciona el poema de Emma Lazarus. En yiddish, lengua de tantos judíos europeos, los Estados Unidos eran *die goldeneh medina*, o la tierra de oro.

---

* Los judíos sefardíes llegaban al Nuevo Mundo desde España y Portugal.

V. El oeste, conquistado

El único indio bueno es el indio muerto.
Philip H. Sheridan, 1869.[50]

Phil Sheridan no era un hombre brutal. Sí era rudo, endurecido por las batallas, como comandante de caballería de la Unión que había arrasado el Valle Shenandoah. Sin embargo, tenemos tendencia a recordar a los hombres según los peores sentimientos. Marco Antonio dice en *Julio César*, de Shakespeare: «El mal que hacen los hombres sigue vivo cuando ellos mueren, en tanto el bien que hacen suele ir con sus huesos a la tumba». Es menos probable que recordemos otra afirmación del general Sheridan, más humanitaria y considerada, supongo: «Les quitamos su tierra y su medio de vida, rompiendo sus costumbres. También les trajimos enfermedades y corrupción, y por ello y contra ello han desatado una guerra. ¿Qué otra cosa podríamos esperar?»[51]

Con toda la atención de la nación en la Guerra Civil durante 1862, la frontera explotó. Cuando los indios sioux de las Dakotas llevaron la violencia a Minnesota ese año, asesinaron a casi mil colonos antes de que el ejército de los Estados Unidos sofocara los disturbios. El público se estremeció ante los relatos de asesinatos, violaciones y mutilaciones. El presidente Lincoln estaba dolido por las derrotas de la Unión y la muerte de su hijo pero aun así, se tomó el tiempo necesario para revisar los registros de los tribunales en que fueron juzgados cada uno de los trescientos tres guerreros sioux. Redujo la lista a treinta y ocho, pero aun así, su clemencia se vio atacada por al gobernador Ramsey de Minnesota. Cuando Ramsey llegó a Washington como senador, reprochó a Lincoln, y dijo que sus acciones misericordiosas habían sido la causa de que los republicanos perdieran las elecciones en el otoño: «No puedo darme el lujo de ahorcar hombres con tal de ganar votos», respondió con calma Lincoln.[52]

La moderación de Lincoln no era diferente a la posición de los presidentes en la última parte del siglo diecinueve. Ninguno de ellos apoyó una política dura hacia los indios. Todos buscaban la justicia y la misericordia. Sin embargo, ninguno de ellos implementó una política de paz con la determinación con que Jackson había buscado la eliminación de los indios en la década de 1830.

Cuando se halló oro en las Colinas Negras del territorio de Dakota («¡Hay oro en esas colinas!»), los esfuerzos por preservar tierras para los sioux quedaron en el tintero.[53] Y luego, cuando Toro Sentado y Caballo Loco rodearon y aniquilaron al coronel George Armstrong Custer y a cientos de soldados de la Séptima de Caballería en la Batalla de Little Big Horn, en 1876, muchos norteamericanos clamaron pidiendo venganza.

El presidente Grant esperaba que al reclutar a los líderes religiosos para que ayudaran en el trabajo con los indios, podría pacificar a los aborígenes de las planicies, prodigándoles un trato amable, algo así como «conquistándolos por medio de la bondad». Así que les dijo a los visitantes de la Sociedad de Amigos: «Si pueden convertir ustedes a los indios en cuáqueros, yo podré entonces quitarles las ansias de luchar». Y allí refrendó su frase célebre: «Tengamos paz».[54] Al nombrar a Lawrie Tatum, Grant demostraba que quería gente capaz y honrada trabajando con los indios. Pero aun el amable Tatum al fin llegaría a creer que haría falta la fuerza. Ni la política de paz del presidente Grant, ni la evangelización, servían como respuesta a la obstinada ferocidad de los indios de las planicies, en opinión de Tatum.[55] No ha habido nadie como Grant en la historia de los Estados Unidos que mostrara mejor voluntad con los indios, aunque su política no tuvo éxitos notables.

Se les obligó a abandonar las reservas tribales de Montana (tribus Crow y Blackfeet), y el nuevo estado de Colorado (Utes).[56] El cacique Joseph, de los indios Nez Percé, atacó en represalia a los buscadores de oro que invadieron sus tierras en el territorio de Idaho. Las tropas del ejército lo persiguieron por un arduo camino en su huida hacia la frontera canadiense. Las tácticas de ese cacique se siguen estudiando hoy en los colegios militares, aunque finalmente lograron atraparlo a menos de cincuenta kilómetros de su refugio; y con gran elocuencia, anunció ante su desanimado pueblo que se rendiría (5 de octubre de 1877): «Escúchenme, mis jefes. Estoy cansado. Mi corazón está enfermo y triste. Desde donde está ahora el sol, ya no seguiré peleando».[57]

El camino recto eludió a los líderes de ambos partidos y a todos los segmentos de la sociedad. Los hombres de los ferrocarriles y también los cazadores, utilizaban ahora la movilidad de los trenes para cazar cientos de miles de búfalos. Mataban muchos más de los que necesitaban para alimentar a las cuadrillas de construcción y a los colonos. Era espeluznante ver a cientos de magníficos bisontes pudriéndose al sol. Aunque la matanza de búfalos tenía precedentes porque los mismos indios a veces, dirigían rebaños enteros hacia los precipicios, solo para arrancarles la lengua, considerada una exquisitez.

Un viejo sioux habló por todas las tribus: «Nos han hecho muchas promesas, más de las que puedo recordar. Pero jamás cumplieron ninguna, salvo una: prometieron quitarnos nuestra tierra y lo hicieron».[58] De vez en cuando, el gobierno hacía intentos por corregirse. En 1887, movido por las protestas de reformadores como Carl Schurz, el obispo Henry Whipple y escritores como Helen Hunt Jackson, el Congreso promulgó la ley Dawes.[59] Esta ley, que firmó el presidente Cleveland, otorgaba incentivos a los indios para que tuvieran su vivienda propia. Pero aun con un título de propiedad en la mano, los indios no tenían experiencia como agricultores y no podían con la inversión requerida para iniciar tal actividad. Por eso, seguían siendo presa de los especuladores inmobiliarios inescrupulosos.[60]

En esas instancias, algunas instituciones de la libertad norteamericana obraban en contra de la justicia. La mayoría de los norteamericanos quería justicia en cuanto a los indios. Esos norteamericanos vivían en las ciudades más florecientes y en los populosos estados del este y el medio oeste. Estaban alejados de las fronteras. Los jurados de las fronteras, en cambio, estaban compuestos por hombres que podían recordar los terribles ataques de los indios y en muchos casos, eran familiares de personas asesinadas por ellos. Era muy difícil lograr que esos jurados declararan culpables a quienes cometían crímenes contra los indios.

El libro A Century of Dishonor [Un siglo de deshonra], de Helen Hunt Jackson, publicado en 1881, sigue resultando perturbador en nuestros días:

Un presidente tras otro, una comisión tras otra, todo para averiguar, investigar y elaborar informes sobre el asunto de los indios, y para sugerir cuál es el mejor método para tratar la cuestión. Esos informes están llenos de elocuentes declaraciones sobre injusticias cometidas contra los indios, de la perfidia de parte del gobierno. Aconsejan, con palabras sinceras en la medida posible, intentar algo sencillo, tan simple como decir la verdad, cumplir las promesas, hacer negocios justos, ser ecuánimes en todas las cosas y en todo aspecto. Luego tales reportes se archivan con los «Informes Anuales del Gobierno», y nadie vuelve a verlos. Creo que no sería exagerado decir que ni un ciudadano norteamericano de cada diez mil ha visto uno de esos informes, o sabe de su existencia. Sin embargo, tan solo uno de ellos, que circulara por el país y fuera leído por los hombres y mujeres de buena voluntad de esta tierra, sería en sí mismo un «documento de campaña» que iniciaría una revolución que solo podría acabar cuando se corrigieran las injusticias cometidas contra los indios, si es que tal cosa es posible».[61]

Toro Sentado, el gran cacique sioux que había derrotado a Custer, se unió al itinerante espectáculo salvaje de «Buffalo Bill» Cody. Hubo miles de personas, en los Estados Unidos y Europa, que se deleitaban al ver al famoso guerrero, que finalmente murió en un altercado con la policía tribal.[62]

En 1890, irónicamente casi al mismo tiempo en que la Oficina de Censos anunciaba el cierre de la frontera norteamericana, hubo un trágico choque en Wounded Knee, territorio de Dakota. Quinientos soldados norteamericanos intentaron desarmar a una pequeña banda de sioux liderados por el cacique Pie Grande. Pero los indios opusieron resistencia, y el fenómeno de la «Danza de los fantasmas» hizo surgir la angustia en todas partes. De repente, un hechicero echó un puñado de polvo al aire, señal para que los guerreros dispararan.[63] Les aseguró que no morirían porque llevaban puesta la «camisa fantasma». Se libró entonces una feroz lucha cuerpo a cuerpo. Un guerrero sioux disparó un rifle Winchester y decapitó al capitán George C. Wallace.[64] Ante el retiro de las tropas, otros soldados comenzaron a disparar sus letales rifles Hotchkiss. Murieron al menos ciento cincuenta y hubo cincuenta heridos. Entre los muertos se contaban mujeres y niños que habían quedado en medio del fuego cruzado.[65] Fue un episodio terrible, que desacreditó a los soldados, pero no la masacre gratuita y maliciosa que Hollywood contó. Las fuerzas militares del oeste siempre fueron parciales, aunque eso no significa que la violencia solo corriera por cuenta del ejército. Antes de ser atrapado, el líder apache Jerónimo eludió a sus captores durante quince años. En ese período mató a dos mil quinientos ciudadanos estadounidenses.[66]

La tierra de Dakota atrajo también a un joven neoyorquino. Theodore Roosevelt hijo, apenas había iniciado su carrera política como asambleísta en Nueva York, cuando lo golpeó una doble tragedia: en un solo día; el 14 de febrero de 1884, murieron su madre y su bella y joven esposa, en la misma casa de piedra de Manhattan. El día de San Valentín ya no se mencionaría jamás en la familia Roosevelt. Abrumado por el dolor, Theodore Roosevelt «buscó otra vida en los territorios». Invirtió una gran parte de su herencia en un rancho ubicado en el territorio de Dakota. Allí, el joven y delgado aristócrata se volvería un hombre endurecido por los problemas que convertían en peligro constante la vida en la frontera. Debió enfrentar estampidas de ganado, inundaciones y tormentas. En una ocasión, hizo que el jefe policial lo nombrara parte de un grupo de búsqueda, para perseguir y atrapar a unos hombres que le habían robado un bote, que carecía de valor. No es que el rico hombre del este necesitara el bote. Pero la ética lugareña indicaba que un hombre no era tal cosa si dejaba que los bandidos se salieran con la suya. Theodore Roosevelt capturó a los delincuentes y los arrastró hasta la corte.* Luego fue al bar, donde un bravucón ebrio desenfundó su pistola y dijo que «Cuatro ojos» pagaría la siguiente ronda de tragos. «Cuatro ojos» era el mote en referencia a los lentes gruesos que llevaba Theodore Roosevelt. Este cuenta lo que pasó entonces:

> Allí estaba ese hombre, más alto que yo, con una pistola en cada mano y pronunciando insultos irrepetibles. Fue tonto de su parte seguir tan cerca de mí y, además, con los talones juntos; de modo que no tenía estabilidad. Entonces, en respuesta a su orden de que pagara los tragos dije: «Bien, si tengo que hacerlo, tendré que hacerlo», y me puse de pie, mirando un punto detrás de él. Al levantarme, le golpeé duro y fuerte con mi derecha, justo en la mandíbula, y con el puño izquierdo volví a pegarle cuando me enderecé, para darle de nuevo con la derecha. El hombre disparó sus pistolas, aunque no sé si con intención o por reflejo. Cuando cayó, su cabeza golpeó contra la punta de la barra. No fue un caso en el que uno pudiera correr riesgo alguno, y si se hubiera movido, estaba preparado para caer sobre sus costillas y aprisionarlo allí con mis rodillas. Pero el hombre estaba inconsciente.[67]

Las vívidas experiencias de Theodore Roosevelt en el oeste cambiarían su vida, y también la de su país. Su colorido lenguaje escrito encendería la imaginación de toda una generación. Jamás olvidó al oeste ni permitió que nadie lo olvidara. En eso, formó parte de la singular tradición norteamericana de los pioneros, desde George Washington y Daniel Boone a Lewis y Clark y los hombres de las montañas.

---

* Es significativo que no buscaba el castigo por mano propia. Muchos ladrones de caballos o de ganado, eran linchados en el oeste ya que las instituciones de la justicia a veces eran demasiado lentas. En Canadá el gobierno tenía mano más firme y estricta, y de allí que el término «Salvaje Oeste», no se aplicó a los lugares en donde la Real Policía Montada de Canadá tenía jurisdicción.

Las experiencias de Theodore Roosevelt en el oeste lo convirtieron en un conservacionista, y su pasión por la naturaleza le acompañó toda la vida. Hoy los norteamericanos leen a Theodore Roosevelt, como leen también los escritos de John Muir sobre «Los tesoros del Yosemite»[*] o a John Wesley Powell y su obra sobre el Gran Cañón,[**] por lo que resuelven salvar y preservar la belleza de los entornos naturales. De esa época de veloz desarrollo y a veces, insensata explotación de los recursos naturales, data también el primero de los grandes parques nacionales de Norteamérica.[***] En eso los indios tal vez hayan influido, ya que en su religión la «majestad de las montañas púrpuras» no era sencillamente algo que inspiraba maravilla. Era sagrado. Theodore Roosevelt ayudó a todos los norteamericanos a apreciar el invalorable tesoro que es el oeste.

VI. El evangelio social

Al mismo tiempo que se ganaba el oeste, muchos hombres poderosos pensaban que eran instrumentos de Dios para modernizar su país y brindar más bienes y servicios a más personas a precios más bajos. Que ese proceso vital incluyera el trabajo infantil y el de madres en «hacinados talleres», no era motivo de preocupación para los nuevos capitanes de la industria. Para los obreros que trabajaban durante diez horas al día, el discurso de la benevolencia de Dios que pronunciaban los titanes, era solo una perorata. «Recibirás pastel en el cielo cuando mueras», era el comentario amargo y mordaz, sobre el consuelo que ofrecía la religión.

Como siempre, el espíritu de reforma de los norteamericanos llamaba a la acción para corregir los abusos. Jane Addams estaba decidida a hacer algo respecto de las condiciones que veía en los barrios bajos de inmigrantes en la ciudad de Chicago. Abrió la Casa Hull en 1889. Su descripción del lugar nos brinda una mirada única a las condiciones de vida en los hacinados conventillos:

La Casa Hull es una antigua residencia muy espaciosa, de sólida construcción y decoración un tanto elaborada pero según su época, 1856. Ha sido utilizada

---

[*]   The Treasures of the Yosemite [Los tesoros del Yosemite], *Century Magazine*, agosto de 1890, XL:4.

[**] Powell, J.W. (1875) Exploration of the Colorado River of the West and its tributaries [Exploración del Río Colorado del oeste y sus ríos tributarios].

[***]   El presidente Grant firmó ya en 1872 la ley que creó el Parque Nacional de Yellowstone, otro de sus poco apreciados pero grandes logros.

con diferentes propósitos y aunque arruinada por sus vicisitudes sigue siendo sólida en su esencia, por lo que respondió con nobleza a las reparaciones y reacondicionamiento. Su amplio salón y grandes hogares siempre aseguran que su aspecto sea agradable. Ubicada en lo que eran los suburbios, hoy se halla en medio de la ciudad y linda con tres o cuatro colonias extranjeras más o menos definidas. Entre la calle Halstead y el río viven diez mil italianos: napolitanos, sicilianos y calabreses, y también algún lombardo o veneciano. Al sur, sobre la calle Doce, hay muchos alemanes y las calles aledañas habitan mayormente judíos polacos y rusos. Más al sur estas colonias judías se funden con una gran colonia de bohemios, tan grande que Chicago se cuenta como la tercera ciudad de bohemios en el mundo. Hacia el noroeste hay muchos galocanadienses, que todavía forman algo así como un clan a pesar de haber vivido en los Estados Unidos durante tanto tiempo; hacia el norte hay muchos irlandeses y norteamericanos de primera generación. En las calles que están directamente al oeste y un poco más al norte hay familias de buen vivir y refinado inglés, en su mayoría propietarios y que han vivido en el barrio durante años. Conozco a un hombre que sigue viviendo en lo que era su antigua granja. Esa esquina de las calles Polk y Halsted está en el distrito catorce de la zona diecinueve. La zona tiene una población de cincuenta mil personas más o menos y en la última elección presidencial, registró siete mil setenta y dos votantes. No hay escándalos políticos fuera de los usuales aquí, pero los concejales por lo general son propietarios de bares y la manipulación política es la que puede hallarse en las áreas más pobladas donde no hay control sobre las actividades del político mezquino... Las calles están terriblemente sucias, no hay suficientes escuelas, no se cumple la reglamentación para las fábricas y los establos ni siquiera pueden describirse porque dejan mucho que desear en materia de higiene. Hay cientos de casas sin servicio de cloacas... Un contratista inescrupuloso, ni siquiera piensa en lo oscuro que es un sótano, en lo sucio que está el piso superior de un establo, en lo precario de una construcción temporal, en lo pequeño que puede resultar un edificio atestado, que se utiliza como taller. Tales condiciones, por supuesto, implican que la renta siempre será baja.[68]

El trabajo de Jane Addams brindaría refugio y afecto a miles de personas, desde cuidado de niños y educación, a conciertos y lecciones de civismo y filosofía, todo en la Casa Hull. Los norteamericanos se quejaban de que los inmigrantes olían mal. Jane Addams les ofrecía bañeras y tomaba cuenta de cuánto apreciaban esa comodidad. La señorita Addams llegó al corazón de lo que es profesar los principios cristianos, al señalar que los norteamericanos habíamos dado a los inmigrantes el derecho al voto, pero «les ensuciamos con epítetos que desprecian su pasado o su ocupación actual, sin sentirnos obligados a invitarles a nuestros hogares».[69] Ella buscaba una democracia que abriera puertas.

Décadas antes de que los sicólogos infantiles notaran el síndrome de «la falta de iniciativa», Jane Addams la había identificado. «Se nos dice que "la voluntad de vivir" es algo que surge en todo bebé gracias al irresistible amor que su madre siente por él, al valor fisiológico del gozo por el nacimiento de un niño. Y se nos dice que las altas tasas de mortalidad en las instituciones, aumentan por "los bebés descontentos" a quien nadie "convence para que quieran vivir"».[70] Los clubes para niños, para niñas, los lugares de reunión para madres trabajadoras, todo eso era lo que sucedía a diario en la Casa Hull. ¡Incluso hubo un sindicato! Al ver el «espíritu de Cristo» en sus esfuerzos por dar ayuda a los pobres, Jane Addams dijo: «Si no cuidas a un niño por la noche, si no sientes la temblorosa manito que se aquieta apenas la envuelves con tu mano, si no llevas a los pequeños al jardín para que pasen la mañana, no podrás ver su deleite y extravagante gozo cuando notan que un pajarillo se baña en un charco».[71]

Fue esa una era dominada por los fideicomisos: el fideicomiso de los envasadores de carne, del ferrocarril, del petróleo, del acero. Todo tenía que ver con el dinero, pero no aquí, en la Casa Hull, cuando una noche fría, cerca de la medianoche, un grupo de bomberos debió acudir porque se había iniciado un incendio en los establos. No todos los caballos murieron. Había muchos con terribles quemaduras y hacía falta una orden de la corte para poder disparar un arma dentro de los límites de la ciudad. Pero los tribunales estarían cerrados hasta la mañana y mientras tanto, los caballos sufrían. ¿Podía la señorita Addams autorizar a esos hombres para que mataran a los pobres caballos? «No tengo autoridad legal, pero asumiré la responsabilidad», dijo ella. No volvió a la cama, sino que fue con los bomberos a ver, mientras ponían fin al sufrimiento de los caballos.[72]

Hoy solemos pensar que ese tipo de actitudes corresponden a gente lejana, casi increíble. La madre Teresa, por ejemplo. Las calles de Calcuta donde ministraba a los intocables que morían en los zanjones están del otro lado del mundo. Sin embargo, aquí también hubo actos de amor, con acento norteamericano, en Chicago.

VII. «Una cruz de oro»

El compromiso de Cleveland con la reducción de los aranceles aduanales le costó la reelección en 1888. Los republicanos eligieron a Benjamin Harrison de Indiana. Harrison era nieto de William Henry Harrison y también era héroe de guerra. Con habilidad los operativos de la campaña republicana se movieron entre los norteamericanos irlandeses de Nueva York. Mostraban a Cleveland obedeciendo al Imperio Británico al reducir las tarifas «de protección». Su literatura de campaña mostraba a Cleveland envuelto en la bandera británica en tanto Harrison hacía flamear la bandera de los Estados Unidos. Cleveland era «usado por el cruel enemigo de Irlanda como ayudante en la obra de la esclavitud».[73] La estrategia resultó.

En realidad, Cleveland había obtenido más votos populares a nivel nacional que Harrison. Este había ganado en el estado de Nueva York por 14.363 votos, solo el 1,1%. Con los 36 votos electorales de Nueva York, Harrison fue el triunfador. Solo dos veces desde Lincoln en 1860 había dejado de ganar Nueva York. Muchas veces era el distrito que definía la victoria en el colegio electoral. La necesidad de ganar con los votos del enorme contingente de inmigrantes y votantes negros en Nueva York, y de los judíos y católicos que se contaban entre ellos, hacía que se prestara atención a las preocupaciones de las minorías. Así, la sabiduría de los fundadores al crear un colegio electoral se confirmaba una vez más. El colegio electoral ha operado habitualmente como protección de las minorías ante la tiranía de la mayoría. Y los derechos de las minorías son esenciales a la libertad.

Cleveland jamás cuestionó el resultado. No se quejó de que le hubieran robado la elección. Pero tampoco volvió atrás con su opinión respecto de las tarifas. «Prefiero que esa medida tarifaria lleve mi nombre, antes que ser presidente», dijo de la ley que había firmado para reducir los impuestos a la importación.[74]

Los republicanos creían sinceramente que había que mantener estos impuestos en un nivel más elevado no solo para proteger a las jóvenes industrias norteamericanas, sino también para cuidar al obrero. Ellos rechazaban el argumento de quienes abogaban por el libre comercio y que decían que la competencia haría que flotaran todos los botes gracias a la marea de la prosperidad.

Además de las batallas por los impuestos a la importación, la política se vio dominada por las discusiones con respecto a la moneda. Grover Cleveland estaba de acuerdo con muchos de los del este, y con la mayoría de los republicanos, en que la nación necesitaba respaldar su moneda con oro. Pero su argumento se veía rebatido por quienes querían que se acuñara moneda en plata, y por los que preferían inflar la moneda mediante la impresión de «billetes verdes». «¿Por qué debiera este grande y glorioso país verse empequeñecido e impedido, sus actividades congeladas, y su sangre misma coagulada, por culpa de esas teorías de la "moneda fuerte", que además pertenece al pasado?», preguntó Jay Cooke, opositor a la idea del respaldo en oro.[75]

El mandatario Harrison presidió tres importantes medidas, de las cuales dos fueron auspiciadas por el senador republicano John Sherman, de Ohio (y hermano del general Sherman).

La ley antifideicomiso de Sherman, de 1890, fue el primer intento por controlar «todo contrato, o combinación en forma de fideicomiso o cualesquiera, o la conspiración que restringa el comercio entre los diferentes estados o con naciones extranjeras». El grado de vaguedad en la definición de los términos de la ley le daría a la Suprema Corte de los Estados Unidos la oportunidad de aplicar sus provisiones también a los sindicatos obreros.[76]

El presidente Benjamin Harrison firmó también en 1890 la ley de compra de plata de Sherman. Esta legislación representaba cierto grado de «ambigüedad» por parte de los congresistas de los estados del oeste, que querían un respaldo de oro y plata para la moneda.[77] A cambio del respaldo de los del este, los del oeste apoyaron la ley McKinley que revertía la reducción de impuestos a la importación realizada por Cleveland.

La ley McKinley de 1890 elevó los impuestos a los más altos niveles en la historia. También hizo que subieran los precios, al crear pánico entre los republicanos respecto de sus perspectivas electorales ese año.[78] La Cámara de Representantes vio reducido el número de republicanos, con solamente ochenta y ocho diputados, en comparación con los doscientos treinta y cinco demócratas.[79]

Las marcadas fluctuaciones en los impuestos a la importación crearon incertidumbre en las instituciones financieras de la nación. La inestabilidad se sintió —y mucho— en el cinturón agrícola. Allí, el nuevo Partido Populista (del pueblo) apeló al voto de los agricultores desesperados. Una vez más, Mary Lease le dio voz al pensamiento de muchos:

Hace dos años nos dijeron que trabajáramos y levantásemos una gran cosecha. Que eso era lo único que hacía falta. Trabajamos, aramos y plantamos. Llovió, brilló el sol, la naturaleza sonrió y recogimos la gran cosecha que nos habían ordenado. ¿Y qué obtuvimos? Maíz de ocho centavos, cebada a diez centavos, carne a dos centavos, y manteca y huevos sin precio en absoluto. Eso es lo que conseguimos. ¡Y después los políticos dicen que el problema es la sobreproducción![80]*

No habría sido posible la sobreproducción para la mayoría de las comunidades, antes del siglo diecinueve. Porque la cosechadora de Curus Hall McCormick contribuyó a que los Estados Unidos se convirtieran en potencia agrícola en los mercados mundiales, para la década de 1880.[81]

Tampoco habría sido posible cultivar el rico y apelmazado suelo del medio oeste, si no hubiera existido «el arado que rompe las planicies». John Deere era un herrero joven de Vermont, que siguió el consejo de Horace Greeley, quien le dijo: «Ve al oeste, muchacho». Deere se estableció en Illinois. Allí, sus tridentes y palas de acero pulido lo convirtieron en un hombre de reputación. Pronto, los agricultores comenzaron a contarle su serio problema. Los arados de hierro forjado que habían traído del este, servían para el suelo arenoso de Nueva Inglaterra pero aquí, el rico y fértil suelo del medio oeste se pegaba a la pala del arado y el agricultor tenía que detenerse cada tanto para limpiarla. Deere importó acero pulido de alta calidad de Inglaterra, y desarrolló un arado «autolimpiante» que revolucionó la agricultura en el mundo entero. Ciento cincuenta años más tarde, el lema de la compañía sigue dando fe de ese primer arado John Deere: «Nada avanza como Deere».[82]**

Los arados, las cosechadoras, las nuevas máquinas requerían una inversión de dinero mucho más alta. Por eso tantos inmigrantes y tantos negros libertos del sur, no podían aprovechar la generosa ley de viviendas promulgada durante la presidencia de Lincoln. Las dos terceras partes de los cuatrocientos mil que aceptaron los terrenos de catorce hectáreas otorgados por el gobierno, al fin abandonaron la agricultura.[83] Frederick Douglass estaba al tanto de esa posibilidad, y apelaba a

---

* Mary Lease hablaba en taquigrafía verbal, y los agricultores la entendían muy bien. Se refería a ocho centavos y diez centavos por quintal de maíz y cebada, respectivamente, y a dos centavos por medio kilo de carne.
** N. de T.: En inglés «Nothing runs like a Deere», un juego de palabras entre el apellido Deere y el sustantivo «deer» (ciervo). Literalmente, «Nada corre como un ciervo».

los negros del sur para que no se unieran a los del «éxodo», que escapaban de la discriminación con rumbo a las praderas. Les decía que en cambio se quedaran en sus estados de residencia y lucharan desde allí por sus derechos.[84]

«¡Llegó el comunista!» Era la leyenda al pie de otra brillante caricatura de Thomas Nast. Ya en 1874 Nast dibujó a un obrero y a su pobre familia, siguiendo a un esqueleto que les invitaba seductoramente a unirse a un desfile. La caricatura evidencia el temor y desprecio que el comunismo inspiraba en millones de norteamericanos. Que el comunismo pudiera producir muertes, no se ponía en duda. El mundo había visto con horror la sangrienta revuelta de la Comuna de París en 1871 (y la todavía más sangrienta represión de los comuneros por parte de las fuerzas militares de la Tercera República Francesa). El retrato del obrero presentado por Nast, arrancado del seno de su familia y separado de su esposa e hijo, incluía un libelo típicamente desagradable: el esqueleto comunista dibujado por Nast estaba vestido con los colores de la Antigua Orden de los Hibernianos, un grupo fraternal católico irlandés, aprestándose para el desfile del día de San Patricio.*

Nast pensaba sin duda que la violencia de grupos tan desorganizados como los Molly Maguires de las minas de carbón de Pensilvania era característica de los norteamericanos irlandeses en materia de sindicatos. Esos grupos se ganaban la compasión de los norteamericanos, con tácticas legítimas como el boicot. Cuando la posición a las brutales condiciones de trabajo en las minas se extendió a la intimidación a otros obreros y supuestamente, al asesinato de nueve funcionarios de la compañía minera, perdieron el apoyo del público.[85]

En verdad, los norteamericanos irlandeses en particular, y los católicos en general, serían incansables defensores de la organización de los sindicatos, pero opositores al comunismo. La historia de los sindicatos en los Estados Unidos está llena de nombres irlandeses, como Terence Vincent Powderly de los Caballeros Obreros, John Mitchell de los Obreros Mineros Unidos, y más recientemente, George Meany, durante muchos años presidente de la AFL-CIO. Todos se resistieron al canto de las sirenas del *Manifiesto Comunista*, de Karl Marx.

En defensa del derecho obrero, el cardenal Gibbons de Baltimore viajó a Roma en 1887 para convencer al papa León XIII de que no criticara al movimiento obrero. James Gibbons era el primer cardenal de los Estados Unidos, nacido en Baltimore e

---

* El talentoso Nast nos dejó nuestra moderna y benigna imagen de Santa Claus o San Nicolás. Aparentemente, Nast desconocía los muy católicos antecedentes del buen santo.

hijo de pobres inmigrantes irlandeses. Su visita logró su propósito en 1891, cuando el Papa emitió *Rerum Novarum*, una carta encíclica sobre «Las condiciones de los obreros». Allí el Papa mostraba que el ataque del comunismo a la propiedad privada le negaba al obrero el derecho a gozar del fruto de su labor, una contradicción en sí misma. Aunque también, el Papa reconocía el derecho del obrero a organizarse para ganar «un salario digno».

Samuel Gompers contaba con gran respaldo, como líder del creciente movimiento obrero irlandés en la Federación Obrera de los Estados Unidos (A. F. of L, por su nombre en inglés).

Gompers era un inmigrante judío venido de Inglaterra, que se resistía ferozmente a la influencia comunista y socialista en el movimiento obrero.[86] Solo buscaba la acción económica. Rechazaba todo plan integral para la acción política que buscara reformular la forma de gobierno democrática de los Estados Unidos. Si le preguntaban qué quería el obrero, Gompers respondía solamente: «Más». Más paga, más tiempo libre, más protección contra los accidentes peligrosos en el lugar de trabajo. Más beneficios para la vejez. Más.

El único interés de Gompers en la política consistía en «recompensar a nuestros amigos y castigar a nuestros enemigos».[87] Fue por influencia de este hombre que los Estados Unidos nunca llegaron a tener un partido laborista, como el de Inglaterra y otros estados europeos. La natural compasión de Gompers por el obrero rechazaba también el sindicalismo exclusivo para los blancos. Gompers jamás buscó mandar o dar órdenes al gobierno. Lo único que quería era más para los miembros de su sindicato.

Henry Clay Frick era acérrimo enemigo de los sindicatos. Cuando su jefe Andrew Carnegie partió por sentimentalismo de regreso a Escocia en 1892, Frick aprovechó la ocasión para bajar los salarios en el sindicato de obreros del hierro y el acero.[88] Lo que buscaba Frick era deshacer el sindicato, por lo que hasta se negó a hablar con los líderes. Cuando los obreros hicieron huelga, contrató a agentes de la Compañía Pinkerton como fuerza de policía privada para recuperar la planta de acero de la Compañía Carnegie en Homestead, Pensilvania.[89] El *New York Tribune* informó que los pinkertons habían disparado primero desde su barca, al aproximarse a la entrada de la planta, ubicada junto al río.[90] Se produjo un enfrentamiento en el que murieron trece personas, y cien resultaron heridas. Desde Escocia, el preocupado Carnegie pedía que se llamara a las tropas federales.[91] Quería que se reprimiera a los huelguistas. Frick venció a la bala de un anarquista. Tan decidido estaba a enseñarles a los empleados de Carnegie «una lección que nunca olvidarán».[92] Carnegie valoraba su imagen de empresario progresista y quedó atónito cuando los periódicos londinenses lo criticaron y decían que estaba buscando refugiarse en su Escocia natal. Los relatos de la prensa amargaron lo que tanto había anhelado: un retorno triunfal a la tierra en la que había nacido.

La huelga de Homestead no fue el choque más violento de la Era Dorada, pero tuvo repercusiones en todo el mundo. Fue un problema para Carnegie, que había escrito sobre su paternal responsabilidad en su muy vendido libro, *El evangelio de la riqueza* [The gospel of wealth, en inglés]. Con sus grandes aportes a causas de beneficencia, como las donaciones a bibliotecas, salones de concierto y colegios, afirmaba estar ejerciendo la buena administración de los recursos que Dios le había dado. Era una figura mundial. Había recibido en su casa al compositor ruso Pyotr Illyich Tchaikovski. El maestro dirigió el concierto para la inauguración del Carnegie Hall, en Nueva York.[93] Carnegie escribió:

> El sistema capitalista está calculado para producir el resultado más beneficioso para la comunidad: el hombre de riqueza se convierte entonces en agente y administrador, en beneficio de sus hermanos más pobres, prestándoles el servicio de su sabiduría superior, experiencia y capacidad para administrar, haciendo por ellos las cosas mejor de lo que podrían o querrían hacerlas ellos mismos.[94]

Por otra parte, sus trabajadores trabajaban jornadas de doce horas, y solo tenían libres los domingos, el día de Navidad y el 4 de julio.[95] Un obrero con experiencia podría ganar doscientos ochenta dólares al mes, pero los que recién comenzaban, ganaban catorce centavos por hora, equivalentes a menos de cincuenta dólares al mes. Había rivalidades que podrían aprovecharse, entre los obreros de más experiencia y conocimiento, irlandeses, galeses, ingleses y alemanes, y los nuevos inmigrantes, que no contaban con la misma experiencia, provenientes de Hungría, Bohemia, Italia y Polonia.[96] Andrew Keppler, obrero en la industria del acero, murió en un terrible accidente laboral cuando se derramó metal fundido de una batea. Sus amigos intentaron en vano sacarlo de allí, pero finalmente debió quedar sepultado en el acero.[97] En la fundición de Carnegie, había unas trescientas muertes al año.[98]

Mary Lease, siempre irreprimible, presentó su ácida respuesta al *Evangelio de la riqueza,* de Carnegie: «Me llamará usted anarquista, socialista o comunista. Y no me importa. Sigo aferrándome a la teoría de que si un hombre no tiene lo suficiente como para comer tres veces al día y otro tiene veinticinco millones de dólares, este último tiene algo que le pertenece al primero».[99]

Los líderes republicanos apelaron a Carnegie para que no rebajara los salarios, al menos no en un año electoral.[100] Pero Henry Clay Frick —que actuaba según las órdenes de Carnegie— ganó su batalla con el sindicato. La industria del acero no se organizaría sino hasta cincuenta años más tarde. Uno de los amigos de Andrew Keppler dijo luego que había sido la bala del anarquista la que había perforado el corazón de la huelga.[101]

Grover Cleveland se presentó como candidato para un segundo mandato y criticó a Henry Clay Frick por «la exacción [sobre los obreros] con el fin de formar y aumentar las fortunas» de los muy ricos.[102] Afirmó que los obreros «tienen el derecho a insistir en la permanencia de sus empleos».[103]

Benjamin Harrison era inteligente, honrado y trabajador, pero también un tanto distante y aburrido. No muchos norteamericanos sentían simpatía por él. Sus dos designaciones anteriores habían sido de bajo rango: Frederick Douglass, como ministro de asuntos exteriores en Haití, y Theodore Roosevelt, como comisionado del servicio civil.

Cuando Frances Folson Cleveland dejó la Casa Blanca el 4 de marzo de 1889, le dijo al ujier principal que cuidara bien del lugar porque ella pensaba volver. Cuando se le preguntó cuándo regresaría, dijo con una sonrisa encantadora: «Dentro de cuatro años a partir de hoy».[104]

Y así sucedió.

El mismo Carnegie dijo que la huelga había elegido a Cleveland en 1892.[105] Grover Cleveland fue el único presidente norteamericano en tener dos mandatos no consecutivos.* El candidato del partido populista, James Baird Weaver, surgía como el favorito en las encuestas, con un millón de votos en diversos estados del oeste que antes respaldaban a los republicanos.

El presidente Cleveland esperaba con ansias la ceremonia de apertura de la Exposición Mundial Colombina en Chicago. Esa feria mundial conmemoraría los

---

* Es poco probable que se repita porque hoy los partidos rechazan a los presidentes de un único mandato que fracasan en su reelección. Imaginemos a Jimmy Carter presentándose en 1984, o a George H.W. Bush, volviendo a presentarse en 1996.

viajes de Colón al Nuevo Mundo, cuatrocientos años antes. Se exhibiría la primera vuelta al mundo, un prototipo de Edison del primer proyector de películas y muchas otras maravillas. Los expositores de todo el mundo codiciaban un espacio allí, para poder llegar a los millones de visitantes. Una de las atracciones más populares fue la Ciudad Blanca, promisorio comienzo del movimiento de la «ciudad bella», que sumó arquitectos, planificadores urbanos y paisajistas.

Pero la Ciudad Blanca tenía un aspecto negativo: parecía no ofrecer espacio para los norteamericanos negros. El país incluso entonces pasaba por una de las más cruentas épocas de violencia ilegal contra la gente de color. Más de las dos terceras partes de los doscientos veintiséis linchamientos ocurridos en 1892, tuvieron como víctimas a hombres negros.[106] Los escritores más jóvenes y conocidos, como Ida B. Wells protestaron contra la exclusión de la influencia negra en la exposición. Pero cuando los organizadores hicieron la concesión de ofrecer un «Día de la gente de color», el asunto empeoró porque olía a condescendencia. La señorita Wells le rogó públicamente a Frederick Douglass que no se rebajara dando un discurso en la fecha *designada*.[107]

La premonición de Wells pareció cumplirse cuando el gran orador se puso de pie para hablar. Entre la multitud de asistentes a la feria hubo quienes lo insultaron y abuchearon. La voz del viejo abolicionista se quebró, pero luego, dejó a un lado el texto preparado y rugió contra quienes lo atormentaban, diciendo: «Los hombres hablan del problema negro, pero no existe tal problema. ¡El asunto radica en si el pueblo norteamericano tiene suficiente lealtad, suficiente honor, suficiente patriotismo, como para vivir según su propia Constitución!»[108] El viejo león siguió rugiendo durante una hora, sin notas. Quienes lo abucheaban quedaron en silencio y poco después Ida Wells se disculpó y dijo que su discurso, más que ninguna otra cosa que hubiera sucedido jamás, había hecho mucho por llevar a la atención del mundo el acoso de que eran objeto los norteamericanos negros.[109]

La presencia de Frederick Douglass en la Exposición Mundial Colombina se debió a su rol como representante del gobierno de Haití. Tanto como embajador norteamericano en Haití como en los años sucesivos, Douglass siempre se desesperó por ayudar a que la república negra lograra el éxito. Pero por loable que fuera su impulso, Douglass había hecho la vista gorda ante la cruel dureza de Florvil

Hyppolite, el dictador y asesino haitiano. Fue quizá el episodio más deplorable de su larga y honorable vida pública.*

Grover Cleveland pronto tendría motivos para desear haber perdido la elección de 1892. Una serie de quiebras de bancos dio como resultado el pánico de 1893, y el país cayó en grave depresión.[110] El segundo mandato de Cleveland no fue feliz, y transcurrió a la sombra de las dificultades. Cuando un rico neoyorquino levó a su hijo a la mansión ejecutiva para conocer al mandatario, Cleveland palmeó la cabeza del niño y le dijo al pequeño Franklin Delano Roosevelt: «Muchachito, hoy te deseo algo extraño. Que jamás llegues a ser Presidente de los Estados Unidos».[111] Fiel a sus convicciones, persuadió al Congreso para que rechazaran la ley de compra de plata de 1890. Los agricultores se sintieron traicionados.

Y peor todavía fue el devastador informe que el médico debió entregarle a Cleveland: tenía cáncer en la mandíbula. No existían aún la quimioterapia y los rayos, por lo que la cirugía sería la única esperanza. Aun así, había que mantener en secreto la enfermedad del presidente porque en la situación de depresión y pánico del país, la idea de que el presidente se sometiera a cirugía podría haber causado un desastre en la economía nacional. En vista de que el vicepresidente Adlai E. Stevenson defendía la ley de la plata, era de suma importancia que el público no se enterara de la operación.**

De modo que el presidente abordó un yate, propiedad de uno de sus amigos adinerados. El *Oneida*, anclado en el Río Este de Nueva York, se convirtió en quirófano flotante. Cleveland le dijo al patrón del yate: «Si choca usted contra una roca, hágalo con tanta fuerza como para que todos nos hundamos».[112] Ya operado y extraída parte de su mandíbula, el presidente apareció en público, sin que nadie sospechara nada.

Cleveland alienaría a los obreros con su conducta durante la huelga de Pullman en 1894. George Pullman había inventado el «coche cama» para viajes largos en ferrocarril. Su ideal de la industria era el paternalismo y la ciudad que su compañía había levantado en las afueras de Chicago era modelo de sus principios. La Compañía Pullman brindaba viviendas en alquiler a los obreros de la fábrica. La publicidad de su compañía anunciaba: «Todo lo feo, lo discordante y desmoralizador se elimina

---

* Hasta hoy es extremadamente difícil para los norteamericanos encontrar líderes haitianos con quienes cooperar en beneficio del paciente y sufrido pueblo de Haití.
** El vicepresidente Stevenson era abuelo del gobernador Adlai E. Stevenson, que perdió dos veces las elecciones como candidato a presidente, contra Dwight D. Eisenhower en la década de 1950.

y todo lo que inspira al respeto de uno mismo se brinda con generosidad».[113] Pero la realidad no se condecía con esos anuncios. Como el alquiler era muy caro, las familias tenían que usar pensiones.[114] Y como la política de Pullman indicaba que tenían preferencia los obreros de su compañía, quien se mudaba se arriesgaba a perder su empleo. Aunque los salarios sufrieron bajas durante la depresión, el alquiler siguió siendo alto, con lo cual lo único que les quedaba a las familias en el sobre del salario eran centavos, una vez descontado el precio del alquiler.[115]

El Sindicato Ferroviario Norteamericano de Eugene Victor Deb (ARU, por sus siglas en inglés), inició una huelga. Como los trabajadores se negaban a trabajar en los coches cama de Pullman, el gobierno federal declaró que había problemas con las entregas del correo de los Estados Unidos y aunque el sindicato intentó hacer una excepción con los vagones de correo, el presidente Cleveland ordenó que las tropas federales se ocuparan de los envíos postales. Debs apeló al líder de la Federación Norteamericana de Sindicatos, Samuel Gompers, pero este lo rechazó. Pensaba que no era momento para hacer huelgas. Si Debs persistía, Gompers y el liderazgo de la Federación de Sindicatos temían que quebrara el sindicado de los ferroviarios.[116]

Los líderes republicanos, en vano le rogaron a Pullman que fuera razonable. Mark Hanna, de Ohio, ya estaba intentando lograr que William McKinley fuera elegido en 1896. Entre sus amigos, Hanna estalló con ira contra Pullman: «Un hombre que no quiere ceder en nada por los suyos es un maldito loco y estúpido».[117]

Cleveland ignoró las protestas del gobernador de Illinois, John Peter Altgeld. Altgeld era inmigrante alemán y demócrata, y criticó el uso de Cleveland de las tropas federales diciendo que violaba la Constitución. ¿Quién era este inmigrante para darle clases al mandatario sobre la Constitución?, quisieron saber los periódicos hostiles. El *Philadelphia Telegraph* fue muy duro con Altgeld. Este «fabricante de salchichas de Wurtemburg... que por la extraña estupidez del pueblo de Illinois tiene permitido ser gobernador de ese estado, tiene la insolencia de ofender y presentar una afrenta maleducada y descabellada al Presidente de los Estados Unidos».[118] Obstinado, Cleveland dijo: «Si hace falta cada uno de los soldados de los Estados Unidos para entregar una tarjeta postal en Chicago, la tarjeta será entregada».[119] La huelga Pullman fue sofocada y Debs fue preso por violar una instrucción de la corte. Mientras estaba en prisión Debs leyó a Karl Marx y se hizo socialista.

El tiempo le daría la razón a Gompers en cuanto a la huelga, pero de poco consuelo le sirvió. Le escribió una carta en duros términos al presidente Cleveland.

protestando porque había convocado a las tropas: «El pueblo respondió con el voto... al uso que ha hecho usted del poder militar para sofocar a los obreros», escribió Gompers después de que los demócratas sufrieran grandes pérdidas en las elecciones legislativas de 1894. «Aunque el cambio podrá beneficiarnos un poco, ese rechazo será apreciado y recordado de todos modos».[120]

La huelga Pullman fue solo una de las mil trescientas que hubo en 1894.[121] Fue un dramático ejemplo del uso de instrucciones de la corte contra los sindicatos. Y la Federación de Sindicatos de Gomper continuaría intentando «recompensar a nuestros amigos y castigar a nuestros enemigos».

Como en todas las depresiones los norteamericanos de color sufrieron mucho. Además del infortunio económico, estaba el poder de la segregación, cada vez más grande. Ida Wells había sacado a la luz la vergüenza nacional de los linchamientos en sus escritos. Frederick Douglass le había servido de inspiración en los inicios de su carrera y ahora era ella quien inspiraba al viejo líder.[122]

En 1894, Frederick Douglass estuvo a la altura de las circunstancias en su discurso sobre «Las lecciones de esta hora».

Allí denunciaba en duros términos la acusación de violación. ¿Por qué nadie era acusado de violación cuando las mujeres blancas estaban solas en las plantaciones del sur durante la Guerra Civil?, quiso saber con astucia.

El propósito verdadero de esa acusación espuria, dijo, era para defenestrar al hombre negro. El grito odioso se hacía oír, «al mismo tiempo que los conocidos esfuerzos de hoy... por degradar al negro con acciones legislativas, rechazando todas las leyes para la protección de los escrutinios y trazando la línea de separación de razas en los vagones y estaciones y todos los lugares públicos del sur».[123]

Luego Frederick Douglass se refirió a algunos negros que habían intentado apartarse de las injusticias emigrando a África. Douglass ni siquiera quería que sus compatriotas negros se identificaran con África: «Es tonto hablar de su tierra natal. La tierra nativa del norteamericano negro es Norteamérica. Sus huesos, sus músculos y sus tendones son norteamericanos. Sus ancestros, durante doscientos setenta años, han vivido, trabajado y muerto en suelo norteamericano...»[124]

Sería su último gran esfuerzo. Aun cuando la sombra de Jim Crow acechaba a la región, jamás se dio por vencido. Cuando le preguntaron qué haría con su vida Frederick respondió con ferocidad: «Agitar, agitar, agitar». En 1895, cayó desvanecido y murió en su bella mansión de Cedar Hill, en Washington D.C. Lo lloró el mundo entero. Elizabeth Cady Stanton, la gran defensora del sufragio femenino, recordó su primera reunión con él: «Todos los demás disertantes se veían insulsos después de oír a Frederick Douglass. Allí estaba, como un príncipe africano, majestuoso en toda su ira».[125]

El poeta Vachel Lindsay escribió sobre otro majestuoso norteamericano en toda su ira. La elección de 1896 presentó un desafío fundamental a la democracia norte-americana. Por la depresión, el pueblo estaba desesperado y William Jennings Bryan se refirió a tal desesperación:

Vengador de las praderas, león de las montañas,
Bryan, Bryan, Bryan, Bryan,
Gigante trovador, que habla con la fuerza del cañón,
Que rompió Plymouth Rock con sus rocas del oeste.

Es que el delegado de Nebraska a la Convención Demócrata Nacional de 1896, tenía treinta y seis años, por lo que llegó a una gran multitud con su discurso desde la plataforma del partido. La plataforma representaba un directo repudio a Grover Cleveland, el demócrata que ocupaba el sillón presidencial en ese momento. Pero en todo el país la gente culpaba al respaldo en oro por la peor depresión que se pudiera recordar. Cuando Bryan terminó su discurso, los delegados quedaron conmovidos. Su fogoso final, les había llegado al corazón:

Tras nosotros tenemos las masas productivas de esta nación y del mun-do, respaldadas por los intereses comerciales, los intereses sindicalistas y los trabajadores de todas partes, por lo que responderemos a sus demandas del respaldo en oro diciéndoles: No oprimirás la frente del obrero con esta corona de espinas. No crucificarás a la humanidad sobre una cruz de oro.

Era difícil defender el respaldo en oro cuando el dinero escaseaba, es decir, durante una depresión o cuando las altas tasas de interés ahogaban a la población. En esencia, el respaldo en oro significa que el gobierno federal utilizará oro como moneda o emitirá «billetes» que pueden cambiarse por oro. Apartarse del respaldo en oro crea inflación y esta siempre se ve favorecida por quien está en deuda porque significa que puede pagar lo que debe en dólares que se deprecian.

Bryan, casi calvo y con abdomen prominente, era muy capaz de hacer que temblaran las paredes con su potente voz. Su discurso de la «Cruz de oro» lo llevó a ser nominado como candidato a la presidencia. (Su logro, sin embargo, no es tan impresionante como parece. Muchos de los líderes principales del partido sabían que la derrota sería el destino habitual para el partido político que gobierna en momentos de gran dificultad económica.[*])

Bryan no se dejó amedrentar por la enorme tarea de armar una campaña en oposición a los republicanos y a los demócratas de Cleveland, y ganó el respaldo del partido populista. Luego emprendió una campaña «a ruido de silbato», en tren, recorriendo veintiún mil kilómetros para llegar a los votantes.[126] Habló ante cientos de miles de personas.

Las praderas parecían incendiarse con la ardiente retórica de Bryan. Les dijo a los agricultores lo importantes que eran ellos para el bienestar de la nación: «Incendien sus ciudades, y dejen solo las granjas, y las ciudades volverán a surgir como por arte de magia. Pero si destruimos nuestras granjas, solo veremos que crece el pasto en las calles de todas las ciudades del país».

En oposición a Bryan los republicanos habían nominado a William McKinley, autor de la ley de impuestos tarifarios McKinley. McKinley había sido congresista por Ohio y ahora era gobernador de ese estado. Su campaña presentó un contraste perfecto con el frenético viaje de Bryan por todo el país. El partido republicano, por el contrario, atrajo a su candidato a miles de ciudadanos. Con su «campaña en el frente de casa», McKinley se dirigía a esas multitudes cultas y ordenadas, ofreciéndoles homilías de moral y discursos medidos. Podría haberse postulado al «monumento en busca de un pedestal», pero en cambio les presentó a los norteamericanos una figura de dignidad y solidez, en contraste con el apasionado y turbulento público que convocaba Bryan.[127] Ante la opción, los norteamericanos por lo general prefieren lo aburrido antes que lo peligroso.

El senador Mark Hanna dirigió la campaña de McKinley. Hanna destacó el respetable desempeño de McKinley en la Guerra Civil, siempre un punto a favor de los candidatos presidenciales.[**] Hanna era un jefe político ingenioso que «evaluaba»

---

[*] Si los líderes del partido demócrata creyeron que podrían darle a Bryan una nominación como candidato sin que significara nada, para luego librarse de él, estaban equivocados. Bryan sería el portaestandarte de su partido en tres contiendas nacionales, y siguió siendo una gran figura partidaria ¡hasta que murió en 1925!

[**] McKInley había sido un joven sargento que servía en la misma unidad de Ohio en la que Rutherford B. Hayes había sido general.

a las grandes empresas según sus contribuciones a la campaña. Se les decía a los votantes que McKinley era «el agente del progreso para la prosperidad». Para algunos obreros, el punto de inflexión en su decisión llegó cuando sus empleadores les dijeron que si Bryan era elegido el día martes, el miércoles no tendrían que molestarse en ir a trabajar.[128]

Al contarse los votos, McKinley resultó ganador en el noroeste y el medio oeste industrial, con 7,104,779 votos populares (50,2%) y 271 votos electorales en tanto Bryan obtuvo 6,502,925 votos populares (46%) y 176 votos electorales. Respetable resultado para un joven demócrata sin puestos oficiales importantes. Eso convertiría a Bryan en una figura nacional para su generación.

Mientras Bryan incendiaba las praderas con sus discursos, Theodore Roosevelt se mantuvo al margen del entusiasmo popular:

> El señor Bryan apela cada vez más francamente a la baja malignidad y al odio de esos demagogos que buscan llevar a los obreros a la ruina para hacer uso de su sed de venganza contra los que más tienen. Aboga por principios tontos y malvados de modo que podrían oírse de boca de un líder anarquista. Para el gobierno de Washington y Lincoln, para el sistema de ordenada libertad que nos han legado nuestros antepasados, busca el sustituto de la falta de ley, tan viciosa y fantástica como lo es el sueño de un comunista europeo... En lugar del gobierno del pueblo, por el pueblo y para el pueblo que hoy tenemos, el señor Bryan preferiría un gobierno de las turbas enardecidas.[129]

VIII. «Desde el Nuevo Mundo»

Durante cuatrocientos años América había sido para los europeos el Nuevo Mundo. Hacia fines del siglo diecinueve, América seguía sintiendo fascinación por el Viejo Mundo. Cuando el compositor checo Antonín Dvorák llegó a Nueva York en 1892, se inspiró en la leyenda de Hiawatha y mientras estaba allí, compuso su Sinfonía Número 9 —Desde el Viejo Mundo— para un debut en el Carnegie Hall. Jeannette Thurber había contratado a Dvorák para que viajara desde Praga a Nueva York, con el objeto de dirigir el conservatorio Nacional de Música. La señora Thurber estaba casada con un comerciante acaudalado.[130] El pragmático Dvorák, hijo de campesinos de Bohemia, aceptó enseguida la oportunidad de ganar veinte veces lo que ganaba en el Imperio Austrohúngaro. Dvořák quedó encantado con lo que entonces se conocía como Negro spirituals. Henry Burleigh solía cantarlos ante el gran compositor en su casa y decía que Dvořák «se saturaba con el espíritu de esas viejas melodías».[131] Dvořák podía apreciar el interés de la señora Thurber en la música norteamericana como expresión de su pueblo: «Estoy convencido de que la futura música de este país habrá de fundarse en lo que llamamos melodías negras», le dijo. «Pueden estas melodías formar los fundamentos de una escuela de compositores serios, originales, que irán formándose en los Estados Unidos. Los bellos y variados temas son el producto de su suelo. Son las canciones populares de Norteamérica, por lo que sus compositores deben prestarles oídos y servirse de ellas».[132]

Cuando añoraba su tierra, Dvořák dejaba Nueva York para pasar unas vacaciones de trabajo en Iowa. Llevaba consigo un cubo de cerveza hasta el río Mississippi; allí disfrutaba de las canciones y el espíritu de los que trabajaban con sus manos. En la colonia de inmigrantes bohemios de Spillville, completó su Novena Sinfonía. Le gustaba en especial ver a los indios interpretando la música de su pueblo, bailando sus danzas. El director Leonard Bernstein luego encontraría en los orígenes de los principales temas de Desde el Nuevo Mundo, de Dvořák, elementos de la música checa, francesa, escocesa, alemana e incluso china.[133] En esa poderosa obra, es evidente el tema del «crisol de razas» que conforma los Estados Unidos.

Las nuevas élites, dueñas de la riqueza en la Era Dorada de Norteamérica, han sido y siguen siendo muy criticadas pero no hay que olvidar que contribuyeron al poder y al dinamismo de la gran república libre. También se destacaron en las acciones caritativas y en la rica cultura. No solo buscaron preservar lo mejor de la civilización europea sino que al promover y ser mecenas de artistas como Antonín Dvořák, fomentaron nuevos y bellísimos aportes a la cultura mundial.

Podemos hablar mucho de la corrupción política de la Era Dorada ya que los poetas, escritores y periodistas norteamericanos de la época también lo hicieron. Les asombraban los negociados oscuros. Exigían reformas. La gente que quería un gobierno honrado se escandalizaba ante el círculo de Tweed y el del Whiskey. Avergonzaban a los norteamericanos a quienes se les había enseñado que el gobierno republicano era intrínsecamente mejor para responder a las necesidades del pueblo y menos propenso a la corrupción que las monarquías europeas. James Russell Lowell expresó el pensamiento de muchos así:

Muestren sus legislaturas estatales, muestren sus círculos...
Y vean si Europa puede producir tales cosas.[134]

A decir verdad, Europa no podía darse el lujo de criticar a los Estados Unidos porque allí el poder era ejercido solamente por los ricos; lo cual fue el motivo por el que solo unos pocos artistas y escritores norteamericanos emigraron hacia el viejo continente, incluyendo a James McNeill Whistler y Henry James. La gente común no iba a Europa, pero millones de europeos venían a los Estados Unidos, atraídos por la Estatua de la Libertad.

Podemos enorgullecernos de haber contado con los presidentes que ocuparon el máximo cargo ejecutivo en los Estados Unidos. Garfield y Arthur dejaron atrás toda posibilidad de cuestionamientos a la conducta de los mandatarios del pasado y establecieron un muy buen ejemplo en la Casa Blanca. Los otros presidentes de los Estados Unidos en ese mismo período —Hayes, Harrison y Cleveland— fueron honorables, diligentes, serios. En esa era de cambios revolucionarios, el desarrollo comparativo de los Estados Unidos con respecto a otros países muestra un registro prestigioso, brillante más que dorado.

Capítulo 13

El dínamo norteamericano, la sombra de la guerra

(1897-1914)

En 1896 William Jennings Bryan unió las ideas bíblicas con los temas más contemporáneos. Critica así a la «Cruz de oro» y la «Corona de espinas» de su tiempo.
Sus campañas políticas recorren el país como un remolino y captan la imaginación de decenas de miles de personas, puesto que sabe armar un espectáculo.
William McKinley, por otro lado, es firme, confiable y un tanto aburrido. Pero
preside el país, que presenta una economía creciente y, pese a todo, un imperio que
trasciende los mares. Theodore Roosevelt es la respuesta de los republicanos —casi
un antídoto— a Bryan y el bryanismo. La bala de un anarquista hace que Teddy
llegue a la presidencia y la Casa Blanca entonces se convierte en verdad en lo que
él la llamaba: un púlpito de bravucones. Roosevelt da forma a la presidencia de los
tiempos modernos, como no ha logrado hacerlo ninguno de sus antecesores. Cuando William H. Taft demuestra ser incapaz como sucesor, su fracaso tiene que ver
más con el estilo que con la esencia. En 1912, el gran revuelo republicano enfrenta
a Theodore Roosevelt y Taft, dos aliados políticos y amigos de toda la vida, en uno
de los feudos políticos más trágicos y con mayores consecuencias en toda nuestra
historia. Woodrow Wilson, hijo de un pastor sureño, disfruta de la presidencia
como lugar de liderazgo moral: su primer mandato se ve marcado por importantes leyes regulando el trabajo y la labor de los bancos. El disenso de Wilson

con respecto a la visión de los Fundadores en términos de control y equilibrio producirá un choque fatal, pero eso llegará más tarde. Cuando los estados europeos ruedan ladera abajo hacia la Gran Guerra, Wilson logra mantener fuera a los Estados Unidos, maniobrando con habilidad. Las cosas cambiarán cuando los Estados Unidos entran en el siglo más sangriento de la historia. Los reformadores prestan especial atención a mantenerse al margen del conflicto interno de Europa, creyendo que las restricciones que implica la guerra podrían significar el final de sus anhelos de cambio. El cambio llegará, con toda seguridad, aunque no sea el que buscaban.

I. «UNA ESPLÉNDIDA GUERRITA»

El comisionado Theodore Roosevelt caminaba vigilante por las calles de la ciudad de Nueva York por las noches. Era el miembro más visible de la junta policial de la ciudad, y se había ganado su reputación por haber sorprendido a los pertenecientes al «mejor cuerpo de Nueva York» haciendo cosas que no se condecían exactamente con el cumplimiento de sus obligaciones. Para asegurarse de que sus patrullas nocturnas no pasaran inadvertidas ante la prensa, TR iba acompañado de su amigo Jacob Riis, inmigrante judío de Dinamarca que era periodista y se estaba haciendo conocido como reformador.

Fuera de un restaurante, una noche muy tarde, Roosevelt y Riis vieron que el dueño golpeteaba con impaciencia el empedrado de la calle con su bastón: «Pero, ¿dónde duerme ese cobre?», murmuraba con irritación. No sabía que se estaba dirigiendo al presidente de la junta policial de la ciudad.[1]

Al público le fascinaba leer sobre las aventuras nocturnas de su «gracioso policía». Y llamaban a TR, «Haroun al Rashid Roosevelt», recordando al famoso visir de Bagdad que se movía entre su pueblo, disfrazado para que no lo reconocieran.[2] Aunque no todos lo querían, ya que algunos de los agentes de la policía, que dormían durante sus turnos de guardia y quedaban expuestos en los relatos de TR, querían vengarse. Una noche llegaron para hacer una redada, a una cena de la alta sociedad, en la que bailaría «Pequeña Egipto», una bailarina oriental que había sido sensación en la Exposición Colombina de Chicago. Se decía que estaría Roosevelt entre los presentes, y querían atraparlo con las manos en la masa. Pero esa vez, el comisionado Roosevelt estaba plácidamente dormido en su nueva mansión de Nueva York.

TR se rió cuando le contaron sobre el frustrado intento de los renegados policías por hacerle quedar mal. Había estado toda la noche en casa, con su esposa Edith y sus hijos. La familia de TR tenía cada vez más miembros.

Seguramente Jake Riis sintió confusión cuando su amigo le anunció que se le permitiría dar un discurso en la ciudad de Nueva York a un pastor alemán, notorio por su antisemitismo. Después de todo, Teddy era el gran defensor de la libertad de expresión pero para destacar cómo se sentía ante el mensaje cargado de odio que daría aquel orador, TR se ocupó de brindarle un cuerpo de escoltas fornidos y musculosos, pertenecientes a la policía de Nueva York. Todos eran judíos.

Cuando en 1897, William McKinley devolvió a los republicanos el poder ejercido desde Washington, después del digno gobierno de Grover Cleveland, hasta el paisaje urbano de la pujante Manhattan le resultaba asfixiante a Theodore Roosevelt. Su amigo John Burroughs, famoso naturalista, captó la esencia de Roosevelt al decir que era un hombre con muchas facetas, «y todas, como si fueran una batería eléctrica».[3] Henry Adams, nieto y bisnieto de presidentes, dio en el clavo cuando denominó a TR «pura acción».[4]

El amigo de TR, Henry Cabot Lodge, era senador por Massachusetts y se esforzó por convencer a muchos para que se le diera un cargo importante en el nuevo gobierno de McKinley al energético vaquero de las Dakotas. A TR le interesaban en especial los asuntos navales. Apenas se graduó de Harvard escribió The naval history of the war of 1812 [Historia naval de la guerra de 1812], que sigue siendo un clásico. Roosevelt siempre había estado convencido de que los Estados Unidos necesitaban una fuerza naval moderna y poderosa. Él y Lodge trabajaron muy de cerca con el capitán de navío Alfred Thayer Mahan. En su excelente libro The influence of sea power upon history [Influencia del poder marítimo en la historia], Mahan argumentaba que la capacidad de una nación para dominar los mares con el fin de «proyectar fuerza», era la clave para el poder mundial. TR le escribió a Mahan diciendo que se había «devorado» la extensa obra en solamente dos noches.[5] El libro de Mahan convencía no solo a importantes pensadores estadounidenses, sino también a figuras influyentes en Gran Bretaña, Japón y —de manera ominosa— Alemania. El káiser Wilhelm II leyó el libro con avidez e hizo que en cada barco alemán hubiera una copia.[6]

A decir verdad, al presidente McKinley no le atraía la idea de incluir al revoltoso Roosevelt en su gabinete. Él ya le había prometido el puesto de secretario naval al plácido y tranquilo John Long, político de Nueva Inglaterra, que en realidad «no agitaría». McKinley le dijo a uno de los muchos promotores de TR que le preocupaba ese joven dínamo. «Quiero paz», dijo el presidente. «Y me dicen que su amigo Theodore, a quien no conozco bien en realidad, siempre está metiéndose en líos con alguien. Me temo que es demasiado *belicoso*».[7]

Si McKinley hubiera podido espiar la correspondencia privada de Theodore, habría tenido buenos motivos para temer. «Teddy» en esos días le estaba escribiendo a un amigo sobre su idea de que había que conquistar Canadá y ¡echar a los españoles de Cuba![8] A su hermana Bamie, Teddy le escribió sobre lo que pensaba acerca del presidente: McKinley «es un hombre recto y honorable, de considerable capacidad y un buen historial como soldado... pero no es un hombre fuerte, y a menos que cuente con buen respaldo me preocuparía su desempeño en medio de una crisis importante».[9]

Habiéndosele asegurado al presidente que Theodore Roosevelt era un hombre fiel al partido, McKinley accedió a nombrar al neoyorquino secretario adjunto de la armada. Sería una movida con consecuencias, porque el eléctrico Teddy no tardaría en darle un buen sacudón a la institución.

Los Estados Unidos habían estado viendo lo que sucedía en la cercana Cuba con creciente preocupación en los últimos cincuenta años. Antes de la Guerra Civil, diversos «filibusteros» proesclavistas habían querido quitarles esa «Perla de las Antillas» a la corona española, aprovechando su debilidad. Después de la Guerra Civil, la persistencia de la esclavitud en Cuba presentaba un impedimento para que se la anexara a los Estados Unidos. Pero cuando los rebeldes cubanos que querían independizarse de España comenzaron a agitar los ánimos, los estaounidenses se volcaron en conjunto a apoyar a esos insurrectos que buscaban la libertad. Y cuando en 1895 se produjo la gran revuelta, millones de norteamericanos gritaron: «¡Cuba libre!»

España envió al general Valeriano Weyler para sofocar la rebelión. La prensa norteamericana enloqueció. El general Weyler reaccionó ante la táctica de «la tierra quemada», elegida por los insurrectos, rodeando a los campesinos cubanos en las áreas rebeldes y encerrándolos en campos de concentración. La política de los *reconcentrados* dio como resultado miles de víctimas del hambre y las enfermedades. Y la «Prensa Amarilla» (que recibió ese nombre porque los periódicos sensacionalistas se imprimían en papel económico de ese color), vilipendió a Weyler. Todos los días había alguna nota relatando las atrocidades de Cuba en las páginas del *New*

York World, de Joseph Pulitzer, y en las de su rival el *New York Journal*. El notorio y joven millonario William Randolph Hearst era el propietario de este último. Hearst y Pulitzer se enfrentaban en una guerra editorial para ver qué periódico era el que más circulaba, y utilizaban los horrores de Cuba para ganar lectores. El viejo adagio se aplicaba a la perfección: *Si chorrea sangre, se lee.*

Hearst envió al gran artista norteamericano Frederic Remington a Cuba durante un intervalo de paz en medio de la lucha. «No hay problemas aquí», le indicaba Remington a Hearst en un cable. «No habrá guerra. Quiero regresar». Hearst le respondió con un telegrama urgente: «Por favor, quédate allí. Tú me darás las imágenes, y yo me encargaré de la guerra».[10] El *World* de Pulitzer avivó el sentimiento antiespañol con párrafos como el siguiente: «Sangre junto a los caminos, sangre en los campos, sangre en los umbrales, ¡sangre, sangre, sangre! Los viejos, los jóvenes, los débiles y los discapacitados... todos son despedazados sin misericordia... ¿Es que no hay una nación lo suficientemente sabia, lo suficientemente valiente y lo suficientemente fuerte como para restaurar la paz en esta tierra bañada en sangre?»[11]

Al lector se le hacía creer que todos esos horrores se cometían en directo cumplimiento de las órdenes del general Weyler. Cuando asumió un nuevo ministro en Madrid, hubo un esfuerzo por apaciguar los ánimos en Cuba. Weyler debió regresar a su país y su política de reconcentración se hizo más blanda. Parecía que Cuba volvería pronto a vivir en un clima de orden y paz.

Pero justo en ese momento los Estados Unidos enviaron el buque de guerra *Maine* a la Habana, Cuba. Queríamos «mostrar la bandera» y hacerles saber a los cubanos que simpatizaban con Weyler que los yanquis no toleraríamos el abuso contra los norteamericanos ni contra su propiedad en Cuba. El amigo más cercano del presidente McKinley, el senador Mark Hanna, se opuso a esa iniciativa ya que la veía como una provocación innecesaria. Dijo que sería como «agitar un fósforo ante un pozo de petróleo, solo por diversión».[12]

La prensa de Hearst interceptó y publicó una carta de parte de Dupuy de Lôme, ministro español en Washington. Esto dio lugar a una disputa que de diplomática nada tenía. La muy negativa evaluación de De Lôme en cuanto al mensaje de McKinley al Congreso se difundió en todo el país para que todos los norteamericanos la leyeran. La desatinada misiva decía que el mensaje demostraba «lo que es McKinley, débil, y solo interesado en la admiración de las muchedumbres».[13] No era más que lo que habían estado diciendo muchos críticos estadounidenses sobre ese presidente de modos tan afables, pero para los norteamericanos era intolerable que lo dijera un extranjero. Muy pronto, el desafortunado señor De Lôme debió empacar para volver a su país.

El presidente McKinley no quería que lo presionaran hacia una guerra. Incluso bromeó sobre ello en conversación con el médico de la Casa Blanca. El coronel Leonard Wood era amigo de TR, y cuando McKinley le preguntó: «¿Y bien? ¿Han declarado la guerra, tú y Theodore?», su respuesta fue: «No, señor Presidente. Pero creemos que es *usted* quien debería declararla».[14]

De Lôme acababa de partir hacia España cuando llegó una noticia terrible desde la Habana. El *USS Maine* había explotado en el puerto, y muchos estadounidenses habían perdido la vida: doscientos cincuenta marineros fallecieron instantáneamente y muchos más morirían a causa de las quemaduras y las heridas. La prensa amarilla enloqueció: «¡El *Maine*, destruido a traición!», proclamaban los titulares de la cadena nacional de periódicos de Hearst.[15]

Theodore Roosvelt decidió actuar, sin esperar el resultado de la investigación oficial. Cuando enfermó el secretario Long y un viernes por la tarde Roosevelt quedó como secretario en funciones, este le envió de inmediato un cable al comodoro George Dewey, al mando del Escuadrón Asiático de la armada:

DEWEY, HONG KONG: ORDENAR ESCUADRÓN... A HONG KONG. MANTENER CARGA COMPLETA DE CARBÓN. EN CASO DE DECLARACIÓN DE GUERRA CON ESPAÑA SU DEBER SERÁ ASEGURARSE DE QUE EL ESCUADRÓN ESPAÑOL NO ABANDONE LA COSTA ASIÁTICA, Y LUEGO REALIZAR OPERACIONES OFENSIVAS EN LAS ISLAS FILIPINAS. MANTENER OLYMPIA HASTA NUEVAS ÓRDENES.

ROOSEVELT[16]

Los miembros del Congreso presionaban a McKinley para que le declarara la guerra a España. «¿No sabe su Presidente dónde reside el poder de declarar la guerra?», murmuró un senador, dirigiéndose al secretario de estado.[17] Con eso, la administración McKinley se hallaba en un apuro: el Congreso declararía la guerra la pidiera el mandatario o no. Nada podría presentar una imagen más débil del Presidente. Y lo peor era que el rival a quien el mandatario había derrotado en 1896, William Jennings Bryan, hablaba en defensa de «Cuba Libre y Plata Libre»

Si McKinley no actuaba, ¿podrían los demócratas levantar las banderas de la independencia cubana, aunque no fuera por obtener una ganancia política?[18]

Una caricatura, publicada en el *New York World*, de Hearst, mostraba a McKinley como una obstinada ancianita que intentaba luchar contra un huracán usando su escoba. El viento huracanado era «el pueblo», y las olas llevaban por nombre «Congreso».[19]

A Theodore Roosevelt le disgustaba sobremanera que el presidente no declarara francamente la guerra. «McKinley no parece tener columna vertebral. ¡Es como una medialuna de chocolate!», gritó Teddy.[20] Cuando la junta oficial de la armada encargada de la investigación informó que una mina submarina externa había sido la causante de la explosión del *Maine*, su informe no culpaba a España. No hacía falta. En todo el país, el clamor era el mismo:

> *Recuerden al Maine*
> *¡Al infierno con España!*[21]*

Wall Street no quería la guerra. La mayoría de los europeos pensaba que los Estados Unidos perderían. Los líderes de la industria temían por el futuro de las grandes inversiones norteamericanas en Cuba. Roosevelt confrontó al senador Hanna, sin pelos en la lengua. Hanna, el hombre de Wall Street que ocupaba un puesto en el Capitolio, se empecinaba en oponerse a la guerra: «Esta guerra será por la libertad de Cuba, y la pelearemos», dijo TR en un discurso en Washington. «Los intereses del mundo de los negocios y los financistas tal vez sean los que primen en el Senado», pero al pueblo norteamericano le importaba más la moral. «Ahora, Senador», dijo Theodore en tono amable, dirigiéndose a Hanna, «¿podremos, por favor, pelear esta guerra?»[22]

Tal vez el jefe de Teddy, el secretario Long, esperaba acallarlo un poco al permitirle asistir a las reuniones del gabinete del Presidente. Pero TR aleccionó a los «sabios» ministros, sobre la necesidad de pelear contra España. Aun así, el humanitario McKinley dudaba. «He vivido ya una guerra», dijo el heroico veterano de la Guerra Civil. «He visto cadáveres amontonados y no quiero volver a verlos».[23]

---

* En 1976 una investigación dirigida por el almirante Hyman G. Rickover llegó a la conclusión de que el buque de guerra Maine había sido destruido por la ignición del polvo de carbón contenido dentro del barco.

En un intento por evitar la guerra, el gobierno español desde Madrid hizo ciertas concesiones, aunque tarde. El pueblo español era hostil a cualquier tipo de negociación con los «cochinos» yanquis.

McKinley no estaba solo en su postura. Un influyente grupo de norteamericanos se expresó con elocuencia contra el imperialismo. Mark Twain supo ridiculizar con ingenio las pretensiones de los *jingoes*, y lo mismo hizo el humorista irlandésnorteamericano Finley Peter Dunne. El industrial Andrew Carnegie y el respetado Carl Schurz, ex *mugwump*, criticaron el apuro por declarar la guerra. El potente orador republicano de la Cámara, Thomas B. Reed, de Maine, se oponía a la guerra con España. TR se burlaba de esos hombres, llamándolos «goo goos», en referencia a los que respaldaban la política del «*good government*», o buen gobierno, en inglés.

Teddy admitió ante su hermana Bamie que se consideraba «algo así como un *jingo*». En realidad, no había nadie más *jingo* que él en el país. Lo que decidió el destino de la nación, sin embargo, fue un discurso de Redfield Proctor, senador por Vermont. El respetado y experimentado Proctor no era un *jingo* y en verdad había estado en Cuba. Su discurso ante el Senado, en tono calmado y deliberativo, hizo que muchos cambiaran de idea. Confirmó las historias sobre las atrocidades. La gente allí «vivía como cochinos y moría como moscas». «En mi opinión, la convocatoria más fuerte no es la de la barbarie de Weyler, ni la pérdida del Maine... sino el espectáculo de un millón y medio de personas (de Cuba) que luchan por la libertad y la liberación del peor gobierno que haya visto en mi vida».[24]

Con cinismo, Reed observó que la postura de Proctor a favor de la guerra al menos sería beneficiosa para los negocios de la familia (los Proctors eran dueños de una marmolera de Vermont, y las lápidas se fabricaban con mármol).[25]

Aun así, ni Reed ni el Presidente pudieron demorar la decisión. El Congreso al poco tiempo votó a favor de la guerra.

Roosevelt renunció como secretario adjunto de la armada. Henry Adams quedó anonadado. «¿Ha muerto su esposa? ¿Se ha peleado con todo el mundo? ¿Está loco?»[26] Es que Theodore estaba decidido a formar parte de la lucha. Dijo que tenía que «actuar según lo que predico».[27] Aunque era vigoroso y fuerte, TR no habría sido aceptado en el ejército de nuestros días, porque no solo había sufrido de asma cuando era niño, sino que sin sus lentes, veía tan mal que era casi igual a un ciego. Además, ya tenía casi cuarenta años. Pero eso no importó. Teddy de inmediato se unión a su amigo Leonard Wood para reclutar a una compañía de voluntarios.

Teddy aceptó su comisión como teniente coronel, ubicándose modestamente en segundo lugar al mando del regimiento reclutado por él y el coronel Wood. Teddy convocó a sus amigos de las importantes universidades, a sus compañeros vaqueros de Dakota y a los guerreros indios de las praderas. Su regimiento se conoció como «los llaneros rudos». TR los describiría como «indio y vaquero, minero y estibador, atleta universitario y hombre de conocimientos ancestrales proveniente de las planicies del oeste, junto al hombre que lleva impreso en su reloj el emblema de los Stuyvesants y los Fish».[28]

Antes de que los llaneros rudos pudieran llegar a Cuba, la armada entró en acción contra España en las Filipinas. Nadie esperaba que los norteamericanos vencieran a los españoles. Cuando los barcos estadounidenses levaron anclas en Hong Kong, sus anfitriones ingleses dijeron: «Lindos tipos. Es una lástima que jamás vamos a volver a verlos».[29] El comodoro Dewey atacó con potencia en la bahía de Manila. Tomó por sorpresa a la flota española el 1 de mayo de 1898, y dio la orden al capitán Charles V. Gridley del *USS Olympia*: «Puede disparar cuando esté listo, Gridley». Y Gridley estaba listo. La flota española que había dominado los mares del mundo durante cuatro siglos, quedó destruida en cuestión de minutos.[*] Bajo cubierta en el *Olympia,* ¡la temperatura llegó a los sesenta y cinco grados! Aun así los marineros estaban muy entusiasmados, y se quitaban las ropas aún conservando puestos los zapatos, mientras cantaban una popular canción de la época: «Habrá una hora caliente en la vieja ciudad esta noche».[30][**]

Cuando los llaneros rudos llegaron a Cuba, hallaron que la guerra allí no era un juego de niños. Los soldados españoles contra los que luchaban estaban bien entrenados, y eran muy disciplinados además de tener excelente puntería. Iban equipados con máuser alemanes calibre 7x57 mm, el mejor rifle del mundo. TR dijo que el sonido del máuser —*a-z-z-z-eu*— era como el de la «seda que se rasga».[31] Lo más peligroso era que los máuser usaban pólvora que no producía humo. No se podía ubicar con facilidad a los que tiraban desde la espesa selva. El 1 de julio de 1898, los llaneros rudos entraron en acción en la colina de San Juan. Cuando los españoles,

---

[*]   El capitán Gridley tuvo poca oportunidad de disfrutar de su fama mundial. Enfermó y murió en Kobe, Japón, antes de que se cumpliera un mes de su gran victoria. Se recuerda su nombre en una sucesión de naves. El teniente John Kerry sirvió en el *USS Gridley*, un destructor, en las costas de Vietnam.

[**] La victoria norteamericana en la bahía de Manila iniciaría la larga asociación de la marina estadounidense con las Filipinas. Muchos marineros norteamericanos se dirigirían al puerto libre de Alongopo, donde se hallaban algunos de los bares y burdeles más notorios de Asia. «Po Town», como se conocía a la ciudad, también fue el lugar de algunas de las bodas y matrimonios más perdurables en la vida de la marina estadounidense.

en retirada, comenzaron a huir, el general Wheeler llamado «Luchador Joe», un viejo veterano del ejército confederado, gritó entusiasmado: «¡Estamos haciendo escapar a los malditos yanquis!»[32]

Uno de los primeros llaneros rudos en caer en acción fue el neoyorquino Hamilton Fish hijo, sobrino del distinguido y homónimo secretario de estado de U.S. Grant, el sargento Fish era uno de los glamorosos «chicos de la Quinta Avenida», reclutados por TR.[33] (Entre los famosos que sobrevivieron a la guerra se contaban también B.F. Goodrich y el hijo del joyero, Bill Tiffany. Frank Knox sobreviviría para ser secretario de la armada bajo el mandato del primo de TR, Franklin.)

Bucky O'Neill era otro de los famosos llaneros rudos. O'Neill había luchado contra los indios y atrapado a varios delincuentes cuando era comisario en Prescott, Arizona. Exhalando el humo de su siempre presente cigarrillo, Bucky hacía alarde de la bala española que no había sido fabricada para matarlo. En ese momento, una bala de un máuser alemán le dio en la boca, volándole la parte trasera de la cabeza.[34]

Por muy teatral que pareciera esa guerra, cuando los estadounidenses llegaron a Cuba, todo se veía demasiado real. Los enormes cangrejos y las aves de rapiña hacían su festín con los cadáveres.[35] En el ataque a la colina de San Juan el teniente coronel Roosevelt reprendió a algunos de sus soldados regulares que parecían temerosos y permanecían acurrucados. «¿Tienen miedo de ponerse de pie, cuando yo monto a caballo?», les preguntó. Cuando uno de los soldados se levantó, el pobre hombre cayó por una bala española, disparada con gran puntería.[36] Poco después TR consideró que sería más prudente desmontar, y apeándose de Pequeño Texas, prosiguió a pie.

Al cruzarse con una compañía de soldados negros que se dirigían a la retaguardia, Roosevelt desenfundó su revolver y amenazó con matarlos. Dijo que si dudaban de su palabra, podrían preguntarles a los soldados norteamericanos qué tan confiable era. «Mis vaqueros, cazadores y mineros asintieron con solemnidad.... "Siempre cumple con su palabra, siempre"», escribió TR luego en su éxito de librería, *Los llaneros rudos*.[37]

TR no sabía que los soldados negros en realidad estaban cumpliendo órdenes. Esos endurecidos veteranos se habían ganado la fama de ser «Soldados Búfalo», en las planicies. Se unieron al ataque de Roosevelt contra la colina San Juan, y compartieron con él la gloria inmortal de su triunfo. La «hora multitudinaria» de Teddy en la colina de San Juan lo catapultó a la fama internacional. Durante el resto de su vida, se le conocería como el Llanero Rudo. Esposo y padre, de mediana edad, este burócrata de escritorio había pasado la prueba de fuego del combate.

La guerra pronto perdió su ferocidad. Porque las victorias norteamericanas en tierra se veían igualadas por las navales. Cuando el barco de «Peleador Bob» Evans, el *USS Iowa*, se enfrentó a la flota española en Santiago de Cuba, y destrozó todas las naves, sus hombres gritaron contentos. «No canten victoria, muchachos», ordenó el capitán Evans. «¡Esos pobres diablos están muriendo!»[38] La flota del almirante español Cervera se veía magnífica, con las cubiertas pulidas y el bronce destellando en tanto las naves avanzaban hacia el fuego mortal del *Iowa*. Y aunque los estadounidenses siempre se habían burlado de los españoles, diciendo que eran cobardes, aprendieron a respetar el valor de esos hombres que, navegando antiguos buques, sabían que les esperaba la muerte.

Del otro lado del mundo los norteamericanos aceptaron agradecidos la intervención de los ingleses. Cuando el comodoro Dewey bombardeó las posiciones españolas en la costa de Manila el 13 de agosto, un escuadrón de la Armada Real británica se interpuso entre los norteamericanos y una flotilla alemana que había intentado interferir con el ataque estadounidense. Los barcos de guerra alemanes ¡apuntaban a los norteamericanos! No queriendo arriesgar una guerra contra los británicos y los estadounidenses al mismo tiempo, el comandante alemán decidió retirarse.

Gran Bretaña fue la única potencia europea que respaldó francamente a los norteamericanos en la guerra entre los Estados Unidos y España. El joven Winston Churchill era corresponsal de guerra, y expresó el sentimiento de los ingleses: «Los norteamericanos merecen nuestra admiración por su acción en Cuba... aunque como nación... siempre se las arreglan para disgustar a la gente de buena educación. Sin embargo, tienen corazón sincero».[39] También Inglaterra tenía sus goo goos. El ministro norteamericano en Londres, John Hay, se había esforzado por ganarse el apoyo de los ingleses a la posición estadounidense. Muy joven Hay había sido secretario de Lincoln y había visto los horrores que causa la guerra. Ahora, decía que el proyecto de TR era «una espléndida guerrita».[40] Para España, que perdió cincuenta mil hombres —dos mil en combate y el resto debido a enfermedades— fue una dolorosa experiencia. Para los Estados Unidos, las trescientos ochenta y cinco muertes en batalla y los dos mil muertos por enfermedades fueron el precio del surgimiento del país como potencia mundial.[41]

Le cabía ahora al presidente McKinley la responsabilidad de decidir qué hacer con las conquistas norteamericanas. A Cuba se le otorgaría la independencia, eso era seguro. Pero, ¿qué pasaría con Guam, Puerto Rico y las Filipinas? McKinley no sabía qué hacer con Filipinas, en particular. Le dijo a una delegación de metodistas que había decidido en oración que su deber era «tomarlos y educar a los filipinos para elevarlos, civilizarlos y cristianizarlos».[42] Después de haber estado bajo el dominio de los españoles durante tres siglos, los filipinos eran, en su mayoría, cristianos.[43] Y pronto los norteamericanos tendrían allí sus propios insurrectos. La decisión de McKinley fue muy criticada, por su dejo de imperialismo y ansias de poder. La verdad es que las Filipinas, sin que nadie se ocupara de ellas, habrían caído en poder de los alemanes o los japoneses en 1898. Bajo dominio norteamericano al menos tenían la promesa de la independencia. McKinley también aprovechó la ocasión para anexarse las islas de Hawai.

«Japón les ha echado el ojo», le dijo a un ayudante.[44] El senador Lodge y el capitán Mahan, entre otros, habían convencido al Presidente de que en el mundo moderno de las grandes flotas de acorazados, Hawai sería necesaria para la defensa de California.

II. La política ruda

El coronel Roosevelt y los llaneros rudos llegaron a Montauk, al este de Long Island, para su «baja». Después de un breve y glorioso desfile de rigor, se declaró que quedaban libres del servicio militar activo, con honores. Y el presidente McKinley viajó hasta allí para saludar a los héroes en su regreso a casa. TR bajó de su caballo y le costó quitarse el guante para poder darle la mano al comandante en jefe. Finalmente, como no podía quitárselo, intentó hacerlo con los dientes y se lo arrancó de un tirón. Esos dientes, los anteojos y el sombrero torcido, eran una leyenda en sí mismos y el deleite de los caricaturistas. Aunque detestaba el sobrenombre, Roosevelt era «Teddy» para sus compatriotas.[45] Los llaneros rudos le regalaron una escultura de Frederic Remington, el Bronco Buster, y lloraron al despedirse de él.[46]

El momento del retorno de TR no podría haber sido más indicado en términos políticos. El senador Thomas Platt era conocido como Jefe Suave, en Nueva York por su forma de hablar con suavidad. Sabía que los republicanos de Nueva York perderían si volvían a nominar a su gobernador, Frank Black, un hombre conocido por el escándalo de no poder explicar de qué modo se habían «traspapelado» un millón de dólares destinados a la reparación del canal Erie.[47] A Platt le parecía terrible tener que dejar de lado a un leal republicano, pero más terrible le parecía la derrota. Con todo respeto Theodore fue al cuartel general de Platt, en el hotel de la Quinta Avenida de Manhattan. Allí, Platt se reunían con muchos otros, en un grupo conocido como el Rincón Amén. Al ir allí, Teddy estaba mostrando que podía cooperar. Platt insistió en que Teddy rechazara el pedido de los entusiastas reformadores, de que se presentara como candidato a gobernador como independiente. A cambio, el senador lograría que los republicanos nombraran como su candidato al Llanero Rudo.

Teddy olió la victoria, por lo que aceptó.[48] Ese otoño, la campaña fue como un remolino. Teddy aparecía en el último vagón de su tren, el Roosevelt Special. Saludaba a la gente, con su sombrero de soldado y se rodeaba de llaneros rudos que anunciaban sus discursos al son de un clarín. Uno de sus sargentos, el sureño Buck Taylor, le dijo a la multitud con alegría en una ocasión: «Ha cumplido todas las promesas que nos hizo, y lo mismo hará con las que les haga a ustedes... Nos llevó a la cima de la colina de San Juan, como si fuéramos ovejas rumbo al matadero, y ¡lo mismo hará con ustedes!»[49]

No era un respaldo confiable, pero Teddy ganó igual las elecciones a gobernador, aunque fue una victoria ajustada. La corrupción de los republicanos del estado no se había olvidado y TR ganó por menos de 18,000 votos, en un total de 1,300,000.[50] Aun así, había ganado y con eso, mantenía a Nueva York en manos de los republicanos. Eso era vital. El presidente McKinley sintió alivio seguramente al felicitar al «coronel». Necesitaría los votos de Nueva York para su reelección en 1900.

La idea de una reelección del presidente a mitad de su mandato no parecía muy promisoria. Resultaba difícil la formación de un imperio porque los insurrectos filipinos parecían rechazar el dominio norteamericano, tal como habían rechazado el español. Los soldados estadounidenses morían en la lucha por aplacar a las fuerzas nacionalistas de Emilio Aguinaldo. La pequeña guerrita había demostrado que el ejército norteamericano no estaba bien preparado y las críticas llovían sobre el inepto secretario de guerra de McKinley, Russell Alger. Cuando TR tuvo que ir personalmente a ver a Alger para que firmara una requisición de armas, uno de los ayudantes del secretario suspiró y dijo: «¡Oh, cielos! Esta oficina funcionaba tan bien... ¡y luego llegó la guerra y lo puso todo patas arriba!»[51]

Para la administración McKinley fue difícil lograr que el Senado aprobara el Tratado de París al término de la corta guerra. McKinley se había cuidado de enviar a París una delegación mixta, de demócratas y republicanos, para la negociación de la paz. Pero quedaba claro que si se hubiera votado por separado la adquisición de las Filipinas y la conclusión de la guerra, ese primer emprendimiento habría fracasado. El senador Henry Cabot Lodge le escribió a TR: «Fue la lucha más dura que haya vivido jamás».[52]

En una de las votaciones más críticas la administración necesitó el voto del vicepresidente Garrett A. Hobart para el desempate. Sería uno de los últimos actos oficiales del vicepresidente, que murió en noviembre de 1899, quedando así vacante uno de los puestos más críticos e importantes.[*]

La pelea por el tratado de paz se habría perdido, si no hubiera sido por el apoyo de William Jennings Bryan. Bryan había sido candidato presidencial por los demócratas en 1896. Ahora, gracias al respaldo de Bryan, diez demócratas del Senado votaron, ratificando el tratado de paz.[53] El senador republicano por Massachusetts, George Hoar, intentó culpar a Bryan por la aprobación del tratado, y le escribió a George Boutwell, también de Massachusetts y presidente de la Liga Antiimperialista, para quejarse de que Bryan era «el hombre más culpable de los Estados Unidos en todo este asunto de las Filipinas».[54] El hecho de que dos firmes republicanos como Boutwell y Hoar se expresaran en términos tan firmes contra el imperialismo muestra que los dos partidos principales se veían divididos ante el nuevo rol de los Estados Unidos en el mundo.

Es fácil ahora burlarse de las pretensiones de los imperialistas. El poeta inglés Rudyard Kipling nos urgía a «tomar la carga del hombre blanco». Y la gente que no contaba con información hablaba de «civilizar a los filipinos». Hoy esas ideas suenan absurdas. Pero la intervención de los Estados Unidos marcó una gran diferencia en las vidas de los cubanos, en un aspecto importante. La temible fiebre amarilla había cobrado miles de vidas allí. Todos sufrieron: los cubanos, las tropas estadounidenses y las tropas españolas. Cuando el médico del ejército norteamericano Walter Reed investigó las causas, aprendió de lo que había avanzado el médico cubano Carlos Finlay. La investigación del doctor Finlay demostraba que los mosquitos eran los vectores de la enfermedad. Reed le aconsejó al general Leonard

---

[*] El vicepresidente vota solo cuando hay un empate en el Senado. Antes de la vigesimoquinta enmienda, si el presidente moría o renunciaba, la segunda posición ejecutiva quedaba vacante.

Wood, ex oficial comandante de TR, que había que atacar al vector. El general Wood aceptó el desafío y le declaró «la guerra» al insecto. Para 1901, la Habana estaba libre de esa fatal enfermedad.[55]

En el caso de las Filipinas, el dominio norteamericano fue breve. Los cuatro siglos de gobierno colonial español no habían equipado a los filipinos para que se autogobernaran. A la luz de los sucesos en el Pacífico y en especial de los tres largos y brutales años de la ocupación japonesa durante la Segunda Guerra Mundial, vemos que el rol de los Estados Unidos al proteger y guiar a los filipinos formó las bases de una amistad perdurable entre ambos países.

En otros aspectos, el creciente y flamante prestigio de los Estados Unidos también beneficiaba a otros. McKinley había convocado a John Hay para que regresara de Gran Bretaña con el objeto de ser secretario de estado. Hay examinó los disturbios en China y vio que los poderes imperiales de Europa —y de Japón— estaban ansiosos por sacar provecho del antiguo Imperio Celestial. En 1899, Hay hizo circular una carta entre las potencias, llamándolas a impedir que empeorara la desintegración del país, y para que trataran a todos los socios comerciales de China por igual. Eso se conoció como «Política de puertas abiertas», y con justicia, significó la fama de Hay.

Los generosos sentimientos de Hay fueron malinterpretados por un reducido grupo de chinos. Surgieron los «Puños de la justicia», que incluían a jóvenes estudiantes de las artes marciales que querían echar por completo a «los demonios extranjeros». Los europeos los conocían como boxeadores y su sangrienta acción de 1900 se conoce como «La rebelión de los boxeadores». Miles de misioneros cristianos y chinos convertidos al cristianismo fueron asesinados cuando los boxeadores sitiaron los puestos extranjeros en Pekín. Cuando una fuerza internacional finalmente rescató a los diplomáticos y los demás occidentales, no hubo piedad al sofocar la rebelión de los boxeadores. En todo el mundo, los lectores de la prensa amarilla se horrorizaban al ver las fotografías de las pirámides en China, que no eran de piedra sino construidas con las cabezas de los boxeadores decapitados. El mundo también se estremeció cuando el káiser Wilhelm II ordenó a sus tropas —parte de la fuerza multinacional— que reprimiera a los boxeadores con la misma ferocidad de los antiguos hunos. Los soldados alemanes no iban a desoír esas órdenes.

Ante la elección de 1900 los republicanos buscaban dirigir la atención del público a la prosperidad del primer periodo de McKinley. Para llenar la vacante de la vicepresidencia, nombraron al gobernador Theodore Roosevelt. Tom Platt, Jefe Suave, pronto se había cansado de Theodore y esperaba librarse de él, «pateándolo hacia arriba».

Los demócratas volvieron a elegir a William Jennings Bryan. Esta vez Bryan volvió a cambiar de lado e hizo campaña contra el imperialismo. Charles Francis Adams hijo, otro miembro de la famosa familia Adams, no apreciaba a McKinley, pero Bryan le gustaba todavía menos: «En cierto sentido es un hombre formidable, porque va armado con la mandíbula de un burro, y habla mucho sin decir nada, menos que cualquier otro hombre en toda la cristiandad».[56]

Bryan volvió a lanzar su típica campaña de «sonido de silbato», recorriendo el país en ferrocarril.

Esta vez los republicanos enviaron a TR para combatir al hombre que todos conocían como el Gran Común. El atractivo de Teddy fue demasiado para quienes seguían a Bryan. Teddy hacía campaña con su sombrero de Llanero Rudo, y las multitudes lo vitoreaban. El tema de la plata libre propuesto por Bryan atrajo menos atención esta vez, porque se había descubierto oro en el Yukón y en África del sur. Tales hallazgos habían creado mucha más riqueza de la que podían haber esperado los que abogaban por la plata. Cuando se hizo el recuento de votos, los republicanos habían ganado por mucho. McKinley mejoró esta vez, en 1896, con 7,2 millones de votos (292 votos electorales) en tanto Bryan obtuvo 6,3 millones de votos (155 electorales).

En el discurso de asunción del 4 de marzo de 1901, el jefe Platt de Nueva York dijo que había ido a ver a «Theodore, pronunciando sus votos».[57] Sin embargo, TR no estará ingresando a ningún convento porque seis meses más tarde el amable presidente visitó la Exposición Panamericana de Buffalo, Nueva York, y mientras saludaba a sus simpatizantes, extendió su mano hacia un joven que tenía la mano vendada. Leon Czolgosz, un anarquista, quien disparó dos veces y le dio al presidente en el pecho y el abdomen.* «No sean duros con él», dijo el mandatario herido a los agentes del Servicio Secreto que golpeaban con sus puños al asesino. Durante un tiempo el presidente pareció mejorar. Los informes médicos eran tan alentadores que el vigoroso vicepresidente pensó que podía tomarse un tiempo para descansar y partió para escalar el pico más alto de Nueva York, el Monte Marcy. Esta montaña

---

* Czolgosz fue enjuiciado enseguida, y se le sentenció a morir en la nueva silla eléctrica del Estado de Nueva York. Fue ejecutado el 20 de octubre de 1901, a solo cinco semanas de la muerte del presidente. La silla eléctrica fue uno de los inventos menos gratos de Thomas Edison.

está cerca del lago Tear of the Clouds [Lágrimas del cielo], en el condado de Essex, cerca de la frontera con Vermont. De repente, TR vio que al pie de la montaña un mensajero se acercaba corriendo, con un telegrama amarillo en la mano. Enseguida supo de qué se trataba.[58] Subió de inmediato a un carro que le llevaría a la estación del tren. Y con un tren especial, viajó a toda velocidad, recorriendo los casi seiscientos cuarenta kilómetros hacia Buffalo, al oeste, donde los acaudalados amigos de Roosevelt tenían su mansión. Allí, en la residencia de los Wilcox, Theodore Roosevelt prestó juramento como presidente. Faltaban pocas semanas para que cumpliera cuarenta y tres años y fue el hombre más joven que haya jurado como presidente.

El senador Mark Hanna iba en el tren fúnebre presidencial, y con tristeza reflexionó mientras conversaba con su querido amigo: «Le dije a William McKinley que era un error nominar a un salvaje [en la convención nacional republicana de Filadelfia, el verano anterior]. Le pregunté si se daba cuenta de lo que podría pasar si moría. Y mira ahora, ¡este maldito vaquero es Presidente de los Estados Unidos!»[59]

III. Theodore Roosvelt en la Casa Blanca

Estamos tan acostumbrados a identificar la presidencia con la Casa Blanca que cuesta creer que el título oficial de la residencia presidencial durante más de un siglo, fue Mansión Ejecutiva. Aunque con TR, eso no duraría. Por proclamación, rebautizó el edificio, llamándole Casa blanca. Fue solo uno de los remolinos de cambio que trajo consigo Roosevelt. Es cierto que presidió la nación en un momento de profundo y sincero dolor por la muerte del asesinado McKinley. Pero no permitió que tal tragedia le debilitara:

Es horrible llegar a la presidencia de este modo. Pero peor sería ser mórbidos. Aquí está la tarea y tengo que cumplirla al máximo de mi capacidad. Eso es todo lo que tenemos aquí.[60]

Poco después de mudarse a la Casa Blanca, el presidente se enteró de que Booker T. Washington estaba en la capital. El doctor Washington era presidente del Instituto Tuskegee, la casa de estudios para negros más importante de Estados Unidos. Sin dudarlo, TR invitó a cenar al distinguido educador. A Teddy le gustaba hacer alarde de sus ancestros sureños. Su madre era de Georgia y sus dos tíos habían servido en el *CSS Alabama*. Sin embargo, le sorprendió la ola de protestas en el sur, causada porque su primera cena en la Casa Blanca había sido para agasajar a un hombre negro.[*] Los periódicos sureños dijeron que el Presidente había cometido «un acto descabellado y deleznable». Y peor todavía fue la reacción de un senador demócrata de Carolina del Sur. «Tridente Ben» Tillman dijo: «La acción del presidente Roosevelt al agasajar a ese negro, hará que sea necesario que matemos a mil negros en el sur antes de que aprendan de nuevo cuál es su lugar».[61] Tillman no exageraba, cada año, cientos de negros sureños morían linchados por las turbas y, para vergüenza del Senado, hay que decir que ¡no expulsaron a Tillman en ese mismo instante!

Lo que hizo que la reacción fuera todavía más asombrosa, fue que el doctor Washington se había esforzado siempre por evitar la provocación a los blancos demócratas que dominaban el sur, donde ese partido era el principal. Abogaba por la reconciliación, y aceptaba la carga de la segregación. La Suprema Corte de los Estados Unidos incluso había aprobado la segregación racial en su dictamen del caso *Plessy contra Ferguson*, de 1896. Ante esa realidad, Booker T. Washington mansamente abogaba por la autoayuda entre los negros. Su autobiografía era un éxito de ventas: *Up from slavery* [En pie desde la esclavitud] y urgía a los norteamericanos negros a mejorar sus vidas por medio de la educación y la capacitación antes que exigir la igualdad social y el derecho constitucional al voto.

Esa posición tan «moderada» hizo que los jóvenes intelectuales negros como W.E.B. DuBois criticaran a Booker T. Washington:

En la medida en que el señor Washington disculpa la injusticia, en el norte o en el sur, no está valorando justamente el privilegio y el deber de votar, y disminuye los denigrantes efectos de la distinción de castas, oponiéndose a la capacitación y ambición superior de nuestras más brillantes mentes, tanto como él, el sur o la nación, lo hacen. Debemos oponernos, incesante y firmemente a ello. Mediante todo método civilizado y pacífico hemos de luchar por los derechos que el mundo concede a los hombres, aferrándonos inclaudicablemente a esas grandes palabras que los hijos de los Fundadores preferirían olvidar: «Sostenemos que estas verdades son evidentes en sí mismas: que todos los hombres son

---

[*] El presidente Lincoln, en un suceso famoso, había invitado a Frederick Douglass para conversar personalmente con él en la Casa Blanca, y para que asistiera a la recepción después de su segunda asunción. Pero esta era la primera invitación a cenar que se le hacía a un hombre negro. Es irónico que hasta el camarero principal de la Casa Blanca, que era negro, pareciera desaprobar tal decisión.

creados iguales, y que su Creador les ha otorgado derechos inalienables, que incluyen la vida, la libertad y la búsqueda de la felicidad».

Destacando la «continuidad del gobierno», TR les pidió a varios de los miembros del gabinete de McKinley que siguieran en sus puestos. En particular, quería que se quedara el secretario de estado John Hay. El padre de TR había conocido a Hay en la Casa Blanca cuando Lincoln. Cuando a Theodore padre se le había ocurrido el sistema de las asignaciones para los soldados de la Unión, Hay lo convenció de que fuera a ver al presidente Lincoln, que al instante aprobó la idea.* Ahora el joven delgado de la Casa Blanca de Lincoln era un estadista mayor, sabio, ingenioso, con buen porte. TR acudió a él, como buen amigo de su familia. Quería que John Hay utilizara sus excelentes contactos con los ingleses para negociar un mejor tratado con Norteamérica para la construcción de un canal en América Central. Hay tuvo un éxito rotundo. Bajo los términos del Tratado Hay-Pauncefote de 1901, los Estados Unidos ahora tenían salvoconducto para negociar, construir y fortificar un canal que cruzara el istmo.[62] (Hay se negaba a prestar atención a lo que él llamaba norteamericanos con guión, en casi franca referencia a los norteamericanos alemanes e irlandeses que eran anti-británicos).[63] Y TR tenía toda intención de usar ese salvoconducto para construir un canal estadounidense que conectara al océano Atlántico con el Pacífico.

La presidencia de TR pasó por otra gran prueba en 1902, cuando el Sindicato Unido de Mineros convocó a una huelga nacional contra los propietarios del carbón de antracita. Toda la nación dependía del carbón, ya que los hogares, las fábricas y los edificios públicos lo utilizaban para la calefacción. Los ferrocarriles y los barcos a vapor también necesitaban carbón. Sin ese combustible, la nación quedaba casi paralizada.

TR convocó a los propietarios de las minas a la Casa Blanca, para que se reunieran con John Mitchell y otros líderes sindicalistas. «¿Nos está pidiendo que nos reunamos con un grupo de infractores de la ley?», preguntó John Markle, uno de los propietarios.[64] Furioso, Teddy dijo acerca de la arrogancia de Markle: «Si no hubiera

---

* Con anterioridad a la adopción de la idea de asignaciones propuesta por Roosevelt, miles de familias del norte quedaron en la miseria. Los jóvenes gastaban su magra paga como soldados, para comprar comida, whisky o para apostar y salir con prostitutas. El sistema de Roosevelt, que sigue utilizándose hoy, permitía que esos hombres enviaran asignaciones en efectivo a sus familias necesitadas, aun antes de que se les pagara el dinero.

sido por el puesto que ocupo, ¡lo habría levantado de su asiento tomándole por los pantalones y el cuello del saco, para echarlo por la ventana!»[65]

La actitud de los propietarios se refleja en una carta privada, escrita por George Baer, que se filtró al poco tiempo: «Se protegerán los derechos e intereses del obrero, y no lo harán los agitadores del sindicato sino los hombres cristianos a quienes Dios en su infinita sabiduría, ha dado el control de los intereses de la propiedad del país».[66] Esta petulante idea de lo que quería el Todopoderoso, hizo que los propietarios quedaran como el hazmerreír del pueblo.

Los mineros hacían huelga debido a las deplorables condiciones de trabajo. Irving Stone escribió en su biografía de Clarence Darrow, abogado radical: «Seis hombres de cada mil (mineros) mueren cada año. Centenares quedan inválidos a causa de explosiones y derrumbes. Pocos son los que escapan al asma, la bronquitis, el reuma crónico, el agotamiento y los problemas cardíacos. A los cincuenta años los mineros están agotados, enfermos y no sirven para nada más que para formar una pila de cadáveres vivos».[67]

Uno de los más temibles accidentes a los que se arriesgaban los mineros, ocurría cuando el cordón de una bota o la manga de una camisa se enredaban en los engranajes de la máquina que molía el carbón. El minero era arrastrado y tragado por la máquina, por lo que moría aplastado en terrible agonía. El representante de los propietarios, George Baer, negaba que los mineros sufrieran: «¡Si ni siquiera saben hablar inglés!»[68] Es posible que Teddy se identificara con el presidente del sindicato de mineros John Mitchell, porque recordaba esos momentos de asfixia causada por el asma en su niñez.

TR hizo sonar su sable (algo que hacía con gusto). Hizo saber que estaba pensando en intervenir las minas para que las administrara y operara el ejército.

Preocupados porque pudiera hacer algo así, los propietarios acordaron enseguida formar un panel de arbitrio. TR nombró entonces al obispo católico John Spalding como autoridad en ese panel. Los mineros eran casi todos católicos y confiaban en su obispo. Además Teddy convocó al ex presidente Grover Cleveland, demócrata y dispuesto a participar. Los mineros y los propietarios pronto llegaron a un acuerdo y la nación se salvó de caer en la parálisis. Fue la primera vez que un presidente actuaba de ese modo, y en verdad, fue un éxito de Roosevelt.

Sabiendo que el sur había reaccionado con ferocidad por su invitación al doctor Washington, TR decidió visitar el lugar donde había nacido su madre, en un viaje de cacería. Quería en realidad reparar las diferencias políticas y como había recibido varias amenazas de muerte, además de que estaba todavía fresco en su memoria el asesinato de McKinley, el Servicio Secreto observó con preocupación al mandatario neoyorquino que se dirigía al sur «cargado con armas como para matar a un oso».[*] El viaje fue un rotundo fracaso porque TR no logró cazar nada. Finalmente, sus anfitriones acorralaron a un osito negro, lo hirieron y llamaron al presidente para que le disparara. Pero el deportista Teddy se negó rotundamente. Ya había cazado osos pardos, pero no iba a aprovecharse de una cría en desventaja, asustada y atrapada. El caricaturista Clifford Berry, del *Washington Post*, de inmediato publicó un dibujo titulado «Cómo trazar la línea en Mississippi». El título tenía por intención comentar la «línea demarcadora» entre las razas del sur. Pero el país no entendió la analogía y todos simpatizaron con Teddy por su nobleza al negarse a matar al pobre osito. Poco después, todos hablaban de la famosa historia del «Osito de Teddy». Esa Navidad, la elegante tienda F.A.O. Schwarz de Nueva York, puso a la venta un elegante oso fabricado por la compañía Steiff, de Alemania. En Brooklyn, menos ostentoso, Morris Michtom ofrecía el osito de peluche por solo un dólar y cincuenta centavos.[69] Al instante se inició una moda que se extendió por todo el planeta y que cien años más tarde no parece haber perdido vigencia: los ositos Teddy son los favoritos entre los niños del mundo entero.

Cuando TR volcó su atención a los poderosos fideicomisos ferroviarios, decidió ir tras la Northern Securities Company. El banquero J. Pierpont Morgan había unido las acciones principales de los ferrocarriles Northern Pacific, Union Pacific y Burlington. La junta estaba compuesta por titanes de la industria, como el mismo Morgan, James J. Hill y E.H. Harriman. A Morgan se le conocía como Júpiter en Wall Street: «El hombre más valiente se vuelve tímido ante su penetrante mirada», decían de él.[70] Wall Street se asombró cuando TR dio instrucciones a su fiscal general Philander Knox, para que presentara una demanda en el tribunal federal contra la Northern Securities Company. TR dijo que estaban violando la ley antifideicomiso de Sherman, de 1890. Pero, ¿era así? Los magnates estaban acostumbrados a que el gobierno utilizara esa ley en contra de los sindicatos. ¿Cómo se atrevía el Presidente a blandir ese garrote en contra de los *empresarios*?

---

[*] Después del asesinato del presidente William McKinley, en 1901 (tercer presidente asesinado en solo treinta y cinco años), el Congreso votó que el Servicio Secreto destinara agentes para la protección del mandatario y su familia. El clan Roosevelt era movedizo y viajero, y los agentes del Servicio Secreto tenían una tarea trabajosa.

Júpiter, con su cigarro en la mano y exhalando volutas de humo como un volcán, llegó a la Casa Blanca para poner al nuevo Presidente en su lugar. «Si hemos hecho algo mal, solo envié a su hombre [el fiscal Knox] para que se reúna con el mío y arreglen las cosas entre ellos».[71] Claro que TR no tomaba el asunto como un simple arreglo comercial, como si se tratara de la compra de un yate privado o del canje de caballos purasangre. Se maravilló ante la forma en que lo trataba este barón de Wall Street y literalmente le bajó los humos con su respuesta: «Eso no se puede».

Cuando la administración Roosevelt finalmente ganó el caso ante la Corte Suprema en 1904, TR estaba fascinado. La Corte dictaminó que la Northern Securities Company sí había violado la ley Sherman y ordenó que se disolviera el gigante fideicomiso.

Roosevelt se había ganado la reputación de «rompeconfianza». La única parte negativa en la decisión de la Corte fue que el hombre nominado por TR, el juez Oliver Wendell Holmes, había votado con la minoría. TR estaba furioso con Holmes y no sería el último presidente en sentir desilusión ante su nominado en la Corte Suprema, aunque pocos expresaron su desagrado de manera más creativa: «Con una simple *banana* podría yo formar un juez más duro y firme que este».[72]

Las acciones de TR como mandatario le hicieron tremendamente popular entre los norteamericanos, aunque no tanto con los líderes de su partido y sus amigos en Wall Street. Pero Teddy parecía formar parte de las fuerzas de la naturaleza. Predicaba que había que vivir en actividad, y daba el ejemplo. Le encantaba llevar de paseo por el parque Rock Creek de Washington a los diplomáticos extranjeros, los oficiales militares y los funcionarios civiles. Durante esos paseos, mantenían charlas y Teddy los llevaba «por encima, por debajo y por el medio» de rocas, barrosos arrojos y senderos. «¡No rodearemos los obstáculos!», sería el lema del estilo Roosevelt. El ministro británico comentó sobre el inacabable entusiasmo del Presidente: «Hay que recordar que en verdad, Theodore es un niño de seis años». Aunque no muchos niños de seis años leen *Anna Karenina* antes de dormir al aire libre, con la montura como almohada bajo el estrellado cielo de Dakota, ni van en persecución de delincuentes. Tampoco hay muchos niños de seis años que conozcan las sagas de Islandia. TR fue el presidente más académico y culto, con todas las letras, desde Thomas Jefferson. (A pesar de ello, TR criticaba francamente al Sabio de Monticello porque había dejado caer a la marina.) Aun así, el ministro británico había captado el entusiasmo, vivacidad y *amor* a la aventura de este exuberante TR.

La familia Roosevelt se hizo notar durante los años de TR en la Casa Blanca. Theodore hijo, Archie, Kermit y Quentin siempre se metían en líos. Una vez, Archie y Kermit llevaron a su pony Algonquin al piso superior en el ascensor de la Casa Blanca. Querían alegrar a su hermanito Quentin que estaba enfermo. En otra ocasión, soltaron una enorme serpiente monarca de más de un metro de largo, en una reunión de gabinete. El país miraba asombrado a los Roosevelt, que enviaban a sus niños a las escuelas públicas de Washington, D. C. Allí los hijos del Presidente se sentaban junto a los hijos de los lecheros, las modistas y los carteros. Las escuelas públicas de la capital estaban segregadas, hecho que TR deploró en uno de sus mensajes al Congreso:

> Está fuera de cuestión que nuestro pueblo pueda levantarse si para ello tiene que pisotear a buena parte de los suyos. La escuela pública y gratuita, oportunidad para que todo niño o niña reciba una buena educación primaria, está en los cimientos de toda nuestra situación política... Es igual de cierto, para el negro tanto como para el blanco.[73]

La hija de TR, de su primera esposa, era conocida por todos como la Princesa Alice. Obstinada y consentida, abandonó la escuela y comenzó a fumar. Cuando sus amigos le pidieron que la reprendiera, Theodore respondió exasperado: «O gobierno el país o gobierno a Alice. No puedo hacer las dos cosas». La Primera Dama Edith Kermit Carow Roosevelt presidía con inteligencia, gracia y paciencia. Una amiga le dijo una vez a la señora Roosevelt que le sorprendía ver los colmillos, cabezas y cueros que TR exhibía en Sagamore Hill, la casa de la familia, ubicada en la bahía Oyster, en Nueva York. La señora Roosevelt entonces le mostró a su amiga el único animal embalsamado que ella había permitido en el salón comedor. Estaba detrás de la silla de la señora de la casa, donde jamás tendría que verlo. La señora Roosevelt se ocupaba de que la Casa Blanca fuera un centro de cultura. En esa época en que no había teatros en Washington D.C., más que los de variedades, era un logro importante.

IV. TR y el acuerdo

En 1901, pocos líderes norteamericanos podrían afirmar que conocían Cómo vive la otra mitad. Era ese el título de un libro de fotos y textos, publicado en 1890 por el amigo de los Roosevelt, Jacob Riis. Era un catálogo de las terribles y deplorables condiciones en que vivían cientos de miles de personas en los barrios pobres. Las más conmovedoras eran las imágenes que Riis había obtenido, de pequeños sin techo. Theodore Roosevelt, casi único entre los republicanos, lo sabía. Había investigado sobre las condiciones de los barrios pobres cuando era comisionado de la policía, en sus recorridas de Brooklyn junto a Riis. Su padre había fundado la Sociedad de Ayuda al Niño. Roosevelt padre había pasado muchos domingos por la noche, durante muchos años, leyéndoles cuentos a los niños repartidores de periódicos. Se aseguraba así de que tuvieran al menos una comida caliente ese día.

Lo que TR ya sabía, lo conocería el país, con la serie que comenzó a publicar entonces la revista McClure: «Vergüenza de las ciudades». El escritor Lincoln Steffens apelaba por una reforma de la corrupción municipal, que principalmente se observaba en los cimientos podridos de las casas en los barrios bajos. TR decía que los escritores progresistas que constantemente buscaban historias de bajezas y necesidades eran «buscamugre», y advertía contra la obsesiva atención sobre lo que estaba mal en la sociedad. Aun así, también fue pionero en las reformas necesarias.

Teddy había nacido en el seno de una familia rica, que había ganado millones en la industria inmobiliaria y con la fabricación del vidrio. Podía participar de las «cacerías de zorro» que organizaba la élite social de Long Island, pero luego cabalgaba de regreso los casi veinte kilómetros que le separaban de la bahía Oyster porque no quería pasar la noche «en la intolerable compañía» de los cuatrocientos.* Criticaba a los ricos vanidosos, a quienes acusaba de vivir «vidas de innoble comodidad».[74]

---

* Nombre abreviado de los nombres más importantes, que figuraban en el registro social, una lista de los más ricos y mejor conectados neoyorquinos de la época de TR.

El Llanero Rudo Theodore Roosevelt.
*Como secretario adjunto de la Marina,
Theodore Roosevelt preparó a la flota para
la guerra con España y luego, se presentó
como voluntario para pelear en Cuba.
Formó un regimiento con sus amigos, un
grupo heterogéneo, que incluía a atletas de
las mejores universidades, a muchachos de
la alta sociedad y a rudos vaqueros, de los
que se había hecho amigo en el territorio
de Dakota. «La hora multitudinaria» de
TR en la colina de San Juan le confirió su
reputación, y fue la plataforma para su
carrera en la política nacional.*

Jane Addams. *«Bella con virtud».
La señorita Addams dedicó su vida a
servir a los pobres en la Casa Hull, en
los barrios bajos de Chicago. Una vez,
cuando los bomberos le pidieron que los
autorizara para matar los caballos que
habían sufrido graves quemaduras en un
incendio, Jane Addams les dio permiso
y cabalgó con ellos hacia los establos.
No tenía autoridad legal para dar esa
orden, pero sí la autoridad moral que le
confería el respeto de su comunidad. Su
gran prestigio representó un importante
apoyo para la candidatura de Theodore
Roosevelt a la Casa Blanca en 1912, pero
luego rompió con TR, en desacuerdo
cuando los Estados Unidos entraron en la
Primera Guerra Mundial.*

El presidente TR. *El más joven de todos los mandatarios. Dominó el panorama político; decía que la Casa Blanca era su púlpito de bravucón. Eliminó los fideicomisos que dominaban el país, y al mismo tiempo advertía a la prensa amarilla contra la búsqueda obsesiva de todo lo malo en la sociedad. «Hizo volar el polvo» en Panamá, blandiendo el bastón de la diplomacia y ganó el Premio Nobel de la Paz por lograr el fin de la guerra entre Rusia y Japón. Las travesuras de los numerosos hijos de Roosevelt mantenían entretenidos a los lectores de los periódicos. Con el retorno de su Gran Flota Blanca, de su gira mundial en 1909, TR entregó voluntariamente las llaves de la Casa Blanca a su amigo William Howard Taft. Fue una movida que él, Taft y el país entero lamentarían poco después.*

Taft y Wilson en la ceremonia de asunción de 1913. *«Vote por Roosevelt, ore por Taft pero apueste a Wilson». Sabio consejo del joven profesor de Harvard Samuel Eliot Morison. La amarga ruptura entre TR y Taft, antes amigos íntimos, dividió a la mayoría republicana y garantizó la elección del gobernador demócrata de Nueva Jersey, Woodrow Wilson. El primer mandato de Wilson se caracterizó por las medidas progresistas que promulgó el Congreso, y contó con la aprobación de muchos reformadores. En política exterior Wilson se vio frustrado en México. Trabajó incansablemente, aunque sin éxito por mantener a los Estados Unidos fuera de la Gran Guerra en Europa.*

TR arremetió sin miedo contra los todopoderosos ferrocarriles. Con la ley Elkins (1903), se prohibieron las rebajas a clientes favorecidos. Fue la misma táctica que John D. Rockefeller de Standard Oil había explotado con tanta eficiencia. Rockefeller exigía y recibía grandes rebajas por parte de los ferrocarriles debido al enorme volumen de negocios que les brindaba. Esa ventaja comparativa por sobre otros productores de petróleo que eran independientes, ayudó a Rockefeller a llevarlos a la bancarrota. Rockefeller era excelente en el arte de «competir hasta degollar». Cuando el Congreso protestó contra la reforma, TR dio a conocer que Rockefeller usaba su gran riqueza para «influir» en los senadores dudosos. El Congreso no tuvo más opción que la de votar por la reforma propuesta por el mandatario.[75]

Fue también en esa época que Upton Sinclair, otro periodista obsesionado con los aspectos negativos, publicó *The Jungle* [La selva]. Esperaba con ello que los norteamericanos se volcaran al marxismo. Pero no lo logró. Aunque sí hizo que los lectores exigieran reformas en la industria del envasado de carnes, algo que Sinclair exponía a la luz en su libro. Allí, hablaba de las ratas, la suciedad, el ganado vacuno enfermo y los cerdos, que entraban en el proceso de enlatado. Incluso describía a los obreros que caían en las bateas abiertas: «A veces, sin que nadie se diera cuenta hasta que solo quedaban sus huesos porque todo lo demás había entrado ya al mundo de la "Pura Grasa" de Durham».[76]

El humorista Finley Peter Dunne creó un personaje irlandés, Míster Dooley, que hacía comentarios sobre el éxito de la novela de Sinclair: «Es un lindo libro «sintimintal», para leer en Cuaresma».[77] Y todos reían a carcajadas ante la descripción que hacía Míster Dooley de los desayunos del Presidente: «Allí estaba "Tiddy", leyendo el libro y ¡ay!, de repente salta y tira por la ventana las salchichas, gritando: "¡Veneno, veneno!"»

Como resultado de toda esa agitación, se promulgó la ley de pureza en alimentos y drogas, que Teddy firmó con gusto. Ahora era claro que se apartaba de la filosofía del senador Mark Hanna, que les decía a sus compatriotas de Ohio que lo único que podían hacer era «soportar» lo que dictara el GOP.[78] El Llanero Rudo Theodore, vaquero y audaz cazador, no iba a soportar lo que le pareciera moralmente malo.

Los del partido republicano esperaban que alguien los rescatara de ese presidente vaquero. En referencia a su asunción debida a un asesinado, lo llamaban *Su Accidencia*, y le rogaban al senador Mark Hanna que se presentara como candidato contra TR, para la nominación republicana de 1904. Aunque el senador Hanna se mostró dispuesto a hacerlo, su muerte dejó a los republicanos sin caballo de batalla.

Esperando atraer el apoyo de los líderes empresarios desafectados en 1904, los demócratas le dieron la espalda a Bryan y su radicalismo, y nominaron como candidato al abogado de Wall Street, Alton B. Parker. Sin encuestas de opinión, TR no podría estar seguro del apoyo del pueblo norteamericano. Le preocupaba que los demócratas lo vencieran por medio de algún ingenioso juego político. «Tratan de ganar Nueva York haciendo campaña en Cleveland y dejando afuera a Bryan, e intentan ganar en Indiana haciendo campaña por Bryan y dejando afuera a Cleveland...»[79] Por su parte, Teddy mantenía un rumbo estable, sin los extremos de ambos partidos. Explicó su punto de vista: «Mis acciones en cuanto a los obreros siempre serán coherentes con mis acciones con respecto al capital y ambas pueden reducirse a mi fórmula favorita: un acuerdo justo en el que todos se beneficien».[80]

Los estadounidenses obviamente apoyaban el acuerdo justo. Así que devolvieron a TR a la Casa Blanca, con su voto mayoritario. Roosevelt obtuvo 7,623,486 votos populares (56,4%) y 336 electorales, contra los 5,077,911 populares (37,6%) y solo 140 electorales de Parker. Este solo ganó en los estados de la vieja Confederación, además de en Kentucky y Maryland. En esa carrera, fue importante el voto obtenido por Eugene V. Debs, candidato socialista, que obtuvo 402,283 votos populares (3%).

Theodore Roosevelt acababa de cumplir cuarenta y seis años cuando ganó la presidencia por abrumadora mayoría y por derecho propio. Tenía motivos para sentir que eso reivindicaba su liderazgo. Y luego, en la cima de su poder, cometió un grave error: anunció que «bajo ninguna circunstancia» sería candidato a la reelección en 1908. Fue una decisión que él y millones de compatriotas lamentarían con amargura.

Una de las pasiones de TR, y también uno de sus mayores logros, era la preservación de la naturaleza. No hubo ejecutivo norteamericano desde Washington que pasara tanto tiempo al aire libre, en lugares naturales. Ya en su juventud, TR había escrito textos sobre los pájaros norteamericanos. La caza, el remo, las caminatas y las cabalgatas, eran cosas que ese intrépido aventurero disfrutaba tanto como le era necesario respirar. Trabajó mucho con su amigo Gifford Pinchot, jefe de guardabosques de los Estados Unidos, para apartar vastas extensiones de entornos naturales, como parques nacionales.

En ese momento, la mayoría de los demás políticos conformaron un Rincón Amén a favor del orador de la Cámara, Joe Cannon, que gritaba exaltado: «¡Ni un centavo para los paisajes!»[81]* Theodore intervino personalmente ante el vocero Cannon para salvar su ley nacional de conservación, por la irrigación de las tierras desérticas del oeste.[82] Nombró a una comisión de vías acuáticas interiores en 1907, para estudiar la compleja interrelación entre los ríos, el suelo, la fuerza del agua y el transporte. Ese mismo año, organizó una conferencia en la Casa Blanca sobre la conservación de la naturaleza, hecho sin precedentes y que dio al tema un gran impulso en materia de publicidad.[83]

Cuando no lograba obtener la legislación deseada porque el Congreso negaba su apoyo, Teddy actuaba por decreto, como lo hizo con la creación de los santuarios de vida silvestre. Y cuando ninguna de las dos vías le era posible, Teddy hablaba sobre la conservación de la naturaleza y en especial para eso, consideraba que la Casa Blanca era su «Púlpito de bravucón». El vigor de Teddy, su entusiasmo, su integridad y su brillante intelecto ayudó a que los norteamericanos mantuvieran el entusiasmo por el concepto de dicho púlpito. En el siglo veinte, como veremos luego, los estadounidenses ya no estarían tan dispuestos a que los presidentes «sermonearan» desde tal púlpito.

Siendo presidente Roosevelt utilizó ese púlpito para llevar a la atención pública los temas que hoy llamamos valores familiares.[84] Al estudiar los informes gubernamentales y las estadísticas de censo, el presidente Roosevelt observó que la tasa de natalidad entre los nacionales había caído por primera vez desde la Declaración de la Independencia.[85] Comprendía que para las familias, la vida se veía complicada por los problemas que presentaba el nuevo orden industrial. Veía los temas económicos en términos de su impacto en las familias. Diría: «No quiero ver que este país se convierta en una nación de egoísta prosperidad donde quienes disfrutan de abundancia material solo piensen en la egocéntrica gratificación de sus deseos y se contenten con importar del extranjero no solo su arte, no solo su literatura, sino incluso sus bebés».[86]

Roosevelt ponía en práctica lo que decía. No solo tenía una familia grande y ruidosa, sino que había formado una «familia combinada», porque tenía una hija de su primer matrimonio, y cinco hijos más del segundo, con Edith. Incluso en la

---

* Este es el vocero republicano cuyo nombre lleva el edificio del Cannon House Office en Washington, D.C.

Casa Blanca el mandatario siempre encontraba tiempo para jugar con sus vivaces hijos. Y lo más importante es que era evidente que disfrutaba de estar con ellos.

V. Empuñó el gran garrote

«Siempre me gustó el proverbio del oeste africano: "Habla con suavidad y lleva un gran garrote. Así llegarás lejos"», había dicho TR.[87] Lo demostró una y otra vez durante sus años en la Casa Blanca.

Apenas heredó la posición, el presidente Roosevelt se enfrentó con una gran crisis moral por la política estadounidense en las Filipinas. Los antiimperialistas tenían un informe del ejército, sobre las atrocidades cometidas por los estadounidenses contra las guerrillas filipinas, y exigían saber si eso era «civilizar» y «cristianizar». TR había intentado impedir que se conocieran esos informes, un error permanente de Washington. Pero cuando el país sintió horror ante las atroces historias, TR supo contraatacar.

Le dio a su amigo íntimo, el senador Henry Cabot Lodge, los archivos del ejército que documentaban lo que los insurrectos filipinos les habían hecho a los norteamericanos capturados por ellos. Nuestros soldados habían sufrido terriblemente: les sacaban los ojos, les abrían el cuerpo para arrancarles los órganos, los asaban lentamente y hasta los castraban a veces y luego los asfixiaban metiéndoles sus propios testículos en la boca. La lista de tales horrores, presentada por Lodge de manera calmada y casi con desapego, creó una gran sensación: «Tal vez la acción de los soldados norteamericanos no había sido gratuita, sino en respuesta a provocaciones».[88]

Por fortuna para los Estados Unidos la insurrección en Filipinas se había aplacado en ese momento. Además, fue de buena fortuna que el despacho del hábil abogado de Ohio, William Howard Taft, a Manila como gobernador de Filipinas exudara buena voluntad. La inteligencia del voluminoso Taft también prestaba humanidad a la tarea. Se refería a los filipinos como a «mis pequeños hermanos marrones». Es posible que para nosotros la frase suene a demasiada condescendencia, pero el sentimiento expresado aseguraba tanto a norteamericanos como a filipinos que el dominio estadounidense en territorio insular sería humanitario y temporal. Poco después, las grandes reformas en materia de tierras allí dieron lugar al surgimiento de una clase media. Los soldados norteamericanos aun así sentían resentimiento: «Tal vez este tipo sea hermano del grandote Taft, ¡pero no es ni siquiera primo mío!»[89] El éxito de Taft en Filipinas abrió las perspectivas de todos a sus considerables talentos. Los norteamericanos bromeaban con la historia del supuesto intercambio de telegramas entre Taft y TR.

Ante los informes de que el indispensable gobernador había enfermado gravemente, se dice que TR envió un cable a Manila:

TR: Me preocupa su enfermedad. Repórtese.

TAFT: Estoy bien. Cabalgué cuarenta kilómetros.

TR: ¿Cómo quedó el caballo?

La mirada de Teddy debió dirigirse ahora al norte. El hallazgo de oro en la región Klondike de Alaska y el territorio del Yukón en Canadá, agudizó la contienda entre norteamericanos y canadienses en cuanto a las fronteras. Canadá estaba reclamando una mayor porción del territorio de Alaska, pero TR no estaba dispuesto a discutir ese asunto: «Este reclamo de Canadá es nuevo», se quejó en marzo de 1902. Y les mostró a sus amigos unos mapas de Canadá, que veinte años antes habían establecido la frontera justamente donde él afirmaba que ahora estaba. «Si se nos reclamara de repente parte de Nueva Escocia, no arbitrarían ustedes en tal cuestión», le dijo a un amigo británico.[90] Su posición era tan firme que amenazó con enviar a las tropas para reforzar la frontera. Aunque en cambio, envió al juez de la Corte Suprema Oliver Wendell Holmes a Gran Bretaña, con una enfática carta personal que subrayaba su decisión de no ceder en el asunto.

El primero en ejercer el cargo de Primer Ministro de Canadá, Sir Wilfred Laurier, de Quebec, buscaba una salida a través de la mediación, y admitía que necesitaba «no quedar mal».[91] Los británicos, preocupados por el creciente poderío naval de Alemania, se aseguraron de que su representante en la comisión de fronteras votara a favor de los norteamericanos. Los canadienses protestaron, pero para TR fue una victoria importante.

La colonia francesa de Martinica, en las Indias Occidentales, era considerada como un verdadero paraíso. La capital de la isla, St. Pierre, se conocía como «la París del Caribe». Tanto los estadounidenses como los europeos reaccionaron con horror cuando entró en erupción el Monte Pelado el 8 de mayo de 1902. La bellísima ciudad quedó sepultada bajo la lava y las cenizas. Murieron veintinueve mil personas y solo se pudo rescatar a dos sobrevivientes.

Philippe Jean Bunau-Varilla era ingeniero de la compañía francesa que había quedado en la bancarrota al intentar construir un canal en el istmo de Panamá. El ingeniero se ocupaba de vigilar la acción de los volcanes y había ido a Washington para tratar de persuadir a los norteamericanos de que eligieran para el canal un trayecto en Panamá en vez de Nicaragua, como preferían muchos. Si los norteamericanos elegían el distrito de Colombia en Panamá, el canal estaría más lejos del continente norteamericano, en verdad, pero atraería a los inversores franceses de Bunau Varilla. Nicaragua ansiaba que los norteamericanos construyeran el canal en su territorio, ya que el país estaba muy empobrecido.

Pero en Nicaragua había un volcán y cuando Bunau-Varilla vio la imagen del Monte Momotombo en una estampilla nicaragüense, se aseguró de que todos los miembros del Congreso recibieran una copia. E incluso la naturaleza pareció cooperar, cuando el Monte Momotombo escupió un chorro de ardiente lava, justo cuando estaba a punto de iniciarse el debate en el Senado.[92]

Todo parecía estar dispuesto cuando el secretario de estado John Hay negoció un exitoso tratado con el ministro de asuntos extranjeros de Colombia, Tomás Herrán. Bajo el Tratado Hay-Herrán, ratificado enseguida por el Senado estadounidense a principios de 1903, los Estados Unidos le pagarían a Colombia diez millones de dólares como adelanto y luego doscientos cincuenta mil dólares cada año, por la licencia de uso del canal. Herrán era un representante culto y honorable. Pero cuando los senadores de Colombia rechazaron el tratado Hay-Herrán, TR se enfureció. Sospechaba que los colombianos estaban intentando sacarles más dinero a los yanquis. El dictador de Colombia, José Marroquí, tal vez estuviera esperando que los norteamericanos se impacientaran ante la cercanía de octubre de 1904, cuando expiraba la licencia de los franceses. Entonces, esperaba obtener una porción mayor de los cuarenta millones de dólares que los Estados Unidos estaban dispuestos a pagar a los accionistas franceses en pago por sus derechos.[93] En privado, Teddy protestaba, diciendo que no había que permitir que los «conspiradores de Bogotá» impidieran el progreso del mundo.

También estaban molestos los panameños, que en cincuenta y siete años se habían rebelado cincuenta y tres veces contra el gobierno colombiano, y ahora parecía que el lejano dictador y su corrupto Senado desde Bogotá, querían hacerles perder la mejor oportunidad que habían tenido en años. En la Casa Blanca, TR se reunió con Bunau-Varilla. Es posible que TR no lo alentara a incitar una revuelta panameña contra Colombia, pero sin duda, nada hizo por desalentar tal acción. Bunau-Varilla envió enseguida un cable a sus amigos de la ciudad de Panamá, avisando que el *USS Nashville llegaría* —convenientemente— a las costas de Colón el 2 de noviembre de 1903. Era casi una garantía para el reducido grupo de rebeldes panameños. Roosevelt dio instrucciones a Hay para que otorgara reconocimiento diplomático oficial por parte de los Estados Unidos a la República de Panamá, el 6 de noviembre de 1903, a solo tres días de que ocurriera la no tan espontánea revuelta.[94]

Bunau-Varilla recibió autorización para actuar en nombre de la nueva república, en la pronta renegociación de un tratado por el canal. Los panameños luego afirmaron que el ciudadano francés había concedido demasiado y ganado muy poco, en su apuro por obtener los preciados cuarenta millones de dólares para sus accionistas franceses. Los panameños desde entonces se quejarían siempre de que la «Zona del Canal», de dieciséis kilómetros, sobre los cuales ejercerían la soberanía en perpetuidad los Estados Unidos, infringían de manera intolerable sus derechos y su dignidad nacional. Acusaban a John Hay de haber apurado las negociaciones al punto de que Bunau-Varilla debió utilizar el anillo de sello de la familia de Hay, para «sellar» el documento. Los europeos expresaron desprecio por la «diplomacia de vaquero» mostrada por Teddy y muchos norteamericanos criticaron el «indecente apuro», con que había actuado el presidente.

«Piratería».

«Escándalo».

«El incidente de mayor descrédito en nuestra historia».

Tales eran los epítetos y críticas contra la acción de TR,[95] que no se inmutó porque estaba decidido a «que la tierra se abriera» en Panamá. Reflexionó años después sobre ello, y lo consideró uno de sus mayores logros. «Si hubiera seguido los métodos tradicionales y conservadores, habría presentado un documento de unas doscientas páginas ante el Congreso y los debates seguirían incluso en estos días [1911]. En cambio, tomé la zona del canal y luego permití que el Congreso debatiera, y mientras debaten, la construcción avanza».[96]

Cuando luego el gobierno de Woodrow Wilson expresó su arrepentimiento y acordó pagarle a Colombia veinticinco millones de dólares, por los daños y perjuicios, los opositores dijeron que era «dinero sucio con barro del canal».[97]

Aunque ante el tema de Panamá TR había actuado con audacia, en el caso de Venezuela, su actitud con los alemanes fue de callada diplomacia. Cuando los británicos y alemanes amenazaron con ocupar conjuntamente la república sudamericana, motivados por la crónica falta de pago de deudas que eran justas, TR le hizo saber al embajador alemán que toda ocupación europea de una nación independiente en el hemisferio occidental se consideraría violación de la Doctrina Monroe. Y toda violación de ese tipo, dijo TR, significaba la guerra con los Estados Unidos. Cuando los británicos dieron un paso atrás, el káiser sintió que no tendría forma de defenderse. Roosevelt se cuidó de que la confrontación no se hiciera pública. Escribió al Káiser diciendo que apreciaría «la satisfacción de saber que su dignidad y reputación ante los ojos del mundo estaban a salvo».[98] En eso Roosevelt demostró su sutil entendimiento de los múltiples usos de la diplomacia. Las naciones de América Latina, tantas veces endeudadas, siempre hacían resurgir la amenaza de la intervención por parte de otros países. Y para contrarrestar tales probables violaciones a la Doctrina Monroe, Theodore Roosevelt afirmó que creía que de vez en cuando los Estados Unidos estarían llamados a intervenir, con el objeto de defender al hemisferio. Este «corolario Roosevelt» a la Doctrina Monroe fue muy controversial en su momento, por lo que los Estados Unidos decidieron luego descartarlo. Pero lo cierto es que aseguró que durante la presidencia de Roosevelt, no hubiera intervención extranjera en este continente.

Roosevelt debió enfrentar otra crisis cuando un cacique del desierto de África del norte, conocido como *El Raisuli*, tomó como rehén al cónsul norteamericano Ion Perdicaris. *El Raisuli* intentaba así ejercer presión contra un árabe, rival gobernante. TR instruyó al secretario de estado John Hay para que enviara un mensaje contundente: «Queremos a Perdicaris vivo o a Raisuli muerto». Recibió lo primero.

La reputación de Roosevelt como hombre que blandía el garrote más grande, también hizo que se fortaleciera su imagen como pacificador. Cuando Japón aplastó a la flota rusa en un sorpresivo ataque en 1904, se desató una gran guerra. TR convocó a ambas partes a reunirse en Nueva Hampshire en 1905, y allí se firmó el Tratado de Portsmouth, que daría fin a la guerra entre Rusia y Japón. Sus esfuerzos lo convirtieron en el primer norteamericano galardonado con el Premio Nobel de la Paz.[99]

La única mancha en los últimos años de Roosevelt como presidente, fue un acto de injusticia inexcusable de su parte. Se había asignado a soldados negros del ejército, a Brownsville, Texas, en un momento en que la tensión racial arreciaba. Cuando se levantó la revuelta en 1906 y murieron algunos civiles, los soldados acusados se negaron a presentarse y sus hermanos, hicieron lo propio al momento de delatarles. TR pensó que los soldados mostraban lealtad a su raza por sobre su deber a la patria y al ejército y ordenó que toda la compañía de ciento sesenta y siete soldados negros fuera desincorporada con deshonor. Sabiendo la fea verdad de las relaciones entre las razas en ese momento, y habiendo condenado abiertamente los linchamientos, ¿cómo podría haber esperado TR que los soldados negros tuvieran confianza en los sistemas de la justicia militar o civil? Se conoce a Teddy como defensor de los derechos civiles, y con toda justicia. En efecto, enviaba a sus propios hijos a una escuela pública integrada en Long Island. Pero con el asunto de Brownsville su criterio fue injusto y cruel.*

El presidente Roosevelt buscaba siempre la forma de demostrar el poderío naval de los Estados Unidos. En 1905 envió a Francia un escuadrón, con el objeto de traer de regreso el cuerpo del héroe naval John Paul Jones, enterrado en un cementerio de París desde su deceso en 1792. Roosevelt, siempre amante de lo histórico, presidió la importante ceremonia en la Academia Naval, en abril de 1906 y allí, ante una audiencia internacional, destacó el regreso de los restos de Jones a su patria. Francia envió a una porción importante de su flota a la bahía de Chesapeake con el objeto de honrar al capitán de la Guerra Revolucionaria.[100]

Casi al final de su presidencia, TR decidió volver a blandir el garrote. Envió a la moderna y extensa flota de los buques de guerra de los Estados Unidos, a dar la vuelta al mundo en un viaje sin precedentes. La Gran Flota Blanca —todos los buques estaban pintados de color blanco— exhibió su bandera en docenas de puertos en el extranjero.**

El Congreso sentía preocupación por el gasto y la distancia de tal viaje. Por lo tanto, Teddy utilizó los fondos asignados para enviar a la flota a Yokohama, Japón. ¡Y luego obligó al Congreso a pagar el regreso de la Gran Flota Blanca!

El viaje fue una excelente acción de relaciones públicas y demostró a las coronas de Europa y Japón la potencia de esta joven república. Al momento de la rivalidad

---

* En 1972 el presidente Richard Nixon firmó una ley para que se restaurara el pago a esos soldados desafectados y el presidente Bill Clinton luego impugnó la acusación de deshonor. Ambas medidas fueron justas y acertadas, aunque tardías.
** «A diferencia del ejército, la naval aceptaba a hombres de color como parte de la tripulación. Además, la naturaleza misma del servicio naval mitigaba todo esfuerzo por segregar a los negros y los blancos» —tomado de The Navy [La armada], editado por el contraalmirante W.J. Holland, hijo, USN (Ret.), p. 47—. Si bien es cierto, a muchos marineros negros se les imponían restricciones para que ascendieran, y permanecían durante mucho tiempo en los rangos inferiores, como en la cocina, por ejemplo.

naval entre ingleses y alemanes, TR demostró con potencia que los Estados Unidos no eran un país menor con el que se podía jugar en alta mar.

Roosevelt estaba decidido a elegir a su sucesor. A lo largo de su segundo mandato, se había apoyado cada vez más en su leal y eficiente secretario de guerra William Howard Taft. Taft en realidad habría preferido ser juez de la Corte Suprema, pero TR y la señora Taft no pensaban lo mismo. El partido republicano se alegró de poder encabezar sus listas con el nombre del popular y jovial oriundo de Ohio. Los demócratas volvieron a elegir al Gran Común William Jennings Bryan. Ya mayor, aunque sin la sabiduría que dan los años, Bryan volvió a realizar una tercera campaña presidencial.

Para Taft, la gran popularidad de TR y sus acciones en pos del progreso eran un historial beneficioso. Al contarse los votos en 1908, Taft le había ganado al demócrata Bryan por 7,678,908 votos (321 electorales) contra 6,409,104. El perenne candidato socialista Eugene Victor Debs se mantuvo fuerte con sus 420,793 votos. La mayoría de sus votos provenían de las filas demócratas en tanto el candidato de la prohibición obtuvo 253,840 votos, casi todos de parte de republicanos. Bryan reaccionó con buen humor ante su derrota y se comparó con el borracho del pueblo, echado de la taberna una, dos y tres veces. «Empiezo a pensar», dice el borracho con la ropa manchada de lodo, «¡que no me quieren aquí!»

Taft preparó su transición para que fuera tranquila, mientras TR insistió en ese momento en una última acción como mandatario. Emitió nuevas reglamentaciones de entrenamiento para el ejército, por lo que hubo oficiales de escritorio que se quejaron por su dureza. Decían que no se puede esperar que alguien cabalgue ciento cuarenta y cinco kilómetros en tres días. «Tonterías», dijo TR. Y aceptó el desafío asegurándoles a los escépticos que él podría cabalgarlas ¡en un solo día! Le quedaban pocas semanas en la presidencia, de modo que con sus cincuenta años Teddy cabalgó tomando caballos de posta, y partió en medio del crudo invierno hacia Warrenton, Virginia. El mayor Archie Butt y un pequeño grupo de hombres lo acompañaba. Se detuvo en Warrenton, saludó a quienes se acercaban y les habló a los niños de la escuela. Luego volvió a montar y galopó hacia Washington. El grupo encabezado por el Presidente regresó hacia la capital ya caída la noche. Los caminos cubiertos de hielo hacían que fuera peligroso cabalgar, pero TR se negó a detenerse y cuando llegaron a la Casa Blanca Edith Roosevelt los recibió y brindó a los viajeros una comida caliente y abrigo para reponerse de la helada travesía.[101]

Cuando los periodistas le preguntaban al extrovertido presidente cuál había sido el rol de los ex presidentes de los Estados Unidos, la respuesta de TR no fue filosófica ni vaga. «En cuanto a este presidente, podrán decir que los Estados Unidos nada necesitarán hacer con el ex presidente. Lo haré yo mismo».[102] Sentía orgullo por sus casi ocho años al mando del timón del estado: «Mientras fui presidente, presidí y lo hice con énfasis».[103]

Con tristeza, Henry Adams miraba por la ventana de su mansión victoriana y del otro lado del parque Lafayette, veía la Casa Blanca que Theodore Roosevelt había transformado. Dijo: «Esta vieja casa se verá triste y aburrida cuando se haya ido mi Theodore».[104] Taft asumió la presidencia el 4 de marzo de 1909, con toda la pompa y circunstancia del caso, aun en medio de una terrible tormenta de nieve. Theodore quería darle a su hombre algo de tiempo para que pudiera imprimir su identidad a la presidencia. Y por ello anunció en público que iría a África, de safari.

No todos se entristecieron al verlo partir. Un crítico suyo escribió: «El señor Roosevelt nos dejará por un tiempo y, por cierto, se va de manera adecuada, con disparos, sangre y cuchillo... la piel de los reyes de la selva quedará tendida al sol ante su tienda». Pero a su regreso, TR recuperaría su papel de «Nota dominante y ruidosa», decía este ácido comentario.[105] El viejo adversario de Teddy en Wall Street, J. Pierpont Morgan, brindó ante la partida del ex presidente y dijo: «Los Estados Unidos esperan de cada león la tarea que le corresponde».[*]

VI. El interludio Taft

Los Estados Unidos esperaban un momento de respiro. William Howard Taft había ganado con una victoria mayor que la de TR en 1904. Los norteamericanos aceptaron a este nuevo presidente con respeto y afecto. En el momento, se contaba que el nuevo ejecutivo les había cedido el asiento en un tranvía a tres damas.[106] Aun así, se le conocía por su inteligencia, lealtad y capacidad. Y como sucede cada vez que hay un período de actividad revolucionaria, luego llega el momento que marcará el nuevo rumbo a seguir, y más tarde, un necesario período de consolidación. Taft era quien consolidaría las cosas y en realidad, cumplió con el programa de Roosevelt más de lo que había podido hacerlo el propio TR.[107] Durante su mandato de cuatro años el gobierno de

---

[*] El ingenioso «Júpiter» de Wall Street se refería por supuesto a la famosa señal que envió Lord Nelson antes de la Batalla de Trafalgar en 1805: «Inglaterra espera de cada hombre que cumpla con su deber».

Taft llevaría a la corte a tantos casos antifideicomiso como lo había hecho Roosevelt en siete años y medio.[108] Y no fue tarea menuda porque los fideicomisos tenían un enorme poder ya que en ese momento, U.S. Steel solamente ¡tenía un presupuesto mayor al del gobierno norteamericano![109] A Taft el grupo de reformadores no le dio el crédito que merecía. Lo imaginaban ociosamente jugando al golf, en compañía de sus amigos ricos. Era difícil verlo como destructor de fideicomisos.

Hubo un conflicto que causó una brecha importante entre el gobierno de Taft y los seguidores conservacionistas de TR. Mientras Teddy cazaba bestias salvajes en África, su gran amigo Gifford Pinchot acusó a su jefe Richard Ballinger, secretario de asuntos internos de Taft. Pinchot era el director de los guardabosques del país, y acusó al secretario de ser corrupto. Peor aun, sugirió que el secretario había regalado tierras federales a un grupo controlado por Benjamin Guggenheim y el ex adversario de TR, J. Pierpont Morgan. El Congreso eximió a Ballinger, pero los reformadores se pusieron de lado de Pinchot.[110] Taft despidió a Pinchot y eso creó una brecha entre él y los partidarios de TR.

El retorno de Teddy desde África se vio demorado porque el presidente Taft lo nombró representante personal en el funeral del rey Eduardo VII de Inglaterra. Como ex presidente, TR fue ubicado detrás de los monarcas de Europa, que marchaban por las calles de Londres. A muchos norteamericanos les parecía ridículo que su Teddy tuviera que ir detrás de los grandes duques, de lo que Winston Churchill llamaba «los principados de juguete». Pero así era el protocolo, y a pesar de su posición, Teddy acaparó la atención de todos con su sola presencia. Era la novia de todas las bodas, podría decirse, y el muerto en todos los velorios. Conoció a muchos de los monarcas pero evitó a Churchill, en ese momento jefe del almirantazgo de Gran Bretaña.* TR pensaba que Churchill quería darse aires de grandeza, era ese un increíble ejemplo del «muerto que se ríe del degollado».[111]

Después del brillante éxito diplomático del viaje de la Gran Flota Blanca, idea de Roosevelt, el presidente Taft envió a un escuadrón de barcos de guerra en un viaje de paz y buena voluntad, con destino a Inglaterra en el año 1910. El almirante norteamericano Sims, se dejó llevar por el entusiasmo en su discurso del Guildhall de Londres, y prometió que si alguna vez Inglaterra se veía amenazada, los ingleses podrían contar «con cada hombre, cada dólar, cada barco y cada gota de sangre de sus compatriotas del otro lado del océano».[112]

---

* En tal posición, Churchill era responsable de la Armada Real, la flota más grande del planeta. TR y Churchill habrían tenido mucho de qué hablar.

Para los alemanes eso era una afrenta (¿estarían pensando en amenazar a Inglaterra?). Y por cierto, los norteamericanos de sangre alemana e irlandesa no se consideraban compatriotas de los británicos. El presidente, fiel a sus intenciones, debió enviar un severo reproche a su almirante.* En los Estados Unidos, la política exterior es terreno del Presidente y del Congreso, no de los almirantes.

Con el objeto de dejar su sello en la presidencia, Taft intentó reducir las tarifas de importación con Canadá. Fue una movida generosa y sabia (precursora del NAFTA de Ronald Reagan, o acuerdo de libre comercio con América del Norte). Siete millones de canadienses obtendrían acceso a un mercado de noventa y dos millones de norteamericanos.[113] Sin embargo, la buena acción de Taft no tardaría en recibir un castigo porque los canadienses todavía estaban resentidos ante la disputa por la frontera de Alaska, resuelta por TR en 1902. Cuando el vocero demócrata de la Cámara de Representantes, Champ Clark, de Missouri, habló a favor del tratado, dijo que le parecía bueno porque quería ver la bandera de los Estados Unidos flameando «en cada metro cuadrado de América del Norte».[114]

Fue una increíble torpeza, una declaración que provocó un escándalo del otro lado de la frontera, donde los conservadores canadienses alzaron un grito de guerra: «¡Ni cargas ni comercio con los yanquis!» Y en la elección especial de 1911,[115] le volvieron la espalda al gran primer ministro canadiense, Sir Wilfred Laurier. Peor aun, TR había hecho campaña con vigor en contra del tratado, porque lo consideraba una venta a los fideicomisos.[116] Todo ello fue una gran injusticia contra el gran amigo canadiense de los Estados Unidos.

Taft sufrió otro traspié diplomático cuando surgió una disputa entre los Estados Unidos y la Rusia de los zares. Los judíos norteamericanos que habían llegado desde Rusia, solían prosperar bajo la libertad norteamericana y ahora, como ciudadanos norteamericanos, regresaban a sus pequeños *shtetls* y compartían su riqueza recién adquirida con sus parientes pobres de su madre patria. Rusia, donde proliferaba el antisemitismo, intentaba exigir que los ciudadanos naturalizados como estadounidenses volvieran a presentar su solicitud para poder dejar el país. Los norteamericanos se indignaron ante tal insulto a nuestra soberanía. El Congreso canceló el acuerdo comercial entre los Estados Unidos y Rusia y la Duma rusa actuó en represa-

---

* A pesar de ese contratiempo, el almirante William S. Sims fue luego un gran líder en la Primera Guerra Mundial. Tenía una mente sagaz y un buen sentido del humor. Sugirió que se mejorara el sistema de palomas mensajeras que usaban los franceses para las comunicaciones militares, cruzando a las palomas con loros ¡para que no hubiera que escribir los mensajes!

lia, prohibiendo a todos los judíos norteamericanos la visita a su amada tierra.[117] Fue una controversia muy desagradable, pero Taft una vez más, no había tenido que ver con eso. También era verdad que las relaciones entre los EE.UU. y Rusia, que durante mucho tiempo habían sido buenas, sufrieron un colapso durante su mandato.

VII. El que no se hunde, inimaginable

No ha de extrañar que durante el mandato de Taft aumentaran las presiones en la Casa Blanca. Norteamérica estaba cambiando, y rápido. Después del histórico vuelo de los hermanos Wright en 1903, nació la industria de la aviación. Henry Ford vendía más y más de sus autos modelo T a sus paisanos. (Ford fue pionero en lograr la reducción de costos a partir de la producción en serie, y había cada vez más automovilistas recorriendo las mal pavimentadas calles y rutas del país. Los críticos decían que podía uno comprar el auto del color que quisiera, en tanto fuera negro. Ford no tardó en ofrecer a los consumidores la elección de colores de su preferencia.) Junto con ese aumento en la movilidad, llegó el peligro y en 1911, la cantidad de víctimas fatales en accidentes de tránsito llegó a un total de 1,291.[118]

Theodore Roosevelt pensó tener la respuesta ante la vertiginosa velocidad del cambio. Durante un importante discurso en Osawatomie, Kansas, en agosto de 1910 clamó por más regulaciones para las corporaciones y ferrocarriles, por la graduación del impuesto a los ingresos, la reforma bancaria, la legislación en materia laboral y las elecciones primarias directas. Era su programa del «Nuevo Nacionalismo».[119] Y marcó entonces una línea que lo separaba de las políticas del gobierno de Taft al tiempo que dividía al partido republicano. Los demócratas obtuvieron mayoría de votos en el Congreso en noviembre de ese año.

Para Taft el asunto representaba una carga, y también para el mayor Archie Butt de Georgia, el leal ayuda de campo de Taft. Al ver a TR después de su regreso de Europa, el galante sureño describió que el Llanero Rudo había cambiado mucho: «Está más grande, más corpulento, más capaz de hacer lo bueno o lo malo que cuando partió».[120] El mayor Butt sentía devoción tanto por Theodore Roosevelt como por William Howard Taft y para brindarle un merecido descanso, el Presidente lo envió en misión diplomática al Vaticano. Podría descansar luego en Europa y disfrutar de un viaje transatlántico en el viaje inaugural del nuevo barco de la White Star Line, el Titanic, de la flota postal inglesa.

El Titanic representaba el último avance en tecnología marina. Sus compartimientos de acero y sus compuertas herméticas hicieron que la prensa lo llamara «el que no se hunde».[121] La lista de pasajeros para ese primer viaje de Southampton a Nueva York parecía un catálogo de la alta sociedad. Algunas de las suites de primera clase habían costado lo que hoy representaría entre cuatro mil y cincuenta mil dólares.

El magnífico barco dio contra un témpano de hielo, en la noche del 14 de abril de 1912. Era una noche sin luna y la colisión ocurrió a las 11:40. La nave se hundió en menos de tres horas, a las 2:20 de la madrugada. Al final, la orquesta del barco interpretó: «Más cerca, oh, Dios de ti», para que los pobres pasajeros condenados a morir no sintieran pánico. No fue el mayor desastre marítimo de la historia, pero sí el más sensacional.* John Jacob Astor y Benjamin Guggenheim, el señor Isidore Strauss y su esposa, y muchos otros pasajeros acaudalados, ingleses y norteamericanos, perdieron la vida pero a pesar de ello la cantidad de muertos entre los pasajeros de tercera clase, casi todos inmigrantes que viajaban hacinados en compartimientos de carga, hicieron que la prensa amarilla criticara las diferencias y los privilegios. En total murieron más de mil quinientos pasajeros. Un periódico canadiense calculó que el valor neto de tan solo doce de los más importantes pasajeros de primera clase muertos en esa fatalidad, sumaba ciento noventa y un millones de dólares[122] (unos 2,3 mil millones de dólares de hoy). Y los propietarios del Titanic fueron criticados, merecidamente, porque el barco no contaba con cantidad suficiente de botes salvavidas. La compañía de J. Pierpont Morgan era propietaria de la White Star Line, y responsable en última instancia.[123]

La mayor parte de las críticas estuvo dirigida a Bruce Ismay, gerente director de la White Star Line. Sin decir nada, Ismay se había colado en un bote salvavidas por indicación de un miembro de la tripulación. Muchos pensaban que Ismay debía haberse quedado en el barco para hundirse con él, como lo hizo el capitán Smith.[124]

El mayor Archie Butt murió en las heladas aguas, con la resolución de un héroe. Él y otros hombres del *Titanic*, estoicamente dieron preferencia a las mujeres y los niños. El capitán Arthur Henry Rostron del SS *Carphathia*, avanzó a máxima velocidad, a setenta y un nudos y medio, por las traicioneras aguas, para llegar a la escena del desastre. Si el capitán Rostron no hubiera actuado con tal valentía, muy

---

* Por ejemplo, el 30 de enero de 1945 murieron 9,343 personas cuando el buque alemán Wilhelm Gustloff fue hundido por un submarino soviético en el mar Báltico. En la nave viajaban soldados heridos, marineros y civiles, que escapaban de las tropas soviéticas que avanzaban sobre lo que entonces era Prusia oriental (Tomado de: http://in.rediff.com/news/2005/may/09spec1.htm.)

pocos de los setecientos doce sobrevivientes podrían haber soportado las heladas temperaturas. Winston Churchill reflexionó, diciendo que «la estricta observancia de las grandes tradiciones del mar hacia las mujeres y los niños, refleja el honor en nuestra civilización».[125]

Sin embargo, no todo fue honorable. El testimonio de Sir Cosmo Duff Gordon durante el interrogatorio realizado en Londres, reveló que él había entrado en un bote salvavidas con capacidad para cuarenta personas, y que solo llevaba doce. Y peor aun, Sir Cosmo le ofreció a cada uno de los marinos un pagaré por cinco libras esterlinas (unos trescientos doce dólares estadounidenses de hoy). Durante el interrogatorio, sostuvo que solo ofreció ese dinero como pago a los pobres marinos que lo habían perdido todo al hundirse el barco. Pero los críticos acusaron a Cosmo de sobornar a los marinos para que no retornaran a buscar a los moribundos que flotaban en las congeladas aguas. La reputación de Sir Cosmo quedó manchada para siempre, al igual que la de Ismay. Parecían ser un símbolo de la dura indiferencia de los ricos ante los sufrimientos de los pobres.[126]*

Al perder al valiente Archie, el presidente Taft y su esposa quedaron muy angustiados, porque lo amaban como a un hijo. De inmediato, el Presidente ordenó una patrulla y la Guardia Costera de los Estados Unidos se ocupó de la seguridad de las vidas humanas en altamar. La señora Taft solicitó que las mujeres norteamericanas hicieran un aporte para la construcción de un monumento en memoria del *Titanic*, dedicado a los hombres que renunciaron a vivir para que pudieran hacerlo las mujeres y los niños. El monumento se erigió sobre las orillas del Potomac.**

VIII. Un alce suelto: La elección de 1912

Taft se esforzó mucho por evitar la ruptura con su querido amigo Theodore. «He tenido momentos difíciles», le escribió al ex presidente. «Y con toda conciencia intenté cumplir con tus políticas».[127] Y así fue. Para principios de 1912, sin embargo, muchos de los que conformaban el partido republicano se habían convencido de que necesitarían un nuevo liderazgo para poder ganar la Casa Blanca. Es que el viejo partido habría sufrido una derrota importante cuando los demócratas obtuvieron

---

* Lady Duff Gordon, Lucille, no vio manchada su reputación. Abrió una elegante tienda de vestidos en Paris, y tuvo mucho éxito. A los franceses les encantan los rumores de escándalo.

** El monumento a los hombres del Titanic sigue en Washington, D.C., aunque se lo cambió de lugar para poder construir el Centro Kennedy.

mayoría en el Congreso, y se cargaban las tintas contra Taft, aun cuando su partido había tenido el control del poder legislativo durante tanto tiempo.

«Ya colgué el sombrero, la pelea está por comenzar y me he quitado la camisa», les dijo finalmente TR a sus seguidores en 1912.[128] Sería el adversario del ejecutivo que él mismo había elegido, para la candidatura presidencial del partido republicano. La insurgente campaña de Teddy logró bastante apoyo. Quienes le siguieron fueron Jim Garfield, hijo del presidente asesinado, y Dan Hanna, hijo del fallecido senador Mark Hanna. Lo más significativo era que estos dos hombres venían del estado del mandatario, Ohio.[129] Los que apoyaban a Taft eran conocidos como regulares republicanos o de la vieja guardia. Los que apoyaban a Roosevelt —progresistas— se burlaban de ellos. (Aunque, ¿no se habían negado el joven Roosevelt y Lodge a unirse a los «mugwumps» en 1884, para alinearse con los regulares del momento?). En medio de una marcha a favor de Roosevelt, algunos republicanos de la vieja guardia perdieron el ánimo: «Oh, ¿para qué?», decían. «Si hasta los bebés lloran pidiendo a Roosevelt. Él hombre es un circo completo, con arena, elefantes y domadores. Tal vez nos deje participar, llevándoles baldes con agua para beber a los elefantes».[130]

El más desanimado era William Howard Taft, que no había querido presentarse como candidato a la presidencia. Solo lo había hecho por lealtad a su querido amigo Theodore. Nunca le habían gustado las contiendas políticas, como sí le apasionaban a Teddy y ahora, su amigo lo atacaba con crueldad. «Roosevelt fue mi mejor amigo», le dijo Taft a un reportero en el tren presidencial. Y se echó a llorar.[131] Aunque pelearía cuando TR atacó al poder judicial independiente. Taft estaba convencido de que Teddy representaba una amenaza al sistema de control y equilibrio que conformaban el corazón del sistema norteamericano. Los seguidores de Taft fueron mucho más lejos, criticando a Teddy por demagogo, y diciendo que sus seguidores eran nada más que vendedores de cosas engañosas.[132]

TR ganó la mayor parte de las primarias directas esa primavera. Acumuló 278 delegados, en tanto Taft solo consiguió 78. LaFollette, conocido como «Bob el peleador», de Wisconsin, era otro republicano progresista que obtuvo 36 delegados. Sabiendo que si el partido se dividía ganarían los demócratas, las fuerzas de Taft ofrecieron generosamente que se retirarían si surgía un candidato en negociaciones que pudiera unir al viejo partido. «Yo puedo decirles quién será ese candidato. Seré yo», respondió TR.[133]

Cuando los regulares cerraron filas tras Taft, lograron ganarles la jugada a los segui-dores de Teddy. LaFollete podría haberse alineado con TR para ganar, pero se negó.

El señor Dooley, ese irlandés de ficción, esperaba el choque final. Será «una combinación del incendio de Chicago, la masacre de San Bartolomé, la batalla del Boyne, la vida de Jesse James y la noche del gran viento».[134] Cuando no se les permi-tió votar a los delegados cuyas credenciales estaban en disputa, las fuerzas de Teddy gritaron «juego sucio». Pero la gente de Taft utilizaba una técnica que el mismo TR había usado para asegurar la nominación que quería para Taft, en 1908.

A pesar de ello, TR daría pelea. Atacó con amargura a Taft en los términos más personales. Y con su convocatoria, llamó a sus tropas: «No tememos al futuro, no nos importa nuestro destino individual, y con corazón valiente y la mirada clara, estamos en el Armagedón, ¡batallando por el Señor!»[135]

¿Armagedón? Es un tanto difícil creer en esa retórica de hace casi un siglo, pero es un clásico ejemplo de la forma en que las personas —aun las de innegable inte-gridad— pueden llegar a apasionarse en medio del fragor de la lucha política. Y las cosas empeoraron todavía más. TR llamó «cabeza gorda» a Taft y dijo que tenía «el intelecto de un cobayo». Taft contraatacó: TR era un «peligroso egoísta» y un «demagogo».[136]

Teddy, haciendo acusaciones de mala fe y juego sucio, lideró a sus delegados en una marcha a pie desde la Convención Nacional Republicana, en Chicago. Varias semanas más tarde volvieron a reunirse, alquilando el mismo salón. Pero ahora se hacían llamar Partido Progresista. Cuando los progresistas subieron al podio para sus discursos, se asombraron al encontrar que los republicanos de Taft ¡habían puesto alambre de púas debajo? Los republicanos corrientes habían estado prepa-rados para un ataque por parte de los delegados de Teddy.

TR le dio al nuevo partido su nombre cuando dijo que se sentía tan en forma como «un alce joven».[137] Y a las sufragistas, como se conocía a las que luchaban por el derecho al voto para las mujeres, les gustaba el llamado del partido progresista a la igualdad del derecho al voto. Jane Addams, de la Casa Hull, también tuvo algo que decir: «Mantenerse al margen de la política es perder la oportunidad de formar parte de la vida de la comunidad».[138] Lo mismo hizo Oscar Strauss, judío y líder de la reforma, que cantó «Firmes y adelante», más fuerte que otros delegados pro-gresistas.[139] Los soldados de TR, fueran cristianos o no, marcharon por la elección directa de los senadores estadounidenses, por un impuesto federal a los ingresos (que se promulgarían como enmiendas a la Constitución), por las primarias directas y la iniciativa, el referéndum y la impugnación (en varios estados del oeste, especialmente en California, estas reformas se llevarían a la práctica poco después). Con todos los que se comprometían por el bien de la sociedad, con los intelectuales y los veteranos de las primeras organizaciones, incluso TR debió admitir que este partido progresista estaba atrayendo a más «lunáticos marginales» de los que esperaba.[140]

Los que tenían experiencia en política sabían que la división en el viejo partido significaba que ganarían los demócratas. Y TR lo sabía también.[141]

Pero había una pregunta: ¿Cuál de los demócratas? Aunque cueste creerlo, William Jennings Bryan estaba intentando llegar a la Casa Blanca por cuarta vez. El vocero de la Cámara de Representantes James Beauchamps «Champ» Clark, que acababa de causar un desastre en las relaciones entre EE.UU y Canadá, era un contendiente muy fuerte. Los norteamericanos irlandeses y alemanes querían a cualquiera que pudiera darle un buen tirón a la cola del león británico. William Randolph Hearst, millonario y editor de diarios amarillistas, había pasado esa última ma década tratando de incitar a la guerra con Japón. Después de su desafortunado rol en Cuba, los periódicos de Hearst incesantemente hablaban de un «peligro amarillo», debido a la inmigración y al imperialismo japonés.* Y ahora, Hearst de veras creía que podrían nombrarlo candidato presidencial.

Finalmente, los demócratas consideraron al gobernador Woodrow Wilson de Nueva Jersey. Wilson había estado en Trenton poco más de un año, pero se había ganado una buena reputación en todo el país, como académico y presidente de la Universidad Princeton, donde había efectuado buenas reformas. Theodore Roosevelt respetaba a Wilson y había conversado con él en Buffalo en las horas de oscuridad que siguieron al asesinato de McKinley. Después de cuarenta y seis votaciones en la calurosa Baltimore, nominaron al alto y corpulento «maestro de la política».

La campaña de ese otoño llegó a su fin según estaba establecido. En octubre el tren de TR se detuvo en Milwaukee, base de LaFollette y caldero de la agitación progresista. Mientras se dirigía al auditorio para dar otro de sus fogosos discursos, un hombre le disparó a Teddy con intención de asesinarlo. Afortunadamente, la bala perdió impulso cuando dio contra el pilón de papeles que llevaba Teddy —su discurso— y el estuche de sus anteojos, que estaba en el bolsillo de su chaleco. Teddy se negó a recibir atención médica, subió al podio y dio el discurso ante una audiencia que se asombró al ver su valentía y que quedó encantada por su resistencia.[142]

---

* El káiser de Alemania Wilhelm II había inventado esta frase racista, que incorporó a una pintura que mostraba a todos los estadistas que visitaban su palacio de Berlín.

Ese año el escritor Samuel Eliot Morison, de Harvard, votó por primera vez. Le preguntó a un colega cómo debía hacerlo: «Vota por Roosevelt, ora por Taft, pero apuesta a Wilson».[143]

Un consejo ingenioso. Aunque ganó solo el 41,9% del voto popular (6,293,152), Wilson obtuvo una enorme mayoría en el colegio electoral: 435. TR hizo algo que nadie había hecho ni volvió a hacer jamás: salió segundo, con la boleta de un tercer partido, con 4,119,207 votos populares (27,4%) y 88 votos electorales. Taft quedó tercero, con 3,486,333 votos populares (23,2%) y solo 8 votos electorales. Eugene V. Debs volvió a presentarse en la lista socialista. Hizo campaña sobre un tren conocido como «el rojo especial». Debs ganó más de un millón de votos, pero no ganó en ningún estado. En efecto, TR y Taft se habían excluido mutuamente. Wilson fue elegido con 110,952 votos populares menos que los que había ganado Bryan en su desastroso tercer intento por llegar a la presidencia, en 1908.

El partido del alce joven realizó un esfuerzo en 1912 con el que se nos demuestra, si fuera necesario, que lo único que puede hacer una campaña de un tercer partido es romper con la coalición gobernante y elegir finalmente a un presidente con minorías. William Howard Taft podría haber perdido ante Wilson de todos modos. Su gobierno había sido «una serie de explosiones políticas», en verdad.[144] Aunque casi ninguna había sido causada por él. Merecía más reconocimiento de parte de su país, y por cierto, de su amigo Theodore Roosevelt.

IX. Woodrow Wilson y la nueva libertad

El nuevo ejecutivo, alto y erguido, subió al podio del vocero de la Cámara de Representantes. Allí, el 7 de abril de 1913 Woodrow Wilson dio un discurso ante el Congreso reunido.[145] La práctica de dar mensajes y discursos ante el estado de la Unión, y ante otros legisladores reunidos, haciéndolo en persona, era algo que Thomas Jefferson había descartado más de un siglo antes. Jefferson decía que olía demasiado a discurso del rey desde el trono, pero también era porque no tenía dotes de orador, y lo sabía. Wilson era un excelente orador, y lo sabía.

Fue no solo un lugar adecuado y espectacular para los mensajes del presidente, sino que aseguraba también que desde ese momento el presidente podría tomar la iniciativa de importantes propuestas legislativas. Wilson también fue el primero en acceder a la presidencia con un doctorado. Su especialidad era la ciencia política y estaba decidido a lograr cambios importantes en las instituciones de gobierno, según lo que había estudiado, enseñado y difundido en sus escritos.*

Wilson también estaba decidido a efectuar importante reformas económicas. Fue el primer líder desde Lincoln en ir al Capitolio para hablar en persona con ambas cámaras del Congreso,[146] pero con todo y con eso, el éxito de su programa económico implicaría enormes esfuerzos. Wilson logró alcanzar sus objetivos, con una reforma muy importante en el sistema bancario de la nación. La ley de la «Reserva Federal» de 1913 dividía al país en doce distritos, cada uno con un banco de la reserva federal que regulaba la moneda y brindaba un sistema bancario moderno. Esta medida, cuyo autor fue el senador Carter Glass de Virginia, sigue vigente casi sin cambios hasta el día de hoy y se cuenta entre uno de los mayores logros de Wilson.[147]

Wilson siguió avanzando con las reformas. La Tarifa Underwood, auspiciada por el senador Oscar Underwood de Alabama, reducía las tasas de importación en un diez por ciento, para todo tipo de importaciones. Wilson entonces conversó con los fabricantes y los lobbyistas [o gestores] y su postura prevaleció, después de arduas negociaciones. Ese fue su segundo gran logro.[148]**

La ley antifideicomiso de Clayton, de 1914, también fue vigorosamente espaldada por Wilson. Auspiciada por el congresista de Alabama Henry de Lamar Clayton, Samuel Gompers, presidente de la Federación Norteamericana de Sindicatos, dijo que la ley Clayton era «la carta de libertad del obrero». Porque bajo esa ley, los sindicatos ya no se consideración «combinaciones en restricción del comercio», como lo habían sido bajo la ley antifideicomiso de Sherman, de 1890. Los sindicatos específicamente tenían permitido hacer huelgas, boicots y piquetes, aunque seguía siendo ilegal la violencia contra las personas y la propiedad. Las citaciones de la corte habían sido siempre el arma utilizada en contra de los sindicatos en toda disputa laboral. La ley Clayton requería que los tribunales federales restringieran más el uso de tales citaciones y arrestos.[149]

Sin embargo, no todo marchó sobre ruedas en el primer mandato de Wilson, que se había visto obligado a designar al candidato demócrata tres veces perdedor en las elecciones, William Jennings Bryan, como secretario de estado. Esto le había

---

* Wilson obtuvo su doctorado en ciencias políticas en 1886, de la Universidad Johns Hopkins, en Baltimore, MD. Fue el primero y hasta hoy, el último, en acceder a la presidencia con tal título.

** La política norteamericana siempre ha tenido por delante desafíos en cuanto a las tasas de importación. Antes de 1913 y la ratificación de la decimocuarta enmienda, que hacía provisiones para un impuesto federal a los ingresos, los impuestos a las importaciones eran el medio principal con que contaba el gobierno federal para su financiación.

asegurado a Wilson la nominación de su partido en Baltimore. Bryan no tenía por supuesto, calificación alguna para esa posición. (Tampoco estaba calificado para ser presidente, pero ese es otro tema.)

Bryan utilizó el Departamento de Estado como establo para burros en una fiesta. Aunque el coronel Edward M. House, el consejero más cercano al presidente Wilson, admitió que Bryan era «un pacato malcriado».[150] Es que Bryan ocupaba puestos de embajadas y consulados con amigotes y cualquiera que le rindiera pleitesía, y con ello afectó gravemente el profesionalismo del cuerpo diplomático de los Estados Unidos, en un momento crítico.*

Bryan horrorizaba a los embajadores extranjeros, al prohibir el vino en las recepciones diplomáticas. El secretario «no solo sufre por sus principios y mortifica la carne, sino que insiste que otros sufran y también sean mortificados», se quejó un periódico inglés.[151] Peor aun, el secretario firmó un contrato para dar discursos en el popular circuito de Chautauqua.

El mundo entonces pudo ver el triste espectáculo en que un secretario de estado norteamericano aparecía en el escenario, anunciando su nombre junto al de magos, malabaristas y cantantes de los Alpes. El entusiasmo de Bryan, su falta de posturas fingidas, y su buen corazón y donaire, le habían ganado el afecto de millones de personas. El hecho de que fuera cristiano evangélico y lo dijera sin prurito alguno, también era importante porque ese grupo era relevante en los Estados Unidos y a menudo consideraba que quienes despreciaban a Bryan también los despreciaban a ellos.

Bryan sinceramente buscaba pacificar las cosas, pero descalificó tan alto puesto en tiempos de creciente tensión internacional. Él creía intensamente en los tratados de conciliación, como instrumentos del estadista y se propuso negociar tales tratados con la mayor cantidad posible de estados extranjeros. Aunque no había muchas probabilidades de entrar en guerra con Gran Bretaña o Francia en ese momento, Bryan no dudó en redactar nuevos acuerdos que exigían que los firmantes «esperaran un año» antes de siquiera pensar en el uso de la fuerza. Muchos editores pensaban que Bryan era ingenuo. El Memphis Commercial-Appeal se mofó de los «paños fríos» que Bryan pactaba con Suiza, Dinamarca y Uruguay: «Nos quita un gran peso de encima. Era terrible la idea de entrar en guerra con esos países».[152] Y el ex presi

---

* Hay que admitir, con justicia, que Lincoln había permitido que su propio secretario de estado William Seward hiciera lo mismo. Seward eligió a Charles Francis Adams como embajador en Londres, y fue una buena decisión. Pero luego llenó muchos otros puestos con amigotes suyos. Lincoln, claro está, tenía mucho de qué ocuparse con la Guerra Civil.

dente Theodore Roosevelt fue más cáustico: llamó a Bryan «un tirolés que canta en las montañas, un trombón humano».[153] Aunque incluso el presidente Taft, siempre tan equilibrado, sintió exasperación ante la mirada simplista de Bryan sobre las políticas exteriores. Taft le escribió a un amigo, diciendo que Bryan mostraba ser «sublime en su rol de burro».[154]

En un aspecto importante Woodrow Wilson se distinguió durante su primer mandato. Con coraje, presentó a la nación el desafío de vivir según el credo de los Fundadores, al nominar a Louis D. Brandeis como juez de la Corte Suprema. Brandeis era un reformador muy respetado a quien los progresistas amaban. Los sindicatos le tenían afecto por sus «misivas Brandeis», que eran estudios sociológicos que mostraban el a menudo terrible impacto que tenían las decisiones de la gerencia sobre las vidas de los obreros, en especial de las mujeres y los niños que trabajaban. Aunque Wilson no había considerado a Brandeis para un puesto en el gabinete, ahora le veía como arquitecto de la legislación de la «Nueva Libertad». Ahora, Wilson estaba decidido a nombrar al primer juez judío del Tribunal Superior.[155] Ante la firme oposición, en parte antisemita, Wilson respaldó a su hombre y aseguró una victoria emblemática que mostraría a los Estados Unidos como sociedad receptiva. En efecto, se abrían las puertas a una «Nueva Libertad».

Pero para un grupo de norteamericanos la Nueva Libertad de Woodrow Wilson sonaba a hueco. Porque aunque por cierto la legislación social y laboral de Wilson ayudaba a los norteamericanos negros, no se evidenciaba interés alguno en los demócratas por los derechos civiles. Como lo demuestran los nombres de quienes apoyaron la legislación de reformas importantes de Wilson, el presidente dependía mucho de los demócratas sureños blancos para que su programa avanzara en el Congreso. Y como la mayoría de los norteamericanos negros en ese momento respaldaban al partido de Lincoln, las victorias demócratas en el Congreso y la presidencia significaban que perderían su puesto muchos funcionarios federales de color.[156] Para colmo,* uno de los funcionarios designados por Wilson, desde Georgia, dijo: «El lugar del negro está en los campos de maíz»,[157] y el presidente no se lo reprochó.

La segregación en los puestos del gobierno federal solo se revirtió parcialmente, a pesar de que Wilson expresaba sentir compasión por las dificultades de los estado-

---

* El presidente Ronald Reagan habló ante un grupo de hombres católicos sobre «El nacimiento de una nación». Los Caballeros de Colón estaban reunidos en New Haven, CT, en 1982. El odio del KKK comprendía no solo a los norteamericanos negros, sino a los católicos, judíos y extranjeros. Reagan les dijo a los caballeros que estaba orgulloso de haber sido actor de Hollywood, pero «jamás vi esa película... ¡y nunca la veré!» Los caballeros irrumpieron en efusivo aplauso.

unidenses de color.[158] En su discurso por el quincuagésimo aniversario de la Batalla de Gettysburg, el mandatario no mencionó el hecho de que todavía se les negaban sus derechos como ciudadanos norteamericanos a las personas negras. Si, como decía la Declaración de la Independencia y había reafirmado Lincoln en Gettysburg en 1863, «todos los hombres son creados iguales», nadie de los que escucharon el olvidado discurso de Gettysburg ofrecido por Wilson en 1913, habría pensado en ello.[159]

Se empeoraron las cosas cuando Wilson brindó una plataforma de partida a uno de los peores ejemplos de intolerancia racial, en toda la historia de los EE.UU. La película El nacimiento de una nación, aunque muda, era un grito de desprecio hacia la gente de color. Esta épica película muda mostraba al Ku Klux Klan no como terroristas y asesinos, sino como luchadores por la libertad. Fue la primera película que se exhibió en la Casa Blanca. Wilson la vio y sus elogios fueron extravagantes: «Es como escribir la historia con relámpagos. Lo único que lamento es que todo sea terriblemente cierto», dijo.[160]

Frustrados ante el lento avance del cambio, y aun con los atrasos evidenciados en Washington, W.E.B. DuBois y otros reformadores negros y blancos (incluyendo a Jane Addams), se habían unido para formar la Asociación Nacional para el Avance de la Gente de Color (NAACP, por sus siglas en inglés, National Association for the Advancement of Colored People). Así que resolvieron que presentarían un desafío a la actitud de «obviar para llevarse bien», que veían en la máquina de Tuskegee de Booker T. Washington.[161] Se inició así la lucha de medio siglo de la NAACP por la igualdad de los derechos para los ciudadanos de color.

X. «SE ESTÁN APAGANDO LAS LUCES...»

Ellen Axson Wilson moría de cáncer en la Casa Blanca, en el verano de 1914, y el Presidente no podía con su dolor y su tristeza. Llevaban veintinueve años de casados, y su esposa era el centro de una familia unida, que siempre le había apoyado. Junto a la señora Wilson, el fiel ayudante Joseph Tumulty y su íntimo amigo y consejero, el «coronel» de Texas Edward M. House, Woodrow Wilson sabía que había pocas personas en las que podía confiar.* Se decía que Wilson era un hombre que amaba a la humanidad, en su conjunto y en lo abstracto.[162] Wilson sabía muy bien que así era: «Tengo una sensación de poder al tratar colectivamente con las perso-

---

* A House se le otorgó el título honorario de coronel, como consejero del gobernador de Texas.

nas, algo que no siento cuando trato con ellos de a uno».[163] Su muy capaz secretario del interior, Franklin K. Lane, dijo que era «limpio, fuerte, inteligente y de sangre fría».[164] Y ahora, con la prematura muerte de la señora Wilson, se produciría un terrible vacío en su vida.

Mientras tanto, en Europa la muerte rondaba los pasillos del poder de manera muy distinta. Hacia fines de junio, el archiduque Francisco Fernando, heredero del trono del inestable Imperio Austro-húngaro, hizo un viaje «de buena voluntad» a la bella ciudad medieval de Sarajevo, en la provincia de Bosnia-Herzegovina. Los nacionalistas eslavos más jóvenes de esa provincia, sentían resentimiento hacia el gobierno que les dominaba desde la lejana Viena, conformado mayormente por austríacos católicos y funcionarios de raza teutona. Ayudados por un ladino y clandestino grupo terrorista de serbios, conocido como Mano Negra, un grupo de estudiantes decidió matar al archiduque.

Mientras Francisco Fernando y su mujer Sofía paseaban en coche por las angostas calles de Sarajevo, el 28 de junio de 1914, un grupo de jóvenes terroristas preparó sus bombas. «Uno estaba tan apretado entre la multitud que no podía sacar la bomba de su bolsillo. Otro vio a un policía que estaba muy cerca y decidió que sería muy arriesgado hacer cualquier cosa. El tercero sintió pena por la esposa del archiduque y no hizo nada. Y un cuarto joven se quebrantó, y desistió del intento, deciendo que volvería a su casa».[165] Sin embargo, Gavrilo Princip, con sus diecinueve años, no se inmutó ante todos esos factores disuasivos y cuando explotó la primera bomba, sin causar daños a la pareja imperial, Princip creyó que la conspiración había fracasado. Minutos más tarde, le asombró ver que el archiduque y la archiduquesa pasaban en su coche oficial, a solo un metro y medio de donde él estaba. (El conductor del auto equivocó la ruta y dobló en una angosta calle.) Princip sabía que allí no podría arrojar su bomba, porque no había espacio. Por lo tanto desenfundó su pistola Browning y disparó dos veces a quemarropa. Le dio a Francisco Fernando en la garganta, cercenando su carótida. La segunda bala impactó el abdomen de Sofía. Ambos murieron antes de que se cumpliera una hora del episodio.[166]

En Viena, Francisco Fernando no gozaba del afecto de la gente, porque carecía de sentido del humor y era un hombre rudo. Pero el asesinato del heredero al trono imperial, clamaba por una venganza. Austria-Hungría decidió utilizar ese «escándalo» como pretexto para destruir a Serbia. Y para ello los austríacos necesitaban a su poderoso aliado, Alemania. Temían que si iban a la guerra contra Serbia, Rusia se aprestaría a defender a sus hermanos eslavos.

En ese momento tan crítico en que la vida de Europa pendía de un hilo, el káiser alemán Wilhelm II, le dio a Austria-Hungría un «cheque en blanco». Alemania respaldaría a Austria-Hungría, en lo que decidiera hacer con respecto a Serbia, decía el Káiser.[167]

Literalmente, Europa parecía estar sentada sobre un barril de pólvora. Si Austria-Hungría se movía contra Serbia, Rusia vendría al auxilio de Serbia. Y si Rusia entraba, Alemania podría declarar la guerra contra Rusia. Si Alemania atacaba a Rusia, Francia estaría obligada por sus tratados a correr en defensa de Rusia. Y si Francia era atacada, Gran Bretaña sentiría que su honor le mandaba defenderla. Si Gran Bretaña entraba en la guerra, también lo harían Canadá, Australia, Nueva Zelanda, Sudáfrica e India. Y en cuestión de días, lo que se había iniciado como un conflicto local, se convertiría en una guerra mundial.

Peor todavía era el hecho de que el gobernante de Alemania era el «mono con una navaja», o mejor dicho «mono con pólvora», que corría por el continente con explosivos en la mano. Una de las primeras acciones de Wilhelm II había sido la de «despedir al piloto», al sentir que podría marcar el rumbo sin ayuda, para librarse del «Canciller de hierro» Otto von Bismarck, en 1890. Bismarck jamás habría puesto en riesgo al Imperio Alemán por un conflicto en los Balcanes. «Los Balcanes en toda su extensión no valen siquiera lo que los huesos de un granadero de Pomerania», había dicho con desdén. Pero además, Birmarck había sido profético: «Si vuelve a haber guerra, provendrá de alguna estúpida situación en los Balcanes».

Ahora, mientras el Presidente asistía al funeral de la señora Wilson en Georgia, Europa rodaba cuesta abajo hacia la guerra. No sería un conflicto localizado ni limitado. Europa ya había visto muchas de esas guerras en el siglo posterior a la derrota de Napoleón en Waterloo, en 1815. Esta sería una guerra más terrible, más completa de lo que jamás se hubiera visto.

Varios siglos antes, los Estados Unidos recién asomaban en el horizonte mundial, como tierra de infinita oportunidad, y vital optimismo. Ahora, del otro lado del océano la desesperanza se apoderaba del corazón del Viejo Mundo, y la única oportunidad que podía verse era la de la destrucción. El secretario de asuntos exteriores de Gran Bretaña, Sir Edward Grey, habló sobre la callada anticipación que sentían todos los que sabían verdaderamente qué pasaba, ese mes de agosto de 1914:

«Las luces se están apagando, en toda Europa. Mientras vivamos, no volveremos a verlas brillar».

Notas

Capítulo 1: Rumbo al oeste (1492-1607)

.. Boorstin, Daniel J. (1989). *Los descubridores* (S. Lijtmaer, Trad.) Barcelona, España, Editorial Crítica. ISBN 978-84-8432-989-3.

2. Boorstin, p. 164.

3. Boorstin, p. 167.

:. Boorstin, p. 167.

·. Boorstin, p. 167.

·. Thomas, Hugh, *The Slave Trade: The Story of the Atlantic Slave Trade* [Tráfico de esclavos: historia del tráfico de esclavos en el Atlántico] 1440-1870, Simon & Schuster, New York, 1997, p. 21.

·. Thomas, p. 23.

·. Thomas, p. 43.

· Thomas, p. 44.

·0. Thomas, p. 46.

1. Morison, Samuel Eliot, Commager, Henry Steele, and Leuchtenburg, William E., *A Concise History of the American Republic* [Historia concisa de la república norteamericana] Oxford University Press, New York, 1977, p. 9.

2. Morison, Samuel Eliot, *The Great Explorers: The European Discovery of America* [Los grandes exploradores: Descubrimiento europeo de América] Oxford University Press, New York, 1978, p. 431.

3. Morison, p. 399.

4. Morison, p. 400.

5. Morison, p. 401.

6. Gately, Iain, *Tobacco* [Tabaco], Grove Press, New York, 2002.

7. Morison, p. 403.

8. Morison, p. 432.

9. Morison, p. 415.

0. Morison, p. 421.

1. Morison, p. 422.

2. Morison, p. 422.

3. Morison, p. 425.

4. Morison, p. 427.

25. Morison, p. 430.
26. Royal, Robert, *1492 and All That: Political Manipulations of History, Ethics and Public* [1492 y todo eso: manipulación política de la historia, la ética y la política] Policy Center, Washington, D.C., 1992, p. 121.
27. Royal, p. 73.
28. Ibeji, Dr. Mike, *Black Death: The Disease, "Origins"* [La peste negra, la enfermedad y sus orígenes] BBCi (online), 1 Enero 2001, p. 3.
29. Royal, p. 61.
30. Royal, p. 66.
31. Royal, p. 75.
32. Royal, p. 73.
33. Royal, p. 77.
34. Royal, p. 78.
35. Morison, p. 434.
36. Morison, p. 253.
37. Thomas, Hugh, *Conquest: Montezuma, Cortes, and the Fall of Old Mexico* [Conquista: Moctezuma, Cortes y la caída del Viejo México] Simon & Schuster, New York, 1993, p. 70.
38. Boorstin, p. 177.
39. Morison, Commager, p. 11.
40. Morison, Samuel Eliot, *The European Discovery of America: The Southern Voyages*, [Descubrimiento europeo de America: los viajes al sur] Oxford University Press, New York, 1974, p. 280.
41. Morison, The Southern Voyages, p. 281.
42. Morison, The Southern Voyages, p. 284.
43. Morison, The Southern Voyages, p. 289.
44. Morison, pp. 129-168.
45. Morison, pp. 177, 179.
46. Morison, p. 174.
47. Morison, p. 174.
48. Morison, p. 273.
49. Morison, p. 549.
50. Morison, p. 567.
51. Boorstin, p. 260.
52. Boorstin, p. 261.
53. Morison, pp. 594-595.
54. Morison, p. 597.
55. Morison, p. 598.
56. Boorstin, p. 261.
57. El texto en español ha sido tomado de: http://pobrezayriqueza.uniandes.edu.co/Documentos/Diaz.doc, acceso 24 de febrero de 2009.
58. Boorstin, p. 265.
59. Boorstin, p. 266.
60. Morison, p. 644.
61. Boorstin, p. 266.
62. Morison, Commager, p. 13.
63. Traducción libre de versión original en inglés, porción de Ricardo II, Segundo acto, Escena primera.
64. Morison, p. 683.
65. Morison, p. 691.
66. Morison, p. 694.
67. Morison, p. 696.

Capítulo 2: Una ciudad sobre una colina (1607-1765)

1. Oficina de la Secretaría del Estado, Comunidad de Massachussets, recurso en línea: http://www.sec.state.ma.us/pre/presea/sealhis.htm.
2. Fischer, David Hackett, *Albion's Seed: Four British Folkways in America* [La semilla de Albion: cuatro costumbres inglesas en América], Oxford University Press, New York, 1989, p. 355.
3. Brinkley, Douglas, *American Heritage History of the United States* [El legado americano: La historia de los Estados Unidos] Viking Penguin, New York, 1998, p. 30.
4. Mann, Charles C., *1491*, Knopf, New York, 2005, p. 58.
5. Brinkley, p. 30.
6. Brinkley, p. 30.
7. Tomado de: http://www.apva/org/history/pocahont.html.
8. Tomado de: http://www.apva/org/history/pocahont.html.
9. Tomado de: http://www.apva/org/history/pocahont.html.
10. Schlesinger, Arthur M. Jr., gen. ed., *The Almanac of American History* [Almanaque de la historia norteamericana], G.P. Putnam's Sons, New York, 1983, p. 34.
11. Morison, Samuel Eliot, Commager, Henry Steele, and Leuchtenberg, William E., *A Concise History of the American Republic* [Historia concisa de la república norteamericana], Oxford University Press, New York, 1977, p. 19.
12. Brinkley, p. 31.
13. Carnes, Mark C., gen. ed., *A History of American Life: Revised and Abridged* [Historia de la vida norteamericana: revisada y resumida],Simon & Schuster, Inc., New York, 1996, p. 107.
14. Schlesinger, p. 36.
15. Boorstin, Daniel J., *The Americans: The Colonial Experience* [Los americanos, experiencia colonial], Vintage Books, New York, 1958, p. 56.
16. Morison, Commager, p. 21.
17. Morison, Commager, p. 22.
18. Tomado de: http://pilgrims.net/plymouth/history.
19. Morison, Commager, p. 25.
20. Morison, Commager, p. 25.
21. Tomado de: http//pilgrims.net/native_americans/massasoit.html.
22. Mansfield, Harvey C. and Winthrop, Delba, eds., A*lexis de Tocqueville: Democracy in America*, University of Chicago Press, Chicago, 2000, p. 34.
23. Dreuillette, Gabriel, *The Narrative of the Journey made in behalf of the Mission of the Abnaquiois* [Narrativa del viaje en representación de la misión de los abanauiois], 1651, Pilgrim Hall Museum, Plymouth, Mass., www.pilgrimhall.org.
24. Morison, Commager, p. 26.
25. Brinkley, p. 34.
26. Fischer, p. 18.
27. McDougall, Walter A., *Meditations on a High Holy Day: The Fourth of July* [Meditaciones en un día santo, el cuatro de julio], tomado de: http://anglicanpck.org/resources/acu/July4McDougall.htm.
28. Fischer, p. 14.
29. Fischer, p. 13.
30. Niebuhr, Reinhold, *The Irony of American History* [La ironía de la historia norteamericana] Scribner Library of Contemporary Classics, reprinted ed., New York, 1952.
31. Tomado de: http://media.wiley.com/product_data/excerpt/53/04711516/0471151653.pdf.
32. Tomado de: http://www.nd.edu/~rbarger/www7/neprimer.html.
33. Tomado de: http://www.nd.edu/~rbarger/www7/neprimer.html.
34. Morison, Commager, p. 28.

35. Morison, Commager, p. 23.
36. Morison, Commager, p. 30.
37. Brinkley, p. 40.
38. Morison, Commager, p. 36.
39. Brinkley, p. 34.
40. Morison, Commager, p. 37.
41. Keegan, John, *Fields of Battle: The Wars for North America* [Campos de batalla, las guerras por Norteamérica] Random House, New York, 1995, p. 83.
42. Morison, Commager, p. 43.
43. Catholic Encyclopedia, www.newadvent.org/cathen/08420b.htm.
44. Catholic Encyclopedia, www.newadvent.org/cathen/08420b.htm.
45. Morison, Commager, p. 43.
46. Morison, Commager, p. 43.
47. Keegan, p. 103.
48. Keegan, p. 103.
49. Keegan, p. 105.
50. Morison, Commager, p. 51.
51. Morison, Commager, p. 51.
52. Tomado de: www.geocities.com/js_source/adframe04.html.
53. Isaacson, Walter, *Benjamin Franklin: An American Life* [BF: Una vida norteamericana], Simon & Schuster, New York, 2003, p. 110.
54. Tomado de: www.geocities.com/js_source/adframe04.html
55. Clark, Ronald, *Benjamin Franklin: A Biography,* Random House, New York, 1983, p. 18.
56. Clark, p. 20.
57. Morison, Commager, p. 56.
58. Ferling, John, *A Leap in the Dark: The Struggle to Create the American Republic* [Un salto en la oscuridad, las luchas por crear la república norteamericana], Oxford University Press, New York, 2003, p. 4.
59. Ferling, p. 6.
60. Ferling, p. 7.
61. Flexner, James Thomas, *Washington: The Indispensable Man* [Washington, el hombre indispensable), Little, Brown and Company, Boston, 1974, p. 16.
62. Flexner, p. 17.
63. Flexner, p. 17.
64. Flexner, p. 17.
65. Keegan, p. 109.
66. Flexner, p. 26.
67. Flexner, p. 26.
68. Keegan, p. 110.
69. Keegan, p. 114.
70. Keegan, p. 116.
71. Keegan, p. 122.
72. Keegan, p. 120.
73. Keegan, p. 130.
74. Tomado de: http://www.britannia.com/gov/primes/prime5.html.
75. Tomado de: http://www.number10.gov.uk/output/Page 167.asp.
76. Tomado de: http://www.britannia.com/gov/primes/prime5.html.
77. Clark, p. 157.
78. Tomado de: http://www.britannia.com/gov/primes/prime5.html.
79. Clark, p. 157.
80. Clark, p. 159.

Capítulo 3: La revolución de las revoluciones (1765-1783)

1. Isaacson, Walter, *Benjamin Franklin: An American Life*, Simon & Schuster, New York, 2003, p. 224.
2. Isaacson, p. 224.
3. Bobrick, Benson, *Angel in the Whirlwind: The Triumph of the American Revolution* [Angel en medio de un remolino. El triunfo de la revolución norteamericana], Penguin Books, New York, 1997, p. 72.
4. Morgan, Edmund S., *Benjamin Franklin*, Yale Nota Bene, New Haven, Conn., 2003, pp. 152-153.
5. Morgan, Edmund S., and Helen M.Morgan, *The Stamp Act Crisis* [La crisis de la ley de sellos], Collier, New York, 1967, p. 311.
6. Morison, Samuel Eliot, Steele, Henry Commager, and Leuchtenburg, William E. *A Concise History of the American Republic* [Historia concisa de la república norteamericana], Oxford University Press, New York, 1977, p. 68.
7. Morgan, Edmund S., *The Birth of the Republic: 1763-1789* [Nacimiento de la república], University of Chicago Press, Chicago, 1956, p. 19. Ferling, John, *A Leap in the Dark: The Struggle to Create the American Republic* [Un salto en la oscuridad, la lucha por crear la república norteamericana], Oxford University Press, New York, 2003, p. 31.
8. Mayer, Henry, *A Son of Thunder: Patrick Henry and the American Republic* [Hijo de trueno, Patrick Henry y la república norteamericana], University Press of Virginia, Charlottesville, 1991, p. 93.
9. Freeman, Douglas Southall, *George Washington: A Biography*, Vol. III, Charles Scribner's Sons, New York, 1951, p. 129.
10. Bobrick, p. 72.
11. Freeman, p. 136.
12. Freeman, p. 136.
13. Morgan, *Birth of the Republic*, p. 21.
14. Morgan, *Birth of the Republic*, p. 22.
15. Ferling, p. 35.
16. Morison, Commager, p. 69.
17. Ferling, p. 35.
18. Ferling, p. 35.
19. Morgan, *Birth of the Republic*, p. 17.
20. Robson, Eric, *The American Revolution in Its Political and Military Aspects, 1763-1783,* [Aspectos politicos y militares de la revolución norteamericana, 1763-1783], Norton Library,W.W. Norton & Co., Inc., New York, 1966.
21. Brinkley, Douglas, *The American Heritage History of the United States* [Historia de los Estados Unidos, legado norteamericano], Viking Penguin, New York, 1998, p. 54.
22. Ferling, p. 40.
23. Ferling, p. 40.
24. Ferling, p. 38.
25. Maier, Pauline, *From Resistance to Revolution: Colonial Radicals and the Development of Opposition to Britain, 1765-1776*, [De la resistencia a la revolución, radicales coloniales y el desarrollo de la oposición a Gran Bretaña, 1765-1776], W.W. Norton & Company, New York, 1991, p. 81.
26. McCullough, David, John Adams, Simon & Schuster, New York, 2001, p. 62.
27. Catton, Bruce and Catton,William B., *The Bold and Magnificent Dream: America's Founding Years, 1492-1815,* [Valiente y magnífico sueño: los años de la fundación de Norteamérica, 1492-1815], Gramercy Books, New York, 1978, p. 255.
28. Robson, p. 45.
29. Ferling, p. 40.

30. Catton and Catton, p. 264.
31. Ferling, p. 83.
32. Ferling, p. 83.
33. Catton and Catton, p. 259.
34. Robson, p. 63.
35. Robson, p. 64.
36. Robson, p. 65.
37. Robson, p. 64.
38. Maier, p. 114-115.
39. Maier, p. 114.
40. Robson, p. 65.
41. Ferling, p. 84.
42. Ferling, p. 71.
43. Clark, Ronald W., *Benjamin Franklin: A Biography*, Random House, New York, 1983, p. 8.
44. Bobrick, p. 86.
45. Bobrick, p. 86.
46. Robson, p. 66.
47. Catton and Catton, p. 267.
48. Robson, p. 67.
49. Catton and Catton, p. 268.
50. Catton and Catton, p. 268.
51. Ferling, p. 86.
52. Churchill, Winston S., *The Great Republic: A History of America* [La gran república, historia de Norteamerica], Random House.
53. Ferling, p. 106.
54. Ferling, p. 106.
55. Bobrick, p. 90.
56. Churchill, p. 62.
57. Bobrick, p. 91.
58. Catton and Catton, p. 269.
59. Middlekauff, Robert, *The Glorious Cause: The American Revolution, 1763-1789*, [Gloriosa causa: la revolución norteamericana], 1763-1789, Oxford University Press, New York, 1982, p. 207.
60. Flexner, James Thomas,Washington: *The Indispensable Man* [El hombre indispensable] Little, Brown, Co.,Boston, 1969, p. 58.
61. Ferling, p. 108.
62. Brands, H.W., *Franklin: The First American*, Doubleday, New York, 2000, pp. 464-490.
63. Catton and Catton, p. 272.
64. Brands, p. 488.
65. Brands, p. 488.
66. Fischer, David Hackett, *Paul Revere's Ride* [La cabalgata de Paul Revere], Oxford University Press, New York, 1994, p. 96.
67. Fischer, p. 104.
68. Fischer, p. 109.
69. Leckie, Robert, George *Washington's War: The Saga of the American Revolution*, HarperCollins, New York, 1993, p. 110.
70. Leckie, p. 110.
71. Leckie, p. 110.
72. Leckie, p. 115.
73. Catton and Catton, p. 279.
74. Churchill, p. 65.

75. Brands, p. 502.
76. Catton and Catton, p. 276.
77. Catton and Catton, p. 277.
78. Brands, p. 507.
79. Maier, Pauline, *American Scripture: Making the Declaration of Independence* [Cómo se formó la Declaración de la Independencia], Alfred A. Knopf, New York, 1997, p. 33.
80. Maier, American Scripture, p. 33.
81. Maier, American Scripture, p. 33.
82. Paine, Thomas, *Common Sense* [Sentido común], Barnes & Noble Books, New York, 1995, pp. 19-20.
83. Paine, p. 42.
84. Morison, Commager, p. 80.
85. Morison, Commager, p. 80.
86. Green, Ashbel, *The Life of the Revd. John Witherspoon* [Vida del reverendo John Witherspoon], ed. Henry Lyttleton Savage (Princeton, NJ, Princeton University Press, 1973), pp. 159-60.
87. Maier, *American Scripture*, p. 98.
88. Maier, *American Scripture*, p. 135.
89. Spalding, Matthew, ed., *The Founders' Almanac* [Almanaque de los fundadores], The Heritage Foundation, Washington, D.C., 2001.
90. Brands, p. 512.
91. Spalding, p. 230.
92. Leckie, p. 265.
93. McCullough, David, *1776*, Simon & Schuster, New York, 2005, p. 170.
94. McCullough, p. 175.
95. McCullough, p. 190.
96. McCullough, p. 191.
97. Flexner, James Thomas, *Washington: The Indispensable Man* [El hombre indispensable], Little, Brown, and Company, Boston, 1974, p. 84.
98. Fischer, David Hackett, *Washington's Crossing* [El cruce de Washington], Oxford University Press, New York, 2004, p. 108.
99. Brands, p. 527.
100. Churchill, p. 67.
101. Leckie, p. 329.
102. Leckie, p. 343.
103. Leckie, p. 401.
104. Catton and Catton, p. 307.
105. Leckie, p. 417.
106. Leckie, p. 419.
107. Royster, Charles, *A Revolutionary People at War: The Continental Army and American Character, 1775-1783*, [Un pueblo revolucionario en guerra, el ejército continental y el carácter norteamericano, 1775-1783], The University of North Carolina Press, Chapel Hill, N.C., 1986, p. 76.
108. Royster, p. 76.
109. Leckie, p. 492.
110. Leckie, p. 499.
111. Bobrick, p. 378.
112. McCullough, p. 304.
113. Leckie, p. 499.
114. Thomas, Evan, *John Paul Jones, Sailor, Hero, Father of the American Navy* [John Paul Jones, marinero, héroe y padre de la Armada norteamericana], Simon & Schuster, New York, 2003, p. 182.

115. Morison, Samuel Eliot, *John Paul Jones: A Sailor's Biography* [John Paul Jones, biografía de un marino], Northeastern University Press, Boston, 1959, p. 233.
116. Morison, *John Paul Jones*, p. 233.
117. Morison, *John Paul Jones*, p. 233.
118. Thomas, p. 188.
119. Thomas, p. 197.
120. Leckie, p. 546.
121. Leckie, p. 565.
122. Churchill, p. 74.
123. Bobrick, p. 416.
124. Bobrick, p. 419.
125. Churchill, p. 82.
126. Churchill, p. 82.
127. Bobrick, p. 402.
128. Bobrick, p. 402.
129. Bass, Robert D., *Swamp Fox: The Life and Campaigns of General Francis Marion* [El zorro de los pantanos, vida y campañas del general Francis Marion], Sandlapper Publishing Co, Inc., Orangeburg, S.C., 1974, p. 175.
130. Bass, p. 175.
131. Bobrick, p. 426.
132. National Park Service, Web site, www.nps.gov/cowpens.
133. National Park Service, Website, www.nps.gov./cowpens.
134. Keegan, John, *Fields of Battle: The Wars for North America* [Campos de batalla, las guerras de Norteamérica], Vintage Books, New York, 1997, p. 178.
135. Keegan, p. 178.
136. Catton and Catton, p. 319.
137. Bobrick, p. 448.
138. Bobrick, p. 452.
139. Keegan, p. 184.
140. Bobrick, p. 453.
141. Bobrick, p. 459.
142. Bobrick, p. 462.
143. Bobrick, p. 464.
144. Bobrick, p. 464.
145. Leckie, p. 658.
146. Leckie, p. 660
147. Flexner, p. 170.
148. Flexner, p. 174.
149. Flexner, p. 174.
150. Clark, Harrison, *All Cloudless Glory: Vol. II* [Toda Gloria, sin nubes] Regnery Publishing, Washington, D.C., 1996, p. 62.
151. Bobrick, p. 479.
152. Bobrick, p. 480.

Capítulo 4: Reflexión y decisiones: El marco de la Constitución (1783-1789)

1. Isaacson, Walter, *Benjamin Franklin: An American Life* [BF, una vida norteamericana] Simon & Schuster, New York, 2003, p. 420.
2. Isaacson, p. 421.
3. Brookhiser, Richard, *Alexander Hamilton, American*, The Free Press, New York, 1999, p. 78.

4. Bailyn, Bernard, David, Brion Davis, David, Herbert Donald, Thomas, John L., Wiebe, Robert H., and Wood, Gordon S., *The Great Republic: A History of the American People* [La Gran República: Historia del pueblo norteamericano] Little, Brown and Company, Boston, 1977, p. 302.
5. Bailyn et al., p. 302.
6. Morison, Samuel Eliot, Commager, Henry Steele, and Leuchtenburg, William S., *A Concise History of the American Republic* [Historia concisa de la república norteamericana] Oxford University Press, New York, 1977, p. 108.
7. Morison, Commager, p. 109.
8. Morison, Commager, p. 109.
9. Hitchens, Christopher, *Thomas Jefferson: Author of America*, HarperCollins, New York, 2005, p. 51.
10. Morris, Richard B., *Witnesses at the Creation: Hamilton, Madison, Jay and the Constitution* [Testigos de la creación: Hamilton, Madison, Jay y la Constitución] Holt, Rinehart and Winston, New York, 1985, p. 219.
11. Koch, Adrienne, *Jefferson & Madison: The Great Collaboration*, [Jefferson y Madison, la gran colaboración] Oxford University Press, New York, 1976, p. 15.
12. Koch, p. 30.
13. Koch, p. 30.
14. Morison, Commager, p. 111.
15. Rossiter, Clinton, *1787:The Grand Convention*, The Macmillan Company, New York, 1966, p. 47.
16. Bailey, Thomas A., *A Diplomatic History of the United States* [Historia diplomática de los Estados Unidos] Prentice-Hall, Inc.,Englewood Cliffs, N. J., 1980, p. 61.
17. Bailey, p. 61.
18. Bailey, p. 62.
19. Kukla, Jon, *A Wilderness So Immense: The Louisiana Purchase and the Destiny of America*, [Un desierto tan inmenso: la compra de Louisiana y el destino de Norteamérica] Alfred A. Knopf, New York, 2003, p. 91.
20. Kukla, p. 90.
21. Morison, Commager, p. 113.
22. Morison, Commager, p. 113.
23. Rossiter, p. 56.
24. Mayer, Henry, *A Son of Thunder: Patrick Henry and the American Republic*, The University Press of Virginia, New York, 1991, p. 375.
25. Peterson, Merrill D., ed., *Thomas Jefferson: Writings*, Literary Classics of America [Escritos de Thomas Jefferson, clásicos literarios de Norteamérica] New York, 1984, p. 882.
26. Ketchum, Ralph, *James Madison: A Biography* [James Madison, biografía] University Press of Virginia, New York, 1990, p. 186.
27. Van Doren, Carl, *The Great Rehearsal* [El gran ensayo] The Viking Press, New York, 1948, p. 7.
28. Mayer, p. 375.
29. Van Doren, p. 6.
30. Rossiter, p. 41.
31. Ketcham, p. 183.
32. Van Doren, p. 5.
33. Bowen, Catherine Drinker, *Miracle at Philadelphia: The Story of the Constitutional Convention, May to September, 1787* [Milagro en Filadelfia: historia de la convención constituyente, mayo a septiembre de 1787] The American Past/Book-of-the-Month Club, Inc., New York, 1986, p. 20.
34. Van Doren, p. 5.
35. Bowen, p. 20.

36. Flexner, p. 203.
37. Peterson, p. 908.
38. Ketcham, p. 195.
39. Bowen, p. 24.
40. Bowen, p. 106.
41. Bowen, p. 131.
42. Morison, Commager, p. 114.
43. Koch, p. 53.
44. Koch, p. 53.
45. Brands, H.W., *The First American: The Life and Times of Benjamin Franklin* [El primer norteamericano, vida y tiempos de Benjamin Franklin] Doubleday, New York, 2000, p. 678.
46. Bowen, p. 83.
47. Bowen, p. 32.
48. Bowen, p. 187.
49. West, Thomas G., *Vindicating the Founders: Race, Sex, Class, and Justice in the Origin of America* [Reivindicación de los fundadores: raza, sexo, clase y justicia en los orígenes de los Estados Unidos] Rowman & Littlefield Publishers, Inc., Lanham, Maryland, 1997, p. 17.
50. Rossiter, pp. 32-33.
51. Rossiter, p. 32.
52. Bowen, p. 201.
53. Bowen, p. 201.
54. Morris, p. 215.
55. Bowen, p. 201.
56. Bowen, p. 202.
57. Morris, p. 216.
58. Morris, p. 216.
59. Jaffa, Harry V., *A New Birth of Freedom* Abraham Lincoln and the Coming of the Civil War, [Nuevo nacimiento de la libertad] Rowman & Littlefield Publishers, Inc., New York, 2000, p. 265.
60. Brands, p. 690.
61. Brands, p. 689.
62. Ketcham, p. 202.
63. Bowen, pp. 98-99.
64. Morgan, Edmund S., *The Meaning of Independence: John Adams, George Washington and Thomas Jefferson* [El significado de la independencia] W.W. Norton & Company, New York, 1976, p. 29.
65. Van Doren, p. 15.
66. Brands, p. 691.
67. Bowen, p. 29.
68. Brookhiser, p. 72.
69. Brookhiser, p. 72.
70. Brookhiser, p. 162.
71. Morison, Commager, p. 121.
72. Morison, Commager, p. 121.
73. Ketcham, p. 266.
74. Noonan, John, *The Lustre of Our Country: The American Experience of Religious Freedom* [El brillo de nuestro país: la experiencia norteamericana de la libertad religiosa] University of California Press, Berkeley, CA, 1998, p. 2.
75. Noonan, p. 4.
76. Morison, Commager, p. 121.
77. Mayer, pp. 436-437.

78. Brookhiser, p. 74.
79. Morison, Commager, p. 121.
80. Morison, Commager, p. 121.
81. Brookhiser, p. 74.

CAPÍTULO 5: LA NUEVA REPÚBLICA (1789-1801)

1. Flexner, James Thomas, *Washington: The Indispensable Man* [Washington, el hombre indispensable], Little, Brown and Company, Boston, 1974, p. 215.
2. Flexner, p. 215.
3. Hunt, John Gabriel, ed., *The Inaugural Addresses of the Presidents* [Discursos de asunción de los Presidentes] Gramercy Books, New York, 1995, p. 6.
4. Catton, Bruce and Catton, William B., *The Bold and Magnificent Dream: America's Founding Years, 1492-1815,* [Valiente y magnífico sueño: los años de la fundación de los Estados Unidos, 1492-1815], Gramercy Books, New York, p. 393.
5. McCullough, David, *John Adams*, Simon & Schuster, New York, 2001, pp. 405-406.
6. McCullough, p. 406.
7. McCullough, p. 408.
8. Bailyn, Bernard, Davis, David Brion, David, Herbert Donald, Thomas, John L., Wiebe, Robert H., and Wood, Gordon S., *The Great Republic: A History of the American People* [La gran república, historia del pueblo norteamericano] Little, Brown & Co., Boston, 1977, p. 344.
9. Morison, Samuel Eliot, Commager, Henry Steele, and Leuchtenburg, William S., *A Concise History of the American Republic* [Historia concisa de la república norteamericana] Oxford University Press, New York, 1977, p. 128.
10. McCullough, pp. 406-407.
11. Jaffa, Harry V., *A New Birth of Freedom: Abraham Lincoln and the Coming of the Civil War* [Nuevo nacimiento de la libertad: AL y la llegada de la Guerra Civil] Rowman & Littlefield Publishers, Inc., Lanham,MD, 2000, p. 491.
12. Rhodehamel, John, ed., *George Washington: Writings* [Escritos de George Washington] The Library of America, New York, 1997, p. 767.
13. Ketcham, Ralph, *James Madison: A Biography*, University Press of Virginia, New York, 1990, p. 290.
14. Ketcham, p. 290.
15. Koch, Adrienne, *Jefferson & Madison: The Great Collaboration* [Jefferson & Madison, la gran colaboración] Oxford University Press, New York, 1976, p. 41.
16. Tomado de: http://www.jmu.edu/madison/center/main_pages/madison_archives/era/parties/power/partnership.htm.
17. Ferling, John, *A Leap in the Dark: The Struggle to Create the American Republic* [Un salto en la oscuridad: la lucha por crear la república norteamericana] Oxford University Press, New York, 2003, p. 324.
18. Flexner, p. 386.
19. Flexner, p. 386.
20. Flexner, p. 258.
21. Flexner, p. 258.
22. Flexner, p. 259.
23. Ferling, p. 34.
24. Flexner, p. 268.
25. McDonald, Forrest, *The American Presidency: An Intellectual History* [Presidencia norteamericana: una historia intelectual] University Press of Kansas, Lawrence, KN, 1994, p. 230.

26. McDonald, p. 230.
27. McDonald, p. 230.
28. Brookhiser, Richard, *Alexander Hamilton: American*, The Free Press, New York, 1999, p. 104.
29. Brookhiser, p. 104.
30. Carta de Jefferson a Lafayette, 2 de abril de 1790.
31. Stanlis, Peter J., ed., *Edmund Burke: Selected Speeches and Writings* [Edmund Burke, discursos y escritos selectos] Regnery Publishing, Washington, DC, 1997, p. 515.
32. Elkins, Stanley and McKitrick, Eric, *The Age of Federalism: The Early American Republic, 1788-1800* [La era del federalismo. Inicios de la república norteamericana, 1788-1800], Oxford University Press, New York, 1993, p. 332.
33. Catton and Catton, p. 421.
34. Elkins and McKitrick, p. 342.
35. Elkins and McKitrick, p. 336.
36. Elkins and McKitrick, p. 340.
37. Elkins and McKitrick, p. 340.
38. Peterson, Merrill D., *Thomas Jefferson: Writings*, Library of America, New York, 1984, p. 1004.
39. Bailey, Thomas, *A Diplomatic History of the American People* [Historia diplomática del pueblo norteamericano], Prentice-Hall, Inc., Englewood Cliffs, NJ, 1980, p. 72.
40. Elkins and McKitrick, p. 346.
41. Elkins and McKitrick, p. 356.
42. Elkins and McKitrick., p. 358.
43. Bailey, p. 87.
44. Bailey, p. 88.
45. Bailey, p. 88.
46. Bailey, p. 87.
47. Morison, Commager, p. 137.
48. Tomado de: BBC Web site, http://www.bbc.co.uk/dna/h2g2/alabaster/A481682, General "Mad Anthony"Wayne.
49. Morison, Commager, p. 138.
50. Morison, Commager, p. 138.
51. Catton and Catton, p. 426.
52. McDonald, p. 240.
53. Elkins and McKitrick, p. 481.
54. Morison, Commager, p. 139.
55. McDonald, p. 241.
56. Catton and Catton, p. 427.
57. Bailey, Thomas A., *A Diplomatic History of the American People*, Prentice-Hall, Inc., Englewood Cliffs, NJ, 1980, p. 78.
58. Ferling, John, *A Leap in the Dark: The Struggle to Create the American Republic*, Oxford University Press, New York, 2003, p. 380.
59. Ferling, p. 380.
60. Ferling, p. 380.
61. Bailey, p. 79.
62. Bailey, p. 79.
63. Elkins and McKitrick, p. 483.
64. Bailey, p. 80.
65. Rodehamel, p. 971.
66. McCullough, p. 469.
67. McCullough, p. 469.

58. Furet, Francois and Ozouf, Mona, eds., trans. by Arthur Goldhammer, *A Critical Dictionary of the French Revolution*, [Diccionario crítico de la Revolución Francesa]The Belknap Press of Harvard University Press, Cambridge, 1989, p. 143.
59. Furet and Ozouf, p. 145.
70. Morison, Commager, p. 143.
71. Zvesper, John, *From Bullets to Ballots: The Election of 1800 and the First Peaceful Transfer of Political Power* [De las balas a los votos: la elección de 1800 y la primera transferencia pacífica del poder político] The Claremont Institute, Claremont, CA, 2003, p. 100.
72. Elkins and McKitrick, p. 694.
73. Churchill, Winston S., *The Great Republic: A History of America*, Random House, New York, 1999, p. 103.
74. Ferling, p. 422.
75. Elkins and McKitrick, p. 729.
76. Peterson, Merrill D., *Thomas Jefferson: Writings*, The Library of America, New York, 1984, p. 455.
77. Elkins and McKitrick, p. 721.
78. Elkins and McKitrick, p. 723.
79. Jaffa, p. 59.
80. Bailey, p. 95.
81. Bailey, p. 98.
82. Bailey, p. 98.
83. McCullough, David, *John Adams*, Simon & Schuster, New York, 2001, p. 586.
84. McCullough, p. 567.
85. Elkins and McKitrick, p. 744.
86. Elkins and McKitrick, p. 242.
87. Koch, p. 212.
88. Elkins and McKitrick, p. 736.
89. McCullough, p. 549.
90. McCullough, p. 550.
91. McCullough, p. 548.
92. Catton and Catton, p. 443.
93. Elkins and McKitrick, p. 747.
94. Elkins and McKitrick, p. 744.
95. McCullough, p. 562.
96. Hunt, John Gabriel, ed., *The Inaugural Addresses of the Presidents* [Discursos de Asunción de los presidentes] Gramercy Books, New York, 1995, p. 25.
97. Koch, p. 217.
98. Jaffa, p. 61.

Capítulo 6: Los jeffersonianos (1801-1829)

Conversación con Stephen Breyer, John F. Kennedy School of Government, 21 de septiembre de 2003, tomado de: http://www.jfklibrary.org/forum_breyer.html.
Roosevelt, Theodore, *The Naval War of 1812* [La Guerra naval de 1812], Naval Institute Press, Annapolis, MD, 1987, p. 405.
Dreisbach, Daniel, L., Thomas Jefferson and the Wall of Separation [TJ y el muro de separación] New York University Press, New York, 2002, p. 10.
Dreisbach, p. 12.
Dreisbach, p. 12.
Dreisbach, p. 45.

7. Dreisbach, p. 48.
8. Dreisbach, p. 19.
9. Dreisbach, p. 19.
10. Dreisbach, p. 18.
11. Peterson, Merrill D., ed., Thomas Jefferson: Writings, The Library of America, New York, 1984, p. 1082.
12. Peterson, p. 1082.
13. Peterson, The New Nation [La nueva nación], p. 704.
14. Peterson, The New Nation, p. 704.
15. McCullough, David, John Adams, Simon & Schuster, New York, 2001, p. 583.
16. Peterson, The New Nation, p. 708.
17. Whipple, A.B.C., *To the Shores of Tripoli: The Birth of the U.S. Navy and Marines* [A las costas de Tripoli: Nacimiento de la Armada Estadounidense y los Marines], William Morrow and Company, Inc., New York, 1991, p. 20.
18. Hitchens, Christopher, *Thomas Jefferson: Author of America* [TJ, autor de los Estados Unidos], HarperCollins Publishers, New York, 2005, p. 126.
19. Hitchens, p. 128.
20. Hitchens, p. 129.
21. Whipple, p. 27.
22. Morison, Samuel Eliot, *The Oxford History of the American People* [Historia Oxford del pueblo norteamericano], Vol. 2, Penguin Books, New York, 1994, p. 89.
23. McDonald, Forrest, *The Presidency of Thomas Jefferson*, University of Kansas Press, Lawrence, KN, 1976, p. 77.
24. Peterson, The New Nation, p. 799.
25. Morison, p. 89.
26. Whipple, p. 282.
27. Wheelan, Joseph, *Jefferson's War: America's First War on Terror* [La Guerra de Jefferson, primera Guerra de los norteamericanos contra el terror], 1801-1805, Carroll & Graf Publishers, New York, 2003, p. 363.
28. Wheelan, p. 368.
29. Ambrose, Stephen E. and Abell, Sam, *Lewis & Clark: Voyage of Discovery* [L&C, viaje de descubrimiento], National Geographic Society, Washington, DC, 1998, p. 28.
30. Morison, p. 90.
31. Fleming, Thomas, *The Louisiana Purchase* [La compra de Louisiana], John Wiley & Sons, Inc., Hoboken, NJ, 2003, p. 110.
32. Fleming, p. 117.
33. Fleming, p. 117.
34. Fleming, p. 80.
35. Fleming, p. 86.
36. Ketcham, Ralph, James Madison: A Biography, University of Virginia Press, Charlottesville, VA, 1990, p. 417.
37. Fleming, p. 120.
38. Fleming, p. 134.
39. Kukla, Jon, *A Wilderness So Immense: The Louisiana Purchase and the Destiny of America* [Un desierto tan inmenso: La compra de Louisiana y el destino de Norteamérica], Alfred A. Knopf, New York, 2003, p. 286.
40. Kukla, p. 286.
41. Morison, p. 92.
42. Fleming, p. 135.
43. Fleming, p. 162.
44. Kukla, p. 294.
45. Ketcham, p. 421.

46. Fleming, p. 141.
47. Kukla, p. 274.
48. Ketcham, p. 421.
49. Bailey, Thomas A., *A Diplomatic History of the American People* [Historia diplomática del pueblo norteamericano], Prentice-Hall, Inc., Englewood Cliffs, NJ, 1980, p. 112.
50. Ambrose and Abell, p. 40.
51. Kukla, p. 296.
52. Cerami, Charles A., Jefferson's Great Gamble [La gran apuesta de Jefferson], Sourcebooks, Inc., Napierville, IL, 2003, p. 205.
53. Ambrose and Abell, p. 28.
54. Ambrose and Abell, p. 37.
55. Ambrose and Abell, p. 37.
56. Ambrose, Stephen E., Undaunted Courage: Meriwether Lewis, Thomas Jefferson, and the Opening of the American West, [Coraje sin igual, Meriwether Lewis, Thomas Jefferson y la apertura del oeste norteamericano], Simon & Schuster, New York, 1996, p. 99.
57. Ambrose and Abell, p. 36.
58. Morison, p. 92.
59. Ambrose and Abell, p. 143.
60. Ambrose, p. 154.
61. Ambrose, p. 171.
62. Morison, p. 93.
63. Ambrose, p. 89.
64. Morison, p. 94.
65. Brookhiser, p. 211.
66. Holland, Barbara, *Gentlemen's Blood* [Sangre de caballeros] Bloomsbury, New York, 2003, pp. 113-115.
67. Brookhiser, Richard, Alexander Hamilton, American, The Free Press, New York, 1999, p. 211.
68. Brookhiser, p. 213.
69. Brookhiser, p. 213.
70. Brookhiser, p. 214.
71. McDonald, p. 87.
72. Koch, Adrienne, *Jefferson & Madison: The Great Collaboration* [J y M, la gran colaboración], Oxford University Press, New York, 1976, p. 228.
73. Jefferson, Thomas, *Autobiography,* Capricorn, New York, 1959, p. 92.
74. McDonald, p. 90.
75. McDonald, p. 91.
76. Peterson, The New Nation, p. 796.
77. McDonald, p. 93.
78. Morison, p. 95.
79. Fleming, Thomas, Duel: *Alexander Hamilton, Aaron Burr, and the Future of America* [AH, AB y el futuro de Norteamérica] Basic Books, New York, 1999, p. 383.
80. Morison, p. 95.
81. Morison, p. 96.
82. Fleming, Duel, p. 385.
83. Fleming, Duel, p. 392.
84. Morison, p. 96.
85. Fleming, Duel, p. 392.
86. Fleming, Duel, p. 392.
87. Morison, p. 99.
88. Morison, p. 98.
89. McDonald, p. 106.

90. McDonald, p. 106.
91. Peterson, p. 528.
92. Peterson, The New Nation, p. 920.
93. Ketcham, p. 482.
94. Morison, p. 105.
95. Morison, p. 105.
96. Utley, Robert M. and Washburn, Wilcomb E., *Indian Wars* [Las guerras indias], Houghton Mifflin Company, Boston: 1977, p. 117.
97. Morison, p. 109.
98. Utley and Washburn, p. 121.
99. Leckie, Robert, *The Wars of America* [Las guerras de Norteamérica], Harper & Row, Publishers, New York, 1981, p. 233.
100. Leckie, p. 232.
101. Morison, p. 109.
102. Morison, p. 111.
103. Morison, p. 113.
104. Berton, Pierre, The Invasion of Canada: [La invasión de Canadá], 1812-1813, Penguin Books Canada, Ltd., Toronto, 1980, p. 254.
105. Berton, p. 256.
106. Berton, pp. 257-259.
107. Berton, Pierre, *Flames Across the Border* [Frontera en llamas], 1813-1814, Penguin Books Canada, Ltd., Toronto, 1981, pp. 85-87.
108. Morison, p. 121.
109. Morison, p. 121.
110. Leckie, p. 288.
111. Lord,Walter, *The Dawn's Early Light* [Primeras luces del amanecer], Johns Hopkins University Press, Baltimore, MD, 1972, pp. 72-73.
112. Lord, p. 176.
113. Lord, p. 176.
114. Lord, p. 182.
115. Leckie, p. 296.
116. Leckie, p. 296.
117. Leckie, p. 298.
118. Remini, Robert V., *The Life of Andrew Jackson* [La vida de Andrew Jackson], Penguin Books, New York, 1988, pp. 72-72.
119. Morison, p. 124.
120. Remini, p. 84.
121. Morison, p. 129.
122. Morison, p. 125.
123. Remini, Robert V., *The Battle of New Orleans: Andrew Jackson and America's First Military Victory* [La batalla de Nueva Orleans, Andrew Jackson y la primera Victoria militar de Norteamérica], Penguin Books, New York, 1999, pp. 66-68.
124. Remini, Battle, p. 189.
125. Leckie, p. 310.
126. Remini, Robert V., *The Battle of New Orleans* [La batalla de Nueva Orleans], Penguin Books, New York, 1999, p. 88.
127. Remini, Battle, p. 88.
128. Remini, Battle, p. 88.
129. Remini, Battle, p. 88.
130. Remini, Life, p. 99.
131. Morison, p. 126.
132. Remini, Life, p. 104.

133. Remini, Battle, p. 152.
134. Remini, Battle, p. 142.
135. Remini, Battle, p. 142.
136. Remini, Battle, p. 157.
137. Remini, Life, p. 105.
138. Remini, Battle, p. 192.
139. Remini, Battle, p. 199.
140. Morison, p. 128.
141. Remini, Life, p. 121.
142. Remini, Life, p. 122.
143. Morison, p. 145.
144. Remini, Robert V., Henry Clay: *Statesman for the Union* [Estadista por la Unión], W.W. Norton & Company, New York, 1991, p. 165.
145. Remini, Henry Clay: Statesman for the Union, p. 165.
146. Morison, p. 139.
147. Peterson,Writings, p. 1434.
148. Peterson,Writings, p. 1434.
149. Bailey, p. 181.
150. Bailey, p. 182.
151. Bailey, p. 185.
152. Morison, p. 157.
153. Morison, p. 156.
154. Bennett,William J., ed., Our Sacred Honor [Nuestro sagrado honor], Simon & Schuster, New York, 1997, p. 413.
155. Young, Daniel, The Cavalier Daily, 13 April 2005, tomado de: http://www.cavalierdaily.com/CVArticle.asp?ID=23175&pid=1288.
156. Young, tomado de: http://www.cavalierdaily.com/CVArticle.asp?ID=23175&pid=1288.
157. Koch, Adrienne, Jefferson and Madison: T*he Great Collaboration* [La gran colaboración] Koneckey & Konecky, Old Saybrook, CN, p. 260.
158. McCullough, David, John Adams, Simon & Schuster, New York, 2001, p. 603.
159. Peterson,Writings, p. 1517.
160. McCullough, p. 646.

Capítulo7: Jackson y la democracia (1829-1849)

1. Remini, Robert V., *The Life of Andrew Jackson* [La vida de AJ] Penguin Books, New York, 1988, p. 44.
2. Remini, Robert V., *Henry Clay: Statesman for the Union* [HC, estadista en favor de la Unión] W.W. Norton & Company, New York, 1991, p. 271.
3. Remini, Clay, p. 266.
4. 4.Morison, Samuel Eliot, *The Oxford History of the American People* [Historia del pueblo norteamericano], Volume 2: 1789- Reconstruction, Penguin Books, New York, 1994, p. 159.
5. Remini, Robert V., John Quincy Adams, Henry Holt & Company, New York, 2002, p. 123.
6. Remini, Robert V., The Jacksonian Era [La era jacksoniana], Harlan Davidson, Inc., Arlington Heights, IL, 1989, p. 13.
7. Holland, Barbara, *Gentlemen's Blood* [Sangre de caballeros] Bloomsbury, New York, 2003, pp. 51.
8. Remini, pp. 53-54.
9. Remini, John Quincy Adams, p. 127.

10. McDonald, Forrest, *The American Presidency: An Intellectual History* [La presidencia norteamericana, una historia intelectual], University Press of Kansas, Lawrence, KN, 1994, p. 317.
11. Remini, Era, p. 20.
12. Morison, p. 163.
13. Tomado de: http://college.hmco.com/history/readerscomp/gahff/html/ff_108500_kitchencabin.htm.
14. Remini, Life, p. 190.
15. Remini, Life, p. 191.
16. Remini, Life, p. 11.
17. Morison, p. 167.
18. Burstein, Andrew, *The Passions of Andrew Jackson* [Las pasiones de AJ], Alfred A. Knopf, New York, 2003, p. 175.
19. Peterson, Merrill D., *The Great Triumvirate: Webster, Clay, and Calhoun* [El gran triunvirato: Webster, Clay y Calhoun], Oxford University Press, New York, 1987, p. 19.
20. Peterson, p. 19.
21. Coit,Margaret L., *John C. Calhoun: American Portrait* [JC, retrato norteamericano], Houghton Mifflin Company, Boston, MS, 1950, p. 35.
22. Coit, p. 24.
23. Coit, p. 28.
24. Peterson, p. 23.
25. Coit, p. 44.
26. Coit, p. 45.
27. Peterson, p. 18.
28. Hofstadter, Richard, *The American Political Tradition: And the Men Who Made It* [Tradición política de Norteamérica, y los hombres que la formaron], Vintage Books, New York, 1948, p. 74.
29. Peterson, p. 236.
30. Peterson, p. 236.
31. Hofstadter, p. 74.
32. Peterson, p. 27.
33. Hofstadter, p. 75.
34. Hofstadter, p. 78.
35. Coit, p. 397.
36. Hofstadter, p. 79.
37. Remini, Life, p. 195.
38. Ketcham, p. 641.
39. Freehling,William W., *Prelude to Civil War: The Nullification Controversy in South Carolina* [Preludio a la Guerra Civil, controversia por la anulación en Carolina del Sur], 1816-1836, Harper & Row, Publishers, New York, 1966, p. 192.
40. Ketcham, Ralph, James Madison: A Biography, University Press of Virginia, Charlottesville, VA, 1990, pp. 640-641.
41. Farber, Daniel, Lincoln's Constitution, University of Chicago Press, Chicago, 2003, p. 67.
42. Freehling, p. 193.
43. Remini, Era, p. 66.
44. Remini, Life, p. 239.
45. Remini, Life, p. 239.
46. Remini, Era, p. 66.
47. Morison, p. 177.
48. Remini, Era, p. 68.
49. Freehling, p. 53.
50. Freehling, p. 11.

51. Freehling, p. 53.
52. Remini, Life, p. 235.
53. Remini, Life, p. 236.
54. Freehling, p. 157.
55. Remini, Era, p. 68.
56. Remini, Era, p. 69.
57. Morison, p. 254.
58. Remini, Era, p. 41.
59. Morison, p. 188.
60. Remini, Life, p. 219.
61. Morison, p. 192.
62. Remini, Era, p. 45.
63. Bailyn, Bernard, Davis, David Brion, David, Herbert Donald, Thomas, John L., Wiebe, Robert H., and Wood, Gordon S., *The Great Republic: A History of the American People* [La Gran República, historia del pueblo norteamericano], Little, Brown and Company, Boston, 1977, p. 439.
64. Utley, Robert M. y Washburn, Wilcomb E., *Indian Wars* [Guerras indias] Houghton Mifflin Company, Boston, 1977, p. 137.
65. Utley y Washburn, p. 138.
66. Morison, p. 189.
67. Remini, Era, p. 51.
68. Utley y Washburn, p. 139.
69. Morison, p. 192.
70. Morison, p. 193.
71. Remini, Life, p. 218.
72. Morison, p. 193.
73. Tocqueville, Alexis de, Democracy in America, trans., ed., with an introduction by Harvey Mansfield, The University of Chicago Press, Chicago y Londres, 2000, p. 309.
74. Tocqueville, pp. 310-311.
75. Peterson, p. 208.
76. Remini, Life, p. 229.
77. Schlesinger, Arthur M. Jr., *The Age of Jackson* [La era de Jackson] Little, Brown and Company, Boston, 1945, p. 113.
78. Morison, p. 180.
79. Remini, Life, p. 229.
80. Peterson, p. 239.
81. Remini, Life, p. 272.
82. Freehling, p. 84.
83. Remini, John Quincy Adams, p. 143.
84. Remini, John Quincy Adams, p. 140.
85. Remini, John Quincy Adams, p. 134.
86. Morison, p. 276.
87. Remini, John Quincy Adams, p. 147.
88. Remini, John Quincy Adams, p. 148.
89. Tomado de: http://www.law.umkc.edu/faculty/projects/ftrials/amistad/AMI_SCT2.HTM.
90. Morison, p. 276.
91. Morison, p. 209.
92. Morison, p. 211.
93. Bailyn et al., p. 598.
94. Morison, p. 318.
95. Bailyn et al., p. 599.

96. Bailyn et al., p. 599.
97. Peterson, p. 353.
98. Peterson, p. 373.
99. Peterson, p. 352.
100. Peterson, p. 352.
101. Morison, p. 319.
102. Morison, p. 303.
103. 103. DeVoto, Bernard, *The Year of Decision* [El año de la decision], 1846, Houghton Mifflin Company, Boston, 1942, p. 55.
104. DeVoto, p. 65.
105. Morison, p. 308.
106. Leckie, Robert, *The Wars of America* [Las guerras de Norteamérica] Harper & Row, Publishers, New York, 1981, p. 325.
107. Bailey, Thomas A., *A Diplomatic History of the American People* [Historia diplomatic del pueblo norteamericano] Prentice-Hall, Inc., Englewood Cliffs, NJ, 1980, p. 228.
108. Bailey, p. 229.
109. Bailey, p. 235.
110. Leckie, p. 325.
111. Bailey, p. 254.
112. Leckie, p. 326.
113. Morison, p. 323.
114. Morison, p. 321.
115. Leckie, p. 326.
116. Leckie, p. 327.
117. Leckie, p. 327.
118. Bailey, p. 259.
119. Bailey, p. 259.
120. Morison, p. 325.
121. Morison, p. 325.
122. Morison, p. 325.
123. Cain, William E., ed.,*William Lloyd Garrison and the Fight Against Slavery* [WLG y la lucha contra la esclavitud], Bedford Books of St.Martin's Press, Boston, 1995, p. 115.
124. Morison, p. 327.
125. Leckie, p. 374.
126. Leckie, p. 375.
127. Tomado de: http://www.infoplease.com/ipa/A0004615.html.
128. DeVoto, pp. 472-476.
129. Morison, p. 325.
130. Morison, p. 330.
131. Remini, John Quincy Adams, p. 155.
132. Cain, p. 121.

Capítulo 8: La tormenta en ciernes (1849-1861)

1. Graebner, Norman A., *Empire on the Pacific: a study in Continental Expansion* [El imperio en el Pacífico, estudio de la expansión continental], Regina Books, Claremont Calif.: 1983, pp. 224-225.
2. McPherson, James M. *The illustrated battle cry of freedom: the Civil War Era,* [El ilustrado grito de batalla de la libertad, la era de la Guerra civil], Oxford University Press, New York: 2008, p. 51.

3. Boritt, Gabor S., ed., *The Historian's Lincoln*, University of Illinois Press, Urbana and Chicago, Ill.:1988, p.6
4. Boritt, p. 6.
5. Cooper, John S., "The Free Soil Campaign of 1848," online article: http://www.suite101. com/article.cfm/presidents_and_first_ladies/59853.
6. Cooper.
7. Morison, Samuel Eliot, *The Oxford History of the American People: Volume Two*, Penguin Books, New York: 1994, p. 334.
8. Brands, H. W., *The age of gold: the California gold rush and the new American Dream*, [La fiebre del oro y el nuevo sueño americano], Doubleday, New York: 2002, p. 63.
9. Brands, p. 48.
10. Brands, p. 46.
11. Peterson, Merrill D., *The great triumvirate: Webster, Clay and Calhoun* [El gran triunvirato], Oxford University Press, New York: 1987, p. 452.
12. Peterson, p. 461.
13. McPherson, p. 60.
14. McPherson, p. 53.
15. Peterson, p. 460.
16. Peterson, p. 456.
17. Peterson, p. 455.
18. Peterson, p. 456.
19. Bartlett's Familiar Quotations, online edition, http://www.bartleby. com/100/348.4.html.
20. Bartlebly's online quotations, http://www.bartleby.com/66/17/37317.html.
21. Tomado de:http://www.dartmouth.edu/-dwebster/speeches/sevent-march.html.
22. Peterson, p. 463.
23. Morison, p. 332.
24. Morison, p. 334.
25. Jaffa, Harry V., *A new birth of freedom: Abraham Lincoln and the coming of the civil war* [Nuevo nacimiento de la libertad, AL y el principio de la guerra civil]. Roman & Littlefield Publishers, Inc., Lanham, Md.: 2000, p. 212.
26. Jaffa, p. 213.
27. Peterson, p. 466.
28. Morison, p. 339.
29. McPherson, p. 74.
30. McPherson, p. 74.
31. Morison, p. 336.
32. McPherson, p. 57.
33. Peterson, p. 472.
34. Morison, pp. 338-339.
35. Peterson, p. 467.
36. Peterson, p. 496.
37. Vance, James E.Jr., *The North American Railroad: Its origin, evolution and geography* [Ferrocarriles norteamericanos, origen, evolución y geografía], The Johns Hopkins University Press, Baltimore, Md.:1995, p. 32.
38. Vance, p. 95.
39. Vance, p. 107.
40. Morison, p. 342.
41. Carnes, Mark C., gen. ed., *A history of American life*, revised and abridged, Simon & Schuster, Inc., New York: 1996, p. 530.
42. Carnes, p. 532.
43. Carnes, p. 530-532.

44. McFeely, William S., *Frederick Douglass*, Simon & Schuster, New York: 1991, p. 93.
45. Stampp, Kenneth M., *America in 1857: a nation on the bri*nk [EEUU en 1857, nación al borde], Oxford University Press, New York:1990, p. 215.
46. Faust, Patricia L., ed., *Historical Times Illustrated Encyclopedia of the Civil War*, Harper and Row, New York: 1986, p. 609.
47. Carnes, p. 537.
48. Carnes, p. 537.
49. Morison, p. 217.
50. Morison, p. 340.
51. Morison, p. 340.
52. Carnes, p. 646.
53. Morison, p. 272.
54. Carnes, p. 646.
55. Morison, p. 359.
56. Morison, p. 341.
57. Tomado de:http://americancivilwar.com/women/hbs.html.
58. Andres, William L., The *Oxford Frederick Douglass Reader*, Oxford University Press, New York: 1996, p. 113.
59. Andrews, p. 129.
60. George M. Frederickson, *William Lloyd Garrison: great lives observed* [WLG, grandes vidas bajo la mira] Prentice-Hall, Inc., Englewood Cliffs, N.J.:1968, p. 92.
61. Andrews, p. 93.
62. Oates, Stephen B., *The approaching fury voices of the storm* [Se aproximan las furiosas voces de la tormenta] 1820-1861, HarperCollins, New York: 1997, p. 75.
63. McFeely, p. 178.
64. Peterson, p. 488.
65. Peterson, p. 498.
66. Basler, Roy P., ed., *The collected works of Abraham Lincoln*, [Colección de obras de AL] Vol. II, Rutgers University Press, new Brunswick, N.J.: 1953, p. 126.
67. Oates, p. 295.
68. Stampp, p. 54.
69. Basler, p. 323.
70. McPherson, p. 117.
71. Oates, p. 300.
72. McPherson, p. 124..
73. McPherson, p. 124..
74. Morison, p. 360.
75. Stampp, p. 92.
76. Hunt, John Gabriel, ed., *The inaugural addresses of the presidents* [Discursos de asunción de los presidentes], Gramercy Books, New York: 1995, p. 177.
77. Stampp, p. 93.
78. Stampp, p. 95.
79. Jaffa, Harry V., *Crisis of the house divided* [La crisis de la casa dividida], University of Chicago Press, Chicago: 1982, p. 310.
80. Morison, p. 363.
81. Stampp, p. 105..
82. Hummel, Jeffrey Rogers, *Emancipating slaves, enslaving free men: a history of the civil war* [Emancipación para los esclavos, esclavitud para los hombres libres. Historia de la guerra civil], Open Court Publishing Company, Chicago, Ill.:1996, p. 96.
83. McPherson, p. 84.
84. Stampp, p. 104.
85. Stampp, p. 104.

86. Basler, Volume II, p. 466.
87. Jaffa, *Crisis*, p. 311.
88. McPherson, p. 63.
89. Donald, p. 204.
90. Morison, p. 365.
91. Oates, p.262.
92. Jaffa, *Crisis*, p. 337.
93. Oates, p. 256.
94. Jaffa, p. 332-333.
95. Jaffa, *Crisis*, p. 356.
96. Donald, p. 229.
97. Oates, Stephen B., *To Purge This Land with Blood: A Biography of John Brown* [Purga de la tierra con sangre: biografía de JB], University of Massachusetts Press, Amherst, MA, 1984, p. 282.
98. Freeman, Douglas Southall, *R.E. Lee: A Biography*, Charles Scribner's Sons, New York, 1936, p. 395.
99. Freeman, p. 399.
100. McPherson, p. 162.
101. Oates, Purge, p. 337.
102. Oates, Purge, p. 318.
103. Oates, Purge, p. 318.
104. Oates, Purge, p. 345.
105. Oates, Purge, p. 351.
106. Oates, Purge, pp. 351-352.
107. Donald, David Herbert, Lincoln, Simon & Schuster, New York, 1995, p. 239.
108. Basler, Volume III, p. 550.
109. Catton, Bruce, *The Coming Fury* [La furia venidera], Doubleday & Co., Garden City, NY, 1961, p. 61.
110. Catton, p. 61.
111. Cong. Globe, 33rd Cong. 1st Sess. p. 214 (20 febrero 1854).
112. Morison, p. 375.
113. Catton, p. 161.
114. Donald, p. 277.
115. Catton, p. 224.
116. Catton, p. 264.
117. Catton, p. 264
118. Hunt, John Gabriel, ed., *The Inaugural Addresses of the Presidents*, Gramercy Books, New York, 1995, pp. 187-197.

Capítulo 9: La prueba de fuego de la libertad (1860-1863)

1. Tomado de, http://www.bartleby.com/73/1969.html.
2. Catton, Bruce, *The Coming Fury*, Doubleday & Company, Garden City, NY; 1961, p. 138.
3. Catton, p. 137.
4. Catton, p. 106.
5. Porter, Bruce D., "The Warfare State," *American Heritage Magazine*, Jul./Ago. [Estado de guerra] 1994, Vol. 45, Issue 4, tomado de: http://www.americanheritage.com/articles/magazine/ah/1994/4/1994_4_56.shtml.

6. Dew, Charles B., *Apostles of Disunion: Southern Secession Commissioners and the Causes of the Civil War* [Apóstoles de la desunión: los comisionados de la secesión y las causas de la guerra civil], University Press of Virginia, Charlottesville, VA, 2001, p. 33.
7. Dew, p. 33.
8. Dew, p. 40.
9. Dew, pp. 64-65.
10. Donald, David Herbert, *Lincoln*, Simon & Schuster, New York, 1995, p. 137.
11. Catton, p. 113.
12. Jaffa, Harry V., *A New Birth of Freedom: Abraham Lincoln and the Coming of the Civil War* [Nuevo nacimiento de la libertad, Abraham Lincoln y la llegada de la Guerra Civil] Rowman & Littlefield, Lanham, MD, 2000, p. 215.
13. Catton, p. 113.
14. Catton, pp. 113-114.
15. Davis, William C., *Look Away! A History of the Confederate States of America* [Historia de los estados confederados de Norteamérica], The Free Press, New York, 2002, pp. 97-98.
16. Davis, p. 66.
17. Davis, p. 66.
18. Jaffa, p. 222
19. Jaffa, p. 222.
20. Tomado de: Jefferson Davis Inaugural Address, 18 February 1861, http://www.pointsouth.com/csanet/greatmen/davis/pres-ad1.htm.
21. Kennedy, John F., *Profiles in Courage* [Perfiles de coraje] Harper & Brothers Publishers, New York, 1956, p. 107.
22. Kennedy, p. 115.
23. Kennedy, p. 114.
24. Haley, James L., *Sam Houston*, University of Oklahoma Press, Norman, OK, 2002,p. 390.
25. Haley, pp. 390-391.
26. Haley, p. 394.
27. Haley, p. 386.
28. Haley, p. 388.
29. Freeman, Douglas Southall, *R.E. Lee: A Biography*, Charles Scribner's Sons, New York, 1934, p. 429.
30. Freeman, p. 433.
31. Freeman, p. 435.
32. Freeman, p. 436.
33. Freeman, p. 437.
34. Freeman, p. 437.
35. Catton, p. 253.
36. Catton, p. 252.
37. Catton, p. 173.
38. Catton, p. 278.
39. Catton, p. 286.
40. Catton, p. 297.
41. Catton, p. 302.
42. Catton, p. 311.
43. McPherson, James M., *The Illustrated Battle Cry of Freedom* [Grito ilustrado de la libertad], Oxford University Press, New York, 2003, p. 215.
44. Farber, Daniel, *Lincoln's Constitution*, University of Chicago Press, Chicago, 2003, p. 16.
45. McPherson, p. 228.
46. Farber, p. 17.

17. Farber, p. 17.
18. McCullough v. Maryland (1819), tomado de:http://www.answers.com/topic/mcculloch-v-maryland.
19. Blight, David W., Frederick Douglass' Civil War, Louisiana State University Press, Baton Rouge, LA, 1989, p. 64.
50. McDonald, Forrest, *The American Presidency: An Intellectual History* [La presidencia de los Estados Unidos, historia intellectual], University Press of Kansas, Lawrence, KN, 1994, pp. 400.
51. Basler, Roy P., ed., *The Collected Works of Abraham Lincoln* [Obras de AL] Vol. IV, Rutgers University Press, New Brunswick, NJ, 1953, pp. 438-439.
52. McPherson, p. 244.
53. Morison, Samuel Eliot, The Oxford History of the American People, Volume Two, The Penguin Group, New York, 1972, p. 394.
54. Donald, David Herbert, Lincoln, Simon & Schuster, New York, 1995, p. 315.
55. Blight, p. 151.
56. Donald, David Herbert, We Are Lincoln Men, Simon & Schuster, New York, 2003, p. 127.
57. Donald, *Lincoln Men*, p. 197.
58. Morison, p. 402.
59. Morison, p. 405.
60. Morison, p. 421.
61. McPherson, p. 322.
62. McPherson, James M., ed.,*We Cannot Escape History: Lincoln and the Last Best Hope* of Earth, [No podemos escapar a la historia, AL y la última gran esperanza de la Tierra], University of Illinois Press, Urbana and Chicago, 1995, p. 5.
63. McPherson, *We Cannot Escape History*, p. 5.
64. Gordon, John Steele, *A Thread Across the Ocean* [Un hilo que cruza el océano], Harper, New York, 2003.
65. Morison, p. 412.
66. Mahin, Dean B., *One War at a Time* [Una Guerra a la vez], Brassey's, Washington, DC,1999, p. 69.
67. Mahin, p. 77.
68. Mahin, p. 71.
69. Mahin, p. 71.
70. Bellow, Adam, *In Praise of Nepotism* [A favor del nepotismo], Doubleday, New York, 2003, p. 357.
71. Mahin, p. 78.
72. McPherson, p. 323.
73. Borritt, Gabor S., ed., *Lincoln's Generals*, Oxford University Press, New York, 1994,p. 22.
74. Borritt, p. 25.
75. Morison, p. 414.
76. McPherson, p. 358.
77. McPherson, p. 358.
78. Morison, p. 425.
79. Borritt, p. 15.
80. Morison, p. 414.
81. Williams, T. Harry, Lincoln.
82. Borritt, p. 46.
83. Morison, p. 430.
84. Morison, p. 430.
85. Tucker, Spencer C., *A Short History of the Civil War at Sea* [Breve historia de la Guerra Civil en los mares], SR Books, Wilmington, DL, 2002, p. 40.
86. Tucker, p. 40.

87. McPherson, p. 311.
88. Morison, p. 421.
89. McPherson, p. 313.
90. McPherson, p. 353.
91. Blight, p. 154.
92. Donald, *Lincoln*, p. 367.
93. Blight, p. 139.
94. Blight, p. 125.
95. Blight, p. 145.
96. Blight, p. 145
97. Blight, p. 145.
98. Donald, *Lincoln*, p. 368.
99. Donald, *Lincoln*, p. 369.
100. Sears, Stephen W., *Landscape Turned Red: The Battle of Antietam* [Un paisaje teñido de rojo: la batalla de Antietam], Ticknor & Fields, New York, 1983, p. 225.
101. Moe, p. 187.
102. Sears, p. 316.
103. Sears, p. 316.
104. Sears, p. 316.
105. McPherson, p. 466
106. Sears, pp. 294, 296.
107. Sears, p. 296.
108. Sears, p. 317.
109. Williams, p. 176.
110. Williams, p. 177.
111. Waugh, John C., *The Class of 1846*, Warner Books, Inc., New York, 1994, p. 365. La referencia de Lincoln está en Éxodo 6.5.
112. Morison, p. 435.
113. Lord Charnwood, *Lincoln: A Biography*, Madison Books, Lanham, MD, 1996, p. 236.
114. Morison, p. 438
115. Guelzo, Allen C., *Lincoln's Emancipation Proclamation: The End of Slavery in America* [Proclama de Emancipación de Lincoln: fin de la esclavitud en Norteamérica] Simon & Schuster, New York, 2004, p. 354.
116. Guelzo, p. 354.
117. Guelzo, p. 181.
118. Guelzo, p. 182.
119. Klingaman,William K., *Abraham Lincoln and the Road to Emancipation* [AL y el camino hacia la emancipación] 1861-1865, Viking, New York, 2001, p. 227
120. Guelzo, p. 182.
121. Guelzo, p. 183.
122. Klingaman, p. 228.
123. Guelzo, p. 2.
124. Tomado de: http://www.archives.gov/exhibit_hall/featured_documents/emancipation_proclamation/transcript.html.
125. McPherson, p. 336.
126. Morison, p. 436.
127. Basler, Vol. VI, pp. 64-65.
128. Sideman, Belle Becker and Friedman, Lillian, eds., *Europe Looks at the Civil War* [Mirada de Europa sobre la Guerra Civil] Collier Books, New York, 1960, pp. 176-177.
129. Sideman and Friedman, pp. 176-177.
130. McPherson, *We Cannot Escape History*, p. 9.

131. Mill, J. S., *The Contest in America*, tomado de: http://www.gutenberg.org/dirs/etext04/conam10h.htm.
132. Blight, p. 96.
133. Cornish, Dudley Taylor, *The Sable Arm*, University Press of Kansas, Lawrence, KN, 1987, p. 132.
134. Morison, p. 419.
135. Morison, p. 419.
136. McPherson, p. 507.
137. National Park Service, tomado de: www.cr.nps..gov/hps/abpp/battles/va035.htm
138. McPherson, p. 561.
139. National Park Service, tomado de: www.cr.nps.gov/hps/abpp/battles/va035.htm

CAPÍTULO 10: EL NUEVO NACIMIENTO DE LA LIBERTAD (1863-1865)

1. Borritt, Gabor S., ed., *Lincoln's Generals*, Oxford University Press, New York, 1994, p. 85.
2. McPherson, James M., *Hallowed Ground: A Walk at Gettysburg*, Crown Publishers, New York, 2003, p. 80.
3. McPherson, p. 81.
4. McPherson, pp. 81-82.
5. McPherson, p. 85.
6. Sears, Stephen W., *Gettysburg*, Houghton Mifflin Company, Boston, 2003, p. 294.
7. McPherson, James M., *The Illustrated Battle Cry of Freedom*, Oxford University Press, New York: 2003, p. 222.
8. McPherson, *Battle Cry* [Grito de batalla], p. 222.
9. Sears, p. 321.
10. Moe, Richard, *The Last Full Measure: The Life and Death of the First Minnesota Volunteers:* Henry Holt and Company [Última medida plena: vida y muerte de los voluntarios de la Primera de Minnesota], New York, 1993, p. 277.
11. Moe, p. 277.
12. McPherson, James M., *For Cause and Comrades: Why Men Fought in the Civil War* [Por la causa y los camaradas: por qué luchaban los hombres en la Guerra Civil], Oxford University Press, New York, 1997, p. 21.
13. Borritt, p. 89.
14. McPherson, *Battle Cry*, p. 498.
15. Ward, Geoffrey C., *The Civil War: An Illustrated History*, Alfred A. Knopf, New York, 1990, pp. 270-271.
16. Bunting, Josiah III, *Ulysses S. Grant*, Henry Holt and Company, LLC, New York, 2004, p. 39
17. Borritt, p. 98.
18. Basler Roy, ed., *The Collected Works of Abraham Lincoln*, Vol. VI, Rutgers University Press, New Brunswick, NJ, 1953, p. 328.
19. Basler, Vol. VI, p. 329.
20. Sears, p. 495.
21. Foote, Shelby, *Stars in Their Courses: The Gettysburg Campaign* [El derrotero de las estrellas: la campaña de Gettysburg], The Modern Library, New York, 1994, pp. 258-59.
22. Foote, p. 259.
23. Foote, p. 260.
24. Foote, p. 260.

25. Carhart, Tom, *Lost Triumph: Lee's Real Plan at Gettysburg—And Why It Failed* [Un triunfo perdido. El verdadero plan de Lee en Gettysburg, y por qué fracasó], Penguin Group, New York, 2005, p. xiii.
26. McPherson, pp. 526-527.
27. Morison, Samuel Eliot, *Oxford History of the American People*, Vol. Two, The Penguin Group, New York, 1972, p. 451.
28. Wills, Garry, *Lincoln at Gettysburg*, Simon & Schuster, New York, 1992, p. 21.
29. Wills, p. 25.
30. Wills, p. 25.
31. Basler, Vol. VII, p. 25.
32. Anastaplo, George, *Abraham Lincoln: A Constitutional Biography*, Rowman &Littlefield, Lanham,MD, 1999, p. 226.
33. Goodwin, Doris Kearns, *Team of Rivals: The Political Genius of Abraham Lincoln* [Equipo de rivales, genio politico de AL], Simon & Schuster, New York, 2005.
34. Bunting, Josiah III, *Ulysses S. Grant*, Times Books, New York, 2004, p. 51.
35. Bunting, p. 51.
36. Goodwin, p. 529.
37. Goodwin, p. 529.
38. Goodwin, p. 529.
39. Goodwin, p. 529.
40. Bunting, p. 53.
41. Bunting, p. 53.
42. Bunting, p. 53.
43. McFeely, William S., *Grant: A Biography*, W.W. Norton & Co., New York, 1981, p. 153.
44. Bunting, p. 58.
45. Bunting, p. 58.
46. Bunting, p. 58.
47. Bunting, p. 58.
48. Bunting, p. 59.
49. McPherson, *Battle Cry*, p. 643.
50. McFeely, p. 152.
51. Turner, Justin G. and Turner, Linda Levitt, *Mary Todd Lincoln: Her Life and Letters* [Vida y cartas de MTL], Alfred A. Knopf, New York, 1972, p. 155.
52. Turner and Turner, p. 156.
53. Donald, David Herbert, Baker, Jean H., and Holt, Michael F., *The Civil War and Reconstruction*, WW. Norton & Company, Inc., New York, 2001, p. 291.
54. Donald, Baker, and Holt, p. 291.
55. McPherson, p. 517.
56. Goodwin, p. 549.
57. Goodwin, p. 550.
58. Basler, Vol. VI, pp. 406-410.
59. Tomado de: http://www.mycivilwar.com/leaders/sherman_william.htm.
60. McFeely, p. 210.
61. Borritt, p. 152
62. Goodwin, p. 624.
63. Waugh, John C., *Re-Electing Lincoln*, Crown Publishing, New York, 1997, p. 300.
64. Waugh, p. 301.
65. Waugh, p. 295.
66. Waugh, p. 297.
67. Morison, p. 483.
68. Basler, Vol. VII, p. 282.
69. McPherson, p. 734.

70. Nevins, Allan, *The War for the Union, Vol. III, The Organized War* [Guerra por la Unión, Vol. III, Guerra ordenada], Charles Scribner's Sons, New York, 1971, p. 293.
71. McPherson, *Battle Cry of Freedom*, p. 264.
72. Arlington National Cemetery, tomado de: http://www.arlingtoncemetery.net/meigs.htm.
73. Ward, p. 316.
74. Donald, David Herbert, *Lincoln*, Simon & Schuster, New York, 1995, p. 565.
75. Donald, p. 567.
76. Grant, U. S., *Personal Memoirs of U. S. Grant*, Vol. II, Charles L. Webster & Company, New York, 1885, p. 485.
77. Grant, pp. 489-490.
78. Winik, Jay, *April 1865: The Month That Saved America* [El mes que salvó a Norteamérica], HarperCollins, New York, 2001, p. 197.
79. Winik, pp. 197-198.
80. Morison, p. 499.
81. Peterson, Merrill D., *Lincoln in American Memory*, Oxford University Press, New York, 1994, p. 4.
82. Peterson, p. 4.
83. Peterson, p. 7.
84. Crocker, H.W. III, *Robert E. Lee on Leadership*, Prima Publishing, Roseville, CA, 2000, p. 164.
85. Flood, Charles Bracelyn, *Grant and Sherman: The Friendship that Won the Civil War* [G y S, la Amistad que ganó la Guerra Civil], Farrar, Stauss and Giroux, New York, 2005, pp. 332-333.
86. Peterson, p. 25.
87. Peterson, p. 25.
88. Peterson, p. 25.
89. Morison, p. 286.

CAPÍTULO 11: CÓMO VENDAR LAS HERIDAS DE LA NACIÓN (1865-1877)

1. Tucker, Spencer C., *A Short History of the Civil War at Sea* [Breve historia de la Guerra Civil en el mar], R Books, Wilmington, DL, 2002, p. 174.
2. Bailey, Thomas A., *A Diplomatic History of the American People* [Historia diplomática del pueblo norteamericano], Prentice-Hall, Inc., Englewood Cliffs, NJ, 1980, p. 353.
3. Catton, Bruce, *This Hallowed Ground: The Story of the Union Side of the Civil War* [Suelo santo: Historia del la Guerra Civil del lado de la Unión], Castle Books, Edison, NJ, 2002, p. 398.
4. Catton, p. 399.
5. Catton, p. 400.
6. Catton, p. 400.
7. De: http://www.people.virginia.edu/~mmd5f/memorial.htm
8. Tomado de: http://www.people.virginia.edu/~mmd5f/memorial.htm.
9. Winik, Jay, *April 1865: The Month That Saved America* [El mes que salvó a los Estados Unidos], Harper Collins, New York, 2001, p. 225.
10. Winik, p. 225
11. Bailey, p. 353.
12. Bailey, p. 354.
13. Bailey, p. 354.
14. Bailey, p. 356.
15. Bailey, p. 357.
16. Bailey, p. 374.

17. Bailey, p. 375.
18. Waite, P. B., *The Life and Times of Confederation, 1864-1867* [Vida y tiempos de la Confederación], University of Toronto Press, Toronto, 1962, p. 305.
19. Moore, Christopher, *1867: How the Fathers Made a Deal* [El acuerdo de los Padres], McClelland & Stewart, Inc., Toronto, 1997, p. 240.
20. Waite, p. 304.
21. Waite, p. 304
22. The Martyr [El mártir] originalmente publicado en *Battle Pieces and Aspects of the War*, Herman Melville, Harper & Brothers, New York, 1866.
23. Bunting, Josiah III, *Ulysses S. Grant*, Henry Holt and Company, New York, 2004, p. 71.
24. Bunting, p. 71, énfasis añadido.
25. Bunting, p. 71.
26. Bunting, p. 72.
27. Trefousse, Hans L., *Andrew Johnson: A Biography*, W.W. Norton & Company, New York, 1989, p. 198.
28. Trefousse, p. 198.
29. Trefousse, p. 198.
30. Smith, Jean Edward, *Grant*, Simon & Schuster, New York, 2001, p. 417.
31. Smith, p. 418.
32. Smith, p. 418.
33. Smith, p. 418.
34. Smith, p. 418.
35. Ward, Geoffrey C., *The Civil War: An Illustrated History* [La Guerra Civil, historia ilustrada], Alfred A. Knopf, New York, 1990, p. 382.
36. Smith, p. 422.
37. Smith, p. 422.
38. Donald, David Herbert, Baker, Jean H., and Holt, Michael F., *The Civil War and Reconstruction* [La Guerra Civil y la reconstrucción], W.W. Norton & Company, New York, 2001, p. 479.
39. Morison, Samuel Eliot, *Oxford History of the American People*, Vol. Two, The Penguin Group, NY, 1972, p. 515.
40. Trefousse, p. 243.
41. Trefousse, p. 243.
42. Morison, p. 514.
43. Foner, Eric and Mahoney, Olivia, *America's Reconstruction: People and Politics after the Civil War* [La reconstrucción de los EE.UU: gente y política, después de la Guerra Civil], HarperCollins, New York, 1995, p. 82.
44. Smith, p. 424.
45. Smith, p. 425.
46. Foner y Mahoney, p. 82.
47. Trefousse, p. 233.
48. Trefousse, p. 233.
49. Morison, p. 510.
50. Donald, Baker, and Holt, p. 481.
51. Morison, p. 511.
52. Smith, p. 426.
53. Smith, p. 426.
54. Bunting, p. 78.
55. Smith, p. 427.
56. Bunting, p. 78.
57. Smith, p. 426.
58. Morison, p. 512.

59. Morison, p. 513.
50. Trefousse, p. 341.
51. Trefousse, p. 341.
52. Morison, p. 516.
53. Smith, p. 444.
54. Smith, p. 444.
55. Foner y Mahoney, p. 91.
56. Foner y Mahoney, p. 91.
57. Smith, p. 455.
58. McFeely, William S., *Frederick Douglass*, Simon & Schuster, New York, 1991, p. 262.
59. Rehnquist,William H., *Grand Inquests: The Historic Impeachments of Justice Samuel Chase and President Andrew Johnson* [Los grandes en el banquillo: históricos juicios políticos del juez Samuel Chase y el presidente Andrew Johnson], William Morrow, New York, 1992, p. 240.
70. Rehnquist, p. 241.
71. Smith, p. 454.
72. Smith, p. 454.
73. Bunting, p. 82.
74. Morison, p. 518.65.
75. Rehnquist, William H., *Centennial Crisis: The Disputed Election of 1876*, Alfred A. Knopf, New York, 2004, p. 75.
76. Bunting, p. 83.
77. Foner y Mahoney, p. 89.
78. Smith, p. 460.
79. Ward, p. 335.
80. Morison, p. 519.
81. Donald, Baker, y Holt, p. 490.
82. Donald, Baker, y Holt, p. 490.
83. Morison, p. 517.
84. Bunting, p. 20.
85. Bunting, p. 20.
86. Smith, Jean Edward, *Grant*, Simon & Schuster, New York, 2001, p. 489.
87. Morison, Samuel Eliot, *The Oxford History of the American People*, Vol. 2, The Penguin Group, New York, 1994, p. 35.
88. Morison, p. 35.
89. Bailey, Thomas A., *A Diplomatic History of the American People*, Prentice-Hall, Inc., Englewood Cliffs, NJ, 1980, p. 378.
90. Bailey, p. 388.
91. Rehnquist, *Crisis*, p. 16.
92. Donald, Baker, y Holt, p. 479.
93. Donald, Baker, y Holt, p. 500.
94. Gates, Henry Louis Jr., ed., *Douglass*, Library of America, New York, 1994, p. 885.
95. Bunting, p. 141.
96. Bunting, p. 141.
97. Bunting, p. 141.
98. Bunting, p. 142.
99. Safire, William, *The New Language of Politics* [Nuevo lenguaje de la política], revised ed., Collier Books, New York, 1972, cited online at: http://www.gop.com/About/AboutRead.aspx?AboutType=6.
100. McFeely,William S., *Frederick Douglass*, Simon & Schuster, New York, 1991, p. 266.
101. McFeely, p. 267.
102. McFeely, p. 269.

103. Bailyn, Bernard, Davis, David Brion, Donald, David Herbert, Thomas, John L., Wiebe, Robert H., y Wood, Gordon S., *The Great Republic: A History of the American People*, Little, Brown and Company, Boston, 1977, p. 769.
104. *TIME* Almanac, 2004, Pearson Education, Inc., Needham, Mass., 2003, pp. 175, 179.
105. Grosvenor, Edwin S. y Wesson, Morgan, *Alexander Graham Bell*, Harry N. Abrams, Inc., New York, 1997, p. 69.
106. Grosvenor y Wesson, p. 69.
107. Grosvenor y Wesson, p. 73.
108. Rehnquist, *j*, p. 8.
109. Morison, p. 59.
110. Rehnquist, *Crisis*, p. 79.
111. Bailyn, p. 804.
112. Zwick, Jim. "Political Cartoons of Thomas Nast" [Caricaturas políticas de TN], http://www.boondocksnet.com/gallery/nast_intro.html In Jim Zwick, ed., *Political Cartoons and Cartoonists*. http://www.boondocksnet.com/gallery/pc_intro.html (25 febrero 2004).
113. Rehnquist, *Crisis*, p. 76.
114. Rehnquist, *Crisis*, p. 76.
115. Morison, p. 38.
116. Donald, Baker, y Holt, p. 630.
117. Donald, Baker, y Holt, p. 618.
118. Donald, Baker, y Holt, p. 632.
119. Bunting, p. 143.
120. Trefousse, Hans L., *Rutherford B. Hayes*, Times Books, New York, 2002, p. 79.
121. Rehnquist, *Crisis*, p. 114.
122. Trefousse, *Hayes*, p. 75.
123. Rehnquist, *Crisis*, p. 101.
124. Rehnquist, *Crisis*, p. 103.
125. Rehnquist, *Crisis*, p. 103.
126. Trefousse, *Hayes*, p. 105.
127. Trefousse, *Hayes*, p. 98.
128. Trefousse, *Hayes*, p. 104.
129. Bunting, p. 116.

Capítulo 12: Una era más que de oro, ¿dorada? (1877-1897)

1. Ambrose, Stephen E., *Nothing Like It in the World: The Men Who Built the Transcontinental Railroad: 1863-1869* [Nada como esto en el mundo: los hombres que construyeron el Ferrocarril Transatlántico], Simon & Schuster, New York, 2000, p. 377.
2. Ambrose, p. 377.
3. Rehnquist, William H., *Centennial Crisis: The Disputed Election of 1876* [Crisis del centenario, la disputada elección de 1876], Alfred A.Knopf, New York, 2004, p. 95.
4. Gordon, John Steele, *An Empire of Wealth: The Epic History of American Economic Power* [Un imperio de riqueza, la épica historia del poder económico de los Estados Unidos], HarperCollins, New York, 2004, p. 211.
5. Gordon, p. 235.
6. Gordon, p. 248.
7. Gordon, p. 248.
8. Gordon, p. 244.
9. Trefousse, Hans L., *Rutherford B. Hayes*, Times Books, New York: 2002, p. 89.
10. Morison, Samuel Eliot, *Oxford History of the American People*, Vol. 3, The Penguin Group, New York, 1972, p. 40

11. Trefousse, p. 96.
12. Brands, H.W., *T.R.: The Last Romantic* [El último romántico] Basic Books, New York, 1997, p. 78.
13. Brands, p. 79.
14. Brands, p. 80.
15. Trefousse, p. 113.
16. Trefousse, p. 125.
17. Grosvenor, Edwin y Wesson, Morgan, *Alexander Graham Bell*, Harry N. Abrams, Inc., New York, 1997, p. 105
18. Grosvenor and Wesson, p. 107.
19. Morison, p. 40.
20. Jeffers, H. Paul, *An Honest President* [Un presidente honrado] HarperCollins, New York, 2000, p. 192.
21. Tomado de: http://www.whitehouse.gov/history/presidents/ca21.html.
22. Graff, Henry F., *Grover Cleveland*, Times Books, New York, 2002, p. 55.
23. Jeffers, p. 110.
24. Jeffers, p. 110.
25. Morison, p. 44.
26. Morison, p. 44.
27. Jeffers, p. 111.
28. Morison, p. 44.
29. Jeffers, p. 118.
30. Jeffers, p. 117.
31. Morison, p. 45.
32. Bailyn, Bernard, Davis, David Brion, Donald, David Herbert, Thomas, John L.,Wiebe, Robert H., and Wood, Gordon S., *The Great Republic: A History of the American People*, Little, Brown and Company, Boston, 1977, p. 850.
33. Bailyn et al., p. 851
34. Morison, p. 105.
35. Morison, p. 69.
36. Israel, Paul, *Edison: A Life of Invention*, John Wiley & Sons, Inc., New York, 1998, p. 174.
37. Morison, p. 72.
38. Morison, p. 46.
39. Morison, p. 45.
40. Jeffers, p. 186.
41. Schlesinger, Arthur, M. Jr., ed., *The Almanac of American History*, G.P. Putnam's Sons, New York, 1983, pp. 357-358.
42. Smith, p. 626.
43. Smith, p. 609.
44. Smith, p. 627.
45. Smith, p. 627.
46. Smith, p. 627.
47. Tomado de: http://www.libertystatepark.org/statueofliberty/sol3.shtml.
48. Jeffers, p. 187.
49. *TIME (Magazine) Almanac*, 2004, New York, pp. 175, 179.
50. Smith, p. 516.
51. Smith, p. 516.
52. Donald, David Herbert, *Lincoln*, Simon & Schuster, New York, 1995, pp. 393-395.
53. Morison, p. 60.
54. Utley, Robert M. and Washburn, Wilcomb E., *Indian Wars*, Houghton Mifflin Company, Boston, 1977, p. 227.
55. Utley and Washburn, p. 227.

56. Morison, p. 61.
57. Morison, p. 61.
58. Utley and Washburn, p. 294.
59. Morison, p. 63.
60. Morison, p. 63.
61. Ravitch, Diane, ed., *The American Reader: Words That Moved a Nation* [El lector norteamericano: palabras que conmovieron a una nación] HarperCollins, New York, 2000, pp. 291-292.
62. Utley and Washburn, p. 298.
63. Utley and Washburn, p. 299.
64. Utley and Washburn, p. 299.
65. Utley and Washburn, p. 300.
66. Jeffers, p. 207.
67. Brands, H.W., *TR: The Last Romantic* [El último romántico] Basic Books, New York, 1997, p. 184.
68. Elshstain, Jean Bethke, *Jane Addams and the Dream of American Democracy* [JA y el sueño de la democracia norteamericana], Basic Books, New York, 2002, p. 98.
69. Elshtain, p. 95.
70. Elshtain, p. 83.
71. Elshtain, p. 97.
72. Elshtain, p. 94.
73. Jeffers, p. 220.
74. Jeffers, p. 222.
75. Bailyn et al., p. 790.
76. Schlesinger, p. 370.
77. Schlesinger, p. 370.
78. Morison, p. 48.
79. Morison, p. 48.
80. Bailyn et al., p. 878.
81. Bailyn et al., p. 786.
82. Tomado de: www.deere.com.
83. Bailyn et al., p. 778.
84. McFeely, p. 300.
85. Bailyn et al., p. 796.
86. Harvey, Rowland Hill, *Samuel Gompers: Champion of the Toiling Masses*, Stanford University Press, New York, 1935, p. 101.
87. Harvey, p. 101.
88. Bailyn et al., p. 881.
89. Bailyn et al., p. 881.
90. Krass, Peter, *Carnegie*, John Wiley & Sons, Inc., Hoboken, NJ, 2002, p. 285.
91. Morison, p. 85.
92. Krass, p. 294.
93. Krass, p. 272.
94. Carnegie, Andrew, «Wealth», *North American Review*, 148, no. 391 (June 1889), 653, 657-62.
95. Krass, p. 295.
96. Krass, p. 277.
97. Krass, p. 268.
98. Krass, p. 295.
99. Krass, p. 295.
100. Krass, p. 288
101. Krass, p. 290.

102. Jeffers, p. 248.
103. Jeffers, p. 248.
104. Jeffers, pp. 227-228.
105. Krass, p. 296.
106. Morison, p. 110.
107. McFeely, William S., *Frederick Douglass*, Simon & Schuster, New York, 1991, p. 371.
108. McFeely, p. 371.
109. McFeely, p. 371.
110. Morison, p. 111.
111. Meacham, Jon, *Franklin and Winston: An Intimate Portrait of an Epic Friendship* [Franklin y Winston, íntimo retrato de una amistad épica], Random House, New York, 2003, p. 150.
112. Jeffers, p. 272.
113. Brands, H.W., *The Reckless Decade: America in the 1890s* [La década temeraria: Estados Unidos en la década de 1890], St. Martin's Press, New York, 1995, p. 147.
114. Brands, *Reckless*, p. 147.
115. Morison, p. 112.
116. Morison, p. 113.
117. Brands, *Reckless*, p. 149.
118. Brands, *Reckless*, p. 153.
119. Graff, Henry F., *Grover Cleveland*, Times Books, New York, 2002, p. 119.
120. Harvey, p. 78.
121. Bailyn et al. p. 883.
122. McFeely, p. 377.
123. McFeely, p. 380.
124. McFeely, p. 380.
125. McFeely, p. 383.
126. Morison, p. 116.
127. O'Toole, Patricia, *When Trumpets Call: Theodore Roosevelt After the White House* [Cuando llaman las trompetas: TR después de la Casa Blanca], Simon & Schuster, New York, 2005, p. 15
128. Morison, p. 116
129. Brands, p. 299.
130. Gutmann, Peter, tomado de: http://www.classicalnotes.net/classics/newworld.html.
131. Gutmann.
132. Gutmann.
133. Gutmann.
134. Morison, p. 37.

Capítulo 13: El dínamo norteamericano, la sombra de la guerra (1897-1914)

1. Morris, Edmund, *The Rise of Theodore Roosevelt* [El surgimiento de TR], Ballantine Books, New York, 1979, p. 493
2. Brands, H.W., *TR: The Last Romantic* [El último romántico] Basic Books, New York, 1997, p. 280.
3. Zimmermann,Warren, *First Great Triumph* [Primer gran triunfo] Farrar, Giroux and Strauss, New York, 2002, p. 229
4. Zimmermann, p. 213.
5. Zimmermann, p. 100.
6. Zimmermann, p. 117.
7. Zimmermann, p. 228.

8. Morris, p. 513.
9. Zimmermann, p. 228.
10. Roosevelt, Theodore, with additional text by Richard Bak, *The Rough Riders*, Taylor Publishing, Dallas, TX, 1997, p. 113.
11. Bailey, Thomas A., *A Diplomatic History of the American People*, Prentice-Hall, Inc., Englewood Cliffs, NJ, 1980, p. 454.
12. Bailey, p. 455.
13. Bailey, p. 456.
14. Morris, p. 606.
15. Bailey, p. 456.
16. Morris, p. 602.
17. Morris, p. 602.
18. Bailey, p. 461.
19. Bailey, p. 461.
20. Morris, p. 610.
21. Morris, p. 608.
22. Morris, p. 608.
23. Morris, p. 600.
24. Morris, p. 607.
25. Zimmermann, p. 257.
26. Traxel, David, *1898: The Birth of the American Century*, Alfred A. Knopf, New York, 1998, p. 143.
27. Traxel, p. 144.
28. Morris, p. 647.
29. Traxel, p. 135.
30. Traxel, p. 137.
31. Traxel, p. 179.
32. Traxel, p. 181.
33. Roosevelt, p. 121.
34. Morris, p. 634.
35. Morris, p. 646.
36. Traxel, p. 193.
37. Traxel, p. 197.
38. Traxel, p. 206.
39. Gilbert, Martin, *Churchill: A Life*, Henry Holt and Company, New York, 1991, p. 80.
40. Morison, Samuel Eliot, *The Oxford History of the American People, Vol. Three*, Penguin Books, New York, 1972, p. 118.
41. Zimmermann, p. 250.
42. Morison, p. 123.
43. Morison, p. 124.
44. Traxel, p. 215.
45. Morris, pp. 673-674.
46. Morris, p. 673.
47. Brands, p. 363.
48. Morris, p. 675.
49. Morris, p. 685.
50. Brands, p. 368.
51. Traxel, p. 143.
52. Beisner, Robert L., *Twelve Against Empire: The Anti-Imperialists, 1898-1900*, McGraw-Hill Book Company, New York, 1968, p. 157.
53. Beisner, p. 158.
54. Beisner, p. 158.

55. Morison, p. 127.
56. Beisner, p. 125.
57. Morison, p. 129.
58. Morris, p. 741.
59. Morison, Samuel Eliot, Commager, Henry Steele, and Leuchtenburg, William E., *A Concise History of the American Republic*, Oxford University Press, New York, 1977, p. 514
60. *Theodore Roosevelt Inaugural* pamphlet, National Historic Site, New York, National Park Service, U.S. Department of the Interior.
61. Morris, Edmund, Theodore Rex, Random House, New York, 2001, p. 54.
62. Bailey, p. 488.
63. Bailey, p. 487.
64. Brands, p. 455.
5. Brands, p. 455.
6. Brands, p. 457.
7. Harbaugh,William Henry, Power and Responsibility: The Life and Times of Theodore Roosevelt, Farrar, Straus and Cudahy, New York, 1961, p. 169.
8. Harbaugh, p. 169.
9. Morris, Rex, p. 174.
0. Harbaugh, p. 158.
1. Harbaugh, p. 160.
2. Harbaugh, p. 162.
3. Harbaugh, p. 307.
4. Morison, p. 136.
5. Harbaugh, p. 164.
6. Morison, Commager, p. 518.
7. Morison, Commager, p. 518.
8. Harbaugh, p. 215.
9. Brands, p. 509.
0. Brands, p. 509
1. Morris, Rex, p. 114.
2. Morris, Rex, p. 114.
3. Morison, Commager, p. 520.
4. Carlson, Allan, *The "American Way": Family, and Community in the Shaping of the American Identity* [A la norteamericana: la familia y la comunidad, en la formación de la identidad norteamericana], ISI Books,Wilmington, DL, 2003, p. 1.
5. Carlson, p. 2.
6. Carlson, p. 1.65. Brands, p. 455.
7. Bailey, p. 499.
8. Morris, Rex, p. 104.
9. Morris, Rex, p. 102.
0. Harbaugh, p. 188.
1. Harbaugh, p. 188.
2. Harbaugh, p. 202.
3. Bailey, p. 491.
4. Bailey, p. 493.
5. Bailey, p. 495.
6. Bailey, p. 497.
7. Bailey, p. 497.
8. Brands, p. 469.
9. Morison, Commager, p. 498.
90. Tomado de: http://eorr.home.netcom.com/JPJ/jpj.html.

101. Brands, p. 634.
102. O'Toole, Patricia, *When Trumpets Call: Theodore Roosevelt after the White House*, Simon & Schuster, New York, 2005, p. 21.
103. O'Toole, p. 22.
104. Morris, *Rex*, p. 526.
105. O'Toole, pp. 15-16.
106. Morison, Commager, p. 522.
107. Morison, p. 155.
108. Morison, p. 157.
109. Bailyn, Bernard, David, Brion Davis, Donald, Herbert David, Thomas, John L., Wiebe, Robert H., and Wood, Gordon S., *The Great Republic: A History of the American People*, Little, Brown and Company, Boston, 1977, p. 840.
110. Morison, p. 156.
111. Brands, p. 663.
112. Gilbert,Martin, *A History of the Twentieth Century, Vol. I (1900-1933)* [Historia del siglo veinte, Vol. I (1900-1933)], William Morrow and Company, New York, 1997, p. 208.
113. Morison, p. 159.
114. Morison, p. 159.
115. *The Canadian Encyclopedia, Year 2000 Edition*, McClelland & Stewart, Inc., Toronto, 2000, p. 1302.
116. Morison, p. 160.
117. Gilbert, p. 236.
118. Gilbert, p. 243.
119. Bailyn et al, p. 943.
120. Brands, p. 670.
121. Tomado de: http://www.uscg.mil/lantarea/iip/General/history.shtml.
122. "Estimated Wealth of 12 Men Lost in Titanic Disaster is $191 Million," [Se calculan las pérdidas de doce hombres en el desastre del Titanic, en ciento noventa y un millones de dólares], *Truro Dalí News*, St. John, New Brunswick, 27 April 1912, p. 3.
123. Lynch, Don and Marschall, Ken, *Titanic: An Illustrated History* [Titanic: historia ilustrada], The Madison Press Limited, New York, 1992, p. 19.
124. Lynch and Marschall, p. 192.
125. Gilbert, p. 265.
126. Lynch and Marschall, pp. 184-185.
127. Morison, p. 162.
128. Gould, Lewis L., *Grand Old Party: A History of the Republicans* [El Viejo Gran Partido: Historia de los republicanos], Random House, New York, 2003, p. 181.
129. Brands, p. 697.
130. Brands, p. 679.
131. Brands, p. 707.
132. Brands, p. 708.
133. Gould, p. 187.
134. Gould, p. 188.
135. Gould, p. 188.
136. Brands, p. 712.
137. Morison, p. 164.
138. Bailyn, p. 963.
139. Brands, p. 719.
140. Bailyn, et al, p. 924.
141. Brands, p. 717.
142. Brands, p. 721.
143. Morison, p. 166.

144. Bailyn et al, p. 942.
145. Morison, p. 168.
146. Heckscher, *August,Woodrow Wilson: A Biography*, Charles Scribner's Sons, New York, 1991, p. 306.
147. Morison, p. 169.
148. Bailyn et al, p. 974.
149. Morison, p. 169.
150. Heckscher, p. 288.
151. Heckscher, p. 295.
152. Bailey, pp. 545-546.
153. Black, Conrad, *Franklin Delano Roosevelt: Champion of Freedom* [FDR, defensor de la libertad], Public Affairs Press, New York, 2003, p. 73.
154. Heckscher, p. 295.
155. Heckscher, p. 396.
156. Heckscher, p. 290.
157. Morison, p. 173.
158. Heckscher, p. 292.
159. Heckscher, p. 309.
160. Peterson,Merrill D., *Lincoln in American Memory* [Lincoln en el recuerdo de los norteamericanos], Oxford University Press, New York, 1994, p. 170.
161. Bailyn et al. p. 958.
162. Morison, p. 167.
163. Bailyn et al., p. 946.
164. Morison, p. 167.
165. Fromkin, *David, Europe's Last Summer: Who Started the Great War in 1914?* [El último verano de Europa: ¿Quién comenzó la Gran Guerra de 1914?], Alfred A. Knopf, New York, 2004, pp. 134-135.
166. Fromkin, pp. 135-136.
167. Fromkin, p. 157.

ÍNDICE

Acerca del autor

Dr. William J. Bennett es una de las voces más importantes, influyentes y respetadas de Estados Unidos sobre asuntos culturales, políticos y educativos. Oriundo de Brooklyn, Nueva York, estudió filosofía en Williams College (B.A.) y la Universidad de Texas (Ph.D.) y se graduó en derecho de Harvard. Él es un galardonado profesor en el mundo académico, habiendo enseñado en Boston University, la Universidad de Texas, y Harvard. Al trabajar con dos presidentes entre 1981 y 1990, él ha tenido dos posiciones en el gabinete, incluyendo Secretario de Educación de EE.UU. Es también ex presidente del National Endowment for the Humanities. Es el fundador y primer presidente de la compañía de educación por Internet, K-12, y el Washington Fellow del Claremont Institute. Presentador del programa radial considerado entre los diez más populares a nivel nacional, *Morning in America*, y un colaborador habitual de CNN, Dr. Bennett es el autor y editor de 18 libros, incluyendo dos #1 de gran éxito de ventas según el *New York Times*.